中国北方地区夏至战国时期的殉牲研究

包曙光　著

科 学 出 版 社
北　京

内 容 简 介

本书全面收集和梳理了中国北方地区夏至战国时期的殉牲资料，在此基础上探讨了中国北方地区殉牲的起源和发展过程以及各地区的差异。首先，本书将中国北方地区的殉牲作为一个整体进行分析，并将其置于所在地区、考古学文化、墓地中的墓葬形制、共存随葬品以及埋葬位置等背景中进行研究，以便探讨殉牲现象背后的行为模式和生业方式。其次，对于近些年新发表的殉牲动物的鉴定结果采用了国际最新的研究方法进行统计，展现了殉牲类型与游牧经济的关系。殉牲类型的差异不仅存在于不同考古学文化之间，甚至在同一考古学文化内也存在差异。这种差异为考古学文化类型的划分提供了在葬俗和经济类型方面的参考，也为整个中国北方地区农牧混合经济向游牧经济的过渡提供了证据。最后，本书对欧亚草原东部区青铜时代至早期铁器时代诸考古学文化的殉牲也做了系统性的梳理和讨论，并与中国北方地区的殉牲进行了比较研究，为两地的文化交流提供了新的研究视角。

本书适合从事中国北方民族历史和考古等研究的专家学者及相关院校师生阅读参考。

图书在版编目（CIP）数据

中国北方地区夏至战国时期的殉牲研究 / 包曙光著. —北京：科学出版社，2021. 5

ISBN 978-7-03-050733-4

Ⅰ. ①中…　Ⅱ. ①包…　Ⅲ. ①葬俗–研究–中国–古代　Ⅳ. ①K892.22

中国版本图书馆CIP数据核字（2016）第281606号

责任编辑：赵　越 / 责任校对：王晓茜

责任印制：张　伟 / 封面设计：刘可红

科学出版社 出版

北京东黄城根北街 16 号

邮政编码：100717

http://www.sciencep.com

北京厚诚则铭印刷科技有限公司 印刷

科学出版社发行　各地新华书店经销

*

2021年5月第　一　版　开本：787 × 1092　1/16

2022年1月第三次印刷　印张：24 1/4

字数：570 000

定价：138.00元

（如有印装质量问题，我社负责调换）

本书得到

教育部人文社会科学研究青年基金项目资助

（批准号：17YJC780001）

国家社科基金重大项目支持

（批准号：17ZDA221）

序

看到了这一本书稿，感到很欣慰，书稿已较他当年博士答辩的论文有了很大的扩充。原来只是长城沿线的中国北方，现在已拓展到新疆和东北的中国大北方。更难能可贵的是，他收集了欧亚草原东部区的相关殉牲资料，这个难度是很大的。由于资料的收集和语言翻译等原因，在国内尚未有人进行这方面的研究。这说明他在毕业之后的工作期间，为博士论文的进一步扩充和修改下了很大的气力，尤其是他能够利用所在的黑龙江大学学生的俄语优势，让研究生有计划地收集这方面的资料。欧亚草原东部区的相关殉牲资料的收集与研究，使得该书有着更为重要的参考意义。

在中国北方和欧亚草原文化的研究内容中，殉牲是一个非常重要的方面。国内以前没有人从这方面进行过系统的研究。20世纪80年代以来这方面的发现越来越多，而且随着动物考古学研究的不断发展，信息收集越来越全面。因此我为他选定了殉牲研究这样一个课题。我在我的博士论文《春秋战国时期中国北方文化带的形成》中，首先系统地梳理了东周时期中国北方各地区殉牲的情况，从而看出各地游牧经济的比例、各地游牧类型以及文化传统的差别。但是殉牲是什么时候出现的，演变的过程如何，各地有什么差异，只有经过系统的梳理才能够得出答案。所以我希望包曙光通过博士论文的方式予以系统地研究。在搞清楚不同时空诸考古学文化的殉牲情况的基础上，殉牲研究至少可以回答以下三方面的问题，并从具体的考古学分析上升到社会结构研究。

第一是殉牲所反映出的生态、经济类型方面的意义。从唯物主义的角度看，是否有殉牲、殉牲多少以及殉牲什么种类，应该是和当地的自然环境和经济类型密不可分的。通过殉牲的研究我们可以看出，在农牧混合经济中牧业的成分、畜牧和游牧的区分以及各地游牧类型的差别。例如，朱开沟遗址就反映了农牧混合经济中牧业成分逐渐提高的过程。东周时期甘宁东区、内蒙古东区和冀北地区殉牲种类的差别，反映了东部地区有较多的牛，说明东部的雨水是比较充沛的。在畜牧和专门化游牧经济的辨识中，殉牲可以提供一些重要的证据。在人类学研究中发现，畜养家畜中对牛、羊和马等动物的次生产品的利用，是游牧化形成的重要标志。这些次生产品主要是乳制品和毛制品，对它们的利用改变了原有以食肉为目的的方式，从而使得畜群大规模繁衍，不得不采取游动的畜牧方式。次生产品的利用方式在殉牲中会发现大量的幼畜被宰杀，从而使母畜专门提供奶源，而提供毛皮的动物多是成壮年家畜。总之，这些情况与以获取肉食为饲养目的的殉牲年龄与性别是不同的。

第二是殉牲具有辨识族群的意义。葬俗是一个族群不易改变的标志，而殉牲是葬俗的重要内容。虽然殉牲与当地的经济类型密不可分，但还是受到社会习俗的制约。在区分华夏、戎狄以及北方胡的族群的研究过程中，殉牲也是一个非常重要的指标。有些戎狄族群，由于和华夏交往密切，随葬了大量的中原青铜器。但是在他们最本质的葬俗特点中，仍然有殉牲的习俗，这就反映出族群的本质。例如介于中原和北方长城地带之间的一些遗存，例如山西晋中地区一些考古学文化，我们可以通过殉牲来分析与华夏和北方文化的关系及其文化属性。对中国北方和欧亚草原东部区殉牲的比较研究，可以提供古代族群迁徙和分布的重要证据。例如新疆地区有安德罗诺沃文化的影响，这个文化在哈萨克斯坦和米努辛斯克盆地的殉牲情况的差别，可以帮助我们判断新疆地区这个文化的影响来自哪里。巴泽雷克文化的殉牲非常有特点，在墓葬的一侧埋有一整匹马，这种殉牲习俗在新疆北部地区的分布就说明了这群人的分布区域。

第三是殉牲的社会意义。首先殉牲的多少是和富贵程度密切相关的，是划分社会等级的重要标志。殉牲、墓葬形制以及随葬品的多少，这三者应该是正相关的。但是有些情况下，三者并不完全同步。对于墓葬的研究，很重要的是要区分生前与死后，即哪些特征代表着死者生前的社会地位与财富，哪些是死后他所在的社会族群决定的。一般情况下，随葬品多是死者生前所拥有的，墓葬形制的大小和殉牲的多少则取决于死者所在的族群。研究表明，欧亚草原青铜时代主要是通过死者随葬的物品彰显生前的地位和财富。从早期铁器时代开始，葬礼活动开始普及，大规模的殉牲被认为是大型葬礼的遗物。对这一变化的解释是，早期铁器时代由于游牧经济的发展，争夺草场的战争变得更加频繁。在这个时候，葬礼的意义，除了哀悼死者以外，团结族群和增加族群的意识是一个很重要的目的。

包曙光的这本书，全面系统地梳理了不同时空诸考古学文化的殉牲情况。在结语中，把这些详尽的资料划分为三个大的阶段，第一和第二阶段都可以看成是殉牲的萌芽阶段，各地的差别很大。这其中的唐山后迁义遗址在殉牲的形成过程中突显出重要意义。进入第三阶段的东周时期，殉牲普及而且趋同，这种现象说明了游牧化的发达以及对葬礼活动的重视。这种现象与欧亚草原东部区是完全同步的，说明了这个时期社会发展水平和社会矛盾具有很大的相似性，也反映了各地文化交往的频繁。该书在殉牲现象的深入研究和背后的历史意义的讨论方面还有很大的提升空间，但是作为系统讨论整个中国北方殉牲现象的第一本书，已经为我们提供了一个坚实的基础。

杨建华

2020年8月28日

目　　录

插 图 目 录

第一章　绪　　论

第一节　研究范围与对象

一、空间范围

本书研究的中国北方地区是指广义的中国北方地区，东起黑龙江，西至新疆的广大地区，但与自然地理上所指的秦岭-淮河以北的北方地区有一定的差别。从行政区划上看，具体包括黑龙江、吉林、辽宁、北京、天津、河北北部、山西北部、陕西北部、内蒙古、宁夏、甘肃、青海和新疆等。北方地区主要是温带大陆性和温带季风气候。冬季气温低于0°，夏季气温高于20°，四季气温变化分明。最冷月出现在1月，最热月份在7月。全年降水量少，而且季节分配不均，降水集中在夏季。

中国北方地区是介于中原农业文明与欧亚草原文明之间的前沿和缓冲地带。在这里居住的土著人群创造了灿烂的物质文化和精神文化。这一地区主要的河流和湖泊有黑龙江、松花江、西辽河、永定河、岱海、黄河中上游及其支流、湟水、青海湖、黑河、疏勒河、塔里木河、伊犁河、额尔齐斯河等。本书将这一广大的区域大体划分为六个区域：西北地区（包括甘肃、青海、宁夏），内蒙古中南部地区，晋中、晋北和陕北地区，燕山南北地区，东北地区，新疆地区。对这六个区域的殉牲情况，本书在第二至第七章中将分别对其进行详细地梳理和讨论，这是本书的主体内容。另外，中国北方地区是欧亚草原的重要组成部分，自石器时代以来即有密切的联系，至青铜时代到早期铁器时代的互动更为频繁。在第八章中，本书将重点梳理欧亚草原东部区的殉牲特点，以期与中国北方地区进行比较研究。

二、时间范围

本书研究的夏至战国时期，是指夏代的建立到秦始皇统一中国之前的阶段，绝对年代大致在公元前21世纪至公元前221年。本书之所以采用“夏至战国时期”这一概念主要是出于以下几点考虑：第一，虽然中国北方地区发现了许多考古遗存并命名了不少考古学文化，但是并没有建立起自身的年代划分体系。在考古遗存的年代判定上均以中原地区已经建立的年代框架为参照，使用中原纪年的方法。第二，“青铜时代至早期铁器时代”的概念看起来似乎更合理，但是问题是如何判定青铜时代和早期铁器时代开始和结束的时间，并且在不同地区的起止时间不可能完全一致。同时，在对考古学文化和考古遗存进行分期讨论时表述也不一致，故在论述具体考古学文化和考古遗存时不可避免的要转化为中原纪年的语言，没有这个标尺就不能准确地表达某一个时间段，例如西周晚期、春秋晚期等。为行文方便，且避免这种表达年代时反复的转换，以及文字表述的冗杂性，本书在讨论中国北方地区殉牲时更多地使用中原纪年的方式。第三，由于目前的测年结果还不足以精确到考古学上最小的分期单位，也无明确的文献记载，所以类似"公元前2千纪至前2世纪"的表述也不妥当。本书使用的"夏至战国时期"的说法仅表示一个时间的概念，并非要将中国北方地区视为中原体系的一部分。还需要说明的是，在本书中论及新疆地区和境外欧亚草原东部区的各考古学文化的殉牲时仍会不同程度地使用"青铜时代和早期铁器时代"的一些提法。

中国北方地区新石器时代的物质文化面貌大体相似，而进入夏纪年开始后各个地区出现了众多新的考古学文化。中国北方地区在夏至战国时期青铜器和铁器等金属器物开始被大量地制作、使用和传播，标志着这一地区已经进入了青铜时代和早期铁器时代。冶金技术的不断提高和发展促进了金属工具的应用和传播，而生产工具的革新大大提高了生产力，推动了社会的进步。这也从根本上改变了史前人群的生活方式乃至思维模式，这些改变在墓葬中是可以窥见的。在经济形态上，这一时期也正处于由农业-畜牧混合经济不断发展到专业化的游牧经济的重要阶段。从文化传播的角度看，随着经济生产方式的转变，人群的游动性有了极大的增强。这种移动速度和范围的扩展增加了不同人群之间接触的机会。无论是中国北方地区的内部交流，还是与中国中原地区的交往，抑或是与欧亚大草原的互动，在这一时期都有了长足的发展。鉴于此，本书选择了夏至战国时期这一重要的历史阶段，从殉牲的角度进行另一番的讨论。

三、研究对象

以往学界对墓葬中随葬动物遗存的现象定名不统一，有祭肉、祭食、祭品、祭牲、牲肉、牲体、奠牲、苞牲和牺牲等称谓[①]。笔者认为殉牲的称谓更适合受中原礼制影响较小的中国北方地区和欧亚草原地区。按照随葬动物的部位和摆放方式，殉牲有广义和狭义之分。广义的殉牲泛指古代人群在墓葬和附属祭祀址（坑）中随葬各种动物进行祭祀的习俗。需要说明的是，本书将考古发掘中出土的摆放在二层台、葬具顶端、墓底和特定容器之中的大小不同的块状动物肉食残留和动物的肩胛骨、肋骨和肢骨等现象统称为祭肉。实际上这些骨骼在埋葬之时应都是连带肉和皮毛的生肉，象征着为死者提供在另一个世界可继续食用的食物，它属于广义殉牲的范畴。狭义的殉牲是指在墓葬中随葬动物（羊、牛、马、狗和猪等）的头骨（包括颌骨和部分椎骨）、肢骨（包括蹄骨）或完整的个体进行祭祀的习俗，这些动物多摆放在填土、二层台和墓底等位置。殉牲代表了墓主人的族群标识、个人身份、社会地位和物质财富的占有等情况。本书以狭义的殉牲为主要研究对象，同时也对各地区的祭肉习俗进行了初步讨论。

---

① 刘一婷：《商周墓葬用牲研究回顾》，《南方文物》2018年第1期，66-72页。

本书通过分析墓葬中动物骨骼的相关情况，首先厘清各地区考古学文化的殉牲特点以及在不同时间段殉牲发生的变化。在此基础上进而讨论发生这种变化的经济和社会原因，同时考虑到给社会带来的不同影响。研究主要从以下几个方面来入手，殉牲畜群的种类和组合，骨骼的部位以及所在墓葬的背景（例如与墓向、摆放位置、墓主人性别和年龄、墓葬等级之间的关系等）。同一时期，不同地区之间地理气候等自然环境因素和文化传统等人文社会因素两方面的差异，导致各地区的殉牲特点都表现出较大的差别。而同一地区，由于环境的改变、人群的迁徙等原因也会导致不同时期的殉牲特点发生巨大的变化。这些差异的区分与变化的原因都是本书关注和讨论的重点。在此基础上，将中国北方地区作为一个整体，来探讨其在不同时期殉牲的特点以及殉牲背后的丧葬习俗的变换和生业模式的变迁。

第二节 研究思路和目的

一、研究思路

第一，在学术界以往研究成果的基础之上，本书将中国北方地区划分为六个区：西北地区（包括甘肃、青海、宁夏），内蒙古中南部地区，晋中、晋北和陕北地区，燕山南北地区，东北地区，新疆地区。这六个大的区域不仅在自然环境上，而且在文化面貌上，尤其在龙山时代结束之后，均表现出独特的个性。本书在第二至七章中讨论了殉牲这种特殊的丧葬习俗在这些区域内的发展变化及其背后的原因等问题。在此分区的基础上，本书大体按照时间的早晚顺序，对六个区域内夏至战国时期的各考古学文化或遗存的殉牲情况做了详细的梳理和分析。由于各个地区的考古发现和研究情况的不同，本书没有使用平行结构，而是根据具体的情况设计章节的内容。同时，为了更好地展现中国北方地区与欧亚草原地区之间动物殉牲的异同，在第八章中大体按照时间顺序对俄罗斯米努辛斯克盆地、图瓦、阿尔泰和蒙古国西北部青铜时代至早期铁器时代的殉牲进行探讨。

第二，在研究一个考古学文化的殉牲时，对该文化现已发现的所有墓地进行查阅，并对发现殉牲的墓地和墓葬进行详细地分析。分析的要点主要有殉牲率（殉牲墓葬占总墓葬数的比例）、殉牲的种类、部位、数量、组合、摆放位置和方式以及与墓葬规模和墓主人的关系等。在梳理完各墓地的殉牲情况之后，对该考古学文化的殉牲特点进行总结，并对文化内部的殉牲差异进行分组。由于各个地区的考古发掘工作开展的程度不同，所以本书在研究不同地区的殉牲时采用的方法也不尽相同。例如，西北地区的考古工作开展的较早，而当时对考古发掘中出土的动物骨骼还不够重视。绝大多数的殉牲骨骼仅停留在鉴定动物种属和数量统计的层次。相应地，本书讨论的主要方面也集中在殉牲种属、数量和随葬部位的变化以及不同阶段的墓葬特点。据此探讨墓主人的身份和地位以及各考古学文化的丧葬习俗、经济形态和精神信仰等方面。晋中、晋北和陕北地区也是类似的特点，只是该地区的殉牲并不是很流行，仅在战国时期的寨头河墓地中有一些零星的发现。除了上述的一些殉牲要点之外，本书还在动物考古学家对出土动物骨骼进行科学鉴定的基础上，结合外国学者在畜产品开发方面的研究成果，对墓地所代表的人群在管理畜群方面的经验进行讨论，尤其是在对羊的开发和利用上。这一方法主要适用于内蒙古中南部地区的殉牲研究。这一地区夏至战国时期的考古工作开展的也相对较早，但主要的一些大型典型的墓地均是在20世纪70年代末以后发掘的。此时考古工作者也开始重视殉牲这一重要的葬俗，并且有专门的动物考古学家对各墓地出土的动物骨骼进行了详细地鉴定。这种鉴定不仅仅是种属和具体部位的辨识和个体的统计，而且对动物的性别、死亡年龄以及有无切割痕迹等做了进一步的鉴定工作。本书的讨论也是在此基础之上进行的，这种讨论在中国北方地区是首次尝试，为更深入地了解当时人群的生存状态提供了一个新的视角。燕山南北地区的殉牲主要集中在东周时期，一些墓地中出土了大量的动物遗存。虽然这些材料也均做了科学的鉴定工作，但是由于绝对数量过少，而不便于进一步的讨论。

第三，将各考古学文化按照年代的早晚关系，分别放在各自所在区域的历史长河中进行观察。据此找出该区域内从夏至战国时期殉牲特点发生的变化和导致这种变化背后的原因以及对社会复杂化进程的影响。本书将整个中国北方地区按照殉牲的特点划分为三个大的发展阶段，分别代表了畜牧业在各地区的发展状况。同时，对殉牲习俗的起源和一些其他相关问题进行了讨论，主要是借鉴了国外“过程考古学”和“后过程考古学”的一些研究经验。书中也适度地运用了民族学、社会学、统计学、人类学的一些方法，但是在运用这些方法时是一种宏观的使用，并不是那种逐条逐句的对应方式。这里需要提前说明的一点是，本书在通过殉牲来讨论经济类型时，有两方面的考虑。其一，在有居住址，又有墓葬遗存时，尽量将两者出土的动物骨骼遗存结合起来进行通盘分析，避免因仅使用墓葬中的殉牲研究带来的偏差。因为殉牲毕竟是人类有意识地进行了选择后的结果，与真实的生产生活方式有一定的差距。其二，在仅有墓葬遗存而无居住址时，仅以墓葬出土的材料为准。中国北方地区由于特殊的地理环境和人群的生活方式，形成了以墓葬为主、少见遗址的考古遗存特点。

二、研究目的

殉牲研究是以动物为中心，试图了解古代人群的社会状况。它涉及古代人们对自身在整个世界上存在的多重意义的理解。本书的目的就是要探讨殉牲这一特殊葬俗的空间性、时间性、物质性和文化性等特点。

总体来说，所谓的空间性和时间性就是要厘清中国北方地区这一广阔的地域范围内在夏至战国时期的殉牲习俗的发展变化情况，并探讨其形成的历史原因。在此基础上进一步讨论各区域经济形态的转变，主要是由农业-畜牧业混合经济过渡到较专业化的游牧经济的过程。同时，对葬俗习俗、精神信仰、社会等级分化和人群标识等方面也略作解释。

具体来讲，空间性是指对比同一时间跨度内不同地区之间殉牲情况的差异和这种差异产生的原因。时间性是指梳理一个地区在不同的历史阶段内殉牲情况的变化，讨论这种变化的原因和影响。物质性是指殉牲作为动物骨骼的遗存是以物质形态的形式存在的。那么它是以什么样的具体形态出现在不同的墓地和考古学文化中都是有差别的。例如，有的墓葬随葬猪和狗，而另一些随葬羊、马和牛。有的墓葬使用猪下颚骨，而另一些使用羊、马、牛等动物的头骨与蹄骨。这些差异性的背后有着更深层次的意义。文化性是指殉牲背后的社会学意义，也就是文化上的意义。例如，哪些人可以使用殉牲，哪些人不可以用殉牲，哪些人使用某一种动物，而其他成员却不可以，哪些成员可以使用多种畜群的组合，而为何有些成员仅使用一种动物殉牲等问题。本书有意在这些方面做一些研究尝试，希望能够引起学界对这一问题的注意，而这种尝试与本书所能达到的研究高度是有限度的。

从本书的研究对象和研究方法大体可以了解殉牲研究可以探讨当时当地的经济类型和丧葬文化习俗。从唯物主义的观点看，自然环境决定了这一个地区是否适合发展畜牧业，适合哪几种动物的饲养等。如果这个地区从未饲养过某种动物，那么它也就不会出现在殉牲中，当然也有可能是从外地传过来的，但是几率较小。从辩证的角度看，不是所有被驯化饲养的动物都可以作为殉牲，而是经过专门选择的结果。殉牲作为一种葬俗和祭祀礼仪，是文化传统中最稳定的因素之一。对殉牲的研究可以为物质文化面貌的研究提供重要的参考，对文化属性的判定、文化类型的划分以及外来因素的分析均提供了一个新的视角。

第二章　西北地区夏至战国时期的殉牲

本书中的西北地区主要指中国三大自然地理区划之一的西北内陆干旱半干旱区。从行政区划上看，大体包括甘肃省、宁夏回族自治区和青海省，故也可以称之为甘宁青地区。这一地区以东为陕西，南临四川和西藏，西与新疆地区为邻，北接内蒙古地区。该地区的气候为温带大陆性季风气候，年降水量大约在400毫米以下，且降水量自东向西、由南向北递减。这一区域内的河流相对较少，多为内流河，主要有河西走廊西部的党河、疏勒河、黑河；中东部地区的石羊河以及黄河及其支流大通河、湟水、大夏河、洮河等；青海地区有青海湖及布哈河等。

西北地区所处的地理位置注定成为中国北方地区与欧亚草原乃至更遥远的西方之间交流的重要通道。大量的考古发现证明了早在石器时代和青铜时代这一地区就与欧亚草原地区有着密切的联系。这种交流对双方的文化发展、社会进步都起到了重要的作用。同时，西北地区作为中国北方地区的一个重要组成部分，对整合中国北方地区的文化影响巨大。例如西北地区早期的冶金业对中国其他地区的影响，以及齐家文化人群的向东迁徙等。总之，这一地区在中国古代史和考古学研究中都具有举足轻重的地位。

由于这一地区环境的多样性和复杂性，也影响了该地区考古学文化的产生、发展、交流和消亡。具体表现在区域内的考古学文化分布众多，且存在时间较长，各文化之间交错分布。总体而言，西北地区夏至战国时期的各考古学文化的相对年代的早晚关系已经较清晰，大体可以概括为齐家文化、四坝文化、诺木洪文化、辛店文化、寺洼文化、卡约文化①、沙井文化以及甘宁地区东周时期的考古学诸遗存。现大体按照这一顺序分节对上述的各考古学文化和遗存的殉牲情况进行讨论。

第一节　齐家文化的殉牲

齐家文化因首先发现于甘肃省广河县齐家坪而得名②。该文化主要分布在甘肃、青海境内的黄河沿岸及其支流渭河、洮河、大夏河、湟水流域，宁夏南部和内蒙古西部

① 本书之所以将卡约文化放在辛店文化和寺洼文化之后，主要是考虑到虽然卡约文化的年代上限较早，但是其下限可以晚到春秋时期，尤其在殉牲上表现出的特点非常具有代表性，且与东周时期其他墓葬遗存的殉牲特点较相似。

② 安特生（著），乐森璕（译）：《甘肃考古记》，文物出版社，2011年（再版）；安特生（著），乐森璕（译）：《甘肃考古记》，《地质专报》甲种第五号，农商部地质调查所印行，1925年（原版）。

也有零星发现。其相对年代晚于马家窑文化，早于辛店文化和卡约文化，绝对年代大致在公元前2200年至公元前1400年[①]。典型遗址和墓地有甘肃境内的广河齐家坪[②]、武威皇娘娘台[③]、秦安寺嘴坪[④]、灵台桥村[⑤]、永靖张家咀和姬家川[⑥]、武威海藏寺[⑦]、武山傅家门[⑧]、天水师赵村和西山坪[⑨]、临夏大何庄[⑩]和秦魏家[⑪]、临潭磨沟[⑫]等；青海境内的大通上孙家寨[⑬]、陶家寨[⑭]、西宁沈那[⑮]、长宁[⑯]、互助总寨[⑰]、贵南尕马台[⑱]、乐都

① 磨沟墓地的部分材料报道后，学术界对其主体文化是否属于齐家文化展开了争论，而这一问题直接决定了齐家文化的年代下限。近几年来的研究表明，磨沟墓地的主体文化应该属于齐家文化。故我们更倾向于齐家文化的下限为不晚于公元前1400年。

② 甘肃省博物馆：《甘肃省文物考古工作三十年》，《文物考古工作三十年（1949～1979）》，文物出版社，1979年，139-153页。

③ 甘肃省博物馆：《甘肃武威皇娘娘台遗址发掘报告》，《考古学报》1960年第2期，53-71页。

④ 任步云：《甘肃秦安县新石器时代遗址》，《考古通讯》1958年第5期，6-11页。

⑤ 甘肃省博物馆考古队：《甘肃灵台桥村齐家文化遗址试掘简报》，《考古与文物》1980年第3期，22-24页。

⑥ 中国社会科学院考古研究所甘肃工作队：《甘肃永靖张家咀与姬家川遗址的发掘》，《考古学报》1980年第2期，187-220页。

⑦ 梁晓英等：《武威新石器时代晚期玉石器遗址》，《中国文物报》1993年（第30期）。

⑧ 中国社会科学院考古研究所甘青工作队：《甘肃武山傅家门史前文化遗址发掘简报》，《考古》1995年第4期，289-296页。

⑨ 中国社会科学院考古研究所：《师赵村与西山坪》，中国大百科全书出版社，1999年。

⑩ 中国科学院考古研究所甘肃工作队：《甘肃永靖大何庄遗址发掘报告》，《考古学报》1974年第2期，29-62页。

⑪ 黄河水库考古队甘肃分队：《临夏大何庄秦魏家两处齐家文化遗址发掘简报》，《考古》1960年第3期，9-12页；黄河水库考古队甘肃分队：《甘肃临夏秦魏家遗址第二次发掘的主要收获》，《考古》1964年第6期，267-269页；中国科学院考古研究所甘肃工作队：《甘肃永靖秦魏家齐家文化墓地》，《考古学报》1975年第2期，57-96页。

⑫ 甘肃省文物考古研究所、西北大学文化遗产与考古学研究中心：《甘肃临潭磨沟齐家文化墓地发掘简报》，《文物》2009年第10期，4-24页；甘肃省文物考古研究所、西北大学文化遗产与考古学研究中心：《甘肃临潭县磨沟齐家文化墓地》，《考古》2009年第7期，10-17页。

⑬ 许新国：《试论卡约文化的类型与分期》，《青海文物》1988年创刊号。

⑭ 青海省文物考古研究所：《青海大通陶家寨齐家文化遗址发掘简报》，《考古与文物》2002年增刊，1-8页。

⑮ 王国道：《西宁市沈那齐家文化遗址》，《中国考古学年鉴（1993）》，文物出版社，1995年，260页；吴平：《西宁市沈那遗址》，《中国考古学年鉴（1994）》，文物出版社，1997年，278页。

⑯ 任晓燕：《青海大通长宁遗址》，《2006年中国重要考古发现》，文物出版社，2007年，27-30页。

⑰ 青海省文物考古队：《青海互助土族自治县总寨马厂、齐家、辛店文化墓葬》，《考古》1986年第4期，306-317页。

⑱ 青海省文物考古研究所、北京大学考古文博学院：《贵南尕马台》，科学出版社，2016年。

柳湾[①]、民和喇家[②]、尖扎直岗拉卡[③]、平安东村[④]等；宁夏境内有西吉兴隆镇[⑤]、固原海家湾[⑥]和店河[⑦]等遗址。现仅对有殉牲的墓地进行讨论。

一、武威皇娘娘台墓地

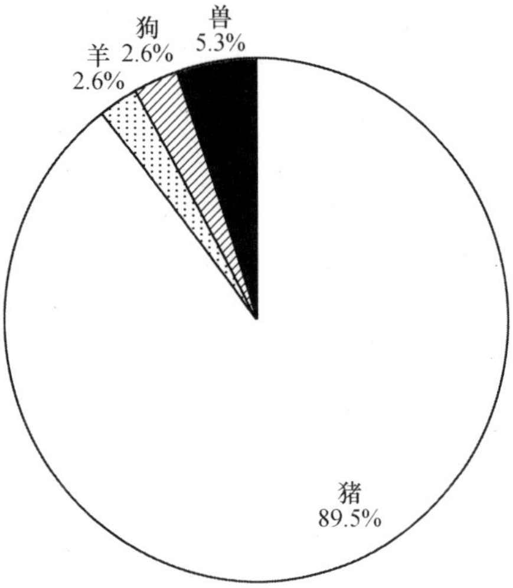

图2.1-1 皇娘娘台墓地殉牲动物比例

该遗址西距甘肃省武威临城2.5千米，先后进行了4次发掘，共发掘88座墓葬[⑧]。其中19座墓葬有殉牲，占到总墓葬的21.6%[⑨]。殉牲动物约有38个个体，包括34个猪下颚骨、1个羊头骨、1个狗头骨和2个未知动物骨骼，分别占89.5%、2.6%、2.6%和5.3%（图2.1-1）。可见，殉牲最主要的对象为猪下颚骨，而随葬羊和狗头骨为个别现象。现以几座殉牲墓葬为例做简要讨论。

M83，竖穴土坑墓，墓坑长1.8、宽0.51、深0.76米。埋葬1名成年人，仰身直肢，头向西北。腹部及右手肘部放置6件石璧，左肩旁放1件石璧心。脚下方摆放4件陶罐、33块小石块和1件石璧以及1个猪下颚骨（图2.1-2，1）。

M52，竖穴土坑墓，墓坑长2.95、宽0.57、深2.2米。埋葬男女各1名，男左女右，

① 青海省文物管理处考古队、中国社会科学院考古研究所：《青海柳湾》，文物出版社，1984年。

② 中国社会科学院考古研究所甘青工作队等：《青海民和县喇家遗址2000年发掘简报》，《考古》2002年第12期，12-28页。

③ 胡晓军：《尖扎县直岗拉卡乡齐家文化遗址发掘简报》，《青海文物》1996年总第10期，28-34页。

④ 任晓燕：《平安县东村古墓葬及窑址发掘简报》，《青海文物》1994年总第8期，11-15页。

⑤ 钟侃、张心智：《宁夏西吉县兴隆镇的齐家文化遗址》，《考古》1964年第5期，232-233页。

⑥ 宁夏回族自治区博物馆：《宁夏固原海家湾齐家文化墓葬》，《考古》1973年第5期，290-291页。

⑦ 宁夏文物考古研究所：《宁夏固原店河齐家文化墓葬清理简报》，《考古》1987年第8期，673-677页。

⑧ 甘肃省博物馆：《甘肃武威皇娘娘台遗址发掘报告》，《考古学报》1960年第2期，53-71页；甘肃省博物馆：《武威皇娘娘台遗址第四次发掘》，《考古学报》1978年第4期，421-448页。

⑨ 墓地中还有一些墓葬中随葬有羊胛卜骨的现象（如M8），但是我们认为卜骨和本书认定的殉牲在本质上有着不一样的意义。故这类墓葬不在统计范围之内。另在遗址的居址中还发现了较多利用羊、牛和猪的肩胛骨制作的卜骨，其中羊肩胛骨有30片，猪肩胛骨有5片，牛肩胛骨有1片。这说明该遗址人群中占卜风俗较流行。

头朝西北。两具骨架上均有红色颜料。随葬的20件石璧全部集中在男性骨架上，并且在男性骨架下还垫有4块粗玉石片。脚下方摆放7件陶罐，1件平底尊，1件豆和186颗小石子以及7个幼猪下颚骨（图2.1-2，2）。一般认为墓中男性为墓主人，女性则可能为陪葬的妻或妾。墓中随葬的均为幼猪，说明殉牲的猪是经过专门选择的，应该代表了某种象征意义。此墓的墓葬形制在整个墓地中是最大的，随葬品也较多，殉牲的数量也是最多的。据此认为此墓主人的身份和地位在该遗址代表的社会中应该是等级很高的。

M63，竖穴土坑墓，墓坑长1.45、宽0.7、深0.4米。骨架上部凌乱，侧卧屈肢。手部发现石刀、石凿、骨凿各1件，手旁有1枚石珠，脚后方摆放2件陶罐。在肘部摆放1个羊头骨（图2.1-2，3）。此墓在墓地中属于偏小的一类，也是该墓地中唯一发现羊的例子。这表明殉羊习俗仅在极少数社会成员中偶然使用，当时的养羊业还处于起步阶段。

从单个动物的殉牲频率看，随葬猪下颚骨的墓葬有15座，羊头骨和狗头骨的各有1座，未知动物骨骼2座。其中猪下颚骨有成年猪和幼猪，最多者7个（M52），少者1个，一般都和陶器放在一起。猪和陶器一般被看作是农业经济的主要特征。在摆放位置上，多数的猪下颌骨摆放在墓主人的脚下端，只有M51随葬的1个猪下颚骨放在头骨的右侧，羊头骨放置于墓主人的肘部附近，狗头骨摆放位置不详。

从随葬品来看，殉牲墓中均随葬有石璧和陶器等遗物（除1座出土有狗头骨的未知墓外）。殉牲动物数量最多的M52为成年男女合葬墓，从两人的葬式及随葬品摆放的位置可知男性为墓主人，女性的身份则有可能为陪葬的妻或妾。这座墓葬的规模在整

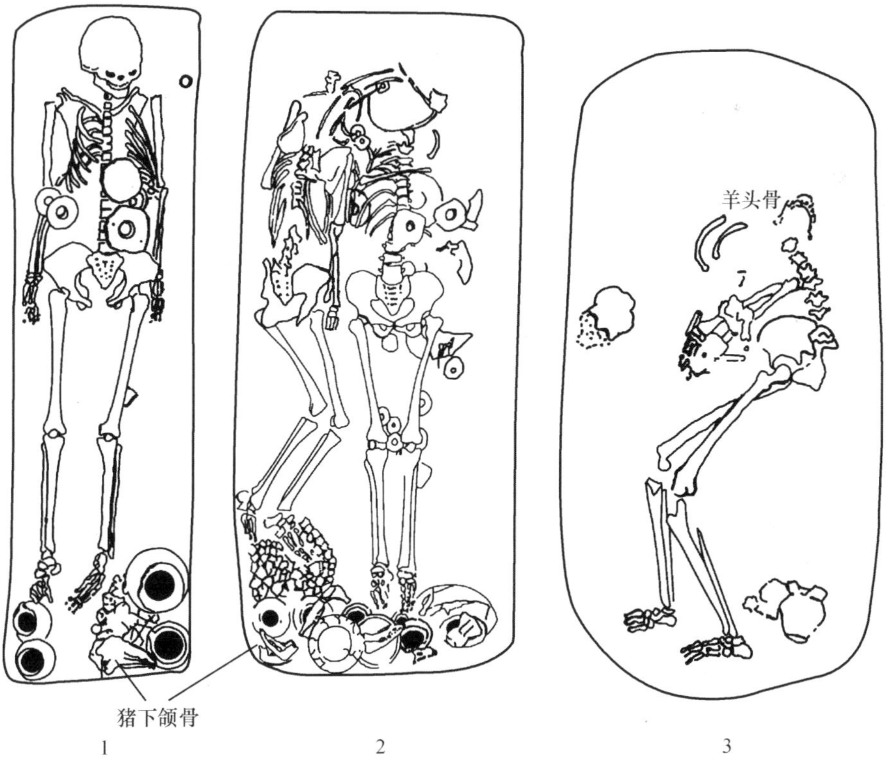

图2.1-2　皇娘娘台墓地殉牲墓葬平面示意图

1. M83　2. M52　3. M63

个墓地中都是较大的，且出土了数量众多的石璧、陶器、小石子和粗玉石片。这表明男性墓主人的社会地位较高，占有的物质财富较丰富。显然殉牲也成为了代表墓主人身份地位和财富占有的标志之一。

由于墓葬的保存状况较差，且限于当时的发掘条件，部分人骨和殉牲动物均未做详细地性别和年龄鉴定工作。这导致还不能对墓主人与殉牲之间的对应关系做出准确的分析。但可以肯定的是，殉牲习俗只在成年人中流行，墓地中不见未成年人随葬动物的现象。

总之，殉牲在皇娘娘台墓地人群中成为了身份地位和财富占有的标志之一。只有那些少数社会地位较高，家庭较富裕的成年人死后才在墓葬中使用殉牲。同时，大多数墓葬中的随葬品的数量和质量与墓主人的身份地位成正相关。殉牲动物绝大多数为猪下颚骨，另有极少量的羊头骨、狗头骨和未知动物骨骼。在皇娘娘台遗址的居住址中发现了较多的动物骨骼遗存，主要有猪、羊、牛、狗和鹿等，其中以猪和羊为主。除野鹿外，其他的动物均为驯化的家畜。猪和陶器在墓中大量伴出的现象，说明这一人群所从事的最基本的生产活动是定居农业。羊和牛则说明该人群的畜牧业也有了一定的发展。鹿骨以及各种类型骨镞的发现说明了狩猎活动也是重要的补充。从殉牲动物种类看，并没有发现使用牛和鹿的殉牲现象（羊也仅随葬1个头骨）。可见，当时人群在使用何种动物作为殉牲上是有选择性的，仅使用定居农业人群最常见的猪，而不使用大牲畜牛和野生动物鹿。殉牲动物不存在两种及以上动物共存的情况。当然这也与牛的饲养不发达和数量少有一定关联。墓葬中不随葬野生动物也是中国北方地区的殉牲特点之一，仅在四坝文化东灰山墓地和卡约文化大华中庄墓地有极少的发现。

二、秦魏家墓地

秦魏家墓地位于甘肃省永靖县莲花城的西南部，与大何庄遗址隔沟相望。墓地先后进行了2次发掘，共清理了138座墓葬。墓葬形制大体相似，均为长方形竖穴土坑墓，无葬具。葬式有单人葬和合葬墓之分，绝大多数为仰身直肢，合葬墓中男性为仰身直肢，女性或儿童为侧身直肢，还有少量的俯身直肢①。

整个墓地共发现有殉牲的墓葬46座，占总数的33.3%。殉牲动物共出土439个个体，平均每座出土将近10个个体，其中猪下颚骨437个、羊头骨2个，分别占99.5%和0.5%。在46座殉牲墓葬中，殉猪下颚骨的墓葬有45座，殉羊头骨的仅1座（M25）②，分别占97.8%和2.2%。无论是在个体数量上，还是在出现的频率上，猪下颚骨都占绝对多数。这说明秦魏家墓地人群从事的生产活动主要为定居性农业，且养猪业非常发达。

在殉猪的墓中，猪下颚骨的数量不等，少的仅有1个（5座），多的达68个（M6）。在5座仅随葬1个猪下颚骨的墓葬中，发现有2～7件陶罐，有的还有其他随

① 中国科学院考古研究所甘肃工作队：《甘肃永靖秦魏家齐家文化墓地》，《考古学报》1975年第2期，57-96页。

② 另在M23的双耳罐内发现唯一的1件卜骨。

葬品。在殉牲墓葬中出土7件陶罐的例子仅有2例，而另1座墓葬M9靠近墓口的填土中出土了26个猪下颚骨（图2.1-3，1）。在殉牲动物最多的M6中，仅有4件陶器和1件骨匕。也就是说，殉牲动物的数量与随葬品的数量之间并不存在绝对的对应关系。殉牲动物少的墓葬可能出土数量较多的随葬品，殉牲动物多的墓葬也可能出土很少的随葬品。但除M18外，其余的殉牲墓葬中均有其他类别的随葬品。事实上，整个墓地中还有11座墓葬中既没有殉牲，又没有随葬品；而有随葬品、无殉牲的墓葬数量最多，达到81座。发掘者认为“这种以猪为主的家畜应是当时作为衡量财富的标尺；数量上的差别，说明当时出现财产分化、贫富不均的现象，即个别的人占有大量的牲畜，少数人也占有数量不等的牲畜，大部分人则没有牲畜。这种对牲畜的占有情况，反映出死者社会地位的不同”。报告中还指出，猪可能充当了货币的职能，用来交换①。对于此观点本书暂时保留意见，除殉牲因素外，判定墓主人身份地位的等级还要考虑到墓葬的形制大小、单人葬或是合葬墓、有无殉人以及随葬品的有无多寡等因素。王仁湘先生曾指出殉猪不一定直接反映财产观念，可能反映的是一种原始的宗教观念②。这些均说明了猪在当时人群的生活中和葬仪中充当着重要的角色，这一点是毋庸置疑的。

在殉牲动物的摆放位置上，绝大部分放在人骨脚底端上面靠近墓口处的填土内（图2.1-3，1），仅少数放置在人骨脚下方的陶器上面（图2.1-3，3），极个别的摆放在人骨的膝盖附近（图2.1-3，2）。在排列上多数的猪下颚骨摆放没有规律，有的是零散地摆放，有的是成堆地放置，仅有少数的墓葬（M134）排列较整齐。

在整个秦魏家遗址中，除了在墓葬中殉牲的猪和羊外，还发现了较多的狗、牛、马和驴等动物。这说明该遗址代表的人群不仅农业较发达，畜牧业也有了一定程度的发展。笔者认为当时人群对殉牲动物进行了筛选，日常生活中数量较少的大牲畜牛和马通常不会作为殉牲的对象。值得注意的是，殉牲和白色小石块共出的现象较多，白色小石块少的2块，多的达105块。这可能是白石崇拜的体现，也反映了当时人群最朴素的精神信仰。由于墓地的人骨鉴定数量较少，还不能确定墓主人与殉牲动物的对应关系。从少数单人葬的人骨鉴定来看，似乎男性随葬猪下颚骨的现象比女性更多。

总之，秦魏家墓地的殉牲率虽然在三成左右，但出土的殉牲动物数量是齐家文化中最多的一处，且绝大多数为猪下颚骨。此时的殉牲习俗还没有形成一套比较完备的惯例体系。

---

① 中国科学院考古研究所甘肃工作队：《甘肃永靖秦魏家齐家文化墓地》，《考古学报》1975年第2期，57-96页。

② 王仁湘：《新石器时代葬猪的宗教意义——原始宗教文化遗存探讨札记》，《文物》1981年第2期，79-85页。

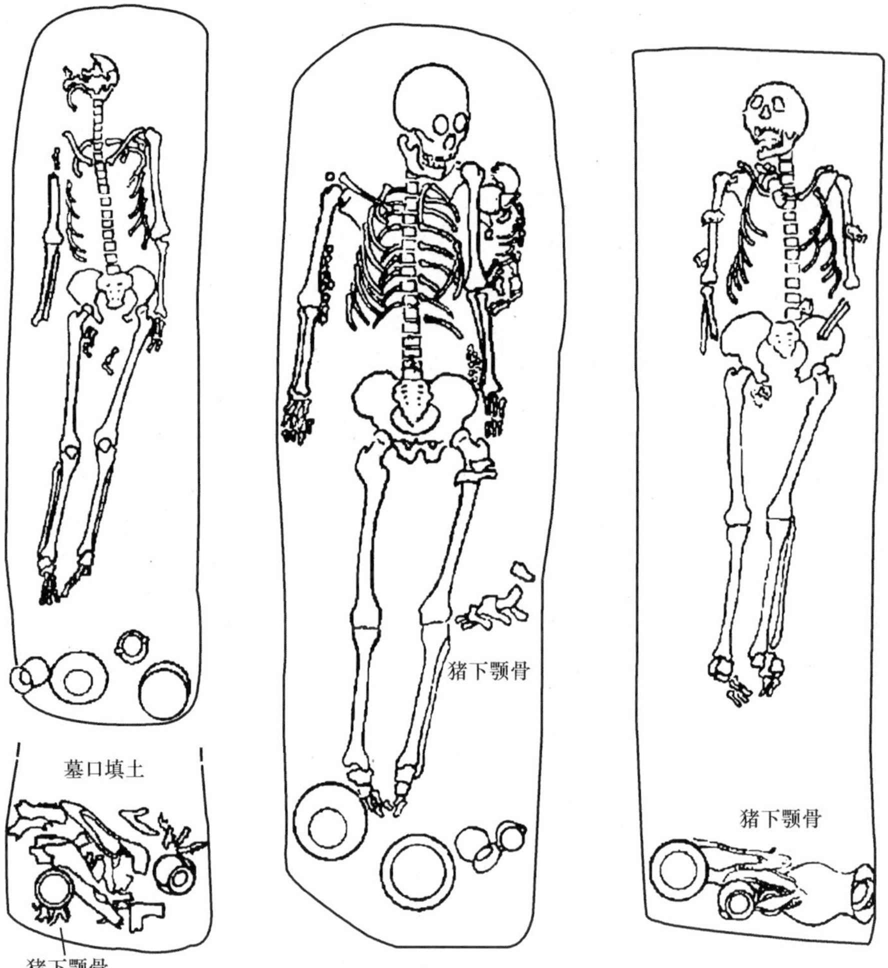

图2.1-3　秦魏家墓地殉牲墓葬平面示意图

1. M9　2. M42　3. M89

三、大何庄墓地

该墓地位于甘肃永靖县莲花城西南约1.5千米处，遗址在村南500米的一个台地上，西边隔着一条苦水沟与秦魏家遗址相望①。该墓地共82座墓葬，其中12座中有殉牲，占总数的14.6%。殉牲墓葬中最少的有2个猪下颚骨，最多的达36个猪下颚骨。殉牲墓葬的墓向多数为西北向，少数为东北和东南向。

在12座殉牲墓中共发现了140个个体，其中猪下颚骨有126个，羊下颚骨14个，分别占90%和10%。猪和羊的下颚骨多数堆放在人骨脚下端上面靠近墓口处的填土中（图2.1-4），只有少数放置在人骨的身边。殉牲墓葬中不见有两种以上动物共出的现象，

① 中国科学院考古研究所甘肃工作队：《甘肃永靖大何庄遗址发掘报告》，《考古学报》1974年第2期，29-62页。

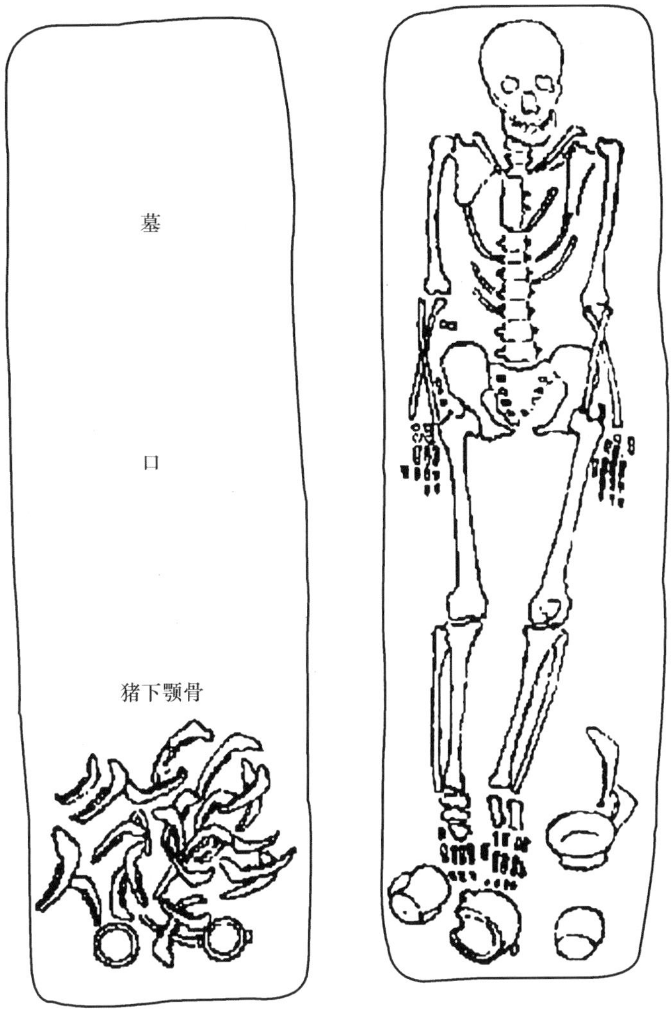

图2.1-4　大何庄墓地M34平面示意图

这与皇娘娘台和秦魏家墓地的殉牲特点非常相似。

在殉牲墓葬中的10座墓葬可以根据开口层位划分为早、晚两期。其中属于早期的墓葬有2座（M58和M63），而属于晚期的墓葬有8座（M34、M35、M36、M53、M55、M57、M60和M88）。显然，晚期殉牲墓葬的数量要比早期的数量多。从早、晚期殉牲的种类看，两期殉牲墓葬中使用羊下颚骨随葬的都只属于个别现象。该遗址的晚期随葬猪下颚骨的殉牲习俗有增无减。

从墓葬的等级来看，由于缺少墓葬形制大小的准确数据，这里只能依靠随葬品的多寡来推断。12座殉牲墓葬的随葬品均较丰富。殉牲动物最多的M34，随葬了36个猪下颚骨，另有陶豆1件、陶罐5件、陶管2件，以及19块小石块。这表明有可能墓葬的等级越高，在墓葬中使用殉牲动物和随葬品的数量就越丰富。值得注意的是，M34墓主人为1位未成年的儿童，且在殉牲墓葬中还有3座儿童墓。一般情况下，儿童不可能通过自身能力获得社会地位和经济财富。笔者认为儿童墓葬中出现如此之多的殉牲动物，其原因是儿童继承了其家庭或家族的资源和财富。由于未对人骨做详细的性别鉴定，暂时还不清楚殉牲墓葬中有无性别差异。可以肯定的是，少年女性、未成年儿童、成年男性墓葬中均发现殉牲。其中少年女性随葬有羊下颚骨，由于另一座随葬羊下颚骨的成年墓葬缺少性别鉴定，暂时并不能确定是否只有女性随葬羊下颚骨。

在整个大何庄遗址居址中出土了大量的动物骨骼，主要有猪、羊、牛、马、狗、鹿和麅等。其中以猪的数量最多，羊次之，其他均比较少见（表2.1-1）。说明大何庄人群的畜牧业有了一定程度的发展。在墓葬中仅发现了使用猪和羊单独进行随葬的殉牲现象，而并没有发现牛、马、狗、鹿和麅的遗存。这与秦魏家墓地殉牲的特点相似，都是当时人群有意识的选择。

表2.1-1　大何庄遗址出土动物骨骼统计表

种类	猪	羊	牛	马	狗	鹿	麅	总计
数量	194	56	6	3	2	4	1	266
百分比	72.93%	21.05%	2.26%	1.13%	0.75%	1.5%	0.38%	100%

注：①除126个猪下颚骨和14个羊下颚骨出自墓葬中外，其他全部出自灰层中；②除马下颚骨外，H5内还发现2枚下马臼齿，经鉴定，与现代马无别；③此表采自发掘报告出土动物骨骼统计表。

值得注意的是，该遗址中发现了4处利用天然砾石排列而成的“石圆圈”，直径都在4米左右。这种“石圆圈”的周围分布有墓葬，并出土了卜骨、牛和羊的骨架。在1号“石圆圈”的东侧约7米处发现有1个缺少头部的母牛骨架，其腹内还有1具小牛骨架。这应是母牛还未在产下小牛犊之前就被屠宰用来祭祀。“石圆圈”很可能是举行原始宗教仪式的场所，在祭祀的过程中屠宰了牛和羊。笔者初步推测，石圆圈不仅仅是一个祭祀场所，还有可能为专门屠宰殉牲动物的一个地点。

四、互助总寨遗址

该遗址位于青海省互助土族自治县沙塘川乡总寨村①，共发现10座齐家文化墓葬（包括村东的寺儿台），其中4座墓葬有殉牲，占到40%。殉牲墓葬中在人骨脚底部附近均出土1对羊角，不见其他的动物。这与皇娘娘台、秦魏家以及大何庄墓地的殉牲特点截然不同。现以2座殉牲墓葬为例做简要介绍。

M1，不规则长方形竖穴土坑墓，北宽南窄，墓向大致呈东北—西南向，长2.42、宽0.92、深1.2米。成年男性墓主人为仰身直肢葬。随葬品有2件双耳罐以及骨锥、铜刀、铜锥、石珠等。1对羊角被摆放在人骨脚底部以下的位置（图2.1-5，1）。

M7，圆角长方形竖穴土坑墓，墓向呈东北—西南向，长2.45、宽0.7、深1.2米。墓内人骨为45岁左右的成年男性，仰身直肢葬。随葬品有1件陶罐以及石斧、细石片、

① 青海省文物考古队：《青海互助土族自治县总寨马厂、齐家、辛店文化墓葬》，《考古》1986年第4期，306-317页。

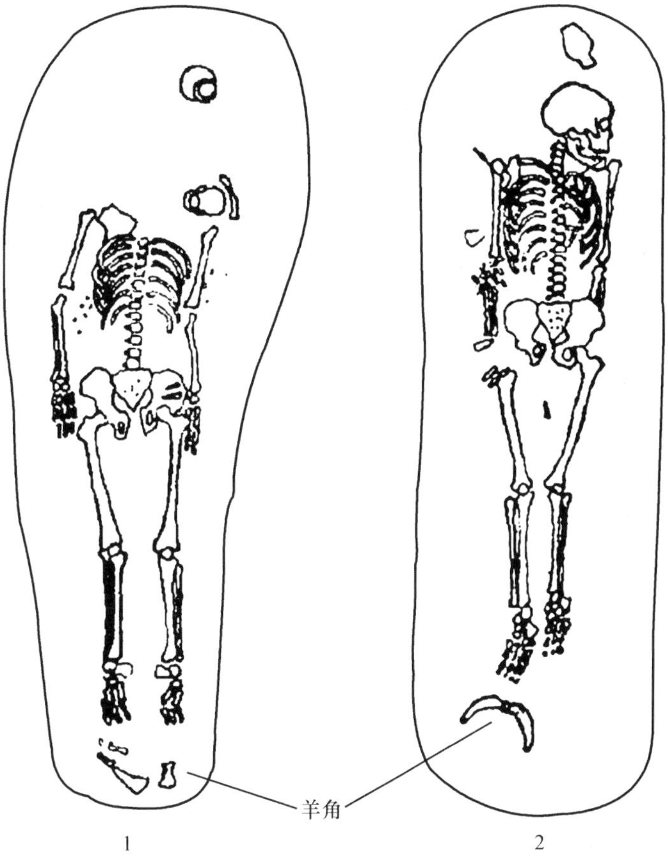

图2.1-5　互助总寨墓地殉牲墓葬平面示意图

1. M1　2. M7

铜刀、铜锥、骨链、骨针、石珠、海贝等。在人骨脚底部以下放置1对羊角（图2.1-5，2）。

从墓主人的性别来看，殉牲墓葬中3座为成年男性单人葬，1座为成年女性与婴儿墓，不见女性和儿童墓单独随葬羊角的现象。4座殉牲墓葬中均随葬1对羊角，并无差异。在随葬品方面，除M8的随葬品数量较少，另3座殉牲墓葬的随葬品均很丰富。说明殉牲墓葬主人多数为拥有较丰富物质财富的成员。

总之，互助总寨的殉牲特点与其他典型齐家文化墓地的殉牲特点有着巨大的差异。笔者认为这种差异主要是互助总寨的年代晚于其他墓地造成的。当然与所在区域的生态地理也有一定关系。总寨人群的养羊业发展较充分，且居民中已经兴起使用羊角作为殉牲来表明身份地位的丧葬习俗。在某种程度上讲，这种使用羊角代表整只羊的习俗，与后来中国北方地区东周时期使用动物头骨和蹄骨代表全牲的意义是一样的。它们都是当时社会生业模式、原始宗教和精神信仰的反映。

五、师赵村与西山坪遗址

师赵村与西山坪遗址位于甘肃省天水市太京乡①。两处遗址的第七期为齐家文化，在墓葬中并未发现有殉牲的现象。但是在石圆圈祭祀遗址的周围发现有1个无头牛骨架。这种在祭祀石圆圈中使用牛的做法与大何庄遗址中发现的类似。虽然在师赵村与西山坪遗址齐家文化的墓葬中没有发现殉牲，但是在早于齐家文化的师赵村第六期遗存中ⅡM9中出土了2个猪下颚骨，西山坪M2中也出土了一些动物骨骼。可见，在该地区早于齐家文化时就已经在个别成员的墓葬中发现殉牲，而在齐家文化时期却并不流行。

六、东村古墓葬

该墓葬位于青海省平安县东村，仅发现1座齐家文化的墓葬（编号M2）②。该墓葬墓向111°，为长方形竖穴土坑墓。墓长2.26、宽1.2～0.98、残深0.3米。墓口被破坏，为男女合葬墓。男性仰身直肢，女性侧身屈肢，头均朝西。女性葬于棺外，面向男性墓主人，应为陪葬的妻或妾等。随葬品有陶罐纺轮、玉饰、玉璧、绿松石等。与陶罐等一同摆放在人骨头端的还有1个动物下颌骨，推测此下颌骨为猪下颌骨。

七、磨沟墓地

该墓地位于甘肃省甘南藏族自治州临潭县陈旗（今王旗）乡磨沟村，在临潭县与岷县交界处的洮河西南岸、磨沟河西岸。该墓地共清理齐家文化墓葬346座。简报中称，“在有些墓葬的墓道填土中发现完整的狗、羊骨架或牛角、羊下颌骨等以及一些完整或被打碎的陶器，或许与埋葬过程中的祭奠活动有关”③。例如M303为竖穴墓道偏室墓，多人合葬墓。墓道左侧有上、下两个偏室，墓道两端有壁龛。墓道平面呈圆角长方形，其底部头端的半圆形浅坑内发现1个完整的羊骨架。M1508为双人合葬墓，在人骨下半部分堆放了大量的动物下颌骨。M687的墓道处摆放了数量较多的大型动物的头骨和角部④。

总之，磨沟墓地仅在极个别的墓葬中发现有殉牲。殉牲墓葬中有完整的狗和羊等动物遗骸。有些墓葬的墓道填土中发现有数量不等的牛头骨或羊、猪和鹿等动物的下颌骨。与其他墓地相比，磨沟墓地作为齐家文化最晚阶段的遗存，不仅随葬猪下颌骨和羊，还新出现了牛和鹿等动物。由于报告还没有正式出版，对其殉牲的了解还很有限。

---

① 中国社会科学院考古研究所：《师赵村与西山坪》，中国大百科全书出版社，1999年。

② 任晓燕：《平安县东村古墓葬及窑址发掘简报》，《青海文物》1994年总第8期，11-15页。

③ 甘肃省文物考古研究所、西北大学文化遗产与考古学研究中心：《甘肃临潭县磨沟齐家文化墓地》，《考古》2009年第7期，10-17页。

④ 毛瑞林：《黄河上游的早期青铜文明临潭磨沟遗址齐家文化墓地》，《大众考古》2013年第5期，42-47页。

八、小　结

除上述有殉牲的墓地外，齐家文化也有一些遗址和墓地并没有发现殉牲现象。例如夏鼐先生1945年在阳洼湾清理的3座墓葬，傅家门遗址的2座墓葬；乐都柳湾墓地的366座墓葬，西宁市沈那遗址的10座墓葬，尕马台墓地的43座墓葬和同德宗日遗址等。可见，殉牲习俗在整个齐家文化中并不是普遍流行，尤其是乐都柳湾作为齐家文化目前发现的最大的墓地却没有发现殉牲。还需要指出的是，位于青海湟水流域的长宁遗址出土了大量的动物骨骼。有学者通过对遗址动物群构成、肉食资源贡献率、遗址环境复原和其他相关问题的分析，认为长宁遗址的生业模式为农牧兼营，以牛、羊为主的畜群在经济生活中占有很大的比重。他还指出其畜群结构与秦魏家和大何庄等遗址相比，羊、牛的数量已经明显超过了猪[①]。湟水流域的自然环境不仅适合定居农业，而且也适合畜牧业的发展。在齐家文化之后的卡约文化，其分布在湟水流域的墓地中殉牲率相对较高，反映了其畜牧业的发展状况。但是从殉牲的角度来看，这种区域性差异在齐家文化表现的并不是很明显。

综合上文中各殉牲墓地的数据，汇成表2.1-2。从有无殉牲、殉牲种类和数量多少来看，可以将整个齐家文化的墓地分为四组遗存。第一组以乐都柳湾等为代表的墓地，均未发现殉牲。这一组的墓葬数量达400多座，将近占到目前所发掘齐家文化墓葬的三分之一。第二组以秦魏家和大何庄为代表，殉牲动物的种类仅有猪下颚骨和羊头骨、下颚骨。整体殉牲动物的数量相对较多，且出现了在1座墓葬中随葬大量猪下颚骨的现象。由于大何庄墓地的年代较晚，且殉羊的比例达到10%，说明随着时间的推移，齐家文化的畜牧业成分在逐渐地增多。第三组以皇娘娘台墓地为代表，殉牲的动物种类相对较多，有猪、羊、狗和其他动物。其中猪下颚骨的数量最多，其次是羊、狗头骨和未知动物骨骼。殉牲率在两成以上，而随葬的数量相对偏少。整个墓地随葬的猪下颚骨还不及秦魏家墓地1座墓中所发现的数量，且其居住址与墓葬中出土动物骨骼的情况有较大差异。表明在其日常经济生活中存在一定比例的畜牧业成分，但在墓葬中的殉牲仍然是以猪下颌骨为主。由于皇娘娘台墓地的年代稍早，其反映的齐家文化的经济形态更多的是农业，辅之以少量的畜牧业。第四组以互助总寨和磨沟为代表，随葬的动物以羊为主，且随葬部位多为羊角。这可能代表了两者之间经济生活的相似性以及精神信仰的一致性。两者的差异在于磨沟墓地还随葬有牛、狗和羊骨架，这与磨沟墓地的年代较晚有关，此时的畜牧业已经有了长足的发展。

① 李谅：《青海省长宁遗址的动物资源利用研究》，吉林大学硕士学位论文，2012年。

表2.1-2　齐家文化殉牲墓地的分组表　　（单位：个）

墓地	猪	羊	狗	其他	总数	均数	最多	殉牲部位	摆放位置	殉牲率	组
柳湾											一
秦魏家	437	2			439	10	68	猪下颚骨；羊头骨	填土	33.3%	二
大何庄	126	14			140	12	36	猪下颚骨；羊下颚骨	填土、人骨旁	14.6%	二
皇娘娘台	34	1	1	2	38	2	7	猪下颚骨；羊、狗头骨	脚下方	21.6%	三
东村	1				1						三
互助总寨		4			4	1	1	羊角	脚下方	40%	四
磨沟	完整狗、羊骨架；牛角；羊下颚骨（数量不详）										四

注：均数是指殉牲动物总数/殉牲墓葬数量；最多是指殉牲最多的1座墓葬中出土的数量。

总之，齐家文化各墓地之间在殉牲的有无、多少及种类上仍存在较大的差异。这种差异固然与地理位置和气候环境有关，而更多的是年代早晚造成的，是受当时人群的经济类型和生业方式影响，即年代较早的皇娘娘台墓地中以猪下颌骨为主，另有少量的羊，此时畜牧业所占的比重的不是很大；其后的大何庄墓地仍以猪下颌骨为主，但羊所占的比重达到10%，畜牧业成分有所增加；年代较晚的互助总寨和磨沟墓地中羊的数量增多，所占比重大幅度增多，畜牧业有了更充分的发展。殉牲的种属及所占比例反映了齐家文化畜牧业由少到多的发展过程。殉牲还反映了当时的原始宗教和精神信仰等情况。正如大何庄遗址的发掘者所称“用猪下颚骨随葬的习俗，不仅带有宗教上的意义，更重要的是反映他们对牲畜的占有情况，显示死者的社会地位和拥有的财富。从而说明齐家文化的氏族内部已经出现了贫富分化”[①]。由于西北地区墓葬保存状况较差，且囿于当时的发掘条件，很多墓地出土的动物骨骼都未进行详细地鉴定，这限制了我们做进一步的讨论和研究。

第二节　四坝文化的殉牲

四坝文化是甘肃省河西走廊西部的一支早期青铜时代考古学文化，因首次发现于甘肃省山丹县四坝滩而得名[②]。该文化主要分布在河西走廊偏西部地区，包括山丹、民乐、酒泉、玉门、安西等县市，西界已进入新疆东部的哈密市。其年代为公元前1950

① 中国科学院考古研究所甘肃工作队：《甘肃永靖大何庄遗址发掘报告》，《考古学报》1974年第2期，29-62页。

② 安志敏：《甘肃山丹四坝滩新石器时代遗址》，《考古学报》1959年第3期，7-16+121-126页。

至公元前1550年[①]。该文化典型遗址有山丹县四坝滩[②]，民乐东灰山、西灰山[③]，安西（今瓜州县）鹰窝树[④]，酒泉干骨崖[⑤]和玉门火烧沟、沙锅梁[⑥]等。四坝文化目前一共发现了669座墓葬，其中火烧沟墓地312座，干骨崖墓地105座，东灰山墓地249座，安西鹰窝树3座。其中东灰山墓地和火烧沟墓地发现有丰富的殉牲，又因火烧沟墓地的发掘报告还未正式发表，故本节将重点讨论东灰山墓地的殉牲习俗，并与其他墓地做比较研究。

一、东灰山墓地

东灰山遗址位于甘肃省民乐县六坝乡东北约2.5千米处，遗址面积约24万平方米。东灰山墓地位于东灰山遗址的东北部，与西南部的生活区相毗邻，墓地的南端距沙土丘的顶部直线距离约120米[⑦]。

东灰山墓地共发现249座墓葬，其中21座有殉牲，占总数的8.4%。殉牲动物主要有猪、鹿、羊和狗，共计30个个体[⑧]。其中猪最多，有14个，占总数的47%；其次鹿有11个，占总数的37%，羊和狗各有3个和1个，分别占总数的10%和3%。另有M127中出土的1块兽骨未进行种属的鉴定，占总数的3%（图2.2-1）。

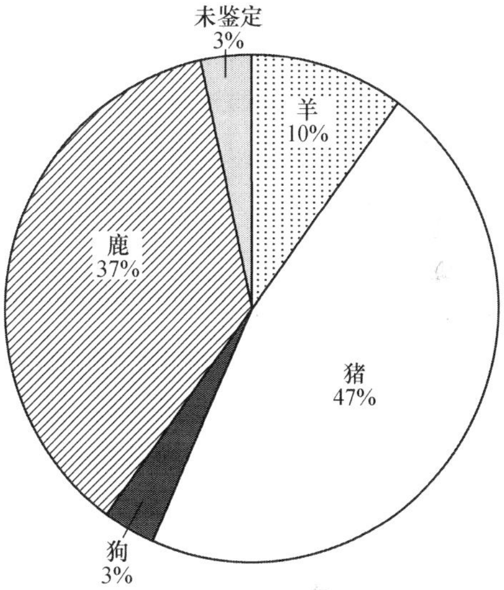

图2.2-1　东灰山墓地殉牲动物比例

殉牲动物中不见完整的动物骨架，多为动物的某个部位。例如，猪骨为左、右下颌骨，

---

① 李水城：《西北与中原早期冶铜业的区域特征及交互作用》，《考古学报》2005年第3期，239-278页。

② 安志敏：《甘肃山丹四坝滩新石器时代遗址》，《考古学报》1959年第3期，7-16页。

③ 甘肃省文物考古研究所、吉林大学北方考古研究室：《民乐东灰山考古——四坝文化墓地的揭示与研究》，科学出版社，1998年。

④ 甘肃省文物考古研究所、北京大学考古文博学院：《河西走廊史前考古调查报告》，文物出版社，2011年，351-376页。

⑤ 甘肃省文物考古研究所、北京大学考古文博学院：《酒泉干骨崖》，文物出版社，2016年。

⑥ 李水城：《四坝文化研究》，《考古学文化论集》（三），文物出版社，1993年，80-121页。

⑦ 甘肃省文物考古研究所、吉林大学北方考古研究室：《民乐东灰山考古——四坝文化墓地的揭示与研究》，科学出版社，1998年。

⑧ 此数据是根据墓葬登记表，并结合报告后附录三《东灰山墓地兽骨鉴定报告》中的鉴定结果得出的。需要说明的是：墓葬中出土有动物殉牲的记录但并未做种属鉴定的只计算为1个个体，墓葬中出现同一种属的不同部位也算作1个个体。

左、右髋骨；羊骨主要有带右角的破碎头骨，带牙齿的右上颌骨及单个的羊牙；鹿骨有带牙齿的右下颌骨，左侧下颌垂直支，破碎的寰椎，颈椎，右肩胛骨，肋骨，左、右侧髋骨，左、右侧距骨和左、右侧炮骨；狗骨仅有上颌骨。由于受当时条件的制约，对殉牲动物的性别鉴定以及骨骼的微痕分析做的不够充分，以至于我们不能更深入地研究当时的狩猎季节、屠宰技术和切割方式等。

殉牲墓葬中仅4座出土的动物遗存有明确摆放位置。M117的2个猪下颌骨，出于靠近二层台的墓室内一端。M65的2个猪的左、右下颌骨和羊的单个牙齿以及一些不能鉴定的碎片被放置在填土中。M90的鹿右髋骨被置于端龛内的双耳罐（M90：4）内。M127的种属不明的大块兽骨被置于位于脚端左侧的双耳小罐（M127：3）内。我们认为双耳罐内发现动物骨骼的现象属于祭肉习俗。值得注意的是，该墓地作为祭肉的都是野生动物，而非家养动物。这与其他文化主要以家养动物作为祭肉的情况不同。其余墓葬中殉牲动物没有按照出土的具体层位、单位进行系统的搜集、整理和分析。这与当时考古工作者尚未认识到动物遗存的重要性有关。对动物骨骼收集不全，记录不完善，鉴定滞后等是当时整个中国考古工作中普遍存在的现象。当然也不能苛求过去的人具有现在的认识。殉牲动物的摆放位置有墓室内、填土中和炊器内。墓室和填土中殉葬动物象征了死者在另一个世界里仍然拥有着代表财富的这些动物。炊器内放置兽骨是生者为了使死者在另一个世界能够继续享用这些肉食而烹制的，这些兽骨很有可能是熟食。

从墓葬形制上看，殉牲墓葬中西北—东南向的墓葬有8座，东北—西南向的墓葬有13座。因自然和人为原因被破坏较严重，笔者只能根据墓葬登记表的墓穴规格区分墓葬的大小。墓穴结构均为圆角长方形土坑竖穴，有的有端龛和脚龛，也有的有二层台。有殉牲的墓葬在整个墓地中多数属于中等偏大的墓葬，也有小型墓葬。从整个墓地的分布上来观察，有殉牲的墓葬主要分布在墓地的中部和南部偏东的位置（图2.2-2）。笔者认为使用殉牲的死者或者其家族可能在当时的人群中具有一定的身份和地位。

殉牲动物的组合有6种：猪；猪+鹿；猪+羊；猪+鹿+羊+狗；鹿；羊。显而易见，猪是当时殉牲的最主要的对象，并且与其他动物共存，猪在殉牲仪式上被普遍地使用。饲养家猪是农业经济的一个显著特点。猪在殉牲中如此广泛而普遍地被使用，充分说明了当时的居民是以经营农业为主。在东灰山遗址羊和猪往往同出在一个墓内，表明羊和猪同是饲养的主要家畜。用羊作为殉牲是当时畜牧业的一个反映，但羊的殉牲数量仅为3个，当时饲养羊的规模应该很小。鹿是狩猎的主要对象，殉牲的鹿占到总数量的36.7%，可以肯定狩猎在当时社会中占有非常重要的地位。M139中猪、鹿、狗和羊共同殉于一座墓葬的情形描绘了一幅和谐的画面，也是该人群经济活动的集中反映。

从墓主人的性别、年龄来看，男女两性在殉牲动物种类上有明显的差别。通过笔者的统计，凡是用猪殉牲的墓葬均为单个女性墓或男女合葬墓，仅有一座男性墓（M168）殉有猪左髋骨。这种情况也许是性别鉴定中的误差所致，是个别现象。凡是用鹿作为殉牲的墓葬绝大多数都是单个男性墓或男女合葬墓。除M224、M242中未鉴定人骨和无人骨，另M65六人合葬墓中有一个1岁的幼婴儿。有殉牲的墓主人均为20～50

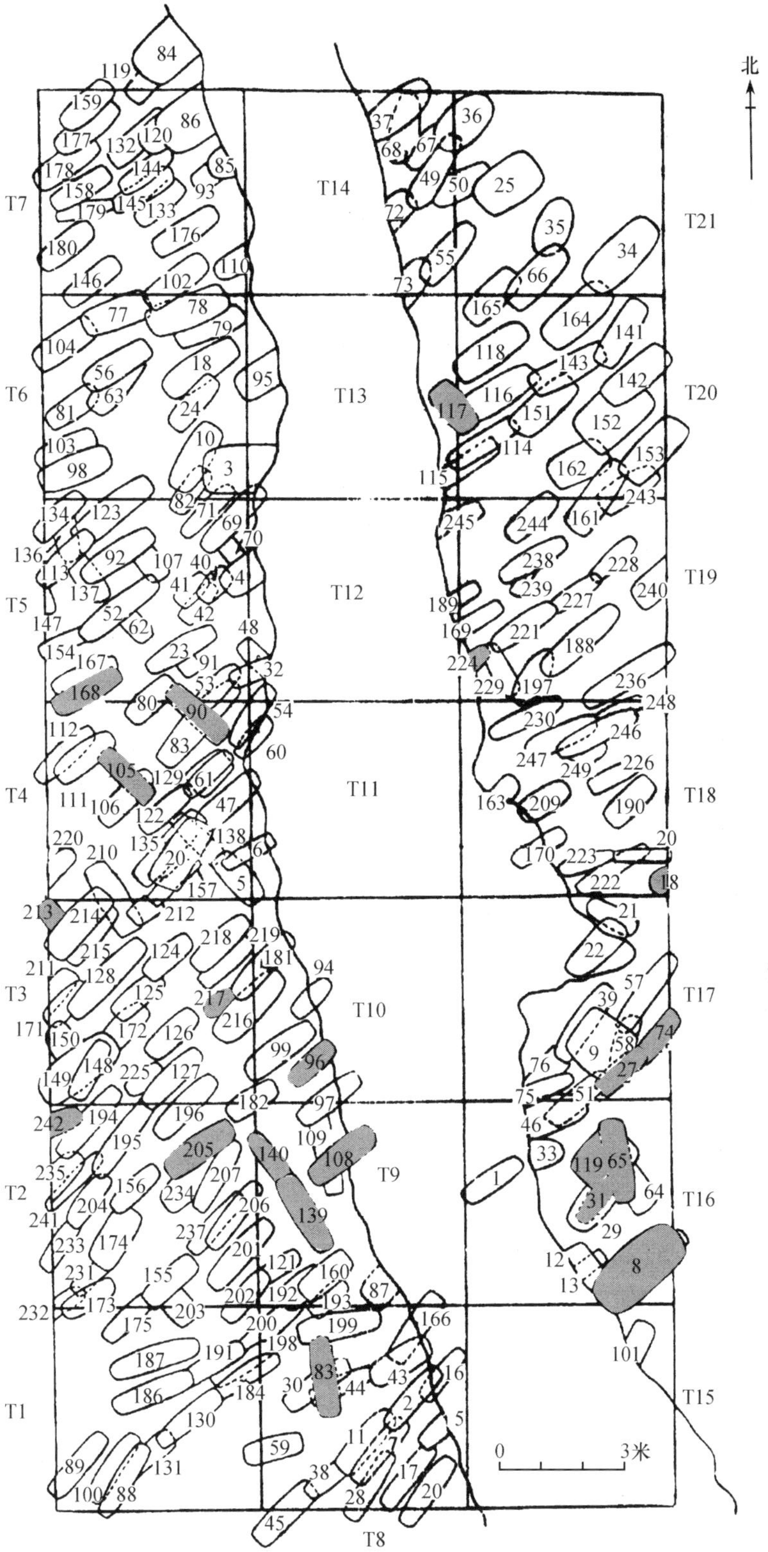

图2.2-2　东灰山殉牲墓葬分布图

的成年男女。据此，当时男女之间的分工已经较明确。男性在狩猎方面的作用更加突出，女性在饲养家畜中担当着重要的角色。

在21座殉牲墓葬中，殉猪骨的有13座，殉鹿骨的计11座，殉羊骨和狗骨的分别为3座和1座。张忠培先生认为，据墓葬出土兽骨种类和其所在墓葬的多寡，可知当时东灰山居民还经营畜牧和狩猎经济。从人们的肉食类型以及居民对肉食品种的重视程度来看，最重要的是猪，其次是鹿，再次是羊。殉鹿和羊的墓葬数量，分别占殉猪墓葬数量的84.6%和27.27%，值得注意的另一现象是，凡殉羊的墓葬，均共出猪，进一步说明当时的畜牧业是以饲养猪为主，辅以养羊（图2.2-3）。这类畜牧业形态，只能是依附种植农业的定居畜牧业[①]。

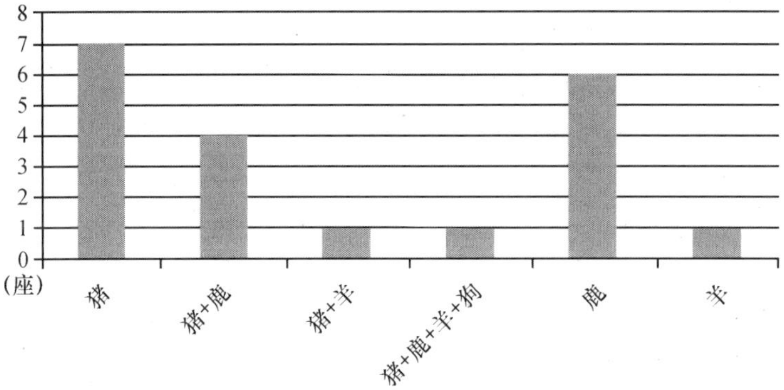

图2.2-3　东灰山墓地殉牲动物组合

二、干骨崖墓地

该遗址位于甘肃省酒泉市东南方向约60千米，丰乐河口以下的冲积扇上缘，属于酒泉市丰乐乡大庄村第八生产队（杨家下庄）管辖[②]。该墓地共发掘清理了107座墓葬。报告中仅提到M19的墓底发现有2枚兽牙，除此无其他记录。这说明干骨崖墓地人群基本没有殉牲习俗。

三、火烧沟墓地

该墓地位于甘肃省玉门市清泉乡，兰新公路北侧。此地处于南北两山之间的丘陵地段，地形较平缓，平均海拔1500米左右[③]。墓地共发掘312座墓葬。火烧沟墓葬中，多用大量的羊作为随葬品，出土了大量的羊头、羊骨、并伴有狗骨、猪骨、牛骨和马

① 张忠培：《东灰山墓地的几个问题的检讨》，《西安半坡博物馆成立四十周年纪念文集（1958～1998）》，三秦出版社，1998年，76-84页。

② 甘肃省文物考古研究所、北京大学考古文博学院：《酒泉干骨崖》，文物出版社，2016年。

③ 张学正：《甘肃省文物考古三十年》，《文物考古工作三十年》，文物出版社，1979年，139-153页。

骨[①]。其中羊骨随葬多而普遍，其次是狗、猪、牛、马等。随葬的成对羊角还可以分为大羊、中羊、小羊[②]。说明以火烧沟遗址代表的玉门地区当时的畜牧业较发达。

四、小　结

根据各遗址中发现的动物骨骼的特点，我们可以将四坝文化的经济类型概括为半农半牧，但在其内部之间的差别也是很明显的。根据殉牲的特点，结合地理位置以及生态环境的差异将四坝文化分成东、西两个区。东区的东灰山墓葬中埋葬有猪、鹿、羊和狗，殉牲还没有形成稳定的规格，种类和数量均较少。殉鹿的情况较多，反映出狩猎经济在食物生产中的比重要高于火烧沟。西区的火烧沟墓葬中埋葬有猪、羊、狗、牛和鸟类，而且火烧沟墓地殉牲的习俗似乎形成了一定的规格，如以成对的大羊、中羊和小羊角随葬。这些情况说明火烧沟的畜牧业的发展水平及其在食物生产中的比重，均高于东灰山（图2.2-4）。

李水城先生将四坝文化分为两个类型。一类以火烧沟墓地和玉门沙锅梁遗址为代表，其主要分布在走廊西半部的偏北一线。这里殉牲习俗较普遍，种类有羊、牛、

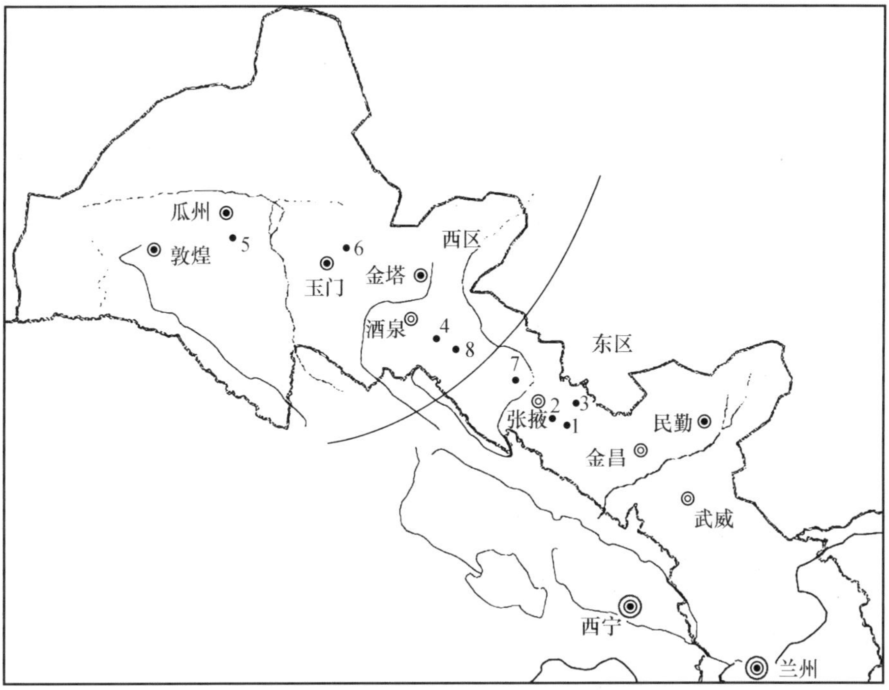

图2.2-4　四坝文化殉牲分区示意图

1. 东灰山遗址　2. 西灰山遗址　3. 四坝滩遗址　4. 干骨崖遗址　5. 鹰窝树遗址　6. 火烧沟遗址　7. 西城驿遗址　8. 西河滩遗址

---

① 《火烧沟文化》，《党的建设》2008年第3期。

② 张学正：《甘肃省文物考古三十年》，《文物考古工作三十年》，文物出版社，1979年，139-153页。

马、狗和猪。尤以羊骨的数量最多。如大小不一成对的羊角、羊腿和羊胛骨，细石器的使用比较普遍。另一类以干骨崖遗址为代表，其分布范围大致在祁连山北麓的山前地带。干骨崖墓地仅有极少的墓随葬动物头骨和兽角，细石器的使用也很有限①。笔者根据殉牲特点划分的东、西区与李水城先生所分的两个类型相符合。四坝文化内部殉牲差异的主要原因有三点：首先，这种东西部的差异应该与其所处的地理位置及气候环境有密切的联系；其次，这种差异与本地新石器时代晚期遗留下来的殉牲传统不无关系；最后，外来文化对四坝文化东、西区的影响也起了一定的作用。

囿于材料的限制，学界对四坝文化西区的殉牲情况还不甚明了。但可以肯定的是四坝文化的人群开始使用猪、羊、狗、牛和马等动物来随葬。尤其是在西区使用羊作为殉牲似乎意义更大，这可能说明了这个文化的人群已经将畜养羊群作为社会生活的一种生计方式。羊对于西区的人群来讲具有特殊的意义，墓葬中发现大量的大、中、小羊角，羊头和羊骨。在一座墓葬中发现的羊距骨竟多达88件，这就意味着要宰杀44只羊，其畜羊业之规模可窥一斑②。在火烧沟遗址还发现1件青铜铸造的四羊首权杖头，应是象征部落首领权力的特殊器物③。四个盘角的羊头被铸造在非常复杂的象征权力的权杖头上，可见羊对于四坝文化以火烧沟墓地为代表的西区人群意义深远。据此，许多学者将四坝文化的族属定为“羌族文化”系统。四坝文化的东、西区之间在殉牲方面的葬俗存在显著差异，而这正是东、西区之间生业模式差异的反映。

总之，东区偏重经营农业，并兼营畜牧、狩猎和采集，类似遗址集中分布于山前地带的平坦之地。西区偏重经营畜牧业，同时也兼营农业，此类遗址多位于气候干旱的荒漠地带。

第三节　诺木洪文化的殉牲

诺木洪文化因青海省都兰县诺木洪搭里他里哈遗址的发现而得名④。该文化的年代上限应该在距今3000年以前，下限可能在前一千纪的下半叶⑤。据目前所知，该文化遗存的地域性特征很强，其分布范围仅限于青海柴达木盆地及其周边地区，并以盆地的东南部遗址较多，分布也较为密集。目前发现遗址共计39处，其中格尔木市2处，德令

① 李水城：《四坝文化研究》，《考古学文化论集》（三），文物出版社，1993年，80-120页。

② 祝中熹：《甘肃文物精华：权杖巧饰四羊首》，《甘肃日报》2005年8月12日。需要说明的是，在一座墓葬中发现的88件羊距骨，不一定是一次性屠宰的，也有可能是在日常生活中特意收集的。距骨与头骨、肢骨等象征的意义可能也有较大的区别，暂时仍归入殉牲这一类祭祀行为中。下文中再出现随葬羊距骨时，与此用意，不再另注说明。

③ 李水城、水涛：《四坝文化铜器研究》，《文物》2000年第3期，36-44页。

④ 青海省文物管理委员会、中国科学院考古研究所青海队：《青海都兰县诺木洪搭里他里哈遗址调查与试掘》，《考古学报》1963年第1期，7-43页。

⑤ 林沄：《中国北方长城地带游牧文化带的形成过程》，《林沄学术文集（二）》，科学出版社，2008年，39-76页（原载《燕京学报》新十四期，2003年）。

哈市和乌兰县15处，天峻县3处，都兰县19处①。

该文化的资料主要以调查为主，仅在个别地区进行过小规模的试掘。该文化代表性的遗址有搭里他里哈、巴隆搭温他里哈和香日德下柴克等②，在此三处遗址中均未发现有殉牲的墓葬。另在布哈河畔发现与搭里他里哈遗址文化面貌十分相似的2座青铜器墓葬③，其中也没有发现殉牲现象。

值得一提的是，在搭里他里哈遗址中发现1处平面呈卵圆形的木构圈栏建筑，直径达7.3米。北部有出入口，其外侧发现2个车毂。在围栏的边缘一周发现有20根木桩和用横木和树枝筑成的篱笆墙。在圈栏内灰土的地面上发现厚0.15～0.2米的羊粪堆积，其间还夹杂有牛、马、骆驼等牲畜的粪便。在圈栏南边的中间正对门道处，摆放有比较整齐的1对野牛角（图2.3-1）。笔者认为这是当地人们为牲畜兴旺祈福的一种特殊的祭祀行为，也反映了当时的一种原始的宗教信仰。发掘者通过圈栏内出土的遗迹和遗物

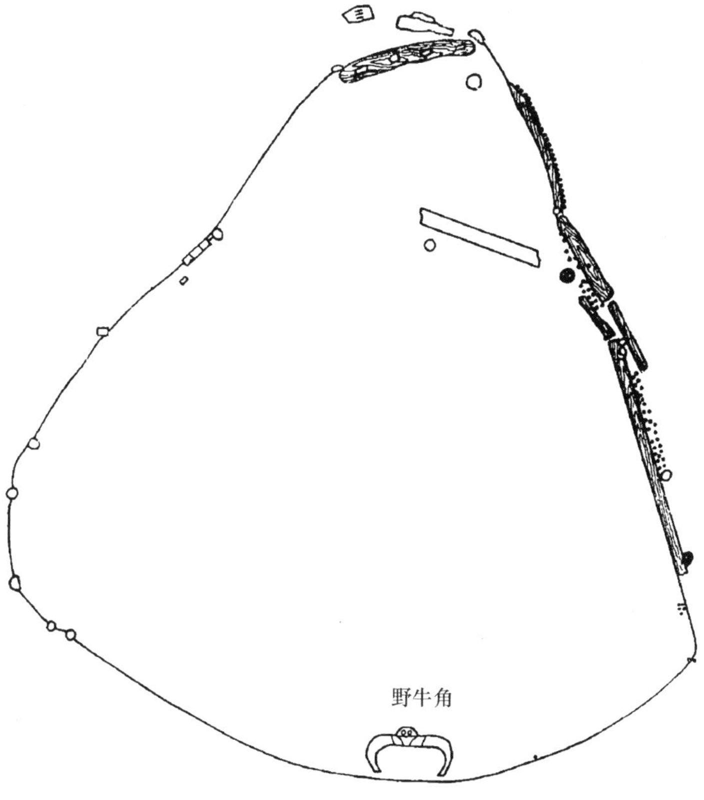

图2.3-1　搭里他里哈遗址圈栏遗址平面示意图

① 国家文物局：《中国文物地图集·青海分册》，中国地图出版社，1996年；谢端琚：《甘肃地区史前考古》，文物出版社，2002年。

② 青海省文物管理委员会：《青海柴达木盆地诺木洪、巴隆和香日德三处古代文化遗址调查简报》，《文物》1960年第6期，37-40页。

③ 顾文华：《青海布哈河畔的青铜器墓葬》，《考古》1978年第1期，147-148页。

分析，认为此处是当时居民饲养家畜用的圈栏建筑遗存[①]。这种使用牛角祈福的做法在当代也很流行，例如在青海巴颜喀拉山北麓的约古宗列盆地，盆地内的玛曲曲果是黄河的发源地，而在此黄河源的石碑前就摆放有一对牛角。

有学者指出，诺木洪文化居民的经济生活是采取多种经营方式，既从事农业和畜牧业，又进行狩猎和制陶业、冶铜业、纺织业等多种生产活动[②]。搭里他里哈遗址中还发现了大量的动物骨骼，可以辨认的有羊、牛、马和狗等，其中羊最多。从这些出土的大量动物骨骼以及短时间内不会形成的圈栏和其内有羊粪堆积等情况看，搭里他里哈遗址的居民所从事的定居畜牧业较发达，应为该人群的主要生产活动之一。

由于诺木洪文化的资料较少，尤其墓葬材料更少，从现有的几座墓葬中并没有发现殉牲现象。但从该文化的畜牧业发展情况，以及结合笔者对其他文化的认识，推测这个青海地区的土著文化应该是有殉牲的，只是我们目前还没有发现而已。当然这还需要更多的考古发掘来进一步验证。

第四节　辛店文化的殉牲

辛店文化因安特生于1924年在甘肃临洮辛店村首次发现而得名[③]。其绝对年代大致在公元前1400～前700年[④]。该文化分布范围主要在黄河上游及其支流渭河、洮河、大夏河、湟水流域，西北至青海的大通、湟中县一带，东南达甘肃陇西附近[⑤]。经过发掘的典型遗址有甘肃永靖姬家川和张家咀[⑥]、马路塬[⑦]、莲花台[⑧]、青海民和核桃庄小旱

---

① 青海省文物管理委员会、中国科学院考古研究所青海队：《青海都兰县诺木洪搭里他里哈遗址调查与试掘》，《考古学报》1963年第1期，7-43页。

② 谢端琚：《甘青地区史前考古》，文物出版社，2002年。

③ 安特生（著），乐森璕（译）：《甘肃考古记》，文物出版社，2011年（再版）；安特生（著），乐森璕（译）：《甘肃考古记》，《地质专报》甲种第五号，农商部地质调查所印行，1925年（原版）。

④ 谢端琚：《甘青地区史前考古》，文物出版社，2002年。

⑤ 中国社会科学院考古研究所：《中国考古学·两周卷》，中国社会科学出版社，2003年，500-506页。

⑥ 中国社会科学院考古研究所甘肃工作队：《甘肃永靖张家咀与姬家川遗址的发掘》，《考古学报》1980年第2期，187-220页。

⑦ 张学正、蒲朝绂：《永靖县马路塬和临夏县莲花台辛店文化遗址》，《中国考古学年鉴（1985）》，文物出版社，1985年，244页。

⑧ 中国社会科学院考古研究所甘肃工作队：《甘肃永靖莲花台辛店文化遗址》，《考古》1980年第4期，296-310页；甘肃省文物工作队、北京大学考古系甘肃实习组：《甘肃临夏莲花台辛店文化墓葬发掘报告》，《文物》1988年第3期，7-19页；石龙、李成瑞：《甘肃临夏莲花台发现辛店文化遗物》，《文物》1984年第9期，94-95页。

地[1]、山家头[2]、互助总寨[3]、乐都柳湾[4]等。现对墓地中有殉牲的墓葬遗存进行梳理和分析。

一、姬家川遗址

该遗址位于甘肃省永靖县的南部。在遗址中发现了属于辛店文化的墓葬2座。其中1座（M2）位于遗址的东南部。为长方形竖穴土坑，长1.7、宽0.8、深0.4米，无葬具。埋葬1位男性，头朝北，葬式为侧身屈下肢，屈度特甚。在头部附近随葬有陶盆、罐各1件，另有1小堆羊骨（肩胛骨和脊椎骨）也摆放在人骨头端[5]。由于可参考的信息太少，我们无法准确判断这是否属于祭肉现象。姬家川遗址的居住址中出土了大量的动物骨骼，有牛、羊、狗、猪和马等，以羊为主，猪次之。这些动物绝大多数为家养动物，仅鹿是人们通过狩猎活动猎取的野生动物。

二、小旱地墓地

该墓地位于青海省民和回族土族自治县核桃庄乡核桃庄村东台地上。1979～1980年青海省文物考古队对墓地进行了发掘，共清理墓葬367座。墓葬结构可以分为竖穴土坑墓（342座）和偏洞墓（25座）[6]。

在整个墓地367座墓葬中，有9座发现殉牲，仅占2.5%。殉牲的动物有1个羊下颌骨（M57），2个狗（M49和M283）和7块兽骨（图2.4-1），其中兽骨未做种属鉴定。殉牲动物均单独埋葬在墓葬底部的人骨周围以及填土中。殉牲动物在男女性别上几无差异，但是没有儿童墓中殉牲的例子。从随葬品看，殉牲墓葬中仅有1座墓葬没有发现任何遗物，其他墓葬均有或多或少的随葬品。殉牲墓葬与非殉牲墓葬在随葬品上并没有明显的差异。在如此大规模的墓地中仅发现寥寥几例殉牲，足见该墓地人群中并不流行动物殉牲。这应与该墓地居民所从事的农业活动有关，而且其家畜饲养业可能不是很发达。

---

① 青海省文物考古研究所、青海省文物管理处、西北大学文博学院：《民和核桃庄》，科学出版社，2004年；青海省文物管理处：《青海民和核桃庄小旱地墓地发掘简报》，《考古与文物》1995年第2期，1-12页。

② 青海省文物管理处：《青海民和核桃庄山家头墓地清理简报》，《文物》1992年第11期，26-31页。

③ 青海省文物考古队：《青海互助土族自治县总寨马厂、齐家、辛店文化墓葬》，《考古》1986年第4期，306-317页。

④ 青海省文物管理处考古队、中国社会科学院考古研究所：《青海柳湾》，文物出版社，1984年。

⑤ 中国社会科学院考古研究所甘肃工作队：《甘肃永靖张家咀与姬家川遗址的发掘》，《考古学报》1980年第2期，187-220页。

⑥ 青海省文物考古研究所、青海省文物管理处、西北大学文博学院：《民和核桃庄》，科学出版社，2004年。

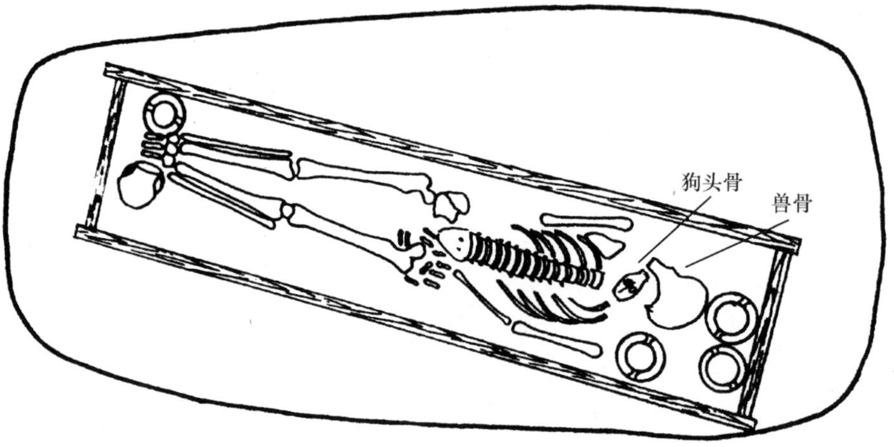

图2.4-1　小旱地墓地M283平面示意图

三、上孙家寨墓地

该墓地位于西宁市大通回族土族自治县后子河乡上孙家寨村北。在发掘的上千座墓葬中仅有12座属于辛店文化墓葬。由于材料还未完全发表，我们还不能对该墓地的殉牲做进一步的分析。但是通过其他文章，可知上孙家寨墓地中有牛、羊和狗等。殉牲动物的部位有牛或羊的肢骨、蹄骨和尾骨。其中有1座墓葬在二层台南部两侧放置有牛头、蹄和尾骨等，似殉牛2头。西北角挖一个椭圆形的浅坑，其内有1具狗骨架，铜铃1枚；东南角牛头之北尚有1个狗头及四爪。有的墓中，墓主人的大腿处，专门置有羊的后腿或前腿①。

除上述的墓地外，在山家头（33座）、莲花台（18座）、互助总寨（1座）、乐都柳湾（5座）等墓地中均未发现殉牲现象。这可能与辛店文化的生业模式有一定关系。总之，辛店文化的殉牲习俗并不流行，殉牲墓葬所占的比例极小。绝大部分的墓地和墓葬中都未发现殉牲现象。在少数墓地和墓葬中随葬的殉牲动物有羊、狗和牛，且数量很少。究其根本原因就是辛店文化的经济形态以农业为主，畜牧业和狩猎业不是很发达。

第五节　寺洼文化的殉牲

寺洼文化因1923年首先在甘肃临洮县寺洼山村发现而命名②。该文化形成于商代中

① 刘晓天：《辛店文化墓葬初探》，中央民族大学硕士学位论文，2009年。

② 安特生（著），乐森璕（译）：《甘肃考古记》，文物出版社，2011年（再版）；安特生（著），乐森璕（译）：《甘肃考古记》，《地质专报》甲种第五号，农商部地质调查所印行，1925年（原版）；J. G. Andersson. Researches into the prehistory of the Chinese. Bulletin of the Museum of Far Eastern Antiquities, No.15, 1943, Stockholm.

期前后，终结于春秋中晚期前后，绝对年代为距今3300～2500年[①]。该文化主要分布于甘肃中、南部的洮河、白龙江、西汉水，东部的泾水及其上游的支流一带[②]。寺洼文化的遗址经调查发现的较多[③]，但是真正发掘过的较少，典型遗址有临洮寺洼山[④]、石家坪[⑤]、临潭磨沟[⑥]、庄浪柳家村[⑦]、徐家碾[⑧]、合水九站[⑨]、岷县占旗[⑩]、平凉安国镇[⑪]、西和栏桥[⑫]、武山阳觚[⑬]等遗址。现对有殉牲的墓葬进行梳理和讨论。

一、寺洼山遗址

寺洼山在临洮县城南约20千米，位于洮河的西岸。1924年安特生在寺洼村遗址共

① 水涛：《甘青地区青铜时代的文化结构和经济形态研究》，《中国西北地区青铜时代考古论集》，科学出版社，2001年，193-327页。

② 中国社会科学院考古研究所：《中国考古学·两周卷》，中国社会科学出版社，2003年，507-510页。

③ 杨益民：《甘肃岷县发现四处寺洼文化遗址》，《考古》1991年第1期，80-81页；谢端琚、赵信：《甘肃天水地区考古调查纪要》，《考古》1983年第2期，1066-1075页；长江流域规划办公室考古队甘肃分队：《白龙江流域考古调查简报》，《文物资料丛刊》（2），文物出版社，1978年，26-37页；裴卷举：《浅述白龙江流域中史前文化发展的内涵》，《西北史地》1996年第3期，18-25页；甘南藏族自治州文化局：《甘肃卓尼县纳浪乡考古调查简报》，《考古》1994年第7期，587-599页。

④ 安特生（著），乐森璕（译）：《甘肃考古记》，文物出版社，2011年（再版）；夏鼐：《临洮寺窪山发掘记》，《中国考古学报》第四册，商务印书馆，1949年，71-137页。

⑤ 安志敏：《甘肃远古文化及其有关的几个问题》，《考古通讯》1956年第6期，9-19页。

⑥ 毛瑞林、钱耀鹏、谢焱：《临潭县陈旗磨沟齐家文化墓群》，《中国考古学年鉴（2009）》，文物出版社，2010年，445-446页；毛瑞林、陈洪海、钱耀鹏、谢焱：《临潭县陈旗磨沟齐家文化与寺洼文化墓群》，《中国考古学年鉴（2010）》，文物出版社，2011年，453-454页。两次共发掘25座寺洼文化墓葬，但具体详情还未见报道，也不知是否有无殉牲。

⑦ 甘肃省博物馆：《甘肃庄浪县柳家村寺洼墓葬》，《考古》1963年第1期，48页。

⑧ 中国社会科学院考古研究所泾渭工作队：《甘肃庄浪县徐家碾寺洼文化墓葬发掘纪要》，《考古》1982年第6期，584-590页；中国社会科学院考古研究所：《徐家碾寺洼文化墓地——1980年甘肃庄浪徐家碾考古发掘报告》，科学出版社，2006年。

⑨ 北京大学考古学系、甘肃省文物考古研究所：《甘肃合水九站遗址发掘报告》，《考古学研究》（三），科学出版社，1997年，300-477页。

⑩ 韩翀飞、马智全：《岷县占旗寺洼文化遗址》，《中国考古学年鉴（2009）》，文物出版社，2010年，447页；甘肃省文物考古研究所：《甘肃岷县占旗寺洼文化遗址发掘简报》，《考古与文物》2012年第4期，35-47页。

⑪ 甘肃省博物馆：《甘肃古文化遗存》，《考古学报》1960年第2期，11-52页。

⑫ 甘肃省文物工作队、北京大学考古学系、西和县文化馆：《甘肃西和栏桥寺洼文化墓葬》，《考古》1987年第8期，678-691页。

⑬ 甘肃省博物馆：《甘肃渭河支流南河、榜沙河、漳河考古调查》，《考古》1959年第7期，326-328页。

发掘了8座寺洼文化的墓葬，其中M8出土1对山羊角，摆放位置不详。安特生认为此墓所出的山羊应属于家畜，不属于野生动物①。1934年夏鼐又发掘了6座墓葬。其中M4中也出土了1对山羊角，斜靠在陶罐的侧壁上②。1947年裴文中也在此发掘了1座墓葬，未见有殉牲现象③。该遗址先后一共发掘了15座墓葬，其中仅2座发现有羊角，占总数的13.3%。至于这2座墓葬的其他信息不详。寺洼山遗址处于寺洼文化分布区内偏西的位置。家畜山羊和陶器底部谷物的发现表明了寺洼文化至少在其西部区存在畜牧业和农业。

二、庄浪柳家村墓葬

1962年甘肃省博物馆在庄浪县柳家村遗址发现了2座寺洼文化的墓葬。这2座墓葬位于渭河支流葫芦河一个旁溪的南岸，在庄浪县柳家村以东的第二级台地中部，距柳家村约100米④。其中M2为长方形竖穴土坑墓，墓底距地表土1.2米。墓内埋葬1具人骨，头东脚西，仰身直肢，方向24°。墓内仅随葬1件陶豆，摆放在人骨的头顶部。这件陶豆内放置1枚狗牙。在墓葬中随葬狗牙的习俗在西北地区的其他考古学文化中几乎不见。在卡约文化下西河潘家梁墓地中发现有随葬狗爪的习俗⑤，且被认为是守卫的寓意。那么是否牙寓意为攻击的象征，还有待考证。一者为口中牙，一者为足下爪，两者之间是否存在一定的关联，我们暂时还不能给出一个合理的解释。

三、占旗遗址

该遗址位于甘肃省岷县维新乡占旗村洮河东侧约500米的一处台地上。该遗址共发现寺洼文化墓葬66座，多为东西向，少部分为南北向，且均为土坑竖穴墓⑥。简报中一共介绍了8座墓葬，其中在2座东西向的墓葬中发现殉牲（M25和M41）。殉牲的3块兽骨种属不详，摆放在二层台（图2.5-1）或墓底部。2座墓中都随葬有较多的遗物，且墓葬的形制均较大。可见殉牲墓葬的主人在当时社会中拥有一定的社会地位和物质财富。除此之外，遗址中还发现2处祭祀遗迹，其中1号祭祀点的北部发现有兽骨及牙齿。动物在当时人群举行祭祀活动中，并没有被广泛的使用。

---

① 安特生（著），乐森璕（译）：《甘肃考古记》，文物出版社，2011年（再版）。

② 夏鼐：《临洮寺窪山发掘记》，《中国考古学报》（第四册），商务印书馆，1949年，71-137页。在M1随葬品中的红陶大罐内发现有2个羊腿骨，这属于祭肉的祭祀行为。

③ 裴文中：《甘肃史前考古报告》，《裴文中史前考古学论文集》，文物出版社，1987年，208-255页。

④ 甘肃省博物馆：《甘肃庄浪县柳家村寺洼墓葬》，《考古》1963年第1期，48页。

⑤ 青海省文物考古研究所：《青海湟中下西河潘家梁卡约文化墓地》，《考古学集刊》（8），科学出版社，1994年，28-86页。

⑥ 甘肃省文物考古研究所：《甘肃岷县占旗寺洼文化遗址发掘简报》，《考古与文物》2012年第4期，35-47页。

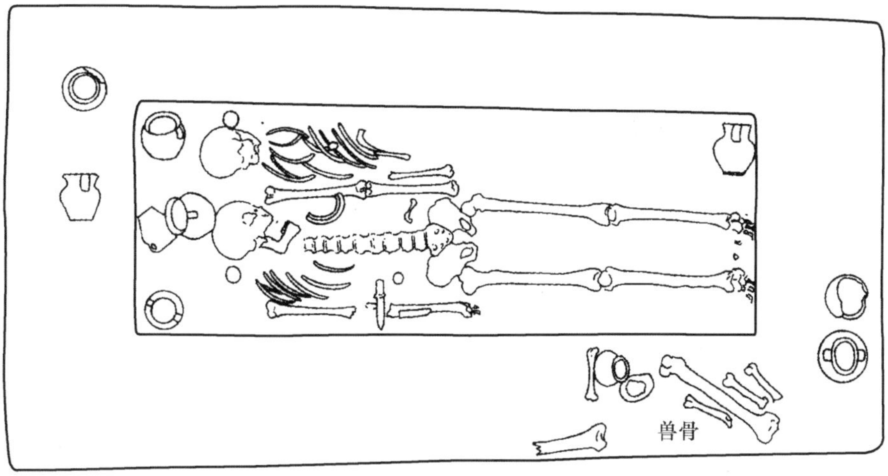

图2.5-1 占旗遗址M25平面示意图

四、西和栏桥墓地

该墓地位于甘肃省西和县红旗乡栏桥村，在西汉水东岸席家山向河谷延伸的缓坡上，葬地与河面高差约50米①。该墓地共发掘了9座墓葬，皆为长方形竖穴土坑墓。其中仅1座墓葬中发现殉牲现象。

M4，成年男性墓，长方形土坑竖穴，方向70°，长2.3、头端宽1.5、脚端宽1.45米。因地形东高西低，故深度为头端1.3米，脚端0.95米。骨架右侧摆放有26件陶器。从墓口向下0.9米的填土中发现1具无头羊骨架。在人骨头端上方的填土中埋葬羊的情况在其他文化的墓葬中也有发现，但埋葬无头羊还是很少见的现象。这种做法可能代表了一种我们现代人无法理解的思维方式。这座墓葬的形制大小和随葬品的数量在墓地的9座墓葬中属于中等偏上级别。

五、合水九站遗址

该遗址位于甘肃省庆阳地区合水县蒿咀铺乡九站村。居住址位于遗址的中南部，墓地坐落在北边的山坡上，其南与居住区相连。由于一道自然冲沟的侵蚀破坏，其原来的范围已不得而知。该遗址为寺洼文化分布范围最靠东边的遗址②。墓地共发掘了寺洼文化墓葬80座。按照墓葬方向可以分为东西向墓（5座）和南北向墓（75座）。按照墓葬形制可以分为洞室墓（1座）和竖穴土圹墓（79座），在后者中带头龛的61座，不带头龛的15座，其余3座情况不详。

① 甘肃省文物工作队、北京大学考古学系、西和县文化馆：《甘肃西和栏桥寺洼文化墓葬》，《考古》1987年第8期，678-691页。

② 北京大学考古学系、甘肃省文物考古研究所：《甘肃合水九站遗址发掘报告》，《考古学研究》（三），科学出版社，1997年，300-477页。

在墓地80座墓葬中，有殉牲的墓葬24座，占总数的30%。殉牲动物有羊、牛和未鉴定种属的兽骨。除M29有牛骨和兽骨伴出的情况外，其他均为单独随葬。兽骨的数量要远多于羊和牛。

殉羊墓有2座，其中1座墓主人为25岁左右的女性，羊头骨发现于人骨腰部右侧（图2.5-2，1）；另1座墓主人性别年龄不明，羊头骨摆放在二层台上。殉牛墓有3座，主要有头骨（2座）和未知部位（1座），多发现于填土中和二层台上。其中1座出土牛头骨的墓主人为40岁左右的男性。殉兽墓葬有21座，主要有未知部位（19座）、头骨（1座）和下颌骨（1座）。这些兽骨一般被摆放在填土中、二层台上、墓底人骨身边和头龛内（图2.5-2，2）。

殉牲墓葬中可鉴定性别的有9座墓葬，仅M26为成年女性，另8座皆为成年男性，

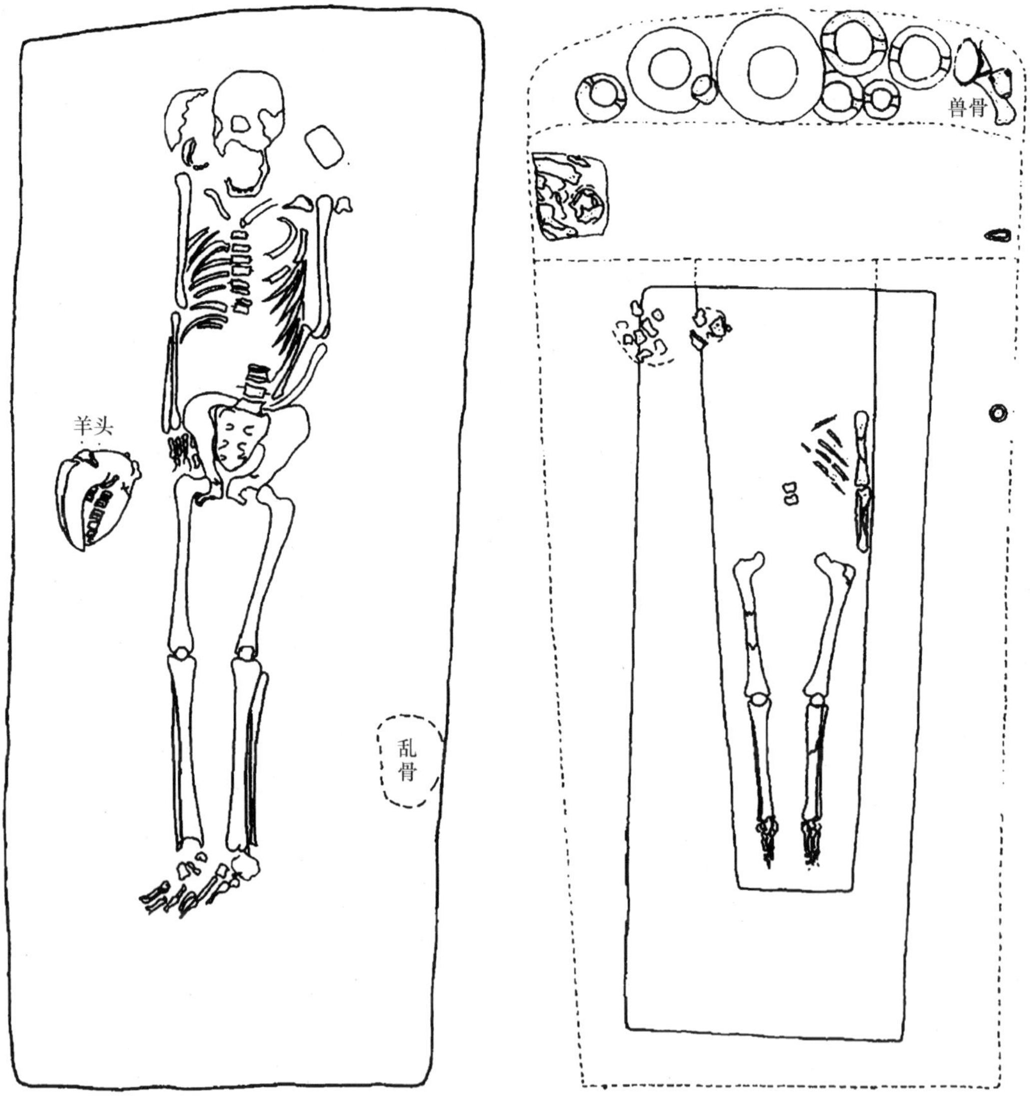

图2.5-2　九站墓地殉牲墓葬平面示意图

1. M36　2. M27

且都出土兽骨[①]。这可能与男性多从事狩猎活动有关，同时也表明殉牲习俗在男性成员中比较流行。

从殉牲和随葬品的有无看，整个墓地可以分为四个类别：第一，没有随葬品和殉牲，共6座。第二，有殉牲无随葬品，仅1座。第三，有随葬品无殉牲，共50座。第四，既有殉牲又有随葬品，共23座。可见，第三类是最多的，其次是第四类和第一类，最后是第二类。考虑到殉牲墓葬的形制规模在整个墓地中属于中等级别的情况，笔者倾向于殉牲习俗仅在这一部分人群中流行，仅是这一部分人的身份标识之一。

总之，九站墓地的殉牲率达到三成，并且仅在中间阶层的人群中流行，特别是在成年男性成员中。殉牲的种类很少，仅有少量的羊和牛，多数为未知种属的动物骨骼。在九站遗址的居住址地层中和灰坑中很少见有动物骨骼。据此，笔者认为九站墓地的人群其畜牧业并不是很发达，仅有极个别的家庭才饲养羊和牛等家畜。居住址的发现和其他丰富的农业生产工具，以及大量陶器的出土，说明农业是这个社会的基础性经济。

六、徐家碾墓地

徐家碾村位于渭河上游葫芦河支流水洛川的北岸，西南距庄浪县城约3.5千米。该墓地共发掘102座墓葬和2座车马坑，均为竖穴土坑墓，且墓向皆为西北—东南向[②]。

在发掘报告中发掘者按照功能对墓葬中出土的动物骨骼进行了区分，“第一种为祭肉，种类有牛头、马头、猪头、羊头、牛肢骨、马肢骨、羊肢骨以及大小不同的块状兽类肉食残留。这种祭肉在墓葬中有27座。第二种为殉牲畜，即随葬完整牲畜，仅有M63一例”[③]。这种对祭肉和殉牲的划分与本书的划分有一定的差异。本书将考古发掘中出土的摆放在二层台、葬具顶端、墓底和特定容器之中的大小不同的块状动物肉食残留和动物的肩胛骨、肋骨和肢骨等现象统称为祭肉。实际上这些骨骼在埋葬之时应都是连带肉和皮毛的生肉，象征着为死者提供在另一个世界可继续食用的食物，它属于广义殉牲的范畴。狭义的殉牲是指在墓葬中随葬动物（羊、牛、马、狗和猪等）的头骨（包括颌骨和部分椎骨）、肢骨（包括蹄骨）或完整的个体进行祭祀的习俗，这些动物多摆放在填土、二层台和墓底等位置。无论是祭肉，还是殉牲都是古代人群对动物资源的一种利用。事死如事生的观念在古代尤为深入人心，所以人们才会把珍贵的动物和肉食作为一种祭祀的方式献给死去的人。

笔者通过详细地比对报告中的文字、图表、墓葬登记表和附录三中对动物骨骼的

① 宋景民、张桂芝：《合水九站青铜时代人骨的鉴定与研究》，《考古学研究》（三），科学出版社，1997年，461-477页。

② 中国社会科学院考古研究所泾渭工作队：《甘肃庄浪县徐家碾寺洼文化墓葬发掘纪要》，《考古》1982年第6期，584-590页。

③ 中国社会科学院考古研究所：《徐家碾寺洼文化墓地——1980年甘肃庄浪徐家碾考古发掘报告》，科学出版社，2006年。

研究以及对中国社会科学院考古研究所网站上公布的骨骼鉴定数据进行了汇总分析。现按照以下几个方面进行分析和讨论。

1. 祭肉

该墓地发现祭肉的墓葬有17座，占总墓葬的16.7%。祭肉的骨骼因多为小块状，很难做种属鉴定。推测这些块状的骨骼多数为家畜牛、羊和猪。祭肉的摆放位置多在靠近墓主人附近的陶簋和陶豆等容器内，也有的摆放在二层台、棺顶①和散落在人骨头部附近。笔者认为这些没有发现在容器内的祭肉，在埋葬之初在其底部应该有一些承托的物件，只是这些承托之物已经腐蚀掉而未被我们发现而已。承托之器有可能为已经腐蚀掉的木盘，或为粗糙的麻布，甚至也有可能铺一小块草席。

从墓主人的性别和年龄来看，有祭肉的均为成年人，男性和女性的数量几乎相当，不见未成年人有祭肉的现象。从葬式上看，二次葬、仰身直肢葬的数量亦相当。在这些有祭肉的墓葬中每一座都有随葬品出土，最少的都有5件陶器（M82），最多的达40多件，并且还有较多的青铜质地的遗物出现（M70和M85）。随葬品最多的2座墓中分别埋葬1位成年女性和1位成年男性，可见性别差异不大。从整个墓地的出土随葬品的情况来看，102座墓葬中仅有2座墓葬未发现随葬品。也就是说有祭肉的墓葬在随葬品方面，并不是很突出。

值得注意的是，在17座有祭肉的墓葬中，有3座殉人墓葬（M49、M59和M70），2座殉牲墓葬（M16和M52），单独摆放祭肉的墓葬有12座。其中殉人墓葬出土的随葬品最多。说明在这一类墓葬中，有殉人的墓主人拥有着较高的社会地位和物质财富。

2. 殉牲

该墓地发现殉牲的墓葬有31座，占总墓葬的30.4%。殉牲动物有羊、牛、马、猪和兽骨。殉羊墓有10座，主要有头骨和肢骨。多摆放在二层台、棺顶，少数的肢骨摆放在墓底人骨附近。殉羊墓中有7座成年男性，1座成年女性，还有2座未鉴定的，不见有儿童墓葬。可见男性相较于女性而言更流行殉羊。殉牛墓有23座，主要有肢骨和头骨，还有1具完整的牛骨架。多摆放在墓底部、二层台、棺顶和填土中。殉牛墓中有15座成年男性或男性为主的合葬墓，有5座成年女性墓，其他3座墓性别不详，不见有儿童墓。可见男性在殉牛上也要多于女性，但是在1座女性墓（M63）中，发现了一头完整的牛，并且出土了较丰富的随葬品。这种情况应该与这座女性墓主人的特殊身份有关。在卡约文化潘家梁墓地中也有1座女性墓中发现有完整的牛骨架②。这说明这两位女性的身份不是普遍的社会成员。殉马墓有6座，主要有头骨和肢骨，多摆放在填土、棺顶和二层台，不见有摆放在墓底的例子。殉马墓中有3座成年男性、2座成年女性和

① 这里需要说明的是，一些祭肉和殉牲动物的骨骼发现在人骨上或陶器上，发掘者认为这些骨骼多数都是摆放在棺顶，后由于木质棺顶腐烂动物骨骼也掉入棺内。

② 青海省文物考古研究所：《青海湟中下西河潘家梁卡约文化墓地》，《考古学集刊》（8），科学出版社，1994年，28-86页。

1座性别不详者，不见有儿童墓。在殉马方面，男性与女性的差别不大。殉猪墓仅有3座，主要有头骨和肢骨，摆放在填土、二层台和棺顶各1座。殉猪墓中成年男性、女性和性别不详者各1座，性别差异不大。殉兽墓仅有2座，摆放位置不明确，成年男性和性别不详者各1座。

在31座殉牲墓葬中，同时发现祭肉的墓葬有2座，与殉人伴出的有5座，单独殉牲的有24座。绝大多数的殉人墓中其随葬品均比其他墓葬要多。说明在殉牲墓葬中，有殉人墓葬的主人拥有着较高的社会地位和物质财富。

从各种动物的年龄看，马为成年，猪为未成年，牛为由出生不到半岁至成年不等，羊绝大多数为成年个体①。成年个体的数量占大多数，意味着这些动物的产肉量都达到了一定的程度。说明徐家碾墓地人群对殉牲（部分祭肉）动物的年龄是有选择的。

总之，徐家碾墓地中殉牲率接近三成。殉牲动物中牛的数量最多、其次为羊和马、最后为猪和种属不详的兽。由此可知，因为牛的移动性和活动半径相对较小，并且还有一定数量的养猪业，故徐家碾墓地人群以定居的形式兼顾发展畜牧业。羊和马的数量较少说明徐家碾墓地的人群与典型的专业化的游牧业之间是有一定差别的。殉牲在性别上的差异较明显，男性的殉牲率大于女性，且男性在殉羊上非常突出，另外殉牲墓葬均为成年人，不见儿童墓殉牲的现象。

3. 车马坑

墓地中发现了2座车马坑（M7和M104），平面均为近似梯形的竖穴土坑，坑内各埋葬有2匹马和1辆车。2座车马坑的竖穴土坑均被严重破坏，其中M7土坑的大部分坑壁被破坏，仅残留2个马头骨和部分颈部脊椎骨。在两个马头之间发现少许红色的漆皮残迹，也有可能是马具的残余（图2.5-3，1），发掘者认为它可能是M95的随葬坑。M104，东西向梯形竖穴土坑，方向272°。竖穴土坑的东部坑壁被破坏至穴底，仅在2匹马的后腿腔骨外侧各发现一个埋车轮的浅土坑，两个浅土坑南北对称并列（图2.5-3，2）。发掘者认为其可能属于M70的陪葬坑，同时指出这些马都是杀死以后分割为数段再埋进墓内。这种做法在西北地区青铜时代的考古遗存中未曾发现。单独的殉葬马坑在甘肃庆阳地区②也有发现。但是随葬马车和马的做法，在中国北方地区发现的均较少，且年代较晚，仅在马家塬和王洼墓地发现过。马家塬和王洼墓地的墓葬规模要远大于徐家碾墓地。笔者认为徐家碾墓地车马坑的出现应该是受到了周文化的影响。

综上，笔者对徐家碾墓地的祭肉、殉牲以及车马坑分别进行了梳理。三者共计有48座墓葬，占到104座墓葬（包括2座车马坑）的46.2%。说明该墓地人群使用动物为死者举行祭祀是较普遍的事情。笔者认为在墓葬中使用祭肉、殉牲和殉人是有等级区别的。从墓葬的形制，尤其是出土随葬品的情况来看，“祭肉—殉牲—殉人”是一个逐

① 袁靖、杨梦菲：《甘肃庄浪徐家碾寺洼文化墓葬出土动物骨路研究报告》，《徐家碾寺洼文化墓地——1980年甘肃庄浪徐家碾考古发掘报告》（附录三），科学出版社，2006年，238-244页。

② 庆阳地区博物馆、庆阳县博物馆：《甘肃庆阳城北发现战国时期葬马坑》，《考古》1988年第9期，852-860页。

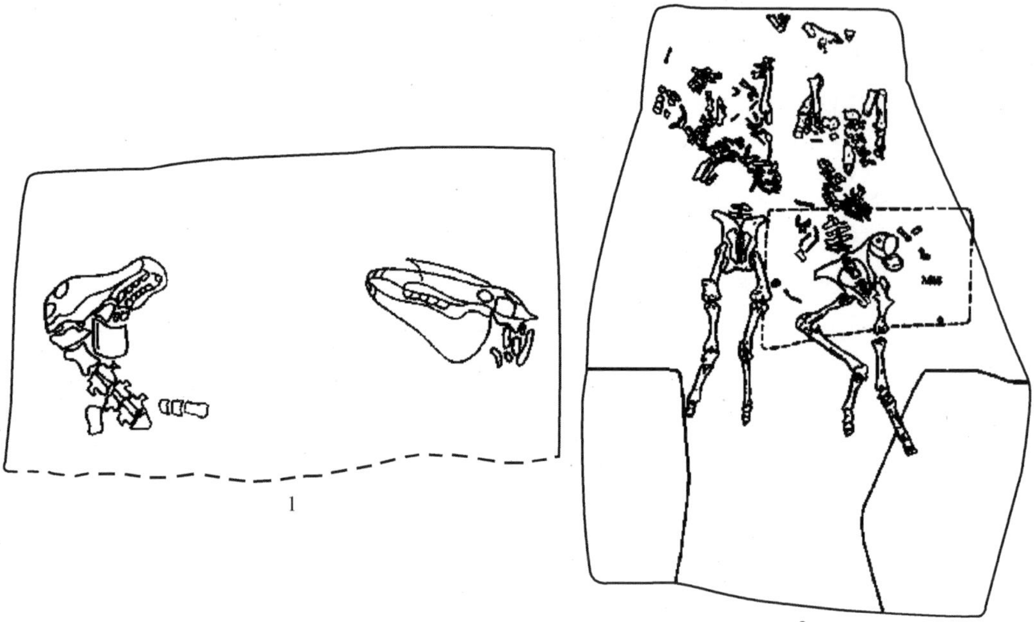

1　　2

图2.5-3　徐家碾墓地车马坑平面示意图

1. M7　2. M104

级递增的关系。当然这三类墓葬并不是严格区分的，在同一座墓葬中有可能既有祭肉和殉牲，也可能有殉人。无论是以祭肉的形式为死者在逝去的另一个世界继续享用这些美食，还是以殉牲的形式为死者彰显其社会地位和象征继续占有牲畜资源，抑或是为某个家庭中社会地位极高、物质财富丰裕的成员专门营造车马坑，都表明徐家碾墓地的居民对牲畜有着特殊的感情。

七、小　　结

通过分析6处寺洼文化典型墓地的殉牲特点，汇总成表2.5-1。可以很明显地看出寺洼文化殉牲的总体特点和各墓地的差异性。笔者按照殉牲特点将6处墓地划分为四组：第一组为寺洼山和栏桥墓地，这一组仅随葬羊，殉牲率略大于10%。殉牲的羊主要有羊角和无头羊骨架各1例。随葬羊角的习俗还见于齐家文化互助总寨墓地。第二组为九站墓地，殉牲动物仅有牛、羊和兽等，其中兽的数量远多于牛和羊，且多在成年男性中流行，殉牲率达30%。第三组为徐家碾墓地，主要有牛、羊、马和猪等动物的头骨和肢骨，并且还有摆放祭肉、营建车马坑和殉人等习俗。这一组的殉牲率为30.4%。第四组为柳家村和占旗墓地，殉牲率较低。殉牲仅有狗牙和兽骨，其他相关信息不详（表2.5-1）。

有学者将寺洼文化分为前、后两期，前期以寺洼山类遗存为代表，时间从夏商之际到商晚期（先周晚期）；后期以九站、徐家碾、任家坪类遗存为代表，时间从先周晚期到西周中期[①]。按照这一分期结果，寺洼文化的殉牲也经历了一个变化的过程。由早期的仅殉牲羊到晚期殉牲牛、羊、马和猪等。殉牲动物的种类和数量均有了明显的提高，并且墓地中的殉牲率也有所提升。这一变化不仅仅是葬俗的演变，其背后还是生业模式的变化，即农业依然存在并占据着较重要的位置，但是畜牧业所占的比重大大增加。

总之，寺洼文化的殉牲从早期到晚期逐渐增多，种类有牛、羊、马、猪、狗和兽等。殉牲动物的部位主要有头骨和肢骨，头骨多摆放在二层台和棺顶上，肢骨多摆放在棺顶和墓底人骨附近。除了殉牲，晚期较流行的祭肉习俗说明由于畜牧业的发展，也改变了人群的饮食结构。肉食被作为珍贵的食物献给死者，足见其重视程度。

表2.5-1 寺洼文化各墓地的殉牲汇总表

墓地（分组）	墓葬形制	殉牲								
		牛	羊	马	猪	狗	兽	殉牲部位	摆放位置	殉牲率
寺洼山（一）	竖穴土坑		4					山羊角	墓底	13.3%
栏桥（一）	竖穴土坑		1					无头羊骨架	填土	11.1%
九站（二）	竖穴土坑	3	2				21	羊头；牛头、牛骨；兽骨、头	二层台、头龛、填土、墓底人骨附近	30%
徐家碾（三）	竖穴土坑	26	11	7	3		2	羊头、角、肢骨；牛骨架、头、肢骨；马头、肢骨；猪头、肢骨；兽头	二层台、棺顶、墓底、填土	30.4%
柳家村（四）	竖穴土坑					1		狗牙	陶豆	?
占旗（四）	竖穴土坑						2		二层台、墓底	?

第六节 卡约文化的殉牲

卡约文化因在青海省湟中县李家山乡卡约村首先发现而得名[②]，也是青海地区分布地域最广、遗址数量最多、时代下限最晚的青铜时代土著文化。该文化的绝对年代为公元前1600～前600年，大体经历了1000年的发展历程[③]。其分布范围主要在黄河上游及其支流湟水流域，大体上东起甘肃西部永靖县，西至青海海南藏族自治州兴海县，

① 宋江宁：《试论寺洼文化》，中国社会科学院硕士学位论文，2001年。

② 安特生（著），乐森璕（译）：《甘肃考古记》，文物出版社，2011年（再版）；安特生（著），乐森璕（译）：《甘肃考古记》，《地质专报》（甲种第五号），农商部地质调查所印行，1925年（原版）。

③ 中国社会科学院考古研究所：《中国考古学·夏商卷》，中国社会科学出版社，2003年，562-566页。

北到祁连山南麓，南达阿尼玛卿山北部。但遗址分布比较密集的中心区在青海省境内黄河上游河曲地带和湟水中上游地区①。第三次全国文物普查发现该文化遗存多达1877处，经过发掘的墓葬达2000余座。目前经正式调查发掘的卡约文化遗存近30处，已发表资料的有13处②。典型的遗址有上孙家寨③、阿哈特拉山④、合洛寺⑤、苏志⑥、山坪台⑦、潘家梁⑧、苏呼撒⑨、大华中庄⑩、莫布拉⑪、黄家寨⑫、半主洼⑬、刚察城郊⑭、上半主洼⑮、下半主洼墓地⑯和鲍家藏村遗址⑰等。现对有殉牲的墓地分别进行梳理和讨论。

一、大华中庄墓地

湟源县地处湟水上游，境内群山环抱，峡谷纵横，平均海拔3000米左右，湟水自

---

① 谢端琚：《甘青地区史前考古》，文物出版社，2002年。

② 乔虹：《卡约文化金属制品及其文化意蕴》，《青海师范大学学报》（哲学社会科学版），2013年第35卷第4期，74-77页。

③ 许新国：《试论卡约文化的类型与分期》，《青海文物》（第1、2期），1988、1989年。

④ 许新国：《试论卡约文化的类型与分期》，《青海文物》（第1、2期），1988、1989年。

⑤ 吴平：《海南藏族自治州境内发现晚期墓》，《青海文物》（第3期），1989年。

⑥ 许新国：《试论卡约文化的类型与分期》，《青海文物》（第1、2期），1988、1989年。

⑦ 青海省文物考古研究所、海南藏族自治州群众艺术馆：《青海贵德山坪台卡约文化墓地》，《考古学报》1987年第2期，255-274页。

⑧ 青海省文物考古研究所：《青海湟中下西河潘家梁卡约文化墓地》，《考古学集刊》（8），科学出版社，1994年，28-86页。

⑨ 青海省文物考古研究所：《青海循化苏呼撒墓地》，《考古学报》1994年第4期，425-449页。

⑩ 青海省湟源县博物馆、青海省文物考古队、青海省社会科学院历史研究室：《青海湟源大华中庄卡约文化墓地发掘简报》，《考古与文物》1985年第5期，11-34页。

⑪ 高东陆、许淑珍：《青海湟源莫布拉卡约文化遗址发掘简报》，《考古》1990年第11期，1012-1016页。

⑫ 青海省文物考古研究所、吉林大学考古学系：《青海大通县黄家寨墓地发掘报告》，《考古》1994年第3期，193-206页；马兰、刘杏改：《大通黄家寨及杨家湾墓地清理简报》，《青海文物》（第2期），1989年。

⑬ 青海省文物考古研究所：《青海化隆县半主洼卡约文化墓葬发掘简报》，《考古》1996年第8期，425-449页。

⑭ 王武：《青海刚察县卡约文化墓地》，《青海文物》（第4期），文物出版社，1990年。

⑮ 刘宝山：《青海化隆县上半主洼卡约文化墓地第二次发掘简报》，《青海文物》（第9期），文物出版社，1995年。

⑯ 窦旭耀：《化隆县下半主洼卡约文化墓地发掘简报》，《青海文物》（第8期），文物出版社，1994年。

⑰ 吴平：《李家峡水电站工程砂料区卡约文化遗址》，《中国考古学年鉴（1992）》，文物出版社，1994年，337-338页。

西北蜿蜒向东横贯全县。大华中庄位于湟水上游唯一较开阔平整的川谷地区，这里背靠日月山，面对湟水，向北约15千米出巴燕峡入海晏县，东至湟源县城不足10千米①。墓地共清理发掘了117座②属于卡约文化的墓葬和2处祭祀坑。现以几座殉牲墓葬为例做简要讨论。

M95，儿童合葬墓。墓口长2.8、宽2、深1.47米，有生土二层台。葬具为用圆木做成的框架，无盖无底，搭在棺坑上，呈梯形。2个儿童均为仰身直肢葬。随葬器物有长颈双耳陶罐和铜矛以及海贝各1件、铜饰73件、石玉饰150件、骨饰90件，还有一些骨珠、石珠等。8根牛下肢骨以每2根为一组分别摆放在靠近棺坑四个角落的二层台上。它有可能象征着2位小主人各自拥有1头牛。这种殉牲特点、摆放方式以及殉牲寓意在整个中国北方地区都是绝无仅有的。从对牛的处理方式看，牛在该墓地人群中的重要性不言而喻。此外在人骨的脚底部还发现有1根羊股骨（图2.6-1，1）。同样的摆放方式还有较多，例如M79（图2.6-1，2），可见这种丧葬习俗在该墓地人群中普遍流行。

M90，单人葬。墓口长3、宽2.5、深2米，有生土二层台。此墓东南部被M98打破。葬具为用圆木拼成的框架，并在中间横置三块木板，无帮无底，紧套在棺坑口内。棺内埋葬1位成年男性，仰身直肢葬，头骨被砸碎。在左臂旁放置长颈双耳陶罐1

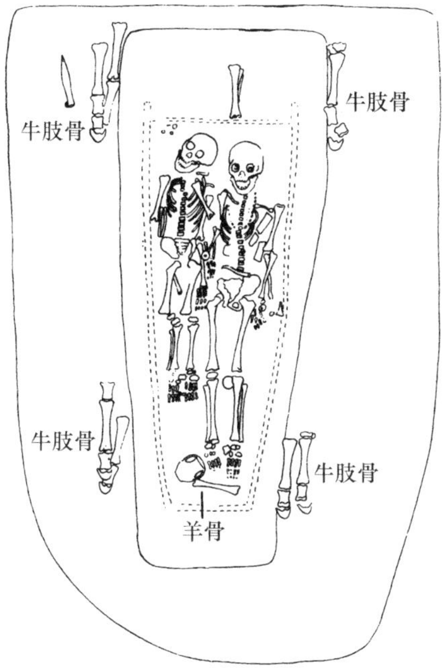

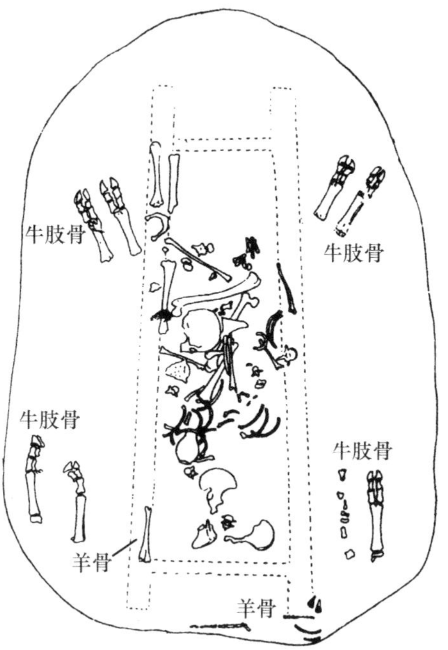

图2.6-1　大华中庄墓地殉牲墓葬平面示意图

1. M95　2. M79

---

① 青海省湟源县博物馆、青海省文物考古队、青海省社会科学院历史研究室：《青海湟源大华中庄卡约文化墓地发掘简报》，《考古与文物》1985年第5期，11-34页。

② 实际上在1983年一共发掘了118座墓葬，发掘者认为M103的年代为汉代晚期，其性质不属于卡约文化的墓葬。

件，左臂与肋骨之间放置铜刀1件，铜棒、铜饰和骨珠等散乱置于骨架周围。4条马下肢骨被依次排列在二层台上，应是同一匹马的前后四肢（图2.6-2，1，2）。墓主人生前可能酷爱这匹马，故在其死去后家庭其他成员将这匹马宰杀，并将其四肢分开摆放在人骨的四周。寓意为死者在另一个世界依然可以骑乘爱马。

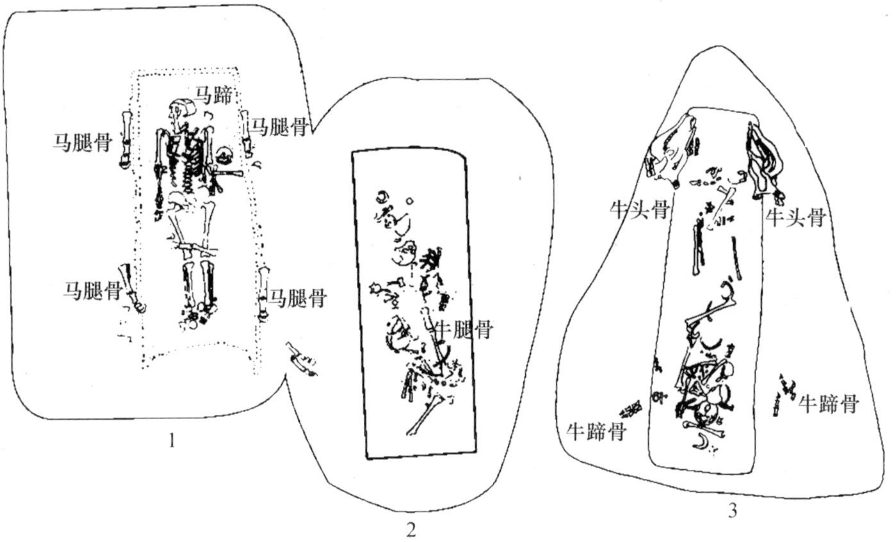

图2.6-2　大华中庄墓地殉牲墓葬平面示意图

1. M90　2.M98　3.M39

M39，单人葬。三角形底边边长3.35、高2.55、墓坑深0.78米，有生土二层台。葬具只见木条痕迹，结构不详。埋葬1位成年女性，系二次葬。随葬器物有双耳陶罐1件、海贝29枚、石珠饰43件。殉牲有2个牛头骨和8条牛蹄骨，正好为2个个体。牛头骨摆放在墓坑北端两侧二层台的边缘，牛蹄骨则摆放在墓坑南端两侧的二层台上（图2.6-2，3）。在墓葬中摆放牛头的现象在该墓地中是少见的。这种以动物的头骨和蹄骨作为殉牲的习俗成为了东周时期中国北方地区最流行的殉牲形式。也可以说这是以动物头骨和蹄骨为殉牲时代的萌芽阶段。

在整个墓地117座墓葬中，有45座发现殉牲，占38.5%。说明在大华中庄人群中已经非常流行殉牲习俗。殉牲动物主要以羊、马和牛为主，还有少量的狗、鹿和其他兽骨。其中以羊的数量最多，其次是马和牛，最后是狗、鹿和其他兽骨。牛的部位有头骨、下肢骨、尾骨和角，其中下肢骨的数量最多。羊的部位有跗骨、蹰骨、尾骨、肢骨、股骨和角等，其中发现羊跗骨的数量和频率都是最多的。殉牲墓葬中发现羊跗骨的墓葬有24座，占到半数以上。又如M24中出土69个羊跗骨，是整个殉牲墓葬中最多的一座。马的部位有头骨、下肢骨、足骨和尾骨，其中下肢骨的数量占绝大多数。狗主要以全牲的形式出现，还有2例为尾骨和其他未鉴定部位的墓葬。鹿均为鹿角，还有1例未鉴定种属的兽角。

摆放位置方面，牛和马的头骨多摆放在人骨头端的二层台上。牛和马的肢骨多摆放在棺坑边缘的二层台上，肢骨的蹄尖多与人足的方向一致。这种摆放方式在中国北方地区更早的时代均没有发现，这是大华中庄墓地的特色之一。在晋中地区的灵石旌介商墓[①]和殷墟戚家庄东M269[②]中发现有使用动物的下肢骨进行随葬，且都摆放在二层台上的现象。但是这两座墓葬在动物肢骨的数量上要远逊于大华中庄墓地。它们之间是否存在着某种联系，这一问题还不是很清楚。从年代的早晚来看，灵石旌介和殷墟戚家庄东M269的年代要早于大华中庄墓地。考虑到它们之间的时间和空间距离都相差较远，笔者更倾向于它们之间的关系不大，但是这种丧葬思维是相似的。羊多放置在二层台上，有少量的跗骨摆置在墓底人骨附近。狗骨和鹿骨的摆放位置不是很清楚。

从单个动物的殉牲频率来看，殉牛墓有8座，占17.8%。殉羊墓有31座，占68.9%。殉马墓有24座，占53.3%。殉狗墓有3座，仅占6.7%。殉鹿墓仅1座，占2.2%。殉未知兽骨有2座，占4.4%。很明显，殉羊的频率是最高的，其次是马，再次是牛，最后是狗、未知兽骨和鹿。可见以羊、马和牛为主体的畜群结构表现出了强烈的畜牧业特征。

从简报末的墓葬登记表分析，在117座墓中，有随葬品的104座，极少数的墓葬中没有任何的随葬品。同时，有殉牲的墓葬中绝大多数都随葬有其他遗物。仅从随葬品来看，随葬品的多寡与殉牲动物的种类和数量不存在绝对的对应关系。从墓葬的形制来看，可以分为长方形、椭圆形和三角形。在这批墓葬中平面呈椭圆形和三角形墓葬的形制一般都较大，多数有较大的生土二层台和葬具，不见有儿童葬。几乎每座墓都有殉牲和随葬品。墓葬一般较小，部分带有二层台。这类墓葬中儿童墓约占三分之一，殉牲动物的种类和数量也较少。

从墓主人的性别和年龄来看，殉牲墓葬中除去2座没有人骨的墓葬，最多的是单人成年男性墓（21座），其次是单人成年女性墓（11座），最后是合葬墓（11座），不见有单独的儿童墓。其中合葬墓出土的人骨性别多不清楚。通过分析墓主人的性别，可以看出，不同性别在殉牲上的差异是显著的。成年男性在使用动物殉牲上更普遍，且主要为羊和马，仅有2座墓葬中使用牛骨和牛角（M59和M92）。成年女性在使用动物殉牲上要略逊于成年男性，并且主要为羊和牛，不使用马骨。仅在1座男女合葬墓中使用了马骨，笔者认为此墓的真正主人应为男性，所以墓葬中随葬的马骨当与此成年女性关系不大。可见大华中庄墓地的人群在殉牲上有着严格的性别差异。

除殉牲墓葬外，还发现了2个祭祀坑，均为浅圆形坑，坑内均发现有兽骨，有的还被火烧过，兽骨的种属不明。可见大华中庄墓地的居民在举行祭祀仪式时非常重视使用动物殉牲，究其根本还是与这一人群的基本生活方式有关。畜牧业的不断发展和壮大，改变了以农业为主居民的饮食习惯、体质体态、行为方式、思维观念和祭祀习俗。殉牲正是这一变化的直接表现形式。

总之，随葬动物骨骼的殉牲现象在大华中庄墓地较普遍，将近四成的社会成员均在使用。这些殉牲动物有家畜羊、马、牛和狗，还有狩猎所得的野生动物鹿。这些动

---

① 山西省考古研究所：《灵石旌介商墓》，科学出版社，2006年。

② 安阳市文物工作队：《殷墟戚家庄东269号墓》，《考古学报》1991年第3期，325-352页；安阳市博物馆：《殷墟戚家庄269号墓发掘简报》，《中原文物》1986年第3期，9-13页。

物多以头骨、肢骨或尾骨等作为象征牺牲。尤其是少量动物头骨和蹄骨的发现，可以说是下一个普遍以动物头骨和蹄骨殉牲的时代的萌芽阶段。男性和女性之间在殉牲动物的种类上有着明显的差异，男性主要随葬马和羊，女性使用羊和牛，单独儿童墓不随葬殉牲动物。从该墓地的殉牲特点看，并结合陶器较少的现象，认为大华中庄墓地人群所从事的经济生活是以畜牧业为主，兼营狩猎和农业经济的观点大体是无误的。从殉牲的种种特征，可以窥见当时居民有着自身独特的祭祀习俗和精神信仰。

二、平安县沙卡村墓地

沙卡村南距平安县古城乡2千米，位于平安至化隆公路的西侧。墓地位于沙卡村下杂湾坡地上，其北有一条冲积沟，沟南侧断崖处露出卡约文化陶片及人骨。墓地共发掘了4座墓葬。简报中称“4座墓中，除M4为迁葬墓外，其余3座均随葬有动物骨骼，由此可知该地区卡约时期畜牧经济可能较为发达”①。也就是说墓地的殉牲率达到了75%。现对其中的2座墓葬进行介绍。

M1，方向130°。墓长1.44、宽0.54、深1.8米。仰身屈肢，双腿弯曲，左腿搭在右腿上。随葬品置于头侧，有1件铜泡和3件骨珠。另外，在人骨左腿左侧摆放有动物骨骼，种属不明。

M3，方向220°。墓长2、宽0.86、深1米。二次扰乱葬，仰身直肢葬入后，又二次扰乱胸部，右侧胸部扰乱较甚，另外人骨缺少右臂肱骨、左腿胫骨及双足骨。随葬器物共9件，置于头、胸、两手及足部。头顶及足部各置1件陶器，左手握1件石器，右手握铜刀。左眼及左手旁各置1件铜泡，颈部挂铜饰和骨珠。左肱骨一侧放有羊腿骨。

总之，沙卡墓地发现的墓葬数量较少，但是殉牲率较高。具体来说，殉牲有羊肢骨和未鉴定的动物骨骼，一般摆放在墓底人骨的旁边。有的摆放在人骨的上肢附近，有的摆放在脚部底端。由于限于当时的条件，并没有做动物考古学的鉴定和研究，所以我们仅能获知这些零星的信息。

三、花鼻梁墓地

该墓地位于青海省湟源县塔湾乡，共计发现墓葬13座②。其中简报中报道了3座有殉牲的墓葬。简报中称“较大型的墓葬多随葬马、牛、狗、羊等动物骨骼……马、牛等家畜四肢放于棺坑两边，蹄向与人足向一致，头骨置于人架头向两侧，尾骨大多放在

---

① 青海省文物考古研究所：《青海平安县古城青铜时代和汉代墓葬》，《考古》2002年第12期，29-37页。

② 在当时普查过程中还在申中乡俊家庄乱山清理了5座墓葬，均属于卡约文化墓葬。在报道中没有发现与殉牲有关的信息。

棺坑一端的二层台处，羊及狗往往也放在棺内”[①]。而报道的3座墓中并没有提及有羊骨和尾骨的例子，所以殉牲墓葬的数量一定大于3座。现对此3座殉牲墓葬进行讨论。

M11，三角形土坑墓。底边长2.6、斜边长2.8、深0.89米，棺坑长2.15、宽0.65、深0.48米。埋葬1位成年男性，为二次扰乱葬。在头骨顶端随葬有1件长颈双耳小陶罐。在二层台的两侧摆放有9条马的下肢骨，其中西侧为5条、东侧有4条。还有1块狗骨摆放在二层台的最西侧（图2.6-3，1）。

M12，椭圆形土坑墓。长径3.2、短径2.1、深1.02米，棺坑长1.8、宽0.65、深0.46米。埋葬1位成年女性，为二次扰乱葬。在棺坑南侧发现有1件无耳罐、若干铜泡以及骨珠等装饰品和1件陶纺轮。在二层台的边缘靠近棺坑的四个方向摆放有4条牛蹄骨（图2.6-3，2）。

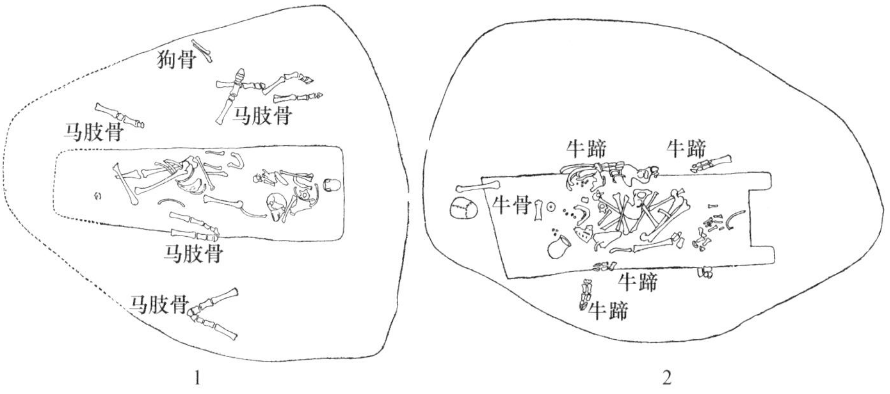

图2.6-3　花鼻梁墓地殉牲墓葬平面示意图

1. M11　2. M12

M13，长方形土坑墓。长2.58、宽1.13、深0.5米，棺坑长1.5、宽0.7、深0.4米。乱骨葬成年女性。随葬品有1件陶纺轮，1件骨针和铜泡饰。在二层台的北端两角落摆放有狗骨（图2.6-4）。

总之，花鼻梁墓地中比较流行殉牲动物习俗，尤其是在随葬品丰富和规模较大的墓葬中。殉牲动物有马、牛、狗和羊等，且多以动物的肢骨和蹄骨为主。牛和马的肢骨和蹄骨以及狗骨均摆放在二层台上，尤其是肢骨和蹄骨在二层台靠近棺坑四周摆放的方式与大华中庄墓地的摆放方式基本一致。从发表的材料看，3座墓主人的性别为1个成年男性和2个成年女性，没有发现儿童殉牲墓葬。其中成年男性墓中随葬马和狗，成年女性墓中随葬牛和狗。殉牲在男女性别上的这一差异与大华中庄墓地的特点较相似。

① 青海省文物考古队、湟源县博物馆：《青海湟源县境内的卡约文化遗迹》，《考古》1986年第10期，882-886页。事实上，M13中的狗骨被放置在了二层台上，这与简报中的叙述似有矛盾。

图2.6-4　花鼻梁墓地M13平面示意图

四、黄家寨墓地

该墓地位于青海省大通回族土族自治县黄家寨乡村东。黄家寨南距西宁市约27千米，地处西宁盆地的北部边缘，湟水上游的北川河由西北而东南从墓地东部流过①。墓地共清理了属于卡约文化的26座墓葬②，均为长方形竖穴土坑墓。

在26座墓葬中仅有3座发现有殉牲，占11.5%。殉牲动物有羊、狗、牛和马等，数量均较少。共计羊骨1个，狗头骨3个及1个完整狗骨架，牛头骨2个及8个蹄骨，马蹄骨1个。在摆放位置上，3座墓葬略有差别，这3座墓葬的殉牲形式略不同。M3的1个狗头骨发现于成年男性墓主人头骨右侧（图2.6-5）。M5的木棺内出土狗头骨及骨架，而马蹄骨发现于填土中。M16的1个牛头骨和4个蹄骨位于二层台北侧，另4个牛蹄骨位于二层台中部；二层台南侧发现狗头骨2个；另外在东北端的底部发现1个残牛头骨和羊骨若干。

从3座墓葬的墓主人来看，成年男性使用狗和马，成年女性使用牛和羊，儿童墓

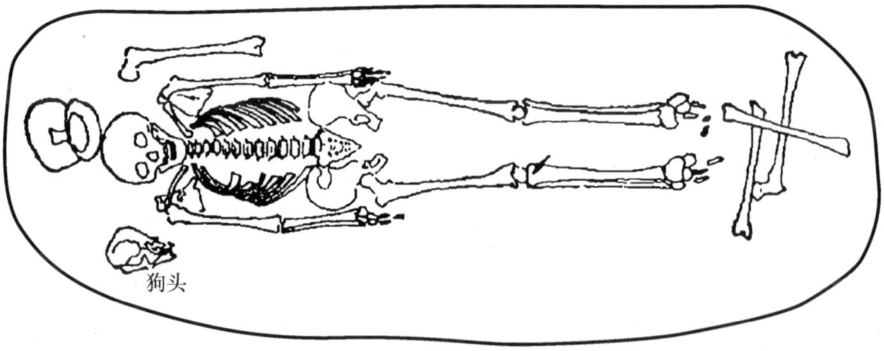

图2.6-5　黄家寨墓地M3平面示意图

① 青海省文物考古研究所、吉林大学考古学系：《青海大通县黄家寨墓地发掘报告》，《考古》1994年第3期，193-206页。

② 实际上当时共发掘了27座墓葬，其中M1为东汉时期的砖室墓，破坏严重。

中没有发现殉牲。这种男性不使用牛、女性不使用马殉葬的习俗与大华中庄和花鼻梁墓地的殉牲特点几乎一样。笔者认为这种性别差异在殉牲动物种类上的表现，是在男女长期劳动分工基础上形成的一种葬俗，与社会地位和物质财富无必然联系。还值得注意的是，3座殉牲墓葬中M16的墓主人为1位成年女性，且其随葬品是最多的，墓葬规格与M5大体相似，均为墓地中最大的一类墓葬。这说明在黄家寨墓地所代表的人群中，女性也可以获得如此众多的财富和较高的社会地位。这一时期的社会还没有出现男女严重不平等的现象。

从墓葬的形制规模来看，整个墓地中3座殉牲墓葬的规格是最大的，其中M3小于M5和M16。这也就是说殉牲墓葬的主人的社会身份和地位较高。从随葬品来看，整个墓地中3座殉牲墓葬出土的数量也是最多的，其中M3少于M5，M5又少于M16。这说明殉牲墓葬墓主人的家庭很富裕，拥有一定数量的牲畜和其他丰富的器物。总之，殉牲动物在黄家寨墓地人群中被作为社会地位和物质财富的象征，只有社会地位高、占有物质财富多的上层社会成员才使用殉牲。这可能与宗教信仰也有着密切的关系。

五、山坪台墓地

该墓地位于青海省海南藏族自治州贵德县境的乱泉河汇入黄河的三角地带，东距河西乡下刘屯村约1.5千米，台地西南靠山，北临黄河，东南为乱泉河。该墓地共清理发掘了90座墓葬，其中长方形墓有55座，椭圆形墓3座，翁棺葬都是婴儿葬，共计30座（无殉牲），还有2座形制不清①。

在形制较清晰的58座墓葬中（不包括30座瓮棺葬），共计发现9座墓葬有殉牲，占15.5%。可见，山坪台墓地中并不是很流行殉牲。绝大多数为羊距骨，仅有1座墓（M15）中发现有牛蹄骨和牛角。羊距骨主要摆放在人骨手部附近（图2.6-6，1）。牛蹄骨和牛角多摆放在棺坑两侧的二层台上，其中牛角有些摆放在木棺外西端（图2.6-6，2）。在手部附近发现的羊距骨，很有可能是供死者游戏的物件，最初是握在死者

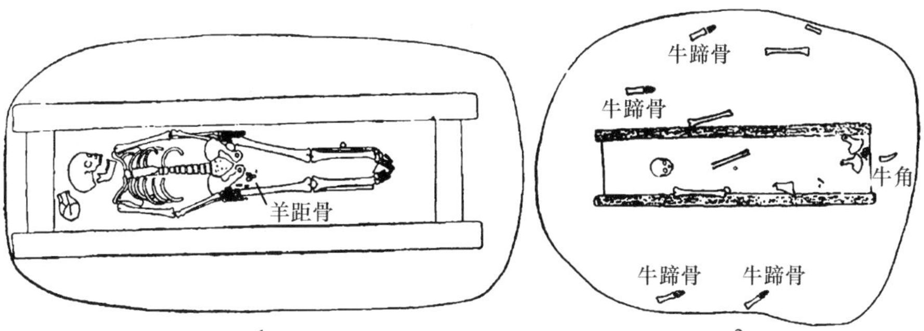

图2.6-6　山坪台墓地殉牲墓葬平面示意图

1. M7　2. M15

① 青海省文物考古队、海南藏族自治州群众艺术馆：《青海贵德山坪台卡约文化墓地》，《考古学报》1987年第2期，255-274页。

手里而后散落的。在墓葬中随葬羊距骨的现象在北方长城地带不是很常见，但在新疆地区有较多的发现。在二层台放置牛蹄骨的做法，与大华中庄、黄家寨和花鼻梁墓地的摆放方式均相似。

在9座殉牲墓葬中成年男性和女性各占3座，另有2座未鉴定性别的成人墓，还有1座成年女性与儿童合葬墓。男性与女性在殉牲的使用上，无论是动物的种类，还是动物的数量上差别不是很大，且男性和女性均使用羊距骨，仅有1例成年女性墓随葬牛下肢骨和角。这可能与女性经常从事与养牛有关的活动有关。山坪台墓地随葬羊距骨以及无性别差异的殉牲特点，这与卡约文化其他墓地的殉牲特点差异较大。但在随葬羊距骨上与大华中庄随葬羊跗骨在象征意义上应该是相似的。

从发掘报告的墓葬登记表可以看出，殉牲墓葬与非殉牲墓葬之间，在墓葬的大小规格上并没有特别明显的差异。但是在随葬品的数量上，殉牲墓葬的数量要多于非殉牲墓葬。笔者认为墓葬的大小规格更多的是反映墓主人的社会地位，随葬品的多少更多的是反映墓主人占有的物质财富。殉牲则在不同的社会中所反映的信息也不相同。这里象征物质财富的意义更多一些。

六、潘家梁墓地

该墓地位于湟中县李家山乡下西河村东南约300米处，南距卡约村1.5千米。墓地恰好坐落在云谷川的脊背上。墓地共历经2次发掘，共清理244座卡约文化墓葬。墓葬可以分为偏洞墓和土坑墓两大类[①]。在244座卡约文化墓葬中，笔者通过详细的比对报告的附表和图文，共发现有殉牲墓葬14座[②]，仅占5.7%。殉牲动物整体数量不是很多，有羊、牛、狗和少量兽骨，其中狗的数量最多，其次是牛和羊。由于缺乏动物头骨，若以其他骨骼部位进行个体统计必然不准确，所以对于各类动物的个体数暂不做统计。

殉羊墓共有4座，占殉牲墓葬的28.6%。羊的殉牲部位有完整骨架（2座），距骨（1座）和未知部位的骨骼（1座）。羊骨架均发现于墓道部分距墓口约0.4米的填土中（图2.6-7，1）。未知部位的羊骨散放在墓底部。在墓葬中随葬完整羊的现象，这在整个中国北方地区青铜时代至早期铁器时代的墓葬中不是很常见。殉羊墓中有1座为成年男性单人葬，有1座为成年女性，还有2座成年男性和儿童的合葬墓。可以说羊作为殉牲动物在成年男性中被使用的频率高于女性。

殉牛墓共有4座，占殉牲墓葬的28.6%。牛的殉牲有完整的牛骨架（1座）和肢骨

① 青海省文物考古研究所：《青海湟中下西河潘家梁卡约文化墓地》，《考古学集刊》（8），科学出版社，1994年，28-86页。需要说明的是该墓地实际上共发掘249座墓葬，发掘者认为其中5座（M9、M77、M216、M217、M249）墓葬属于汉墓。

② 除14座殉牲墓外，在另2座墓葬（M43和M105）底部的陶罐内发现有兽骨和羊骨。我们将这一类的遗存归入祭肉的范畴。

图2.6-7　潘家梁墓地殉牲墓葬平面示意图

1. M47　2. M124

（3座）。在墓葬中随葬完整的牛是很少见的现象（图2.6-7，2）。在齐家文化大何庄[①]和师赵村遗址[②]中的圆形祭祀圈周边发现过使用整头牛祭祀的记录。殉牛墓中有成年女性单人墓2座，成年男女合葬墓1座，另有1座女性和儿童合葬墓。说明牛作为殉牲动物在成年女性中较流行，单人成年男性和儿童墓中不随葬牛。

殉狗墓共有7座，占殉牲墓葬的50%。狗的殉牲部位有完整骨架（2座），爪子（4座）和未知骨骼（1座）。这种在墓葬中随葬完整狗的例子在中国北方地区较常见，但是在墓葬中随葬成排的狗爪是很少见的。从各殉牲墓葬的平面图看，整个墓地最大的墓中出土了数量众多的狗爪，摆放在相对人骨较远的南侧。也有学者认为散布在墓葬四周的狗爪，带有守卫的意味。殉狗墓中有成年男性3座，成年女性1座，男女合葬墓2座，女性合葬墓1座。这说明殉狗的做法无论男女都在使用，男性使用的概率略高于女性。人们对于动物的感情是复杂的，且随着时间的推移而发生改变。不同人群对于同一种动物的感情也有较大的差别。笔者认为潘家梁墓地的人群对狗有特殊的情感。

该墓地的殉牲动物还有一个特点，除M47中有牛和狗被一同埋入外，其他动物均单独埋葬。这一点与卡约文化其他墓地的特点均较相似。

从随葬品的数量来看，殉牲墓葬中只有M66没有随葬品，其他的墓葬均有较丰富

① 中国科学院考古研究所甘肃工作队：《甘肃永靖大何庄遗址发掘报告》，《考古学报》1974年第2期，29-62页。

② 中国社会科学院考古研究所：《师赵村与西山坪》，中国大百科全书出版社，1999年。

的随葬品。在整个墓地中没有随葬品出土的墓葬共有19座，其中很多墓葬保存状况都较差，所以也不排除原本有随葬品的可能性。也就是说殉牲墓葬与非殉牲墓葬在随葬品的有无问题上略有差别，前者略优于后者。由此推测殉牲主要在一部分占有物质财富的人群中被小规模的使用。

总之，潘家梁墓地中使用殉牲动物的现象并不是很流行。笔者通过详细地对比殉牲墓葬和非殉牲墓葬在墓葬形制和随葬品多少上的差异，认为两者之间的差异并不明显。两者之间差异较小的根本性原因是墓地人群所处的社会还没有进入严格的等级社会，并反映到墓葬中。同时也说明殉牲在该墓地中在表现社会成员的地位高低、财富多寡时具有单向性，即有殉牲的墓葬很有可能是富有的社会成员，但富有的社会成员未必就一定将随葬动物作为殉牲。可见殉牲的有无不是唯一的判定标准。殉牲动物在性别上的差异是明显的，男性成员主要使用羊和狗，还有极少量的牛；女性成员多使用牛和狗。这种性别差异主要是由劳动分工所决定的。墓葬殉葬整头牛、羊和狗的习俗是潘家梁墓地最鲜明的特点之一。足见潘家梁墓地人群对祭祀的重视程度，尤其是在当时物质资源匮乏的社会中随葬一整头牛。

七、小　　结

根据上述6处墓地的殉牲情况，汇总成表2.6-1。按照殉牲率的高低以及殉牲动物的种类和其他特点，将6处墓地分为三组。第一组为大华中庄、沙卡村和花鼻梁墓地，三者的殉牲率相对较高。殉牲动物有羊、牛、马、狗、鹿和未知动物等，其中以羊骨为主。殉牲部位主要有头骨、肢骨、蹄骨和角，还有少量完整的狗骨架。动物骨骼多摆放在二层台和墓底人骨附近。在棺坑边缘处的二层台上摆放动物肢骨的特点，也仅发现于本组，这也是卡约文化殉牲的一大特色。这一组男性和女性在殉牲动物种类上有着严格的区分，男性多随葬马、羊和狗，女性多随葬牛、羊和狗。也就是说男性不随葬牛、女性不随葬马。第二组为黄家寨和山坪台墓地，两者的殉牲率低于第一组，又略高于第三组。殉牲动物有牛、羊、马和狗等，其中牛和羊多为头骨和蹄骨，狗多为完整骨架。殉牲动物多摆放在填土、二层台和人骨周围。山坪台墓地随葬大量羊距骨是这一组最鲜明的特点。第三组为潘家梁墓地，殉牲率相对最低。殉牲动物有牛、羊、狗和兽，不见有马。这一组最大的特点就是在靠近墓口的填土中多以完整骨架的形式随葬牛、羊和狗。与其他组甚至其他考古学文化仅以动物的某一部分代替全牲的做法比较而言，潘家梁墓地的人群显得更加淳朴。在多座墓葬中随葬有大量的狗爪，寓意为守卫墓主人。从性别角度而言，男性成员主要使用羊和狗，还有极少量的牛；女性成员多使用牛和狗。儿童墓中基本不见殉牲。另外发现有2座墓葬中将兽骨装入陶罐内进行随葬，这种祭祀行为属于祭肉的范畴。祭肉现象在寺洼文化的墓葬中有着较多的发现。

除上述的6处墓地之外，卡约文化中较具典型性的阿哈特拉山（217座）和上孙家寨（1077座）两处重要的墓地，由于材料还未正式发表，我们还不能对这两处墓地的殉牲情况进行细致地梳理和分析。可以肯定的是，两处墓地均有殉牲动物被发现。阿哈特拉山墓地的殉牲动物有羊、马、牛和狗等，其中以羊为主，并以羊角作为财富的象征。例如M12中随葬了108对羊角①。大通上孙家寨墓地的殉牲动物主要有马、牛、羊、狗等，还有少量的猪②。从现有的材料可以初步推测阿哈特拉和上孙家寨墓地的殉牲特点都有着鲜明的自身特色，可以另立两组。

卡约文化中还有一些墓地中不见有殉牲，例如半主洼（85座）、上半主洼（62座）、下半主洼（17座）、苏呼撒（22座）和莫布拉（1座）等墓地。根据水涛先生对卡约文化的年代学研究③，不出殉牲的墓地年代多数较早，而出土殉牲的墓地年代稍晚一些。说明殉牲这一特殊的葬俗在卡约文化中有一个从无到有，从有到多的变化过程，到晚期殉牲的现象普遍出现在各墓地中。有学者提出，在卡约文化的晚期畜牧业相当发达的情况下，因为需要更多的劳动力，所以使用动物殉牲取代了人殉的做法④。此种说法有一定的道理。

从卡约文化的分布区域看，在湟水流域的殉牲情况比较普遍，以大华中庄为代表。特点是有规律的摆放动物肢骨，随葬完整动物和狗爪的现象较多。黄河流域分布的墓葬中则殉牲相对较少，仅在阿哈特拉山和山坪台等墓地有发现。特点是随葬动物角的现象较多。仅从殉牲墓地的密集度、墓地中殉牲率和殉牲动物的多少来看，湟水流域的殉牲习俗相对于黄河流域来讲更加盛行。这种殉牲的地域性差异，主要还是经济类型中畜牧业的比重大小所决定的。也就是说黄河河谷一带的东部区农业经济占有很大的比例，而湟水流域的西部区畜牧业经济占较大比重。这种区域性的差别最根本是自然地理条件决定的。东部区的地势、土壤、气候、水热等条件均要优于西部区，更加适合农业的发展。还有一点需要说明的是，卡约文化中除上孙家寨墓地发现有少量的猪骨外，其他墓地中均不见有殉猪的现象。

卡约文化晚期，以大华中庄和山坪台墓地为主，殉牲现象较普遍，有马、牛、羊和狗等，尤其是随葬马的数量大增。陶器中盛粮食的器物几乎不见。另外有动物纹装饰的器物也越来越多，主要有鹿、鹰、蛇、羊、鸟、牛、狗和虎等纹饰⑤。笔者认为这一阶段是西北地区，乃至整个中国北方地区即将要过渡到专业化游牧业的关键时期。卡约文化晚期发生的巨大转变，也许能够为解决中国北方地区专业化的游牧经济和游牧文化在何时以何种形式出现的问题提供一些线索。

---

① 周庆明：《卡约文化和寺洼文化的族属问题——兼论我国古羌人的起源》，《中国历史博物馆馆刊》1984年第6期，15-19页。

② 刘杏改：《卡约文化的殉葬》，《青海民族研究》（社会科学版）2000年第11卷第1期，25-27页；卢耀光：《1980年循化撒拉族自治县考古调查》，《考古》1985年第7期，602-607页。

③ 水涛：《甘青地区青铜时代的文化结构和经济形态研究》，《中国西北地区青铜时代考古论集》，科学出版社，2001年，193-327页。

④ 刘杏改：《卡约文化的殉葬》，《青海民族研究》（社会科学版）2000年第11卷第1期，25-27页。

⑤ 乔虹：《浅析青海地区卡约文化的动物造型艺术》，《青海师范大学学报》（哲学社会科学版）2005年第1期，总第108期，75-78页。

表2.6-1　卡约文化各墓地殉牲汇总　　（单位：个）

墓地	牛	羊	马	狗	其他	最多	殉牲部位	摆放位置	殉牲率	组
大华中庄	15	√	37	3	鹿2、兽2	69块羊跗骨	牛头部、下肢骨、尾骨和角；羊跗骨、蹫骨、尾骨、肢骨、股骨和角；马头骨、下肢骨、足骨和尾骨；狗全牲、尾骨；鹿角；兽角	二层台、墓底人骨附近	38.5%	一
沙卡村		√			兽骨		羊肢骨 兽骨	人腿骨左侧、左肱骨一侧	75%	一
花鼻梁	≥1	√	≥3	≥3			肢骨、蹄骨	二层台	23.1%	一
黄家寨	2	1	1	4		3	头骨、蹄骨、狗整骨架	填土、二层台、人骨头部右侧	11.5%	二
山坪台	√	√				12个羊距骨	羊距骨、牛下肢骨、牛角	二层台、人手部附近	15.5%	二
潘家梁	4	5		7	兽骨1	完整骨架1	牛整骨架、腿骨、下肢骨；狗整骨架、爪骨、狗骨；羊整骨架、距骨、羊骨	墓口填土、墓底	5.7%	三
阿哈特拉	牛、羊、马、狗（数量不详）									
上孙家寨	牛、羊、马、猪、狗（数量不详）									

注：最多是指殉牲最多的1座墓葬中出土的数量。

第七节　沙井文化的殉牲

沙井文化因1924年首次发现于民勤县沙井村而得名[①]。其年代大致相当于西周晚期至战国早期之间。该文化主要分布在河西走廊东部，向北伸入到现在的腾格里沙漠腹地的民勤一带[②]。发现的主要遗址有民勤柳湖墩、沙井南和沙井东墓地[③]、永昌（今金

① 安特生（著），乐森璕（译）：《甘肃考古记》，文物出版社，2011年（再版）；安特生（著），乐森璕（译）：《甘肃考古记》，《地质专报》甲种第五号，农商部地质调查所印行，1925年（原版）。

② 中国社会科学院考古研究所：《中国考古学·两周卷》，中国社会科学出版社，2003年，510-515页。

③ J. G. Anderson. Researches into the Prehistory of the Chinese, BMFEA. No.15, 1943, Stockholm；裴文中：《中国西北甘肃走廊和青海地区的考古调查》，《裴文中史前考古学论文集》，文物出版社，1987年，256-273页。

昌）三角城和蛤蟆墩、上土沟岗墓地[①]、永登榆树沟墓葬[②]、西岗和柴湾岗墓地[③]等。在相对年代上，西岗和柴湾岗墓地要早于蛤蟆墩墓地，且中间缺环较明显。现对有殉牲的墓地进行分析和讨论。

一、蛤蟆墩墓地

甘肃永昌三角城地区与阿拉善台地的南缘残丘戈壁接壤。西北为阿拉善右旗，东接民勤，南邻武威。三角城和蛤蟆墩墓地位于祁连山北麓的龙首山东延部分山脉下，山势缓平，地形西高东低，形成宽广平坦的开阔地带。蛤蟆墩墓地在三角城遗址略偏西南一千米处[④]。蛤蟆墩墓地于1978和1979年进行了两次发掘。

1978年发现两座墓葬，其中一座（暂编为78M1）破坏严重，从残存痕迹看与西岗墓地的形制相似。另一座墓葬（暂编为78M2）从残存的痕迹看，墓口距地表约0.4米左右，墓坑为长方形竖穴土坑，上小下大，墓深约2米。此墓随葬品较多，计有铜刀1件，铜牌饰22件，铜泡4件，还有2个马头骨和4个山羊头骨[⑤]。

现重点分析1979年的发掘情况，共发掘了20座墓葬，均为单人一次葬。墓葬结构分为偏洞室墓（12座）和长方形竖穴土坑墓（8座）。现从偏洞室和竖穴土坑殉牲墓葬中各举一例进行介绍。

M15，偏洞室墓，方向10°。墓口长2.05、宽0.7～0.96，墓底深2.3米。在人骨头部上方距墓口0.8米的上层填土中，摆放1个马头骨和15个羊头骨（有山羊和绵羊），马和羊头骨的吻部与墓主人的头向一致，均向北。有的马和羊头骨上，还存有皮毛痕迹。在同一高度的西壁一侧，出现了封堵偏洞使用的18根排成1排的立木。墓口以下深1.2米处为中层，在墓坑填土中又暴露了斜顶在立木上的19根木椽。在竖立和斜顶的木椽上，均盖上芨芨草席，然后填土。在这一中层填土中又发现5个羊头骨。墓口以下深至1.56米处，偏洞口开始露出。洞室内埋葬1位50～55岁的男性，头北足南，仰身直肢。人骨底部铺有白灰和芨芨草。随葬品多集中摆放在偏洞内，或佩戴在人骨上。在人骨头端左侧摆放2个羊头骨（图2.7-1，1）。

M13，长方形竖穴土坑墓，墓向45°。长2、宽0.7、深1.65米。埋葬1位45～50岁的

① 甘肃省博物馆文物工作队、武威地区展览馆：《甘肃永昌三角城沙井文化遗址调查》，《考古》1984年第7期，598-601页；甘肃省文物考古研究所：《永昌三角城与蛤蟆墩沙井文化遗存》，《考古学报》1990年第2期，205-237页。

② 甘肃省博物馆文物工作队：《甘肃永登榆树沟的沙井墓葬》，《考古与文物》1981年第4期，34-35页。

③ 甘肃省文物考古研究所：《永昌西岗柴湾岗——沙井文化墓葬发掘报告》，甘肃人民出版社，2001年。

④ 甘肃省文物考古研究所：《永昌三角城与蛤蟆墩沙井文化遗存》，《考古学报》1990年第2期，205-237页。

⑤ 甘肃省博物馆文物工作队、武威地区展览馆：《甘肃永昌三角城沙井文化遗址调查》，《考古》1984年第7期，598-601页。

男性，头东北，足西南，面偏西，仰身直肢。在人骨底部和身上都铺有芨芨草。死者口含1件绿松石珠，两眼戴皮制圆形眼罩，眼罩上缝制有2个铜泡。左手旁有皮革和麻织物的袋状痕迹，保存较差。墓内殉牲大小羊头骨4个（图2.7-1，2）。

总体来说，1979年发掘的20座墓葬中有14座发现殉牲，占总数的70%。可见殉牲习俗是蛤蟆墩墓地普遍存在的一种葬俗之一。殉牲动物有羊、牛、马和驴，其中羊的数量最多，牛、马和驴的数量均非常少。羊有绵羊和山羊，主要随葬的是头骨、下颌骨和蹄趾骨，并且有大、小羊之分；牛主要随葬的是头骨和蹄趾骨；马只随葬头骨；驴只见蹄骨。多数殉牲动物摆放在人头骨上端的填土中，还有的摆放在二层台上和墓穴底部人骨周围。殉牲动物的吻部朝向与墓主人的头向大体保持一致。这里值得注意的是，在中国北方地区，蛤蟆墩墓地最早出现了将殉牲动物摆放在人头骨上端填土的方式。在此之前的摆放方式多在脚端上方的填土中以及二层台上，或无规律可循。自东周时期始，中国北方地区多数游牧民族的墓葬中都采用了这种摆放方式。因此，蛤蟆墩墓地这种殉牲摆放由脚端填土转移到头端填土的方式变化是具有重要意义的。

殉牲的组合形式有6种：羊（8座；图2.7-2，1）；牛（1座）；羊＋牛（1座；图2.7-2，2）；羊+马（2座），羊＋驴（1座），羊＋牛＋马（1座）。可见以羊为核心的基本殉牲组合形式正式形成，而马从不单独随葬，并且都出自成年男性墓中，这可能是由男性成员骑马放养管理畜群的劳动特点所决定的。在两种以上的殉牲动物组合中，动物的摆放有一定的规律。一般是马和牛靠近前端，或靠近距离墓主人较近的一端，而羊则尾随其后或在大牲畜远离墓主人的一侧渐次排列（图2.7-1，1；图2.7-2，1）。

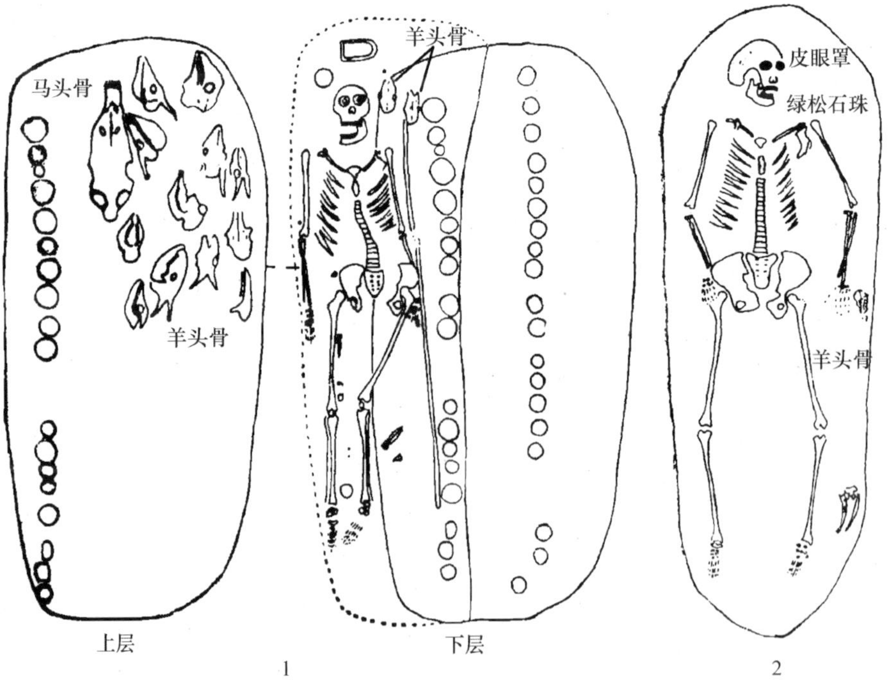

图2.7-1　蛤蟆墩墓地殉牲墓葬平、剖面示意图

1. M15　2. M13

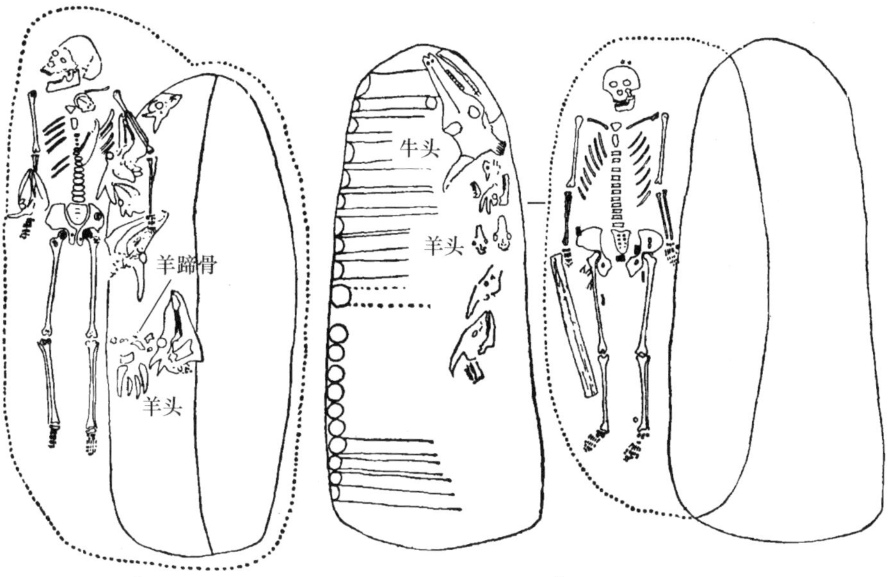

图2.7-2　蛤蟆墩墓地殉牲墓葬平、剖面示意图

1. M2　2. M19

从单个殉牲动物出现的频率看，殉羊墓有13座，占殉牲墓葬的92.9%。殉羊墓中成年男性有5座，成年女性有7座，还有1座性别不明。说明男性和女性均使用羊作为殉牲，而且女性随葬羊的比例略高于男性。殉牛墓有3座，占殉牲墓葬的21.4%。殉牛墓中成年男性2座，成年女性1座。这一特点与卡约文化的殉牲特点有着较大的差异。卡约文化的男性成员极少随葬牛作为殉牲。殉马墓有3座，占殉牲墓葬的21.4%。殉马墓均为成年男性，不见有女性和儿童。这与卡约文化的殉牲较相似。殉马墓的墓葬形制均要大于其他墓，且随葬品的数量均较多，同时其墓主人年龄均较大。可见殉马是高等级的成年男性当到达一定的年龄阶段、取得一定的社会地位和物质财富后，才使用的一种葬俗。殉驴墓仅1座，占殉牲墓葬的7.1%，其墓主人的性别不明。可见使用羊的频率是最高的，其次是牛和马，最后是驴。殉牲动物的不同代表了墓主人的身份差异。

殉牲在反映社会财富上有着独特的作用。蛤蟆墩墓地中非殉牲墓葬共有4座，且均没有任何其他的随葬品。这类墓葬所代表的应该是该墓地中最底层的人群。殉牲墓葬中没有其他随葬品的墓葬仅2座，这类群体应该是接近于最底层的人群。既有殉牲又有随葬品的墓葬，应该是这个社会中身份地位较高的人群。

从墓葬的形制来看，偏洞室墓中出现殉牲的有9座，占殉牲墓葬的64.3%；竖穴墓中随葬殉牲的有5座，占殉牲墓葬的35.7%。报告中墓葬登记表显示非殉牲墓葬中多数为长方形竖穴土坑墓。可见使用偏洞室墓的人群较之竖穴墓人群更流行在死后使用动物殉牲进行祭祀，并且在殉牲动物的种类上有着较为严格的传统，即大牲畜牛和马均只在偏洞室墓中随葬，而不见于竖穴墓中。偏洞室墓中流行殉牲的习俗在内蒙古中南部的西园墓地[①]和小双古城墓地[②]中也表现得特别明显。

二、西岗墓地

金昌市位于甘肃省河西走廊东部，祁连山北麓，阿拉善台地南缘，地势大致西南高，东北低。东邻民勤县，东南界武威县，西与山丹、民乐接壤，西北连内蒙古自治区阿拉善右旗。西岗墓地位于三角城以东310米处。东距柴湾岗墓地380米，中间隔一条古代河床，两墓地东西相望。这里地处河西走廊的东端，南有祁连山，北为龙首山的东延部分，中间地势平缓，形成走廊地带。西岗墓地共清理452座墓葬，按照形制可以分为偏洞墓、长方形竖穴墓和双竖井过洞墓。

在452座墓葬中发现殉牲的有10座，殉牲率仅为2.2%。殉牲动物种类有羊、马、骆驼、兽、猪和禽爪。每种动物的数量均较少，羊略多一点点。羊随葬的部位为头骨；骆驼和种属不明的兽均为牙齿；马随葬下颚骨；猪随葬腿骨和蹄骨。值得注意的是，殉牲动物从不与其他动物共出，均为单独随葬。

殉牲动物多摆放在填土中，也有的摆放在墓主人身边。例如M314与M313构成同穴合葬墓，方向均为18°。方形坑穴的北边正中，被M317打破。M314在西边（左），为偏洞室墓，墓口长2.1、宽0.55、墓底深1.75米。由墓口深至1.05米处向西挖偏洞，偏洞高0.68、进深0.45米。墓坑东边有宽0.35、高0.3米的二层台。偏洞内埋葬1位女性，人骨保存较差，头北足南，仰身直肢葬。在人骨底部铺芨芨草和白灰，这也是沙井文化的特点之一。在人骨左脚外侧摆放有猪小腿骨（图2.7-3）。

从墓主人的性别和年龄来看，整体来说，女性殉牲墓葬的数量多于男性殉牲墓葬，不见儿童殉牲墓葬。具体来说，殉牲墓葬中的成年女性单人葬中随葬有羊头骨、猪腿骨和骆驼牙；成年男性单人葬中随葬猪蹄骨和兽牙。M55为一座双人合葬墓，且仅能确定其中一位为30岁左右的女性，另一位的年龄为45岁以上，但性别不清。此墓中发现马下颌骨3个。从以往的研究来看，马在多数墓地中仅属于男性成员的殉牲对象。蛤蟆墩墓地也呈现出这种特点，据此笔者推测M55的那具未知性别的人骨很有可能是男性。

在随葬品方面，墓地绝大多数墓葬没有随葬品，其中196座墓葬中有随葬品。这些墓中随葬品的数量不一，少的只有1件，多的则为6～10件，也有25～26件者，少数墓中达到160～170件。而在10座殉牲墓葬中有3座没有任何随葬品。在有随葬品的殉牲墓葬中，最少的有2件，最多的有25件，多数的墓葬有4～16件。如果随葬品反映的是财富的占有情况，那么殉牲墓葬的主人应为“中产阶级”。

在墓葬形制方面，以墓穴的长度为参照，整个墓地中最小的儿童墓长0.15米，最

① 内蒙古文物考古研究所、包头市文物管理处：《包头西园春秋墓地》，《内蒙古文物考古》1991年第1期，13-24页。

② 内蒙古文物考古研究所：《内蒙古凉城县小双古城墓地发掘简报》，《考古》2009年第3期，15-27页。

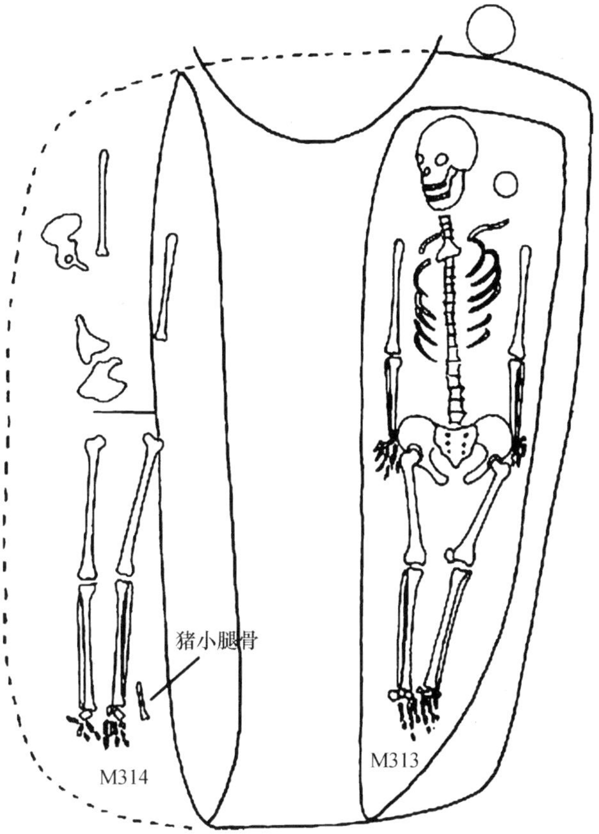

图2.7-3　西岗墓地M314、M313平面示意图

小的成年墓为1.4米；最大的儿童墓长2.1米，最大的成年墓长2.2米。而殉牲墓葬中均为成年墓，最小的为1.75米，最大的为2.15米。如果墓葬大小反映社会地位，那么殉牲墓葬的主人应该是中等偏上的。

从上述随葬品和墓葬形制两个方面入手，对比殉牲墓葬和整个墓地的情况，笔者认为殉牲墓葬的主人在墓地所代表的社会中居于一个低于最高等级，而又高于无随葬品和墓葬形制较小墓葬的阶层。在最大的一类墓葬和随葬品最多的一类墓葬中，均没有发现殉牲。殉牲与墓主人的身份高低与物质财富之间并不存在正相关，而仅仅是在这个社会中部分中等阶层所使用的一种特定习俗而已。

这里需要指出的是，在殉牲墓葬中随葬羊头骨、马下颌骨、猪腿骨与随葬骆驼牙和兽牙在寓意上应该是不同的。如果排除后者，该墓地的殉牲率更低。总之，西岗墓地中并不流行殉牲习俗。

三、柴湾岗墓地

该墓地位于三角城以东约800米处。西距西岗墓地380米，中间隔一条古代河床，两墓地东西相望。这里地处祁连山和龙首山之间的走廊平川地区，祁连山的冰雪融水常年由西向东自然贯流，浇灌着这里的广大肥沃农田耕地。该墓地清理的113座墓葬，仅仅是整个墓地的西南一角，约占墓地总面积的1/4，剩余的3/4，就地保护原封未动。现对这113座墓葬中的殉牲墓葬进行讨论。

在113座墓葬中，仅有7座发现殉牲，占墓葬总数的6.1%。殉牲动物有羊和猪两种，且羊主要随葬头骨、角和牙齿，猪骨不详。殉羊墓有5座，殉猪墓有2座。从表2.7-3可知，殉羊和殉猪与墓主人的性别关联不大。殉牲动物均独立随葬，不存在伴出的现象，且摆放的位置不详，仅可知1例摆放在填土中。初步推测羊头骨多摆放在填土中，羊牙齿和猪骨则摆放在墓底人骨附近。

从墓葬结构上看，该墓地的墓葬可以分为偏洞墓、长方形竖穴墓和单竖井偏洞墓。从汇总后的数据中可以很清晰的看出，在殉牲墓葬中偏洞墓有3座，并且多随葬猪骨，仅有少量的羊牙齿。长方形竖穴墓有4座，仅随葬羊这一种动物，有头骨和角。在殉牲墓葬中，竖穴墓多于偏洞墓的现象与蛤蟆墩、西岗墓地的情况相反。这可能与发掘区揭露的仅仅是墓地的小部分有关。在墓葬大小上，殉牲墓葬的大小在整个墓地中都是中等的。

在随葬品方面，整个墓地既没有随葬品又没有殉牲的墓葬有38座，有殉牲没有随葬品的墓葬有4座，有随葬品无殉牲的有68座，既有殉牲又有随葬品的有3座。在3座有随葬品的殉牲墓葬中，随葬品的数量少的6件，多的19件。通过墓葬形制大小以及随葬品多寡的分析，笔者认为柴湾岗墓地的殉牲墓葬在整个社会中居于中等的地位。这与西岗墓地的认识是一样的。

四、小　结

李水城先生指出曾经被认为是沙井文化典型遗存的天祝董家台遗址①和永登榆树沟墓葬②，事实上均不属于沙井文化的范畴③。榆树沟墓葬位于永登县树坪公社赵老湾村南2千米处，处在一座大山的南面两道山梁的缓坡之间，墓葬已坍塌，随葬品及填土已陷入沟底，崖面上留有墓葬的印痕。由残迹观察，墓葬是依山形地势构筑，墓深2米，南北长2米，宽度不详。由墓底至沟底，还有3米的距离，可知原来的地表，要比现在的沟底高出5米左右。从残存的一根人腿骨的方向，可知墓葬的方向是南北向。在靠近随葬品的西南角处，出现许多马、羊、牛的头骨④。

综上，沙井文化的殉牲在西岗和柴湾岗墓地中殉牲率非常低，而在蛤蟆墩墓地中

① 甘肃省博物馆：《甘肃古文化遗存》，《考古学报》1960年第2期，11-52页。

② 甘肃省博物馆文物工作队：《甘肃永登榆树沟的沙井墓葬》，《考古与文物》1981年第4期，34-35页。

③ 李水城：《沙井文化研究》，《东风西渐——中国西北史前文化之进程》，文物出版社，2009年，128-153页［原载《国学研究》（第二卷），北京大学出版社，1994年，493-523页］。

④ 甘肃省博物馆文物工作队：《甘肃永登榆树沟的沙井墓葬》，《考古与文物》1981年第4期，34-35页。

殉牲率高达70%。按照殉牲的特点可以暂时分为二组，第一组为西岗和柴湾岗墓地；第二组为蛤蟆墩墓地。这两组的墓地遗存在空间分布上较相近，故与地域性无关，其主要原因当与年代的早晚有密切的关系。总体来讲，沙井文化的殉牲动物有马、牛、羊、猪、驴、骆驼等牲畜。该文化的男性和女性在使用何种动物殉牲时，有着较为严格的传统。例如女性不殉葬马，更多的是单独随葬羊。不见有儿童殉牲墓葬，说明这一时期沙井文化的人群还没有发展到儿童继承家族财产的阶段。多数学者也都是据此认为沙井文化的经济形态是以畜牧业为主，并兼营农业和狩猎活动。事实上，表2.7-4很明显地显示，早期的西岗墓地和柴湾岗墓地中殉牲动物的数量很少，即使是晚期的蛤蟆墩墓地殉牲较发达，但是除了羊以外的牛和马的数量也很少。沙井文化的畜牧业发展状况如何，以及它在经济生活中究竟占有多大的比重仍是一个可以再讨论的问题。要想解决这一问题，除了考虑殉牲的情况外，还需要对墓中的随葬品做更深入的探究。

本书按殉牲特点划分的两组与李水城先生划分的甲、乙两组完全吻合。他还指出，甲组的年代要早于乙组①。根据这一分期结果，可知沙井文化的殉牲也经历了一个变化过程。主要有以下几点：殉牲率迅速增高，由不足10%上升到70%；殉牲动物的种类增多，虽然猪消失了，但是开始出现了牛和驴等；殉牲动物的骨骼由不稳定到头和蹄骨比较稳定的组合（表2.7-1）。这种早晚期之间的巨大差异当与两者在年代上存在较大的缺环有关。

有学者根据蛤蟆墩M15随葬高达22个羊头骨的情况，认为羊头是财富的标志，占有越多，反映他的财产越富有。这说明当时已存在贫富分化与阶级压迫的现象②。笔者认为笼统地将随葬数量较多的羊头作为财富的象征不是很妥当，还要考虑到墓葬的形制、规模等级，随葬品的多少，单人还是合葬墓，甚至是墓主人的性别、年龄等因素。

表2.7-1　沙井文化各墓地殉牲情况对比表　（单位：个）

墓地	墓葬形制	牛	羊	马	猪	其他	殉牲部位	摆放位置	殉牲率
西岗	偏洞墓＞竖穴墓		4	3		骆驼牙	羊头骨，马下颚骨，猪腿骨、蹄骨，兽牙，禽爪	填土、墓底	2.2%
柴湾岗	偏洞墓＜竖穴墓		5		2		羊头、角、牙齿，猪骨	填土、墓底	6.1%
蛤蟆墩	偏洞墓＞竖穴墓	3	85	3		驴蹄	羊头骨、蹄趾骨，牛头骨、蹄趾骨，马头，驴蹄	填土、二层台、墓底	70%

① 李水城：《沙井文化研究》，《东风西渐——中国西北史前文化之进程》，文物出版社，2009年，128-153页［原载《国学研究》（第二卷），北京大学出版社，1994年，493-523页］。

② 谢端琚：《甘青地区史前考古》，文物出版社，2002年。

第八节　甘宁地区东周时期的殉牲

甘宁地区是指包括宁夏回族自治区和甘肃东部的大体呈南北向的地带。这一区域东周时期的考古遗存非常丰富，发现并发表了大量珍贵的资料。这一时期也是中国北方文化带形成并最终确立的时期。此时的甘宁地区作为中国北方文化带的西段，在东西部之间的文化交流上发挥着重要的作用。由于这一时期的考古遗存较多，且暂时不宜称作某一或某几个考古学文化。故笔者大体由北向南划分几个区域，分别对有殉牲的墓地及墓葬进行讨论。

一、银川以南地区

1983年在中宁县倪丁村发现了2座墓葬。墓中均发现殉牲，其中83JNM1被破坏，仅可知出有1个头骨，还有马的骨骼。83JNM2，东西向墓，墓坑呈长方形，墓长2、宽0.8米。人骨头朝东，葬式为单人仰卧。人骨上面有散乱的2个马头骨[①]。这处小型墓地仅殉牲马这一种动物的情况较少见。墓葬的规格显示两者的墓主人的身份不会很高。

1987年在中卫县西台乡狼窝子坑发现11座墓。墓中皆有殉牲，数量多寡不等[②]。由于简报不够详细，以至于对殉牲动物的种类、数量、殉葬部位以及摆放方式等都不明了。

总之，银川以南地区的墓葬数量较少，这可能与这一地区人群具有较强的游动性有关。

二、固 原 地 区

1. 陈阳川墓地

陈阳川村位于宁夏西吉县西营乡，西北距县城约20千米。墓地坐落在村南一处三面环山的坡地上。1985年发现1座墓葬，为土坑墓，无葬具。墓中共出土22件随葬品，并伴出2个马头骨、2个羊头骨和1个牛头骨[③]。

1988年发现的1座墓葬，大体为东西向，墓中出土了3个马头骨、4个牛头骨、8个

① 宁夏回族自治区博物馆考古队：《宁夏中宁县青铜器短剑墓清理简报》，《考古》1987年第9期，773-777页。

② 周兴华：《宁夏中卫县狼窝子坑的青铜短剑墓群》，《考古》1989年第11期，971-980页。

③ 罗丰、韩孔乐：《宁夏固原近年发现的北方系青铜器》，《考古》1990年第5期，403-418页。

羊头骨[①]。1991年该墓地清理了3座墓葬。墓地的年代大体在春秋中晚期[②]。墓葬均为竖穴偏洞室墓，竖穴墓道均呈梯形，偏洞室在墓道西壁。此3座墓葬均有殉牲，共出土了28个动物头骨和部分蹄骨。M1出土3个牛头骨和1个羊头骨。殉牲动物都很有规律地摆放在墓道北端的填土中，与人骨保持平行。3个牛头呈东西向一字排开，中间1个正置，两侧的牛头均向内侧倾斜，在东侧2个牛头的空隙之间，填充1个羊头。在牛头两侧摆放1对蹄骨。殉牲动物的吻部与墓主人的头向一致。另有1块兽骨放置在人骨肩部右侧，种属不明，应为祭肉的一种祭祀行为。墓中还出土了铜车軎和镦各1件分别摆放在墓道南北两端，还有1件锈蚀的铁器和67枚串珠发现于人骨头右侧和颈部（图2.8-1）。M2出土了2个牛头骨、2个马头骨和8个羊头骨。这些殉牲动物集中摆放在墓道北端的填土中。殉牲头骨的摆放方式没有明显的规律性，不成排列，有正置、侧置和倒置。殉牲动物的吻部朝向也无规律。牛头两侧也放置1对蹄骨。随葬品中的2件铜镦摆放在墓道南端，串珠、锈蚀的铁器、砺石、铜管、坠饰等均摆放在人骨身边。M3因破坏严重，具体信息不详，仅可知有12个动物头骨。推测此墓的等级与M2大体相近。

陈阳川墓地的殉牲率为100%，在三次发现的5座墓葬中共发现48个殉牲动物，其中有牛10个、羊19个、马7个，另12个种属不明。可见羊的数量是最多的，其次是牛，最后是马。从墓葬形制和人骨特点上看，均为竖穴偏洞室墓，墓向皆为东北—西南；人骨均为仰身直肢葬，且皆为成年女性。女性随葬马头骨的习俗在东周之前的西北地区，乃至整个中国北方地区都比较少见。这说明了女性在游牧经济中扮演着重要的角色，当然这是相对于过去而言。

从随葬品中的工具、武器和装饰品来看，并结合墓葬形制以及头骨和蹄骨组合的殉牲现象，均表现了出游牧文化的特点。在墓葬中随葬车马器，且在墓道南端预留足够的空间（图2.8-1）。笔者认为这种以随葬1件车马器来代表完整马车的做法，应是受到了中原文化影响的结果。

2. 张街墓地

张街村位于宁夏彭阳县草庙乡，在县城东北约25千米处，距横穿彭阳的战国秦长城16千米。墓地坐落在村北一处两面环山的台阶坡地上。1987年村民在平整田地时先后破坏了10余座墓葬，出土了较多的铜器和殉牲等。1998年宁夏回族自治区文物考古研究所等单位正式对墓地进行发掘，共发掘6座墓葬和1座葬坑，其中仅M2和M3保存完整，其余4座均遭不同程度的破坏。按墓葬形制可分为凸字形土洞墓和竖穴土坑墓两类。简报中称每座墓中均有殉牲，殉牲率达100%，只是各墓殉牲的数量不等[③]。现仅

① 延世忠、李怀仁：《宁夏西吉发现一座青铜时代墓葬》，《考古》1992年第6期，573-575页。

② 宁夏文物考古所、西吉县文管所：《西吉县陈阳川墓地发掘简报》，《宁夏考古文集》，宁夏人民出版社，1994年，61-70页。

③ 宁夏回族自治区文物考古研究所、彭阳县文物站：《宁夏彭阳县张街村春秋战国墓地》，《考古》2002年第8期，14-24页。

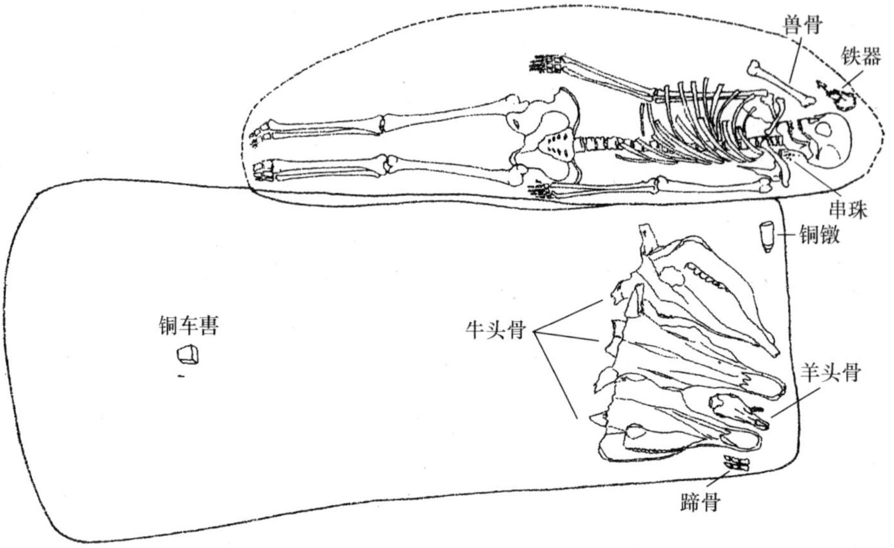

图2.8-1　陈阳川墓地M1平面示意图

对简报中报道的几座殉牲墓葬进行讨论。

该墓地共出土殉牲动物72个，其中有牛5个、羊55个和马12个，分别占6.9%、76.4%和16.7%。可见，羊的数量是最多的，其次是马，最后是牛。羊的随葬部位主要是头骨，还有很少的颌骨。牛和马均以头骨为主，还伴出一些蹄骨。这种典型的头骨和蹄骨的组合是春秋中期之后北方地区游牧民族的共同习俗。从殉牲的摆放位置可以看出，整个墓地并没有形成一个所有成员都遵守的惯例，而是每一座墓葬都有自己规律性的摆放方式。如M2，所有的殉牲动物皆放置在墓室后端两侧和人骨足部上端。在牛头骨和马头骨之间摆放有羊头骨和颌骨。在牛头骨和马头骨下面两侧摆放有蹄骨，殉牲的吻部均与死者头向一致（图2.8-2，1）。M3，殉牲的1个大牛头骨和1个小牛头骨一前一后摆放在墓道东壁紧贴墓室的右侧；小牛头后为1个马头，其后摆放3个马头骨，成一字形横向排列；在其后靠近南壁处横向摆放4个马头骨；大量的羊头骨被摆放在墓道西南角和东北角。这些动物的吻部朝向均与人骨保持一致（图2.8-2，2）。我们认为这座墓葬中殉牲动物的摆放正表现了游牧生活的场景。牛和马的摆放体现了这两种动物纪律性强的特点，而将羊头堆放在角落也正是因为羊群本身数量多，且成群结队而行，纪律性较差。所以殉牲动物本身没有贵贱之分，只有多少之别。M4，随葬的1个马头骨在人骨的左盆骨处，吻部与人骨头向一致（图2.8-3，1）。在葬坑（ZK）中殉牲的6个动物头骨被摆放在墓底的东半部，且在东北角摆放的牛头骨的吻部处还发现了一堆动物肋骨（图2.8-3，2）。可见每一座墓中殉牲动物的摆放都是有讲究的。

从墓葬形制上看，洞室墓的数量多于竖穴土坑墓，且随葬殉牲动物的数量要远多于后者。这一特点在西北地区东周时期的考古遗存中比较常见，甚至这一特点在内蒙

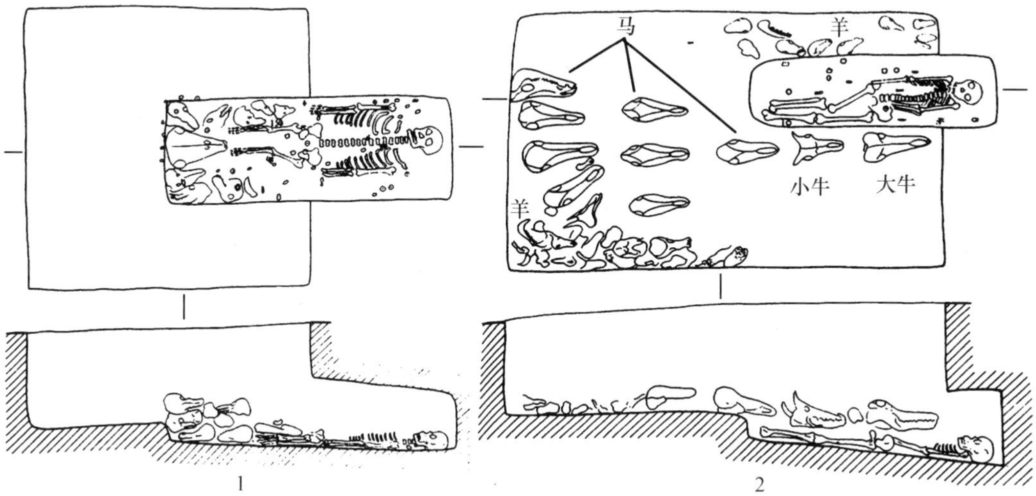

图2.8-2　张街墓地殉牲墓葬平、剖面示意图

1. M2　2. M3

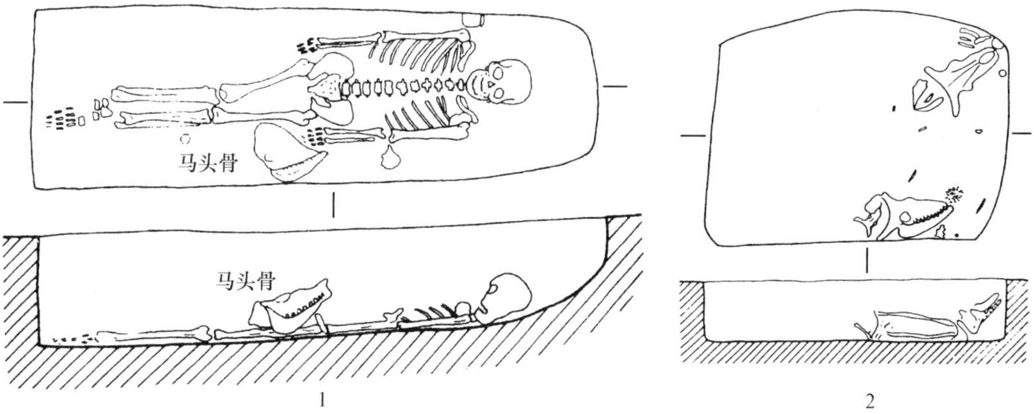

图2.8-3　张街墓地殉牲墓葬和葬坑平、剖面示意图

1. M4　2. ZK

古中南部的西园①和小双古城墓地②中也比较突出。从墓主人的性别年龄上看，成年男性与女性均有殉牲，且在殉牲种类上没有任何差异，也不见儿童殉牲墓葬。从出土的马具看，男性比女性中更加重视装饰马匹。但是在随葬的数量上M3的老年女性随葬有42个，而另外2座男性墓共计出土24个。可见，老年女性在该墓地所代表的人群中可能是一位德高望重，受众人尊敬的长者。当然也有可能是贵族家庭中的老年女性才有这种待遇。总之，女性的社会地位已经有了相对显著的提升。

① 内蒙古文物考古研究所、包头市文物管理处：《包头西园春秋墓地》，《内蒙古文物考古》1991年第1期，13-24页。

② 内蒙古文物考古研究所：《内蒙古凉城县小双古城墓地发掘简报》，《考古》2009年第3期，15-27页。

3. 于家庄墓地

该墓地位于固原县西北约15千米，隶属于彭堡乡撒门村，南距战国秦长城约10千米。由于雨水冲刷和人工取土将墓地分为南、中、北三个区，据当地群众的讲述，在取土时常出现牛、羊、马的头骨和青铜器[①]。1987年共发掘了28座墓葬，其中南区5座（SM1～SM5，其中SM1为残墓，），北区3座（NM1～NM3，均为残墓），中区20座（M1～M20）。在21座人骨保存完整的墓葬中，只有2座是儿童合葬墓，余皆为单人仰身直肢葬，头朝东，头低脚高，且均无葬具。按照墓葬形制可以分为竖穴土坑、竖穴土洞、刀形偏洞、凸字形土洞和凹字形土洞墓[②]。

于家庄墓地的28座墓葬中，除2座因破坏严重而情况不明外，仅有2座墓葬没有发现殉牲，也就是说殉牲率高达92.3%。据报道的数据来看，整个墓地至少随葬了262个动物个体，其中羊头骨166个、牛头骨54个、马头骨42个[③]。这三种动物分别占到63.4%、20.6%和16%。显然羊的数量是最多的，其次为牛，最后为马。

从随葬部位看，牛、马和羊均以头骨和蹄骨的组合为主，还发现有一定数量的颌骨。从简报报道的材料来看，殉牲动物组合形式主要有4种：羊+马（3座）；牛+羊（4座）；牛+马（1座）；牛+羊+马（2座）。

从单个动物的殉牲频率看，在明确殉牲动物种属的10座墓葬中，殉牛墓有7座，占70%；殉羊墓有9座，占90%；殉马墓有6座，占60%。可见羊在总数量上和殉牲频率上都占有绝对的优势。说明该人群以牧羊为主要的生计方式，不仅在生活生产中离不开它，而且就是死去也要带走一部分牲畜，象征着可以在另一个世界继续放牧为生。马通常被认为是牧民最为重视的动物，只有社会地位高、物质财富足的贵族多为男性成年才随葬马匹。但是笔者通过对墓葬墓坑形制的观察，并没有发现殉马墓与其他墓葬相比有明显的差异。由于墓地缺少人骨的详细鉴定，所以暂时还不确定殉牲动物的种类与数量是否与墓主人的性别、身份等有必然的联系。可以肯定的是儿童墓的数量至少有8座，与成年男女墓的数量大体相当。

从摆放的位置上看，竖穴土坑墓中殉牲动物直接摆放在墓主人的身边两侧或足端（SM4）。在竖穴土洞墓中，殉牲动物摆放在墓道前端靠近墓口的填土中。以吻部为前方，牛头在前，马头在后（图2.8-4，1）。在凸字形土洞墓中，殉牲动物的头骨和蹄骨多放置于墓道的后端，大牲畜在前端和中央，小牲畜在后端和边缘，并且横向排列大体呈一字形。吻部朝向与墓主人头向一致，均朝东（图2.8-4，2）。这种大牲畜牛在前，马在中间，小牲畜羊在后的排列方式较多见（图2.8-5，1）。但是也有一些例外，如M20为刀形偏洞室墓，殉牲动物的头、蹄骨被放置在墓室前端或墓道接近墓室的一

① 宁夏文物考古研究所：《宁夏固原于家庄墓地发掘简报》，《华夏考古》1991年第3期，55-63页。

② 宁夏文物考古研究所：《宁夏彭堡于家庄墓地》，《考古学报》1995年第1期，79-107页。

③ 这里的数据是依据简报中的描述，而并不包括另外一些数量较多的马、牛、羊的颌骨和蹄骨。

图2.8-4　于家庄墓地殉牲墓葬平、剖面示意图

1. M12　2. M15

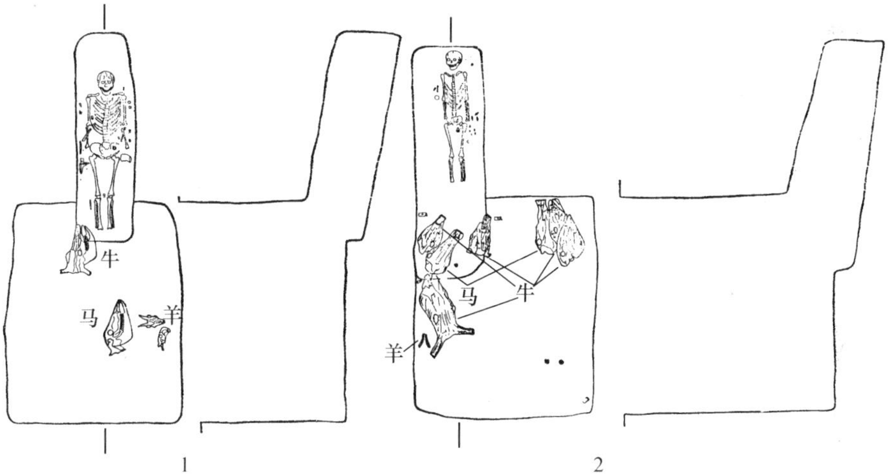

图2.8-5　于家庄墓地殉牲墓葬平、剖面示意图

1. M17　2. M20

端。其中有1个最大的牛头骨摆放在了最后的位置（图2.8-5，2）。

从墓葬的形制上看，竖穴土坑墓中普遍流行殉牲习俗，但数量较少，有儿童殉牲墓葬。凸字形土洞墓先将死者及随葬品放入墓室，然后将牛、马、羊的头、蹄骨按一定方向摆放在墓道中。刀形洞室墓中仅有少量马具置于殉牲的牛、马头骨附近。凹字形土洞墓有两个墓室，墓室中随葬有铜器和骨器，而牛、羊、马的头、蹄骨则放置于共用的墓道中。

总之，于家庄墓地的殉牲率高达九成以上，普遍殉牲是这一人群的文化特点。殉牲动物的数量达到了262个个体，平均每座殉牲墓葬有10个个体[1]。尤其是M4中一次性

① 这里我们忽略了无法统计的马、牛、羊的下颌骨的数量，如果加上这些数据，无论殉牲的总数量还是殉牲墓的平均随葬数量均会有较大的提高。

随葬53个羊头骨、130个羊颌骨以及2个牛头骨，它也是整个墓地中殉牲最多的一座墓葬。但由于这座墓葬的其他信息并没有报道，不便于我们进行进一步的探讨。推测此墓主人的身份是1位年长的贵族成员。竖穴土坑墓殉牲的概率和绝对数量均少于洞室墓的现象，在东周时期的西北地区较常见，且在内蒙古中南部也有个别墓地有类似的情况。这是一处典型的游牧民族的墓地，其年代在春秋战国之际至战国早期①。

4. 马庄墓地

该墓地位于杨郎乡马庄附近的沙沟北岸。1989年抢救性清理了49座墓葬，出土2957件各类随葬品。自马庄村后起沿沟北岸往东近3千米，在南北宽约200米的范围内，均有墓葬分布，按照密集程度，从东向西依次编为第Ⅰ、Ⅱ、Ⅲ地点。第Ⅰ地点清理了21座墓葬，其中有12座被盗掘严重。第Ⅱ地点清理了20座墓葬，其中7座被盗，另13座也为残墓。第Ⅲ地点清理了11座墓葬，其中3座被盗掘②。总之，49座墓葬中有20座遭受严重破坏而形制不清，剩余29座可以分为竖穴土坑（1座）和竖穴墓道土洞墓（28座）。

在形制清楚的29座墓葬中，有22座墓葬发现有殉牲，占75.9%。殉牲动物的种类有羊、马和牛，且均以头骨和蹄骨代表全牲。殉牲动物共发现至少305个个体，其中羊最多，达218个；其次马有47个；而牛有40个。羊、马和牛分别占总个体数的71.5%、15.4%和13.1%（图2.8-6）。殉牲数量最少的仅有1个（ⅡM4、ⅡM6和ⅡM8），殉牲最多的达54个，绝大多数殉牲摆放在墓道内，大牲畜牛和马在中间，羊散落在墓道四周。仅有2个马头位于墓室内人骨下肢端（ⅢM3，图2.8-7）。

从单个动物的殉牲频率看，殉牛墓17座、殉羊墓18座、殉马墓14座，分别占殉牲墓葬的77.3%、81.8%和63.6%。可见无论在数量上，还是在使用频率上羊都要高于牛和马。而牛的数量虽少于马，但是殉牲频率却比马高。

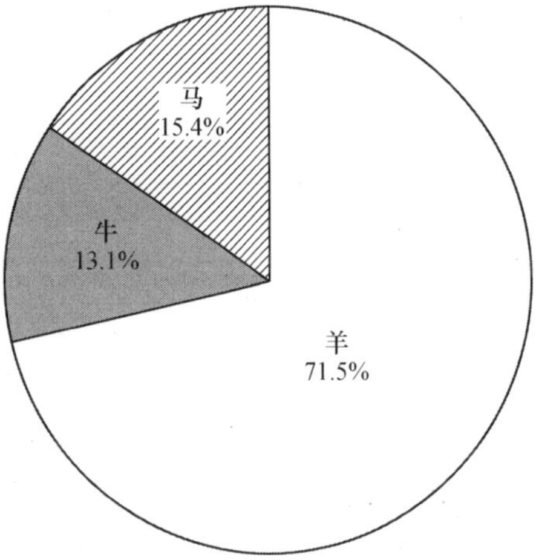

图2.8-6　马庄墓地殉牲动物比例

殉牲动物组合有5种：牛（2座）；马（2座）；牛＋羊（6座），羊＋马（3座）；牛＋羊＋马（9座）。不见有单独随葬羊的现象，这可能与该墓地埋葬人群的特殊身份有关。以牛、羊和马的组合形式是这个墓地中数量最多的，且殉牲动物的总量也是非常大的。再结合墓葬形制大小和随葬品的多少来看，以牛、羊和马三种动物为组合形式埋葬的墓主人其社会地位、级别均较高，也是占有的财富最多的一类人群。

① 杨建华：《春秋战国时期中国北方文化带的形成》，文物出版社，2004年。

② 宁夏文物考古研究所、宁夏固原博物馆：《宁夏固原杨郎青铜文化墓地》，《考古学报》1993年第1期，13-56页。

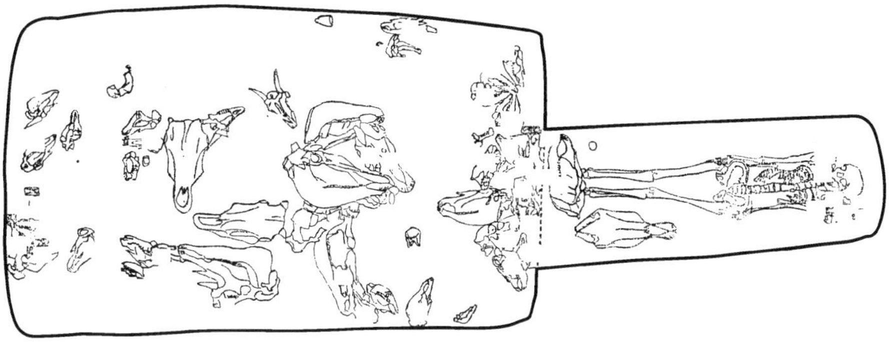

图2.8-7　马庄墓地ⅢM3平面示意图

在殉牲的摆放形式上，发掘者认为“先将死者及一部分随葬品掩埋于墓室中，然后将割取的牲畜头、蹄（以头为主）埋于墓道填土中（一部分随葬品如陶罐和大型车马器等多与殉牲一起置放），墓道实际上为专用的殉牲坑。殉牲的头、蹄骨多数置放紊乱，无规律”①。事实上，有些墓葬中的摆放是遵循了一定的惯例，例如ⅠM1和ⅠM4，殉牲均摆放在墓道部分的填土中，且一般牛、马头骨横向排列摆放在洞口处及两端的位置上。同时，羊头骨被单独堆放在墓道东南角。大型牲畜的吻部朝向一般与墓主人的头向一致，小型动物羊则堆放无章（图2.8-8）。ⅠM3的摆放也非常规整，羊头全部摆放在洞室内人骨下肢的两侧，而牛头骨和蹄骨置于墓道中部距墓口深0.34米的埋土中。殉牲动物的吻部均与墓主人的头向保持一致（图2.8-9）。也有的殉牲摆放不整齐无序地散布在墓道四周上方的填土中，动物的吻部朝向也多不相同（图2.8-10）。

报告中将墓地分为早、晚两期，根据这一结果，绘成表2.8-1。总体来看，晚期羊的数量开始减少，而牛和马的数量基本没有太大变化。说明该墓地人群从早期到晚期从事的生业活动没有太大改变。但是殉牲习俗发生了一些变化，尤其在殉牲墓葬随葬动物的平均数量上，晚期要比早期多出约7个个体。在殉牲墓葬中随葬动物的最大数和最小数并没有太大的变化。早、晚两期都有1座殉牲数量超过50多个的大墓（ⅢM3和ⅢM4）。结合这两座墓葬的形制大小和随葬品的数量和质量，推测这两座墓的主人很有可能就是这个墓地所代表人群的两个不同时期的首领。

总之，马庄墓地中殉牲习俗较普遍，殉牲率达75.9%。又因为多数墓葬被盗掘和破坏，实际上的殉牲率应该会更高一些。殉牲动物以羊为主，牛和马次之的特点与于家庄墓地的相似。从殉牲动物的数量和墓葬形制的大小和随葬品可以看出，身份地位越高，占有财富越多，随葬品和殉牲动物的种类以及数量也随之增多。殉牲作为身份标识的一种重要特征，在反映墓主人的社会角色上有着重要的作用。由于墓地缺少人骨鉴定，故不能进一步讨论殉牲在性别和年龄上的差异。竖穴洞室墓中有殉牲的现象要远多于竖穴土坑墓，这与于家庄墓地的特点是一样的。

① 宁夏文物考古研究所、宁夏固原博物馆：《宁夏固原杨郎青铜文化墓地》，《考古学报》1993年第1期，13-56页。

表2.8-1　马庄墓地早、晚期的殉牲统计　　（单位：个）

分期	牛	羊	马	总数	均数	最少	最多	墓号
早期	16	105	20	141	16	3	54	ⅠM3、ⅠM4、ⅠM5、ⅠM6、ⅠM7、ⅠM8、ⅡM6、ⅢM1、ⅢM3
晚期	15	79	21	115	23	2	51	ⅠM1、ⅠM2、ⅠM10、ⅢM4、ⅢM5

注：均数是指殉牲动物总数/殉牲墓葬数量；最多是指殉牲最多的1座墓葬中出土的数量。

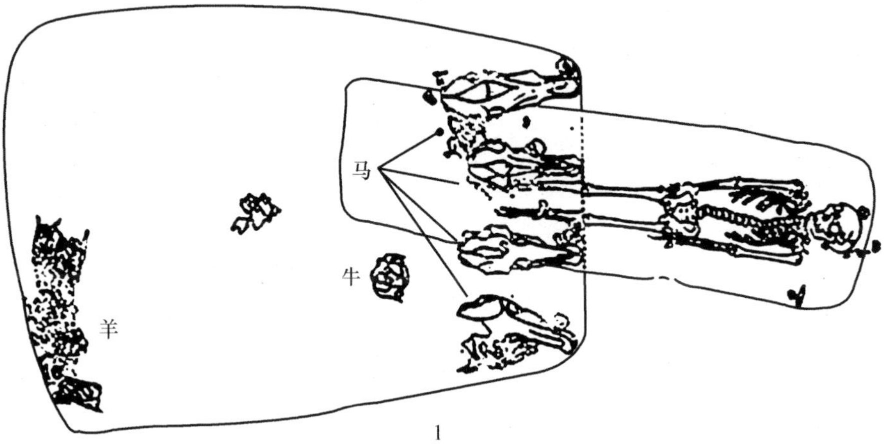

1

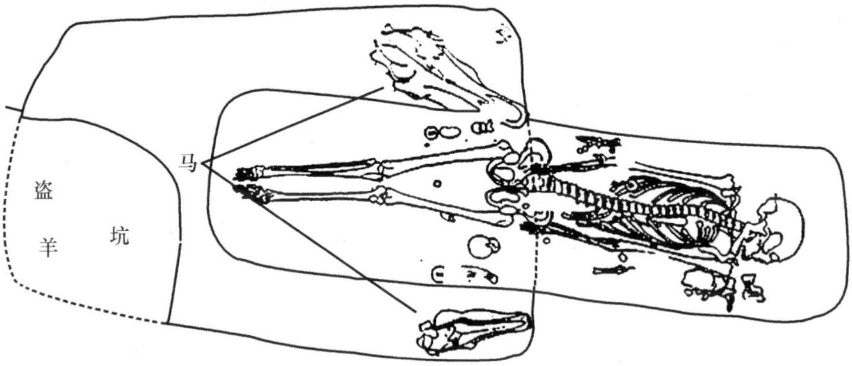

2

图2.8-8　马庄墓地殉牲墓葬平面示意图

1. ⅠM1　2. ⅠM4

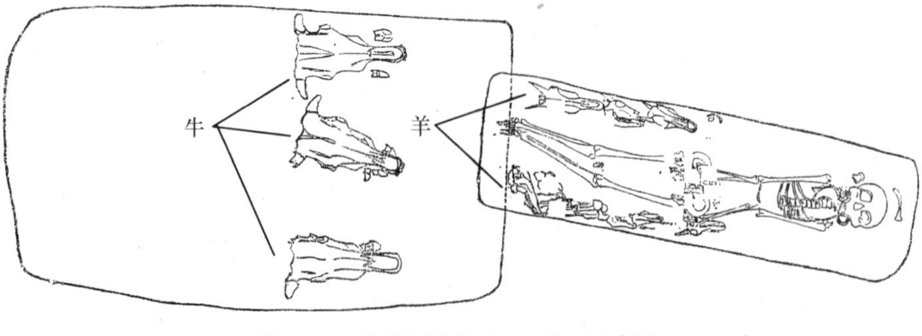

图2.8-9　马庄墓地的ⅠM3平面示意图

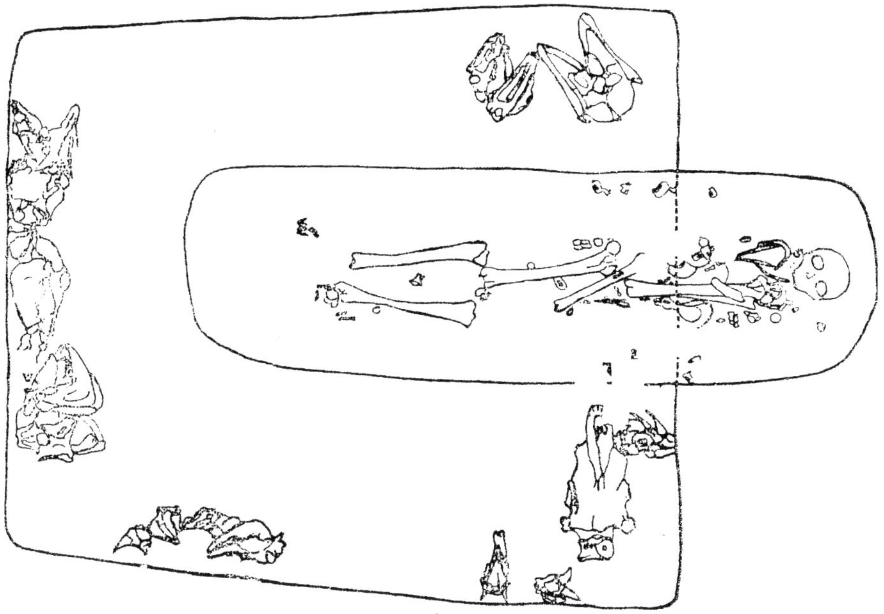

1

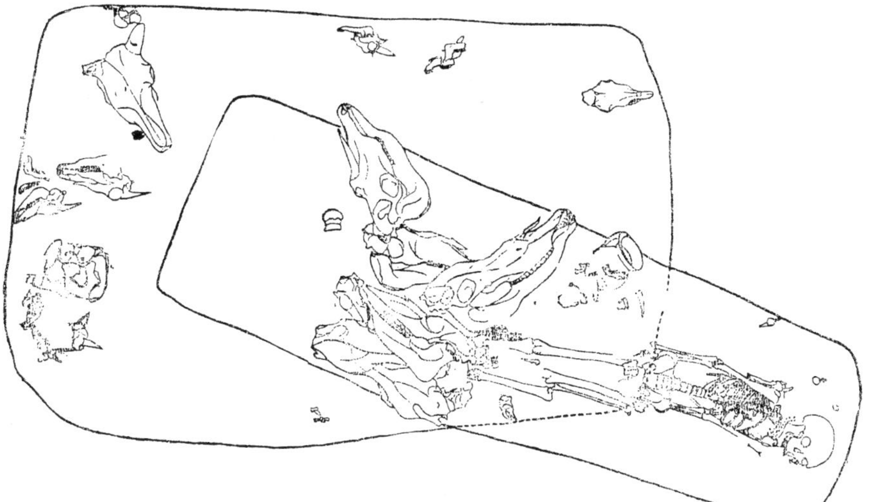

2

图2.8-10　马庄墓地殉牲摆放示意图

1. ⅡM1　2. ⅠM2

5. 撒门村墓地

该墓地先后几次共发现11座墓葬，其中7座墓葬被严重毁坏。据当地村民反映墓葬均发现有马、牛和羊头骨。另4座墓葬经过清理，出土了非常丰富的随葬品。其中M2发现有马、羊头骨各2个、牛头骨1个；M3发现4个马头骨①。另外1988年发掘的墓葬

① 罗丰、韩孔乐：《宁夏固原近年发现的北方系青铜器》，《考古》1990年第5期，403-418页。

（撒88M1）出土了3个马头、1个牛头、10余个羊头骨①。也就是说该墓地11座墓中至少有10座发现有动物殉牲，殉牲率达到90.9%以上。殉牲动物至少有马头9个、羊头12个和牛骨2个。可见羊的数量最多，其次是马，最后是牛。

6. 王大户墓地

该墓地位于彭阳县古城镇王大户村东北部的圆疙瘩上，南距古城镇15千米，距彭阳县城约35千米②。共发现15座墓葬，清理墓葬8座，其中1座被盗。除PWM1为带段斜坡墓道外，其余均为竖穴墓道洞室墓。在清理的7座墓葬均发现有马、牛、羊的头骨，另有少量的蹄骨和舌骨。特别需要说明的是，该墓地以及中庄墓地和九龙山墓地殉牲动物的测量、鉴定和统计非常详细。

从各类殉牲动物的数量和年龄上看，马的数量为38个个体，其中幼年13、青年2、中年19、老年3，另有1个年龄不明。牛的数量为21个个体，其中幼年7、青年2、中年12。羊的数量为100个个体，其中山羊33、绵羊47，难以确定种属的羊为20。33个山羊中，幼年12、青年7、中年11、老年2、不确定1。47个绵羊中，幼年22、青年4、中年15、老年6。可见，羊的数量最多，且以绵羊为主，山羊次之，马的数量略多于牛。

从墓地殉牲动物的种类、数量、年龄与墓主的对应关系看，殉牲数量最多的为PWM7，其墓主人为25～35岁的女性，这也是该墓地仅有的1座女性墓葬。值得注意的是，该墓虽然殉牲动物的数量最多，且牛和羊的数量也是最多，但是没有随葬马。而其他男性墓葬除PWM5外，均随葬马，最多的14个，最少的4个。这应该与该墓地人群男女两性的社会劳动分工有一定的联系。墓主的年龄从1～1.5岁到40～50岁，均有殉牲，且年龄较小的2座墓的殉牲动物的数量明显要低于成年人。马＋牛+羊的殉牲组合中占多数，除此还有牛+羊、马+牛的组合，不存在单独一种动物以及马和羊组合殉牲的情况（表2.8-2）。

表2.8-2　王大户墓地殉牲与墓主人的对应关系

墓号	性别	年龄（岁）	随葬动物数（个）	动物种类及数量（个）
PWM1	男	40～50	27	马14、牛2、羊11（山羊4、绵羊7）
PWM2	男	2～3	7	马5、牛2
PWM3	不详	1～1.5	12	马4、牛3、羊5（绵羊1、羊4）
PWM4	男	40～45	29	马10、牛3、羊16（山羊6、绵羊8、羊2）
PWM5	男	35～40	26?	牛4、羊21（山羊4、绵羊6、羊11）
PWM6	男	12～13	26	马4、牛2、羊20（山羊5、绵羊14、羊1）
PWM7	女	25～35	32	牛5、羊27（山羊14、绵羊11、羊2）

注：该表选自王大户墓地的原报告。

① 罗丰、延世忠：《1988年固原出土的北方系青铜器》，《考古与文物》1993年第4期，17-21页。

② 宁夏文物考古研究所、彭阳县文物管理所：《王大户与九龙山——北方青铜文化墓地》，文物出版社，2016年。

多数墓葬殉牲动物的摆放位置为靠近墓室底部分层处，且将殉牲动物放置于墓道，少数摆放在洞室内。殉牲动物的头骨摆放方式有平置、倒置、侧置、正置和插置。马头和牛头以平置，且吻部多与洞室方向一致朝东者居多，个别墓葬的马头还有插置的现象。羊头以侧置为主，吻部朝向没有规律（图2.8-11）。

1　　2

图2.8-11　王大户墓地PWM1平面示意图

1. 第一层和第二层上部殉牲　2. 第二层下部殉牲

7. 中庄墓地

该墓地位于彭阳县城阳镇中庄柳台村北部，距城阳镇约30千米，距彭阳县城约33千米[①]。共发现2座墓葬，其中1座墓葬被盗严重，资料不全。

PZM1，呈凸字形，方向50°，由墓道和洞室组成，洞室东向偏离墓道中轴线，底部呈东向渐低的斜坡。该墓共出土马、牛、羊的头骨、蹄骨和寰椎等共63件，分属于49个个体。其中马4（幼年2、青年2、青年马中雌雄各1）、牛7（幼年1、中年6）、羊38（山羊13、绵羊17、羊8）、放置于墓道和洞室竖穴口上部及洞室上部。根据殉牲的出土位置，从上至下分为四层。马和牛以平置、吻部朝东为主。可见，羊的数量最多，其次为牛和马。中庄墓地牛和羊的比例大大超过了王大户墓地。这种现象有可能与墓主人的身份、性别、年龄和社会地位等有一定的关系。需要注意的是，中庄墓地的殉牲动物多以幼年个体为主，尤其是羊的幼年占很大比重，有的甚至是不足三个月的羔羊。

按照报告中复原了整个埋葬过程，“挖掘墓穴→放置洞室下层遗物→放置尸骸→放置洞室上层遗物→回填洞室→放置第四层殉牲→回填洞室→放置第三层殉牲→回填洞室至墓道底部→放置第二层殉牲→回填墓道→放置墓道第一层遗物→回填→放置墓道第四层遗物→回填→放置墓道第三层遗物→回填→放置墓道第二层遗物→回填→放

① 宁夏文物考古研究所、彭阳县文物管理所：《王大户与九龙山——北方青铜文化墓地》，文物出版社，2016年。

置墓道第一层遗物→放置第一层殉牲→回填墓道与原地表平”①。可见殉牲在整个埋葬过程中扮演了重要的角色，且为非常重要的环节，并且反映了当时墓主人的社会身份属性。

8. 九龙山墓地

该墓地位于固原市原州区西南约1.3千米，因其山形似九条青龙盘桓而得名②。共清理了11座墓葬，墓葬均被盗掘，人骨与殉牲分布凌乱，随葬品几乎被盗掘一空。

该墓地共出土殉牲动物166个个体，其中羊的数量最多达144个，其次是牛18个，马仅有4个。殉牲动物的部位以头骨为主，还有少量的马、牛和羊的寰椎，这应与当时的切割方式有关。另有牛和马的趾骨以及牛和羊的脊椎骨，这也应是一种特殊的埋葬习俗。从殉牲动物的组合来看，最主要的形式为山羊、绵羊和牛的组合共8座，其次为山羊、绵羊、牛和马的组合共2座，另有山羊和绵羊的组合仅有1座（表2.8-3）。这种组合方式在整个宁夏地区，乃至中国北方地区都很有自身特点。

表2.8-3　九龙山墓地殉牲情况统计表　　（单位：个）

墓号	羊		牛	马	其他	总数
	绵羊	山羊				
YJM1	头骨11（成年7、幼年4）	头骨6（成年6）	头骨3、下颌骨1（成年2、幼年2）	头骨2、下颌骨1（成年1、幼年2）		24
YJM2	头骨4（幼年4）	头骨12（成年2、幼年10）		下颌骨1（幼年1）		17
YJM3	头骨1（成年1）	头骨5（幼年5）	头骨1（成年1）		另有3件幼年羊无法判断种属	10
YJM4	头骨3（成年2、幼年1）	头骨8（成年8）	头骨2（成年1、幼年1）			13
YJM5	头骨5（成年3、幼年1、老年1）	头骨3（成年2、幼年1）	头骨3、下颌骨1（幼年4）			12
YJM6	头骨3（成年2、幼年1）	头骨2（成年）	头骨2（幼年）			7
YJM7	头骨2（成年1、幼年1）	头骨3（成年）	头骨1（幼年）			6
YJM8	头骨26（成年8、幼年7、老年11）	头骨2（成年1、老年1）	下颌骨1（幼年1）			29

① 宁夏文物考古研究所、彭阳县文物管理所：《王大户与九龙山——北方青铜文化墓地》，文物出版社，2016年，453页。

② 宁夏文物考古研究所、彭阳县文物管理所：《王大户与九龙山——北方青铜文化墓地》，文物出版社，2016年。

续表

墓号	羊		牛	马	其他	总数
	绵羊	山羊				
YJM9	头骨25（成年5、幼年12、老年8）	头骨8（成年3、幼年2、老年3）				33
YJM10	头骨8（成年5、幼年1、老年2）	头骨7（成年5、幼年1、老年1）	头骨2（幼年2）			17
YJM11	头骨7（成年1、幼年4、老年2）	头骨15（成年2、幼年11、老年2）	头骨1（成年1）			23

在该墓地的11座墓葬中，最少的埋葬6个动物头骨，最多的埋葬33个动物头骨。与该地区其他墓地相比，单个墓葬中埋葬的动物头骨数量略少。笔者在对比了墓主人年龄和性别与殉牲动物的数量和种属后，发现它们之间并没有明显的规律可循。但是在出土牛头和马头较多的墓葬中，似乎墓葬规模和随葬品略多一些。发掘者认为，这可能与墓主人家庭经济状况有关，也从侧面反映出春秋战国时期游牧民族经济的不稳定性。

另有除上述几处较有规模的墓地之外，在固原地区还发现了较多零散的墓葬中均发现殉牲。主要有苋麻村[①]、侯磨村[②]、上店村[③]、阳洼[④]、鸦儿沟[⑤]、大北山[⑥]、石喇村[⑦]、吕坪村[⑧]、硝河村[⑨]、官台村[⑩]、吴沟村和机砖厂等墓葬[⑪]。这些墓葬均为竖穴土坑墓，单人葬为主，少有合葬墓（阳洼），且无葬具，葬式多为仰身直肢。其中最少

① 杨守国、祁悦章：《宁夏彭阳县近年出土的北方系青铜器》，《考古》1999年第12期，28-37页。

② 罗丰、韩孔乐：《宁夏固原近年发现的北方系青铜器》，《考古》1990年第5期，403-418页。

③ 罗丰、韩孔乐：《宁夏固原近年发现的北方系青铜器》，《考古》1990年第5期，403-418页。

④ 钟侃、韩孔乐：《宁夏南部春秋战国时期的青铜文化》，《中国考古学会第四次年会论文集》，文物出版社，1983年，203-213页。

⑤ 钟侃、韩孔乐：《宁夏南部春秋战国时期的青铜文化》，《中国考古学会第四次年会论文集》，文物出版社，1983年，203-213页。

⑥ 钟侃、韩孔乐：《宁夏南部春秋战国时期的青铜文化》，《中国考古学会第四次年会论文集》，文物出版社，1983年，203-213页。

⑦ 罗丰：《宁夏固原石喇村发现一座战国墓》，《考古学集刊》（3），中国社会科学出版社，1983年，130-142页。

⑧ 固原博物馆：《宁夏固原吕坪村发现一座东周墓》，《考古》1992年第5期，469-470页。

⑨ 宁夏文物考古研究所、彭阳县文物管理所：《王大户与九龙山——北方青铜文化墓地》，文物出版社，2016年，616-618页。

⑩ 罗丰、延世忠：《1988年固原出土的北方系青铜器》，《考古与文物》1993年第4期，17-21页。

⑪ 隆德县文管所：《隆德县出土的匈奴文物》，《考古与文物》1990年第2期，5-7页。

的仅葬1个羊头，最多的葬30余个牛、马和羊头（表2.8-4）。这种零星墓葬的成因很复杂，可能与牧民在游动放牧或转场的过程中遇到突发事件而死亡有关，更重要的是与游牧社会多元化、小型化、分散化、家族化的特性有关。这一点与内蒙古中南部鄂尔多斯及邻近地区的考古发现较相似。同时，罗丰先生也指出，固原地区的葬式均为头东脚西，而鄂尔多斯地区均为南北走向，头北脚南，两者之间表现出一种民族间差异①。

表2.8-4 固原地区殉牲墓葬汇总表

墓葬	形制	牛（个）	羊（个）	马（个）	其他	最多（个）	殉牲部位	殉牲率（%）
陈阳川	竖穴偏洞室墓	10+	19+	2+		12	头、蹄骨	100
张街村	土洞墓、土坑墓	5	55	12		42	头、蹄骨	100
于家庄	土洞墓、土坑墓	17	199	8		55+	头、蹄骨	92.3
马庄	土洞墓、土坑墓	40	218	47		54	头、蹄骨	75.9
王大户	洞室墓	21	100	37		32	头	100
撒门村	土坑墓	2+	12+	9+			头骨	90.9
苋麻村	土坑墓	√	√					100
侯磨村	土坑墓		1				头骨	100
上店村	土坑墓	√	√	√			头骨	100
阳洼	土坑墓	4	14	14			头骨	100
鸦儿沟	土坑墓	√	√	√			头骨；马骨	100
大北山	土坑墓	4	20	4			头骨	100
石喇村	土坑墓	4	14	20±			头、蹄骨	100
吕坪村	土坑墓	4	20	11			头骨；马蹄骨	100
官台村	土坑墓	√	√	√			头骨	100
吴沟村	土坑墓			√	兽骨		马骨	100
机砖厂	土坑墓			√	兽骨		马骨	100
中庄	洞室墓	7	38	4		33		100
九龙山	洞室墓	18	144	4		33		100
硝河村	洞室墓	3	7	2		12		100

注：最多是指殉牲最多的1座墓葬中出土的数量。

值得注意的是，在苋麻村墓葬中出土了较多的青铜车马具，如马镳、当卢、节约、车轴饰等。在墓葬中只随葬了牛和羊，而并没有随葬马。车马具和马本应该是相伴相随的一对事物，这一现象使我们产生这样的疑问，车马具和马本身究竟哪一个更能彰显墓主人的身份和地位。笔者认为以车马具为代表的随葬品更能代表牧人的社会地位和贵族身份；而马代表的牲畜则体现财富的占有情况。当然这两类也并不是绝对

① 罗丰：《固原青铜文化初论》，《考古》1990年第8期，743-750页。

分割的，往往交织在一起。

根据杨建华先生年代学的研究[①]，春秋晚期的槐湾、孟塬[②]和撒门村M2中，仅后者发现有牛、羊和马等少量的殉牲。战国早中期的撒门M3和88M1、石喇、于家庄、苋麻、大北山和官台墓葬中多数都殉葬有大量的牛、羊和马头，仅米塬一处未发现殉牲；并且这一时期形成了像于家庄和张街这样较大型的墓地。战国中晚期的马庄、陈阳川、张街、吴沟和鸦儿沟墓葬中仍发现有大量的殉牲动物；同时还有像白杨林村、芦子沟嘴、头营、王家坪和蒋河[③]等墓葬中未发现殉牲现象。总之，固原地区从春秋晚期至战国晚期的殉牲特点发生了一些改变。早期由少量的发现到中晚期大量的出土，这一变化代表了游牧经济的不断发展和游牧民族的文化认同感的不断提升。由于固原地区的地理位置与中原文化的腹地距离较近，在晚期越来越多地受到中原力量的冲击。

三、庆阳地区

1982年在正宁县后庄村发现1座墓葬和1座葬马坑。墓葬遭到严重破坏，仅收回了部分出土遗物[④]。简报中既然称之为葬马坑，一定有马的骨骼，至于数量多少、摆放方式如何，这些信息均不详。

1984年考古人员在宁县平子乡袁家村清理了1座墓葬和1座葬马坑，并出土了43件器物。墓葬为土坑竖穴，墓向8°，长3.1、宽1.5米。内有木棺痕迹，墓主人为仰身直肢。墓葬以西1米处，有一遭破坏的葬马坑。大体为不规则长方形竖坑，深约1.5米。马骨架整齐的摆放，头向同东侧墓主人一致，并在马骨周围出土21件器物，其中有一部分为马具[⑤]。

1987年甘肃庆阳城北曾发现过葬马坑，报道中只介绍了出土的一些遗物，而对马匹没有任何提及。可以肯定的是殉葬的马匹经过精心的装饰，其他具体信息不详[⑥]。

庆阳地区的葬马坑发现较多。葬马坑在中国北方并不是很多见，仅在徐家碾[⑦]和西园墓地[⑧]中有发现。徐家碾葬的马是事先屠宰并分割后进行掩埋的，西园的马则将头骨单独放置在偏洞室内，竖穴部分用石块摆成圆形，可能与太阳崇拜有关。在下文中即将要提到的马家塬和王洼墓地的大型墓中随葬有马车和马匹，但是并没有单独的坑

① 杨建华：《春秋战国时期中国北方文化带的形成》，文物出版社，2004年。

② 罗丰：《固原青铜文化初论》，《考古》1990年第8期，743-750页。

③ 罗丰：《固原青铜文化初论》，《考古》1990年第8期，743-750页。

④ 刘得祯、许俊臣：《甘肃庆阳春秋战国墓葬的清理》，《考古》1988年第5期，413-424页。

⑤ 刘得祯、许俊臣：《甘肃庆阳春秋战国墓葬的清理》，《考古》1988年第5期，413-424页。

⑥ 庆阳地区博物馆、庆阳县博物馆：《甘肃庆阳城北发现战国时期葬马坑》，《考古》1988年第9期，852-860页。

⑦ 中国社会科学院考古研究所：《徐家碾寺洼文化墓地——1980年甘肃庄浪徐家碾考古发掘报告》，科学出版社，2006年。

⑧ 内蒙古文物考古研究所、包头市文物管理处：《包头西园春秋墓地》，《内蒙古文物考古》1991年第1期，13-24页。

穴埋葬。在马家塬墓地有1座祭祀坑，其内埋葬了牛、羊和马共计226个。这与另外几处单独埋葬马的祭祀坑又有所区别。庆阳地区葬马坑的流行以及较丰富的车马具的发现，应该是这一地区地理位置与中原地区接近而受到其影响的结果。

四、天水地区

1. 马家塬墓地

该墓地位于天水市张家川回族自治县木河乡东北3千米的桃园村三队北约300米的马家塬上。墓地现地表为农田，在以马家塬为中心，向东、西、南三面各延伸100米的呈簸箕状地形范围内共探明有59座墓葬和祭祀坑，墓地总面积约3万平方米[①]。马家塬墓地的布局经过一定的规划，绝大多数为竖穴偏洞室墓，有很少的竖穴土坑木椁墓，其墓葬方向大体一致。绝大多数为仰身直肢，少量为侧身直肢，且头向与洞室方向一致[②]。墓地的年代为战国晚期至秦初[③]。由于诸篇简报中报道的侧重点不同，而殉牲动物有时经常被忽略，故下文在讨论时难免有不当之处。

2006～2011年共发掘清理了25座墓葬（包括M17祭祀坑），在历年发表的简报中共报道了21座墓葬[④]。21座墓葬中均随葬有殉牲动物，无一例外，殉牲率达100%。殉牲动物有马、牛、羊和狗，其中马、牛和羊均以随葬头骨和蹄骨为主，也有少量完整马匹和牛、马的肋骨、肢骨等；狗均为完整的骨架。墓葬被盗掘破坏严重，且简报中对很多墓葬中出土各类动物骨骼的数量也缺少准确介绍，但是可以肯定的是马和牛的数量应该是最多的，其次是羊，最后是狗。东周时期中国北方地区的墓地中殉牲动物绝大多数以殉羊为主，因为羊是最常见且又繁殖最快的牲畜；其次是牛和马。马家塬墓地殉牲动物种类的比重之所以呈现这样的特点，应当是与墓地的高规格和墓主人的尊贵身份有关。现根据目前的发掘资料，对该墓地的殉牲进行梳理和分析。

从单个动物的殉牲频率看，殉牛墓17座、殉马墓16座、殉羊墓10座、殉狗墓5座，分别占殉牲墓葬的81.0%、76.2%、47.6%和23.8%。可见牛和马的殉牲频率是最高的，其次是羊，最后是狗。这与殉牲动物的数量比例大体是一致的。

在摆放位置上，狗一般摆放在车舆内、墓穴西南角和西北角，也有的摆放在北壁中部。牛大多数摆放在车前后，竖穴西南、西北角，墓道台阶处，还有一定数量的牛

① 甘肃省文物考古研究所、张家川回族自治县博物馆：《2006年度甘肃张家川回族自治县马家塬战国墓地发掘简报》，《文物》2008年第9期，4-28页。

② 甘肃省文物考古研究所、张家川回族自治县博物馆：《张家川马家塬战国墓地2007～2008年发掘简报》，《文物》2009年第10期，25-51页；早期秦文化联合考古队、张家川回族自治县博物馆：《张家川马家塬战国墓地2008～2009年发掘简报》，《文物》2010年第10期，4-26页。

③ 早期秦文化联合考古队、张家川回族自治县博物馆：《张家川马家塬战国墓地2010～2011年发掘简报》，《文物》2010年第10期，4-26页。

④ 赵吴成：《张家川县马家塬战国墓地》，《中国考古学年鉴（2011）》，文物出版社，2012年，493-494页。在本书中参考了M4和M57的数据。

肢骨摆放在车舆内（图2.8-12，1）。羊头骨主要摆放在车前后和填土中（图2.8-12，2）。马头多数被摆放在墓口面上、填土中和车辕前后，完整的马匹则仅摆放在车辕前（图2.8-13）。

从墓葬等级看，简报根据墓葬的大小、墓道阶梯的多少、随葬车辆的数量以及

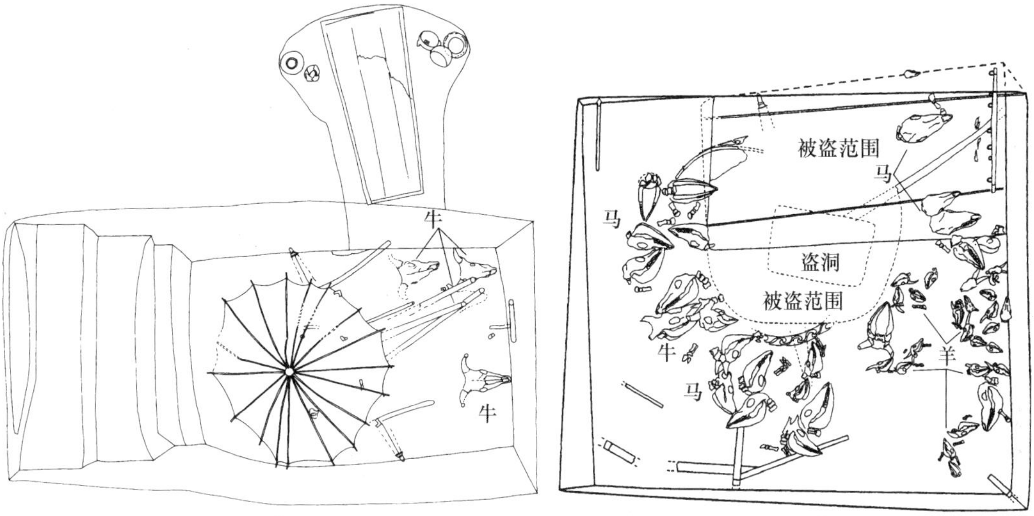

1　　2

图2.8-12　马家塬墓地殉牲墓葬平面示意图

1. M19　2. M5

图2.8-13　马家塬墓地M18平面示意图

随葬器物的多寡与质地等，将墓葬分为五类。笔者将其合并成三类，即大型墓、中型墓（包括次中型墓）、小型墓（包括次小型墓）三种类型，分别对应三个等级的社会成员。在殉牲方面，大型墓仅1座，在其墓道下端、椁室前部摆放有4匹趴卧状完整的马，位于立车前端；车轮部位有牛头碎骨，数量不详；在第二辆随葬的车上发现有殉狗。中型墓的数量最多有11座，每座最少随葬2个动物，最多的达30个左右。这种类型墓葬的殉牲特点为动物种类丰富，组合形式多样。如M13，为八级阶梯式竖穴偏洞室墓，墓主人为30岁左右的男性，侧身直肢。车衡下摆放4个马头和蹄骨，车衡右侧放置3个马头骨和1个羊骨，并且有的马头装饰有络饰（图2.8-14，1）。小型墓有8座，主要特点是殉牲动物的组合中马、牛和羊一起伴出的数量较多；最少的墓葬仅有1个狗，最多的有40左右。总体来讲，殉牲动物的种类和数量与墓葬的等级并不呈正比例关系。例如大型墓M6仅随葬了4匹完整的马，而小型墓M15中各类殉牲动物达40个左右（图2.8-14，2）。

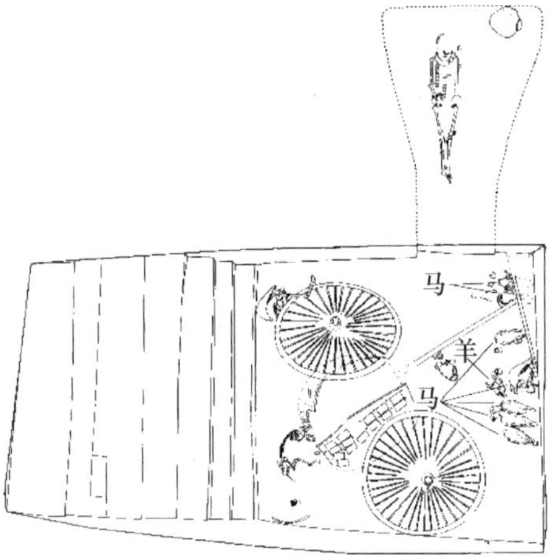

1

2

图2.8-14　马家塬墓地殉牲的摆放位置

1. M13　2. M15

由于墓地缺少人骨的鉴定，我们还暂时不能还原殉牲与墓主人之间的对应关系。仅可知，中型墓M16和次中型墓M13的墓主人均为30岁以上的男性，暂时没有发现女性和儿童墓。但是杨建华先生从墓葬的随葬品组合观察，认为M1可能为男性，M3为女性，并且还指出因每座墓葬的草原因素来自不同地区且没有混合在一起的现象，这些外来因素应是以直接的方式传入本地。例如以婚嫁的方式迎娶了陪送大量嫁妆的天山七河地区的女子①。仅从殉牲的角度来看，天山七河地区还没有以马头殉牲见诸报道的例子。

除上述的墓葬之外，M17为一祭祀坑，坑中共分4层埋葬有马头、牛头、羊头及蹄

① 杨建华：《张家川墓葬草原因素寻踪——天山通道的开启》，《西域研究》2010年第4期，51-56页。

骨共226个。这些马头、牛头、羊头的吻部朝向均向东。可以想象当时举行祭祀仪式时的壮观场面。在殉牲动物的种类上，还是在数量上，抑或是殉牲频率上，以这座祭祀坑为代表的马家塬墓地的殉牲习俗在西北地区青铜时代至早期铁器时代时达到了一个顶峰。

总之，马家塬墓地的殉牲是普遍现象，无论墓葬等级大小，均使用至少一种动物进行随葬。殉牲动物主要以牛、马和羊头骨及蹄骨为主，马也有全牲，还有少量的随葬狗骨的现象。王辉先生指出马家塬墓地的随葬品中包含有北方草原文化、西方文化、秦文化、西戎文化等多种文化因素①。其他多数学者也认为，随葬的礼车及车上的軎和毂等配件均为中原因素。笔者认为，在墓葬中随葬完整的马匹和礼车是中原文化中的统治阶级为彰显和表明其身份高贵的一种葬俗，也象征着墓主人在另一个世界能够出入驱车，且排场不弱于生前的规模；而在墓葬中埋葬动物头骨和蹄骨的做法是北方草原民族较稳定而常见的习俗。在马家塬墓地中有礼车和完整马匹伴出，又有将马头骨等摆放在车辕前端，还有单独在特定的位置摆放殉牲动物头骨的现象。中原文化与北方草原文化在该墓地中完美的结合在一起，说明该墓地的人群在与中原政权接触时，也接受了部分中原文化的礼仪制度。笔者认同马家塬墓地的主人为接受了中原部分礼制，且还保持自身特点的西戎贵族。

2. 王洼墓地

该墓地位于甘肃省秦安县五营乡王家洼村北部的老爷头山南坡台地上。墓地屡遭盗掘，随处可见盗洞及骨骸。2009年甘肃省文物考古研究所在该墓地发现了30座墓葬，其中26座被盗，并对3座战国时期的墓葬进行了发掘清理②。

这3座墓均为竖穴偏洞室墓，规模均较大，墓长均在5米以上。这类规模的大墓在西北地区仅在马家塬墓地③中有发现。墓主人当为某一部落首领级别的贵族成员。这3座墓葬中均随葬马车，且至少1辆，车辕下摆放4～7个马头骨，摆放的方式和位置大体相似。如M2为竖穴偏洞室墓，方向120°。葬具为长方形木棺，棺内埋葬1个未成年男性人骨，仰身屈肢葬。人骨装饰金、银、铜质装饰品。墓道中摆放1辆完整的马车。随葬马头6个，其中4个并排摆放在车衡下，另2个紧随其后；1个牛头和羊头摆放在左侧车轮上；右侧车轮外侧有1个马头（图2.8-15）。值得注意的是，一位未成年男性是通过什么形式获得如此高规格厚葬的，这与墓主人的家族背景有一定的关系。

2010年在该墓地又发掘了7座墓葬，墓中均未随葬马车，只见马、牛等动物骨骼。

① 王辉：《发现西戎——甘肃张家川马家塬墓地》，《中国文化遗产》2007年第6期，66-77页。

② 甘肃省文物考古研究所：《甘肃秦安王洼战国墓地2009年发掘简报》，《文物》2012年第8期，27-37页。

③ 甘肃省文物考古研究所、张家川回族自治县博物馆：《张家川马家塬战国墓地2007～2008年发掘简报》，《文物》2009年第10期，25-51页。

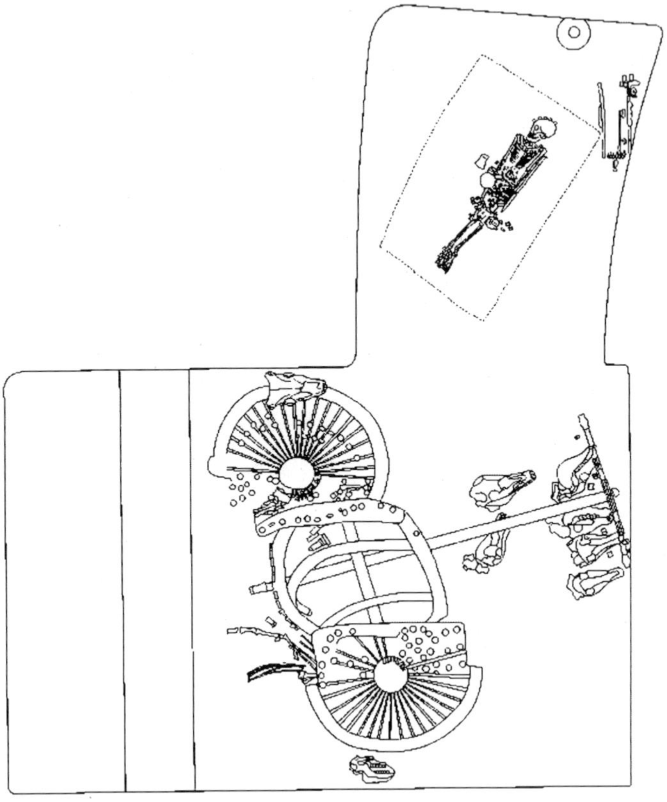

图2.8-15　王洼墓地M2平面示意图

墓主人葬式为单人仰身屈肢或直肢葬，葬具为1个木棺。墓中出土了较多的陶器①。由于发掘简报还未正式见诸报道，其他具体信息不详。

总之，从现有的资料看，王洼墓地的殉牲率达到100%。殉牲以马头为主，也发现有少量的牛头和羊头。同时，王洼墓地的墓葬规格非常高，与上文中马家塬墓地的规格相仿。两者均营建有大型的墓葬，墓中随葬较多具有中原文化因素的器物，且在大墓中随葬数量不等的礼车和马。在上文中介绍马家塬墓地时，墓葬中随葬车和完整马匹是中原文化中贵族为彰显墓主人的地位和权力而陪葬的，而在墓葬中随葬动物头骨和蹄骨的习俗是北方草原民族表现墓主人的社会地位和财产占有情况的反映。而两者墓葬中所表现出的特点，尤其是殉牲习俗，表明了甘肃东部地区游牧民族中高等级贵族接受了中原文化的礼仪制度。王洼墓地与马家塬墓地的年代均在战国晚期前后。虽然两者在一些细节上有一些不同，但总体上在墓葬形制、葬俗、随葬器物等方面均表现出高度的相似性。这也说明两者均属于西戎文化。前者位于后者的西部，相距仅30千米左右，这一距离对于骑马民族而言，可以迅速到达。有学者认为两者是西戎的不

① 赵雪野、王山：《秦安县王洼战国墓群》，《中国考古学年鉴（2011）》，文物出版社，2012年，494-495页。

同部族或分支[①]。在如此近距离内，存在两个不同的部族或分支，从战略的角度讲，笔者认为可能性不大。联系到战国晚期的历史背景，两者之间只能是文化认同、战略协作、攻守同盟的关系。当然也有一种可能性就是两者本来就是年代上下衔接的同一群人，只是后来埋葬地点发生了变化而已。以上两种可能性还有待继续研究。

3. 刘坪村墓地

该墓地在甘肃省清水县西北25千米的白驼乡南侧刘坪村东约2万平方米的区域内，分布着一批先秦墓葬群。20世纪60年代开始陆续出土了许多随葬品。2000年清理了1座被盗掘的大墓，为南北向土坑墓，两端有龛。盗后遗留有大量青铜车马器，并有一些马腿骨。周围的十几座小墓均被盗掘[②]。在墓葬中随葬马腿骨的做法显然与西北地区青铜时代的文化传统有关。

综上所述，甘宁地区东周时期的考古遗存均以墓葬为主，而墓葬又有很多遭到破坏的情况。上文中大体按照由北向南的顺序详细地梳理了这一地区的殉牲概况。最北端的宁夏银川以南地区，考古遗存发现相对较少；固原地区的发现较多，不仅有成片的墓地，而且在周边地区还零星散布有数量较多的单个墓葬；庆阳地区主要流行葬马坑习俗；天水地区主要发现的多是大型的高级别的墓地，很少有小型墓地或零星的墓葬见诸报道。从南到北墓葬分布越来越分散，墓地规模越来越小，殉牲率越来越高。说明北部地区的游动性较强，而南部地区的游动性较弱。当然这也与墓主人的身份地位和等级有关。南部发现等级较高的墓地和墓葬较多，而北部多为零散的小型墓葬。需要注意的是，偏洞室墓一般都是成片分布形成墓地，而竖穴土坑墓则很多都是零星出现。当然也有偏洞室墓和竖穴土坑墓共存与一个墓地的情况，此时前者的数量均较多，且殉牲率均较高。这种情况在内蒙古中南部的西园和小双古城墓地中也有发现。甘宁地区在春秋晚期就已经产生相对较专业化的游牧经济和游牧文化，虽然在文化面貌上有一定的共性，但各个小区域之间的差异也是不容忽视的，各有各的特色。这些小区域之间应该是一种松散的，且具有一定文化认同感的人群。这一人群的最高统治阶级以马家塬和王洼墓地为代表；次级中心以马庄和于家庄为代表；最后是那些零散的墓葬。甘宁地区的游牧文化从无到有，从弱到强，最终在秦汉时期又被纳入中原农业文化版图。

第九节 小 结

本章对西北地区夏至战国时期的殉牲，按照大体的时间顺序进行了梳理和分析，大致廓清了这一地区的殉牲特点和变化趋势。

---

① 甘肃省文物考古研究所：《甘肃秦安王洼战国墓地2009年发掘简报》，《文物》2012年第8期，27-37页。

② 李晓青、南宝生：《甘肃清水县刘坪近年发现的北方系青铜器及金饰片》，《文物》2003年第7期，4-17页。

齐家文化是西北地区青铜时代的肇始。该文化的典型墓地除乐都柳湾外，均或多或少发现有殉牲。随葬大量的猪下颚骨是其殉牲的特色，另也殉葬有牛、羊、狗和兽等。互助总寨墓地以羊角作为殉牲的情况比较少见。到了该文化的晚期阶段，使用猪下颚骨的现象几乎消失，更多的随葬牛、羊和狗等，例如互助总寨和磨沟等墓地。这一变化的根本原因是畜牧业在经济生活的比重增大了。

按照四坝文化的殉牲特点，可以将该文化分为东、西两区。东区以东灰山墓地为代表，主要随葬猪下颚骨和鹿骨为主，畜牧业所占的比重较低；西区以火烧沟墓地为代表，主要随葬羊头、牛、马、狗和猪等，畜牧业已经有了较大的发展。

诺木洪文化的遗址发现的较少，经过发掘的更少。从发现的圈栏等遗迹看，该文化的畜牧业应该较发达，但是该人群中不流行殉牲习俗。

辛店文化的殉牲不是很流行，仅在小旱地墓地中发现了少量的殉牲墓葬。殉牲动物中未鉴定的占多数，另有少量的猪骨和狗骨。可见该文化的经济类型以农业为主，畜牧业和狩猎业发展较缓慢。

寺洼文化与周（先周）关系较密切。该文化不仅有殉牲的习俗，而且还有祭肉的现象，也开始出现少量的葬马坑。它的殉牲从早期到晚期逐渐增多，种类有牛、羊、马、猪、狗和兽等。随葬的动物部位主要有头骨和肢骨，头骨多摆放在二层台上或木棺顶上，肢骨多摆放在棺顶和墓底人骨附近。除了殉牲、晚期较流行的祭肉习俗说明由于畜牧业的发展，也改变了人群的饮食结构。

卡约文化的殉牲材料是最丰富的。殉牲的动物有牛、羊、马、狗和鹿等，仅在上孙家寨墓地发现有极少量的猪。殉牲动物多数随葬头骨、肢骨和角等，也有随葬完整的牛、羊和狗。该文化中殉牲在性别上的差异很严格，男性多随葬马、羊和狗等，而女性主要随葬牛、羊和狗。在地域上偏东的黄河流域殉牲较少，而湟水流域的殉牲较多。整体而言，该文化的畜牧性非常浓烈，而且殉牲的方式特点很多都被其他文化的人群所效仿。

沙井文化早期的西岗和柴湾岗墓地的殉牲习俗并不是很流行。在晚期的蛤蟆墩墓地中突然流行殉牲。该文化的男性和女性在使用何种动物殉牲时，有着较为严格的传统。例如，女性未发现殉葬马的现象，更多的是单独随葬羊。这种性别差异有可能与社会地位和角色分工有关。

甘宁地区东周时期以墓葬为主的遗存非常丰富，本书按照由北到南的顺序依次对各小区域内墓葬的殉牲情况做了详细的梳理和讨论。认为北部的人群社会分化程度较低，墓葬分布稀疏，竖穴土坑墓多，移动性较强，与中原文化的交往较少；南部以马家塬墓地为代表的人群社会分化程度较高，墓葬多呈墓地分布，偏洞墓较多，移动性较差，与中原文化交流频繁，甚至接受了中原的部分礼制。这些墓葬遗存代表的人群中，以马家塬和王洼墓地为代表的人群级别最高；以于家庄和马庄为代表的人群为次一级贵族；其他零星发现的墓葬均为中下层成员。

由于西北地区绝大多数的墓地均缺少专门的动物考古学的鉴定工作，故对殉牲动物的种属、年龄和性别等信息都不是很了解。这就使我们不能够对殉牲动物的屠宰季节、肢解方式以及在此基础上的经济生活和宗教祭祀等方面做具体的讨论。

纵观西北地区夏至战国时期的殉牲，我们大体总结出几点特征，参见表2.9-1。

表2.9-1　西北地区夏至战国时期的殉牲情况　（单位：个）

文化和遗存	猪	羊	狗	牛	马	其他	主要的殉牲部位	摆放位置
齐家文化	598	21	1	√			猪下颚骨；羊下颚骨、羊头、羊角；狗头骨、骨架	填土、脚下
四坝文化	14+	3+	1+	√	√	鹿10	猪下颌骨、髋骨；羊头骨	填土、二层台
诺木洪文化								
辛店文化		1	2	√		7	羊下颌骨；狗骨架；牛头、蹄	填土、人骨旁
卡约文化		√6	17	23		6	牛全牲、头部、下肢骨；羊全牲、肢骨；马头骨、下肢骨；狗全牲、肢骨	二层台、人骨旁
寺洼文化	3	18	1	29	7	25	羊头、肢骨；牛骨架、头、肢骨；马头、肢骨；猪头、肢骨；兽头	填土、棺顶
沙井文化	2	94		3	6	2	羊头骨、蹄趾骨；牛头骨、蹄趾骨；马头；驴蹄	填土、二层台、墓底
东周诸墓葬		915	5	196	258		羊、马、牛的头骨和蹄骨（高等级墓中有马全牲）	填土、墓底、二层台、葬马坑

注：由于简报或报告中对殉牲数字的报道不够详细，所以这里的数字仅仅是一个大概的约数，但其可以反映出大的趋势。

第一，在殉牲的种类上，从以猪下颚骨为主到以羊为主，并伴有牛、马和狗等，再到不随葬猪，其根本原因是畜牧业不断地壮大，经过上千年的发展，最终发展成较专业化的游牧经济。

第二，在殉牲部位上，由夏至早商时期随葬猪下颌骨发展到晚商至西周时期的随葬牛、马、羊的肢骨，再发展到东周时期主要以牛、马、羊的头骨和蹄骨的组合，这一殉牲部位的变化具有非常明显的时代特征。

第三，在殉牲的数量上，在早期的齐家文化中随葬动物的数量多达600多个个体，其中猪的数量占绝大多数。齐家文化之后至东周之前的其他文化的殉牲动物的总数量相对较少。沙井文化的殉牲数量开始有增多的趋势，且均集中在年代相对较晚的蛤蟆墩墓地。在东周时期的其他诸多墓葬中，殉牲动物的数量达到了一个空前的高度，尤其是羊、马和牛的数量，还有少量的狗，但没有发现猪骨。

第四，在殉牲的摆放上，由仅放置在人骨脚端以下，到摆放在填土、二层台、墓底等。摆放方式的多样化体现出当时人群思想的多元性。每个文化人群或家庭都有着独特的信仰和思维表达方式。

第五，在墓葬形制上，早期竖穴土坑墓中发现的殉牲较多，春秋战国时期的殉牲主要出自偏洞墓中，当然竖穴土坑墓中仍有较多的发现。可能这种现象与两类人群的身份有关，偏洞墓人群尤其钟爱在墓葬中随葬动物。

第六，在墓主人性别差异上，早期的男女性在使用殉牲时并没有特别大的差异，中晚期时男女性之间在殉牲种属上的差异非常明显，均表现在不单独使用某种动物。例如，男性单人葬中一般多为马、羊和狗等，而女性单人葬中多牛、羊和狗等。这种变化是由于男女两性劳动分工的不同而形成的一种丧葬习俗，当然也有可能与军事活动有关。

第三章　内蒙古中南部地区夏至战国时期的殉牲

内蒙古中南部位于黄河一曲之处，其文化地理范围，东自张家口—锡林浩特一线，西至包头—东胜—神木一线，北迄阴山脚下，南达晋陕，以长城为界[①]。对这一地区史前考古学文化的研究素来较多，也较为细致。其中既有着眼于内蒙古中南部考古学文化的整体研究，也有对某个时代或者具体文化和类型的讨论。这些研究大体建立起了这一地区史前考古学文化的发展序列及谱系。这一广阔的地区，在内蒙古的历史上，乃至整个中国的史前史上有着独特的地位，是中国北方地区农业与牧业交错地带，也是中原农业人群与北方草原民族相互接触、交流、碰撞、融合最频繁的地区。它在连接蒙古高原与中原地区的南北互动，在沟通中国北方地区东、西部之间的交流中架构了一座坚固的桥梁。同时，战略位置的重要性也使这一地区成为历代中原王朝与北方游牧民族政权的必争之地。

内蒙古中南部夏至战国时期的考古学研究工作大致开始于20世纪的初期。这一时期前后在中国北方长城沿线地区陆续发现了大量的青铜和金银制成的装饰品。这些器物多以动物纹为主题进行装饰。因这些零散的采集品在鄂尔多斯及其周边地区发现的数量最多，也最为集中，故被称为“鄂尔多斯青铜器”（林沄先生称之为“北方系青铜器”）。这些独具特色的青铜器引起了学术界广泛的关注。苏联、瑞典和日本等国外的学者成为了这一时期主要的研究者。1949年至20世纪70年代初期，在以鄂尔多斯高原为核心的内蒙古中南部地区发现了一批重要的墓葬，有杭锦旗桃红巴拉墓地[②]和阿鲁柴登[③]，准格尔旗速机沟、瓦尔吐沟[④]和西沟畔[⑤]等。从此北方系青铜器的来源由零星的收集过渡到科学的发掘。这些经过科学发掘的材料使人们了解到这些青铜器之间的组合关系以及它们在墓葬中的出土位置，并扩大了北方系青铜器的内涵。这些材料都大大丰富了人们对北方系青铜器的认识[⑥]。20世纪70年代末，在内蒙古中南部地区发

---

① 田广金、史培军：《中国北方长城地带环境考古学的初步研究》，《内蒙古文物考古》1997年第2期，44-51页。

② 田广金：《桃红巴拉的匈奴墓》，《考古学报》1976年第1期；田广金：《桃红巴拉墓群》，《鄂尔多斯式青铜器》，文物出版社，1986年，203-219页。

③ 田广金、郭素新：《内蒙古阿鲁柴登发现的匈奴遗物》，《考古》1980年第4期，333-338页。

④ 盖山林：《内蒙古自治区准格尔旗速机沟出土一批铜器》，《文物》1965年第2期，44-46页；田广金、郭素新：《鄂尔多斯青铜器》，文物出版社，1986年，366-371页。

⑤ 伊克昭盟文物工作站、内蒙古文物工作队：《西沟畔匈奴墓》，《文物》1980年第7期，1-10页。

⑥ 杨建华：《春秋战国时期中国北方文化带的形成》，文物出版社，2004年，3-4页。

现了几处重要的大型遗址和成片墓地，如伊金霍洛旗朱开沟遗址[①]，凉城县毛庆沟[②]、崞县窑子墓地[③]。这些重要的考古工作揭开了内蒙古中南部夏至战国时期考古研究的新篇章，而且这一时期集中的大规模发现，为考古学的研究奠定了科学基础。学界对这些青铜器的使用者有了初步的认识，墓地布局、经济生产方式、社会成员构成、社会组织结构、人种鉴定和丧葬习俗等重要的课题也被相继提出。20世纪90年代始，清水河县西岔遗址及包头市西园、准格尔旗西麻青、和林格尔县新店子、清水河县阳畔、凉城县忻州窑子、小双古城墓地的发现，基本完善了这一地区夏商周时期考古学文化的序列，而且丰富了以往的认识[④]。近年来，内蒙古中南部的考古发现主要集中在呼和浩特市附近及周边地区，主要有凉城县水泉墓地[⑤]，和林格尔县盛乐古城周边墓葬群、大堡山墓地、店里墓地、东头号墓葬群以及西头号墓地M1[⑥]。这些新发现的墓地主要是东周时期的遗存，这对于了解研究内蒙古中南部地区当时的经济生产形态、社会状况、区域文化交往、权力争夺与势力消长等问题有着重要意义。

就中国北方地区而言，殉牲这种特殊的葬俗在很早就被学者发现，但是并没有得到足够多的重视。20世纪70年代之前的考古遗存发现相对少，缺乏大型墓地的发掘，故对殉牲的关注也相对较少。70年代末80年代初，在几处重要的墓地中随葬了数量丰富的动物骨骼，学术界开始逐渐注意到这一重要的葬俗。在诸多考古报告中也开始大量报道殉牲方面的信息，如殉牲的种类、数量和摆放位置等。进入到21世纪，随着动物考古学的发展，动物考古学家的研究更加细致、深入，不仅要了解殉牲的种类、数量，而且开始鉴定动物的性别和年龄等。与周边其他地区相比，内蒙古中南部地区的动物考古工作开展得更为充分。

---

① 内蒙古文物考古研究所：《内蒙古朱开沟遗址》，《考古学报》1988年第3期，301-332页；内蒙古自治区文物考古研究所、鄂尔多斯博物馆：《朱开沟——青铜时代早期遗址发掘报告》，文物出版社，2000年。

② 内蒙古文物工作队：《毛庆沟墓地》，《鄂尔多斯式青铜器》，文物出版社，1986年，227-315页。

③ 内蒙古文物考古研究所：《凉城崞县窑子墓地》，《考古学报》1989年第1期，57-81页。

④ 曹建恩：《内蒙古中南部商周考古研究的新进展》，《内蒙古文物考古》2006年第2期，16-26页。

⑤ 内蒙古自治区文物考古研究所：《凉城县水泉东周墓地发掘简报》，《草原文物》2012年第1期，17-26页。

⑥ 内蒙古自治区文物考古研究所：《2011年内蒙古自治区文物考古研究所考古发现综述》，《草原文物》2012年第1期，1-7页；内蒙古自治区文物考古研究所：《2012年内蒙古自治区文物考古研究所考古发现综述》，《草原文物》2013年第1期，1-8页。

第一节　夏至西周时期的殉牲

朱开沟遗址的发现与发掘[①]揭开了内蒙古中南部夏商时期考古学文化研究的序幕，对于建立这一地区乃至晋陕高原的龙山时代至早期青铜时代的考古学文化序列有着重要的意义。诸多学者对这一重要的遗址给予了足够的重视，围绕着这一遗址的争论也从未停止过。学者们争论的主要内容集中在朱开沟遗址的性质和内涵的问题。经归纳，学术界目前大致有三种意见：第一种，认为朱开沟遗址的性质和内涵统一，均属于所谓的“朱开沟文化”，并且从早到晚可以分为前后相继的五个发展阶段，虽第一段处于龙山晚期，且第四段与第五段之间略有缺环，但整体上器物群稳定、发展演变序列清楚，是一脉相承的一支考古学文化。持这种观点的学者以遗址的发掘者和整理者田广金和郭素新[②]以及王连葵[③]、杨泽蒙[④]和韩建业[⑤]等先生为代表。第二种，与第一种意见截然不同，认为遗址的性质和内涵并不单一，这些学者更倾向于该遗址可能分属于若干个不同性质的考古学文化系统。持这种观点的学者以张忠培[⑥]、李伯谦[⑦]、崔

① 内蒙古文物考古研究所：《内蒙古朱开沟遗址》，《考古学报》1988年第3期，301-332页；内蒙古自治区文物考古研究所、鄂尔多斯博物馆：《朱开沟——青铜时代早期遗址发掘报告》，文物出版社，2000年。

② 田广金、郭素新：《鄂尔多斯式青铜器的渊源》，《考古学报》1988年第3期，257-275页；田广金：《内蒙古长城地带诸考古学文化与邻境同期文化相互影响规律的研究》，《内蒙古文物考古》1993年第1、2期；田广金：《中国北方系青铜器文化和类型的初步研究》，《考古学文化论集》（4），文物出版社，1997年，266-307页；田广金：《论内蒙古中南部史前考古》，《考古学报》1997年第2期，121-145页；田广金、韩建业：《朱开沟文化研究》，《考古学研究》（五）（上册），科学出版社，2003年，227-259页。两位学者对中国北方地区的考古学研究，尤其是对内蒙古的文物考古事业做出了巨大的贡献，他们的诸多实践活动以及大量的学术报告和论文等很多都是开创性的。

③ 王连葵：《河套和岱海地区夏商时期文化初探》，《内蒙古中南部原始文化研究文集》，海洋出版社，1991年。

④ 杨泽蒙：《朱开沟文化因素分析及与周邻地区考古学文化的关系》，《岱海考古（二）——中日岱海地区考察研究报告集》，科学出版社，2001年，411-453页。

⑤ 韩建业：《内蒙古朱开沟遗址有关问题的分析》，《考古》2005年第3期，55-64页。

⑥ 张忠培：《朱开沟遗存及其相关的问题》，《中国北方考古文集》，文物出版社，1990年，209-213页。

⑦ 李伯谦：《丰硕果实　新的课题》，《内蒙古中南部原始文化研究文集》，海洋出版社，1991年。

璿[①]、乌恩岳斯图[②]、魏坚[③]、吕智荣[④]和孙华[⑤]等先生为代表。第三种，王乐文[⑥]和赵菊梅[⑦]等学者对墓葬和遗址进行重新分组、从类型学入手对陶器特征进行分析，并结合器物共存关系和遗存的分布状况，一致认为朱开沟遗址可以明确分为两类性质不同的遗存。近些年来此观点也得到诸多学者的支持[⑧]，并被编入到大学教材之中[⑨]。这种争论是有意义的，正是这种学术争论才使得一些学术问题更加明了。这也使得我们对该遗存的内涵界定、分期、年代、分布范围、经济形态、建筑技术、制陶业、冶金业以及与周边地区的联系等方面均有了一个比较清晰的认识。

本书赞同第三种意见，将朱开沟遗址区分为朱开沟甲类遗存和朱开沟文化。朱开沟甲类遗存是指朱开沟遗址中以鋬手鬲、敛口甗、单耳罐、大双耳罐、折肩罐、单耳鬲、盉、大口尊等器物群为代表的遗存。它可以分为4期，与朱开沟遗址的第一段至第四段相对应，其年代大致相当于龙山晚期至夏代晚期。朱开沟文化是指在朱开沟遗址中以带领鼓腹肥袋足鬲、蛇纹鬲、带纽罐、敞口甗、敞口盆、矮领罐等器物群为代表的遗存。它可以分为3期，与朱开沟遗址的第三段至第五段相对应，其年代大致相当于夏代中期至二里岗上层晚段。

整个朱开沟遗址中有殉牲的墓葬共有41座，在殉牲墓葬中明确属于朱开沟甲类遗存和朱开沟文化的墓葬分别有16座和1座[⑩]，因墓葬中没有伴出陶器等器物而暂不能归入任何一种遗存的殉牲墓葬有24座。考虑到这种情况的复杂性，首先笔者将朱开沟遗址作为一个整体对其殉牲情况进行剖析，这就充分地考虑到了许多无陶器殉牲墓葬的

① 崔璿：《朱开沟遗址陶器试析》，《考古》1991年第4期，361-371页。

② 乌恩岳斯图：《朱开沟文化的发现及其意义》，《中国考古学论丛——中国社会科学院考古研究所建所40周年纪念》，科学出版社，1995年，256-266页；乌恩岳斯图：《北方草原考古学文化研究——青铜时代至早期铁器时代》，科学出版社，2007年，61-93页。

③ 魏坚、崔璿：《内蒙古中南部原始文化的发现与研究》，《内蒙古文物考古文集》（第一辑），中国大百科全书出版社，1994年，125-143页。

④ 吕智荣：《朱开沟文化相关问题研究》，《华夏考古》2002年第1期，33-42页。

⑤ 孙华：《夏商周考古》，《中国考古学年鉴（1992）》，文物出版社，1994年，29-52页。

⑥ 王乐文：《朱开沟遗址出土遗存分析》，《北方文物》2004年第3期，17-28页；王乐文：《论朱开沟遗址出土的两类遗存》，《边疆考古研究》（第3辑），科学出版社，2005年，42-83页；王乐文：《试论朱开沟文化的起源、发展与消亡》，《北方文物》2006年第3期，6-11页；王乐文：《内蒙古朱开沟遗址甲类遗存墓葬研究》，《华夏考古》2013年第2期，31-44页。王文将朱开沟遗址划分为甲类和乙类遗存，其中乙类遗存才是真正的朱开沟文化。

⑦ 赵菊梅：《晋陕高原夏商时期考古学文化格局研究》，《公元前2千纪的晋陕高原与燕山南北》，科学出版社，2008年，3-43页。赵文将朱开沟遗址划分为A类和B类遗存，其中A类遗存与王乐文所说的朱开沟甲类遗存基本相当，而B类遗存才是真正所谓的朱开沟文化。

⑧ 杨建华：《朱开沟文化的东传》，《公元前2千纪的晋陕高原与燕山南北》，科学出版社，2008年，153-164页；王立新：《试论长城地带中段青铜时代文化的发展》，《庆祝张忠培先生七十岁论文集》，科学出版社，2004年，365-385页。

⑨ 井中伟、王立新：《夏商周考古》，科学出版社，2013年，514-516页。

⑩ 王乐文：《朱开沟遗址出土遗存分析》，《北方文物》2004年第3期，17-28页。

存在情况；然后对朱开沟甲类遗存和朱开沟文化的殉牲情况分别进行讨论。现分别对朱开沟遗址、朱开沟甲类遗存和朱开沟文化的殉牲情况进行讨论。

一、朱开沟遗址的殉牲

1. 遗址简介

该遗址位于内蒙古自治区鄂尔多斯市伊金霍洛旗纳林塔乡朱开沟村。遗址历经5次发掘，依地势、地形划分为6个发掘区，面积达4000平方米，一共发现83座房址，207个灰坑，329座墓葬，19座瓮棺葬，出土遗物达千件以上。其年代上限为龙山时代的晚期阶段，下限不晚于二里岗上层晚段。其中朱开沟遗址的墓葬除少量墓葬零散地分布在居住址附近外，绝大多数墓葬都集中分布在独立的墓地之内。各墓地规模大小差别明显，小的仅有几座墓葬，大的可达50多座，多数的墓地内有20～30座墓葬，并且墓地内的墓葬有一定的排列。在发现的329座墓葬中，除少数几座墓葬系用废弃的灰坑直接埋葬外，余者均为平面呈长方形的竖穴土坑墓，部分大型的墓葬平面近似方形①。该遗址居民的人种属于古华北类型②。特别需要指出的是，由于遗址内遍布众多纵横交错的冲沟，可能有很多墓葬被破坏，所以目前发现的墓葬遗存并不是当时朱开沟遗址人群墓葬的全貌。因此，在此基础上研究所窥见的也仅仅是该遗址居民的一个片段。

2. 殉牲分析

发现殉牲的墓葬有41座，仅占墓葬总数的12.5%。从整体上看，殉牲在该遗址的墓葬中并不普遍。殉牲动物的种类比较简单，仅有猪、羊、狗和一些不明种属的兽骨，共计有189个个体。其中猪的数量最多，有126个个体，占66.6%；其次为羊，有47个个体，占24.9%；再次为不明种属的兽骨，有14个个体，占到7.4%；最后为狗，仅有2个个体，仅占1.1%（图3.1-1）。这样的比例关系，不一定能够代表该遗址人群的经济生产方式，而更多的是反映葬俗的礼仪，但是至少可以从一个侧面反映一些家畜饲养业的大致概况。养猪业在当时的居民生活中应该是一项基本的生产活动，因为只有在粮食剩余情况下养猪业才能得到充分的发展。这也在一定程度上说明了当时的定居农业生产活动发展较充分，至少

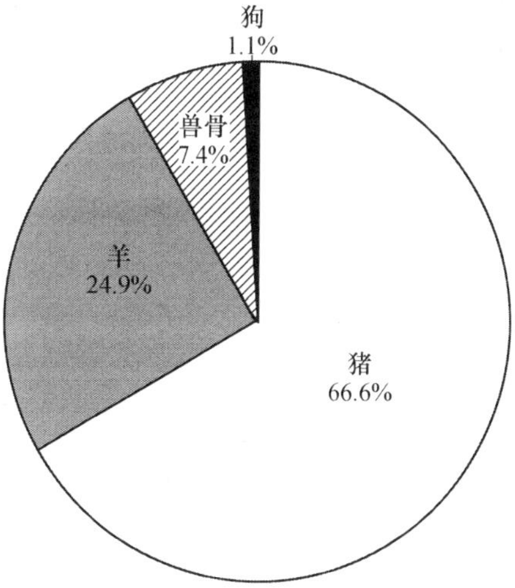

图3.1-1 朱开沟遗址殉牲动物比例

① 内蒙古自治区文物考古研究所、鄂尔多斯博物馆：《朱开沟——青铜时代早期遗址发掘报告》，文物出版社，2000年。本书中所引用的有关朱开沟遗址的材料均出于此报告，下文不再另注。

② 张全超：《内蒙古和林格尔县新店子墓地人骨研究》，科学出版社，2010年。

居民中的一部分人拥有了较多的剩余粮食。羊的饲养可能还处在一个萌芽的阶段，无论在墓葬中还是遗址中，数量均较少，但是已经呈现出扩大规模的趋势。狗在该遗址的墓葬中始终没有成为殉牲的主要对象，可能狗的作用更多的是陪伴活着的人，并且饲养数量也应该是有限的。

以田广金先生对朱开沟遗址的分段为依据，第一段墓葬有7座，其中有殉牲墓葬1座，占此段墓葬总数的14.3%，仅发现1个猪下颌骨。第二段墓葬46座，其中有殉牲墓葬1座，仅占此段墓葬总数的2.2%，且仅发现1个猪下颌骨。第三段有162座墓葬，其中有殉牲墓葬29座，占此段墓葬总数的17.9%，共发现猪下颌骨99个、羊下颌骨41个、狗骨架2个以及兽下颌骨14个，分别占到此段殉牲动物总数的63.5%、26.3%、1.2%和9%。第四段有76座墓葬，其中有殉牲墓葬9座，占此段墓葬总数的11.8%，共计出土猪下颌骨25个、羊下颌骨5个，分别占此段殉牲动物总数的83.3%和16.7%。第五段有38座墓葬，其中有殉牲墓葬仅1座，且只随葬有1个羊下颌骨，占此段墓葬总数的2.6%（表3.1-1）。从第一段到第五段可以清晰地看到殉牲动物的整体变化趋势，即猪→猪、羊、狗和兽→羊（表3.1-2）。这种趋势不仅仅是数量上的变化，也在殉牲动物出现的频率上有所体现。无论在数量上还是种类上，动物被大量的作为殉牲使用是在遗址的第三段，此时呈现出“井喷式”的发展状态。第三段之后使用动物殉牲在数量和频率上都开始走向衰落。

表3.1-1　朱开沟遗址各段殉牲墓葬及占总墓葬的比例　（单位：座）

段别	殉牲墓葬	墓葬总数	殉牲墓葬所占比例
第一段	1	7	14.3%
第二段	1	46	2.2%
第三段	29	162	17.9%
第四段	9	76	11.8%
第五段	1	38	2.6%
总计	41	239	12.5%

表3.1-2　朱开沟遗址各段的殉牲数量及比例　（单位：个）

段别	猪下颌骨	羊下颌骨	狗骨架	兽骨	总计
第一段	1（100%）				1
第二段	1（100%）				1
第三段	99（63.5%）	41（26.3%）	2（1.2%）	14（9%）	156
第四段	25（83.3%）	5（16.7%）			30
第五段		1（100%）			1
总计	126（66.6%）	47（24.9%）	2（1.1%）	14（7.3%）	189

从殉牲动物骨骼部位看，猪、羊以及不明兽骨均仅随葬下颌骨，而狗以完整的形式随葬。这种葬俗特点的形成除与当地传统的习俗有承继关系外，与当时的社会生产

力也有着密切的关系。当时的物质资料的生产以及食物资源的获取，尤其是肉食资源的拥有量均不是很充沛，所以在殉牲方面仅随葬那些肉附着较少的部位即动物的下颌骨。随葬少量完整的狗，说明狗对当时的居民来讲有着特殊的用途，不是以获取肉食资源为目的的饲养。狗骨架在墓葬中出现更像是偶然的现象。在中国新石器时代，有用狗随葬习俗的地区主要有海岱地区、淮河流域与汉水流域①，最早发现墓葬中随葬狗作为殉牲的现象见于河南西南部属于汉水流域的淅川下王岗遗址，在距今6000年仰韶时期的5座墓葬中随葬有狗②。在中原地区的新石器时代的中期就有在灰坑中埋葬狗的习俗，这种情况下，一种可能是丢弃的生活垃圾，另一种可能是作为祭祀行为。新石器时代晚期到早商文化之间，中原地区鲜有墓葬中随葬狗的现象。二里岗上层一期是目前所知中原地区墓葬中使用狗作为殉牲的最早阶段③，并且在墓葬的腰坑中随葬狗这种习俗是商文化一种常见的葬俗，尤以晚商时期最为流行。从时间上来看，随葬狗作为殉牲出现在朱开沟遗址的第三段，即大体相当于夏代的早期阶段，这比中原地区二里岗上层一期商文化墓葬腰坑中出现的殉狗要早。两者之间是否有着必然的联系还需要更多其他方面的证据。

黄蕴平先生④对朱开沟遗址中散布在各段的地层和灰坑以及房址中出土的动物骨骼进行了鉴定与研究，而未对墓葬中出土的动物骨骼进行详细地报道，例如性别、年龄以及骨骼上是否有切割痕迹等。因此我们无法对当时居民埋葬行为中对动物的使用模式、切割方式和屠宰技术等方面有一个比较完整的认识。

殉牲的动物骨骼摆放的位置主要有以下几种：

第一，墓主人足端左侧的填土中或壁龛内。共26座，占殉牲墓葬的63.4%。其中第一、二段各1座、第三段16座、第四段7座、第五段1座。例如第二段的M1036，直壁竖穴，长2.04、宽1.05、深0.8米，墓向15°，葬1成年男性，仰身直肢。在左侧壁龛内随葬品有双耳罐和鬲各1件。在墓主人足端距墓底0.4米处的填土中摆放1个猪下颌骨（图3.1-2，1）。第三段的M4050，直壁竖穴，长2.7、宽1.4、深3米，墓向350°，葬有2位成年男性，均仰身直肢。5个猪下颌骨放置在墓穴足端距地表0.5米处的填土中（图3.1-2，2）。第三段的M3036，直壁竖穴，长2.15、宽1.45、深3米，墓向340°。在墓穴内从右到左依次葬有成年男女各1名，墓穴左侧中部和足端接近角落处各有1个壁龛，分别摆放1件陶壶和1个猪下颌骨（图3.1-2，3）。此类墓葬的殉牲有如下特点：从第一段到第五段一直都存在，且在殉牲动物摆放位置明确的墓葬中所占比例最大；由第一、二段只随葬猪下颌骨到第三、四段使用猪、羊下颌骨和狗骨架，再到第五段只使用羊下颌骨；随葬动物的数量也从第一、二段的单个动物到第三、四段的数量1～12个不等，

① 高广仁：《中国史前时代的龟灵与犬牲》，《海岱区先秦考古论集》，科学出版社，2000年，291-303页。

② 河南省文物研究所：《淅川下王岗》，文物出版社，1989年。

③ 李志鹏：《商文化墓葬中随葬的狗牲研究二题》，《南方文物》2011年第2期，100-104页。

④ 黄蕴平：《内蒙古朱开沟遗址兽骨的鉴定与研究》，《考古学报》1996年第4期，515-536页。

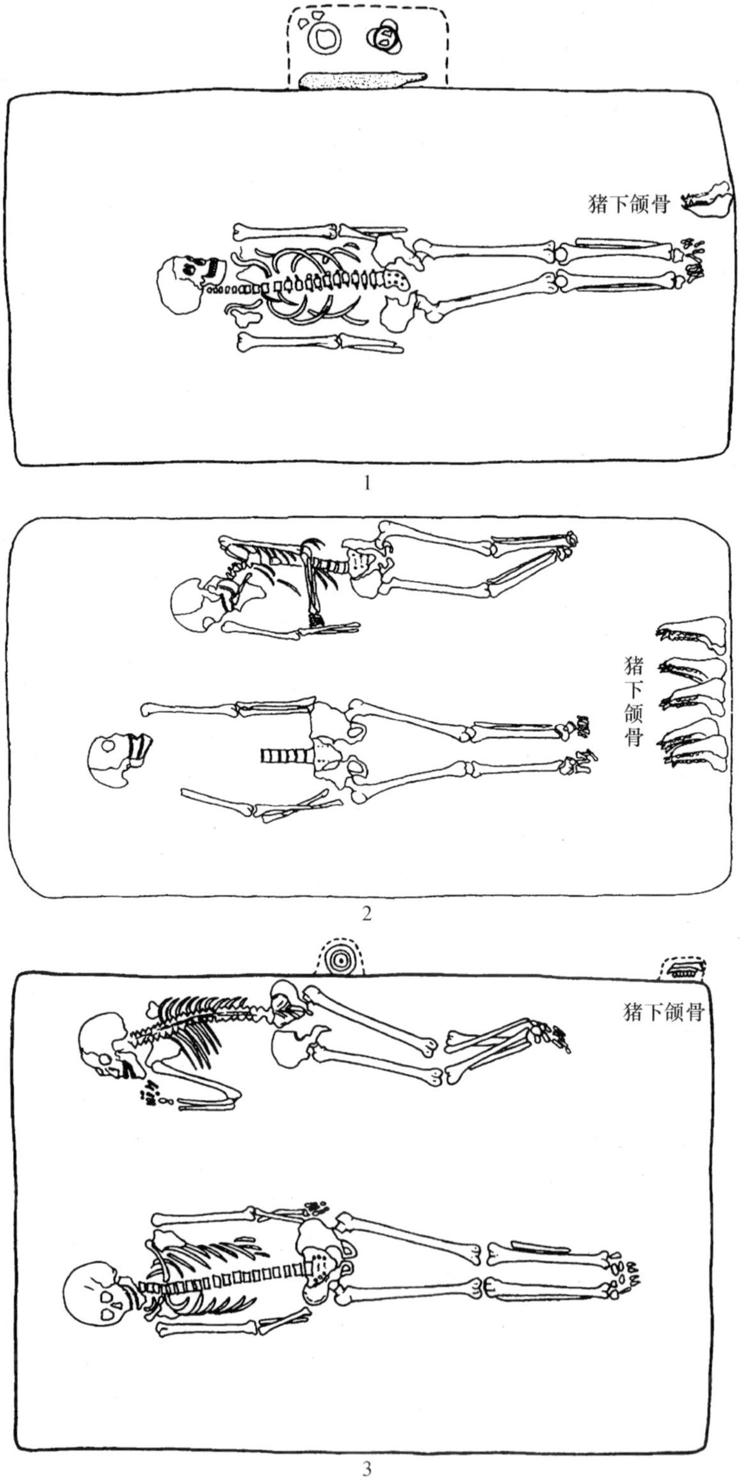

图3.1-2　朱开沟遗址墓主人足端左侧的填土中或壁龛内的殉牲

1. M1036　2. M4050　3. M3036

再到第五段的单个动物随葬。这类墓葬的规模在各段中均属于较大的一类，后文中将有详细的论述。

第二，墓主人左侧填土和二层台及壁龛内。共有11座，约占殉牲墓葬的26.8%。其中第三段有10座，第四段有1座。例如第三段的M1078，直壁竖穴，长3.6、宽1.6、深2.4米，墓向345°。墓室中间略偏右侧有一具木棺，头端和脚端分别内收0.45米，形状似头箱和足箱，木棺总长3.01、宽0.7、残高0.2、棺板厚0.1米。棺内葬有约56岁的1位男性，仰身直肢，面向东。在墓穴左侧中部距墓底0.3米处的填土中发现有3个猪下颌骨和2个羊下颌骨（图3.1-3，1）。第三段的M3035，直壁竖穴，长3、宽1.7、深4.4米，墓向355°，葬50～55岁的老年女性和儿童各1名，墓穴左右两侧均有高0.4、宽0.3～0.4米的生土二层台。4个猪下颌骨和2个羊下颌骨放置在左侧的二层台中部偏下的位置上（图3.1-3，2）。第三段的M1043，直壁竖穴，长3、宽1.5、深2.6米，墓向315°，葬有1位22～24岁的女性，仰身直肢。4个猪下颌骨被横向摆放在左侧墓壁靠近墓主人头端平面呈半圆形的壁龛内，无其他随葬品（图3.1-3，3）。此类墓葬的殉牲有如下特点：仅在第三、四段有发现，并且绝大多数在第三段；在墓穴中修建二层台并在其上摆放殉牲动物以及其他随葬品是这一阶段的特点之一；墓葬的规格较高，不仅在墓葬的形制上较大，而且有的墓葬还有大型的木棺；平均每个墓葬中随葬的殉牲动物数量较多；墓葬的墓向主要以东北向为主。

第三，墓主人足端右侧。共计2座墓葬，占殉牲墓葬总数的4.9%。第三、四段各有1座，例如第四段的M6018，直壁竖穴，长3、宽2、深2米，墓向355°，葬有成年男性1名，仰身直肢。左侧中部距墓底1.15米的壁龛内依次摆放双耳罐、鬲、壶和花边罐，墓穴足端右侧靠近墓底的位置发现1个猪下颌骨（图3.1-4）。此类墓葬的殉牲有如下特点：殉牲墓葬数量较少，更流行在右侧摆放殉牲动物；以猪下颌骨为主；殉牲的墓葬形制规格均属于较高的墓葬。

第四，靠近墓主人头上方。仅在第三段有1座墓葬，占殉牲墓葬总数的2.4%。例如M3019，直壁竖穴，长2.9、宽1.5、深2米，墓向355°，左右两侧有生土二层台，并未摆放任何随葬品。葬有1位25～30岁的男性，仰身直肢。头部左右两侧分别摆放豆和双耳罐，左胸处有绿松石2颗，左手腕部及右膝盖处各有1个铜钏，右侧小腿外侧还有1件鬲，足端从右到左依次放置有大口尊、豆和高领罐各1件。在靠近墓主人头上方随葬有1个猪下颌骨（图3.1-5）。此墓在形制上和随葬品的数量和质量上，在第三段中均属于比较大的规格。

第五，摆放位置不明确，此类墓葬数量极少，仅在第三段中有1座此类墓葬，占殉牲墓葬总数的2.4%。

从上述殉牲摆放的位置来看，上述的五种情况的数量比为25∶11∶2∶1∶1。动物的吻部朝向并无规律可循，在报告中也没有正置、侧置或倒置的记录。朱开沟遗址的人群仅从殉牲的角度来看，更倾向在墓主人的足端以及左侧摆放殉牲动物，而头端和右侧摆放的情况较少。这种情况还表现在壁龛、二层台以及随葬的各类器物上，多集中在墓主人的足端或左侧。这应该不仅仅是巧合，应该是有意而为的一种习俗。从这

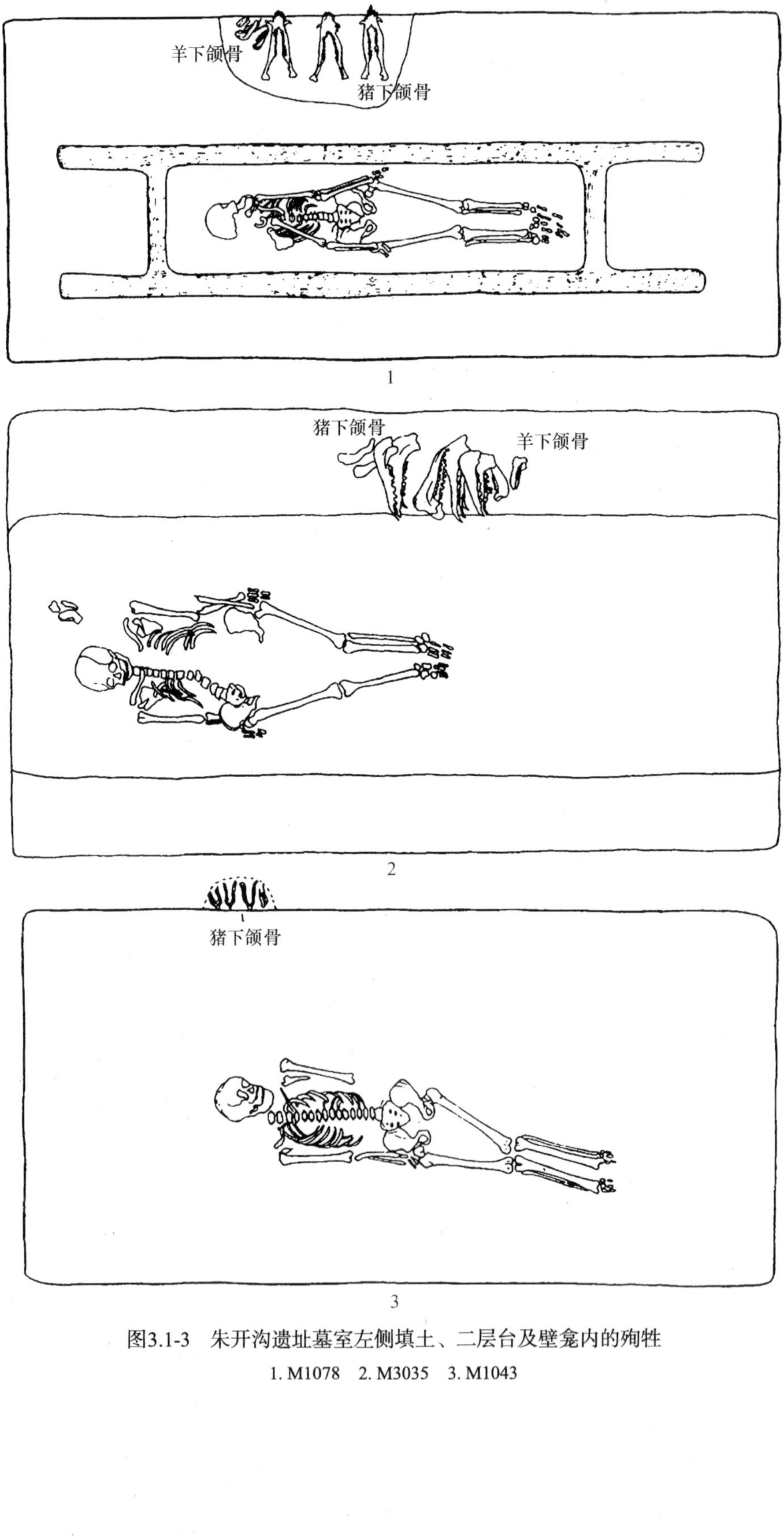

图3.1-3　朱开沟遗址墓室左侧填土、二层台及壁龛内的殉牲

1. M1078　2. M3035　3. M1043

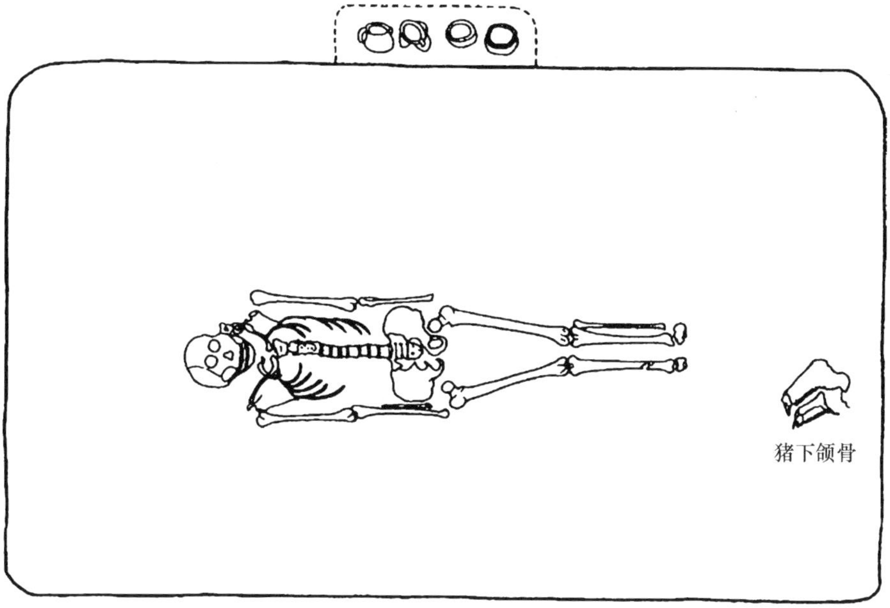

图3.1-4　朱开沟遗址墓主人足端右侧的殉牲（M6018）

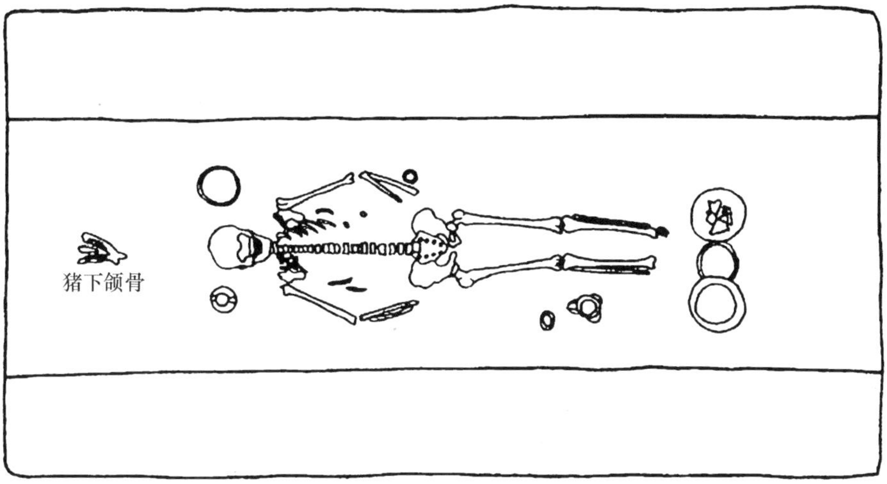

图3.1-5　朱开沟遗址靠近墓主人头上方的殉牲（M3019）

一点来看，朱开沟遗址人群可能有尚左的观念。

按形制规模的大小，墓葬大体可以分成大、中、小三个等级①。小型墓，墓穴长1、宽0.5、深0.5米左右。这类墓葬主要是儿童墓，数量较少。多散布于居住址之内，也有少量分布在墓地之中；中型墓，墓穴一般长2、宽1、深1～1.5米左右。这类墓葬数量最多，主要是成年单人葬；大型墓，墓穴一般长2.5～4、宽1.5～3、深1.5～6米不

① 这种墓葬的等级是一个变化的过程，在不同的阶段有着不同的地位。可能同一规格的墓葬，在上一阶段属于上层人物的墓葬，而在下一个阶段却属于中等阶层。第一、二和五段的墓葬形制普遍较小，第三、四段的墓葬形制普遍较大。

等，这类墓葬数量较少，主要是双人和多人葬①。以该墓地的墓穴长、宽为主要参考指数②，可以推知在不同阶段的社会中殉牲墓葬主人的社会地位。

第一段7座墓葬的墓穴面积均较小，墓穴长在2米以上的不到30%，深度也较浅。此段有殉牲的M2001，长2.3、宽1.23、深1.2米。如果以墓葬的形制大小作为社会阶层划分的一个标准的话，此墓主人及其家庭在当时的社会等级中具有较高的地位。第二段墓穴的面积相对较小，墓穴长在2米以上的不足30%，深度在1～2米的只占35%，不足1米的达60%。此段唯一有殉牲的M1036，长度为2.04米，可见该墓主人在当时的社会结构中至少属于前1/3的阶层中。第三段墓葬普遍较大，墓穴长在2米以上的约占到70%，其中在3米以上的约占18%。最大的墓穴长4、宽2.16～3.9米。墓穴也较深，深度在2米以下的占70%；2米以上的约占30%，其中3米以上的仍占约18%。在此段的殉牲墓葬中，墓穴长在2米以下的仅有2座占6.9%，2～3米的占48.3%，3米以上的占44.8%。这一时期从社会的中层到上层都流行使用动物随葬，使用殉牲的思想较普遍。第四段墓葬仅次于上一阶段的规模，墓穴长在2米以上的约占80%，其中长度在3米以上的约占17%。墓穴最大的长4、宽2～3米。墓穴深在2米以下的占75%，2米以上的占25%，其中3米以上的不足10%，最深者4米。此段的殉牲墓葬中，墓穴长在2米以下和3米以上的各有1座，2～3米有7座，占到了77.8%。可见这一时期殉牲习俗主要在中层社会中较流行，而在上层社会中使用相对较少，在下层社会中的居民可能还不足以拥有这些动物财富。第五段墓葬普遍较小，墓穴长在2米以上的仅占30%，最大者长2.9、宽1.25、深3米。墓穴深在2米以下的占97.37%，仅有1座2米以上的墓葬，约占2.63%。唯一发现有殉牲的M1098，墓穴长2.05、深0.5、深0.4米，此墓在这一阶段的社会中应该属于中等偏上的地位③。总之，殉牲墓葬的面积在所属的段别中普遍较大，墓穴的长度在2.3米及以上的大中型墓葬数量达到32座，约占殉牲墓葬的78%。遗址中共计有23座墓葬带有木棺，而殉牲墓葬中就有7座带有木棺葬具，约占30.4%。从第一段到第五段墓葬形制的变化可以看出，在第一、二段殉牲主要在中型墓中流行，第三、第四段殉牲主要在大、中型墓中普遍使用，第五段只在中型墓中摆放。可见使用殉牲的墓葬主人及其家庭在当时的社会中应当处于中上等级。

墓中的动物数量与随葬品数量之间不成正比。随葬品与殉牲的对应关系可以概括为四种情况：第一，既无殉牲、又无随葬品。共计有187座墓葬，占总墓葬的56.8%。这种情况在大中小型墓中均有发现，以中型为主。多以埋葬成年女性和成年男性为

① 内蒙古自治区文物考古研究所、鄂尔多斯博物馆：《朱开沟——青铜时代早期遗址发掘报告》，文物出版社，2000年，131页。

② 墓葬从形成到被发现发掘经历了漫长的过程，在此过程中墓葬长和宽相对稳定不易受到自然和人为因素的破坏和影响，而墓葬深度会随着外界因素的影响而发生变化，与最初修建时期的原始深度发生差异。

③ 在朱开沟遗址第一段中，7座墓葬的形制均较小，墓穴的长在2米之上的不足30%，而发现有殉牲的M2001，长2.3、宽1.23、深1.2米。可见在遗址最早阶段中，只有墓葬等级最高的人才使用动物作为殉牲。

主，还有一些儿童墓、没有性别鉴定的墓以及合葬墓。第二，有随葬品而无殉牲。共计有101座墓葬，占总墓葬的30.7%。这种情况主要在中型墓和小型墓，还有少量的大型墓。多埋葬成年男性和成年女性，还有一定数量的儿童墓、合葬墓和没有性别鉴定的墓。第三，有殉牲而无随葬品，共计有24座墓葬，占总数的7.3%。这种情况主要出现在大型墓中，也有一定数量的中型墓。多埋葬成年男性和成年女性，没有性别鉴定墓和合葬墓也有少许。第四，既有殉牲又有随葬品。共计有17座墓葬，占总数的5.2%。其中殉牲动物与陶器伴出的15座；与铜臂钏、漆器共出的1座；与陶器、铜臂钏、绿松石珠伴出的1座。这种情况绝大多数为大型墓，还有若干座中型墓。总之，通过随葬品和殉牲关系的比较，可以明显的看出后两种情况，即有殉牲的墓葬数量相对较少，且主要为大型墓，还有一些中型墓，小型墓基本不见殉牲。当然也有一些大型墓中既没有随葬品，也不见殉牲。也就是说大型墓中随葬殉牲的概率要大于中小型墓。在当时社会的墓葬中使用殉牲来表示身份和地位的葬俗已经初步形成，但还没有形成一个较完备的制度。

从殉牲的动物组合来看，单独随葬猪下颌骨和羊下颌骨的墓葬分别有28座和2座，猪+羊的组合有6座，猪+羊+狗的组合有1座，羊+狗的组合1座，猪+羊+兽的组合3座。具体来说，第一段和第二段中仅有单独随葬猪下颌骨1种。第三段中有4种，组合频率从高到低依次为：单独随葬猪下颌骨（18座），猪下颌骨+羊下颌骨（5座），猪下颌骨+羊下颌骨+兽骨（3座），单独随葬羊下颌骨（1座），猪下颌骨+羊下颌骨+狗骨架（1座），羊下颌骨+狗骨架（1座）（图3.1-6）。猪的组合形式是最多的，可见在当时养猪业的相对兴盛及猪在当时居民的社会生活中乃至死去的世界中都扮演着重要的角色。特别需要指出的是狗从不单独随葬，要么与羊为伴、要么与猪和羊一起殉葬。这背后的意义可能与狗在社会生活中充当的角色有关，它是居民日常生活中的伙伴，使用完整动物随葬可能代表它在另一个世界继续对主人尽职尽责，若使用狗的部分骨骼随葬就不能达到所要的效果。第四段中有2种：单独随葬猪下颌骨（8座）以及猪下颌

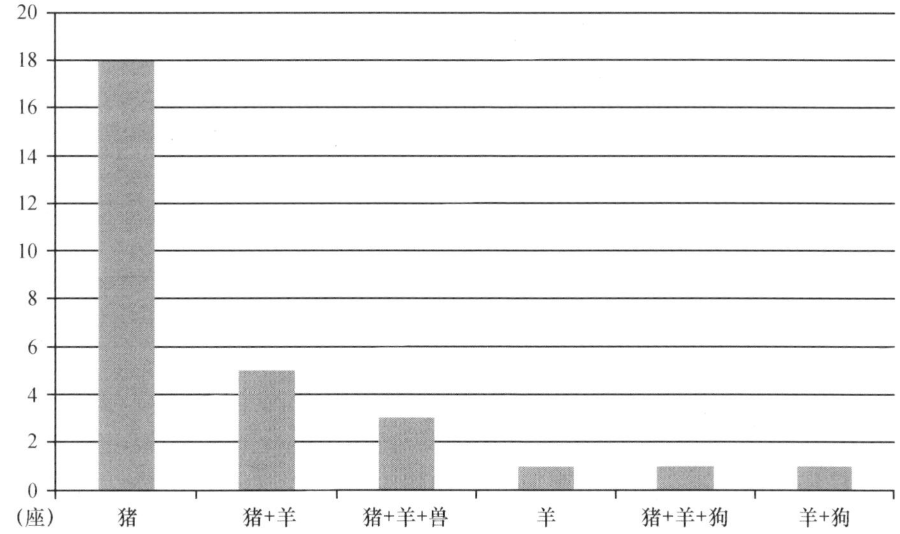

图3.1-6　朱开沟遗址第三段墓葬殉牲动物组合

骨与羊下颌骨伴出（1座）。第五段中仅有单独随葬羊下颌骨的1种。从第一段到第四段，猪下颌骨的随葬无论在出现的墓葬频率上，还是在个体数量上以及殉牲组合上都有着无可替代的作用。而羊下颌骨从早到晚在整体数量上并没有太大的变化，很少以单独随葬的形式出现。在第五段时，仅M1098单独随葬羊下颌骨。

从墓主人性别、年龄和葬式的角度，分别对单人葬和合葬墓进行分析①。单人葬为主要的埋葬形式，共243座，占总墓葬的73.9%，其中男性99座、女性103座、性别不明41座。而殉牲墓葬中单人葬有23座，占殉牲墓葬的56.1%，其中男性和女性单人葬分别有12座和11座②，各占男性和女性单人葬总墓葬数的12.1%和10.7%。可见男性和女性在殉牲的差别不大，男性的殉牲率略高于女性，但是在殉牲动物的数量上，女性殉牲墓葬中的平均数要多于男性墓。

合葬墓共计45座，占总墓葬的13.7%，其中双人葬为主，有男女合葬墓22座，双人女性合葬5座，成年女性与儿童合葬2座，男性合葬1座。而殉牲双人合葬墓共有17座，其中男女合葬6座，女性合葬2座，男性合葬1座；另有6座双人合葬墓，因破坏严重性别、葬式和年龄等信息缺失，但这6座墓中均有殉牲。三人合葬墓共有8座，其中有2座存在殉牲。四人合葬墓仅有1座，埋葬三个成年女性和一个儿童，且墓中有殉牲。

总之，双人合葬的殉牲率达到47%；三人合葬墓的殉牲率为25%；四人合葬墓的殉牲率为100%。在殉牲率和平均数上，合葬墓的数据均要高于单人葬，并且男性在男女合葬墓中的地位似乎要高于女性。这种情况下的殉牲应该更多的是为男性墓主人而随葬。例如第三段的M3024，三人合葬墓，直壁竖穴，墓穴长2.9、宽2.3、深3.4米，墓向355°。墓穴底部中间葬有1位50～55岁的老年男性，仰身直肢，左侧为1位35～40岁的成年女性，侧身直肢，面向男性，右侧为1位15～16岁的女性，侧身直肢，面向男性。在左侧女性的下肢骨左侧至足下方，依次置有豆、鬲、大口尊、高领罐各1件。在左侧女性的足底部靠近墓葬东南角落里发现有6个猪下颌骨、6个羊下颌骨和8个兽下颌骨。笔者认为此墓左右两侧的两名女性是为中间男性而殉葬的。左侧女性的年龄较大，左侧多摆放有随葬品，且左侧女性的头部要更接近于男性的头部，说明她与中间男性的关系更为紧密，而右侧的女性头部一般与男性的腰部较接近（图3.1-7）。由此可见，左侧女性的地位要高于右侧女性。这种情况也同样存在于遗址的第四段。这说明了这一人群存在尚左的观念。

从历时性的角度来说，第一、二段的殉牲墓葬均为单人成年男性。第三段如图3.1-8所示，女性使用殉牲的情况明显增多，并占有较大的比例。这也说明此阶段女性在家畜饲养方面付出了较多的劳动。考虑到男女合葬墓的特殊情况，可知男性和女性

① 本书考虑到墓地中有相当数量的合葬墓，且合葬墓多为男女合葬，也有一些多人女性合葬墓。通过人骨的葬式以及其他学者的研究成果，基本可以肯定男女合葬墓的男性为墓主人，其他女性为陪葬者。而这种合葬墓中出现的殉牲似乎与单人葬的殉牲略有不同。故我们也就不能笼统地按照性别与人数与殉牲情况相对应。

② 本书所统计的数据与朱开沟发掘报告中的文字略有出入，原报告中称“41座有殉牲的墓葬中，成年女性单人葬12座，成年男性单人葬11座……”。

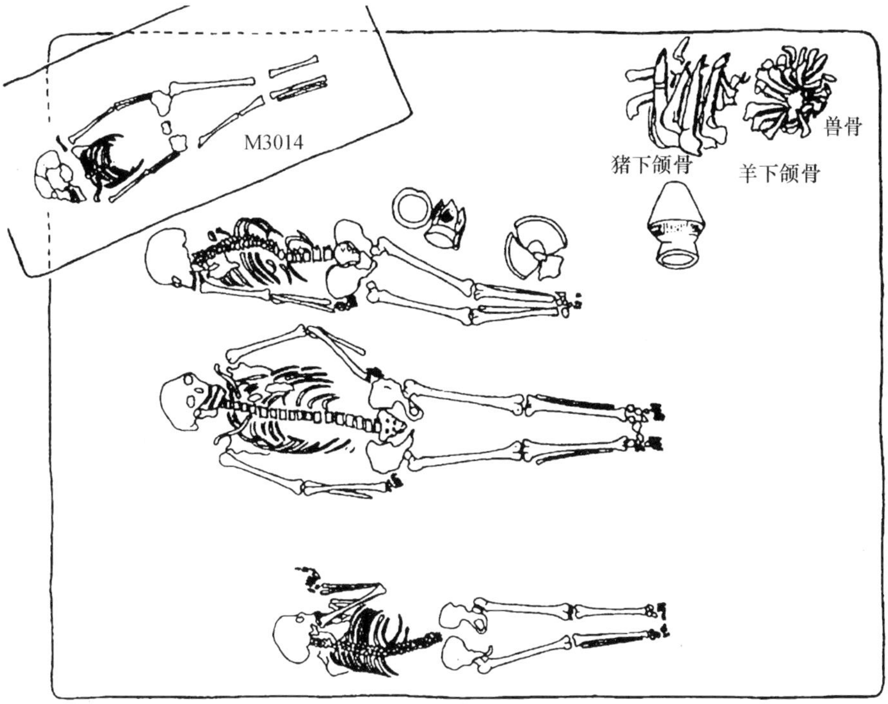

图3.1-7　朱开沟遗址M3024平面示意图

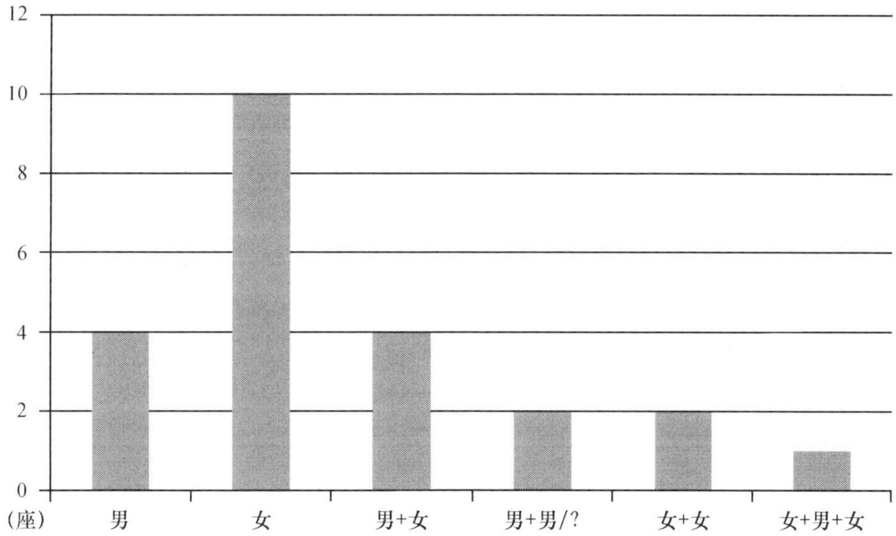

图3.1-8　朱开沟遗址的第三段殉牲墓葬性别统计

在使用殉牲动物上差别不是很大。第四段如图3.1-9所示，与第三段的情况似乎有了较大的不同，男性在使用殉牲动物的情况明显要多于女性。第五段中仅有1座成年男性墓随葬有1个羊下颌骨。总之，从第一段到第五段，单独的儿童墓没有殉牲，并且这种墓葬形制均为小型墓。殉牲墓葬中的女性集中在20～40岁，男性集中在30～50岁。而在殉牲墓葬中性别比重的变化是基于劳动分工基础上的思维观念、丧葬理念的改变。

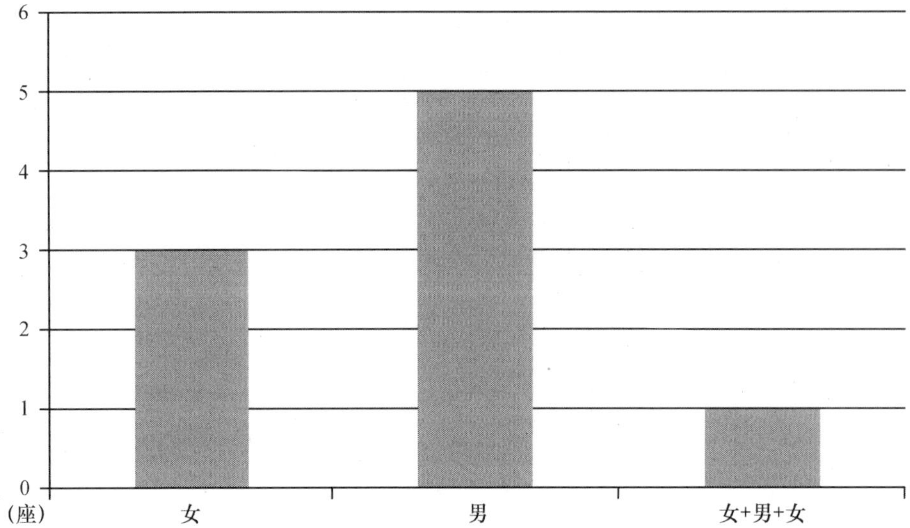

图3.1-9　朱开沟遗址的第四段殉牲墓葬性别统计

3. 与居住址中出土动物遗存的比较

黄蕴平先生对遗址中主要出自各区各段地层、灰坑和房址中的动物骨骼进行了详细地鉴定。墓葬中的殉牲与遗址中地层、灰坑和房址中出土的动物骨骼情况相比，二者在很多层面上有着共同的意义，都可以表现当时人群的经济生活面貌。但二者也有诸多的倾向性，前者是一种葬俗，反映的是活人对死者的一种祭奠行为，其背后是更深层次的宗教思想及精神层面的体现；后者更多的是反映当时居民在日常生活中的生产行为，是生业模式的一种直接表现。

根据鉴定结果和报告结语提供的数据可得出表3.1-3。第一段发现的家畜为猪11、羊5、牛4，其比例为1：0.45：0.36；第二段发现的家畜为猪21、羊27、牛7，其比例为1：1.29：0.33；第三段发现的家畜为猪15、羊15、牛4，其比例为1：1：0.27；第四段发现的家畜为猪7、羊8、牛8，其比例为1：1.15：1.15；第五段发现的家畜为猪2、羊2、牛2，其比例为1：1：1。在第一段到第五段的居民生活中猪的数量及在家畜中所占的比重呈递减的趋势，相反羊和牛占据越来越重要的地位。对于家猪为农业的象征，羊和牛作为畜牧业的标志，学术界有一定的共识。上述的统计数据则清晰地表明，第一段的经济形态农业生产占据绝对的主导地位；第二段农业与畜牧业的规模均得到了迅速扩大；第三段家畜饲养业的发展不及第二段，农业与畜牧业的比例趋于相近，农业仍然占据主要的地位；第四段整体家畜饲养业呈现下滑的态势，尤其是以家猪饲养业为基础的农业，虽然羊的数量下降了，可是牛的饲养扩大了，可见此时的畜牧业已经占据与农业趋于相近的地位；第五段随着遗址的衰落，家畜饲养业也呈现萧条的状态。田广金先生结合生产工具、房屋、窖穴、墓葬、随葬品和殉牲等因素，认为第五段的农业虽然仍占相当的比重，但其地位已受到畜牧经济的强烈冲击，畜牧经济正逐渐从农业经济中分离出来，半农半牧经济的基本格局已初步形成①。除了上述的家畜外，遗址中还有数量较少的野生动物，如马鹿、狍、青羊、双峰驼、獾、豹和熊等。朱开沟遗址中动物骨骼的鉴定结果显示，居民获取动物资源主要依靠饲养家畜，猪、羊、牛和狗，其数量占所有动物的88.6%；而通过狩猎活动获取的野生动物占11.4%②。

朱开沟遗址各段文化层中提取的孢粉分析结果显示：第一段，木本花粉很少，主要是草本科花粉，其中篙、藜花粉占全部花粉的50%左右。第二段，木本花粉中出现了少量的胡桃和漆等阔叶林木，草本蒿、黎花粉增多，约占全部花粉的70%以上。第三段，草本蒿、藜花粉继续增多，约占全部花粉的90%以上。第四段，木本花粉中出现了耐寒的云杉、桦、榆等，以松、桦针、阔叶混交林为主。第五段，木本以松、杉针叶林为主，草本蒿、藜花粉约占全部花粉的93%。郭素新先生根据各层位孢粉数量微差中反映的植被变化情况，又参照了鄂尔多斯地区全新世植被变化复原的降水量曲线，认为朱开沟遗址（原文为朱开沟文化）第一段以灌木、草本植物为多数，另有乔木，年降水量在600毫米以上，气温适宜，降雨丰富，为森林草原景观；第二、三段乔木减少，以灌木和草本植物为主，年降水量450～600毫米，气候较前段略偏干、冷，属于灌木草原景观；至第五段时，木本以耐寒的松、杉为主，草本以耐干旱的蒿、藜植物为多数，这时气候逐渐向冷干发展，已接近于典型的草原景观③。

总之，这种气候环境变化导致的植被退化以及所反映的信息与笔者在上文中通过殉牲总结的认识大体上是契合的。

表3.1-3　朱开沟居住址出土动物数量　（单位：个）

段别	猪	羊	牛	总计
第一段	11（55%）	5（25%）	4（20%）	20
第二段	21（38.2%）	27（49.1%）	7（12.7%）	55
第三段	15（44.1%）	15（44.1%）	4（11.8%）	34
第四段	7（30.4%）	8（34.8%）	8（34.8%）	23
第五段	2（33.3%）	2（33.3%）	2（33.3%）	6
总计	56（40.6%）	57（41.3%）	25（18.1%）	138

从遗址中动物骨骼分析得出的认识与对殉牲动物的统计分析略有差异，但是大体上可以互相印证这样的一个事实：朱开沟遗址从第一段到第五段农业作为主要的经济形态一直都存在，随着时间的推移所占的比例呈现越来越减少的趋势。相反以饲养牛和羊为对象的畜牧业成分呈现出强势的发展劲头，到后期与农业呈现平分秋色的态

① 内蒙古自治区文物考古研究所、鄂尔多斯博物馆：《朱开沟——青铜时代早期遗址发掘报告》，文物出版社，2000年，291页。

② 内蒙古自治区文物考古研究所、鄂尔多斯博物馆：《朱开沟——青铜时代早期遗址发掘报告》，文物出版社，2000年，400-421页。

③ 郭素新：《再论鄂尔多斯式青铜器的渊源》，《北方考古论文集》，科学出版社，2004年，234-243页（原载《内蒙古文物考古》1993年第1、2期）。

势。根据二者之间的异同可以归纳为以下几点：第一，墓葬中殉牲动物大多数为家畜，野生动物所占比例很小，并且野生动物均未做种属鉴定。第二，遗址中发现的家畜牛数量逐渐增多，可是在墓葬中从未发现有随葬牛作为殉牲的现象。笔者认为由于现实生活中对牛的牵引力和乳制品的需求等原因，当时没有形成埋葬牛的殉牲葬俗。第三，遗址中第二段的动物发现最多，而墓葬中第三段的殉牲动物遗存发现最多。可见，现实生活和对死后世界的安排有一个时间差，即墓葬中殉牲习俗滞后于现实生活中畜牧业的发展。也可知第二段和第三段是朱开沟遗址家畜饲养发展的最佳时期。第四，遗址中狗的材料较少，仅有7个个体，墓葬中殉牲的狗骨架也仅为2个，可见饲养狗在当时还不是普遍的现象。

综上所述，笔者将朱开沟遗址发现的墓葬群作为一个整体来剖析，详细地论述了朱开沟遗址的殉牲情况。根据上述的文字，并结合文中各图表汇总成表3.1-4。以下为仅从殉牲角度得出的几点认识。

第一，殉牲墓葬在所有墓葬中所占的比重不大，仅为12.5%。朱开沟遗址中发现的动物群由家畜（猪、羊、狗和牛）和野生动物（马鹿、麅、熊和豹等）构成。墓葬中殉牲动物主要以家畜猪和羊为主，还有极少量的狗，不见随葬牛的现象，另有少量不明种属的野生动物。殉牲动物在各段的组合形式有较大的不同，猪出现的频率最多，羊很少以单独的形式出现，而狗和兽骨多与猪、羊等集中伴出。说明以养猪为代表的农业定居成分一直都存在，并且占据重要的地位，而以养羊和牛为代表的畜牧业成分在逐渐增加，但始终没有超越农业的主导地位，也没有脱离出农业而独立发展成为游牧业。

第二，殉牲动物中除狗为完整个体外，其他均只随葬下颌骨来代表，并且多摆放在墓穴和墓主人的足端左侧的填土、二层台及壁龛中，头端和右侧摆放得较少。由于墓葬的墓向大致为北向，左侧也就相当于东侧。殉牲动物摆放在左侧填土、二层台和壁龛中的墓葬达到九成以上，结合各类随葬品也多放置在墓主人左侧位置的情况，推测朱开沟遗址的居民可能存在“尚左”或“尚东”的思想观念。

第三，殉牲墓葬的形制规模均较大，在各段中均属于大中型墓，其中大型墓的数量远多于中型墓，且有的墓葬还配有木棺葬具，也有的墓葬填土经过夯实。这些都是生人经过深思熟虑为死者精心布置的一种情形。可以说不是所有人都有能力，有权利、有意识地在墓葬中使用动物殉牲，只有那些社会地位较高的人及其家庭成员才有权力使用动物殉牲来表示身份地位。殉牲墓葬中的动物数量与随葬品数量并不成正比，单独殉牲的墓葬有25座，远多于有其他随葬品伴出的16座墓葬。当然墓葬的规模与殉牲并不是必然的联系，也有一些大型墓中既没有随葬品，也没有殉牲发现。可能在当时的社会墓葬中使用殉牲还没有形成一个较完备的制度。人群在表示身份的时候还没有形成一套特有的稳定习俗，也反映出这个社会发展的程度还没有到达一个真正意义上的等级化、阶级化的阶段。

第四，殉牲从第一段到第五段一直有发现，在第三段达到了顶峰，无论在个体数量上，还是殉牲比例上，抑或是殉牲动物的种类上都已经明显超出了其他段别，呈现出井喷式的发展模式。这与遗址中第二段动物遗存最多的情况在意义上有较大差异。

表3.1-4　朱开沟遗址殉牲墓葬汇总表

（单位：个）

段别（殉牲墓：总墓葬）	殉牲动物（各类动物占总数量的比例）				墓葬规模			性别		殉牲位置（各摆放位置占殉牲墓葬的比例）				
	猪	羊	狗	兽	大型	中型	小型	女	男	足端左侧的填土、壁龛	左侧填土、二层台及壁龛	足端右侧	墓主人头上方	不明
第一段（1：7）	1（100%）					1			1	1				
第二段（1：46）	1（100%）					1			1	1				
第三段（29：162）	99（63.5%）	41（26.3%）	2（1.2%）	14（9%）	25	4		20	12	16	10	1	1	1
第四段（9：76）	25（83.3%）	5（16.7%）			4	5		5	6	7	1	1		
第五段（1：38）		1（100%）				1			1	1				
总计（41：329）	126（66.6%）	47（24.9%）	2（1.1%）	14（7.4%）	29	12		25	21	26（63.4%）	11（26.8%）	2（4.9%）	1（2.4%）	1（2.4%）

注：墓葬规模一栏的大、中、小型墓葬是统一按照一定的标准区分的，而事实上，从第一段到第五段，墓葬规模的大小是一个不断变化的过程。也就是说第一、二段中统一标准下的中型墓葬其实在各自的段别中均为大型墓。

墓葬中的殉牲体现的是精神层面的思想，而遗址中的动物骨骼遗存更能反映居民生活中对动物资源的获取和利用。各段别中上层等级的社会成员，除了儿童，无论成年男性，还是成年女性使用动物殉牲的频率均较高。特别是合葬墓的殉牲率要远高于单人葬。殉牲动物的使用没有特定的性别差异。

二、朱开沟甲类遗存的殉牲

这类遗存主要分布在内蒙古鄂尔多斯高原的东南部、陕北和晋西北。典型遗址有内蒙古伊金霍洛旗的朱开沟遗址和白敖包遗址①、准格尔旗的大口、马栅沟、榆树湾、张家梁、陈家梁和张家塔②等遗址，包头西园遗址③，陕西神木的石峁④、新华⑤和寨峁⑥等遗址，此外，在内蒙古准格尔旗的寨子上和西麻青⑦、准格尔旗煤田黑岱沟矿区⑧和凉城岱海周围的大庙坡⑨等地的调查中也发现有此类遗存⑩。现仅对有墓葬的遗存进行介绍和分析。

（一）朱开沟遗址中甲类遗存的墓葬

在朱开沟遗址中明确属于朱开沟甲类遗存的土坑墓有86座⑪，其中在16座墓葬中发

① 内蒙古文物考古研究所、伊金霍洛旗文物管理所、鄂尔多斯博物馆：《伊金霍洛旗白敖包墓地发掘简报》，《内蒙古文物考古文集》（第二辑），中国大百科全书出版社，1997年，327-337页。

② 崔璇、斯琴：《内蒙古中南部新石器至青铜时代文化初探》，《中国考古学会第四次年会论文集》，文物出版社，1985年，173-184页。

③ 内蒙古社会科学院历史研究所、包头市文物管理处：《内蒙古包头西园遗址1985年的发掘》，《考古学集刊》（8），科学出版社，1994年，1-27页。

④ 西安半坡博物馆：《陕西神木石峁遗址调查试掘简报》，《史前研究》1983年第2期，92-100页；戴应新：《陕西神木县石峁龙山文化遗址调查》，《考古》1977年第3期，154-157页。

⑤ 陕西省考古研究所：《陕西神木新华遗址1999年发掘简报》，《考古与文物》2002年第1期，3-12页。

⑥ 陕西省考古研究所：《陕西神木县寨峁遗址发掘简报》，《考古与文物》2002年第3期，3-18页。

⑦ 崔树华：《内蒙古中南部三处古遗址调查》，《考古》1992年第7期，607-614页。

⑧ 内蒙古文物考古研究所、伊克昭盟文物工作站：《内蒙古准格尔旗煤田黑岱沟矿区文物普查述要》，《考古》1990年第1期，1-10页。

⑨ 乌盟文物站凉城文物普查队：《内蒙古凉城县岱海周围古遗址调查》，《考古》1989年第2期，97-102页。

⑩ 王乐文：《朱开沟遗址出土遗存分析》，《北方文物》2004年第3期，17-28页。

⑪ 依据王乐文在《朱开沟遗址出土遗存分析》（《北方文物》2004年第3期，17-28页）中表三的研究数据，属于朱开沟甲类遗存的墓葬有95座，其中土坑墓86座，瓮棺葬9座。因本书讨论的殉牲只涉及土坑墓，故在正文中不再提及瓮棺葬的问题，后文中若提及墓葬即指的是土坑墓。王乐文在最近的《内蒙古朱开沟遗址甲类遗存墓葬研究》（《华夏考古》2013年第2期，31-44页）一文中又称可判明文化属性为甲类遗存的土坑墓为80座。因他在后文中没有详细的说明，我们暂且以前文的数据为准。

现殉牲，占到可辨甲类遗存墓葬的18.6%。在此16座朱开沟甲类遗存墓葬中共发现83个动物个体，其中猪下颌骨49个、羊下颌骨21个、狗骨架1个以及兽下颌骨12个，分别占到殉牲墓总数的59%、25%、1%和15%（表3.1-5；图3.1-10）。按照赵菊梅的研究，朱开沟甲类遗存可以分为四期，基本与报告中所分的前四段相当，这一认识是可信的。为了对朱开沟甲类遗存在不同阶段的殉牲变化有所了解，现以此分期结果作为切入点进行讨论。

表3.1-5　朱开沟遗址甲类遗存的殉牲概况　（单位：个）

期别（殉牲墓：总数）	猪下颌骨	羊下颌骨	狗骨架	兽下颌骨	总计
第一期（1：5）	1（100%）				1
第二期（1：20）	1（100%）				1
第三期（10：38）	35（50.8%）	21（30.4%）	1（1.4%）	12（17.4%）	69
第四期（4：23）	12（100%）				12
总计（16：86）	49（59.0%）	21（25.3%）	1（1.2%）	12（14.5%）	83

第一期，即形成期。此期可辨明的墓葬共计5座，仅1座发现殉牲，占此期墓葬总数的20%，且仅发现1个猪下颌骨（表3.1-5）。M2001，直壁竖穴，墓穴长2.3、宽1.23、深1.2米，墓向20°。葬有1名成年男性，仰身直肢，头部上方摆放鬲和双耳罐各1件，靠近足端摆放有1件豆。在足端靠近墓穴南壁的位置发现1个猪下颌骨（图3.1-11）。这一时期是该遗存的形成期，还处在一个萌芽的状态，殉牲墓葬以及墓中随葬的动物种类和数量均较单一。说明该遗存的人群自开始形成就有殉牲的习俗，只是规模较小。同时殉牲只见于较高级的墓葬中，墓主人为成年男性，并且有陶器随葬。学界一般认为，朱开沟甲类遗存是在内蒙古中南部龙山时期的永兴店文化的基础上发展壮大的，同时在不断发展的过程中也吸收了诸多来自周邻地区考古学文化的影响。仅从殉牲的角度来看，朱开沟甲类遗存的前身永兴店文化的诸遗址的墓葬中均未发现殉牲现象。M2001出土的双耳罐（图3.1-11）的整体造型以及腹部和耳部的形制与齐家文化相差无异，这应是受到了齐家文化的影响。齐家文化使用猪下颌骨殉牲的习俗非常发达，结合在朱开沟甲类遗存的遗址和墓葬中还发现了较多来自齐家文化的因素，如齐家文化的双大耳罐和豆等典型器物，又因该地区更早阶段并未发现殉牲习俗，故推测这一地区的殉牲习俗可能受到了来自齐家文化的影响，且延续到甲类遗存的衰落期。

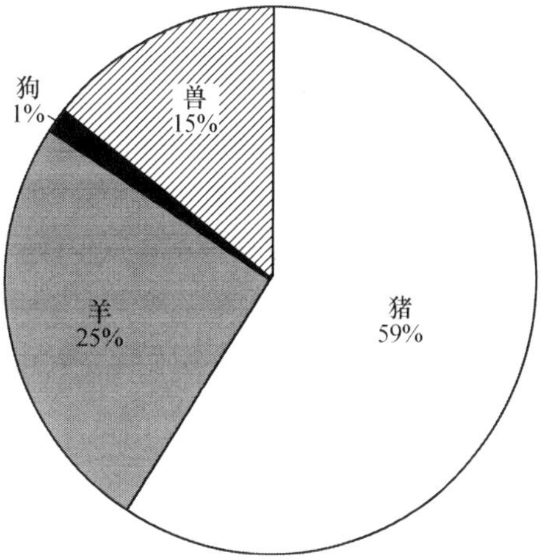

图3.1-10　朱开沟遗址甲类遗存墓葬中殉牲动物的比例

第二期，即发展期。此期可确认的墓葬共有20座，仅1座发现有殉牲，占此期墓

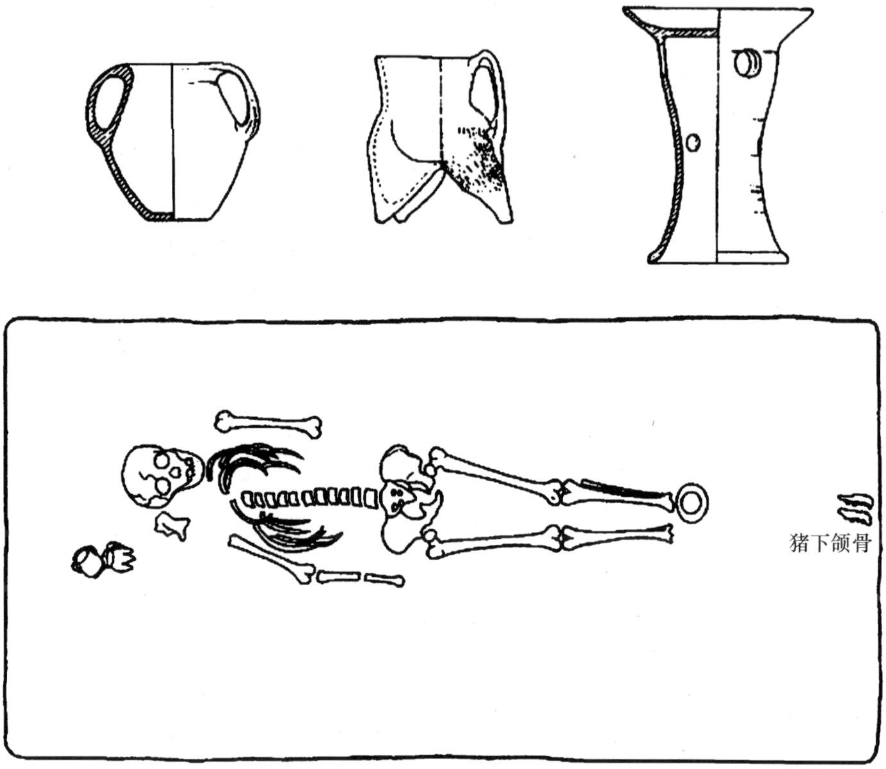

图3.1-11　朱开沟遗址甲类遗存第一期的殉牲（M2001）

葬总数的5%，且也仅发现1个猪下颌骨（表3.1-5）。M1036，直壁竖穴，长2.04、宽1.05、深0.8米，墓向15°，葬1成年男性，仰身直肢。在左侧壁龛内随葬有双耳罐和鬲各1件。在墓主人足端距墓底0.4米处的填土中摆放1个猪下颌骨（图3.1-2，1）。这一时期的殉牲概况与上一个时期的几乎一样，没有发生明显的变化。从殉牲墓葬在总墓葬中所占的比例来看，殉牲仍然不是很流行，这种殉牲习俗还未广泛传播，同时殉牲墓葬的形制规模仍较大，墓主人也为成年男性，且有陶器随葬。M1036中出土的双耳罐仍是受到齐家文化影响的结果，可见齐家文化对朱开沟甲类遗存的影响是持续性的。

第三期，即繁荣期。可辨此期的墓葬共有38座，其中10座发现有殉牲，占此期总墓葬的26.3%。共计发现69个动物个体，其中猪下颌骨35个、羊下颌骨21个、狗骨架1个和不明兽下颌骨12个，分别占50.8%、30.4%、1.4%和17.4%（表3.1-5）。需要指出的是有1座特殊的墓葬，即M1044为异性双人合葬墓，随葬有高领罐3件、单耳罐3件、壶1件以及残损的圈足盘1件，其中在圈足盘中放有4根猪肋骨。在盘中放置动物肋骨的做法，这显然与在墓葬中放置动物头部的做法有着根本性的不同。前者的意义是生人将肉附着较多且美味的部位直接奉献给死者在另一个世界享用，在这里食用的意义更甚；后者是活人将象征灵魂所驻的动物头部（下颌骨）作为一种财富和精神寄托摆放在墓葬的填土、二层台、壁龛和墓底等处，在这里象征性的意义更重。

从摆放位置来看，报告中明确有摆放位置记录的墓葬有9座。在墓葬中主要摆放在填土中（3座）、墓底（5座）和壁龛中（1座），分别占33.3%、55.6%和11.1%。从殉牲的动物与墓葬主人之间的相对位置关系来看，主要在足端（8座）和头端（1座），其中足端又可分细分为右侧（1座）、中部（3座）和左侧（4座）。从表3.1-6很明显地可以看出，甲类遗存的居民在第三段更多的是将殉牲动物摆放在墓穴底部，其次是填土中，最后是在壁龛中。同时更多的人选择在足端的左侧和中部摆放，足端右侧也有少量的摆放，而在头端摆放的情况较少。在头端摆放殉牲的M3019，长2.9、宽1.5、深2米，左右两侧有生土二层台。葬有1位成年男性，仰身直肢。这座墓葬的随葬品摆放的非常有特点，头部左右两侧分别摆放豆和双耳罐，左胸处有绿松石2颗，左手腕部及右膝盖处各有1个铜钏，右侧小腿外侧还有1件鬲，足端从右到左依次放置有大口尊、豆和高领罐各1件，在靠近墓主人头上方随葬有1个猪下颌骨（图3.1-5）。这些随葬品将墓主人包围在中心，并且它们的数量在整个可确认的甲类遗存墓葬中属于较多的。因此摆放在头端的殉牲动物以及其他随葬品是否还代表着更甚层次的意义，还需要进行更深入的讨论。

表3.1-6　朱开沟遗址甲类遗存第三期的殉牲动物摆放位置　（单位：个）

位置（占比）	足端			头端
	右侧	中部	左侧	
填土（33.3%）	1	1	1	
墓底（55.6%）		2	2	1
壁龛（11.1%）			1	
总计	1	3	4	1

殉牲组合方面，出现频率由高到低依次是，猪（7座）；猪+羊（1座）；猪+羊+狗（1座）；猪+羊+兽（2座）。猪在每一种组合中均有出现，可见在殉牲仪式上对猪的使用是何其频繁。其他的动物均不单独随葬，而是以组合的形式出现。足见朱开沟甲类遗存在第三期最发达，也是本地区定居农业鼎盛的时期。

从性别来看，11座墓葬中埋葬了14位女性，4座墓葬中埋葬了4位男性。有女性参与的墓葬中，共计出土31个猪下颌骨、21个羊下颌骨和12个兽下颌骨；有男性参与的墓葬中，共计出土9个猪下颌骨和6个羊下颌骨。无论在殉牲墓葬中出现的频率，还是在数量上均呈现出女性占绝对多数的状态。可见，女性较之男性来讲更倾向于使用殉牲。

随葬品方面，1～10件不等，除罐、鬲、豆、盉、簋和大口尊等陶器外，还有绿松石、铜臂钏和漆器残片等。区分墓葬属于朱开沟甲类遗存和朱开沟文化的标准是陶器的特征，所以将大量无陶器墓排除在外。而事实上，有可能在两种遗存中都存在这种不随葬陶器的殉牲墓葬。

墓葬形制方面，墓穴面积普遍较大，墓穴长度绝大多数都在2米以上，最长的可达4米，2米以下的仅有1座墓；宽度均在1米以上，最宽可达3.9米；深度绝大多数在2米以上，最深的可达5米，2米以下的仅有1座墓葬。殉牲墓葬的规格普遍较高，且单人葬与多人葬的墓葬数量相近。可见社会身份地位高的成员才有能力、权力和意识在较大型的墓葬中使用动物殉牲。

这一时期是甲类遗存的繁荣期，也是使用动物殉牲的鼎盛时期，殉牲墓葬已经接近可确认甲类遗存墓葬的1/3，并且出土的动物数量占到整个甲类遗存墓葬出土的83.1%。在墓葬等级较高的大型墓葬中，成年男性和女性使用殉牲的频率非常高，只是女性使用的频率和数量均要多于男性墓。殉牲的动物仍然以猪为主，羊、狗和兽等均不单独埋葬。殉牲墓葬中除了数量不等的陶器外，还发现了少量的铜臂钏和绿松石等装饰品。这反映出甲类遗存居民对自身装饰的重视。

第四期，即衰落期。墓葬共有23座，其中4座发现殉牲，占到17.4%，且仅发现12个猪下颌骨（表3.1-5），其中3座为单人葬，1座为三人合葬墓。多为殉牲墓葬与上一时期的规格相比略显稍小，但长度仍为2～3、宽0.7～3、深0.85～2米。成年女性墓葬埋葬的猪下颌骨多摆放在左侧壁龛。成年男性墓葬埋葬的猪下颌骨多摆放在墓穴足端。三人合葬（2女1男）墓中埋葬的猪下颌骨多摆放在左侧壁龛内。

朱开沟遗址中的墓葬是朱开沟甲类遗存最重要的组成部分。对这一遗址的剖析有益于对甲类遗存的直接认识。我们以分期为切入点，有助于了解甲类遗存在殉牲习俗上的动态变化。

（二）白敖包墓地的殉牲

该墓地位于内蒙古鄂尔多斯市伊金霍洛旗布尔台格乡苏勃勒德霍洛村东2千米，西北距旗政府所在地阿腾席热镇约35千米。1986、1989年内蒙古文物考古研究所与伊克昭盟（现鄂尔多斯市）文物工作站对其进行了发掘，面积达6000平方米，清理了房址3座、灰坑48个和墓葬69座，出土遗物有陶器240余件、各类装饰品10余件①。现仅就简报报道的信息做简要的分析。

该墓地有6座墓葬发现殉牲，占总墓葬的8.7%，而在简报中只报道了4座（M23、M60、M41和M67）。整个墓地的墓葬形制可以分为长方形竖穴土坑墓（38座）、长方形竖穴土坑偏洞室墓（30座）和瓮棺葬（1座）。这4座殉牲墓葬中竖穴土坑墓与土洞墓各有2座。

竖穴土坑墓M23，5人合葬墓，为墓地规模最大的墓葬，墓向70°，坑壁内收、不大规整，口部略大于底部。墓口长3.52、宽2.58，墓底长3.32、宽2～2.18，距地表深3.28米。尸骨保存较好，在墓葬中间有一无盖无底的木棺葬具，其内葬有仰身直肢式的2具人骨，其中在右侧人骨靠近足端的位置随葬豆、双耳罐、单把鬲、小口罐、高领折肩罐和盉各1件。在木棺外的左右两侧各有1具人骨，左侧人骨仰身直肢，面向木棺，在颈部发现绿松石串珠，左手的五根手指上均有骨制的戒指；右侧人骨仰身，上肢略曲，无随葬品。第5具人骨横置在4具人骨的足端，即墓穴的南部，其头向大致朝北，在其右侧靠近墓穴南壁处随葬2个狗（图3.1-12，1）。M60，单人葬，墓向61°，墓口大于墓底，墓口长2.02、宽0.88、残深1.15米。人骨为仰身直肢，足端右侧的壁龛内放

① 内蒙古文物考古研究所、伊金霍洛旗文物管理所、鄂尔多斯博物馆：《伊金霍洛旗白敖包墓地发掘简报》，《内蒙古文物考古文集》（第二辑），中国大百科全书出版社，1997年，327-337页。

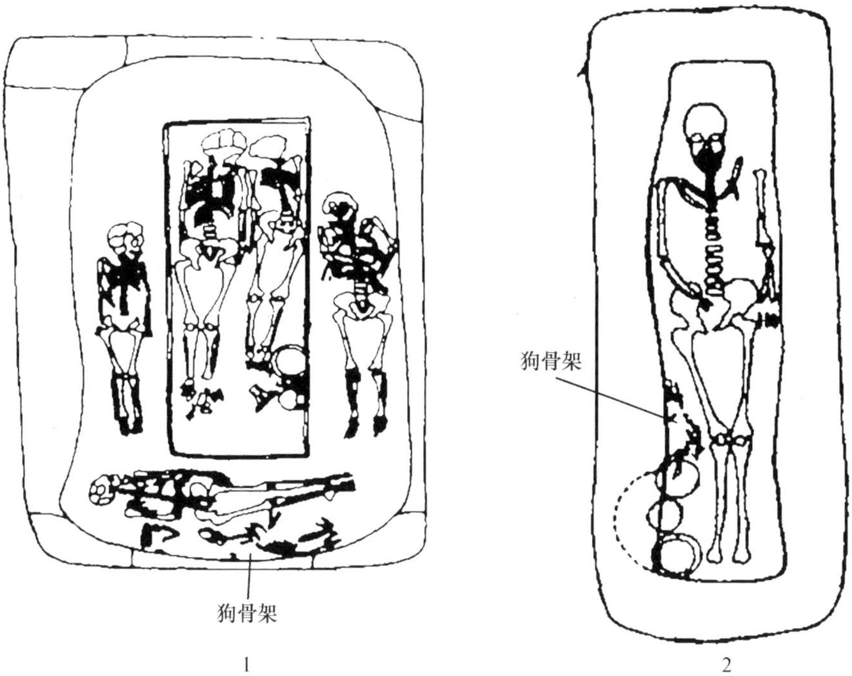

图3.1-12　白敖包墓地竖穴土坑墓的殉牲
1. M23　2. M60

置2件罐和1件豆。在壁龛的上方，人骨的右腿侧摆放1个狗骨架（图3.1-12，2）。

偏洞室墓M41，4人合葬墓，墓口长2.51、宽1.5、深1.6米，墓穴左侧为偏洞室。偏洞室的顶部距墓口0.56米，底部比竖穴土坑部分的底部深0.4米。偏洞室长2.6、最宽处达1.35米，内葬有3具人骨，中间人骨为仰身直肢，面朝东；右侧人骨侧身屈肢，面朝西；左侧人骨侧身直肢，面朝东。在3具人骨的足端随葬有豆3件、折肩罐1件、盉1件。其豆盘内还发现有小型动物的骨骼，这种情况在朱开沟遗址的甲类墓葬中也有发现，这与使用动物头部作为殉牲的行为有本质上的差异。在3具人骨的头端还放置有尊、单耳罐和碗各1件，其中在右侧人骨的头部还发现2件绿松石串珠。第4具人骨位于竖穴土坑底部与洞室相接的位置，侧身屈肢，面朝东。在第四具人骨的脚下靠近南壁处摆放有5个猪下颌骨（图3.1-13，1）。M67，单人葬，墓口呈不规则形，长2.52、宽0.4～0.98、残深1.1米。左侧偏北部位洞室，其内的尸骨为仰身直肢，面朝西。在墓主人足端随葬豆、双耳罐和单耳罐各1件。在竖穴土坑足端距地表0.25米的填土中，发现有鬲足、石球、陶纺轮和未做鉴定的动物骨骼（图3.1-13，2）。

简报中称“3座墓葬有殉狗现象，其中2座墓各殉葬1个完整狗（M60和未知墓），1座墓中殉葬2个狗（M23）。2座墓随葬猪下颌骨，其中1座随葬2个（未知墓），另1座随葬5个（M41）。只有1座墓随葬其他动物骨头（未鉴定为M67）[①]”。据此可知，

① 内蒙古文物考古研究所、伊金霍洛旗文物管理所、鄂尔多斯博物馆：《伊金霍洛旗白敖包墓地发掘简报》，《内蒙古文物考古文集》（第二辑），中国大百科全书出版社，1997年，327-337页。

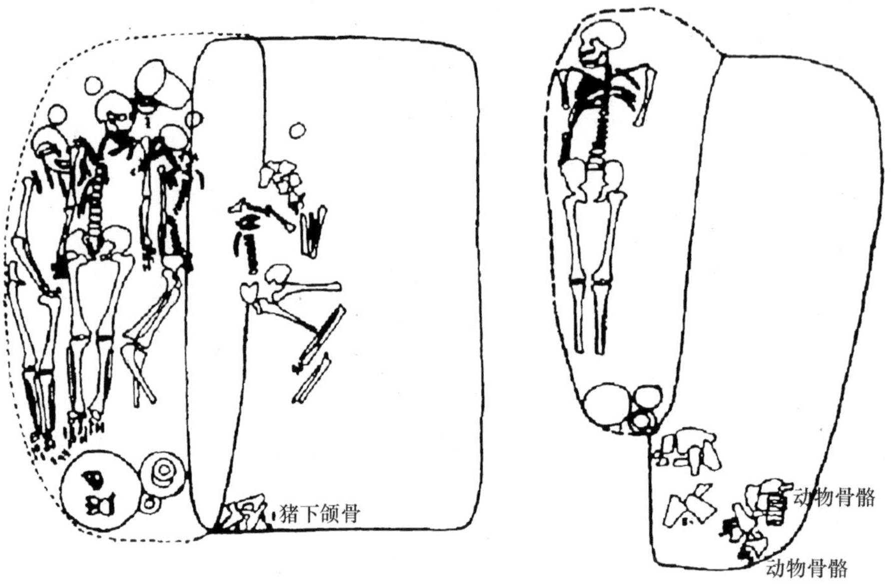

图3.1-13　白敖包墓地偏洞室墓的殉牲
1. M41　2. M67

6座殉牲墓葬中共发现12个动物个体，其中猪下颌骨7个、狗骨架4个和1个未鉴定的动物骨骼[①]，分别占58.4%、33.3%和8.3%。除却已报道的4座殉牲墓葬出土的狗骨架3个、猪下颌骨5个和1个不明动物骨骼，另2座未报道的墓中，1座随葬2个猪下颌骨，1座随葬狗骨架1个。值得注意的是，所有的动物均单独随葬，而不与其他动物伴出。这背后是否有白敖包人群原始的宗教意义和精神信仰，还值得再推敲。

按照王乐文先生的研究[②]，已报道的4座殉牲墓葬中可以分组的有3座，即第一组的M23、第三组的M41、第四组的M67，相当于朱开沟遗址中甲类遗存的第一、三和四期。如果这一分期可信的话，殉牲动物的种类有狗→猪→不明动物的趋势，且在偏洞室墓中出现的频率较多。当然这种单线条的认识还有待于正式报告出版后的验证。

总之，在整个墓地殉牲并不是很流行，只在很少的一部分人群中使用。这部分使用殉牲的人群墓葬规模均较大[③]，且有的还有木棺[④]，有单人葬和多人葬之分，且均有

① 因M67中发现的动物骨骼没有做鉴定，并且文字中也没有更多关于数量的介绍，此处按1个个体来统计。

② 王乐文：《论朱开沟遗址出土的两类遗存》，《边疆考古研究》（第3辑），科学出版社，2005年，42-83页。

③ 简报中称“竖穴土坑墓可以分为大型和小型，大型墓有3座，墓穴口长2.68～3.52、宽1.46～2.58、深1.96～3.28米；小型墓墓穴口长1.52～2.82、宽0.49～1.48、深0.7～1.5米”。按照这一标准，4座殉牲墓中有1座可明确属于大型墓，另3座墓的墓穴长均在2米以上，在所分的小型墓中也属于较大的一类。

④ 白敖包墓地有木棺葬具的仅有3座，且均为大型竖穴土坑墓，而殉牲墓M23即为其中之一，且其在整个墓地中的规格是最高、最大的。

数量不等的各类随葬品。从殉牲动物的位置来看，偏洞室墓主要摆放在洞室外的竖穴土坑底部和填土中，均在人骨的足端较近处；竖穴土坑墓主要放置在人骨的足端和身右侧，也有的放在壁龛内。该墓地的发掘报告还没有正式出版，故对该墓地包含的文化因素以及相关的其他问题，包括殉牲问题还不能做进一步更深刻的讨论。例如殉牲墓葬与墓主人的性别、年龄以及殉牲动物的性别、年龄的关系等问题。

综上所述，对朱开沟甲类遗存的两处典型的墓地进行了分析。朱开沟遗址中甲类遗存的殉牲墓葬与白敖包墓地的殉牲墓葬所反映出来的殉牲特点大体是一致的。两地的殉牲均以猪下颌骨为主，白敖包墓地的殉狗要多于朱开沟遗址中甲类遗存中的发现。白敖包墓地中并没有发现朱开沟遗址中甲类遗存墓中使用仅次于猪下颌骨的羊下颌骨和居住址中的牛。这种差异究竟是由于两地在饲养家畜上的差异造成的，还是两地居民在殉牲动物上有选择性的倾向，这些问题还有待于白敖包墓地报告的正式出版。

朱开沟甲类遗存的人群从形成期到衰落期，一直有殉牲的习俗。在该遗存的形成期和发展期，即有少量使用猪下颌骨作为殉牲的习俗，且均在较大型男性墓葬的足端摆放。其他随葬品还有双耳罐、鬲和豆等陶器。在繁荣期，使用殉牲达到了鼎盛时期，且使用的动物不仅仅是猪下颌骨，还增加了少量的羊下颌骨、狗骨架和兽下颌骨，呈现出井喷式的发展状态。殉牲墓葬的规格均较高，墓穴长绝大多数在2.3～4米，仅有1座墓为1.8米。随葬品1～10件不等，除罐、鬲、豆、盉、簋和大口尊等陶器外，还有绿松石、铜钏和漆器残片等。女性在随葬殉牲方面似乎比男性更加丰富。在衰落期，殉牲墓葬骤减，仅随葬猪下颌骨和未鉴定的动物骨骼；女性与男性在殉牲方面趋向平等，女性仍略多于男性。

总之，朱开沟甲类遗存的殉牲特点有：在大型墓葬中出现频率高，随葬品有多少之分；殉牲有猪下颌骨、羊下颌骨、狗骨架和其他动物；殉牲动物单独随葬的比例要高于以组合形式出现的情况；殉牲动物一般摆放在墓底、填土、二层台和壁龛之上，且多位于人骨的足端和左侧；殉牲墓葬有单人葬和合葬墓，一般来讲，合葬墓的殉牲动物种类和数量要多于单人葬墓；墓主人的性别与殉牲的数量有着直接的关系，尤其在繁荣期有女性埋葬的墓中殉牲动物的数量要多于男性墓葬。值得注意的是，朱开沟甲类遗存这种以猪下颌骨作为殉牲主要对象，并使用少量羊的特点与西北地区年代略早的齐家文化的殉牲特点很相似，且在殉牲的数量上要远逊于后者。只是齐家文化殉牲的羊多为带角的羊头骨，而朱开沟甲类遗存的人群使用的是羊下颌骨。这些共同点都说明了中国北方地区作为一个大的文化整体，在时代的共性和传承性上有着较密切的交流。结合朱开沟甲类遗存中还有着较多的齐家文化的因素，笔者认为朱开沟甲类遗存的这种殉牲习俗主要是受到了来自西北地区齐家文化强烈而持续的影响。

三、朱开沟文化的殉牲

朱开沟文化是内蒙古中南部重要的一支早期青铜时代的考古学文化。该文化典型的遗址有伊金霍洛旗朱开沟遗址，准格尔旗南壕①、高家坪②、官地③、小庙④、二里半⑤、寨子塔等遗址⑥，清水河县白泥窑子A点和D点⑦、后城嘴⑧、庄窝坪⑨、西岔遗址⑩、碓臼沟⑪，托克托县海生不浪遗址⑫，凉城县岱海周围的杨厂沟⑬、板城⑭、杏树贝、雕王山、马鞍桥山和小天山⑮等遗址，还有山西境内的偏关老牛湾、大嘴和麻地

① 内蒙古文物考古研究所：《准格尔旗南壕遗址》，《内蒙古文物考古文集》（第一辑），中国大百科全书出版社，1994年，205-224页。

② 内蒙古文物考古研究所：《准格尔旗高家坪遗址》，《内蒙古文物考古文集》（第一辑），中国大百科全书出版社，1994年，261-271页。

③ 内蒙古文物考古研究所：《准格尔旗官地遗址》，《内蒙古文物考古文集》（第二辑），中国大百科全书出版社，1997年，85-119页。

④ 内蒙古文物考古研究所：《准格尔旗小庙遗址发掘简报》，《内蒙古文物考古文集》（第一辑），中国大百科全书出版社，1994年，272-277页。

⑤ 内蒙古文物考古研究所：《内蒙古准格尔旗二里半遗址第二次发掘报告》，《考古学集刊》（11），中国大百科全书出版社，1997年，84-129页。

⑥ 内蒙古文物考古研究所：《准格尔旗寨子塔遗址》，《内蒙古文物考古文集》（第二辑），中国大百科全书出版社，1997年，280-326页。

⑦ 内蒙古社会科学院历史研究所考古研究室：《清水河县白泥窑子遗址A点发掘报告》，《内蒙古文物考古文集》（第二辑），中国大百科全书出版社，1997年，191-210页；内蒙古社会科学院历史研究所考古研究室：《清水河县白泥窑子遗址D点发掘报告》，《内蒙古文物考古文集》（第二辑），中国大百科全书出版社，1997年，211-237页。

⑧ 内蒙古文物考古研究所、清水河县文物管理所：《清水河县后城嘴遗址》，《内蒙古文物考古文集》（第二辑），中国大百科全书出版社，1997年，151-164页。

⑨ 内蒙古文物考古研究所：《清水河县庄窝坪遗址发掘简报》，《内蒙古文物考古文集》（第二辑），中国大百科全书出版社，1997年，165-178页。

⑩ 内蒙古文物考古研究所、清水河县文物管理所：《清水河县西岔遗址发掘简报》，《万家寨水利枢纽工程考古报告集》，远方出版社，2001年，60-78页。

⑪ 曹建恩：《清水河县碓臼沟遗址调查简报》，《万家寨水利枢纽工程考古报告集》，远方出版社，2001年，81-87页。

⑫ 北京大学考古系、内蒙古自治区文物考古研究所、呼和浩特市文物事业管理处：《内蒙古托克托县海生不浪遗址发掘报告》，《考古学研究》（三），科学出版社，1997年，196-239页。

⑬ 内蒙古文物考古研究所、北京大学考古系：《凉城县杨厂沟遗址清理简报》，《内蒙古文物考古》1991年第1期，11-12页。

⑭ 内蒙古文物考古研究所、日本京都中国考古学研究会等：《板城遗址勘察与发掘报告》，《岱海考古（二）——中日岱海地区考察研究报告集》，科学出版社，2001年，206-277页。

⑮ 乌盟文物工作站凉城文物普查队：《内蒙古凉城县岱海周围古遗址调查》，《考古》1989年第2期，97-102页。

塔[①]等遗址。另外在乌兰察布市四子王旗[②]和陕西神木县的石峁遗址、孙家岔村石盖梁[③]遗址中均发现了朱开沟文化典型的蛇纹鬲的残片。在上述朱开沟文化的典型遗址中在墓葬内发现有殉牲情况的极少。朱开沟遗址中能够明确定为朱开沟文化的土坑墓有16座[④]，其中仅有1座发现有殉牲（M4042），占6.3%。现对这座唯一的殉牲墓葬进行讨论。

M4042，直壁竖穴，长2.5、宽1.3、深3.5米，墓向0°，葬有1位50岁的老年女性，仰身直肢，面略向西。左脚外侧放置带纽陶罐1件，在墓穴的足端靠近南壁处随葬2个羊下颌骨，在其偏左侧靠近东南角落处发现1个完整的狗骨架（图3.1-14）。

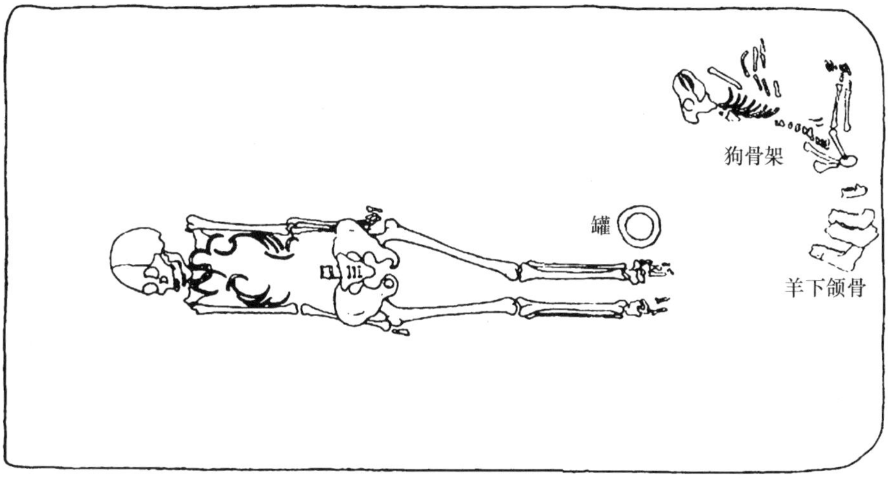

图3.1-14　朱开沟文化M4042平面示意图

发掘者将M4042划分在遗址的第三段，即朱开沟文化的形成期。从M4042的情况来看，朱开沟文化的人群并不流行殉牲习俗。在这座大型墓葬足端发现2个羊下颌骨和1个狗骨架，表明了这座老年女性墓主人身份的与众不同。羊和狗的组合形式在朱开沟甲类遗存当中并未发现，但殉牲动物摆放的位置大体相同。

赵菊梅先生认为："在朱开沟遗址中，首先生活的是A类遗存（即甲类遗存）的人群，到了朱开沟遗址第三段，B类遗存（即朱开沟文化）的人群也出现在了这里。他们出现后与A类人群相互交错杂居，共同相处。尽管如此，两类遗存并没有相互融合在一起。

① 王连葵：《河套和岱海地区夏商时期文化初探》，《内蒙古中南部原始文化研究文集》，海洋出版社，1991年。

② 出自崔璇、斯琴：《内蒙古中南部新石器至青铜时代文化初探》，《中国考古学会第四次年会论文集》，文物出版社，1985年，173-184页。

③ 出自杨泽蒙：《朱开沟文化因素分析及与周邻地区考古学文化的关系》，《岱海考古（二）——中日岱海地区考察研究报告集》，科学出版社，2001年，411-453页。

④ 依据王乐文在《朱开沟遗址出土遗存分析》（《北方文物》2004年第3期，17-28页）中表三的研究数据，属于朱开沟文化的墓葬共有23座，其中土坑墓16座，瓮棺葬7座。因本书讨论的殉牲只涉及土坑墓，故在正文中不再提及瓮棺葬的问题。

A类遗存中绝对不见B类遗存的因素，B类遗存的人们也只是有选择地接受了A类遗存中花边鬲和三足瓮两种文化因素。”[①]笔者认为朱开沟文化人群使用狗骨架和羊下颌骨作为殉牲也可能应受到了朱开沟甲类遗存的影响，只是在朱开沟文化中并没有流行开来。

四、西岔文化

该文化因呼和浩特市清水河县西岔遗址的发掘而得名[②]。1997～2002年内蒙古文物考古研究所对该遗址进行了4次发掘，获得了仰韶至商周时期四个阶段的文化遗存。曹建恩先生认为在商周时期的文化遗存，即简报中的第三期遗存中包含了一组具有浓厚地方特色的器物群，与周边的其他考古学文化有着明显的区别，故命名为西岔文化[③]。西岔居民的人种属于古华北和古中原类型[④]。

西岔遗址位于清水河县单台子乡西岔村，一共发现19座墓葬，其中属于西岔文化的墓葬有18座[⑤]。均为竖穴土坑墓，头向北或东南，葬式为单人侧身直肢或略屈肢。随葬品较少且简单，基本不随葬陶器。其中有3座墓葬中发现有随葬成年猪的情况，但是具体哪3座，猪的数量以及有无其他殉牲动物等信息均不详。西岔遗址中在属于西岔文化的地层和灰坑中出土了大量的动物骨骼，且家畜的数量占主导地位，还有一些野生动物。在家畜中猪的数量最多达到294个个体，占整个遗址中出土动物个体总数的45%；其次是羊，有150个个体，占23%；牛、狗和马也有一定数量的发现[⑥]。遗址中猪骨的大量发现说明该文化是定居农业文化，且家庭养猪业非常发达。牛、羊、马和狗的发现说明当时的畜牧业已经有了一定的发展。

另与西岔遗址隔沟相望的碓臼沟遗址发现的4座属于西岔文化的墓葬中没有发现殉牲现象[⑦]。

总之，从现有已发表的材料来看，西岔文化的农业经济非常发达，并且家畜饲养业也达到了一定的水平。但是该文化中只有少部分人在墓葬中使用殉牲，且以猪骨为主。这种随葬猪骨的习俗与朱开沟甲类遗存的殉牲特点较相似。

---

① 赵菊梅：《晋陕高原夏商时期考古学文化格局研究》，《公元前2千纪的晋陕高原与燕山南北》，科学出版社，2008年，3-43页。

② 内蒙古文物考古研究所、清水河县文物管理所：《清水河县西岔遗址发掘简报》，《万家寨水利枢纽工程考古报告集》，远方出版社，2001年，60-78页。现今的西岔遗址是西岔遗址、四座塔、扑油塔和碓臼沟等遗址的统称。

③ 曹建恩：《西岔文化初论》，吉林大学硕士学位论文，2003年。

④ 张全超：《内蒙古和林格尔县新店子墓地人骨研究》，科学出版社，2010年。

⑤ 在西岔遗址的第一期文化遗存中未发现墓葬，第二期文化遗存中仅发现1座墓葬（M17）。

⑥ 杨春：《内蒙古西岔遗址动物遗存研究》，吉林大学硕士学位论文，2007年。

⑦ 曹建恩：《清水河县碓臼沟遗址调查简报》，《万家寨水利枢纽工程考古报告集》，远方出版社，2001年，81-87页。

五、西麻青墓地

该墓地位于鄂尔多斯市准格尔旗魏家峁乡杜家峁村东北的黄河沿岸，面积约为3000平方米。1998年内蒙古文物考古研究所清理了19座墓葬。墓葬皆为竖穴土坑墓，墓口平面呈长方形，墓底无二层台及腰坑，未发现任何木质葬具。葬式为单人仰身直肢或仰身屈肢，头向北。随葬品以陶器为大宗，置于人骨头前或脚下，组合基本为鬲、盂、罐，另外有双耳壶、单耳罐。除陶器外，其他质地的随葬品有铜耳环、带扣、玉块、骨簪、料珠等。发掘者根据出土的陶鬲形制分析，认为西麻青墓地的年代属于西周晚期至春秋早期①。由于正式报告尚未出版，我们对该墓地的殉牲情况，仅可知殉牲的动物一般被放置于人骨的一侧，并且殉牲的动物均为羊肢骨，且数量不详。因此我们不能对这一重要墓地的殉牲情况有一个清晰的认识。该墓地的人种属于古中原类型②。

综上，内蒙古中南部地区夏到西周晚期的遗存发现还不是很丰富，且材料发表的也较零散。通过对朱开沟甲类遗存、朱开沟文化、西岔文化和西麻青墓地殉牲情况的梳理，大致能够明晰这一地区在动物殉牲方面的变化和发展。这四类考古学文化或遗存在年代上略有缺环，但大体是前后相继的关系，在丧葬习俗方面的差别较大，殉牲方面表现的也较为突出。

朱开沟甲类遗存主要的殉牲动物有猪下颌骨、羊下颌骨和狗骨架，这种殉牲习俗与西部地区的更早一些的齐家文化有较大的相似性。笔者认为当是受到了齐家文化影响的结果。朱开沟文化的殉牲墓葬发现的数量太少，仅1座墓中发现羊下颌骨和狗骨架，而不见埋葬猪下颌骨的现象，并不流行殉牲习俗。西岔文化有着发达的家畜饲养业，而殉牲只在很少的社会成员中使用，并没有形成一个流行趋势。西麻青墓地随葬羊肢骨的习俗在本地区是第一次出现，且为东周时期随葬动物头骨和蹄骨的盛行奠定了基础。

朱开沟甲类遗存、朱开沟文化与西岔文化之间在殉牲特点上并没有延续性，有着较大的差异。西麻青墓地与西岔文化又有着明显的不同，前者在殉牲方面主要使用的是羊肢骨，并且数量也较大。从猪下颌骨到羊肢骨的转变是一种丧葬理念的巨变，也是两个时代的标志之一。而西麻青墓地使用羊肢骨殉牲的习俗与之后春秋战国时期头、蹄殉牲又有着不同的意义。这种殉牲在不同时期的变化特点，与西北地区所表现出的趋势是相似的。

从殉牲的特点来看，朱开沟甲类人群与西岔文化较相似，均以随葬猪下颌骨为主；而朱开沟文化与西麻青墓地均随葬有羊，前者随葬羊下颌骨，后者随葬羊肢骨。这种隔代的相似性是否与人群的迁徙、移动有关，暂时还没有明晰的答案。但是基本

① 曹建恩：《内蒙古中南部商周考古研究的新进展》，《内蒙古文物考古》2006年第2期，16-26页。

② 张全超：《内蒙古和林格尔县新店子墓地人骨研究》，科学出版社，2010年。

可以认为北方人群与中原居民在内蒙古中南部的交替影响的结果。

总之，无论从文化特性还是丧葬习俗以及人种特点上来看，内蒙古中南部地区夏代至西周时期的文化呈现出从猪下颌骨到羊肢骨转变的特点。这些不同终究代表的是人群思想观念和宗教信仰的不同。

第二节　东周时期的殉牲

在中国北方地区，春秋战国时期的考古遗存发现较多，且所发现的物质文化面貌逐渐趋向一致，最终形成了北方文化带[①]。同时这一时期也是北方地区民族大融合、大变迁的时代。这种剧烈的变革不仅仅发生在中国，在整个欧亚草原上掀起的这个风暴更加急骤。位于欧亚草原中部区的中亚天山、费尔干纳、帕米尔、图瓦、阿尔泰地区以及米努辛斯克盆地纷纷过渡到早期铁器时代，游牧经济应运而生，并得到迅速的发展壮大。在这种依靠食草动物充分利用草原资源的经济生产方式的基础上衍生出的游牧文化绚彩多姿。正是在这样的一个大的背景下，作为欧亚草原重要组成部分的中国北方地区，尤其是内蒙古中南部地区也开始了自己的变革进程。在经济生产方式上，由畜牧-农业混合经济过渡到早期游牧经济。在居民的人种构成方面，内蒙古中南部除了古华北类型和古中原类型外，新出现了古蒙古高原类型（北亚类型）。这一人种的突然出现使得这一地区的格局更加复杂。在地理位置上，内蒙古中南部为东西长、南北窄的狭长地带，是农牧交错地带的前沿，也是北方草原文化的核心区域。内蒙古中南部地区春秋战国时期的遗存相对较丰富，以20世纪70～80年代集中发现的墓葬材料为主。主要的考古发现在本章的开头已有交代，此不赘言。

这一地区东周时期的考古学文化遗存的面貌非常之复杂，农业和畜牧业成分的遗存均有分布。这也引起了学界诸多学者的注意和研究。因学者们着眼的角度和划分的标准不同，所以在一些墓地和墓葬的文化属性的划分上产生了或大或小的差异。田广金先生不仅参与发掘，并整理了绝大多数重要遗址的墓葬材料，且提出了很多深刻的见解。20世纪90年代初，他因内蒙古中南部各地环境差异较大，各地区的考古学文化面貌也有一定的差异，故在“鄂尔多斯式青铜器文化”之下划分出包头地区的“西园类型”、阴山南麓的“毛庆沟类型”（包括崞县窑子遗存）和鄂尔多斯地区的“桃红巴拉类型”（包括呼鲁斯太遗存）[②]。1993年林沄先生将毛庆沟、饮牛沟和崞县窑子等墓地所在的“阴山东段的山前地区”，桃红巴拉、西沟畔和玉隆太等墓地所在的“河套内的东北部地区”以及呼鲁斯太墓地所在的“阴山西段地区”作为文化面貌有显著差异的三个文化区，并且提出毛庆沟与崞县窑子墓地虽共处在“阴山东段的山前

① 杨建华：《春秋战国时期中国北方文化带的形成》，文物出版社，2004年。

② 田广金：《中国北方系青铜器文化和类型的初步研究》，《考古学文化论集》（4），文物出版社，1997年，266-307页；又见田广金：《中国北方系青铜器文化和类型的初步研究》，《北方考古论文集》，科学出版社，2004年，160-199页。

地区”，但两者之间的文化面貌仍有一定差异，要给予特别的重视①。2002年乌恩岳斯图先生将这一时期的遗存划分为“毛庆沟文化”（主要包括鄂尔多斯市及陕西神木县境内发现的遗存）和“桃红巴拉文化”（主要包括呼和浩特市及乌兰察布市境内发现的遗存）②。同年，乔梁先生通过对动物纹饰牌的对比，并结合出土陶器的特点，认为将毛庆沟墓地和崞县窑子墓地合在一起是不合适的，并直接区分为两个分布地域有别的文化类型③。2004年杨建华先生根据各地葬俗不同所划分的类型与田广金先生的分法大体类似，但同时她指出分布于凉城县岱海周围的遗存还可以再细分为蛮汗山以南的毛庆沟与饮牛沟类型和蛮汗山以北的崞县窑子类型④。2006年曹建恩先生对蛮汗山、鄂尔多斯、浑河流域和河套北部四个地区的考古学遗存做了归纳分析，并提出在浑河流域存在一个新的文化类型，即新店子类型（包括新近发现的和林格尔县新店子墓地和清水河县阳畔墓地）⑤。2011年王立新先生在综合各家研究的基础上，从墓葬形制结构、墓向与殉牲习俗等在内的葬俗出发，将内蒙古中南部以畜牧业为特征的遗存划分为四种类型，即西园类型（还包括新店子、阳畔、西嘴子等墓地以及范家窑子和水涧沟门遗址）、崞县窑子类型（还包括忻州窑子墓地）、毛庆沟类型（还包括饮牛沟墓地）和桃红巴拉类型（还包括公苏壕M1、西沟畔M1～M3和玉隆太残墓）⑥。笔者将内蒙古中南部自西向东划分为三个地区，分别对其范围内东周时期墓葬中发现的殉牲进行梳理和讨论。

一、鄂尔多斯及邻近地区

这一地区的范围主要包括后套平原和鄂尔多斯高原。行政区划上包括内蒙古巴彦淖尔市和鄂尔多斯市以及陕西省神木县北部。这一区域内东周时期的遗存主要有乌拉

① 林沄：《关于中国的对匈奴族源的考古学研究》，《内蒙古文物考古》1993年第1、2期，16-26页。

② 乌恩：《欧亚大陆草原早期游牧文化的几点思考》，《考古学报》2002年第4期，437-470页；乌恩岳斯图先生一直坚持这一观点，另见乌恩岳斯图：《北方草原考古学文化研究——青铜时代至早期铁器时代》，科学出版社，2007年。

③ 乔梁：《中国北方动物饰牌研究》，《边疆考古研究》（第1辑），科学出版社，2002年，13-33页。

④ 杨建华：《春秋战国时期中国北方文化带的形成》，文物出版社，2004年。

⑤ 曹建恩：《内蒙古中南部商周考古研究的新进展》，《内蒙古文物考古》2006年第2期，16-26页。

⑥ 王立新：《秦统一前内蒙古中南部地区的文化多元化及其历史背景》，《边疆考古研究》（第10辑），科学出版社，2011年，161-190页。下文中如提王文即指此文，不再做注。

特中旗的呼鲁斯太墓地[①]、杭锦旗的桃红巴拉墓地和公苏壕M1[②]、阿鲁柴登[③]，准格尔旗的西沟畔[④]、玉隆太残墓[⑤]、宝亥社[⑥]、瓦尔吐沟[⑦]、速机沟[⑧]、广衍谷城附近的墓葬[⑨]，伊金霍洛旗的石灰沟[⑩]、明安木独[⑪]，东胜区的碾房渠、白家梁[⑫]以及陕西神木县纳林高兔、李家畔、老龙池和中沟等遗存[⑬]。由于这一区域内的绝大多数墓葬都遭受了不同程度的破坏，现仅对保存较好且有殉牲发现的墓葬进行分析。

（一）桃红巴拉墓地

该墓地位于杭锦旗东南45千米处的桃红巴拉村，地处杭锦旗、东胜区、伊金霍洛旗的交界地带；再往北越过黄河就是阴山。此地附近的地势较高，平均高程约在1500米以上[⑭]。1973年，在桃红巴拉村东南3千米的沙窝子里发现了6座墓葬，排成一横列，均为长方形竖穴土坑墓，南北向。墓葬大小不一，最大的长3、宽0.8～0.9米，最小的长1.2、宽0.55米。其中仅M1和M2保存完整，其余墓葬均遭到不同程度的破坏。随葬品

① 塔拉、梁京明：《呼鲁斯太匈奴墓》，《文物》1980年第7期，11-12页。

② 田广金：《桃红巴拉的匈奴墓》，《考古学报》1976年第1期，131-144页；田广金：《桃红巴拉墓群》，《鄂尔多斯式青铜器》，文物出版社，1986年，203-219页。

③ 田广金、郭素新：《阿鲁柴登发现的金银器》，《鄂尔多斯式青铜器》，文物出版社，1986年，342-350页；田广金、郭素新：《阿鲁柴登发现的匈奴遗物》，《考古》1980年第4期，333-338页。

④ 伊克昭盟文物工作站、内蒙古文物工作队：《西沟畔战国墓》，《鄂尔多斯式青铜器》，文物出版社，1986年，351-365页。

⑤ 内蒙古博物馆、内蒙古文物工作队：《玉隆太战国墓》，《鄂尔多斯式青铜器》，文物出版社，1986年，366-371页；内蒙古博物馆、内蒙古文物工作队：《内蒙古准格尔旗玉隆太的匈奴墓》，《考古》1977年第2期，111-114页。

⑥ 伊克昭盟文物工作站：《内蒙古准格尔旗宝亥社发现青铜器》，《文物》1987年第12期，81-83页。

⑦ 内蒙古文物工作组：《几年来的内蒙古文物工作》，《文物参考资料》1957年第4期，12-17页；内蒙古文物工作队：《内蒙古文物出土选集》，文物出版社，1963年，54-55页。

⑧ 盖山林：《准格尔旗速机沟出土的铜器》，《鄂尔多斯式青铜器》，文物出版社，1986年，372-374页。

⑨ 崔琳：《秦汉广衍故城及其附近的墓葬》，《文物》1977年第5期，25-37页。

⑩ 伊克昭盟文物工作站：《伊金霍洛旗石灰沟发现的鄂尔多斯式文物》，《内蒙古文物考古》1992年第1、2期，91-96页。

⑪ 伊克昭盟文物工作站、伊金霍洛旗文物保护管理所：《内蒙古伊金霍洛旗匈奴墓》，《文物》1992年第5期，79-81页。

⑫ 伊克昭盟文物工作站：《内蒙古东胜市碾房渠发现金银器窖藏》，《考古》1991年第5期，405-408页。

⑬ 戴应新、孙嘉祥：《陕西神木县出土匈奴文物》，《文物》1983年第12期，23-30页。

⑭ 田广金：《桃红巴拉的匈奴墓》，《考古学报》1976年第1期，131-144页；田广金：《桃红巴拉墓群》，《鄂尔多斯式青铜器》，文物出版社，1986年，203-219页。

有武器、工具、装饰品、马具和陶器等。桃红巴拉人群属于古蒙古高原类型（北亚类型）。现以2座殉牲墓葬为例进行介绍。

M1，长方形竖穴土坑，方向31°。墓坑口大底小，长3、宽0.65～0.9、深0.5米，未发现任何葬具。埋葬1位35岁左右的男性，头向北，仰身直肢。骨架周围散落着较多的随葬品，以装饰品和马具为主。在人骨架的上面，距现地表10厘米以下层层叠压有马、牛、羊的头骨15个，其中马头骨9个、牛头骨4个、羊头骨2个。有的马嘴中还发现有马衔、马头两侧还散落有马面饰等（图3.2-1）。

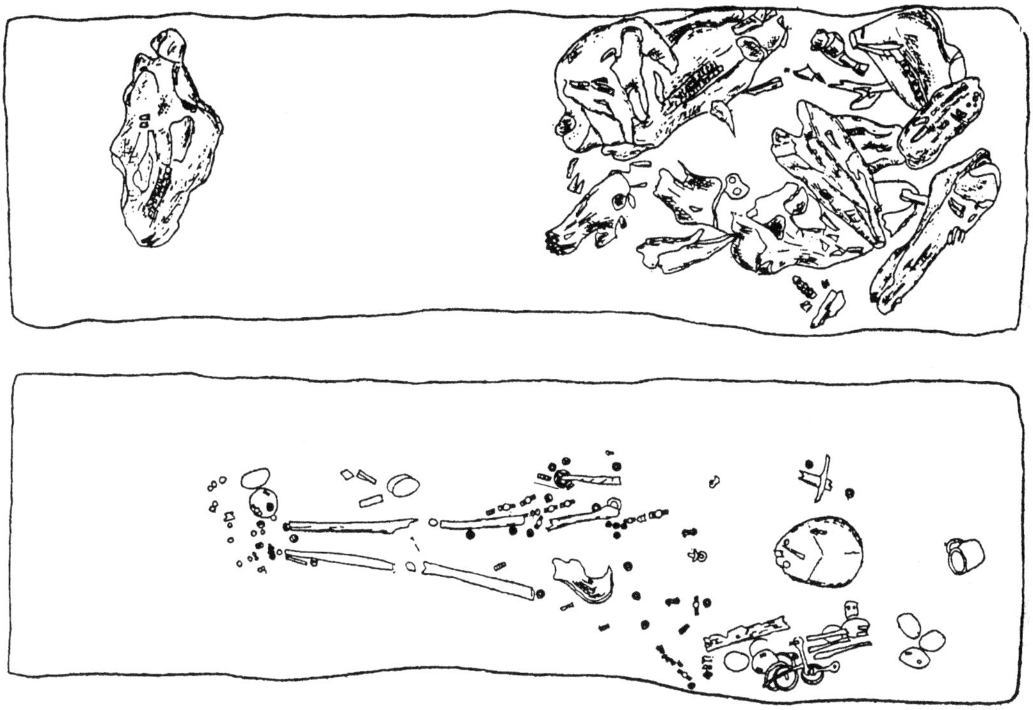

图3.2-1　桃红巴拉M1平、剖面示意图

M2，长方形竖穴土坑，方向28°。墓坑口大底小，长1.75、宽0.43～1.2、深0.5米。坑壁不规整，有高0.27米的生土二层台，其上摆放有动物头骨。埋葬一个3岁左右的幼儿，仰身直肢，头向北，面向东，未发现任何葬具。在骨架上部，距离地表0.17米处的填土中发现49个层层叠压的动物头骨，且多集中在北部。其中羊头骨数量多达42个、马头骨3个、牛头骨4个、牛趾骨若干。人骨架周围散置有较多的随葬品。

另5座墓（包括公苏壕M1）的详细信息在简报中未见报道。从墓葬登记表中仅可知，其他几座墓葬均为长方形竖穴土坑墓，长1.2～2.1、宽0.55～0.9、深0.18～0.6米，墓向30°～46°。各墓中均出土有较多的铜饰件和石串珠等装饰品以及铜刀等工具，还有少量的陶器。墓地的发掘者田广金先生在其文章中指出，桃红巴拉墓地“殉牲种类有马、牛、羊，少者三、五个，多者四十多个”[1]。可见其他几座墓中均有殉牲发现，但

① 田广金：《近年来内蒙古地区的匈奴考古》，《考古学报》1983年第1期，7-24页。

是数量和种类不详。

总之，桃红巴拉墓地的每一座墓及公苏壕M1中均随葬有数量不等的动物头骨，殉牲率达100%。7座墓中至少发现有79个动物头骨①，平均每座墓发现10余个。其中有8个牛头骨、44个羊头骨和12个马头骨。除动物头骨外，还发现了若干牛趾骨。头蹄殉牲的习俗正式形成，并广泛地传播到其他地区。从整个墓地来看，M1的规模是最大的，随葬品是最多的，殉葬的马头骨也达到9个之多。这说明M1墓主人的身份为贵族，其社会地位较高。M2的墓主人为3岁左右儿童，但是在墓中出土了较多的装饰品，并且随葬的动物头骨的数量达到了49个之多。这一数量是M1的三倍多，其中两者随葬的牛头骨均为4个；M1随葬的马头骨多于M2；而M2儿童墓的羊头骨达到了42个，要远多于M1（表3.2-1）。这一现象值得思考，一个未成年的儿童不可能依靠自身的力量来取得社会地位、财富和资源。而M2随葬丰富的随葬品以及数量如此之多的殉牲动物，这在整个中国北方地区都是少见的。笔者推测该儿童墓中出现的厚葬现象，并不具有普遍性，而只有高等级的贵族子女才有这样的待遇。

表3.2-1　桃红巴拉墓地与公苏壕M1殉牲墓葬统计表　（单位：个）

墓号	牛	羊	马	不详	总计
桃M1	4	2	9		15
桃M2	4	42	3		49
桃M3				3	3
桃M4				3	3
桃M5				3	3
桃M6				3	3
公M1				3	3
总计	8（10.1%）	44（55.7%）	12（15.2%）	15（19%）	79

注：桃M2～M6及公M1的数据是以田广金先生的描述为依据，保守统计为各3个。

在欧亚草原的中亚天山、费尔干纳、帕米尔、图瓦、阿尔泰和米努辛斯克盆地，有学者将以上地区划分为三个大的发展阶段。其中第一阶段（公元前9～前8世纪）的贵族通过战争的形式取得财富和社会地位，并且多随葬实用性的武器以此来彰显其身份和地位；第二阶段（公元前8～前6世纪）的贵族不仅随葬武器和马具，还使用贵金属装饰用品来显示其拥有的财富和地位；第三个阶段（公元前5～前3世纪）的贵族不使用实用性的武器和工具，而更多的是随葬外来奢侈品、贵金属装饰品以及动物纹主题装饰风格的各类马具等来彰显其生前的财富、地位和权力②。桃红巴拉墓地的年代当

① 这里需要指出的是，这一殉牲动物总数中M1有15个，M2有49个，其余5座墓均以田广金先生的描述为主，保守计为各3个。

② 杨建华、包曙光：《俄罗斯图瓦和阿尔泰地区的早期游牧文化》，《西域研究》2014年第2期，75-92页。

在春战之际至战国早期①，也就是说进入了欧亚草原中东部地区的第三个阶段。M2则可以被看作中国北方地区进入此阶段的一个典型的代表之一。贵族获得财富、地位和权力的方式发生了较大的改变，由依靠自身武力发展到家族继承为主要形式。

（二）其他墓葬遗存

1. 明安木独墓

该墓地位于伊金霍洛旗布尔台格乡东南约5千米的明安木独村。1988年发现1座墓葬，破坏较严重，随葬品均暴露于地表，很多重要的信息都已遗失。随葬品中发现80件铜器和2件陶器②。人骨架已经散乱，也没有做性别、年龄鉴定。墓中随葬马，其骨架全都散乱。该墓的年代应为春秋晚期。

2. 呼鲁斯太墓

该位于乌拉特中旗呼鲁斯太河左岸的呼鲁斯太苏木。西南20千米为阴山山脉石兰计山口，又称狼山山口。此山口在阴山之中是较大的山口之一，谷长6～7千米。自古以来，为漠北草原通向漠南的重要通道。1979年发现的3座古墓分布在一个四面环山高约30米的沙丘上，其中M1在沙丘的顶部，M2在M1以西200米左右的沙梁西坡上，M3在M2以南5米左右。3座墓均为长方形竖穴土坑墓，均遭受自然破坏。

M2，墓坑南北向，头向北。在人骨架的上面，发现有马面饰、铜鹤嘴斧、铜刀、铜铃和车马饰件。在人头骨顶部还发现1件陶罐③。简报中关于墓葬的描述较少，仅可知M2人骨之上的填土中发现27个马头骨，且呈三行“一”字形排列。说明这是有意识的按照一定的规律进行摆放的。而马的性别、年龄也未做相关鉴定。通过对出土遗物的分析，该墓地与桃红巴拉墓地相似性较大，并且墓中还出土有马面饰等马具。故推测另2座墓中很有可能在当时也是有殉牲的。该墓的年代为战国中期。

3. 西沟畔墓地

该墓地位于准格尔旗北部，黄河之南，虎斯太河东岸。1979年发现3座墓葬，其中M1和M2位于西沟畔西北二道沙梁的南坡，东西排列，间距5米。M3在M2西南约2千米处的哈拉图。3座墓葬均为长方形竖穴土坑墓，头向北，均发现马和羊头骨。例如M2，墓坑南北向，埋葬1具男性人骨，头向北偏东25°，无葬具，墓圹不清。在人头骨的左侧，发现多个马和羊头骨。墓中另出土了较多的金银质地的随葬品，摆放在

---

① 本章节中如无特殊说明，凡涉及墓葬等遗存的年代均以杨建华先生的论著为准，不再另作注释（杨建华：《春秋战国时期中国北方文化带的形成》，文物出版社，2004年）。

② 伊克昭盟文物工作站、伊金霍洛旗文物保护管理所：《内蒙古伊金霍洛旗匈奴墓》，《文物》1992年第5期，79-81页。

③ 塔拉、梁京明：《呼鲁斯太匈奴墓》，《文物》1980年第7期，11-12页。

不同的位置[①]。各墓中马和羊头骨的具体数量不详，也无法确认M1和M3墓主人的性别和年龄。

4. 玉隆太墓残墓

该墓地位于准格尔旗东北部玉隆太村。1974年发现于该村附近的一片沙丘中间低洼地带的北侧。残存的墓坑，南北长约3、东西宽达5米。在清理过程中，发现有人、马、羊碎骨及铁马衔、铁铺首等。随葬品主要以圆雕的各种动物形象青铜器为主，有羚羊、立兽和马等形象的杆头饰，盘角羊车辕饰，铜鹿饰等。除此还有一些铁鹤嘴斧、铜刀、镞等工具和车马器[②]。简报中提到墓中有马和羊碎骨，但是无法得知是头骨，还是其他部位的骨骼。该墓的年代为战国晚期偏早。

5. 纳林高兔墓葬

该墓葬位于神木县西70千米的纳林高兔村北的沙梁上。该村是毛乌素沙漠下滚滩地之一，水位很高。周围是高出滩地1.5～2.5米的新月形沙梁和沙丘，形成一圈天然屏障。1957年发现一座墓出土了极其丰富的遗物。遗物主要有鹿形怪兽纹金冠饰、银虎、银鹿、盘羊银饰、金虎、刺猬形杆头饰以及银环、银质错金剑柄和其他金银装饰品[③]。据简报可知，墓中还出土了一定数量的马、牛和羊头骨，但具体数量及其他相关信息不详。该墓的年代为战国晚期偏早。

6. 阿鲁柴登墓葬

该墓葬位于杭锦旗阿鲁柴登村以南3千米。1972年发现了2座墓葬。墓中出土了大量制造精美的随葬品，多为以动物纹为主题装饰的金银饰品。其中主要有鹰形金冠饰、虎噬牛金牌饰、虎纹和羊纹的各种牌饰和饰件、鸟形金扣、兽头形和刺猬形饰件、狼背鹿形图案的银饰牌以及银虎头等。除此还有很多非动物纹装饰的其他贵金属饰件。可见，阿鲁柴登墓主人的身份和地位之高，也可以看出墓主人对动物的重视程度。根据简报可知现场发现了兽骨，但是并未做详细地说明。我们仅可以确认两座墓中均发现殉牲，但是殉牲动物的种类、数量以及其他相关信息不详。该墓的年代为战国晚期偏晚。

7. 白家梁墓地

该墓地位于东胜区东北约15千米的碾坊渠窖藏的附近。1988年发现2座墓葬，墓内

---

① 伊克昭盟文物工作站、内蒙古文物工作队：《西沟畔战国墓》，《鄂尔多斯式青铜器》，文物出版社，1986年，351-365页。

② 内蒙古博物馆、内蒙古文物工作队：《玉隆太战国墓》，《鄂尔多斯式青铜器》，文物出版社，1986年，366-371页；内蒙古博物馆、内蒙古文物工作队：《内蒙古准格尔旗玉隆太的匈奴墓》，《考古》1977年第2期，111-114页。

③ 戴应新、孙嘉祥：《陕西神木县出土匈奴文物》，《文物》1983年第12期，23-30页。

随葬有许多金银器，以及武器和马具，并且也发现了若干马头骨等①。由于报道不够翔实，仅可知这些零星的信息。但可以肯定的是白家梁的2座墓葬中是有殉牲的。该墓的年代为战国晚期偏晚。

8. 广衍故城附近的墓葬

该墓地位于秦长城内侧准格尔旗西部的悖牛川沿岸。1975～1976年对秦汉时期广衍故城及其周边墓葬进行了调查、清理和试掘。古城以东的八垧地梁和圪赖梁墓地共清理18座墓葬，其中前者10座、后者8座。墓葬均为长方形竖穴土坑墓，墓口略大于墓底，墓口长3.3～4.8、宽2.3～3.6、深1.9～4米。有的墓葬还设有二层台和壁龛。发掘者将这些墓葬分为五期，其中八垧地梁M4、M7、M9和M10为第一期，年代在战国时期。曹建恩先生认为其年代应为战国早期②，王立新先生认为年代应在战国晚期至秦代③。第二期遗存有八垧地M1、M5、M6和圪赖梁M2、M4、M7、M8，年代大致在战国末期至秦。第三期至第五期已经进入汉代的历史，已经超出了本书研究的时间范围。事实上，在这批墓葬中普遍都使用牛头骨和蹄骨以及其他牛骨和羊骨进行随葬。例如八垧地梁M4的壁龛内摆放有羊骨和陶瓮、双耳罐、小罐等陶器。圪赖梁M8壁龛下的台基上放置有家畜头骨。还有的墓葬在二层台上摆放牛和羊等家畜。如圪赖梁M2和M6的二层台上摆放整个牛头。由于这批墓葬材料发表的不是很全面，我们还不能对其进行更深入的探讨。

综上，整个鄂尔多斯及邻近地区东周时期的遗存以墓葬为主。其中绝大多数的墓葬都遭到了自然和人为因素的破坏。这就使得很多具体的信息遗失，这对本书的研究带来一定的影响。从现有的资料来看，绝大多数的墓葬遗存中都发现殉牲的现象，在几处小型墓地中殉牲率达到了100%。墓中多使用牛、羊和马头骨，还有少量的蹄骨。殉牲墓葬以成年男性为主，还有少量的未成年儿童墓，目前还没有在女性墓中发现殉牲的情况。当然这一现象与这一地区墓葬保存较差有关，具有很大的偶然性（表3.2-2）。

从以上可以获知，整个鄂尔多斯及邻近地区东周时期的遗存有较大的相似性。从殉牲的角度来讲，未发现殉牲的材料多为调查和征集所得。所以也不能排除这些材料中也存在殉牲的可能。其他的墓葬材料基本上殉牲率都达到了100%。殉牲的动物种类为草原上常见的马、牛和羊，其中羊和马的数量最多，牛的数量较少。总之，这一地区的游牧经济在春秋晚期就已经初步形成，且游动性非常强。牧民在墓葬中埋葬动物头骨和蹄骨的殉牲习俗也开始广泛的传播开来。

---

① 伊克昭盟文物工作站：《内蒙古东胜市碾房渠发现金银器窖藏》，《考古》1991年第5期，405-408页。

② 曹建恩：《内蒙古中南部商周考古研究的新进展》，《内蒙古文物考古》2006年第2期，16-26页。

③ 王立新：《秦统一前内蒙古中南部地区的文化多元化及其历史背景》，《边疆考古研究》（第10辑），科学出版社，2011年，161-190页。

表3.2-2　鄂尔多斯及邻近地区殉牲汇总表　　（单位：个）

年代	墓葬	数量	墓主人	殉牲			备注
				种类、数量	位置	殉牲率	
春秋晚期	宝亥社						调查、征集
	明安木独	1		马		100%	调查、征集
战国早期—中期	桃红巴拉墓地	6	M1男（35） M2儿童（3）	牛8（头、蹄） 羊44（头骨） 马22（头骨）	M1填土、 M2二层台	100%	调查、发掘
	公苏壕	1		√		100%	调查、发掘
	西沟畔墓地	3	M2男（成年）	马、羊（头骨）	头骨左侧	100%	调查、清理
	呼鲁斯太	3		M2马27（头骨）	填土	100%（？）	调查、试掘
战国晚期偏早	玉隆太	1		马、羊（碎骨）		100%	征集、调查
	瓦尔吐沟						征集
	速机沟	1					调查、征集
	纳林高兔	1		马、牛、羊（头骨）		100%	调查、清理
	李家畔						征集
	老龙池						征集
	中沟						征集
战国晚期偏晚	阿鲁柴登	2		√		100%（？）	调查、征集
	碾房渠	1					清理
	石灰沟	1					？
	白家梁	2		马（头骨）		100%	调查
战国晚期至秦	八堉地	7		牛（头、蹄骨）；羊（？）+?	二层台壁龛内	100%（？）	清理、试掘
	托赖梁	4		牛（头、蹄骨）；羊（？）+?	二层台壁龛内	100%（？）	清理、试掘

二、包头及呼和浩特地区

这一地区的范围主要包括大青山南麓的土默川平原以及浑河流域的丘陵地带。行政区划上包括包头市和呼和浩特市的南部各县。包头市的主要有西园墓地①和二〇八

① 内蒙古文物考古研究所、包头市文物管理处：《包头西园春秋墓地》，《内蒙古文物考古》1991年第1期，13-24页。

墓地[①]，土默特右旗的水涧沟门[②]；呼和浩特市境内的遗存主要有托克托县的古城村遗址[③]，清水河县的阳畔和西嘴子墓地[④]及城嘴子遗址[⑤]，和林格尔县土城子周边墓葬群[⑥]、大堡山、店里、东头号、西头号[⑦]、新店子[⑧]、将军沟[⑨]和范家窑子[⑩]等墓葬。因很多资料还未正式发表，现仅对明确有殉牲的墓葬遗存进行分析。

（一）西园墓地

该墓地位于内蒙古包头市九原区沙尔沁乡西园村北的大青山南坡台地上。这里西距包头市20千米、村西500米是乡政府所在地沙尔沁村。1983年包头市文物管理处最早发现该遗址。1985年、1988年内蒙古文物考古研究所和包头市文物管理处联合对该墓地进行了两次发掘工作，共计发掘墓葬7座（编号M1～M7）和祭祀坑2座（编号J1～J2）。该墓地所在的台地平面呈扇形，地形为北高南低缓坡状，东西最大跨度120米，南北宽90米。台地的北缘与山腰连接，东、西、南三面是直插山底的峭壁，台地高出山下地表50余米。M1和M2位于台地的中央，而另5座墓和2座祭祀坑交错排列在台地的西侧，且每两座墓葬或祭祀坑之间的距离为3～4米，墓向均为东北向（62°～70°）。发掘者认为墓地的年代为春秋晚期至战国早期[⑪]，杨建华先生从整个北方文化带的角度分析，并详细对比了内蒙古中南部这一时期的出土遗存材料，认为该墓地的年代应在春秋晚期，即她所划分的整个北方文化带的早期阶段[⑫]。西园墓地中应

---

① 包头市文物管理处：《包头市二〇八墓地》，《内蒙古文物考古》1977年第2期，72-74页。

② 郑隆：《水涧沟门》，《鄂尔多斯式青铜器》，文物出版社，1986年，220-221页。

③ 内蒙古文物考古研究所、托克托县博物馆：《托克托县古城村古城遗址发掘简报》，《内蒙古文物考古文集》（第三辑），科学出版社，2004年，218-261页。

④ 曹建恩：《内蒙古中南部商周考古研究的新进展》，《内蒙古文物考古》2006年第2期，16-26页。

⑤ 内蒙古自治区文物考古研究所：《清水河县城嘴子遗址发掘报告》，《内蒙古文物考古文集》（第三辑），科学出版社，2004年，81-128页。

⑥ 内蒙古文物考古研究所：《和林格尔县土城子古城考古发掘主要收获》，《内蒙古文物考古》2006年第1期，9-16页。

⑦ 内蒙古自治区文物考古研究所：《2011年内蒙古自治区文物考古研究所考古发现综述》，《草原文物》2012年第1期，1-7页；内蒙古自治区文物考古研究所：《2012年内蒙古自治区文物考古研究所考古发现综述》，《草原文物》2013年第1期，1-8页。

⑧ 内蒙古文物考古研究所：《内蒙古和林格尔县新店子墓地发掘简报》，《考古》2009年第3期，3-14页。

⑨ 张全超：《内蒙古和林格尔县新店子墓地人骨研究》，科学出版社，2010年，58页。

⑩ 李逸友：《和林格尔县范家窑子出土的铜器》，《鄂尔多斯式青铜器》，文物出版社，1986年，222页。

⑪ 内蒙古文物考古研究所、包头市文物管理处：《包头西园春秋墓地》，《内蒙古文物考古》1991年第1期，13-24页。

⑫ 杨建华：《春秋战国时期中国北方文化带的形成》，文物出版社，2004年。

该包含了与现代北亚蒙古类型群体的体质特征相一致的古代居民①。

墓地发现的7座墓葬中均有殉牲，无一例外，殉牲墓葬的比例达100%。各墓殉牲动物的数量有差别，多者46个，少者仅有4个。墓地共发现有90个动物头骨，殉牲动物有牛和羊两种，仅在个别墓（M6）中还发现有很少量的羊肩胛骨和蹄骨。殉牲动物中有牛头19个、羊头71个，分别占21.1%、78.9%。殉牲组合方面，只有1座墓中是单独随葬4个牛头，其余6座均是牛和羊共出，并且往往羊头的数量多于牛头。牛和羊共出的墓葬中，它们之间的相对位置大体为牛头位于靠近墓主人的那一侧，其后是羊头。7座墓葬中6座为偏洞室墓，仅1座为竖穴土坑墓，其中偏洞室墓的洞穴均在墓坑的左侧（即西侧）。按照埋葬的方式可以分为单人葬（6座）和双人合葬墓（1座）。现对两种埋葬方式的典型墓葬进行简要的介绍和分析。

M4，单人葬，偏洞室墓，墓口长2、宽1米，墓向65°。洞穴挖在墓坑左侧，穴顶部呈弧形，其顶部距墓口0.2米，底部距墓口1.1米。墓坑右半部为宽0.5米呈斜坡状的二层台，与洞穴底部相差0.1～0.2米。洞穴中葬有1位25～30岁的男性，仰身直肢，头略向左侧倾斜，下肢在脚腕处交叉。在右侧（即东侧）的二层台上的边缘摆放有牛头骨3个，其后摆放有羊头骨7个。人骨身上佩戴的随葬品较多，以装饰品为主。双耳处发现1对弹簧式耳环；在颈部散落有8枚骨质管形串珠和2件绿松石佩；在左臂外侧有3排青铜饰件，内侧有一行3个铜扣形饰和9个铜环，呈交错状分布，中间和外侧两行各由22个铜管形饰组成；腹部有铜带扣1件；在右腿外侧摆放有1件骨镞和1对骨弓弭（图3.2-2，1）。

M6，单人葬，偏洞室墓，墓口长1.7、宽0.7米，墓向70°。墓坑右半部的二层台呈斜坡状，长2.1，宽0.33米。洞穴仍在墓坑左侧，其底部距墓口0.9米，低于右侧二层台0.25～0.3米。洞穴内葬有1位8～9岁的女童，侧身直肢，面朝东南（二层台所在的一侧），右手搭在腹部。在头骨的上方左侧发现1个羊肩胛骨，并在头骨顶部和枕骨下各发现1件铜扣形饰；双耳佩带1对铜耳环；在右侧肩部摆放2件铜匙；胸部散落有骨管形串珠5枚；腰部并排放置2件铜铃和6件联珠饰，上腹部发现3件铜管形饰集中摆放。在右侧的二层台上出土牛头骨1个，羊头骨3个和混杂在羊骨中的1个羊蹄骨，其中牛头在头端，羊头紧随其后（图3.2-2，2）。

M3，双人合葬墓，位于墓地的中心位置，东西两侧分别为M4和M5男性成人墓。偏洞室墓的墓口长2、宽1.8米，方向70°。洞穴挖在左壁上，穴顶部距墓口0.5米，穴底部距墓口1.05米。洞穴内葬有2具女性人骨，左右并列摆放，均为仰身直肢，年龄分别为25岁和17岁，且头均向左侧略有倾斜，右手搭在腹部。值得注意的是，两具人骨的头部均有严重创伤，左侧人骨的左额上有3个创孔，右侧人骨的左额已经破裂。发掘者认为死者明显是受到利器的击伤后致死的。左侧年长者头部右侧放置1件铜刀，枕骨下有1件铜笄，前额正中发现1件绿松石，双耳佩带1对铜耳环，胸部有3件铜环和1件铜扣形饰，在右侧肋骨下散落有2件铜扣形饰，腰部并列两行放有5件铜扣形饰、4件铜管形

① 张全超：《内蒙古和林格尔县新店子墓地人骨研究》，科学出版社，2010年，75页。

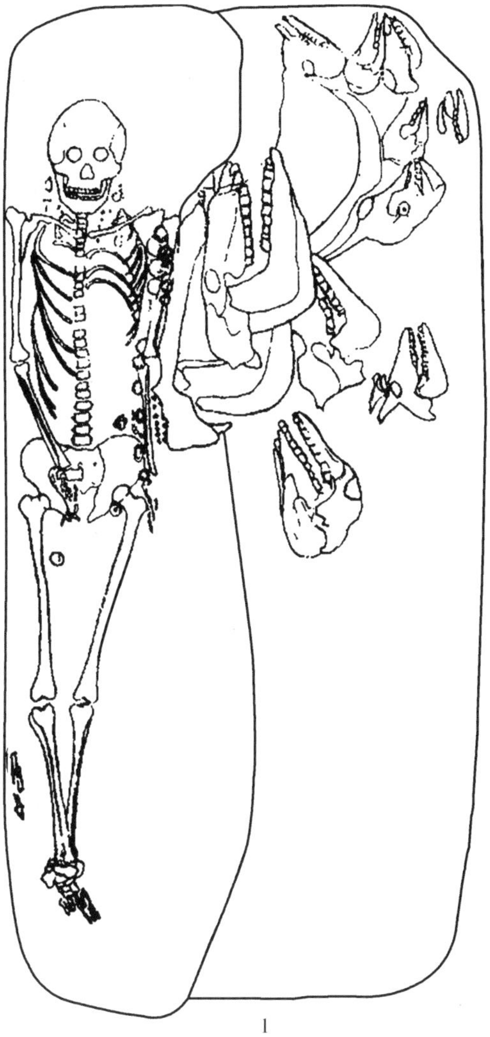
1

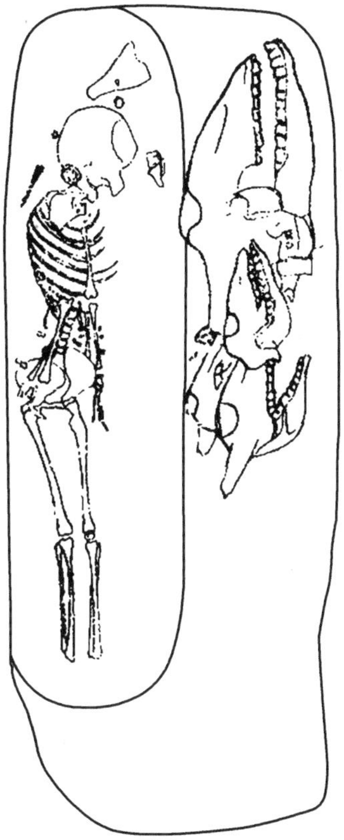
2

图3.2-2　西园墓地单人葬的殉牲

1. M4　2. M6

饰和3件动物形饰牌。右侧年少者，枕骨下摆放有4件管形饰和1件铜环，双耳佩带1对有铜耳环，腰部横向摆放1件铜扣形饰、1件铜环和3件铜管形饰。墓坑右侧的二层台上摆放有46个动物头骨，其中6个为牛头、其余40均为羊头。牛头的摆放位置更偏向二层台的左侧边缘，而羊头列于牛头的右侧（图3.2-3）。

从性别和年龄来看，在可以鉴定性别的6座墓葬中，3座墓葬中埋葬4位（包括1座女性双人合葬墓）年龄在6～25岁的女性，共发现67个动物头骨，其中牛头10个和羊头57个；3座墓葬中埋葬3位年龄在25～30岁的男性，共发现19个动物头骨，其中牛头骨5个和羊头骨14个。另1座1～1.5岁的婴儿墓中，发现4个牛头骨。

上文中对墓葬形制、人骨的葬式、性别、年龄以及随葬品的数量和摆放位置进行了详细地讨论，目的是对使用殉牲的墓主人身份有一个明晰地认识。西园墓地是经过事先规划并按照一定的规律来布局的，墓地内的墓葬殉牲达到100%。7座墓葬的规模

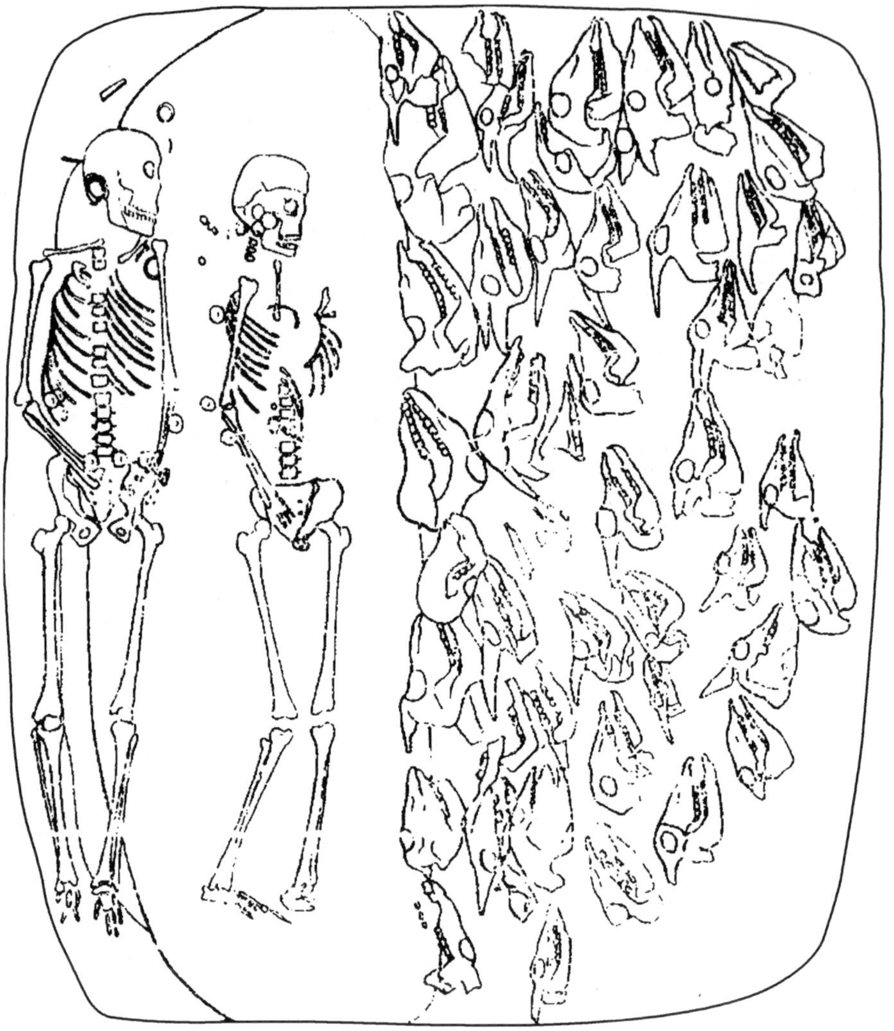

图3.2-3　西园墓地双人合葬的殉牲

均不是很大，墓口最长者也不过2.1米，最宽者1.8米，最深者1.4米。殉牲动物的数量多少与墓葬形制的大小并不成正相关，但是在最大的墓葬中（双人合葬墓M3）发现了数量最多的殉牲动物。殉牲动物绝大多数为动物头骨，极少墓中有肩胛骨和蹄骨发现。牛头都整齐地摆放在前面，羊头一般排列在其后。殉牲动物头骨的吻部朝向与墓主人的头向一致。墓葬中的人骨多为仰身直肢，头均向左略倾斜，侧身直肢者均为左侧在下，即整体面向左侧，而人骨的左侧恰恰是摆放在二层台上的殉牲动物。可以想象，人与动物是面对面的相对关系。足见西园人群对动物的喜爱，甚至是依赖。这种摆放的方式与其说是与西园墓地人群的精神信仰有关，不如说是该墓地人群畜群管理模式的体现。当然这种模式体现的也仅仅是一部分，因为在祭祀坑中还发现了大量的马头骨，而马这一在游牧文化中占有重要角色的动物并没有作为殉牲出现在墓葬中。殉牲动物的数量与墓主人的年龄也没有必然的联系。无论男性墓、女性墓，还是婴儿墓均有殉牲，只是婴儿墓中的殉牲数量相对较少而已。可是女性墓葬中殉牲的数量几乎是男性墓殉牲动物数量的5倍。同时值得注意的是，7座墓中都有或多或少的随葬品，其中装饰品达到了随葬品总数的95%。随葬品的数量在女性和男性墓中的差别不大，最少的是男性墓M1中只随葬1枚绿松石。另男性墓的墓主人年龄均在25～30岁，而女性墓的墓主人年龄在10岁以下的2例，10～20岁的1例、20岁以上的1例。在未成年人墓葬中发现了如此多的随葬品和殉牲动物，当与墓主人本身没有什么关系，应该是其家庭势力在墓葬中的反映。

除墓葬外，还有2座祭祀坑中也出土了大量的动物骨骼。祭祀坑的形制与墓葬的形制基本一样，均为偏洞室结构。例如J1，位于墓地的西北角，墓口长1.8、宽1.2米。洞穴在左侧墓壁，洞穴顶部距墓口0.3米，穴底部距坑口1.1米。洞穴呈不规则长方形，其内摆放2个牛头、1个马头和8个羊头，头骨吻部均朝前。牛摆放在中间，其后为马，最前和最后端为羊。坑的头端（以动物吻部朝向为标准）摆放有1件残损的铜刀和3枚骨质管形串珠。右半部为长1.8、宽0.8、高0.2米的二层台。二层台的正中间有一直径0.75、深0.15米的圆形坑，坑内摆满白色鹅卵石（图3.2-4）。J2，位于J1的西南侧，墓

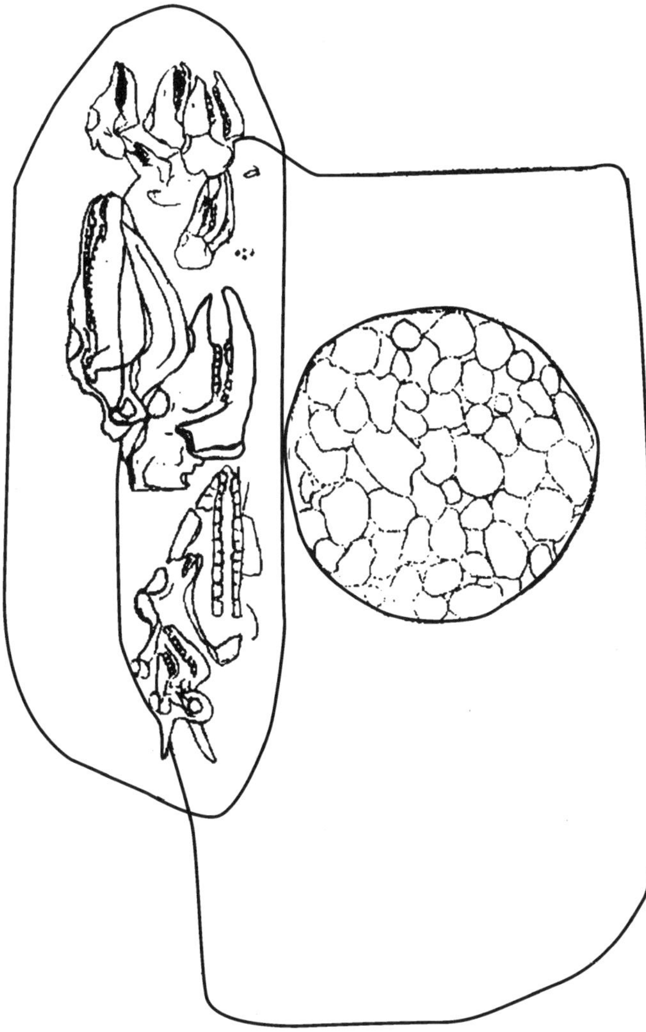

图3.2-4　西园墓地1号祭祀坑平面示意图

口呈长方形，长2.1、宽1.5米。洞穴在左侧，右半部为生土二层台，其上置有11个马头，除此无其他任何遗物。

2座祭祀坑中殉牲的动物有马、牛和羊，共计发现22个个体，其中马头骨12个，牛头骨2个和羊头骨8个，分别占到54.5%、9.1%和36.4%。殉牲组合方面，仅有马+羊+牛（J1）和单独殉葬马（J2）两种。殉牲摆放位置方面，J1的所有动物均摆放在洞穴之内。在墓葬中洞穴本是安放人骨的地方，所以这种祭祀行为背后一定有其更深层次的精神意义。J2的动物均摆放在二层台上，这与墓葬中摆放动物的位置是一样的。值得注意的有：第一，J1内二层台上的摆满白色鹅卵石的圆形坑，这是同时期其他地区遗存中不见的。在墓葬中随葬白色鹅卵石的做法在中国西北地区青铜时代的齐家文化和卡约文化墓葬中早有发现，应是白石崇拜的一种表现。两者之间是否有联系，中间还有非常大的缺环，至少在内蒙古中南部本地的早期考古学文化中未见此种做法。第二，J1内还发现了1件铜刀和3枚骨管形串珠。铜刀只在女性墓和儿童墓中有发现，而骨串珠在女性墓、男性墓和儿童墓中均有发现，且2座祭祀坑均在整个墓地的西侧外围，与M5和M7较相近。考虑到M5与M7的墓葬规模、墓主人性别、年龄、殉牲数量以及随葬品多寡的情况，2座祭祀坑当与2座墓葬无直接关系。从墓地的年龄构成来讲，10岁以下的儿童有2例，10～20岁的1例、20～30岁的4例，可以说各墓主人的平均年龄和最大年龄均不是很高。又因西园墓地所处的地理位置，地形地貌的特点。因墓地的墓葬排列有序、葬制相同、无叠压打破关系，发掘者认为墓地是同一时期的遗存，不会延续太长。从死者的性别、年龄构成的特点来看，他们之间的关系可能比部族关系更为亲近。生前聚族而居、死后葬在一起，这有家族墓地的显著标志①。笔者认为祭祀坑及背后的礼仪行为所祭奠的不是某一个特定的人，而是一个祖先人群和山神，即祖先崇拜和自然崇拜的一种结合。

事实上，祖先崇拜与自然崇拜往往是相伴而生，相随而出的。当代蒙古族的祭敖包，既是对长生天的祭奠，也是对祖先圣主成吉思汗的祭祀。类似这种祭祀行为还包括蒙古族的“淖尔祭祀大典”，“淖尔”为蒙语，可译为“湖泊”。淖尔祭祀大典，是成吉思汗“四时大典”之夏季大祭。夏季的淖尔大典，于每年水草丰美、牛羊肥壮的农历五月举行。“淖尔祭祀大典”亦有“盛奶大典”之意。蒙古人希望牲畜的乳汁像湖泊一样充沛。节日之上首先向苍天、向圣主祭献，祈求苍天、圣主保佑大地，使草原五畜兴旺，鲜乳像湖一样丰盛，牧人过上幸福安康的日子。传说中淖尔大典祭祀成吉思汗时，使用全羊九只，全马（母马）一匹，圣酒九尊。这种祭祀习俗一直延续至今②。西园墓地所在的位置隶属于沙尔沁乡，而“沙尔沁”一词，蒙语中意为“挤乳

① 内蒙古文物考古研究所、包头市文物管理处：《包头西园春秋墓地》，《内蒙古文物考古》1991年第1期，13-24页。

② 2013年6月30日（农历五月二十三），笔者参加了在吉林省前郭尔罗斯蒙古族自治县举行的2013年成吉思汗召“淖尔”祭祀大典活动，举行地点就在圣水查干湖畔的成吉思汗召内。淖尔大典中的祭祀程序大体为：首先由专门人员念诵祭文和祭词，同时有专人唱祭歌，其次由主要领导（古代为部落首领）敬献哈达、神灯、全羊、圣酒等，最后为集体行跪拜礼、上香等。

的地方”。这不免让我们将两者联想在一起。墓地的祭祀坑中所反映的祭祀行为，当是祭祀祖先人群和山神大体是无误的。

综上，西园墓地的墓葬和祭祀坑中一共随葬了112个动物头骨，其中羊头79个、牛头21个、马头12个，分别占70.5%、18.8%、10.7%。事实上，墓葬中以随葬牛和羊，以羊为主；祭祀坑中随葬牛、羊和马，以马为主。墓葬中不见有马这类在游牧文化中具有重要地位的动物。初步推测可能正因为马在当时社会条件下驯化和饲养的稀有性和在社会生产生活中的重要性才不在单个墓葬中进行随葬，而是在举行重大的祭祀行为的时候，为祭祀祖先和山神的时候才大量的使用马作为殉牲。羊、牛和马作为游牧经济最重要的三种动物，在西园墓地中均有发现，并且数量相当可观。随葬品主要有各类青铜质的装饰品、绿松石和骨质品。随葬品中除了1件骨镞和1对弓弭外，几乎不见有其他武器，而在墓葬中不随葬弓箭以外的武器是匈奴文化的特点之一。这也说明了两者之间或许存在着密切的联系。从殉牲数量看，双人墓的殉牲数量多于单人墓，成年女性墓多于成年男性墓和儿童墓。总之，西园墓地的墓葬及其祭祀坑中所表现出的特点及信息，可以肯定的是这一时期该墓地的人群有着非常强的移动性，马、牛和羊这三种动物的移动性均较强。而羊的数量最多，其次为牛和马，这种畜群的构成模式也适合在草原上游动。在墓地周围不见有与墓地相关的居住遗址的痕迹，也不见有陶器和其他农业生产工具以及猪骨等被认为是农业经济较具有代表性的遗存。总之，西园墓地的生业模式属于较专业化的游牧经济应该没有什么疑义。

西园墓地位于整个中国北方文化带的中部区，按照杨建华先生的研究，西园墓地的年代在春秋晚期，此时正处于三期五段中的早期。与此同时的早期阶段遗存还有甘宁地区的单北槐湾、孟塬、撒门M2、倪丁村M1-2、狼窝子坑M1，内蒙古中南部的宝亥社、水涧沟门、明安木独和冀北地区的小白阳、甘子堡、军都山早期、龙庆峡M36等遗存①。对比这些遗存在殉牲方面的特征，西园墓地所表现的独特性是最强的。就目前的材料而言，在春秋晚期这一阶段，以西园墓地代表的人群移动性可能是最强的，具有了很明显的北方草原游牧文化的特征。

（二）新店子墓地

新店子墓地位于内蒙古自治区呼和浩特市和林格尔县新店子乡小板申村西北约2千米的一处山坡上，现存总面积约25万平方米。墓地北依蛮汗山支脉，南邻巨壑可及浑河北岸，东、西两侧地势较为平坦，视野开阔②。墓地被一条巨大的冲沟分割为东、西两区。该墓地在浑河流域春秋战国时期的考古发现和发掘中规模是最大的。该墓地的人种属于古蒙古高原类型。发掘者初步推断墓地的年代应主要属春秋晚期的范围，其下限可能晚至战国早期。

---

① 杨建华：《春秋战国时期中国北方文化带的形成》，文物出版社，2004年。

② 内蒙古文物考古研究所：《内蒙古和林格尔县新店子墓地发掘简报》，《考古》2009年第3期，3-14页。

对于新店子墓地的殉牲情况，很多学者都有过分析论述，其中以陈全家和曹建恩先生的研究较为直接且详细，他们从殉牲墓葬出土的动物种类、个体数量、年龄、性别、骨骼部位、摆放的位置及状态等角度出发，分析讨论了该墓地的埋葬习俗以及经济类型①。现拟在该文的基础上从以下几个角度进行再分析。

新店子墓地共发现56②座墓，其中43座墓葬中发现殉牲现象，占到总墓葬数的76.8%。除5座墓葬保存较差而不能分辨其形制外，其余51座墓葬保存较为完整，其中有20座竖穴土坑墓、20座洞室墓和11座偏洞室墓三种，分别占可辨形制墓葬总数的39.2%、39.2%和21.6%。由于墓地的正式报告还未发表，故无法得知殉牲与墓葬形制之间的对应关系，即上述三种墓葬形制中殉牲的比例大小。在简报中三种形制的墓葬各介绍了一例，即M9（洞室墓）、M36（偏洞室墓）和M37（竖穴土坑墓）。在报道的三座墓葬中均有殉牲，且殉牲动物数量依次为12、9和13。现对这三座墓葬的殉牲情况做简要介绍，并对整个墓地的殉牲习俗做讨论。

1. 个案分析

M9，洞室墓，墓向40°，墓道为竖穴土坑状，平面呈前窄后宽的梯形，直壁，底部略呈斜坡状，长1.6、宽0.9～1.2、残深为0.75～0.9米。洞穴位于墓道东壁正中间，弧顶，宽高进深均为0.4米。墓中埋葬1具人骨，仰身直肢，肱骨以上部位在洞穴内，其余部位在墓道中，略呈头低脚高状。殉牲动物被摆放在距离墓底0.4米的墓道前端填土内，共计出土牛头骨3个、羊头骨9个，除此还有一些少量的牛蹄骨和羊蹄骨。其中山羊3个、绵羊2个，另有4个暂不能区分山羊和绵羊的头骨。从动物的年龄、性别以及殉牲部位来说。3个牛头，第一个为5岁的雌性，有头骨、寰椎和蹄骨；第二个为成年雄性，有头骨、蹄骨和冠；第三个为1.5岁，仅有头骨。山羊中，4岁的头骨1个、0.5岁的头骨2个。绵羊中，2个个体均为1.5岁，有头骨和寰椎。另4个羊头骨均为0.4～1岁之间③。从墓葬的平、剖面图可知，动物的头向与墓主人的头向一致，大体皆为东北向。这些动物的摆放有一定的规律可循，大动物牛的头骨位于畜群的前列，并且置于畜群的中心位置，羊群分散在牛群的周围（图3.2-5，1）。这些丧葬习俗一定程度上代表了墓主人及其家庭的牲畜管理经营理念和方式，即突出体现了牛的珍贵。一头牛所提供的肉量要远远大于一只羊的产量，而饲养一头牛所需投入的精力也远多于羊的饲养，

① 陈全家、曹建恩：《内蒙古和林格尔新店子墓地殉牲研究》，《内蒙古文物考古》2009年第2期，66-77页。

② 在此说明的是：在《考古》2009年第3期的发掘简报上报道的是56座，在《内蒙古文物考古》2009年第2期的研究论文中报道说57座，在与当时发掘者联系后，他表示墓号只给到M56，也就是说并没有M57这个号。所以我们在统计的时候以前者简报的数据为准。

③ 参见陈全家、曹建恩：《内蒙古和林格尔新店子墓地殉牲研究》，《内蒙古文物考古》2009年第2期，66-77页。该文中关于“墓葬内殉牲种类、年龄、性别及骨骼部位的统计”有详细的介绍。为便于表述方便，在下文中如涉及此文均简称“陈文”。

饲养周期也相应的较长①。同时，墓葬中还出土了2件铜耳环和1件铜扣饰。

M36，偏洞室墓，墓向74°。墓道因遭受破坏而形制不明，长1.9、宽度不明，残深为0.4米。墓室开口于墓道底部右侧，左侧形成了一个二层台，墓室平面近长方形，底部较平，长1.9、宽0.7、深0.35米。埋葬1具人骨，仰身直肢。殉牲动物摆放在墓道左侧距墓底约0.35米的填土中，共发现6个牛头骨和3个羊头骨。从动物的年龄、性别以及殉葬部位来说，6个牛头骨中，有3个为4.5岁的雄性，有头骨和蹄骨；有1个3.5岁的雌性，有头骨、蹄骨和冠骨；有1个2岁的头骨；还有1个0.4岁的头骨。3个羊中鉴定为绵羊的有2个，年龄在1.5～4岁，有头骨；另1个羊头骨为0.5岁②。从墓葬的平、剖面图可知，殉牲动物的吻部与墓主人的头向一致，皆为东北向（图3.2-5，2）。这些殉牲动物的摆放，笔者认为在时间上是有一定的先后顺序的，应该是先将大动物牛头骨按照由小到大的顺序，从墓主人的脚底方向依次向头部方向排列，然后将小动物羊头骨散放在牛头骨的两侧。墓中还出土了1件铜耳环、1串铜珠以及1件铜环。

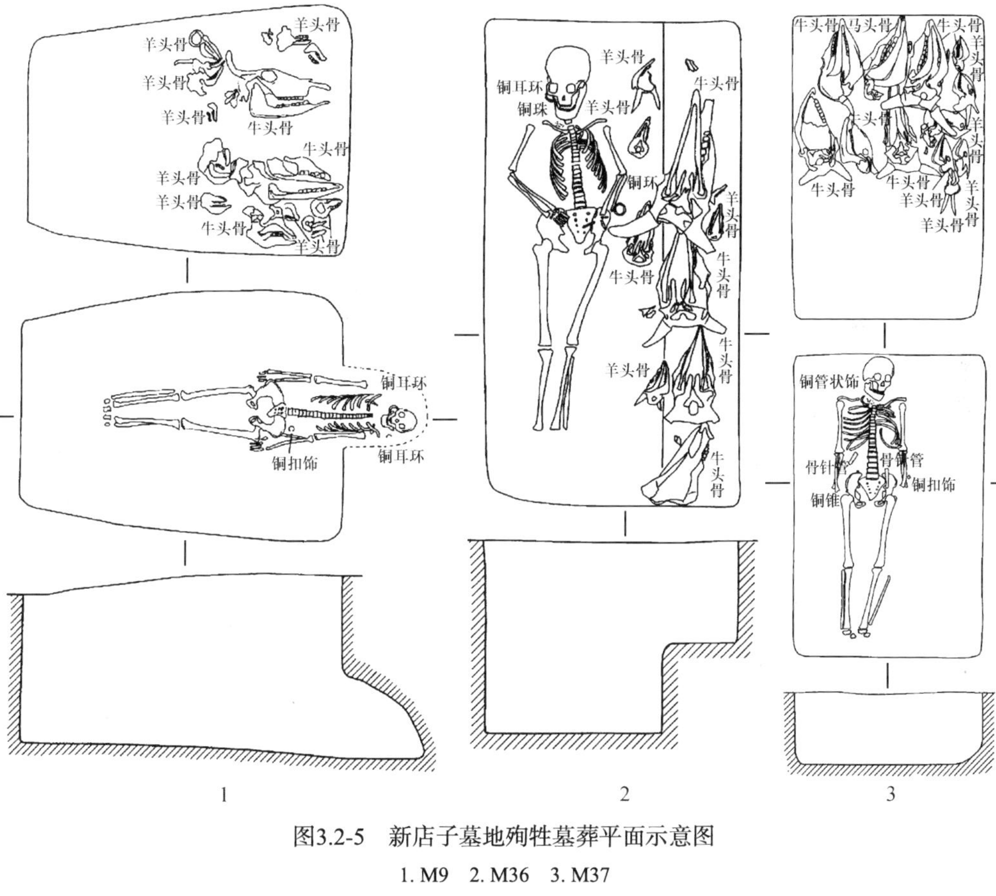

图3.2-5　新店子墓地殉牲墓葬平面示意图

1. M9　2. M36　3. M37

① 在草原上，牧民一般是不宰杀母牛的。母牛在牧民的生活中有着特殊的地位，它提供的可持续的乳是牧民非常重要的食物。牧民可以利用牛乳制成各种各样的二次产品，如酸奶、乌日莫（相当于奶油）、黄油、奶皮子和奶酪等。

② 陈全家、曹建恩：《内蒙古和林格尔新店子墓地殉牲研究》，《内蒙古文物考古》2009年第2期，66-77页。

M37，竖穴土坑墓，墓向70°。墓坑平面呈长方形，直壁平底，长1.65、宽1.1、残深为0.4米。墓中埋葬1位25～30岁的女性人骨，仰身直肢。殉牲动物位于墓坑前半部距墓底约0.3米的填土中，共发现6个牛头骨、4个山羊头骨和少量的蹄骨、2个绵羊头骨和1个马头骨。6个牛个体中，其中鉴定为雄性的有4个，且年龄在3～5岁不等，另2个为0.5岁的幼年个体，除头骨外，有蹄骨和冠骨。4个山羊个体的年龄分别为0.5、1、3.5、4岁，均为头骨，其中4岁的个体鉴定为雌性。2个绵羊个体均为3～4岁的雌性，仅有头骨。唯一的1个马头骨连着寰椎，年龄在2～3.5岁①。这些殉牲动物多呈倒置，且吻部大致向东与墓主人头向一致。殉牲的这些动物几乎占据了墓圹的东半部。从墓葬的平、剖面图来看，畜群的摆放可以分成两排，且从叠压关系来看，应该是从墓主人腰部向头部依次排列的。首先将牛头骨和羊头骨作为第一排，然后再将马头骨至于畜群队列的最靠前最中心的位置，最后在马头骨两侧放置牛头骨和羊头骨，总之羊头骨还是被放置在大牲畜的旁边（图3.2-5，3）。值得注意的是，马作为墓主人及家庭最钟爱的牲畜而被放置在一个特别明显的位置。可见马在家庭经济中的数量较少，而且其重要性不言而喻。墓中还出土了11件铜管状饰、2件骨针筒、1件铜锥和1件铜扣饰。

2. 整体殉牲分析

整个墓地43座殉牲墓葬中共发现了369个动物个体，平均每座墓葬随葬9个，数量为羊249个、牛103个、马17个，分别占67%、28%、5%（图3.2-6，1）。在249个羊骨中，山羊有64个、绵羊有53个、未做出鉴定结果的羊骨有132个（图3.2-6，2）。可见，羊是最多的，其次是牛，最后是马。由于有数量较多的羊头骨未做出鉴定结果，这在一定程度上会影响到山羊和绵羊的比例。山羊勇敢活泼，敏捷机智，喜欢登高，善于游走，属活泼型小反刍动物，爱角斗；并且山羊更好动，觅食能力、合群性、繁殖能力均较强，喜干燥清洁。绵羊性情胆怯、温顺，行动缓慢，喜干燥清洁，嗅觉灵敏，觅食力和适应能力较强。从现有的数据来看，山羊的数量要略多于绵羊，说明新

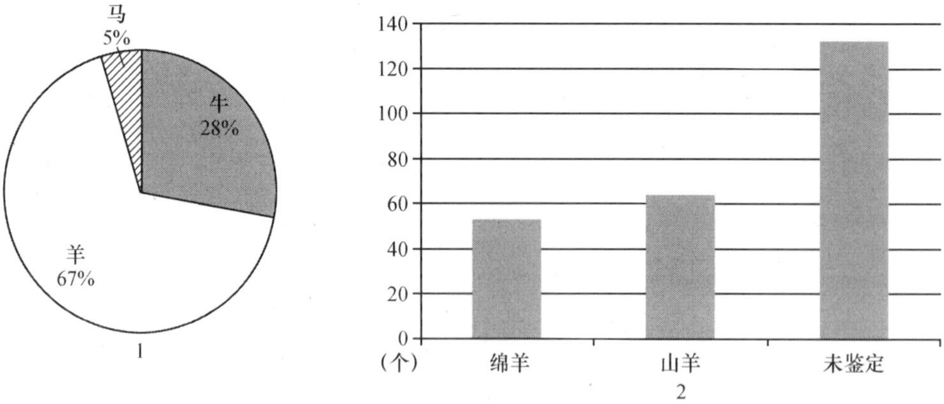

图3.2-6　新店子墓地殉牲动物的比例和羊的数量

1. 殉牲动物的比例　2. 殉牲羊的数量

① 陈全家、曹建恩：《内蒙古和林格尔新店子墓地殉牲研究》，《内蒙古文物考古》2009年第2期，66-77页。

店子墓地代表的人群在放牧的方式上移动性较强。殉牲动物数量的多少，可能代表的是饲养规模的状况。而羊多、牛和马少的牲畜构成比例符合游牧经济的畜群放牧模式。

从殉牲动物的埋葬部位看，三种殉牲动物均以头骨为主。牛，除了头骨外，还有寰椎、蹄骨（包括冠骨）、肩胛骨和极少量的肋骨。羊，除头骨外，还有少量的寰椎和极少量的蹄骨。马，除头骨外，还有寰椎和极少量的肩胛骨、肋骨、蹄骨（包括冠骨）。寰椎是指高等脊椎动物的第一颈椎，也就是紧接着头骨的那块骨骼。由于不同屠宰者操作技术的不同，在切割动物头骨过程中，有的寰椎也与头骨一同被切割下来随葬在墓葬中。陈全家先生也认为“随葬的骨骼部位分析，除了寰椎可能是肢解头骨时不小心带下来的部分，其余部位均为人为随葬”[①]。寰椎在墓葬中的出现是偶然的、随机的，其本身并不代表特定的含义。蹄骨在墓葬中很少单独出现，均与头骨以组合的形式出现。这种头骨和蹄骨的组合在整个中国北方地区的墓葬中普遍都有发现，也是人群之间文化认同感的体现。牛的肩胛骨数量最多，均在人骨腰以上的部位，且多位于人头骨的右侧，也有少量位于人骨的左侧，还有的平放在人骨的胸部，或近端朝前，或远端朝前。肩胛骨在人头骨右侧的频率是最高的，应该是代表了某种宗教含义。肩胛骨上是否有灼和钻的痕迹还尚不清楚。肋骨的数量是最少的，并且多未见标本。肋骨在墓葬中的出现与头骨和蹄骨所代表的含义是不同的。肋骨更多的应该是供死者在另一个世界食用的，而头骨和蹄骨则象征着一个完整的动物个体，代表的应该是死者身份、地位、财富、甚至是权力的象征，当然更体现的是死者所代表的家族势力。

从殉牲的摆放方式和位置来看，殉牲动物的头骨主要为倒置、侧置和正置。根据鉴定结果，仅侧置摆放的墓葬有17座、仅倒置摆放的墓葬有7座、倒置和侧置均有的墓葬7座、三者都有的墓葬有3座，剩余9座不详。其中侧置摆放的动物，也有可能在最开始的摆放时是正置或倒置，但在回填墓葬的过程中向某一侧发生偏向。经过详细地比对各种动物的摆放方式之后，笔者认为这种摆放方式是有意而为，但是在动物头骨的摆放方式上（正、侧和倒置）随机的成分也是很大，暂时还找不到一个规律可循。在摆放位置上，殉牲动物主要摆放在填土、墓底部和二层台之上，三种情况分别有26座、7座、9座，有1座墓中的殉牲的位置不详。可见摆放在填土和二层台上的数量是最多的，其次是放在墓底部的数量。值得注意的是，在7座墓底部摆放有殉牲动物的墓葬中，均为仅随葬有1个牛头或1块牛肩胛骨，这应该不仅仅是巧合。如果按照墓葬中殉牲动物多少作为标准的话，那么殉牲动物摆放在墓底部的墓葬在殉牲墓葬中的级别是最低的。可能越是贫穷的牧民对牲畜的依赖性越大，所以将数量有限的1个牛头或1块牛肩胛骨摆放在墓底靠近墓主人的身旁，这样使得墓主人拥有牲畜、占有财富的感觉更加真实。当然这只是笔者初步的推测，有些问题还要等到报告的正式出版才能有更清晰的认识。该墓地中均为单人葬，暂时还没有发现合葬墓，并且人骨在墓室内多为仰身直肢。在两种以上殉牲动物的摆放上，往往是大牲畜牛或马摆放在畜群的中间或

① 陈全家、曹建恩：《内蒙古和林格尔新店子墓地殉牲研究》，《内蒙古文物考古》2009年第2期，66-77页。

前端，而小牲畜羊摆放在大牲畜的周围或后面（图3.2-7，2）。也有的墓葬是在填土中分层摆放殉牲动物的，最多的分四层摆放，羊和马头骨在下层，最上层为大牛头（图3.2-7，1）。笔者将殉牲动物头骨的摆放方式、殉牲动物在墓葬中的位置以及人骨的葬式放在一起，并结合绝大多数殉牲动物的头向与墓主人一致的这一特点来构建一副画面。这种摆放模式体现了墓主人在另一个世界对牲畜的占有和管理模式。殉牲动物无论倒置、正置或侧置，还是在填土或二层台上，正好都在墓主人的视野内。这有利于墓主人可以更好的照看和管理畜群，就像生前一样继续从事放牧的活动。墓葬从墓口到墓底，在空间上形成了“蓝天—畜群—人”三个层次的情形。死者静静地躺在草原上，头顶着蓝天，注视着游动的畜群。当然由于墓主人在当时社会中拥有的物质财富（即牲畜的数量）、社会地位、扮演角色的不同，在墓中所反映出来的特点也会有些许的差异。例如，在墓底部仅随葬1个牛头骨的墓葬，这类墓葬代表的人群的物质财富不会很多，社会地位也应该不会很高。这类墓葬中可鉴定性别的男性墓有5座，女性墓有1座，剩余1座性别不明。可见这类墓葬在性别上的差异也是较大的。

从殉牲组合来看，将山羊、绵羊和未鉴定的羊合并在一起后，殉牲动物的组合有5个大组，出现的频率从高到低依次为，牛＋羊组合的墓葬20座，占46.5%；单独随葬牛的墓葬12座，占27.9%；马＋牛＋羊组合的墓葬7座，占16.3%；马＋羊组合的墓葬2座，占4.7%；单独随葬羊的墓葬2座，占4.7%（图3.2-8）。牛、羊和马三种动物在墓葬中出现的频率从高到低依次为，殉牛墓39座、殉羊墓33座、殉马墓9座，分别占殉牲墓葬的90.7%、76.7%、20.9%。从以上的统计分析看，殉牛墓数量最多，其次是殉羊

1　　2

图3.2-7　新店子墓地两种以上殉牲动物的摆放位置

1. M43　2. M49

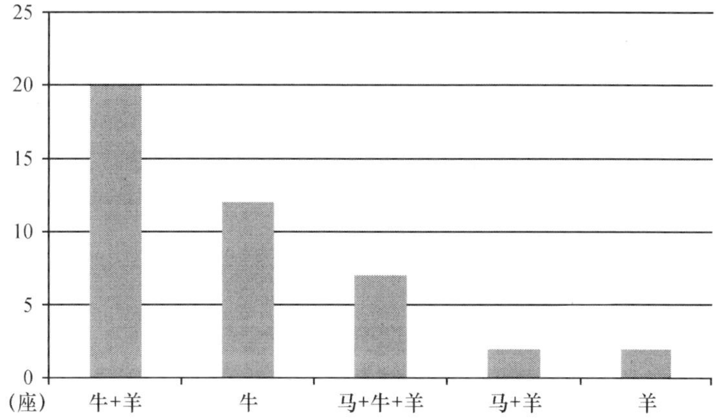

图3.2-8　新店子墓地的殉牲动物组合

墓，最后是驯马墓。可以看出牛和羊是当时居民主要的殉牲对象，虽然殉马墓的数量不多，但马的摆放方式都很特别，即将马头骨摆放在墓的前端中间的位置，对马的重视可见一斑（图3.2-9）。

从墓主人的年龄和性别来看，殉牲墓葬中的人骨年龄均为成年人，女性的年龄主要集中在青年期，男性主要集中在壮年期。男性殉牲墓葬有24座，约占男性墓的92%[①]，占殉牲墓葬的55.8%，共计出土212个动物头骨，平均每座将近9个动物头骨。其中牛头骨63个、羊头骨136个、马头骨13个。并且整个墓地中出土殉牲动物最多的

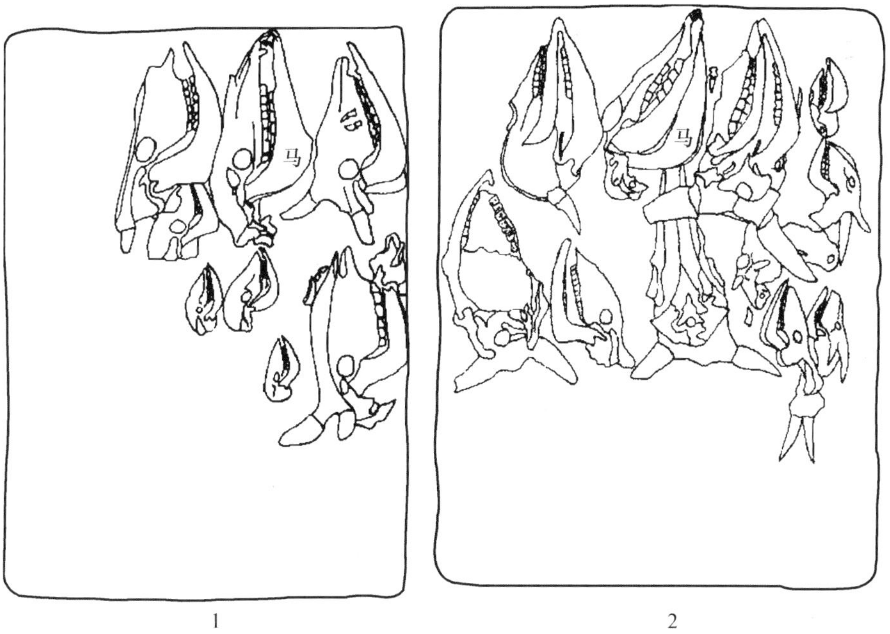

图3.2-9　新店子墓地马头的摆放位置

1. M34　2. M37

① 据张全超博士的鉴定结果，新店子墓地中男性墓有26座，女性墓有11座，还有5座墓的性别不明。

M43共出土了45个动物头骨，人骨经鉴定后为男性。墓地中女性墓有11座，并且每一座墓中均有殉牲，占殉牲墓葬的25.6%，共计发现98个动物头骨，平均每墓也将近9个动物头骨。其中牛头骨33个、羊头骨63个、马头骨2个。可见，男性殉牲墓葬的数量以及墓中随葬动物的总数量均要远多于女性殉牲墓葬。但是女性墓中殉牲率达到了100%，也就是说凡是性别鉴定为女性的墓葬中都存在殉牲，且每座墓的平均殉牲动物的数量与男性基本持平。这与西园墓地的殉牲特点也较相似。

按照殉牲墓葬中出土动物的数量作为一个标准，可以将墓葬划分为4个等级：第一等级，超过30个动物头骨的墓葬，共计有2座，占殉牲墓葬的4.7%；第二等级，11～20个动物头骨的墓葬，共计有12座，占殉牲墓葬的27.9%；第三等级，2～10个到为头骨的墓葬，共计有20座，占殉牲墓葬的46.5%；第四等级，只随葬1个动物头骨的墓葬，共计有9座，占殉牲墓葬的20.9%。可见，随葬2～10个动物的第三等级墓葬是最多的，其次是第二和第四等级，最后是第一等级。这样的划分对研究社会的复杂化进程有一定的益处，但是囿于还有些材料未完全发表，我们的讨论也仅限于此。期待正式报告出版后能够对这一问题进行更深入的研究。

从整个墓地的布局来看，墓地被一条巨大的冲沟分为东、西两区。东区有43座墓葬，其中有殉牲动物的37座，占86%；西区有13座墓葬，其中有殉牲动物的有6座，占46%（图3.2-10）。显而易见，东区不仅在墓葬的分布上更加密集，而且墓葬中随葬殉牲动物的比例也非常大，两方面均要多于西区。墓地中有殉牲墓葬在两个小区内的分布，无论在方位上，还是在海拔上，均没有明显表现出有规律的布局特点。在从简报中报道的一些墓葬材料来看，墓向大体以东北向和东向为主。从东区墓葬的密集度、殉牲墓葬所占的比例以及墓向、头向和动物吻部朝向来看，笔者认为新店子墓地的人群有“尚东”的习俗。

3. 细化分析

由于陈全家等学者对该墓地的动物骨骼做了详细地鉴定，下文将要讨论的问题也都是基于这些科学鉴定的资料基础之上。这些新的考古发现和新的科研手段的介入，使我们可以讨论殉牲作为葬俗之外的更多问题，例如羊的利用、畜产品的开发、放牧方法等。现仅从殉牲动物本身的年龄结构和性别比例进行讨论。

从动物的性别来看，103个牛头骨中，可以鉴定性别的数量为44个，占总数的43%。其中雌性有14个、雄性有30个，分别占32%和68%（图3.2-11，1）。这种屠宰母牛少于公牛的原因，应与牧民为获取母牛的乳资源有关。64个山羊头骨中，可以鉴定性别的数量为11个，占总数的17%。其中雌性有2个、雄性有9个，分别占18%、82%（图3.2-11，2）。53个绵羊头骨中，可以鉴定性别的数量为23个，占总数的43%。其中雌性18个、雄性5个，分别占78%、22%（图3.2-11，3）。殉牲的马均没有性别鉴定的结果。从现有的鉴定分析结果来看，新店子墓地人群使用殉牲动物时，牛和山羊以雄性为主，绵羊以雌性为主。考虑到还有数量众多的羊并未能做性别鉴定，所以上述的数据仅是接近真实情况的一种可能性。

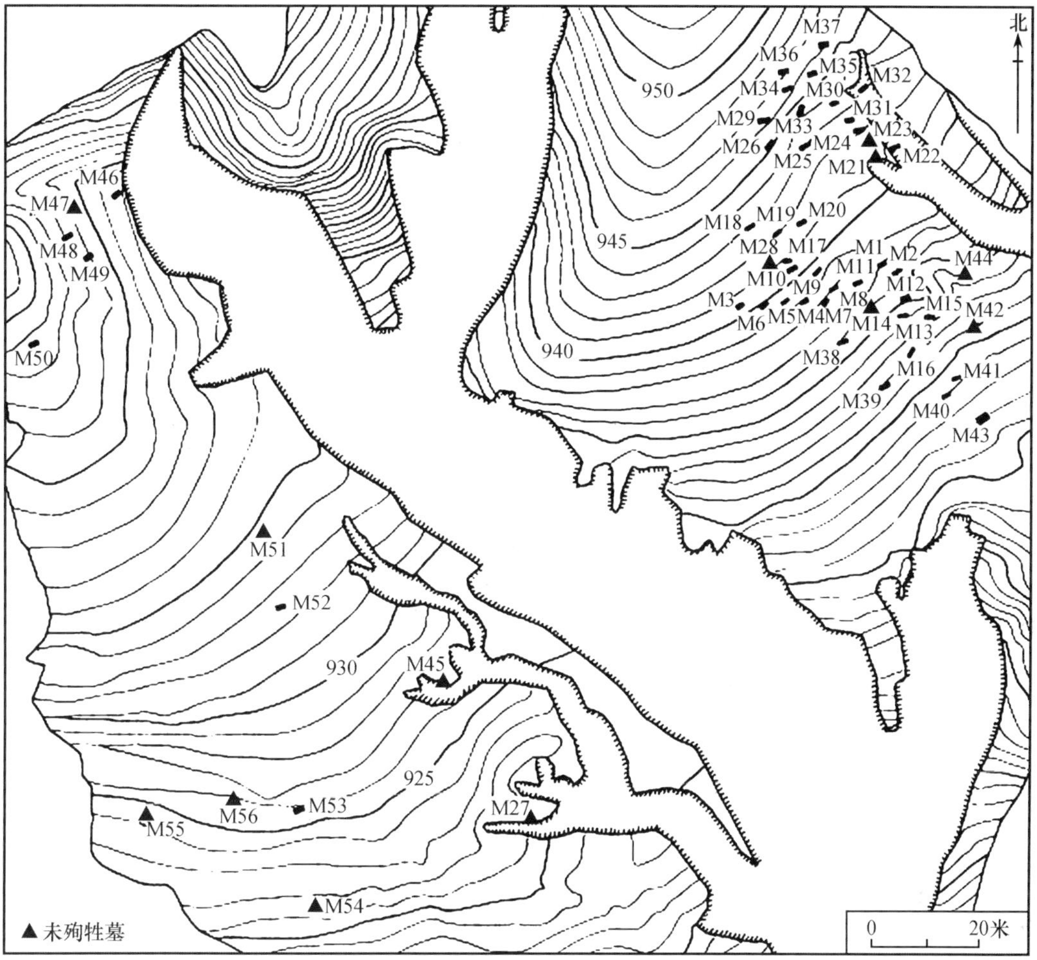

图3.2-10　新店子墓地殉牲墓葬分布图

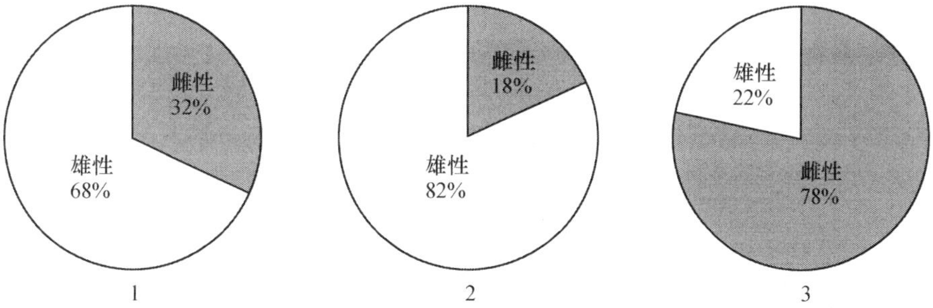

图3.2-11　新店子墓地殉牲动物的性别比例

1. 牛　2. 山羊　3. 绵羊

从动物的年龄来看（图3.2-12，4），有确切年龄鉴定结果的动物有224个，其中牛92个、山羊58个、绵羊52个、未鉴定的羊头骨8个、马14个（表3.2-3）。牛，首先集中在0.2～0.6岁、3～4岁、4～6岁这三个区间，其次在1～2岁、0.6～1岁、2～3岁（图3.2-12，1）。马，首先集中在3～4岁、4～6岁、6～8岁这三个区间，其次是0.6～1岁、2～3岁、8～10岁（图3.2-12，2）。山羊，首先集中在0.2～0.6岁、0.6～1岁、3～4岁这三个区间，其次在1～2岁、2～3岁，最后是0～0.2岁和4～6岁（图3.2-12，3）。绵羊，首先集中在3～4岁，其次是0.2～0.6岁、0.6～1岁、1～2岁、2～3岁，最后是4～6岁（图3.2-12，4）。

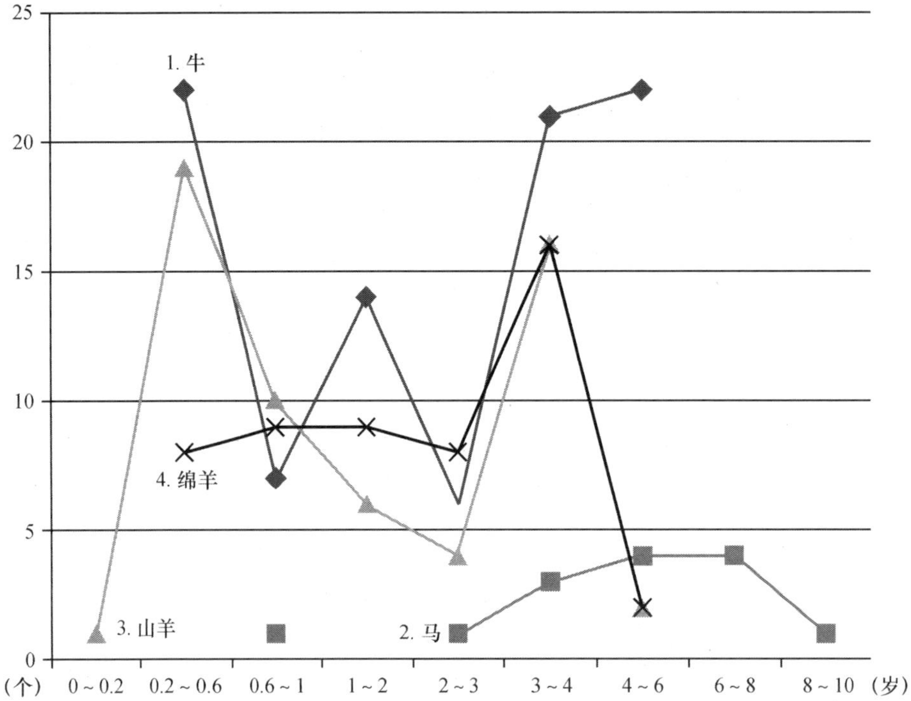

图3.2-12　新店子墓地殉牲动物的年龄曲线

表3.2-3　新店子墓地殉牲动物的年龄统计　（年龄：岁；数量：个）

种属＼年龄	0～0.2	0.2～0.6	0.6～1	1～2	2～3	3～4	4～6	6～8	8～10	总计
牛		22	7	14	6	21	22			92
马			1		1	3	4	4	1	14
山羊	1	19	10	6	4	16	2			58
绵羊		8	9	9	8	16	2			52
羊		4	2	1		1				8

现将墓地出土殉牲动物的性别和年龄这两个变量联系在一起，并结合动物在现代社会中的经济用途，对新店子墓地牛、山羊和绵羊的经济用途进行讨论①。在以市场经济为主导的社会中按照经济用途，牛大致可以分为乳用品种、肉用品种、兼用品种、役用品种四种。从图3.2-13可以看出，牛在3～6岁是其屠宰的高峰期，而且以屠宰雄性为主，雌性相对较少。1.5～2岁以雌性为主，2～3岁以雄性为主，而年龄不明者中雄性多于雌性；这种情况的数量较少，还不能够确定是否有规律性。山羊可以分为乳用、肉用和绒用型三类。图3.2-14显示山羊屠宰的高峰期在3.5～4岁，而且以雄性为主，其他年龄段均少有屠宰。绵羊可以分为细毛羊、半细毛羊、粗毛羊、裘皮羊、羔皮羊、乳用羊等。图3.2-15显示绵羊在3岁之前的屠宰均不多，且以雌性为主。而3～4岁是其

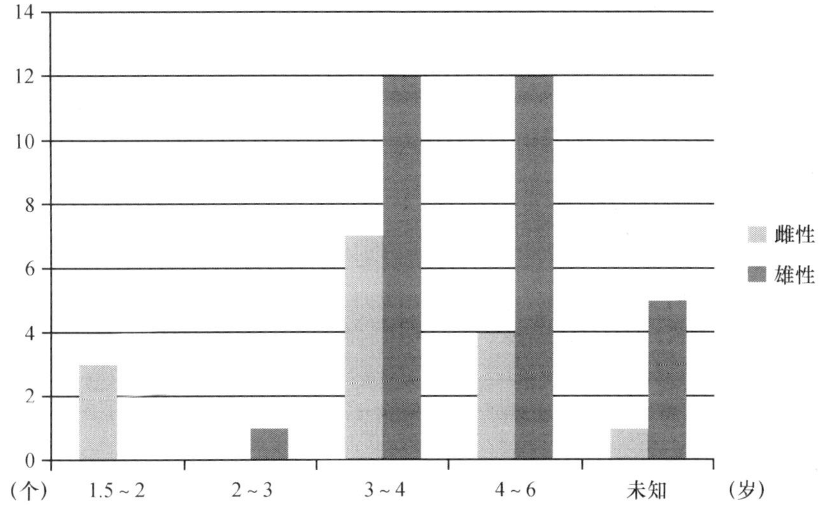

图3.2-13　新店子墓地殉牛的性别和年龄图

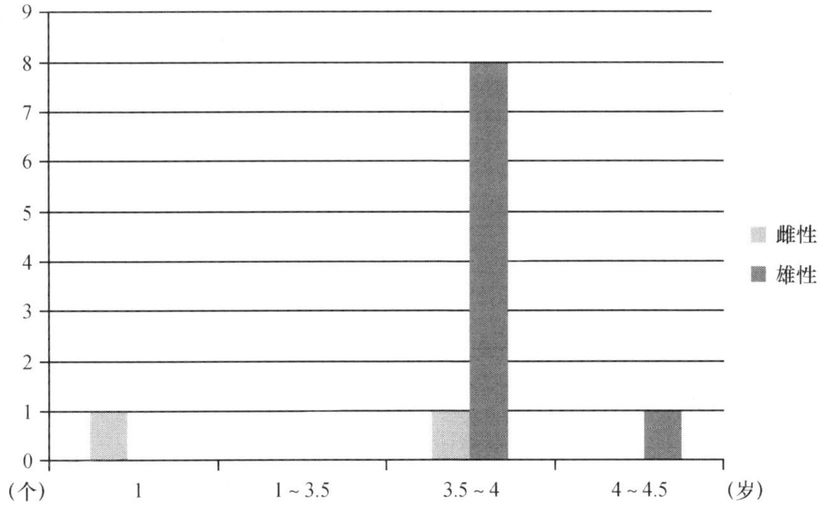

图3.2-14　新店子墓地殉山羊的性别和年龄图

① 需要说明的是，墓地中出土的马骨只有年龄的鉴定结果，没有性别的鉴定，故正文中对马的用途，尤其是经济方面的功用暂不做讨论。

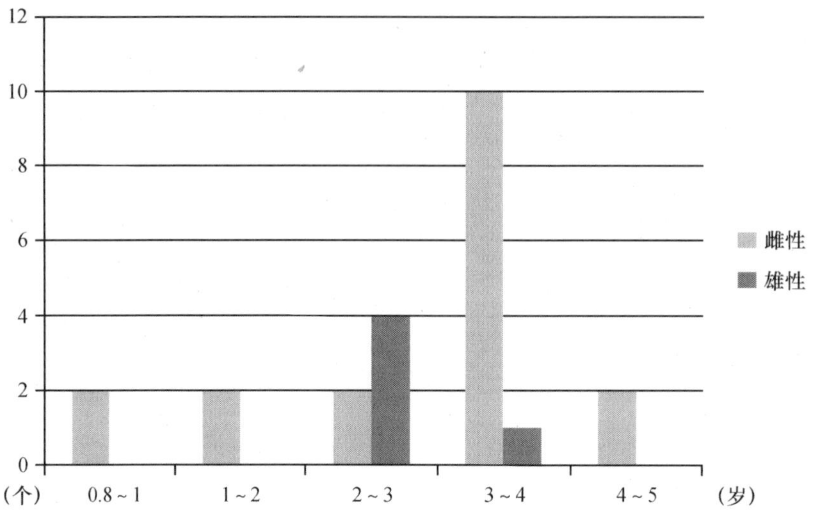

图3.2-15　新店子墓地殉绵羊的性别和年龄图

屠宰的高峰期，仍然以雌性为主。

屠宰行为是畜牧业经济中一项重要的活动，选择屠宰的对象、地点和时间都是一个重要的内容。牧民通过控制畜群规模的数量，努力地构建生产肉，乳和毛的产量平衡，同时考虑到放牧食草，储存饲料和水的供应等关系。把墓地中发现的殉牲动物的情况，如果放在这样的一种大的场景下，应该会有更多的发现。通过上述文字和图表的展示，笔者做进一步的分析和研究。殉牲牛的年龄曲线出现了3个峰值，分别为0.2 ~ 0.6、3 ~ 4、4 ~ 6岁。集中在0.2 ~ 0.6岁的情况，说明新店子人群有意识的对小牛犊进行了分批次的屠宰，尤其是对雄性牛犊，目的是阻止雄性小牛犊过多地吸取母乳，进而获得人群生活所需的乳资源。3 ~ 6岁是另一个高峰，而牛在这个年龄段正是壮年期。出现这种情况有两种可能，一是这一年龄段的牛是意外死亡，或是遭受疾病，或是被野兽侵袭致死；二是人为地专门对这一年龄段的牛进行的屠宰。而游牧民族对死去的人和事是非常重视的，一般情况下不会将病死的或是被狼等野兽咬死的动物埋葬在墓葬中，认为这种动物不吉利，是不可以带到死去的世界。笔者倾向于后者的可能性更大一些。使用这种壮年时期的牛进行随葬的墓中，殉牲动物均较多，说明其代表了墓主人及其家族在当时社会中较高的地位和影响力。因报告还未出版，故还不能结合墓葬的形制、规模以及随葬品的多少来对这一问题进行更深入的讨论。而除了高峰值之外的其他年龄段的屠宰，笔者更倾向于是任意的、随机的行为，或者说是牧人根据死者的身份以及畜群的特点来决定的。

殉牲的马头的数量较少，共有17个，一般每座1 ~ 2个，最多的墓也仅为4个，且马从不单独随葬。男性墓殉葬马的现象多于女性墓。马的屠宰年龄峰值在3 ~ 8岁，这也是马最有耐力、最具爆发力的年龄。结合马从不单独随葬，且殉马墓的殉牲动物数量普遍较多的特点，笔者认为屠宰这一年龄段的壮年马匹作为殉牲，这应该是专门祭祀这个社会中最高等级少数人的做法。马在游牧经济中的重要性是不言而喻的，无论牧人在管理畜群，还是与其他牧人的通信，或者与周边民族的沟通和交流中，马作为交通工具发挥了巨大的作用。尤其在战争中，马作为一种灵活机动的动力，曾改变了古代战争的形式。在工业革命之前的时代，马一直是连接世界速度最快的通信工具。游牧民族不仅仅将马看作是交通工具，而在马的身上倾注了更多的感情。总之，牧人的生活离不开马，游牧民族也被称为马背民族。

山羊屠宰年龄的最高峰值在0.2～0.6岁，说明这是有意识的进行屠宰的结果。这是控制山羊总数量的一种做法，更重要的是通过这种方式牧人与畜群和草场之间建立一种平衡关系。由于此段年龄的羔羊普遍发现于多个墓葬中，可以说这是整个新店子墓地人群的共同意识。第二个峰值为3～4岁，这个年龄段的山羊已经在产肉、产乳和产毛上即将开始走下坡，故也成为了被屠宰以进行祭祀的主要对象。游牧人的祭祀行为和仪式，整体上是以不损害或破坏生人的实际生活生产为前提的。绵羊的屠宰年龄峰值在3～4岁，这与屠宰同年龄段山羊的理念是一样的。

将殉牲的山羊、绵羊和未鉴定的羊合并在一起，根据数据生成图3.2-16。非常明显出现了2个峰值。第一个阶段在0.2～0.6岁，这是当时人群有意地专门进行屠宰的，其目的很明确应该就是直接控制羊群的数量，并通过这种极端的手段来断奶，这样既避免草场的过度放牧，同时也获取一定数量的软羊毛和羊乳。这体现了牧人最朴素的生态观，即在不影响牧人的正常生产生活（包括使用动物殉牲的祭祀行为）的前提下，达到人、畜群和草场的和谐发展；第二个峰值在3～4岁，羊在3～4岁时已经属于壮年期，无论在绒毛的供给量上，还是羊乳的获取上，抑或是肉质的质量上都已经走下坡路。这种做法可能是为了获取最佳的毛皮而进行的大规模屠宰，而将其毛、肉等附着较少的头部作为主要的殉牲对象。当然其中也有控制羊群规模的考虑。对比山羊和所有羊的年龄曲线，其实出现的2个峰值大体一样。这应该不仅仅是巧合，推测未鉴定的羊头骨中可能山羊头骨占有多数。

通过上述的文字，我们大体对新店子墓地的殉牲情况有了一定的了解，并对墓地所代表的社会人群的生活场景进行了讨论。上述对人群经济生产生活的讨论是基于笔者在牧区生活过的经验所得。对古代畜产品开发和利用的研究一直是国际学术界的热点和难点问题，西方学者在这方面的研究已经取得了丰硕的成果。在20世纪80年代，

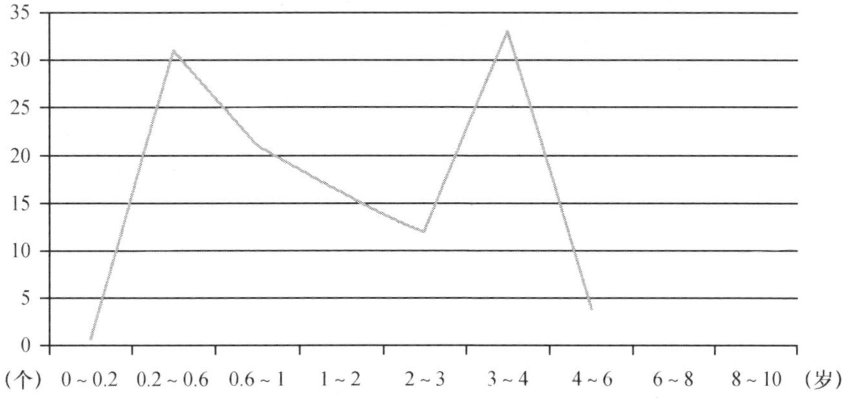

图3.2-16　新店子墓地殉羊的年龄曲线

英国学者安德鲁·谢拉特（Andrew Sherratt）就开始系统的探究畜产品的开发和利用，并首次提出次级产品革命（secondary products revolution）的概念。他还指出公元前4000～前3000年的中东地区最早开始利用和开发牛、羊和马的皮毛、乳和畜力等次级产品。从此这种技术逐渐传播到欧洲和亚洲草原的其他地区①。米勒（Miller）等学者认为这种对畜产品的开发，改变了人们的生产方式、饮食习惯，并且这种经济上的变革往往与社会的复杂化进程有着密不可分的联系②。

随着动物考古学的发展，对与动物有关的课题开始被关注和研究。目前，在判定动物的种属、性别和年龄的经验已经很丰富。近些年来，动物考古学家开始通过检测和分析动物牙齿中遗留的化学成分以及稳定同位素等来推测动物死亡时的季节。这些信息的获得对于了解当时人群从事的生产生活的状况大有益处。国内的动物考古学家不单从事动物种属、年龄和性别的鉴定，也开始关注家养牲畜的饲养策略、畜产品的开发、动物资源的利用方式等③。

著名英国学者塞巴斯蒂安·佩恩（Sebastian Payne，以下简称佩恩），根据中东地区土耳其的当代民族学材料，对羊及其次级产品的开发模式进行了深入的研究，并提出了三种屠宰模式。第一种为以获取肉食资源为目的的模式，一般都会在3岁之前进行宰杀（大约占70%）。当公羊在到达最佳的体重时就会被屠宰，而母羊一旦当它们的生殖能力下降后也会被屠宰。第二种为以长期获取乳资源为目的的模式，大约有一半数量的动物在其出生后的2个月内进行宰杀。宰杀的对象主要是雄性羔羊，这样使得供人类消费羊乳的总量将达到最大化。第三种为以获取绒毛资源为目的的模式，畜群中一半以上的数量，其年龄一般可达到6岁，但在接下来的4年里会迅速的死亡。当所有公羊和母羊的再生绒毛的能力下降时需要逐步进行屠宰④。佩恩的这一经典模式产生了很大的影响，在被其他学者应用的过程中也不断地得到补充完善。卡斯帕罗夫

① A. G. Sherratt. Plough and pastoralism: aspects of the Secondary Products Revolution, Pattern of the Past. Cambridge: Cambridge University Press, 1981, 261-306; A. G. Sherratt. The Secondary Products Revolution of Animals in the Old World. World Archaeo1ogy, 1983, 15 (l): 90-104; H. J. Greenfield. The Secondary Products Revolution: The Past, the Present and the Future. World Archaeology, 2010, 42 (1): 29-54.

② L. J. Miller. Urhan Economies in Early States: The Secondary Products Revolution in the Indus Civilization. Doctoral Dissertation, Department of Anthropology, New York University, 2004.

③ 王华、王炜林、胡松梅、路易斯·马丁：《渭水流域新石器时代家猪的驯化与饲养策略》，《考古》2013年第9期，87-98页；戴玲玲、李志鹏、胡耀武、赵青春、王昌燧：《新砦遗址出土羊的死亡年龄及畜产品开发策略》，《考古》2014年第1期，94-103页；李志鹏：《晚商都城羊的消费利用与供应》，《考古》2011年第7期，76-87页；博凯玲（Katherine Brunson）：《中国新石器时代晚期动物利用的变化个案探究——山西省龙山时代晚期陶寺遗址的动物研究》，《三代考古》（4），科学出版社，2011年，129-182页；杨杰：《二里头遗址出土动物遗骸研究》，《中国早期青铜文化——二里头文化专题研究》，科学出版社，2008年，470-539页。

④ Sebastian Payne. Kill-off Patterns in Sheep and Goats: The Mandibles from Aşvan Kale. Anatolian Studies, 1973, 23: 281-303.

（Kasparov）利用这一模式，对安纳托利亚高原土耳其境内铜石并用时代的遗址中出土的动物骨骼进行了研究，并取得了重要的认识①。玛卡列维奇（Makarewicz）先生在此基础上，对匈奴游牧经济的规模和发展状况进行了深刻的讨论②。

笔者将新店子墓地殉牲羊的情况结合到改造过的理论模型中，绘制成图3.2-17。从图上可知，共有5条曲线，从上到下分别为风险模式③和获取毛、肉、新店子、乳等资源模式。新店子模式的曲线很明显分布在获取肉和乳资源的模式之间，并且更靠近取肉模式。可见，新店子墓地的人群对于羊的利用和开发，主要是以获取羊肉为目的，同时兼顾获取一定量的羊乳。

上文中，笔者分别通过殉牲动物的性别和年龄对殉牲的特点进行了总结和分析，并结合佩恩的三种屠宰模式与新店子墓地屠宰羊的曲线，认为该人群饲养羊的主要目的就是获取肉食资源，同时山羊还可以提供一定量的羊乳，而绵羊也可以提供一定的绒毛。牛的主要功用在于牧民可以获取生活所需的乳资源，并且可以作为迁徙牧场时重要的畜力。事实上，对畜群的管理和开发并不是仅仅为了一个单纯而具体的目的。屠宰活动不仅是一种经济行为，同时它还受到临时的生活所需、产品的价值定位、整

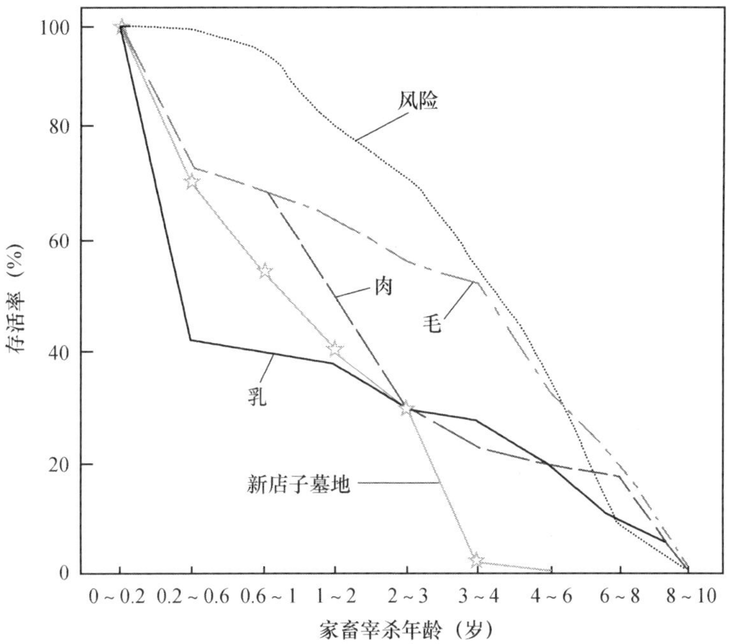

图3.2-17　新店子墓地人群开发羊的模式图

（此图是在佩恩的模式基础上修改而成，最外侧的风险曲线是在初步分析蒙古地区冬季营地进行的采访、调查活动以及民族学材料基础上取得的）

① Kasparov. Patterns in Caprine Exploitation at Ilgynly-depe, Turkmenystan. New Archaeological Discoveries in Asiatic Russia and Central Asia. Sankt-Petersburg, 1994, 36-38.

② A. Cheryl. Makarewicz. Xiongnu Pastoral Systems-integrating Economies of Subsistence and Scale. Xiongnu Archaeology, 2011, 181-191.

③ 所谓的风险模式是指在对羊群的利用和开发过程中，无论是哪一种模式，都要在这个曲线范围以内进行。反之，则会影响到牧民生产生活的正常进行，并且由此导致社会的崩溃瓦解。

个畜群的构成特点、季节环境的变化幅度以及宗教祭祀、婚丧嫁娶等人类特殊活动的影响。尤其是在墓葬中发现的动物骨骼在某种程度上一定受到了宗教信仰、祭祀神灵等因素的影响。人为和自然的因素都起到限制的作用。例如，在资源存储量非常匮乏的严峻条件下，或者牧民有意扩大畜群的饲养规模时，一般来讲是不会屠宰雌性幼畜的。在很多情况下，保留雌性动物是为了繁殖畜群的规模。再如，游牧民族在举行婚礼的时候，一般是要在婚礼上宰杀羔羊，时间多在夏季和秋季。同时，在丧葬仪式上也有宰杀肥羊款待那些前来吊唁并参加葬礼的亲友们。总之，有诸多的因素影响着对动物的屠宰，也使得动物的死亡年龄具有随机的可能性。但是根据现有的研究材料，还不清楚这些动物的死亡时间和季节，也不能确定一个墓葬中随葬的所有动物是一次宰杀，还是多次宰杀等问题。这些问题直接关系着殉牲这种特殊的祭祀行为的内涵，所以笔者通过殉牲动物的各种特点分析和归纳总结的一些认识带有一定倾向性，是一种最大的可能性，而非绝对性的结论。这些认识还有待于动物考古学家在动物骨骼上进一步细化鉴定，并接受统计基础上的分析与检验。

张全超先生运用多种科学方法和手段对新店子墓地古代居民的骨骼标本进行了全面的考察，包括性别与年龄、骨骼发育程度、食谱、人种特征等方面，并对新店子居民的健康状况、食物结构和人种构成情况进行了科学的复原。人骨性别鉴定的结果为男女比例是2.2∶1。新店子居民的饮食结构中肉类食物所占比重很高，并且男性居民在动物性食物的摄入要明显高于女性居民[①]。这与笔者认为养羊是以获取肉为目的的认识是一致的。同时，他认为“新店子男性居民上、下肢的粗壮程度存在明显差异，即上肢的粗壮程度明显要强于下肢的粗壮程度，可能与上、下肢长期承担不同的劳动强度或从事不同的生产活动有关此外，男性居民的股骨骨干上部特征颇为扁平，且股骨嵴发育也相对较弱，联系新店子墓地随葬的大量马、牛、羊骨，我们不难推测新店子男性古代居民这种上、下肢骨骼发育极度不平衡的现象可能是由于长期的骑马放牧行为所导致的”[②]。

通过上述观点和本研究从殉牲角度得到的认识，可以肯定新店子墓地人群从事的就是骑在马背上进行放牧活动的游牧经济。

综上，新店子墓地人群的游牧经济已经初步具备了一定的规模，并且在管理经营牲畜的技术上已经很成熟。已经了解并掌握了不同动物的特点，还能够在放牧的过程中根据自己的生活需要进行屠宰活动。将以头骨和蹄骨为代表的动物遗存随葬在墓葬中的殉牲习俗，至此开始盛行于内蒙古中南部，甚至整个中国北方地区。

（三）二〇八墓地

该墓地位于包头市召潭火车站西北约1千米处，东邻阿尔丁大街，现为二〇八地质队家属居住区。1988年共发现了7座墓葬。均为长方形竖穴土坑墓，单人葬。墓葬间

① 张全超：《内蒙古和林格尔县新店子墓地人骨研究》，科学出版社，2010年。

② 张全超：《内蒙古和林格尔县新店子墓地人骨研究》，科学出版社，2010年。

距4～5米，有南北向和东西两种墓。南北向墓葬头向北，东西向墓葬头向东，均无葬具①。7座墓中仅有1座发现殉牲。M3，长1.1、宽0.72、残深为0.4米，方向5°。在人骨腰部的东侧发现1个马头骨。并在左侧肩胛骨和左、右侧肋骨处各发现一枚铜链。M3的人骨没有性别、年龄鉴定，其墓葬形制在墓地中属于较小的一个。暂时还看不出是否有等级上的差别。虽然该墓地的殉牲率仅为14.3%，但是在墓地的附近还发现了散乱的人骨和马骨。王立新先生认为该墓地属于战国晚期中原文化系统的墓地②。该墓地并存东西向和南北向两种墓葬的情况，说明了该人群是两种不同文化系统的融合。

（四）阳畔墓地

该墓地位于呼和浩特市清水河县小庙乡阳畔自然村东的坡地上，面积约2万平方米。2002年清理了6座墓葬，并征集了一批青铜器。墓葬均为竖穴土洞墓，规模普遍较小。洞穴一般在竖穴的前端，底部呈缓坡状，前端较低，后端稍高。葬式为仰身直肢，头低脚高，盆骨以上部分安放在洞穴内，下肢骨则出露在竖穴坑内。随葬品一般摆放在墓主人的两侧，青铜器的数量最多，还有一些少量的贝饰和骨针管等。年代在春秋中期至战国早期③。

对于该墓地的殉牲情况仅通过曹建恩先生的文章略知一二。墓葬中殉牲动物的种类以羊、牛和马头骨为主，也有少量的蹄骨，均放在洞室人骨上方，有的正置，有的侧放，没有规律可循。由于墓地的简报还并未完整发表，所以对墓葬形制、殉牲比例、动物组合及摆放位置、墓主人性别和年龄之间的联系还不得而知。

（五）将军沟墓地

将军沟墓地位于和林格尔县新店子乡将军沟村西北1.5千米的一处坡地上。墓地共清理36座墓葬，均为土坑竖穴墓，南北向墓葬居多，另有少量的东西向墓。葬式多为仰身直肢，有棺椁，随葬品较简单，多数墓葬无随葬品，少数墓葬出铜、铁带钩，个别墓葬随葬动物肩胛骨。墓地的年代属战国中晚期，基本可以确定为农业人群的墓葬，有些墓葬可能融入了北方民族的成分，如东西向墓。在人种上，墓地人群属于古中原类型④。从墓葬中只发现动物肩胛骨来看，很明显已经不是游牧文化的殉牲特点了。

---

① 包头市文物管理处：《包头市二〇八墓地》，《内蒙古文物考古》1977年第2期，72-74+79页。

② 王立新：《秦统一前内蒙古中南部地区的文化多元化及其历史背景》，《边疆考古研究》（第10辑），科学出版社，2011年，161-190页。

③ 曹建恩：《内蒙古中南部商周考古研究的新进展》，《内蒙古文物考古》2006年第2期，16-26页。

④ 张全超：《内蒙古和林格尔县新店子墓地人骨研究》，科学出版社，2010年。

（六）土城子（盛乐）古城周围墓葬

该古城坐落在土默特平原的前沿，位于和林格尔县土城子行政村北1.5千米处，古城东傍蛮汗山，北依大青山，西濒黄河水道，南扼古道杀虎口。地处中原通往漠北的山口要冲地带，地理位置十分险要。从20世纪50年代末开始对土城子古城及其周边的古墓葬进行了调查和发掘①。尤其1996年以来对该遗址及其周边的墓葬进行了大规模的发掘工作，并发掘了上千座东周时期的墓葬。其中春秋时期的墓葬较少，而战国时期的墓葬达千座有余②。据现有的材料来看，我们仅了解到春秋时期的墓葬中并没有发现殉牲，在战国时期的极少量墓葬中发现有一些兽骨。

（七）大堡山墓地

该墓地位于和林格尔县新店子镇十一号村东南约500米的一处小山顶之上，面积约6万平方米，当地村民俗称该山为大堡山③。共清理墓葬51座，均为土坑竖穴墓，可分为南北向和东西向，南北向居多。均为单人葬，葬式主要有仰身直肢葬和仰身屈肢葬。大部分不见葬具。简报中仅在南北向墓M16的东北部发现牛肩胛骨和肢骨各1块。除此无其他任何关于殉牲的记载。

（八）东头号墓地

该墓地位于和林格尔县新店子镇十一号行政村东头号自然村南的缓坡上。2011年发掘战国中晚期墓葬43座，出土各类随葬品90多件。墓葬为长方形竖穴土坑墓，分为口底同大和口大底小两类。使用葬具的墓葬有19座，其中3座为棺椁，16座为木棺。大部分为单人仰身直肢葬，仰身屈肢葬较少。2座墓葬发现有动物肩胛骨，置于死者头骨

---

① 内蒙古自治区文物工作队：《和林格尔土城子试掘纪要》，《文物》1961年第9期，26-29页；内蒙古自治区文物工作队：《和林格尔土城子古墓发掘简介》，《文物》1961年第9期，30-33页；内蒙古文物考古研究所：《内蒙古和林格尔县土城子古城发掘报告》，《考古学集刊》（6），科学出版社，1990年，175-203页。

② 连吉林：《和林格尔县土城子战国至唐代墓葬》，《中国考古学年鉴（1997）》，文物出版社，1999年，102-103页；内蒙古文物考古研究所：《和林格尔县土城子古城考古发掘主要收获》，《内蒙古文物考古》2006年第1期，9-16页；李力：《和林格尔土城子古城战国至辽金元时期墓葬》，《中国考古学年鉴（2007）》，文物出版社，2008年，181-182页；李强：《和林格尔县盛乐古城周边战国秦汉墓葬群》，《中国考古学年鉴（2011）》，文物出版社，2012年，177-178页；内蒙古自治区文物考古研究所：《2011年内蒙古自治区文物考古研究所考古发现综述》，《草原文物》2012年第1期，1-7页；内蒙古自治区文物考古研究所：《2012年内蒙古自治区文物考古研究所考古发现综述》，《草原文物》2013年第1期，1-8页。

③ 内蒙古师范大学历史文化学院、内蒙古文物考古研究所：《内蒙古和林格尔县大堡山墓地发掘报告》，《草原文物》2013年第2期，36-49页。

上方或尸骨左侧①。

综上，由于很多墓地的材料发表不尽翔实，故对这一地区的殉牲特点和埋葬习俗以及经济生产方式等方面的认识主要是来自对西园、二〇八和新店子等墓地的分析（表3.2-4）。从现有的资料看，在对比各墓地的殉牲特点之后，我们取得以下几点认识。

表3.2-4　包头及呼和浩特地区东周时期遗存殉牲对比表　（单位：个）

年代	墓地	墓葬形制	殉牲					
			牛	羊	马	殉牲部位	摆放位置	殉牲率
春秋晚期	西园	偏洞室	21	79	12	头骨、羊肩胛骨和蹄骨	二层台、洞穴内	100%
春晚战早	新店子	偏洞室、洞室、竖穴土坑	103	249	17	头骨、肩胛骨、肋骨和蹄骨	填土、二层台、墓底	76.8%
春晚战早	阳畔	竖穴土坑	√	√	√	头骨、蹄骨	洞室人骨上方	？/6
战国中晚期	将军沟	竖穴土坑				兽肩胛骨		？/36
战国中晚期	东头号	竖穴土坑				兽肩胛骨	墓底	2？/43
战国晚期	二〇八	竖穴土坑			√		墓底	14.3%
战国晚期	大堡山	竖穴土坑				肩胛骨、肢骨		1？/51

第一，首先西园墓地的殉牲率最高，达到100%，其次是新店子和阳畔墓地，将军沟、东头号、二〇八和大堡山墓地的殉牲率均较低。这说明了西园墓地和新店子墓地的人群从事的应该是专业化的游牧业，而殉牲率较低的其他墓地可能是从事农业的居民，因受到游牧民族的影响而出现了少量的殉牲墓葬。这类人群在内蒙古中南部的出现应当是在赵武灵王“胡服骑射”改革的背景下进行的大规模移民和屯垦戍边，其中男性戍卒和刑徒占有很大的比例②。

第二，从墓葬形制来看，偏洞室墓和洞室墓中随葬动物殉牲的概率较大，而竖穴土坑墓中发现的较少。这应该是不同人群之间差别最明显的特征之一。

第三，殉牲动物数量最多的是羊，其次是牛，最后是马。西园墓地的墓葬中不随葬马，均在祭祀坑中出现，并且双人墓的殉牲数量多于单人墓，成年女性墓多于成年男性墓和儿童墓。新店子墓地出土了大量的羊和牛，尤其是牛的数量接近于羊的一半。同时，男性墓的殉牲率达到92%，而女性墓的殉牲高达100%，且男性和女性殉牲墓葬中的平均数基本持平。各墓地随葬动物的部位基本相似，绝大多数为头骨，仅有少量的肩胛骨、蹄骨和肋骨随葬。头骨和蹄骨的组合常见于年代稍早的西园、新店子

① 内蒙古自治区文物考古研究所：《2011年内蒙古自治区文物考古研究所考古发现综述》，《草原文物》2012年第1期，1-7页。

② 顾玉才：《内蒙古和林格尔县土城子遗址战国时期人骨研究》，科学出版社，2010年。

和阳畔等墓地，而肩胛骨和肢骨等见于年代稍晚的将军沟、东头号、大堡山等墓地。头骨和蹄骨的组合象征着一个完整的个体。它代表了死者及其家庭在社会中的财富和地位，甚至是权力。这种组合在墓葬中出现代表了一种精神层次的信仰，是以牧业为主要生产方式的特定人群所采用的丧葬习俗。一般认为牧人的财富就在于牲畜的四个蹄子上。在欧亚大草原上流动的牧民，其葬礼一般都很非常隆重，参加死者葬礼的周边牧民数量众多。在葬礼仪式上要屠宰大量的牲畜，这与中原地区的夸富宴有着明显的不同。另外肋骨、肩胛骨的意义就完全不同于头蹄殉葬。它所代表的含义更多的是为死者在另一个世界提供充足的肉食资源。食用性的象征意义要远大于作为象征财富的意义。

第四，在摆放位置上，西园墓地仅有1座祭祀坑摆放在洞穴内，其余7座墓葬和1座祭祀坑均摆放在二层台上。新店子墓地的殉牲摆放在填土、二层台和墓底部，其中填土中摆放得最多。其他墓地的动物骨骼多摆放在墓底部。总之，通过上述的讨论，笔者认为包头及呼和浩特地区春秋晚期至战国早期的遗存（西园、新店子和阳畔墓地）所表现出的殉牲特点，均表明这一时期的人群是一个比较成熟的利用和开发食草性动物的游牧人群。战国中期至晚期的墓葬（将军沟、东头号、二〇八、土城子周边、店里、西头号和大堡山等墓地）中使用殉牲的比例均较小，甚至不使用动物殉牲。说明这一时期的人群很少饲养牛、羊、马等食草性动物，表现出的农业定居性特点较明显。本地区在战国中期墓葬中发生的这一急剧性的变化，应该与中原农业人群的突入有关。

三、凉城及周边地区

这一地区境内北靠蛮汗山，南依马头山，中夹岱海湖，素有“七山一水二分滩”之称，历来是内蒙古重要的农牧交错带东、西部文化交汇地区之一。在距今2500～2000年间，岱海地区气温普遍回升，北方地区的暖湿环境，不仅利于农业的发展，也因水草丰富而利于牧业的发展①。从行政区划上看，这一地区属于乌兰察布市凉城县和兴和县。这一地区东周时期的遗存主要有崞县窑子、忻州窑子、毛庆沟、饮牛沟、小双古城、沟里头等墓地。现对这些墓地的殉牲进行讨论。

（一）崞县窑子墓地

该墓地位于乌兰察布市凉城县崞县窑子乡东北1千米处，石人湾沟北侧的台地上。其西北距呼和浩特市50千米，东南至凉城县城约40千米。这里地处蛮汗山北麓，丘陵广布，沟壑纵横，地势起伏较大，平均海拔1300米以上。1983年共计发现31座墓葬，其中发掘19座墓葬（83GM4～83GM22），清理6座残墓（83M1～83M3、

---

① 田广金、唐晓峰：《岱海地区距今7000～2000年间人地关系研究》，《中国历史地理论丛》2001年，4-12页。

83M23～83M25），并征集墓位不清的6座墓（83GM26～83M31）的随葬品①。

1. 个案分析

该墓地发掘的25座墓葬的位置相对较明确，大体呈东西向，各墓间距1～4米不等。墓葬均为土坑竖穴墓，其中土坑墓13座、头龛墓6座、头龛和二层台墓2座，另有4座因破坏严重而形制不清楚的墓葬②。现对几座不同形制的殉牲墓葬进行介绍和分析。

M6，长方形竖穴土坑墓，方向70°，口略大于底。墓长2、宽0.6、深0.85米。在头部上方距墓口0.35米处的填土中，侧置有吻部朝前的3个动物头骨，由南向北分别为山羊、马鹿和羔羊。墓中埋葬40～45岁的男性，仰身直肢，面偏南。头部前端放置1件双耳罐，此罐旁南侧有羊下颌骨残块。头左侧沿坑壁竖排放置5件骨镞和2件弓弭残段，头右侧有1件偏孔圆形骨器。在腰部发现有30件扁圆形铜管状饰，4件圆形扣饰和1件骨环。这种在墓葬中不随葬弓箭以外武器的习俗，与西园墓地较相似，且这种习俗为匈奴文化的特点之一。

M14，有头龛，方向77°，墓坑长2.1、宽0.5、深0.7米。东端距墓口深0.25米的填土中，倒置吻部朝前的1个牛头骨③。墓主为40岁左右的男性，仰身直肢，面朝上，两小臂放于腹部。头龛内摆有1件双耳陶壶；在腰部有2件石环和骨环、骨带扣、穿孔骨饰各1件以及5件骨管状饰；在左胫骨外侧发现1件骨镞。

M22，有头龛和生土二层台，方向65°，墓长2.1、宽0.9、深0.9米。距墓口深0.7米处，两侧有生土二层台。在二层台之间，人骨头部前端有一月牙形头龛。在墓坑东部（即头上方）距墓口深0.25米处，有横排倒置吻部朝前的8个动物头骨，其中有1个牛头、4个山羊头、3个绵羊头，还有少量蹄骨。墓主为20～22岁的女性，仰身直肢，面朝上。在靠近头龛的南侧，摆放1件双耳陶壶。头骨两侧有3件铜耳环；颈部和左右肱骨间，有2件绿松石串珠和40枚石质管状小串珠；上肢至腹部，有35件联珠形铜饰，43件扁圆管状饰和3件圆形扣饰；下肢两侧，对称各有2件铜环、2件圆形铜饰牌和1件有柄铜饰牌；腿骨之间有1件铜铃。

2. 整体殉牲分析

25座墓葬中，除6座（M2、M3、M9、M23～M25）因破坏严重而不清楚情况外，

---

① 据简报中当地驻军的介绍，在发掘工作之前的前几年在修建停车场时，就有许多古墓遭到破坏。从发掘和钻探的资料来看，墓地内当有一百余座墓葬。1983年发掘和清理的25座墓葬位于墓地的中部。发掘者根据墓葬分布情况将墓葬分为北、西、东三组，三组墓葬相对集中在三处较为平坦的台地上。

② 内蒙古文物考古研究所：《凉城崞县窑子墓地》，《考古学报》1989年第1期，57-81页。

③ 简报的文字中称有马鹿头骨1个，而在墓葬登记表中记有牛头骨1个。本书以登记表中的记录为准。

其余的19座墓填土中均发现有动物殉牲，殉牲率达到100%①。19座墓葬中共计出土85个动物个体，其中羊的数量最多，有49个②，其次是猪和狗，分别有15个和11个，最后是牛、马鹿和马，分别有5个、4个和1个（表3.2-5）。在殉牲墓葬中最少的随葬1个动物，最多的随葬17个。

表3.2-5　崞县窑子墓地动物殉牲墓葬　　（单位：个）

墓葬	墓葬数量	殉牲数量	殉牲部位	墓主人性别
殉羊墓	14	49	头骨、下颌骨、蹄骨、肩胛骨、距骨、髋骨	男8、女6
殉牛墓	5	5	头骨	男1、女4
殉马墓	1	1	头骨	男1
殉鹿墓	4	4	头骨	男4
殉猪墓	2	15	头骨	女2
殉狗墓	2	11	头骨	女2

从单独的殉牲动物来看，殉羊墓比例最大有14座，共出土49个个体。随葬的部位有头骨、下颌骨、蹄骨、肩胛骨、距骨和髋骨等，其中主要以头骨和蹄骨的出现最为频繁。殉羊墓中男性墓8座，女性墓6座。这说明无论是男性还是女性，作为牧民最基本的活动就是管理羊群。所以在墓葬中随葬羊群的性别差别不是很大。殉牛墓有5座，共出土5个牛头骨。其中有男性墓1座，女性墓4座。牛这种动物移动性较差，一般都是作为迁徙、搬迁和转场时的牵引力而使用。同时也为牧民提供最重要的食物之一，即牛奶。由于牛不善于长距离的放牧，一般多在营地居所附近由妇女照看。并且女性还要从事挤牛奶、炼乳以及制作各种乳制品等劳作。所以在女性墓中更多的使用牛作为殉牲是牧民家庭男女劳动分工的一个反应和写照。殉马墓仅有1座，墓主为男性（M5）出土1个马头骨。此墓中其他殉牲动物仅有1个马鹿，墓葬形制相对较小，且随葬品与其他墓葬并没有明显不同。说明殉马墓的男性主人的身份并不是很高贵，随葬的马匹应该是其生前放牧时的坐骑。殉鹿墓有4座，且均为男性墓，共发现4个马鹿头骨。马鹿在墓葬中的出现应当与墓主人的狩猎活动有关。这也从侧面说明了当时的生业模式中，即使是游牧经济中也存在着狩猎活动。值得注意的是，在本书所研究的时空范围内，墓葬中随葬的绝大多数都为家养牲畜，很少有野生动物出现在墓中。这也是崞县窑子墓地人群丧葬习俗的特点。殉猪和殉狗墓各有2座，且均为女性墓。说明当

① 简报中称“二十五座墓葬中，有七座（M1～M3、M16、M23～M25）被破坏，情况不明，其余十八座墓均有殉牲”。但是据笔者仔细对比简报的图文后，发现M1和M16是有动物骨骼的，而另一座上部遭破坏的M9没有发现动物骨骼。由于殉牲动物均发现在靠近墓口的填土中，而这些情况不明的墓葬其上部均被破坏严重，所以推测这些墓葬（M2、M3、M9、M23～M25）中非常有可能也随葬有动物遗存。

② 简报中指出羊有山羊和绵羊，但是在墓葬登记表中并没有看到具体鉴定山羊和绵羊的信息，仅可知两者数量大致相等。而区分山羊和绵羊对探讨该墓地所代表的人群是如何使用和开发以羊为主体的游牧经济是至关重要的。

时的社会经济中还存在着一定的养猪业，居民的生活有一定的定居性（表3.2-5）。

从殉牲动物的组合来看，单独随葬羊和牛的分别有11座和2座；马＋鹿的组合1座；羊＋鹿的组合3座；牛＋猪＋狗的组合2座（图3.2-18）。前两种组合在男性和女性墓中出现的比例几乎相当。马＋鹿，羊＋鹿的组合仅在男性墓中出现，而牛＋猪＋狗的组合形式仅在女性墓中出现。这也再次说明在该墓地所代表的人群社会中，性别分工较明确，男性负责骑马放羊，并在特定的季节从事狩猎活动。女性也参与牧羊的活动，但更明显地是多在驻地负责管理大牲畜（牛），有时也从事饲养一定数量的猪，而狗在生产生活中扮演了助手的角色。

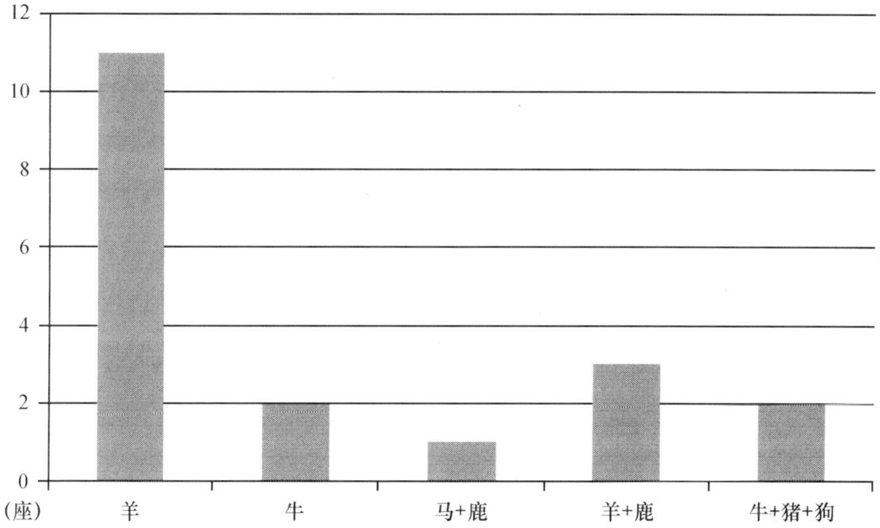

图3.2-18　崞县窑子墓地殉牲动物的组合

在我们讨论的19座殉牲墓葬中，均有人骨的性别和年龄鉴定[①]，其中男性10名、女性9名，两者几乎持平，说明男女在有无殉牲上没有差别，均流行殉牲，只是在具体殉牲何种动物上有较大差别。年龄最长者在50岁左右，其中男性2名（M6和M11）、女性1名（M17）。M6因破坏严重而不知是否有殉牲；M11出土2个羊头骨和1个马鹿头骨；M17出土2个羊头骨。结合3座墓的形制规模以及其他随葬品的多少，可以肯定殉牲的多寡与墓主人的年龄大小不成正相关。年龄最小的女童为5.5～6岁（M4）。M4出土2个羊头骨，且该墓形制规模在整个墓地中是最小的。根据墓地中还存在比M4出土殉牲动物和随葬品少的情况，笔者认为殉牲动物的数量与墓主人的年龄大小不成反相关。总之，墓葬中的殉牲与墓主人的年龄没有必然的关系。

从墓葬的规模来看，墓坑大小有别。最大的M19，长2.7、宽0.97、深2.0米，共出土17个动物个体，是墓地中发现殉牲动物数量最多的墓葬。其中牛头1个、猪头10个、狗头6个。然而墓中出土的随葬品较少，仅有1件陶双耳壶和1对铜耳环。大量的殉牲

① 整个墓地的25座墓葬中，保存人骨的有20座，经性别年龄鉴定，其中成年男性墓10座，成年女性墓8座，女童墓2座。

动物与少量的随葬品形成了鲜明的对比。墓葬中的殉牲动物被视为财富的表现形式和根本的社会关系的标志①。在当代的一些游牧民族中，牧民将所养的牲畜视为生活的全部，至少是大部分。在他们的思维中对于财富的概念较模糊。在牧民中在不破坏环境的前提下，谁家的牲畜多而健康，谁家获得的尊重就越高。笔者更倾向于殉牲动物是社会地位的表现形式之一。简单的将殉牲动物等同于财富是不妥的。最小的M4，长1.7、宽0.65、深0.6米，出土羊头骨2个和若干串饰，无铜饰品等金属遗物出土。也就是说，殉牲动物的多少与墓葬的大小有一定的关系，墓葬规模越大，殉牲动物的数量可能就越多；反之亦然。

按照发掘者分期的结果，得到表3.2-6。如果这一分期结果可信的话，很明显第一期女性殉牲墓葬多于男性，主要随葬羊、马和马鹿等动物。第二期男性殉牲墓葬多于女性，且随葬的数量有所增加，除羊和马鹿外，还新出现了殉牛的墓葬。第三期男性殉牲墓葬少于女性，殉牲动物的种类和数量均有大幅度的增加。除牛、羊和马鹿外，还出现了殉猪和狗的墓葬。这一殉牲特点的变化与具有中原文化因素的墓葬增多有关。中原文化的逐渐增多不仅使文化因素的对比发生了改变，经济类型也在发生变化②。

表3.2-6　崞县窑子墓地殉牲的阶段性特点　　（单位：个）

分期	墓主人	牛	羊	马	马鹿	猪	狗
第一期	男1、女2		3	1	1		
第二期	男6、女1	2	13		1		
第三期	男3、女5	3	28		2	15	11

（二）忻州窑子墓地

该墓地位于内蒙古自治区乌兰察布市凉城县永兴镇板城行政村忻州窑子自然村北约1千米处，西距老虎山遗址、毛庆沟墓地仅约3千米。墓地坐落在蛮汗山南麓的一个向阳坡地上，黄土发育丰厚，地势平缓，北高南低，现存面积约2万平方米。2003年，内蒙古文物考古研究所对该墓地进行科学的考古发掘，共清理墓葬69座，其中3座墓葬已遭破坏，其余66座墓葬均经过科学发掘。墓地出土了大量的陶、铜、骨、石器等随葬品。墓葬均为东西向的竖穴土坑墓，墓长1.1～2.5、宽0.4～1.1米。墓葬的深度因人为破坏差别较大，最深的1.7、最浅的仅0.1米。在正式发掘的66座墓葬中，仅有二层台的墓葬有10座，仅有头龛的墓葬有12座，既有二层台又有头龛的墓葬有18座，无二层

① 吴霄龙：《毛庆沟墓地所体现的男性及女性社会地位：继承的还是获取的？》，《性别研究与中国考古学》，科学出版社，2006年，178-202页。陈畅：《崞县窑子墓地研究》，《中原文物》2012年第3期，43-47页。

② 杨建华：《试论东周时期北方文化带中的内蒙古地区》，《内蒙古文物考古》2001年第1期，80-95+79页。

台和头龛的普通竖穴墓26座[①]。学者对该墓地的殉牲情况均比较重视，也在多篇文章中有较多论述，这使其为代表的葬俗问题愈加清晰[②]。尤其是陈全家先生对该墓地出土的殉牲动物骨骼进行了详细地鉴定工作，并从动物的种类、个体数量、年龄、性别、骨骼部位、摆放位置以及状态等方面进行了深入的分析[③]。通过笔者对数据的分析和研究，上述各方面见解的结论大体相似，仅在个别数据上略有出入，可以忽略不计。下文中将要讨论的问题尽量避免与其重复，并在其鉴定结果的基础上进行再探讨。

1. 个案分析

M10，方向76°，墓长1.9、宽0.7、残深0.4～0.64米。墓穴内南、北两侧均有生土二层台，东壁中部有一个半圆形头龛。头龛内摆放有陶罐1件。墓穴内埋葬1位25～30岁的成年女性，仰身直肢，头朝东，面向上，墓主人属北亚人种类型。在人骨周围发现的随葬品有1件铜管状饰、2件贝饰、1件鸟纹铜饰牌、10件铜联珠形饰、1件铜别针和3件铜管状饰。在人骨头部上方距墓底0.45米的填土中，发现5个动物头骨，其中有吻部朝东、倒置的4个羊头骨和1个牛头骨，大体排列呈“一”字形。还有少量的牛、羊蹄骨等专门摆放在动物口腔内（图3.2-19，1）。这种摆放方式在战国以前的中国北方地区是很少见的。将蹄骨放在口腔内进行随葬的做法广泛发现于各地区战国以后的墓葬中。这应该是用头和蹄骨来代表一个完整的动物个体。

M18，方向为86°，墓长2.28、宽0.88、残深1.16米。墓坑内东、南、北三侧均有生土二层台。墓穴内埋葬1位25岁左右的成年男性，葬式为仰身直肢，头向东、面向南，属古中原类型人种。随葬品包括2件铜扣饰以及铜带扣、骨扣和骨镞各1件。在人骨头部上方距墓底0.6米的填土中，倒置有牛头骨和羊头骨各1个。另在人骨的右侧腰部，还发现1个残狗骨架（头骨1、肱骨左1、桡骨右1、肩胛骨右1、尺骨右1、系骨1、冠骨3）（图3.2-19，2）。在填土中发现牛和羊头骨是常见的现象，但是在墓底部随葬狗骨架是值得注意的一个现象。狗之所以会出现在墓底距离墓主人如此之近的位置，应该与狗在牧人放牧、打猎等生产生活中的作用有关。在草原上时常能看见牧人与狗形影不离的场景，狗俨然成为了牧人忠实的朋友。此墓主人身旁的狗也许就是其生前形影不离的朋友。但是墓地中真正出土狗的数量非常少，且均在成年男性墓中出现。

M19，方向85°，墓长1.9、宽0.8、残深0.92米。东壁中部有一半圆形头龛，龛内发现1件陶罐。墓穴内中埋葬1位45岁以上的成年男性，仰身直肢，头朝东、面向北，属

① 内蒙古自治区文物考古研究所、内蒙古自治区文物保护中心：《岱海地区东周墓群发掘报告》，科学出版社，2016年，14-167页；内蒙古文物考古研究所：《内蒙古凉城县忻州窑子墓地发掘简报》，《考古》2009年第3期，28-48页。

② 陈畅：《忻州窑子墓地社会学研究》，《考古与文物》2013年第2期，78-82页；李丹：《墓葬习俗中性别角色和年龄结构的观察——以忻州窑子墓地为例》，《传承》2010年第3期，142-143页。

③ 陈全家、曹建恩：《内蒙古凉城县忻州窑子墓地殉牲研究》，《边疆考古研究》（第5辑），科学出版社，2007年，344-355页。

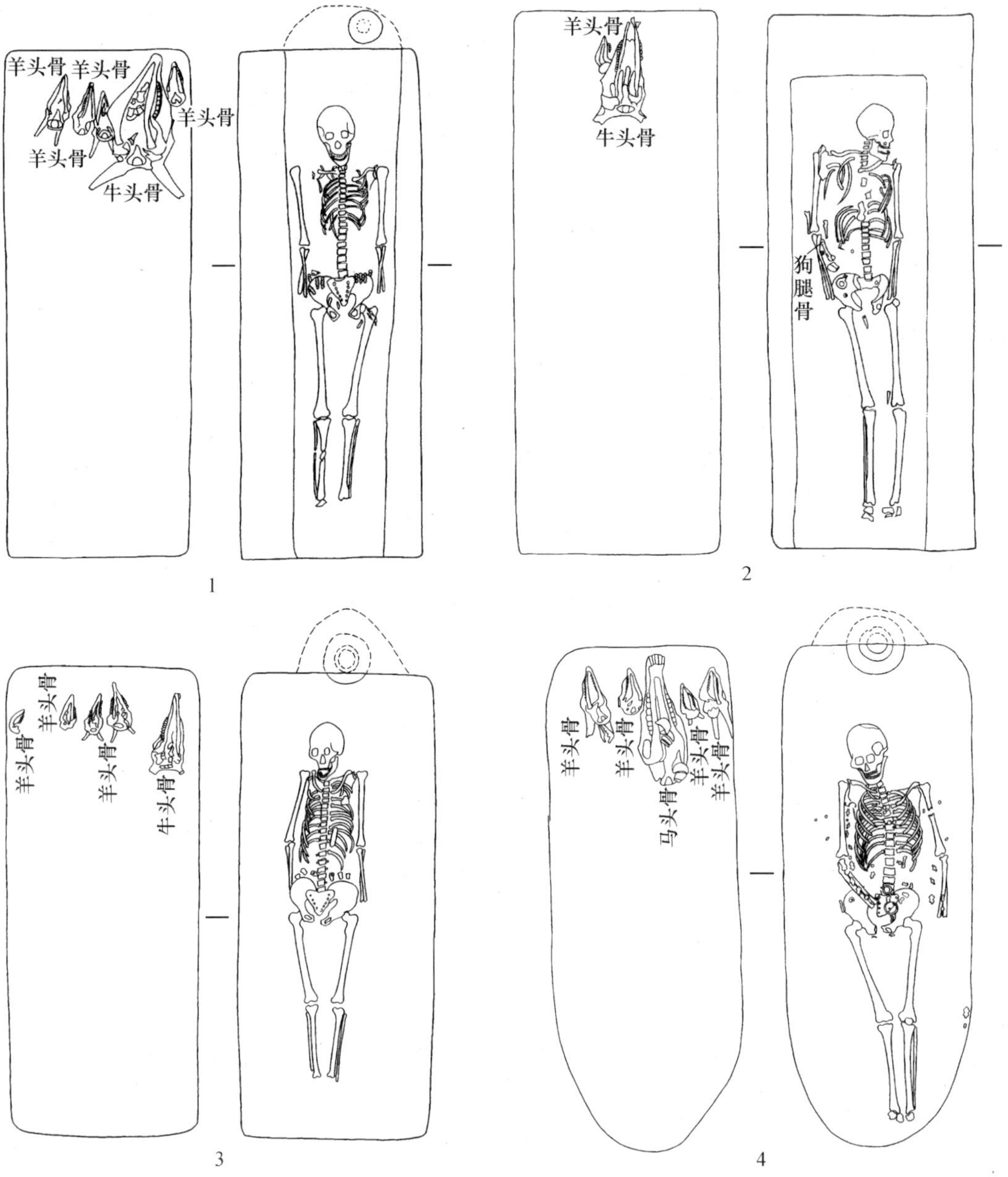

图3.2-19　忻州窑子墓地殉牲动物的出土位置示意图

1. M10　2. M18　3. M19　4. M33

古中原类型人种。其他随葬品还有6件鸟纹铜饰牌。在人骨头部上方距墓底0.3米的填土内，发现有吻部朝东、倒置的1个牛头骨和4个羊头骨，大体摆放呈“一”字形。其中牛头骨位于南端，4个羊头骨向北依次排列，还有少量的蹄骨摆放在头骨口腔内（图3.2-19，3）。

M33，方向91°，墓长2.2、宽0.8、残深0.48～0.5米。墓穴西、南、北三侧皆有生土二层台。东壁中部有一半圆形头龛，与两侧的二层台相接，其内发现1件陶罐。墓穴内埋葬1位45岁左右的成年男性，仰身直肢，头朝东、面向上。其他随葬品有2枚贝饰、20件玛瑙饰品、17件绿松石饰、63件铜管状饰、23件铜联珠饰、3件铜环和1件铜别针。在人骨头部上方距墓底0.3米的填土中和二层台上，摆放有吻部朝东、倒置的6个动物头骨，其中墓圹东端北侧有牛头骨2个，4个羊头骨依次向南排列（图3.2-19，4）。

2. 整体殉牲分析

在科学发掘的66座墓葬中，殉牲墓葬共有44座，占66.7%。墓地共出土174个动物个体，其中羊的数量最多达124个，其余依次为牛32个、马8个、猪7个和狗3个。在124个羊头骨中，山羊有63个、绵羊有46个，另有15个未鉴定（图3.2-20）。

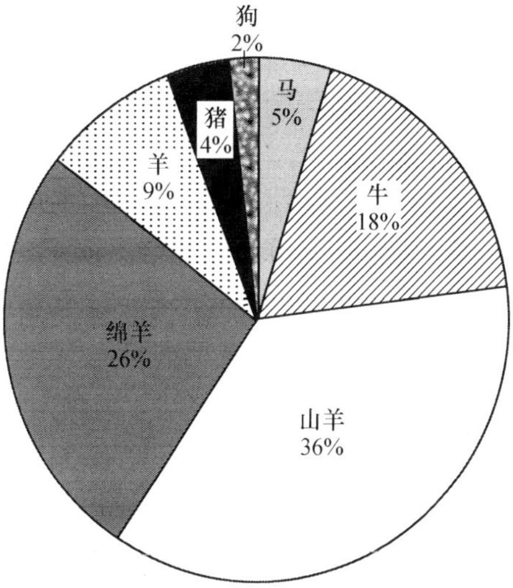

图3.2-20　忻州窑子墓地殉牲动物比例

从殉牲动物出现的频率高低依次来看，殉山羊墓，共34座，占殉牲墓葬的77.3%。殉牲部位主要有头骨、冠骨和蹄骨，另肩胛骨、距骨和寰椎的数量发现较少。其中肩胛骨有2个，应属于祭肉习俗的表现。而寰椎也仅有1例（M44），应该是屠宰切割山羊头的过程中偶然混入的，本身并不代表什么特殊的意义。距骨则发现于儿童墓中人骨的股骨之间（M36），应该是该小孩儿生前的玩具（表3.2-7）。

殉牛墓，共26座，占殉牲墓葬的59.1%。殉牲部位有头骨、冠骨和蹄骨，也有若干肩胛骨摆放在墓主人身旁。殉牛墓中成年男性墓16座，成年女性墓5座，未成年和儿童墓各5座，还有1座信息不明者。男性在使用牛作为殉牲动物上明显比女性更频繁。未成年和儿童墓中使用牛的现象相对于其他墓地来讲也是较多的（表3.2-7）。

表3.2-7　忻州窑子墓地单个殉牲动物的情况　（单位：个）

墓葬	墓葬数量	殉牲数量	殉牲部位	墓主人性别
殉山羊墓	34	63	头骨、冠骨、蹄骨、肩胛骨、寰椎、距骨	男15＞女7=儿7＞未5
殉牛墓	26	32	头骨、冠骨、蹄骨、肩胛骨	男16＞女5＞未=儿2＞不明1
殉绵羊墓	20	46	头骨、冠骨、蹄骨、肩胛骨	男9＞女5=未5＞儿1
殉马墓	8	8	头骨、冠骨、蹄骨	男4＞未3＞儿1
殉狗墓	3	3	头骨、肢骨、肱骨、桡骨、尺骨、冠骨、系骨、肩胛骨	男3
殉猪墓	1	7	头骨	男1

注：男、女、未和儿分别代表成年男性、成年女性、未成年和儿童；其后的数字是墓葬的数量，并非年龄。

殉绵羊墓，共20座，占殉牲墓葬的45.5%。殉牲部位主要有头骨、冠骨、蹄骨和肩胛骨。其中成年男性墓有9座，成年女性和未成年墓各有5座，儿童墓1座（表3.2-7）。

殉马墓，共8座，占殉牲墓葬的18.2%。殉牲的部位有头骨、冠骨和蹄骨，且所有的蹄冠骨均被放置在口腔内。殉马墓中成年男性有4座，未成年有3座以及儿童墓1座，不见有女性随葬马的现象（表3.2-7）。通过对出土马头骨的未成年和儿童墓的详细分析，并结合殉牲的特点，初步推测这些墓主人的性别很有可能均为男性。这种现象可能反映了当时社会的性别分工，女性活动的范围可能在营地及其周围半径较小的区域，从事各种家庭内部的劳动。因女性在生活中乘骑的机会较少、频率较低，所以在墓葬中不使用马来进行随葬。而这种如此分明的习俗在同时期的周边地区也没有发现类似的情况。

殉狗墓，共3座，占殉牲墓葬的6.8%，且墓主人均为成年男性。随葬的骨骼部位有头骨、肢骨、肱骨、桡骨、尺骨、冠骨、系骨和肩胛骨。殉狗习俗在冀北地区十分流行。该墓地中出现的殉狗现象与冀北地区的传统也许有关联。在内蒙古中南部的商周时期遗存中，最早在朱开沟甲类遗存的白敖包墓地中发现有殉完整狗的习俗。

殉猪墓，仅1座，占殉牲墓葬的2.3%。随葬的7个头骨显示，均为1～2月的乳猪。这座墓主人为1成年男性。猪的移动性较差，一般活动在营地周围。在墓葬中随葬乳猪的习俗不是本地的传统，与周边同时期的考古遗存也有较大差异。推测牧民将这些乳猪进行屠宰目的就是避免猪的移动性差而导致的诸问题。在一座墓葬中（M11）同时出土相同大小的乳猪，笔者倾向于是一次性屠宰的结果。很多学者在研究该墓地文化属性和经济生产方式的过程中，也是根据这座墓中出土的猪骨而确定该墓地人群从事的生业模式为有一定农业成分的畜牧业。笔者认为M11中出土的猪骨是特殊情况，在整个墓地中所占的比例极小。同时，M11出土了数量最多的殉牲动物（包括7个猪头骨），也是唯一将牛的蹄冠骨摆放在牛头骨的两侧，并且将猪和狗头骨摆放在中间，牛头骨位于北侧，羊头骨南北两侧均有分布（图3.2-21）。通常认为养猪是女性的主要劳动之一，而恰恰猪骨却出现在了男性墓中。这一问题值得深思，鉴于M11的特殊性，不能简单地据此下结论。

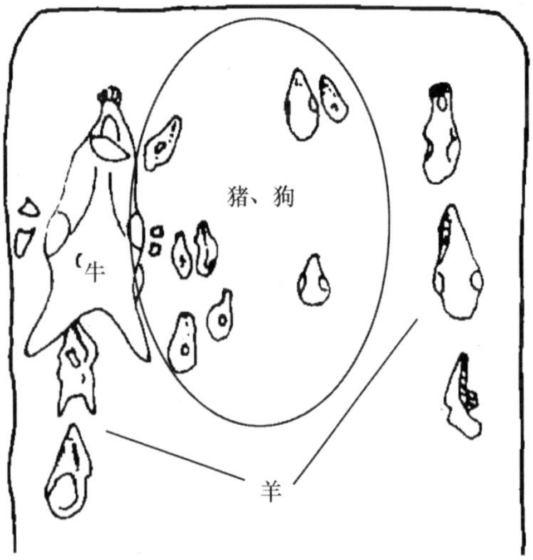

图3.2-21　忻州窑子墓地M11殉牲动物的排列

从殉牲墓葬的主人性别和年龄入手，儿童墓有7座，占15.9%。殉牲动物有马、牛、山羊和绵羊等。殉牲的动物一般多摆放在二层台上、墓底和填土中。殉牲动物组合有3种：羊；马＋羊；牛＋羊；最多是两种动物的组合。未成年墓有6座，占13.6%。随葬动物有马、牛、山羊和绵羊，这些多摆放在二层台上和填土中。殉牲动物组合有4种：羊；马+羊；牛+羊；马+牛+羊；最多为三种动物的组合。成年男性23座，占52.3%。随葬动物较多，有马、牛、山羊、绵羊、猪和狗等，多摆放在填土、二层台和墓底。成年男性的墓中殉牲动物的种类包括了所有发现的动物种类。殉牲动物组合有7种：羊；狗；马+羊；牛+羊；马+牛+羊；牛+羊+狗；牛+羊+猪+狗。最多为四种动物的组合。成年女性有7座，占15.9%。随葬的动物有牛、山羊和绵羊等，不见有马、猪和狗。这也是该墓地有别于其他墓地的特点之一。殉牲动物组合有单独的羊，牛和羊等形式（表3.2-8）。

表3.2-8　忻州窑子墓地墓主人对应的殉牲情况　　（单位：个）

墓主	墓葬数量	马	牛	山羊	绵羊	羊	猪	狗	殉牲位置
儿童	7（15.9%）	1	3	10	1	1			1
未成年	6（13.6%）	2	2	11	9				二层台4>填土2
成年男性	23（52.3%）	5	21	31	24	9	7	3	填土11>二层台10>墓底2
成年女性	7（15.9%）		5	14	12	3			二层台5>填土2
未知	1（2.3%）		1						

注：殉牲位置一栏内的数字为墓葬的数量。

根据统计，有1个个体的墓葬9座[①]，2个个体的墓葬4座，3个个体的墓葬8座，4个个体的墓葬7座，5个个体的墓葬5座，6个个体的墓葬5座，7个个体的墓葬4座，10个个体及以上的墓葬2座（图3.2-22）。很明显，墓葬中随葬1个个体的墓葬数是最多的，而随葬10个个体及以上者的数量是最少的。忽略随葬2个个体的墓葬数量少于随葬3个个体的墓室数。总体上讲，随着墓葬中殉牲动物个体数的增加，墓葬的数量逐渐减少，即大体上呈反相关关系。这也说明了殉牲动物的数量与墓葬的等级、墓主人的财富和

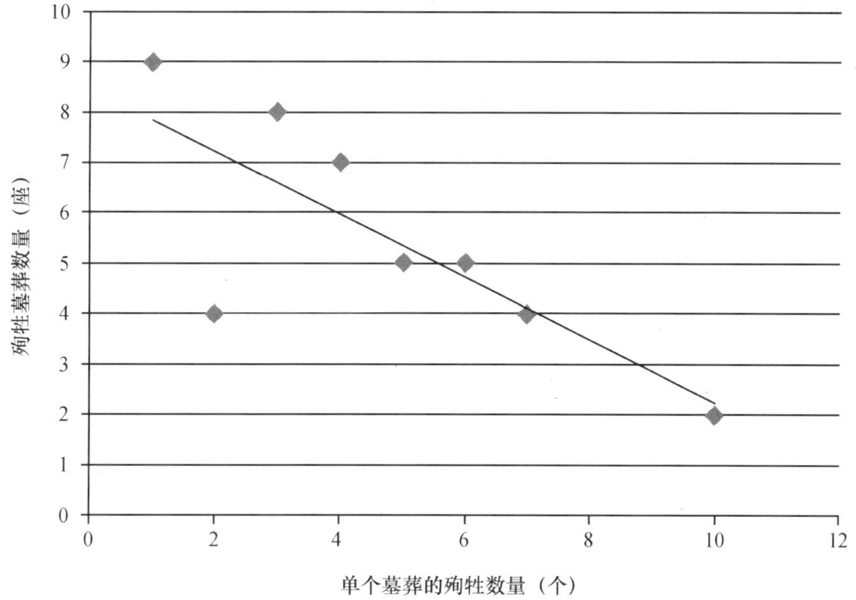

图3.2-22　忻州窑子墓地单个墓葬的殉牲数量与墓葬数量对应图

① 原文中为8座，本书按照墓地的发掘简报的墓葬登记表，将M61发现的牛头骨也统计在内。

地位有一定的关系。墓主人占有的财富多、社会地位高，墓葬等级就高，殉牲的动物个体数相应的就增大；反之亦然。当然有许多未成年，甚至是儿童墓都出现了厚葬的现象，这只能说明在墓葬中体现更多的是他们的家长或家族的势力。

从各殉牲墓葬的随葬品观察，暂时没有发现随葬品的多寡优劣与殉牲动物之间有必然的联系。可能当时的社会还不是一个等级制度十分严格的状态，各墓葬之间的差别还没有到达一种非常明显的程度。这与草原地区游牧经济和游牧社会的发展阶段有关。

3. 细化分析

现仅从殉牲动物自身的特点来探讨忻州窑子墓地所代表人群的畜群结构以及对畜群的管理方式。这里殉牲的年龄和性别是最重要的线索，也是我们暂时能够掌握到的唯一信息。

从殉牲动物的性别来看，马没有关于性别的鉴定。牛，有性别鉴定的37个，其中雌性16个、雄性11个，分别占59%、41%（图3.2-23，1）。山羊，有性别鉴定的47个，其中雌性17个、雄性30个，分别占36%、64%（图3.2-23，2）。绵羊，有性别鉴定的34个，其中雌性29个，雄性5个，分别占85%、15%（图3.2-23，3）。

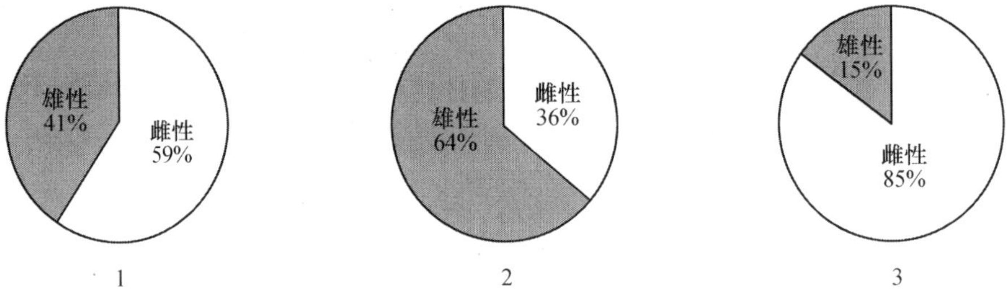

图3.2-23　忻州窑子墓地殉牲动物性别比例

1. 牛　2. 山羊　3. 绵羊

从殉牲动物的年龄特点来讲，牛，有年龄鉴定的29个，主要集中在1～3岁。未成年个体占3/5，成年个体占2/5（图3.2-24）。3岁之前的牛其肉质是最好的，而3岁之后的牛肉质变硬。牧民有可能以祭祀死者为主要目的，同时，还考虑到牛肉的食用性等问题而特意选择了未成年牛进行屠宰祭祀。

马，有年龄鉴定的8个，主要集中在7～10岁。其他年龄段的数量极少。说明当时人群对马的屠宰，使用马进行随葬是很谨慎的，并且很少随葬未成年马驹子。仅有1例随葬1岁马匹的墓葬（M51），且此墓主人为一名儿童。这不应是简单的巧合而已，是家族中的大人们为死去的孩子专门选择了一匹小马驹进行随葬，寓意为小马驹将陪伴小主人一起成长、壮大。马的年龄多在7岁以上，反映了人群对马的珍视，马在游牧经济中的地位是很高的。牧人不会轻易在马的壮年就将其屠宰进行随葬，一般都是等到年龄偏大，奔跑速度、爆发力、耐力等各项能力均开始下降的时候再使用其作为殉牲（图3.2-24）。

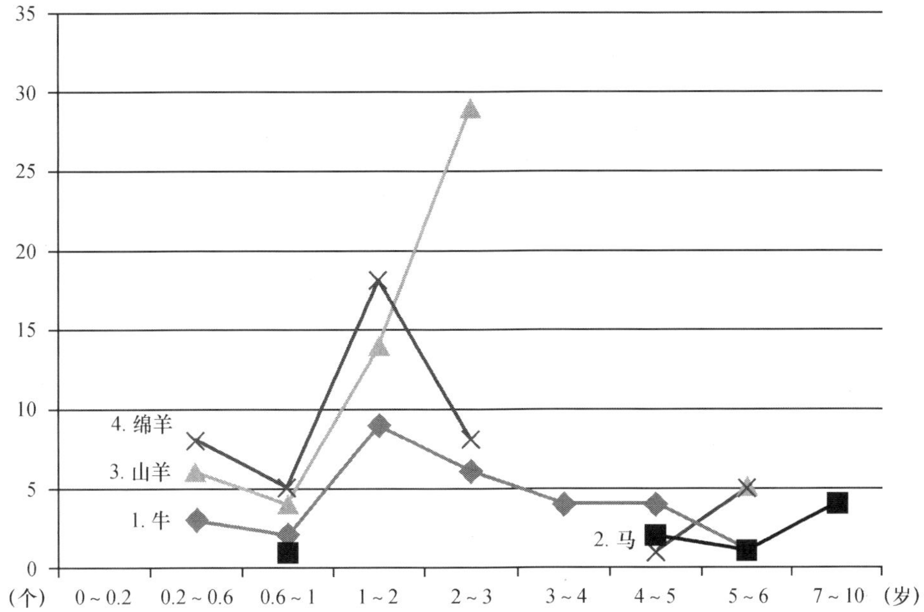

图3.2-24　忻州窑子墓地殉牲动物年龄曲线

山羊，有年龄鉴定的58个，主要集中在2～3岁和1～2岁，其他年龄段相对较少。这种屠宰方式可能是以获取皮毛和肉食资源为主导的行为（图3.2-24）。

绵羊，有年龄鉴定的45个，主要集中在1～2岁，其次是0.2～0.6岁和2～3岁（图3.2-24）。

除此，所有发现的猪均为1～2个月。狗的年龄不是很清楚，仅知有1个狗为2岁。

将墓地出土殉牲动物的性别和年龄这两个变量联系在一起，并结合动物在现代社会中的经济用途，对忻州窑子墓地牛、山羊和绵羊的经济用途进行讨论。牛大致可以分为乳用品种、肉用品种、兼用品种、役用品种四种。从图3.2-25可以看出，牛在1～2岁是其屠宰的高峰期，而且雌性占绝对的多数。这种情况可能与突发事件（自然灾害、瘟疫、重大祭祀活动等）有关。因为牧民无论是获取乳资源，还是扩大畜群规模都离不开雌性动物的繁殖力。2～5岁是第二个峰值，以雄性为主，雌性动物较少。这时牧民关注的是获得更多的乳资源。山羊可以分为乳用、肉用和绒用型三类。图3.2-26显示屠宰的高峰期在2～3岁，且以雄性为主。1～2岁是第二高的峰值，仍以雄性为主。其他年龄段均较少，雄性和未知性别为主。绵羊可以分为细毛羊、半细毛羊、粗毛羊、裘皮羊、羔皮羊、乳用羊等。图3.2-27显示绵羊在3岁之前为屠宰的高峰期，以雌性为主。而3岁之后直到5～6岁时，屠宰又开始增多，且以雌性为主。3岁之前的屠宰可能是用于食用，而5～6岁的屠宰是为了获取毛皮等。

笔者将忻州窑子墓地殉牲羊的情况结合到佩恩的理论模型中，绘制成图3.2-28。如图所示，忻州窑子殉牲羊的曲线一直在取肉模式曲线的上下波动，很明显忻州窑子墓地人群饲养羊的主要目的就是获取羊肉。2岁之后的曲线与取乳模式曲线也较近，可能在饲养羊的过程中也获取了一定的羊乳。

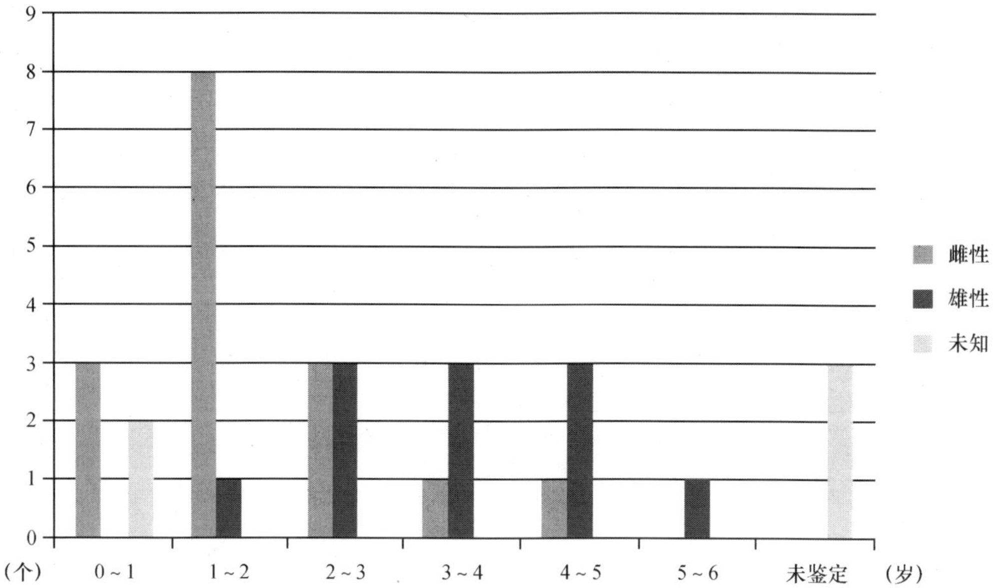

图3.2-25　忻州窑子墓地殉牛的性别与年龄

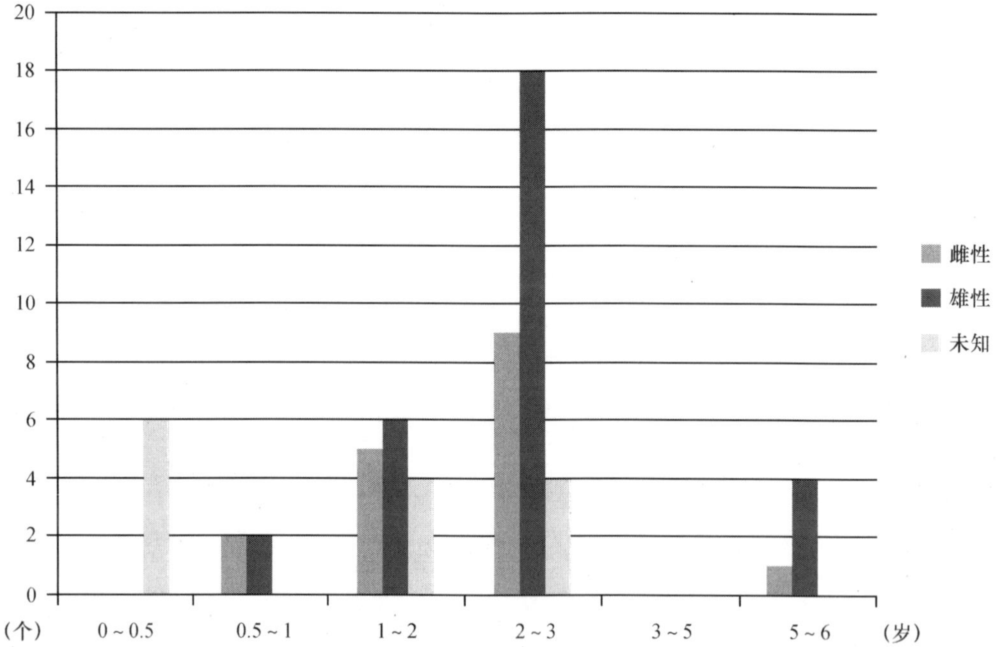

图3.2-26　忻州窑子墓地殉山羊的性别与年龄

总之，忻州窑子墓地的殉牲，无论男女老幼普遍都使用动物殉牲，殉牲率达66.7%。但是在性别和年龄上的差异也是很明显，男性殉牲墓葬的数量要远多于女性殉牲墓葬，成年男女殉牲墓葬的数量是未成年和儿童殉牲墓葬的3倍。殉牲动物的种类以山羊、绵羊、牛、和马为主，还有少量的猪和狗等。在殉牲的种类上，成年男性使用了所有的常见动物，而女性仅使用牛和羊。未成年和儿童墓中使用了男性特有的物

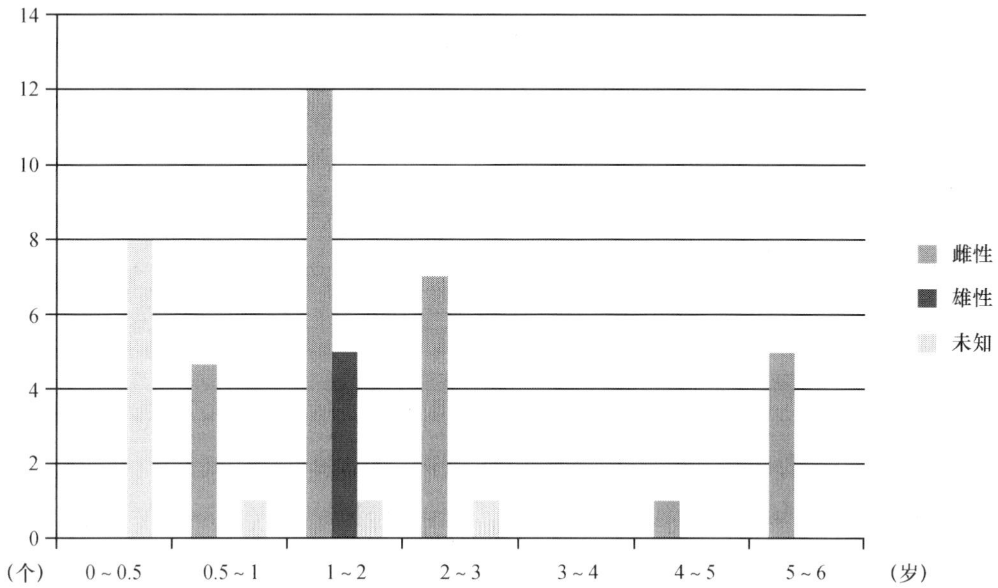

图3.2-27　忻州窑子墓地殉绵羊的性别与年龄

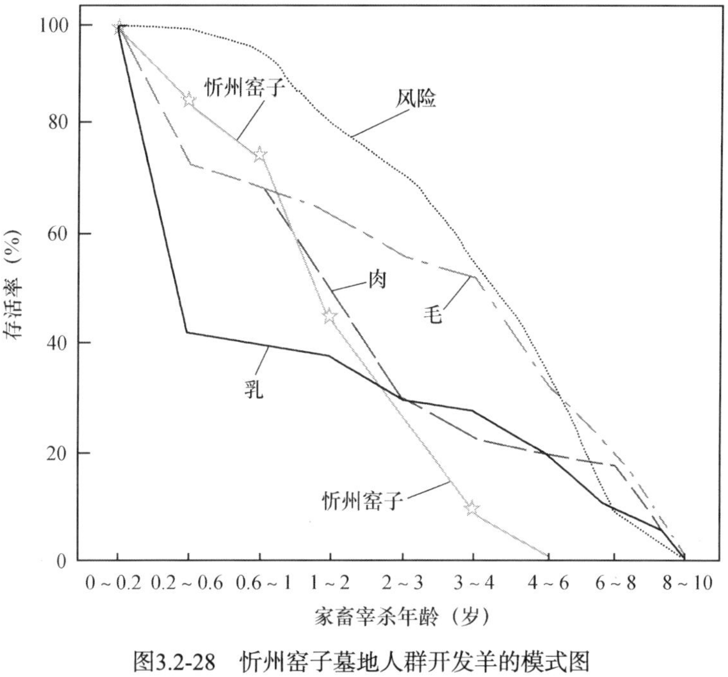

图3.2-28　忻州窑子墓地人群开发羊的模式图

种，所以初步推测这些未成年和儿童的性别极可能为男性。头蹄殉葬的葬俗此时已经比较成熟，头骨多倒置，且蹄骨（包括冠骨）一般被放置在口腔内或头骨周围。这些动物绝大多数摆放在二层台上和一定高度的填土中（相当于熟土二层台），还有少量的牛、羊肩胛骨和狗骨发现于墓底人骨的身旁。殉牲动物的吻部朝向与墓主人的完全一致，且多位于人骨头部上方的填土或二层台上。从纵向空间来看，墓主人与殉牲的动物在一个剖面上，这些动物均在墓主人的视野范围之内。畜群对于牧人的重要性不言而喻，它不仅是财富、地位的象征，更是生存的保障。该墓地人群饲养羊的主要目的就是获取羊肉，同时可能也饮用一些羊乳。

（三）饮牛沟墓地

该墓地位于乌兰察布市凉城县永兴乡毛庆沟村东北约2千米处，东北距凉城县城15千米，西北距呼和浩特市70千米。墓地坐落在东北—西南走向的蛮汗山南麓山前的缓坡地带，海拔约在1200米以上。这一带由于水土流失严重，形成沟壑纵横的地貌，墓地相当一部分的墓葬已被破坏。很多墓葬暴露于冲沟的断崖之上。墓地以西1千米处为毛庆沟墓地。1981年和1997年内蒙古文物考古研究所对该墓地进行了2次发掘，共清理和发掘38座墓葬。墓葬均为长方形竖穴土坑，且均为单人葬。按照墓葬方向的不同可以分为东西向和南北向墓，其中前者16座，后者22座。

总体来说，墓地一共有13座墓葬中发现有殉牲，占34.2%。殉牲动物种类有羊、狗、猪和狐狸，其中羊和猪的数量最多，其次是狗，最后是狐狸。从猪骨的数量来看，该墓地人群的定居性应较强。在墓葬中出现狐狸头骨是同时期周边地区墓葬中所不见的，这应该代表了狩猎活动的存在。在墓葬中随葬野生动物的现象与崞县窑子墓地较相似。两者的区别在于前者随葬狐狸头骨，而后者随葬马鹿头骨。这很有可能说明蛮汗山南北之间物种出现频率的差别，即以北地区多出现马鹿，而以南地区多出现狐狸等。羊和猪殉牲的部位主要有头骨、椎骨、肩胛骨、肋骨和腿骨等。狗多以完整骨架的形式被摆放在距离墓主人较近的位置。

从摆放在位置看，羊、猪、狐狸和狗头一般多摆放在人骨头部上方或左右两侧。猪和羊的肩胛骨、椎骨、肋骨和腿骨多摆放在木棺外侧和木棺盖之上。狗骨架多摆放在棺椁之间以及木棺之下。

从墓主人的性别来看，殉牲墓葬中男性8座，女性3座，未知2座。男性在使用殉牲上明显要多于女性。在墓葬的面积方面，殉牲墓葬最大的为6.18平方米，最小的为1.68平方米。这两座墓也是整个墓地中最大的和最小的墓葬。墓葬面积的大小与是否有殉牲及殉牲数量的多少并没有规律性。在随葬品方面，殉牲墓葬中无随葬品的有2座，有1件随葬品的6座（其中5座仅出铁带钩，1座仅出铜泡），有2件随葬品的3座，有3件随葬品的2座。随葬品的有无与多少与殉牲动物之间也没有必然的联系，且与墓葬的面积也不成正相关。

很多学者都注意到墓地中东西向墓和南北向墓之间是两个文化系统，前者代表的是本地的游牧居民，后者为新到来的农业居民。两者在墓地的最晚期有过一段并存的阶段。正如报告中所说“两个集团已经生活在同一地区，采取了几乎相同的生活方式。也就是说，当时人们生计的一部分依赖于农耕，但丧葬礼仪严格遵守各自的规则习惯。但是，随着时间的推移，上述仪式渐渐淡薄，两种墓的差距缩小。到后来，仅有墓向作为出身的标志残留下来”。

在殉牲墓葬中，被认为是外来农业人群的南北向墓要多于本地游牧人群的东西向墓。东西向墓共5座，占墓地总数的38.5%，占东西向墓总数的31.3%。南北向墓8座，占墓地总数的61.5%，占南北向墓的36.4%。无论在总墓葬中的比例，还是占同一墓向的比例，南北向墓均要高于东西向墓。在墓葬的面积、墓主人的性别以及殉牲动物摆放的位置方面差别不是很大。在随葬品方面，东西向墓主要出土铜饰牌、铜带钩和陶罐等；南北向墓主要出土铜管饰、铜环、石环和铁带钩等。

在殉牲的动物种类上，东西向墓主要以动物的头骨为主，有狗头骨、羊头骨、狐狸头骨和猪头骨。另还有少量的猪骨、羊颈椎骨和狗骨架等。例如82EM5，方向54°，竖穴土坑，墓长2.25、宽0.95、深1.05米。人骨性别、年龄不明，仰身直肢，头向东。在头骨上方摆放有1件高领灰陶罐和1个狗头骨。在胸椎右侧有1枚铜扣（图3.2-29，1）。再如82EM9，方向75°，竖穴土坑，墓长2.45、宽1、深1.8米。埋葬1位男性，仰身侧屈肢，头向东。在头骨上方摆放有1件高领灰陶小罐。紧靠着陶罐以东整齐地摆放6个动物头骨，其中靠近最北侧为1个羊头骨和4块羊蹄骨，最南侧为1个猪头骨，中间为4个狐狸头骨。在人骨的左侧腰部发现1件铜带钩，在左侧膝部外侧发现1件青铜饰牌（图3.2-29，2）。

南北向墓中不见单独随葬动物头骨的现象，多为羊和猪等动物的肩胛骨、羊肋骨、腿骨和脊椎骨等祭肉现象。另有随葬完整狗的习俗，这与东西向墓的特点相似。这也是两种文化背景人群不断认同的证据之一。例如82EM10，方向343°，竖穴土坑，墓长2.5、宽0.8、深1.9米。头向北，仰身直肢。墓坑西北角发现1件铜环，头部上方偏西靠近西壁处有1件石环。右上肢骨内侧发现1件铜管状饰。羊肩胛骨及4块碎骨被放置

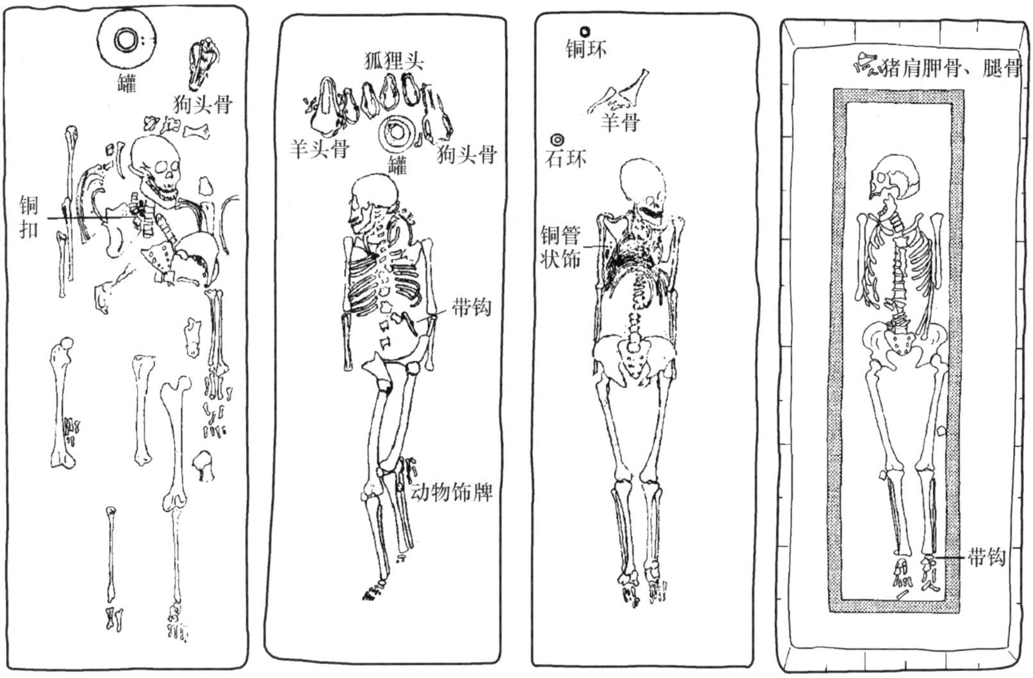

图3.2-29　饮牛沟墓地殉牲墓葬平面示意图

1. 82EM5　2. 82EM9　3. 82EM10　4. 97YM21

在人头骨的上方（图3.2-29，3）。97YM21，方向339°，竖穴土坑，墓长2.4、宽0.95米。人骨为女性，头向左偏，直肢。在人骨左踝骨处发现1件铁带钩。在头端棺外偏西处发现猪的肩胛骨和腿骨（图3.2-29，4）。

总之，饮牛沟墓地的殉牲率（包括祭肉）有3成左右，还没有形成全民使用殉牲的习俗。殉牲动物有羊、猪、狗和狐狸等。东西向墓和南北向墓中发现的殉牲有着明显的差别。主要表现在殉牲的部位方面，东西向墓以随葬动物的头骨为主，南北向墓主要随葬动物的肩胛骨、肋骨、肢骨等部位。这种区别主要是与人群的不同有关，东西向墓是牧业人群的代表，而南北向墓是农业人群的代表。只是在殉牲的种类上，农业人群使用了草原上常见的动物。

（四）毛庆沟墓地

该墓地位于凉城县西南、田家镇东北五千米的蛮汉山南麓海拔1243～1260米的山坡上，南北长约100米，东西宽约80米。共发掘79座墓葬，均为长方形竖穴土坑墓。根据墓葬的头向，这个墓地的墓葬分为两种，一种是东西向墓葬，共有67座，第二种是南北向墓葬，有12座。这两种墓葬之间没有发现打破或叠压关系，墓地比较完整①。

在79座墓中，有16座殉牲墓葬随葬有动物的头骨，另有24座因被扰动，只发现零碎的动物骨骼，殉牲率达到50.6%。殉牲墓葬均为东西向墓，南北向墓中均不见殉牲。发掘者认为殉牲的方式为当墓主人死后，首先将尸体掩埋在墓圹之内，然后割取牲畜的头和蹄骨，摆放在死者头部之上的填土中，大体呈横列，吻部向前，多倒置。殉牲的种类有马、牛、山羊和狗，其中山羊的数量最多。现对几座东西向殉牲墓葬做简要介绍和讨论。

M31，墓坑长2.3、宽0.95、深1.4米。墓坑内埋葬1位40～45岁的男性。在距墓口深0.2米处有1个马头骨，至深0.55米处露出头龛，头龛内置1件陶罐（图3.2-30，1）。

M23，墓坑长2.3、宽1.28、深3.9米。墓坑内埋葬1位成年男性。头龛内置有2个牛头骨，陶罐则放在棺内（图3.2-30，2）。

M6，墓坑长2.75、宽1、深1.3米。墓坑内埋葬1位55岁左右的老年男性。填土中摆放2个牛头骨和12个羊头骨，其中牛头骨居中，羊头骨摆放在牛头骨周边（图3.2-30，3）。

殉牲的组合方面，单独随葬羊头骨的有4座（M14、M13、M17、M58），单独随葬马头骨的有2座，牛头骨＋羊头骨的10座。殉牲的动物骨骼以牛和羊的头骨为主，另有较多的随葬羊肩胛骨的习俗。羊肩胛骨有的摆放在死者腰部左右侧，有的置于胸部和腹部之上。

与墓主人的关系方面，单独随葬羊的墓葬，多为女性墓；以牛和羊殉葬者多为男性；而单独随葬马的情况均在男性墓葬。可见殉牲在性别上的差异很明显。整体来

① 内蒙古文物工作队：《毛庆沟墓地》，《鄂尔多斯式青铜器》，文物出版社，1986年，227-315页。

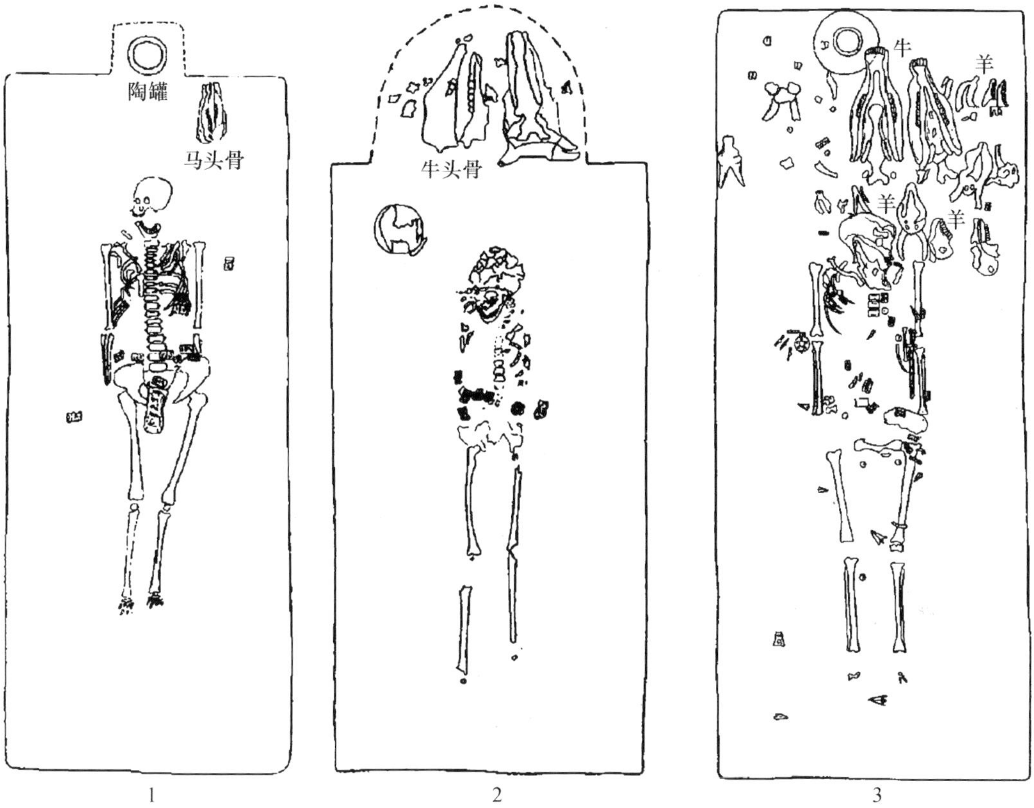

图3.2-30　毛庆沟墓地的殉牲墓葬

1. M31　2. M23　3. M6

说，男性墓中发现的殉牲动物要多于女性墓，当然整个墓地中男性墓的数量就多于女性墓。

殉牲动物的摆放多数情况是比较有规律的，殉牲动物多摆放在墓主人头部上方的填土中。一般大牲畜，如牛和马的头骨位于中间位置，小牲畜羊多位于大牲畜的两侧或周边。这种排列方式在东周时期周边地区的墓葬中均较常见（图3.2-31）。

总之，毛庆沟墓地的人群在使用殉牲上较普遍，达到半数以上。殉牲动物主要有马、牛、羊和狗等，多以头骨为主，另有少量的羊肩胛骨。男性使用动物殉牲比女性相对更盛行，且男性主要以马、牛和羊为主，而女性主要使用羊为主。晚期的墓葬中随葬羊的数量减少，而牛的数量增多。这与晚期南北向墓葬的增多大体同时发生，应当是随着中原人的北上，游牧经济开始减弱，农业成分开始增多。

（五）小双古城墓地

该墓地位于乌兰察布市凉城县八苏木乡小双古城村东南1千米的向阳坡地上，地处岱海南岸王墓山的北坡。1996年内蒙古文物考古研究所清理了1座遭到严重破坏的墓葬。2003年为配合岱海电厂的工程建设，又对该墓地进行了抢救性发掘，共发掘了14

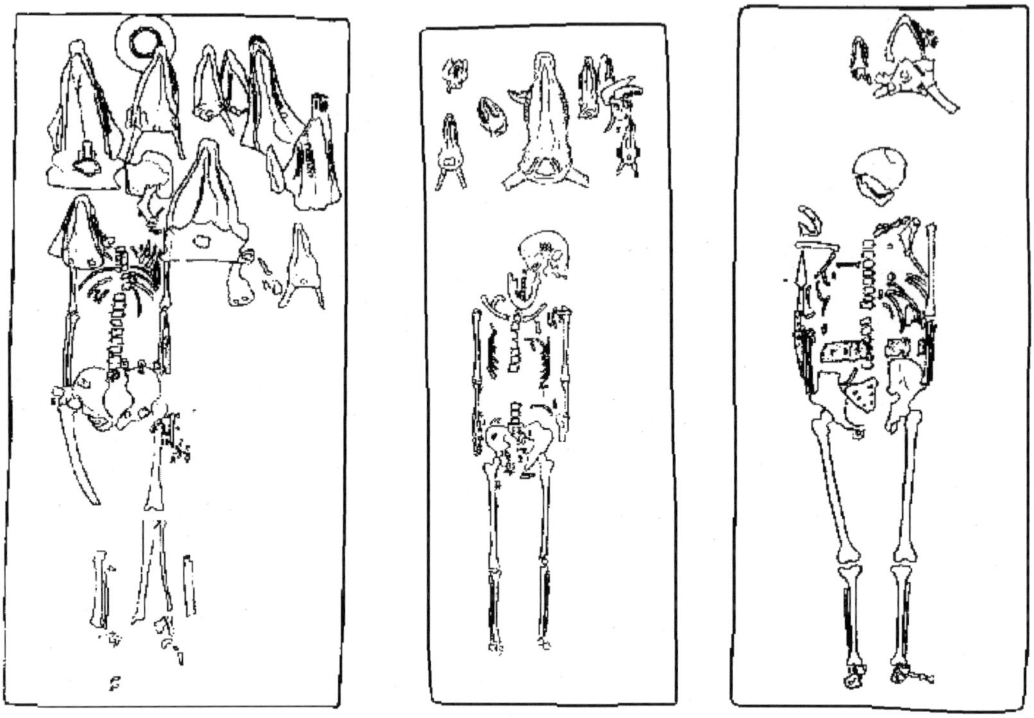

1　2　3

图3.2-31　毛庆沟墓地的殉牲摆放

1. M75　2. M2　3. M27

座墓葬[①]。在正式发掘的14座墓葬中，除2座竖穴土坑墓外，其余12座均为偏洞室墓。偏洞室墓墓穴平面略呈长方形，在其北部下侧掏一偏洞室，底部略低于墓穴底部。除M14未见人骨，其余皆为单人葬，仰身直肢，多面向北。墓葬方向8°～55°，头向东北[②]。

1. 个案分析

M2，竖穴土坑墓，方向为55°。墓坑平面略呈梯形，墓长2.15、宽0.53～0.6、残深0.37米。墓中埋葬30岁左右、属北亚人种的1个男性人骨，仰身直肢，头向东北，面向上。在人头骨左侧发现铜扣饰1件，在人骨右中部靠近墓壁处发现云纹铜饰牌、铜刀各1件，左侧腹腔之内散落有1件骨扣。墓中摆放的殉牲动物较多，共有9个动物头骨和少量蹄骨。在墓主人左侧颅骨之上发现吻部向前、正置的1个牛头骨；盆骨之上有吻部向前、侧置的1个牛头骨；墓主人头骨前端、墓圹西北角的墓底处，发现有吻部向前、

① 该墓地是1996年第一次发现，并在当年清理了M1这座已遭到破坏的墓葬，其余14座墓葬均在2003年发掘。M1由于遭到严重的破坏，在其中是否有无殉牲我们不得而知，故在下文中统计数据的过程中，我们未将其计算在内。

② 内蒙古自治区文物考古研究所、内蒙古自治区文物保护中心：《岱海地区东周墓群发掘报告》，科学出版社，2016年，168-212页；内蒙古文物考古研究所：《内蒙古凉城县小双古城墓地发掘简报》，《考古》2009年第3期，15-27页。

正置的3个羊头骨，以及吻部向后、侧置的1个羊头骨；墓圹东南角墓底处还有1个羊头骨，但仅存下颌骨；墓主人腿骨右侧的墓底之上则有吻部向前、侧置的2个羊头骨；另在人骨周围以及各殉牲的动物头骨间散落有部分动物的蹄骨（图3.2-32，1）。

M5，偏洞室墓，方向为35°。墓室开口于墓道底端右侧并向前挖进，平面呈长方形，前端左侧略显内收，平底，顶部已塌陷故形制不明。填土中出有云纹铜饰牌、铜管状饰各1件。偏洞室中埋葬45岁以上、属北亚人种1个男性人骨，仰身直肢，头向东北，面向西北。人骨周围散落有一些绿松石、铜饰牌和扣饰等随葬品。墓中共发现了9个殉牲动物，在墓道底中段发现吻部向前、正置的2个牛头骨，后端发现吻部向前、正置的牛头骨1个；牛头骨周边空隙处还散布有吻部大体向前、正置或侧置的6个羊头骨（其中部分头骨保存较差，仅存有下颌骨），以及少量蹄骨（图3.2-32，2）。

M7，偏洞室墓，方向为40°。墓道长2、宽0.5～0.7、残深0.7米。墓室开口于墓道底端右侧并向前挖进，平面基本呈梯形，平底，顶部略有塌陷，但基本上还能分辨出弧状穹顶的原始状态；墓室长2、宽0.35～0.42、高0.76米。洞室内埋葬45岁以上、属北亚人种的1个男性人骨，仰身直肢，头向东北，面向西北。殉牲动物共发现有4个，大体呈一字形集中摆放在墓道底部前端，自左向右依次有吻部向前、正置的1个牛头骨和3个羊头骨。另在牛头骨附近还散落有少量蹄骨（图3.2-32，3）。

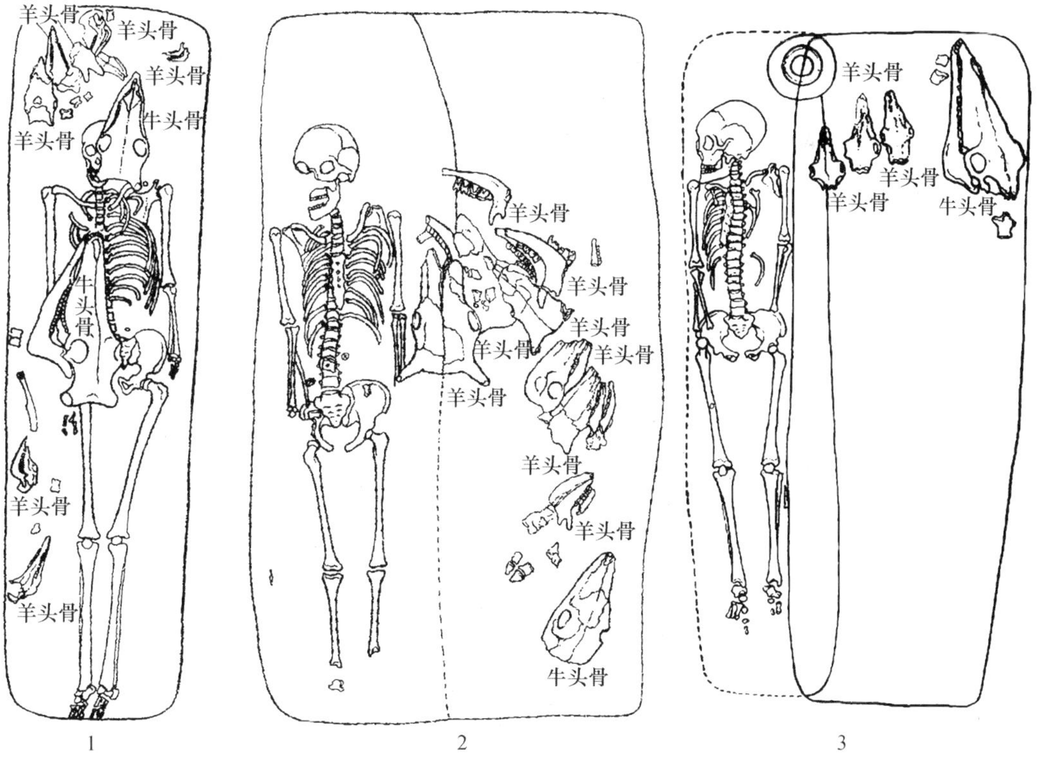

图3.2-32　小双古城墓地殉牲墓葬平面示意图

1. M2　2. M5　3. M7

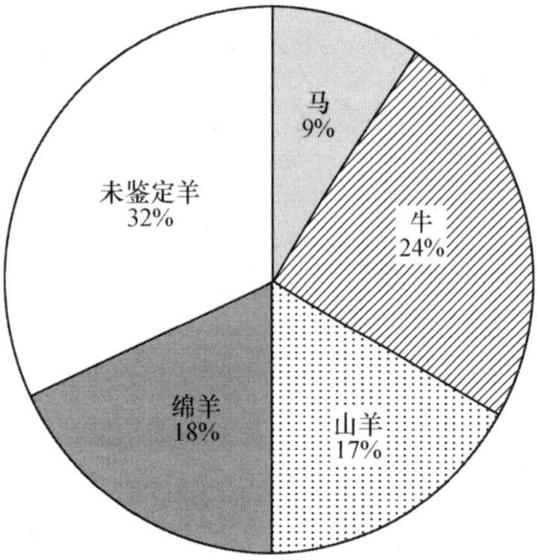

图3.2-33　小双古城墓地殉牲动物比例

2. 整体殉牲分析

正式发掘的14座墓葬中，除M6、M12和M15外，其余11座墓葬中均发现有动物殉牲，占78.6%。共计发现66个个体，其中马6个、牛16个、山羊11个和绵羊12个，另有21个羊头骨未见标本（图3.2-33）。可见羊头骨的数量是最多的，其次是牛，马的数量较少。殉牲动物的部位主要有头骨、寰椎和趾骨（或指骨，包括蹄骨、系骨和冠骨等）。有的动物头骨连着寰椎的情况，反映了当时的屠宰技术。推测当时的人群在屠宰牲畜进行祭祀的过程中，并没有一个严格的规定和程序，至少在切割牲畜头骨的时候显得较随意。屠宰技术较好的牧民可以很准确的找到头骨与寰椎之间的缝隙，并熟练的进行切割。头骨与寰椎的比例为20：36，陈全家从解剖学的角度出发认为，寰椎与头骨的枕骨髁相接，并套接在一起，所以在肢解头骨时是比较困难的，而寰椎与其后的枢椎接合不是很牢固①。这也从解剖学的角度印证了笔者之前认为的寰椎的出现并不是一个固定的做法，而仅仅就是在屠宰切割过程中的一个随意的行为。这也从侧面反映了游牧民族粗犷的性格。

从殉牲的组合来看，可以细分为8个组合：羊（3座）；牛+绵羊（1座）；牛+羊（1座）；马+绵羊（1座）；牛+山羊+绵羊（2座）；马+山羊+羊（1座）；马+牛+绵羊+羊（1座）；马+牛+山羊+绵羊+羊（1座）。可见，除羊以外的其他动物均不单独进行随葬，且各组合形式的数量均相当。

从单个动物的出现频率来看，在11座殉牲墓葬中，殉牛墓有6座，占54.5%，成年男性墓有3座，成年女性墓有1座，另有2座未成年墓②。也就是说男性在殉牛的比例上要大于女性。殉羊墓有11座，占100%（其中山羊墓4座、绵羊墓6座、未鉴定羊墓3座）。可见羊在当时人群的生活中扮演的是最基本性的角色，也是最具普遍性的动物。同时，绵羊和山羊的数量大体相当。殉羊墓的墓主人性别特点也就是整个墓地殉牲墓葬的性别特点，即成年男性4座，成年女性2座，未成年3座，性别不明1座，另1座无人骨。也就是说男性在使用殉牲动物上（包括羊）的概率略大于女性，而未成年人也有较多随葬动物的殉牲情况。殉马墓有4座，占36.4%。其中成年男性墓有2座，未成年墓2座（其中M9的性别可能为男性）。可见殉马习俗主要在男性之间流行，女性基本不随葬马匹。这应该是与男性在日常生活中的性别分工有关，而与贫富无关。女性

① 陈全家、曹建恩、孙金松、党郁、王春雪：《凉城县小双古城墓地殉牲研究》，《内蒙古文物考古》2010年第2期，56-62页。

② 杨建华先生根据墓地中男性出土武器的情况，认为出土有镞和镳的M9的未成年墓主人的性别为男性的可能性较大。

的劳作可以离开马而独立进行，而男性无论是放牧还是战争都要有马才能进行。

殉牲的摆放位置可以大体分为三种：第一种直接将动物摆放在墓主人的身体上和身边（仅1例，即M2）；第二种将动物放置在墓室内和墓道的底部（仅1例，即M11）；第三种将动物的头骨放置在墓道的底部，下葬的顺序为先将墓主人安放在偏洞室内，然后在墓道底部放置殉牲动物头骨和趾骨，最后填土掩埋[①]。

从墓葬的等级来看，杨建华先生根据墓葬的面积将整个墓地分为五个等级，并指出第二、三之间或第三、四等级之间并不是绝对的差别，但是第二和第五等级之间的差异是显著的，这是质的差异[②]。从表3.2-9很明显可以看出，随着墓葬等级的升高，殉牲动物的种类和数量都在相应的增加。也就是说殉牲的种类多少和数量的大小反映的是当时社会的等级观念。但这不是绝对的，因为即使在最高等级的墓葬中（M12）也有未使用殉牲的情况，这与该墓主人特殊的身份有关[③]，而与贫富分化和社会地位无关。具体来讲，单独随葬羊头的一般等级较低，随葬马头的一般等级较高，且以男性为主。

表3.2-9　小双古城墓地的等级与殉牲　（年龄：岁；数量：个）

等级	墓号	性别	年龄	人种	殉牲	共计
Ⅰ	M10		未		牛1、羊2	3
	M15	男	成			无
Ⅱ	M8	?	?		羊2	2
	M13	女	20～25		羊2	2
	M14	无人骨			羊2	2
Ⅲ	M4	?	14～16		马1、山羊、1羊3	5
	M6	女	16～27			无
	M5	男	45	北亚	牛4、山羊2、绵羊1、羊2	9
Ⅳ	M2	男	30±	北亚	牛3、山羊2、绵羊1、羊3	9
	M3	女	20～25	古中原	牛1、绵羊2	3
Ⅴ	M7	男	45	北亚	马1、绵羊3	4
	M9	?	14～16		马2、牛3、山羊6、绵羊4、羊4	19
	M12	女	25	古中原		无
	M11	男	17～18		马2、牛4、绵羊1、羊1	8

① 陈全家、曹建恩、孙金松、党郁、王春雪：《凉城县小双古城墓地殉牲研究》，《内蒙古文物考古》2010年第2期，56-62页。

② 杨建华、曹建恩：《内蒙古凉城县小双古城墓地女性墓葬的社会地位试析》，《内蒙古文物考古》2010年第1期，62-69页。

③ 杨建华先生认为该墓主人是北亚的男性迎娶的来自中国中原地区的年轻女子。她因为受到了男性贵族的宠爱而获得了较多的赏赐品，以豪华的装饰品为主。但是在其墓中并没有随葬殉牲动物，这是由她的中原人的身份决定的，另一方面也可能反映了此女性墓主人生前并不从事牧业生产等活动。

3. 细化分析

从殉牲动物的性别来看，马没有关于性别的鉴定。牛，有性别鉴定的仅5个，其中雌性1个、雄性4个，剩余11个性别不明（图3.2-34，1）。山羊，有性别鉴定的仅4个，其中雌性2个、雄性2个，剩余7个性别不明（图3.2-34，2）。绵羊，有性别鉴定的10个，均为雌性，另有2个性别不明（图3.2-34，3）。除去性别不明者，可见殉牲牛以雄性为主，殉牲山羊雌雄各半，殉牲绵羊则仅使用雌性。

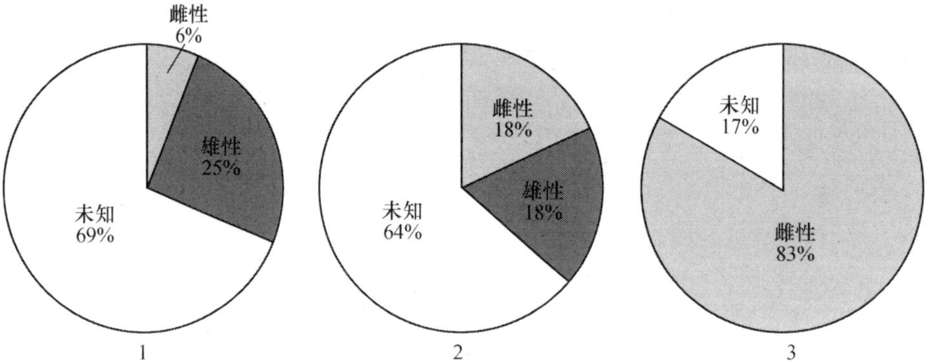

图3.2-34　小双古城墓地殉牲动物性别比例

1. 牛　2. 山羊　3. 绵羊

从殉牲动物的年龄特点来讲，牛主要集中在1～2岁之间，1岁以下的略多于2岁以上的。与其他墓地的殉牲情况比较而言，牛的年龄整体偏小，最大者不过3.5岁。马的年龄2岁以下的有3个，3～5岁的3个。整体来讲，马的年龄也相对偏小。绵羊的年龄主要集中在1～3岁，不见大于3岁者。这与忻州窑子的殉牲情况较相似。山羊的年龄分布较均匀，1岁以下的有4个，1～2岁的2个，2～3岁的5个。

将墓地出土殉牲动物的性别和年龄这两个变量联系在一起，并结合动物在现代社会中的经济用途，对小双古城墓地牛、山羊和绵羊的经济用途进行讨论。从图3.2-35可以看出，牛的屠宰年龄集中的1～2岁之间，且仅见雄性。仅见1例3.5岁的雌性发现于1座女性墓中（M3）。可见当时社会不舍得使用母牛进行随葬。这是因为母牛对牧民牲畜规模的扩大有着至关重要的作用，并且为牧民提供日常所需的乳资源和强劲的牵引力。图3.2-36所示，绵羊主要集中在1～3岁之间，1岁以下的有3例，且这些个体均为雌性，不见有雄性个体。这一特点在整个内蒙古中南部东周时期的殉牲中是不见的。初步推测小双古城墓地所代表的人群饲养绵羊可能更多的是以获取肉和毛资源为目的的行为。图3.2-37所示，山羊的屠宰年龄集中在0～0.5和1～3岁之间，其中2岁以下的性别多不明。2～3岁之间的个体雌性和雄性的数量大体相似。

笔者将小双古城墓地殉牲羊的情况结合到佩恩的理论模型中，绘制成图3.2-38。如图所示，小双古城墓地的模式曲线一直徘徊在取肉模式曲线的上下，可见该墓地的人群饲养羊的目的也是获取羊肉。

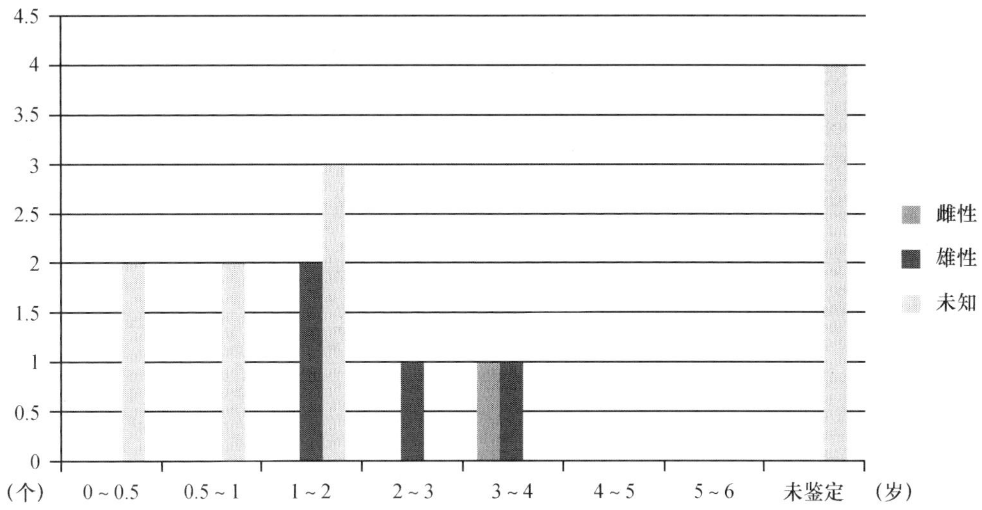

图3.2-35　小双古城墓地殉牲牛的性别与年龄

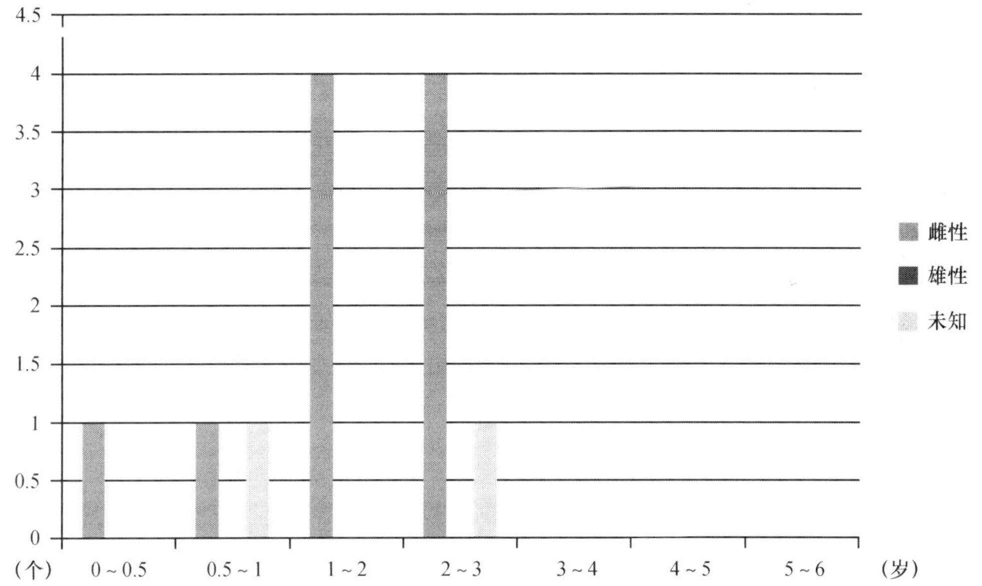

图3.2-36　小双古城墓地殉牲绵羊的性别与年龄

总之，小双古城墓地的殉牲较普遍，达到78.6%，且以男性殉牲的情况较多。殉牲动物种类有羊（山羊和绵羊）、牛和马，其中羊的数量和出现频率最多。墓葬的面积大小与随葬品的丰富度以及殉牲动物的多少大体呈正相关，也就是说墓葬的面积越大，其随葬的器物和殉牲动物就越多，墓葬的等级自然就高，且殉马墓的等级一般较高，多为男性。殉牲动物的摆放多位于墓道底部，且大多数动物的吻部与墓主人头向相同。当大牲畜与小牲畜同时出现时，大牲畜多在前，小牲畜在后。在使用殉牲动物时，对动物的性别进行了有意识的选择。牛多为雄性，绵羊均为雌性，山羊为雌雄各半。这些均反映了当时人群对动物的利用和开发模式。笔者认为养牛以取乳为主，养

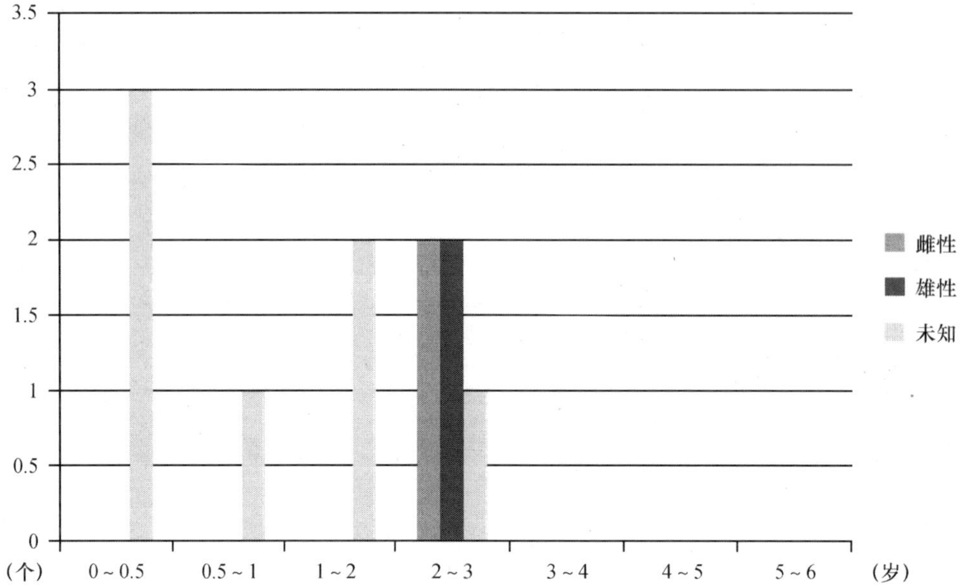

图3.2-37　小双古城墓地殉牲山羊的性别与年龄

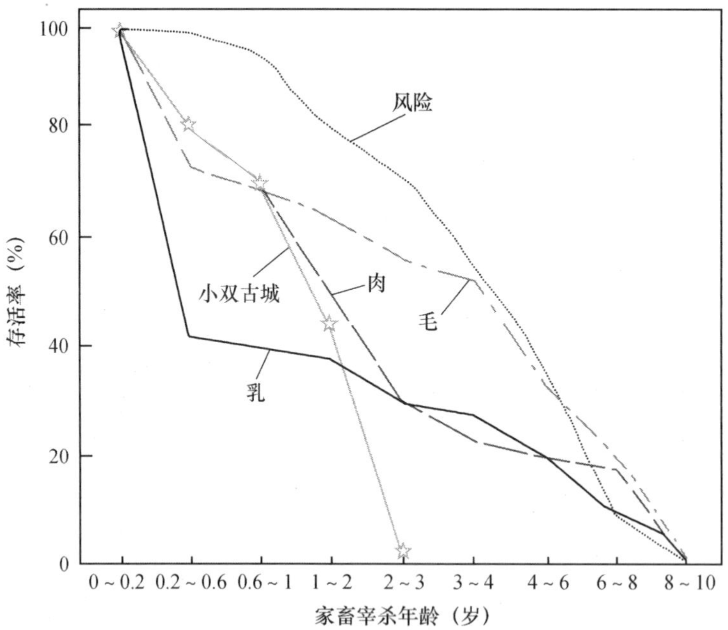

图3.2-38　小双古城墓地人群开发羊的模式图

羊以取肉为主。

值得一提的是，由于墓地的规模较小，墓葬数量以及出土的殉牲动物的个体也相对较少，所以在讨论上述问题时难免有局限性。

（六）水泉墓地

该墓地位于乌兰察布市凉城县永兴镇水泉村北约1.5千米处，地处蛮汗山南麓，东距老虎山遗址、毛庆沟墓地等遗址约0.5千米、距忻州窑子墓地4千米。整个墓地坐落于南低北高的向阳山坡之上①。墓地东西长70、南北长120米，总面积8400平方米。距忻州窑子墓地较近，两者皆位于蛮汗山南麓，之间还有毛庆沟墓地，两条南北向汇入永兴水库的季节性河流将三处墓地分割开。2008年共发掘东周时期的墓葬27座。墓葬均为竖穴土坑墓，平面呈圆角长方形。少数墓葬发现有木质棺椁，个别墓葬中还有头龛（1座）和二层台（3座）。随葬品有陶器、青铜器、铁器、骨器和玉石玛瑙器等。根据墓葬方向可分为东西向和南北向，其中东西向墓葬20座，南北向7座。

在发掘的27座墓葬中，有9座殉牲墓葬，占33.3%，其中2座为南北向墓葬，另7座为东西向墓葬。殉牲动物共计发现39个牛和羊的个体，其中牛3个，羊36个②。

殉牲部位主要有头骨和蹄骨，个别墓葬可见随葬羊肢骨和肩胛骨的现象。以羊肩胛骨作为祭肉的墓葬均为南北向墓，且均为男性墓（图3.2-39，1）。以牛、羊的头骨和蹄骨作为殉牲的墓葬均为东西向墓，且以男性为主（图3.2-39，2）。以羊肢骨作为殉牲动物的墓葬均为东西向墓，且女性墓中也有使用。

从墓主人的性别来看，南北向墓均为男性墓。东西向墓中男性4座、女性2座，未知性别1座。可见，无论是南北向墓，还是东西向墓中男性使用殉牲的频率要多于女性。

有学者③将水泉墓地分为四个等级，第一等级墓葬仅1座，为东西向男性墓；第二等级墓葬5座，为东西向的男性墓3座，东西向的女性墓和南北向的女性墓各1座；第三等级墓葬有14座，两种墓向的男性墓皆为4座，女性则皆为东西向的墓葬。第四等级墓葬有7座，男性墓中南北向的2座，东西向的3座，女性墓则皆为东西向。从表3.2-10可以看出，殉牲墓葬为第三、二、一等级，且墓葬的等级越高，殉牲墓葬的数量越少，殉牲动物的数量则越多。

总之，水泉墓地的殉牲率达到33.3%，南北向墓中发现的羊肩胛骨，均出自男性墓。东西向墓主要以头骨和蹄骨为主，也有少量的羊肢骨。男性使用殉牲更盛行，且墓葬等级越高，殉牲的数量就越多。在殉牲动物的摆放上，与其他墓地的殉牲有一点区别的是有的墓葬中大牲畜牛摆放在最边侧，其他羊头骨依次向另一侧排列（图3.2-39，3）。

---

① 内蒙古自治区文物考古研究所、内蒙古自治区文物保护中心：《岱海地区东周墓群发掘报告》，科学出版社，2016年，213-260页。

② 以往在其他墓地统计殉牲动物个体时主要以动物的头骨为依据，这里需要指出的是，当一座墓葬中仅出现羊肢骨或羊肩胛骨时也按照个体为1计算。

③ 党郁、孙金松：《凉城县水泉墓地相关问题探讨》，《草原文物》2012年第1期，51-57页。

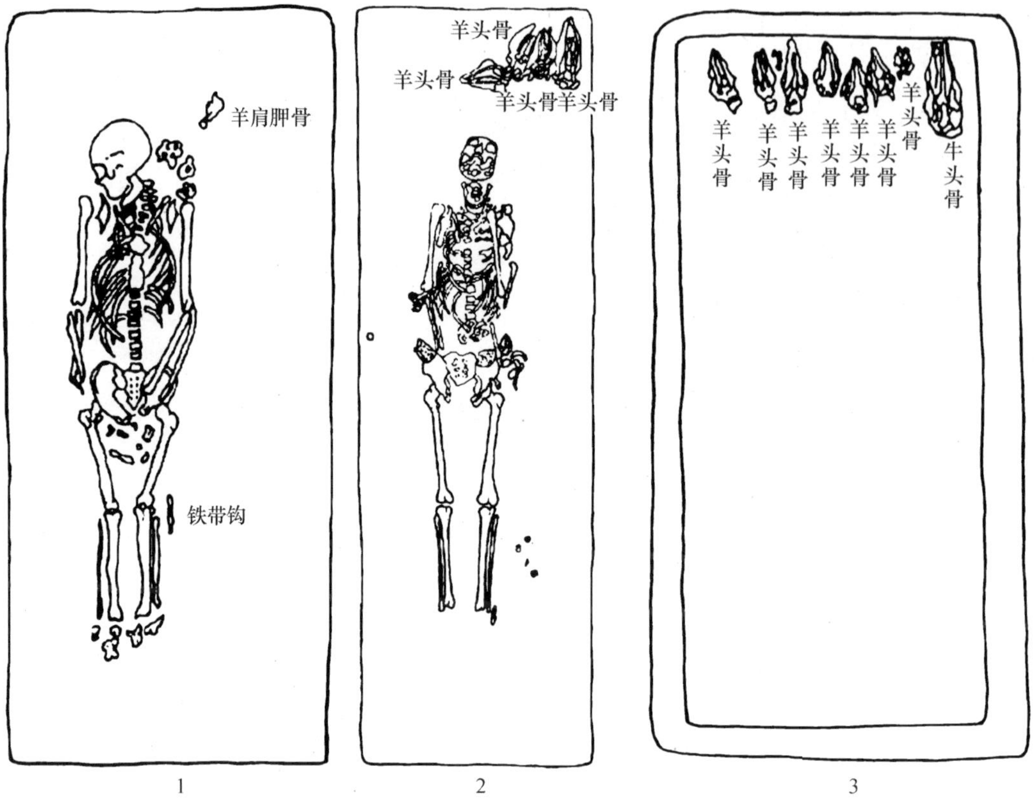

图3.2-39　水泉墓地殉牲墓葬

1. M1　2. M21　3. M23

表3.2-10　水泉墓地的殉牲情况　　（单位：个）

墓号	墓向	性别	葬具	牛	羊	羊肢骨	羊肩胛骨	等级
M1	南北	男					1	三
M2	南北	男					1	三
M3	东西	?				1		三
M8	东西	女	一棺			1		三
M19	东西	男		1	3			二
M21	东西	男			4			二
M23	东西	男	一棺	1	7			一
M24	东西	女			11			二
M29	东西	男	一棺	1	7			二

（七）沟里头墓

该墓位于乌兰察布市兴和县西北30千米，东南距石湾乡所在地1.5千米，刘家村西300米。墓葬为长方形竖穴土坑墓，东西向，长2.6、宽0.9、深约1.3米。葬式为仰身直肢，头向西北。清理时发现马骨和羊碎骨。随葬品散落在骨架周围，共出土13件完整器物[①]。此墓葬年代大致为战国早期。

（八）草号沟墓地

该墓地位于蛮汗山以南、东距凉城县县城约10千米，在凉城—崞县窑子公路约9千米处的草号沟村东北坡地之上。坡地呈北高南低之势，两侧均存有大型的南北向冲沟，坡体中部存有晚期发育的小冲沟，将墓地一分为二。墓地被大规模的盗掘，从现场的盗坑来看，墓葬顺坡势成排分布，约有七八十座。墓葬形制已难辨明。根据盗掘的墓坑剖面来看，基本皆为竖穴土坑墓，东西向。发掘者认为墓地的年代界于春秋晚期至战国早期[②]。由于墓地被盗掘严重，故还不清楚是否有殉牲。从出土的遗物来看，与以往发掘的毛庆沟、崞县窑子和忻州窑子等墓地出土同类遗物相近。推测该墓地中也应该是有殉牲动物的。

综上，凉城及周边地区共发现了8处典型的具有游牧性质的墓地（表3.2-11）。这些墓地的年代大致从春秋晚期至战国晚期。笔者在整合8处墓地的殉牲特点后，按照殉牲动物的种类、数量以及殉牲率，可以将此8处墓地分为三组。

第一组为崞县窑子、忻州窑子和小双古城等墓地，这三处墓地的殉牲率均较高，最低的忻州窑子为66.7%，最高的崞县窑子达到100%。殉牲的动物有牛、羊、马、猪、狗和马鹿等。殉牲的数量是三组中最多的。在殉牲墓葬的形制上竖穴土坑墓占多数，小双古城墓地中有较多的偏洞室墓，并且出土了大量的殉牲动物。值得注意的是，小双古城墓地的偏洞室墓与包头地区的西园墓地很相近，而且笔者发现偏洞室墓中出土殉牲动物的概率非常高，应该是与使用偏洞室墓的这群人的身份有一定的关系。从古代人种上来看，崞县窑子墓地是古蒙古高原类型和古华北类型；忻州窑子和小双古城墓地均是古蒙古高原类型和古中原类型。他们的共同点是都是古蒙古高原类型人种与其他人种的共存。当然崞县窑子墓地与忻州窑子墓地之间的相似性或亲缘性要高于它们与小双古城墓地之间的关系。

第二组为毛庆沟和饮牛沟墓地。这一组的殉牲率和殉牲动物的数量都要低于第一组，而略高于第三组。殉牲的动物有羊、牛、马、猪、狗和狐狸。毛庆沟和饮牛沟墓地的人种均为古华北类和古中原类型。二者中均有南北向墓和东西向墓，晚期南北向墓的数量呈现增多的趋势，一般认为这是中原人北上迁徙的结果。两种墓向的殉牲特点是南北向墓多随葬动物的肩胛骨、肢骨和肋骨，有少量的头骨和蹄骨；而东西向墓更多的是随葬动物的头骨和蹄骨，另有少量的肩胛骨、肢骨等。一般认为东西向墓代表的是游牧人的墓葬，南北向墓为农业人的墓葬，前者的殉牲率要高于后者。事实上，饮牛沟墓地中南北向墓的殉牲率要高于东西向墓。

第三组为水泉、沟里头和草号沟墓地。这一组的材料发表的不充分，有很多具体

① 崔利明：《内蒙古兴和县沟里头匈奴墓》，《考古》1994年第5期，473页。

② 内蒙古文物考古研究所：《凉城县草号沟墓地调查简报》，《内蒙古文物考古》2010年第2期，9-12页。

表3.2-11　凉城及周边地区的殉牲汇总表

（单位：个）

年代	墓地	墓葬形制	殉牲									
			牛	羊	马	猪	狗	其他	最多	殉牲部位	摆放位置	殉牲率
春晚战早	崞县窑子	竖穴土坑	5	49	1	15	11	马鹿4	17	头骨，羊肩胛骨、髋骨、蹄骨、距骨	头部上方填土	100%
春晚战早	忻州窑子	竖穴土坑	32	124	8	7	3		13	头骨、冠骨、蹄骨、肩胛骨，狗骨架	二层台、墓底、填土	66.7%
战国末期	饮牛沟	竖穴土坑		6		6	3	狐狸4	6	头骨，羊椎骨、肋骨、肩胛骨，猪肩胛骨、腿骨	头部上方填土、头骨右侧、棺外	34.2%
战国末期前后	毛庆沟	竖穴土坑	15	61	4		1		14	头骨，羊肩胛骨	填土、墓底	50.6%
春晚战早	小双古城	竖穴土坑、偏洞室	16	44	6				19	头骨、寰椎和趾骨（包括蹄骨、系骨和冠骨）	人骨身上、墓室、墓道底部	78.6%
战国中晚期	水泉	竖穴土坑	3	36						牛头骨、蹄骨，羊头骨、蹄骨、肢骨、肩胛骨	头部上方填土、墓底	33.3%
战国早期	沟里头	竖穴土坑		√	√							
春晚战早	草号沟	竖穴土坑	?									

注：最多是指殉牲最多的1座墓葬中出土的数量。

信息还不是很明了。三处墓地的共同点为均是竖穴土坑墓。从现有的信息来看，这一组的殉牲率是最低的，殉牲动物的种类和数量都是最少的。殉牲动物有牛、羊和马，具体数量不详，并且一个墓地中的殉牲组合仅有2种动物。例如，水泉墓地的殉牲动物有牛和羊，沟里头的殉牲动物为羊和马。

通过对上述三组殉牲特点的归纳总结，我们对凉城及周边地区东周时期的殉牲有了一个比较清晰的认识。这一地区的地理位置非常重要，它是中原人北上、北方人南下的主要通道。尤其在东周时期中原地区与北方地区的南北互动尤为频繁，战争和贸易成为了交往的主要形式。正是在这一大背景下，在战国中晚期时，中原人的北上改变了这一地区原有的文化格局，使得这一地区游牧业和农业交错分布，牧民与农民相间杂居，在一定程度上促进了民族交流和融合。

第三节　小　　结

本章对内蒙古中南部地区夏至战国时期的殉牲，按照大体的时间顺序进行了梳理和分析，大致厘清了这一地区的殉牲特点和变化趋势。

朱开沟甲类遗存的殉牲特点是以猪下颌骨为主，伴有少量的羊下颌骨和狗骨架。一般认为殉牲大量的猪下颌骨是定居农业文化的特点。这种殉牲习俗我们认为当是受到齐家文化影响的结果。

朱开沟文化的人群中并不流行使用动物作为殉牲的习俗，仅1座墓中随葬羊下颌骨和狗骨架。因其与朱开沟甲类遗存的人群有过一段共存的时期，故有理由推测可能是借鉴了朱开沟甲类遗存的殉牲习俗。

西岔文化的家畜饲养业非常发达，遗址中出土的各类动物骨骼的数量非常多。殉牲仅有少数人使用，并没有形成一个群体共同认可的丧葬理念。

西麻青墓地与西岔文化又有着明显的不同，殉牲方面主要使用的是羊肢骨，并且数量也较大。随葬羊肢骨的殉牲习俗是西麻青墓地的一大特色。随葬肢骨的习俗在西北地区的卡约文化中就较常见，但后者以牛和马的肢骨为主。

本地区东周时期的遗存非常丰富，材料发表的也较充分，也引起了许多学者的兴趣。在本章第二节笔者将内蒙古中南部分为鄂尔多斯及邻近地区、包头及呼和浩特地区、凉城及周边地区，并分别对三个地区东周时期的殉牲情况做了详细地分析。鄂尔多斯及邻近地区位于内蒙古中南部的最西侧，这里发现的墓地数量较少，且墓地规模较小。各遗存之间分布较稀疏，但殉牲率较高，几乎达到100%。甚至未成年儿童墓葬中都随葬有大量的动物头骨，这也反映出春战之际各家族势力的强弱。包头及呼和浩特地区殉牲率要低于鄂尔多斯及邻近地区，即移动性、游牧性不如后者强；并且在战国中晚期出现了较多的农业居民的遗存。凉城及周边地区位于内蒙古中南部的最东侧，这里分布着密集的墓地遗存，且多数墓地的人群以获取羊肉为目的而饲养羊群。殉牲率普遍较高，殉牲动物以羊为主，还有牛、马和狗等；并且晚期开始出现大量南北向墓葬和中原文化因素的遗物。

按照殉牲的种类、部位和摆放位置，笔者将现有的材料汇总成表3.3-1。很明显，内蒙古中南部地区夏至战国时期的殉牲大体经历了三个阶段，即“猪、羊下颌骨→羊肢骨→羊、牛和马等动物的头骨和蹄骨”。具体的说，夏至早商时期主要流行猪下颌骨和羊下颌骨；商晚期至西周晚期主要流行羊肢骨等；东周时期主要流行羊、牛、马的头骨和蹄骨。尤其是东周时期考古遗存所反映的殉牲特点，与夏至西周时期的殉牲特点有着显著的不同。这一丧葬理念的巨变，其背后是农业经济不断衰退，畜牧业经济强势发展，并出现专业化的游牧经济。王立新先生通过分析该地区考古学文化以及经济类型的整体演变趋势，提出长城地带中段偏北地区春秋晚期兴起的发达畜牧业，并非该区域此前原有经济形态自身渐进的结果，很可能是由外来的人群所携入的①。殉牲习俗发生的这些变化背后可能与不同人群之间的更迭有关，但每一阶段的不同终究代表的是当时人群的生业模式和在其基础上产生的思想观念和宗教信仰的不同。这种变化趋势与西北地区的殉牲特点大体相似。

表3.3-1　内蒙古中南部地区夏至战国时期的殉牲统计表　　（单位：个）

<table>
<tr><th colspan="2">遗　存</th><th>猪</th><th>羊</th><th>狗</th><th>牛</th><th>马</th><th>其他</th><th>殉牲部位</th><th>摆放位置</th></tr>
<tr><td colspan="2">朱开沟
甲类遗存</td><td>49</td><td>21</td><td>1</td><td></td><td></td><td>12</td><td>猪、羊下颌骨；狗全牲</td><td>填土</td></tr>
<tr><td colspan="2">朱开沟文化</td><td></td><td>2</td><td>1</td><td></td><td></td><td></td><td>羊下颌骨；狗全牲</td><td>墓底及足端</td></tr>
<tr><td colspan="2">西岔文化</td><td>√</td><td></td><td></td><td></td><td></td><td></td><td></td><td></td></tr>
<tr><td colspan="2">西麻青墓地</td><td></td><td>√</td><td></td><td></td><td></td><td></td><td>羊肢骨</td><td>人骨一侧</td></tr>
<tr><td rowspan="3">东周
墓地</td><td>鄂尔
多斯</td><td></td><td>50</td><td></td><td>13</td><td>56</td><td></td><td>头骨、蹄骨</td><td>填土、二层台</td></tr>
<tr><td>包头
呼市</td><td></td><td>329</td><td></td><td>125</td><td>30</td><td></td><td>头骨、羊肩胛骨和蹄骨</td><td>二层台、洞穴内</td></tr>
<tr><td>凉城
周边</td><td>28</td><td>321</td><td>18</td><td>81</td><td>20</td><td></td><td>头骨、肢骨；羊肩胛骨</td><td>二层台、填土、墓底人骨附近</td></tr>
</table>

注：表中的数字并非绝对的准确，这里仅表示一个大的发展趋势。

① 王立新：《试论长城地带中段青铜时代文化的发展》，《庆祝张忠培先生七十岁论文集》，科学出版社，2004年，365-385页。

第四章　晋中、晋北及陕北地区夏至战国时期的殉牲

龙山晚期偏晚阶段至夏代早期的晋北及陕北地区的考古学文化与朱开沟甲类遗存有着高度相似性，暂且统称之为“朱开沟甲类遗存”大体不差。虽然在这类遗存文化的性质和命名上，学界的意见还不统一，但是不能否认这一时期，内蒙古中南部、陕北和晋北地区在文化面貌上呈现出了高度相似性。对晋北、陕北地区龙山晚期偏晚阶段至夏代早期的殉牲情况，我们在讨论朱开沟甲类遗存的过程中有过一些论述，此处不再赘言。现对白燕文化、浮山桥北类型、游邀类型、李家崖文化和寨头河墓地的殉牲进行讨论。

第一节　白燕文化的殉牲

一、白燕文化的概况

晋中地区在商文化和中国北方地区之间的沟通中扮演着重要的角色，学者们对这一地区的研究也颇丰富。白燕文化是晋中地区夏商时期的主体文化，对该文化的研究经历了一个不断深化和拓展的过程。邹衡先生最早对这一地区夏商时期遗存进行了全面的分析和研究，并将这一地区夏商时期的考古学遗存命名为光社文化。同时，他认为晋东北地区是光社文化和夏家店下层文化的交错分布区，在黄河两岸的晋西北、陕东北直到河套地区都应该有光社文化的影响，几乎占据了山西省的大部分[①]。王克林先生对晋国建国之前晋地文化的发展进行了深刻的论述，按照不同的时间段分别对这一地区内的文化进行分析，并将二里头文化阶段的遗存称之为晋中类型[②]。

1980年夏，由国家文物局、山西省考古研究所和吉林大学考古专业联合组成晋中考古队，将太谷白燕遗址作为有计划、有步骤开展晋中地区考古工作的基点，揭开了

① 邹衡：《关于夏商时期北方地区诸邻境文化的初步探讨》，《夏商周考古学论文集》（第二版），科学出版社，2001年，253-294页。

② 王克林：《晋国建国前晋地文化的发展》，《中国考古学会第三次年会论文集》，文物出版社，1984年，195-206页。

这一地区大规模考古发掘的序幕①。根据晋中地区多年的考古资料，许伟先生详细讨论了该地区西周之前的考古学遗存的文化特征、序列和谱系。他将整个晋中地区划分为四个时期二十段②。这为晋中地区新石器时代考古及夏商周时期考古的研究奠定了坚实的基础。此后，宋建忠先生在探讨晋中地区夏代时期的考古学遗存时，将晋中地区夏代时期遗存命名为东太堡文化③。侯毅先生对东太堡出土的遗物进行了分析后，建议使用“太原东太堡类型”这一名称④。闫向东先生对忻定盆地及太原盆地夏代时期考古学文化进行了梳理，并对两者间的联系加以论述⑤。严志斌先生在分析长治小神遗址夏至早商时期遗存时，建议用白燕文化来命名晋中地区夏至早商时期的考古学遗存⑥。从此白燕文化这一名称被广泛使用，并且学者们对其进行了更深入的研究。特别是《晋中考古》⑦和《忻州游邀考古》⑧这两本报告的出版，对研究晋中、晋北地区夏商时期乃至更早的新石器时代的文化格局和演变有着重要的作用。

从现有材料看，白燕文化的材料有《晋中考古》中的Ⅵ期、Ⅵ-1期遗存和杏花墓地⑨，太谷白燕第四、五期遗存⑩，忻州尹村⑪，汾阳市峪道河⑫、宏寺⑬，太原市金胜

---

① 晋中考古队：《山西太谷白燕遗址第一地点发掘简报》，《文物》1989年第3期，1-21页；晋中考古队：《山西太谷白燕遗址第二、三、四地点发掘简报》，《文物》1989年第3期，22-34页；晋中考古队：《山西娄烦、离石、柳林三县考古调查》，《文物》1989年第4期，31-78页；晋中考古队：《山西汾阳孝义两县考古调查和杏花村遗址的发掘》，《文物》1989年第4期，22-30页；忻州考古队：《1987年山西省忻州市游邀遗址发掘简报》，《考古》1989年第4期，289-299页。

② 许伟：《晋中地区西周以前古遗存的编年与谱系》，《文物》1989年第4期，40-50页。

③ 宋建忠：《晋中地区夏时期考古遗存研究》，《山西省考古学会论文集》（二），山西人民出版，1994年，91-99页。

④ 侯毅：《试论太原东太堡类型》，《山西省考古学会论文集》（二），山西人民出版，1994年，100-104页。

⑤ 闫向东：《论忻定及太原盆地夏时期考古学文化》，北京大学硕士学位论文，1998年。

⑥ 严志斌：《试析长治小神遗址二里头时期遗存》，《北方文物》1999年第1期，25-30页。

⑦ 国家文物局、山西省考古研究所、吉林大学考古学系：《晋中考古》，文物出版社，1998年。

⑧ 吉林大学边疆考古研究中心、山西省考古研究所、忻州地区文物管理处：《忻州游邀考古》，科学出版社，2004年。

⑨ 国家文物局、山西省考古研究所、吉林大学考古学系：《晋中考古》，文物出版社，1998年。

⑩ 晋中考古队：《山西太谷白燕遗址第一地点发掘简报》，《文物》1989年第3期，1-21页。

⑪ 胡建、郭宝利、赵曙光：《山西商代考古学文化的若干问题》，《山西省考古学会论文集》（三），山西古籍出版社，2000年，252-262页。

⑫ 山西省考古研究所：《山西汾阳县峪道河遗址调查》，《考古》1983年第11期，961-965页。

⑬ 马升、段沛庭：《山西汾阳县宏寺遗址调查》，《文物季刊》1996年第2期，59-64页。

村[①]，灵石旌介墓葬[②]，孝义县柳湾煤矿的二十九亩地[③]，榆社县的台曲[④]，小神遗址二里头时期的文化遗存[⑤]，长子北庄高庙坡[⑥]，牛子坪、羊圈坡[⑦]等遗址出土的遗迹和遗物[⑧]。白燕文化的年代上限已进入夏纪年，下限可能延续到了晚商时期甚至西周早期。

二、杏花墓地

1982年晋中考古队在杏花村遗址南部的Ⅴ区发掘了这处墓地，共清理了墓葬62座，其中25座为近代墓，37座为商代殷墟时期墓[⑨]。这37座墓葬中随葬鬲或豆的有19座，其余无随葬品。墓葬均为单人葬，且均为长方形小土坑竖穴墓。墓葬一般长2米左右，宽1米左右，最大的墓长3、宽1.9米，深度由于破坏严重而不明。整个杏花墓地的年代大致相当于殷墟三、四期。白燕文化最具特征的土著陶鬲、商式鬲、中间型鬲在杏花墓地中都得到了明显的延续，所以杏花村墓地应当归入白燕文化的范畴[⑩]。

笔者通过详细地比对《晋中报告》的文字和图表，发现杏花墓地中有3座墓葬（M14、M21和M30）中均发现完整的狗骨架，仅占墓葬总数的8.1%，且均埋葬在墓底的腰坑中。现对2座殉牲墓葬做简要介绍。

M21，墓长2.44、宽1.3米，棺板框架为长方形，两端的边板突出，框架长2.02、宽0.65、厚0.1米。棺内埋葬1位45～50岁的男性，仰身直肢，头向正北，面向西，人骨上涂朱砂。随葬断柄陶豆1件，锛形石饰和长方形石饰各1件。墓底正中有腰坑，其内发现1个狗骨架（图4.1-1，1）。

---

① 宋建忠：《晋中地区夏时期考古遗存研究》，《山西省考古学会论文集》（二），山西人民出版，1994年，91-99页。

② 山西省考古研究所：《灵石旌介商墓》，科学出版社，2006年。

③ 山西省考古研究所：《孝义柳湾煤矿二十九亩地采集的夏时期遗存》，《文物季刊》1994年第1期，31-32页。

④ 山西省考古研究所：《山西榆社台曲遗址发掘》，《三晋考古》（第一辑），山西人民出版社，1994年。

⑤ 山西省考古研究所晋东南工作站：《山西长治小神村遗址》，《考古》1988年第7期，577-583页；山西省考古研究所晋东南工作站：《长治小常乡小神遗址》，《考古学报》1996年第1期，63-110页。

⑥ 郭勇：《山西长子县北郊发现商代铜器》，《文物资料丛刊》（3），文物出版社，1980年，198-201页。

⑦ 沈振中：《忻县连寺沟出土的青铜器》，《文物》1972年第4期，67-68页。

⑧ 蒋刚：《论白燕文化及其相关问题》，《考古与文物》2009年第5期，27-37页。他在该文中还认为浮山桥北墓地的文化性质和内涵与灵石旌介墓葬相似，可以称之为旌介类型，均归属于白燕文化的范畴。而本书认为浮山桥北墓地的文化性质较复杂，不宜将其归入白燕文化的范畴，鉴于其自身特点的独特性，我们暂且称之为“桥北类型”，在下文中从动物殉牲的角度对其进行简要的分析。

⑨ 本书如下文再次提及杏花墓地时均指的是属于商代殷墟时期的这37座墓葬，不再另注。

⑩ 蒋刚：《论白燕文化及其相关问题》，《考古与文物》2009年第5期，27-37页。

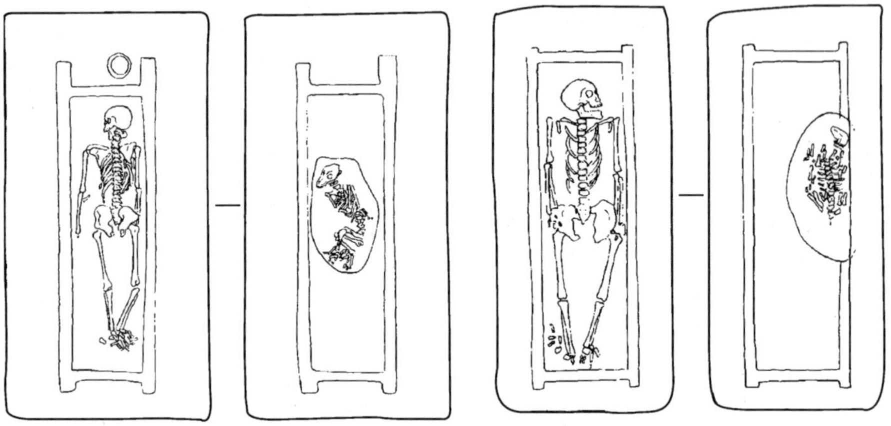

1　　2

图4.1-1　杏花墓地殉狗墓葬平面及腰坑示意图

1. M21　2. M30

M30，墓长2.2、宽1米。棺板框架为长方形，其长1.8、宽0.6、板厚0.06米，两端边板突出。棺内埋葬1位30～34岁的女性，仰身直肢，头向正北，面向东，不见随葬品。墓底偏东侧有腰坑，其内发现1个狗骨架（图4.1-1，2）。

总之，杏花墓地的殉牲相对简单，仅在腰坑中埋葬完整狗。在腰坑中摆放狗骨架是商文化一个较显著的特点，杏花墓地的殉牲应当是受其影响的结果。

三、灵石旌介墓地

该墓地位于今山西省晋中市西南的灵石静升镇旌介村，东南距河南省安阳市直线距离约240千米，北距太原市123千米，南距临汾市96千米，西南距灵石县城13千米。墓葬地处汾河中游，西为吕梁山脉，南接临汾盆地，北通太原盆地。这一地区是太原通向晋南的咽喉要地①。蒋刚先生认为以这3座墓葬为代表的一类遗存可称为旌介类型②。属于该文化类型的遗址还有平里、庞杜、西郭、曲沃八倾和洪洞永凝堡等③。在灵石旌介的3座墓葬中，有2座墓葬发现有腰坑，并在其中埋葬完整的狗。现对其进行简要分析。

M1，长方形竖穴土坑墓，口小底大，长3.84、宽2.22、残深4米，填土经过夯实。葬具为1椁3棺，3棺中间葬成年男性，仰身直肢；两侧各葬成年女性，侧身直肢，面向男性墓主人。棺外北侧有1个殉人，侧身直肢面向男墓主人。随葬品较丰富，其中铜器有41件，主要器形有鼎、簋、尊、卣、斝、罍、觯、觚、爵、矛、戈、镞、弓形器和

① 山西省考古研究所：《灵石旌介商墓》，科学出版社，2006年。

② 蒋刚：《论白燕文化及其相关问题》，《考古与文物》2009年第5期，27-37页。该原文中所说的旌介类型还包括浮山桥北墓地的遗存。

③ 田建文：《天上掉下个晋文化（上、下）》，《文物世界》2004年第2、3期，26-31+53-60页。

兽首管状器；玉器有6件，器类有玉鱼、玉管、玉璜和玉鸟；还有石刀、陶鬲、骨镞和鼓各1件。墓穴两侧的填土中，贴近东西壁各埋葬1个狗骨架，东、西壁殉狗距离墓底分别为1.0、0.7米。狗头与墓主人头向一致，均为南向，俯卧，脖颈伸长作挣扎状，颈部均系铜铃一个（图4.1-2，2）。在墓穴南侧中部，距离墓底1.4米的填土中发现完整的1个牛头骨，头骨面向南，两角后仰（图4.1-2，1）。墓底正中腰坑内有1个做侧卧状的狗骨架（图4.1-2，3）。另在簋（M1：35）的足部有马形的徽识，说明M1的墓主人对马可能有着特殊的情结，所以后人将这件刻画有马形象的器物随葬于墓中（图4.1-2，4）。此墓中共出土了1个牛头骨和3个狗骨架。

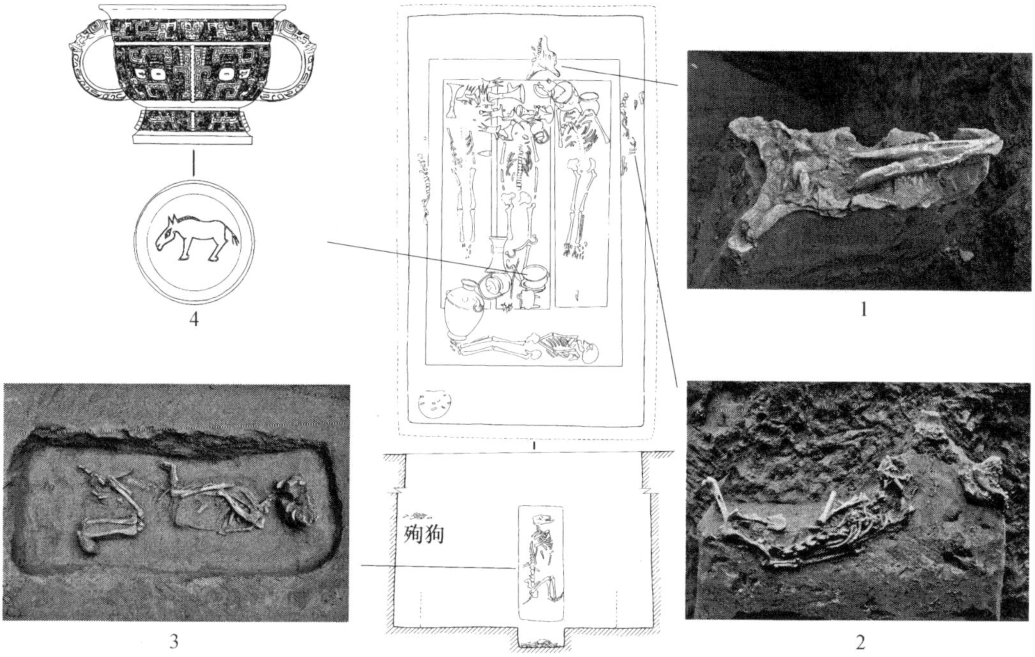

图4.1-2　灵石旌介M1平、剖面示意及局部图

1. 填土中的牛头骨　2. 西侧填土中的狗骨架　3. 腰坑中的狗骨架　4. 簋及图案（M1：35）

M2，长方形竖穴土坑，墓口长3.4、宽2.2、深6米，填土经过夯实。葬具为1椁2棺，墓室葬有2具人骨，保存较差，左侧为男性，仰身直肢；右侧为女性，侧身直肢，面向男性。在墓室西北角距墓底0.9米的填土中出土1具男性人骨架，保存较差，仰身直肢。在椁室内摆放的随葬品共87件，其中青铜器最多，有罍、簋、卣、鼎、觚、爵、矛、镞、兽首刀、管状器、弓形器和铃；玉器有玉蝉、玉鹿头、玉虎、玉兔、玉蚕、玉鸟、玉燕和玉璧；骨器有管状器和雕花器；还有1件陶鬲和2件海贝。在墓室东部正中出土1条完整的牛腿骨，牛腿边上还有1件陶鬲。墓底部正中有腰坑，且其内发现有狗骨架（图4.1-3，1）。此墓中共计出土1条完整牛腿骨和1个狗骨架。从墓中出土的殉牲动物看，尤其是出土了数量较多的以动物作为装饰主题的玉器，可以看出墓主人对动物有着特殊的情感。

关于灵石旌介墓葬的文化归属，李伯谦先生指出，它属于商文化的一个分支或地

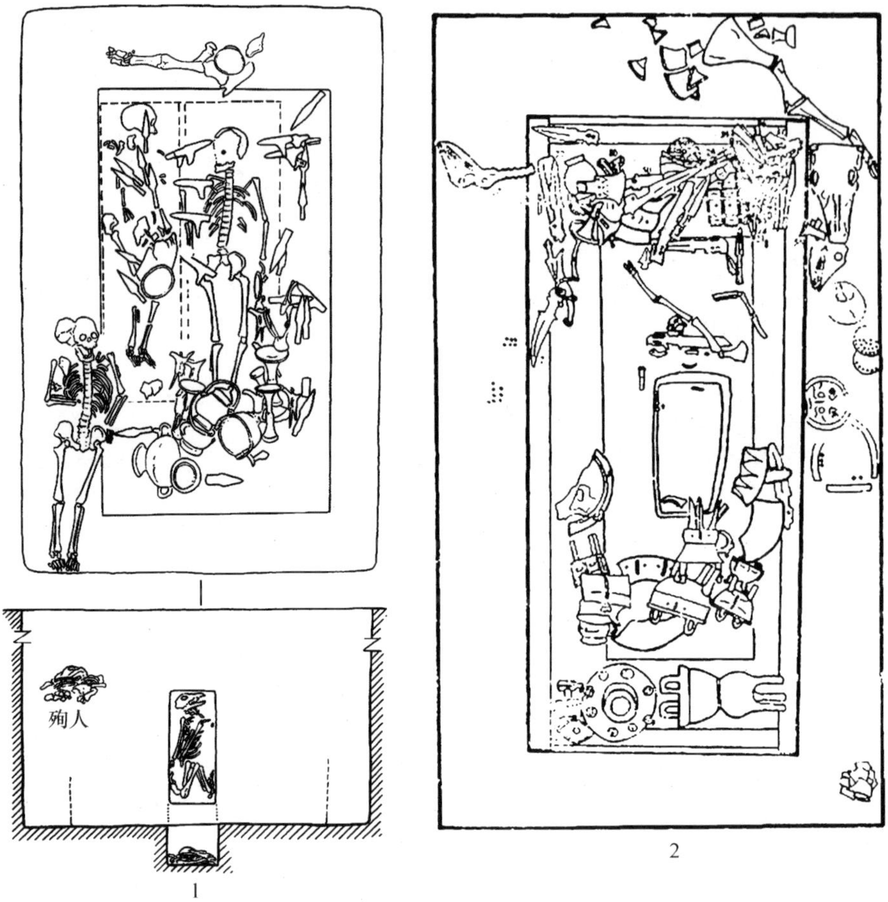

图4.1-3　旌介M2及戚家庄M269殉牲的摆放位置
1. 旌介M2　2. 戚家庄M269

方类型，是与商王朝有着较为稳定的臣属关系的友好方国遗存[①]。《灵石旌介商墓》报告也持此种观点，并对旌介墓葬与商文化墓葬的异同进行了比较[②]。这一观点也得到了许多学者的赞同，也有学者开始以此为出发点，进而探讨商文化对山西境内乃至晋陕高原的影响[③]。蒋刚先生结合浮山桥北墓葬的材料，将其分为晚商早期和晚期两个阶段，并按照文化因素的不同划分为4类。同时，他以陶器最能代表遗存的族属认同为前提，根据出土陶鬲的特点认为旌介的陶鬲延续了白燕文化的土著筒腹陶鬲、中间型

① 李伯谦：《从灵石旌介商墓的发现看晋陕高原青铜文化的归属》，《中国青铜文化结构体系研究》，科学出版社，1998年，167-184页［原载《北京大学学报》（哲学社会科学版）1988年第2期，15-29页］。

② 山西省文物考古研究所：《灵石旌介商墓》，科学出版社，2006年。

③ 张忠培、朱延平、乔梁：《晋陕高原及关中地区商代考古学文化结构分析》，《内蒙古文物考古文集》（第一辑），中国大百科全书出版社，1994年，283-290页；井中伟、王立新：《夏商周考古》，科学出版社，2013年，173-174页；田建文：《灵石旌介商墓与山西商代晚期考古学文化》，《中原文物》2009年第1期，39-44页。

鬲、商式鬲的传统。由此推定，晚商时期的晋南地区的政治模式可能不是商人向这个地区推进，进而直接进行殖民统治。以旌介墓葬为代表的一类遗存更可能是南下的白燕文化居民主动接受商人的埋葬习俗和礼制信仰的结果，在政治、军事上臣属于晚商王国①。

现仅从殉牲角度与商文化进行简要对比，晚商时期的殷墟戚家庄东M269②，墓内随葬有1个牛头骨、1个牛前腿，2个羊头骨、2个羊腿，均置于二层台及椁盖上。2个狗骨架，1个放置于墓圹填土中，另1个摆置于腰坑内。具体来说，牛头骨完整，未带颈椎，面向北，放置于西侧二层台南部帷帐之上。牛腿骨完整，足向西北，斜置于南侧二层台和西侧二层台的夹角部位。羊头骨中的1个侧置于西侧二层台，头北面东，保存完整，未带颈椎，头后部被牛头下颌骨所压；另1个侧置于东侧二层台上，头东面南，保存完整，带有长0.2米的颈椎骨。颈椎一部分下陷压在椁盖之上。羊腿骨置于椁盖中部偏南，足向东南，东侧的1个完整，西侧的1个略残，二者相距近0.2米。填土中的狗骨架位于墓圹西南部，上距墓口4米，下距二层台面0.85米，作侧身状，头骨破碎，脊椎骨已朽，肢骨及肋骨保存较好。头朝东南，吻部向东北，后肢侧屈相压，前肢上背，脊椎骨弯曲，颈部系铜铃，通长0.71米。腰坑内的狗骨严重腐朽，仅存下颌骨，发现于坑内东北角，推测其头向北（图4.1-3，2）。

总之，灵石旌介有殉牲的2座墓中，共发现牛头骨1个、1个完整牛腿骨和4个狗骨架，其中牛头骨和牛腿骨均摆放在墓葬的填土中，狗骨架则在每座墓葬的腰坑中各埋葬1个，另2个狗骨架出自M1东西两侧的填土中。戚家庄M269共计埋葬有1个牛头骨、1个牛前腿，2个羊头骨、2个羊腿，均置于二层台及椁盖上。2个狗骨架，1个放置于墓圹填土中，另1个摆置于腰坑内（表4.1-1）。旌介墓葬与戚家庄M269的殉牲相似之处是两者均使用牛头骨、牛腿骨和狗骨架作为殉牲，并且牛头骨和牛腿骨均摆放在填土和二层台上，而狗骨架如仅有1个时仅摆放在腰坑中，若多余1个则必定摆放在填土中。不同之处是戚家庄M269除上述两种动物骨骼外，还随葬羊头骨和羊腿骨，并且均摆放在填土或二层台上。两者的这种摆放位置，即牛和羊与墓主人距离较远，而狗与墓主人的距离可近可远，也正是这三种动物的性格特征的反映。牛高大、笨重，与人类互动较少；羊体型较矮、性格胆怯，多惧怕人类，而不易靠近；狗则小巧、敏捷好动，与人类互动频繁，成为与人类关系最亲密的动物之一。戚家庄东墓地是殷墟较大的商代家族墓地，而M269是该墓地中规模较大、保存完整的商代中型贵族墓葬，其年代为殷墟第三期。旌介墓葬的规模、年代及墓主人的身份与戚家庄M269相差不多。将两者进行对比后，可以看出，仅在殉牲方面，旌介墓葬与属于商文化的戚家庄M269之间的相似性要远大于差异性。朱凤瀚先生也认为灵石旌介墓葬的墓主人为与商王族关

① 蒋刚：《论白燕文化及其相关问题》，《考古与文物》2009年第5期，27-37页。原文还包括浮山桥北墓葬。

② 安阳市文物工作队：《殷墟戚家庄东269号墓》，《考古学报》1991年第3期，325-352页；安阳市博物馆：《殷墟戚家庄269号墓发掘简报》，《中原文物》1986年第3期，9-13页。

系密切的[illegible]氏族长一类阶层人物（又称丙族），并且其年代已接近殷墟文化四期[①]。据此我们有理由将[illegible]氏和白燕文化联系起来，也就是说白燕文化有可能是前者的源头。在晚商时期这一人群向南迁徙，与商王朝发生了密切的交流，在政治和军事上臣服于商王朝，并且成为了抵御周边地区，尤其是西部和北部其他部族袭扰的缓冲地带。在与商王朝频繁接触的过程中，上层贵族在物质文化和精神层面上均接受了商人的各种理念，尤其是以随葬青铜重器来表现身份地位的理念[②]。

表4.1-1　旌介M1、M2与戚家庄M269的殉牲比较情况　　（单位：个）

墓号	位置	牛头骨	牛腿骨	狗骨架	羊头骨	羊腿骨
旌介M1	填土	1		2		
	腰坑			1		
旌介M2	填土		1			
	腰坑			1		
戚家庄M269	填土			1		
	腰坑			1		
	二层台	1	1		2	2

除上述的遗址外，在太原光社[③]、许坦[④]、狄村和东太堡[⑤]等遗址中发现的遗存与白燕文化存在较为明显的差异。这几个地点出土陶器内涵复杂，与白燕遗址所表现出的考古学文化内涵有较大差别。狄村、东太堡、许坦等地点所发现的遗物均是出自墓葬，呈现的文化因素异常复杂。可以看出有东下冯文化、二里头文化、下七垣文化、白燕文化、游邀类型等因素的影响。由于这些具有不同文化因素的遗物均出自墓葬，而普遍认为的白燕文化的内涵却是根据白燕居址而归纳的，所以并不能排除二者同属于白燕文化范畴的可能。但是，在现有资料的情况下，由于这些墓葬出土遗物的组合关系已经不清楚，宁可将其单独列出来讨论，也不应该将其草率的归入白燕文化的范畴，这有利于今后的进一步研究。由于这些地点的墓葬均遭到破坏，遗物也均以征集品为主，所以在墓葬中是否有殉牲也成为了一个疑问。

① 朱凤瀚：《中国青铜器综论》（中），上海古籍出版社，2009年，1102-1110页；朱凤瀚：《由殷墟出土北方式青铜器看商人与北方族群的联系》，《考古学报》2013年第1期，1-28页。

② 正因为这种臣属关系导致的物质文化的相似性，使很多学者都认为旌介墓葬就是商墓。发掘报告的名称即为《灵石旌介商墓》。朱凤瀚先生也认为旌介的三座墓所代表的青铜文化仍属殷墟文化系统，为其中一分支。

③ 寿田：《太原光社新石器时代遗址的发现与遭遇》，《文物参考资料》1957年第1期，57-59页；谢希恭：《光社遗址调查试掘简报》，《文物》1962年第4、5期合刊，28-32页。

④ 高礼双：《太原市南郊许坦村发现石棺墓葬群》，《考古》1962年第9期，9-11页。

⑤ 山西省考古研究所：《太原狄村、东太堡出土的陶器》，《考古与文物》1989年第3期，1-6页；郭淑英：《太原东太堡出土的陶器和石器》，《文物季刊》1994年第1期，29-31页。

四、小　　结

白燕文化的人群中并不十分流行殉牲习俗，仅在杏花墓地的3座墓葬和旌介的2座墓葬中发现有埋葬狗、牛头和牛腿的情况，并且各类动物的摆放方式应该是有规律可循。狗绝大部分摆放于墓底腰坑内，很少的一部分放置在填土中，而牛头和牛腿均摆放在填土中。同时，有无动物殉牲和殉牲动物多少与墓葬等级也有着密切的关系，在旌介高等级的墓葬中殉牲出现的频率很高，且数量也相对较多。根据与戚家庄M269出土殉牲的比较，笔者认为这种殉牲习俗与商文化的丧葬习俗传统关系较密切，应该是受到了商文化强烈的影响。反之，其与中国北方地区其他文化的殉牲习俗差别较大。这应该与白燕文化和商文化之间的政治关系有关。白燕文化的墓葬材料显示该人群受商文化的影响较深，而居住址的材料表明该人群保持了较多的自身特点。

第二节　浮山桥北墓地的殉牲

浮山县地处太岳山南部，临汾盆地东缘，地势东高西低。桥北在浮山县城东北约7千米，隶属北王乡。该遗址内涵丰富，由西阴文化一直延续到宋金时期，商代墓地位于南疙瘩西南部。2003年山西省文物考古研究所、临汾市文物局和浮山县文化局联合对该遗址进行了发掘，墓地破坏较严重。商至战国时期的墓葬共32座，其中大型墓有5座，中型墓10座，小型墓17座①。从报告的文字和图表来看，其中在17座小型墓中均没有发现动物遗存。现按照墓葬的等级规模对大型墓和中型墓进行简介，并对殉牲情况进行分析。

一、大　型　墓

M1，墓向11.5°，墓口全长24.84、宽2.7～4米，墓道长18.96～19.1米，斜坡形平底，深由南端的0.46米渐深到北临墓室处的7.26米。在椁外生土二层台上的狗骨架被破坏、数目和头向等均不明了。墓室内西南角距现存椁顶1.35米处，有2个狗骨架，头均朝南，吻部一只朝西、另一只不明。墓室外东南角距现存椁顶2.2米处有1个头朝南的狗骨架，吻部朝东。另外在墓底腰坑内没有发现狗骨架。墓道中还发现了马、车、车轮等遗物。其中马有2匹，均为完整骨架，摆放在车辕两侧，相背侧卧，两后腿放置于车轮之前，颈部分别被压在左右车轭下。马的吻部分别朝向东西两侧，东侧马匹的右前腿上有1件铜衡末饰。在2匹马和车衡之前还发现有1个男性人骨，俯身直肢，这应是殉人的习俗（图4.2-1）。从墓葬平面图来看，自南向北依次为人、马和车（包括车衡、车轭、车辕、车厢、车轮、车轴和其他的车马器等）。笔者认为此殉人的身份应是类

① 桥北考古队：《山西浮山桥北商周墓》，《古代文明》（第5卷），文物出版社，2006年，347-394页。

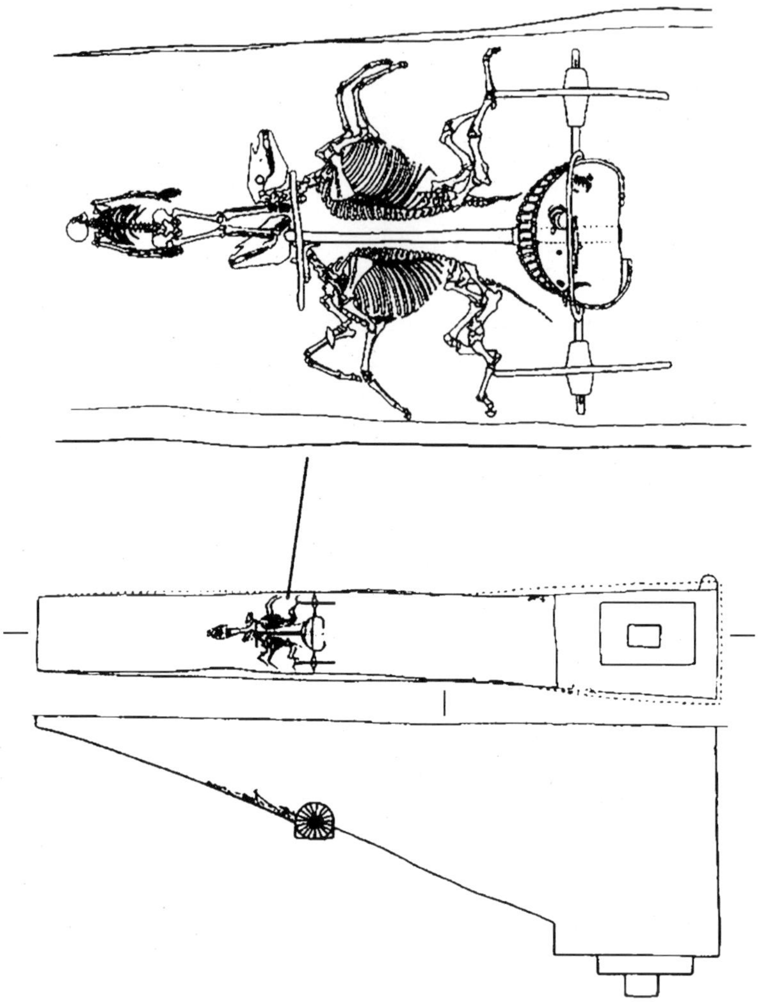

图4.2-1　浮山桥北墓地M1平面示意图及车马图

似于车夫。可见墓主人生前地位的显赫，不仅墓葬规模宏大、随葬品丰富，而且有殉人、殉马和殉车等。墓主人生前可能在出入时乘坐马车，已经有了专门的车夫为其牵引。

M8，墓向12°，墓道为阶梯状，墓道与墓室通长11.4、宽2.36～2.56、最深4.76米。墓道分三个斜坡状台阶。墓内随葬品被盗劫一空，棺椁被破坏严重。埋葬的过程分为四层，第一层为摆放狗骨架，距墓口1.6～1.8米，共计12个，头皆向墓室方向即北。第二层为放置殉人及狗骨架，距墓口3.15米。殉人位于墓室东部偏北，狗骨架共计6个，头朝北。第三层为摆置殉人及牛腿骨，距墓口3.4米，殉人位于椁外西北角，牛腿在西南角。第四层为殉人，距墓口3.6米，仰身直肢。椁底部有腰坑，狗骨架已遭破坏，数量不清。

M9，甲字形墓，墓向10°，墓底有2个腰坑，其中1个腰坑中有散乱的狗骨，另一个有殉人，成年男性，骨架散乱。椁外有殉人、狗、牛头。分两层：第一层在距墓口3.8米处，椁上的四周，摆放9个狗骨架，狗骨架摆放在东西南北四个方向，保存有好有坏。第二层在距墓口4.4米处，椁上的四周，牛头在东南角，头朝南，面向西，保存较差。

M18，墓向12°，墓口通长21.8米，四壁及坡面平整。在车旁殉人约同一平面有殉狗36个。墓道中有马、车和殉人，其中马2匹，位于车前，保存较差，遭破坏严重，仅剩下后腿骨。

M28，墓向12°，墓道与墓口通长12.88米，底部有不整齐的三个台阶，四壁不平整，建造略显粗糙。在距墓口2.2米处发现一层殉狗，从第三个台阶往北进入墓室，共13个狗骨架。第二层殉狗，在距墓口3.2米处，共13个。椁底腰坑埋葬1个狗骨架和1件石块。

这5座大型墓均为带墓道的墓葬。主要埋葬有狗、牛头骨、牛腿骨和马，其中以狗的数量最多，其次是马，最后是牛。殉狗的墓葬最多随葬36个，最少的有3个。马以完整骨架的形式出现在墓中①，且均与车辆伴出，也就是说马作为车的牵引力，供人出行乘坐。这些动物作为殉牲多摆放在墓道的填土中，且多分层摆放。每座墓葬的腰坑中均有狗骨架，只是由于遭破坏较严重，而不能了解准确的数目。据以往材料的分析，腰坑中殉葬1个狗骨架的概率要大一些。大型墓中除了殉葬动物外，而且还有殉人和殉车的习俗。这表明墓主人多为高等级的贵族。

二、中　型　墓

这一类型墓葬共有10座，明确有殉狗的墓葬有4座。一般都是在墓底有一个腰坑，其内埋葬1个狗，狗骨架下都放置有石块。将石块摆放在墓葬中的情况，在游邀墓地中也有发现。有学者根据齐家文化墓葬中发现的白石块，认为古代居民有白石崇拜的思维。不排除桥北墓地的中层社会中也有白石崇拜的观念（表4.2-1）。

值得思考的是，该墓地的小型墓葬中均没有发现殉牲现象。这说明殉牲习俗仅在中型墓和大型墓为代表的社会成员中流行，是身份等级的重要标识。桥北墓地埋葬马匹、车辆和车夫的现象，与中国北方其他地区墓葬和祭祀坑中出土的马匹骨骼所代表的是两种意义和两种世界观。与车共出的马匹，说明马在这一文化人群中主要是作为交通工具的牵引力而使用，并且代表了墓主人高贵的身份和地位。将马绑在车前作为牵引力，本身就限制了马的速度，并且还有要相配套的设备和道路条件。但中国北方地区，尤其是草原地区和其邻近地区在墓葬中单纯的随葬马匹，不仅仅是将马作为交通工具，更多的是作为生活生产的必需品，而且倾注了更多的情感在其身上。马也成为草原游牧人最珍爱的动物。游牧民族的很多事务都是在马背上完成的，他们也由此被称为“马背民族”。总之，桥北墓地的殉牲与中国北方地区其他文化的殉牲表现出了截然不同的特点。

---

①　其中在M18中随葬的2匹马，由于遭受破坏保存极差，仅剩下后肢骨，但在最初埋葬的时候应该也是完整的。

表4.2-1　浮山桥北墓地殉牲统计表　（单位：个）

墓号	规模	狗	牛腿	牛头	马	车	殉人	殉牲摆放位置
M1	大型	3+?			2	1	1+?	填土+二层台（残坏）
M8	大型	18*1	1				3	分层填土、腰坑
M9	大型	9*1		1			4	填土（椁顶周围）、腰坑
M18	大型	36*?			2	1	2	填土（墓道）、腰坑
M28	大型	26*1					1	填土（墓道）、腰坑
M11	中型	?					?	
M13	中型	1*					2	填土
M19	中型	*1					?	腰坑
M20	中型	4*1	1				1	填土、腰坑
M21	中型	?					?	
M22	中型	1*					?	填土
M23	中型	?					?	
M24	中型	?	1				?	填土（椁外）
M27	中型	1*					1	填土（椁外）

注：*前为填土中出土，其后为腰坑中出土。+之前为明确的数量，其后为因遭破坏而不明的数量。

对于桥北墓地的研究主要有两种观点：第一种观点以发掘者田建文先生为代表，认为桥北墓地是商代晚期唐国的墓地①；第二种观点以张天恩先生为代表，认为它是商遗族即先族遗存的可能性更大②。总之，浮山桥北墓地的殉牲情况较复杂，与白燕文化其他遗址墓葬中发现的殉牲有着明显的差异。大型墓中不仅仅在墓葬的腰坑中埋葬狗，并且在墓道及填土中分层次摆放动物，尤其狗的数量非常多，最少的1座墓葬中有5个以上的动物个体，最多的墓葬中达38个以上的动物个体。同时，在墓葬中普遍有殉人现象，数量也较多。最值得注意的是，在墓葬中随葬车和马，这与中国北方地区的传统差异是巨大的。尤其是从M1中殉人、殉马和殉车成纵向排列的位置来看，显然是一副车夫牵着马，马拉着车出行的场景，可见当时贵族阶层生活的一个片段。据此，我们也可以推测当时社会中地位最高的人群拥有最多的财富、最大的权力、最高的身份，其身边类似车夫的仆人或随从其数量一定很多。中型墓中，仅有40%的墓葬有殉牲，主要以狗为主，还有少量的牛腿骨。可见中型墓所代表的人群中部分成员使用殉牲。

小型墓中没有1座墓葬中发现殉牲，说明了小型墓所代表的人群中基本不使用殉牲。当然这也可能与墓地所遭受的破坏情况有关。笔者认为大、中、小型墓葬中殉牲动物的有无及种类和数量的多少，尤其是数量上所表现出来的特征来看，该墓地的人群处于一个高度等级化的社会。一个阶层使用何种方式埋葬，选择何种物品进行随葬

① 田建文：《初识唐文化》，《古代文明研究通讯》，2004年总第21期，9-15页；田建文：《灵石旌介商墓与山西商代晚期考古学文化》，《中原文物》2009年第1期，39-44页。

② 张天恩：《晋南已发现的西周国族初析》，《考古与文物》2010年第1期，50-56页。

都是有严格的规定。通过对浮山桥北墓地殉牲的分析，笔者认为浮山桥北墓地的葬俗与上述白燕文化墓葬中所体现出来的特征差异是巨大的，不宜简单的归入白燕文化的旌介类型。本书无意于讨论该墓地全部的文化性质和内涵，但仅从殉牲角度来看，暂且称之为“桥北类型”也是不错。

第三节 晋北地区游邀类型的殉牲

从现有的考古发现来看，晋北地区忻定盆地出土的夏代遗存除了忻州游邀遗址外，仅有对滹沱河流域的一次考古调查获得的少量资料①。1987年山西省文物考古研究所及忻州地区文物管理处与吉林大学北方考古研究室合作，对游邀遗址进行了发掘②。这为认识晋北地区忻定盆地龙山时期至夏代的古代文化面貌、年代序列和文化谱系关系等课题提供了重要的新材料。然而，多年以来，学界一般多将晋北地区忻定盆地和晋中地区太原盆地夏代时期的遗存合在一起进行研究。事实上，晋北地区忻州游邀遗址出土的遗存不应与太原盆地发现的同时期遗存归为同一考古学文化，应当单独为一类遗存。游邀遗址夏代遗存的年代跨度不是很大，大体相当于夏代早期③。《忻州游邀考古》④报告的出版，对游邀遗址材料进行了较为翔实而全面的公布，为研究晋北地区的古代文化提供了重要的线索。游邀遗址夏代遗存主要由四类文化因素构成，将游邀遗址单独划分成一个类型是成立的，也是必要的⑤。

游邀遗址位于忻州盆地的西南边缘，紧靠忻州市董村镇游邀村东南，西北距市区10千米，地势北低南高。遗址中部遭破坏，西部为时令河冲蚀，面积约20万平米。报告将该遗址的遗存分为早、中、晚三期，早期包括1、2段，中期为3段，晚期包括4～6段，早、中期属于龙山时代，晚期进入了夏纪年。进入夏纪年的晚期是本书要讨论的内容，但是对墓葬材料还没有学者做过类似分期的研究，所以本书即将要讨论的墓葬中有一部分有可能超出了夏代的时间范围。现仅对与殉牲有关的墓葬遗存进行分析。

该遗址共发现并清理了73座墓葬，沟西区43座，沟东区30座，均为龙山时期至夏代时期的墓葬。在73座墓葬中，发现有殉牲的墓葬共6座，仅占8.2%。出土的动物有啮齿类小动物的下颌骨，还有未鉴定的兽骨，且数量均较少。埋葬摆放的位置绝大多数在墓底，有的在人骨头部附近，有的在足部，也有的在两腿之间，仅有1件卜骨发现于填土中，还有的位置不明确。严格意义上，卜骨所代表的文化内涵与随葬动物作为

① 侯毅：《山西滹沱河流域的考古调查报告》，《山西省考古学会论文集（三）》，山西古籍出版社，2000年。

② 忻州考古队：《山西忻州市游邀遗址发掘简报》，《考古》1989年第4期，289-299页。

③ 赵菊梅：《晋陕高原夏商时期考古学文化格局研究》，《公元前2千纪的晋陕高原与燕山南北》，科学出版社，2008年，3-43页。

④ 吉林大学边疆考古研究中心、山西省考古研究所、忻州地区文物管理处：《忻州游邀考古》，科学出版社，2004年。

⑤ 蒋刚：《论白燕文化及其相关问题》，《考古与文物》2009年第5期，27-37页。

殉牲背后的意义是不一样的。所以卜骨不属于本书中殉牲的范畴。殉牲墓葬的墓主人男性2名、女性4名，男性的年龄主要为15～16岁的成年，而女性最小的12岁左右，最大的45～50岁，还有2座墓的人骨年龄为30左右和22～24岁。可见，女性使用上述动物作为殉牲的概率要高于男性。从葬式来看，以仰身直肢为主，仅有1座为侧身直肢，面向没有规律（表4.3-1）。特别需要说明的是，在墓葬中随葬啮齿类动物的下颌骨和小鸟骨骼是整个中国北方地区极其罕见的。其中随葬小鸟的M106，还在其填土中发现了卜骨，并且墓葬规模也较大，女性墓主人的年龄为45～50岁，在整个墓地中是属于偏大的。而且在其东西两侧的二层台上分别放置有1石块（图4.3-1）。据此，笔者推测M106的墓主人不是一般的普通社会成员，有可能为通晓祭祀仪式的神职人员。

表4.3-1　游邀墓地殉牲统计表

墓号	殉牲动物	殉牲摆放位置	年龄、性别	葬式、面向
M109	啮齿类小动物下颌骨、大块兽骨	墓底（头部西侧、足部）	15～16、男性	侧身直肢、面东
M106	小鸟骨骼、卜骨	墓底（右侧腰部）、填土中	45～50、女性	仰身直肢、面南
M115	3块兽骨	墓底（两腿外侧）	22～24、女性	仰身直肢、面西
M143	兽骨	?	成年、男性	仰身直肢、?
M504	2块兽骨	?	30±、女性	仰身直肢、面东
M515	兽骨	?	12±、女性	仰身直肢、头微低

综上，游邀遗址的墓葬，不是十分流行使用动物作为殉牲，而且在遗址的地层、房址和灰坑中也很少发现有动物骨骼。这说明游邀人群的家畜饲养不是很发达，且缺少在墓葬中随葬动物的观念。值得注意的是，游邀遗址中发现的32件卜骨，由猪、牛和羊的肩胛骨制作而成。其中猪肩胛骨有22件，牛和羊肩胛骨各为5件，猪与牛、羊之和的比例为2.2∶1。这也说明了当时的社会中可能是有一定的家畜饲养业，而且主要以猪为主，有少量的牛和羊。但是从有限的数量可知，当时的饲养规模不是很大，尤其是牛和羊的饲养也仅仅是一种起到辅助作用的经济形式。结合遗址中数量众多的陶器和以石和骨制的生产工具，笔者认为游邀人群的农业生产占据绝对的支配地位，定居性非常稳定。又根据出土的石器的数量和兽骨以及蚌器的数量，可知当时的社会还从事一定比例的狩猎和渔猎活动，但其从事这些活动的时间较少，其规模也较小。

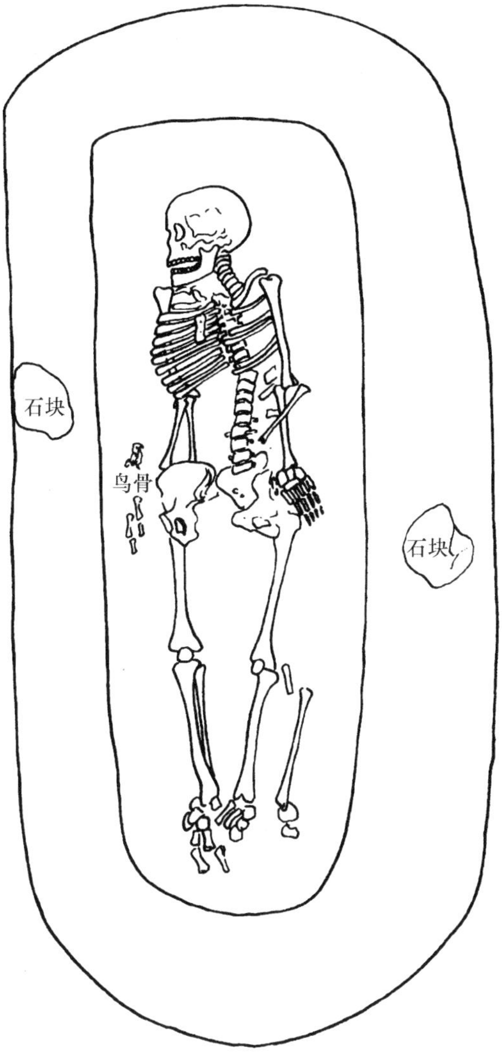

图4.3-1　游邀墓地M106平面示意图

第四节　李家崖文化的殉牲

一、李家崖文化概况

李家崖文化是因陕西省清涧县高杰乡李家崖古城址的发掘而命名[①]，是晋陕高原晚商至西周早中期一支重要的考古学文化。该文化的典型遗址包括陕西清涧县李家崖古城址，绥德县三十里铺村寨山遗址、义和乡薛家渠遗址、田庄遗址，延川县马家河神圪垯山遗址、王家河遗址，洛川县石泉村遗址和山西省柳林县高红H1等[②]。自20世

① 张映文、吕智荣：《陕西清涧县李家崖古城发掘简报》，《考古与文物》1988年第1期，47-56页。

② 吕智荣：《试论李家崖文化的几个问题》，《考古与文物》1989年第4期，76-77页。

纪30年代以来在晋陕高原陆续发现属于商晚期至西周早期数量众多的青铜器。这些青铜器墓葬遗存的发现概况和研究简史，乌恩岳斯图先生①和蔡亚红先生②均做过比较细致的介绍、归纳和总结，本书不再赘述。而在这些铜器遗存的分群和文化归属上，学界还没有达成一个共识③。但可以肯定的是其中有一部分遗存当属于李家崖文化。该文化的分布范围主要在南流黄河两岸的陕北和晋北地区。林沄先生认为该文化在陕西分布的南界还不清楚，但甘泉史家湾④的发掘表明，这里的“西周遗物”（其中有一部分可能早到商代）已经不属于李家崖文化了⑤。

李家崖文化的墓葬资料主要有两部分，一是在李家崖古城址和薛家渠遗址等发掘的墓葬；二是晋陕高原石楼周围发现的青铜器墓葬遗存，此类墓葬均遭破坏。绝大多数先由群众无意发现挖出，后考古工作者进行清理或者征集。出土单位多已破坏，相关报道也多侧重于对出土器物的介绍，这给我们了解墓葬有无动物殉牲的情况带来了困难。故仅对第一部分进行简要介绍和分析。

二、李家崖古城址

该城址位于清涧县高杰乡李家崖村西。无定河在李家崖村西蜿蜒流过，河道深而狭窄。河东岸的台地被河水切割成了一块不规则的“葫芦状”，古城址就坐落在这块“葫芦状”的二、三级台地上。古城东距黄河4.5千米、李家崖村1千米，西距清涧县45千米，北距高杰乡7.5千米⑥。该遗址在1983～1991年间先后经过四次发掘，部分资

① 乌恩岳斯图：《北方草原考古学文化研究——青铜时代至早期铁器时代》，科学出版社，2007年，144-146页。

② 蔡亚红：《李家崖文化研究》，西北大学硕士学位论文，2008年。

③ 李伯谦先生将这些青铜器墓葬遗存命名为石楼-绥德类型（李伯谦：《从灵石旌介商墓的发现看晋陕高原青铜文化的归属》，《中国青铜文化结构体系研究》，科学出版社，1998年，167-184页）；以瓦廖诺夫、沃浩伟、蒋刚等为代表的学者将这些青铜器遗存划分为石楼类型和保德类型（瓦廖诺夫：《商代至西周中国北方诸小族的考古遗存——年代、分布及其文化关系问题》，《中国古代北方民族考古文化国际研讨会》，内蒙古文物考古研究所，1992年；沃浩伟：《晋陕高原商周时期青铜器分群研究》，《公元前2千纪的晋陕高原与燕山南北》，科学出版社，2008年，56-67页；蒋刚：《南流黄河两岸出土青铜器的年代与组合研究》，《公元前2千纪的晋陕高原与燕山南北》，科学出版社，2008年，68-84页）；朱凤瀚先生认为应该划分为晋西北山地的石楼类型和陕东北山地的绥德类型（朱凤瀚：《由殷墟出土北方式青铜器看商人与北方族群的联系》，《考古学报》2013年第1期，1-28页）。而本书更倾向于第二种分法，并且认为石楼类型遗存也应该是李家崖文化的组成部分，而保德类型应该与李家崖文化有过并行发展的一个阶段。其中保德类型人群的移动性和武装性更强。

④ 陕西省考古研究所等：《陕北甘泉县史家湾遗址》，《文物》1992年第11期，11-25页。

⑤ 林沄：《中国北方长城地带游牧文化带的形成过程》，《林沄学术文集（二）》，科学出版社，2008年，39-76页（原载《燕京学报》2003年新十四期）。

⑥ 张映文、吕智荣：《陕西清涧县李家崖古城发掘简报》，《考古与文物》1988年第1期，47-56页。

料已经公布。城址依地形修建，平面呈不规则长方形，南、北两侧利用无定河河道断崖，东、西两侧发现城墙，城墙的结构和建筑方式都比较有地方特色；在城址内发掘了一组大型建筑基址，为南北向长方形围墙建筑，围墙内有房址、窖穴、灰坑、祭祀坑、翁棺葬、排水渠等；墓葬有竖穴土坑墓和瓮棺葬。

在李家崖古城址内外，共发现61座商周时期的墓葬。这批墓葬分别分布于古城内外四个点，其中在古城内有2处墓地，分别位于城内A区（东部）和C区（西部），另外2处位于东、北城墙之外。墓葬均为窄长方形竖穴土坑墓，方向不一，墓圹狭窄，墓壁较直。填土经过夯筑，夯层不明显，土质稍硬，为五花土[①]。该城址发掘的61座墓葬中没有发现1例随葬动物的现象。该遗址中发现的动物骨骼较少，其中家畜家禽类有黄牛、山羊、绵羊、家猪、狗和鸡；野生类动物有兔、狗獾、狍子、野猪、梅花鹿、鹿、鲶鱼、龟、仓鼠、河蚬科和涉禽等[②]。可见当时生活在李家崖古城居民的家畜饲养有了一定的规模，只是没有形成在墓葬中随葬动物进行祭祀的特殊习俗。

三、绥德薛家渠遗址

该遗址[③]发现1座墓葬，编号为M1，墓葬东约10米处出土了青铜器。墓葬位于发掘区最高处，为长方形竖穴土圹墓，呈南北向，墓口略大于墓底，葬具为单棺。墓葬已被盗掘，盗洞内残存有鬲、罐、三足瓮、甗等器物的残片，墓室内空无一物。也没有发现使用动物殉牲的现象。

综上所述，李家崖文化不流行使用动物作为殉牲的习俗，墓葬随葬品主要是铜器、陶器、石器、玉器、骨角器和金器等物品。这与中国北方地区的葬俗有着较大的区别。值得注意的是，李家崖古城址和绥德薛家渠遗址都出土了不少动物骨骼，主要种类有马、牛、羊、猪、狗、鹿、野猪等，前五种是家畜类，后两种为野生种。吕智荣先生在此基础上，又分析了李家崖古城址中出土的石斧、石刀、骨铲等生产工具及繁多的陶质生活用器等特点，认为李家崖文化的社会经济形态是以农业为主，兼营畜牧业，并从事狩猎活动[④]。从仅有的几座墓葬材料来看，李家崖文化不太流行殉牲习俗。各遗址中出土的动物骨骼以及羊、牛（马）骨和龟甲制作的卜骨都说明李家崖文化的人群有家畜饲养业，只是没有形成在墓葬中随葬动物作为殉牲的习俗。这从侧面也说明了李家崖文化的人群更多的是接受商和周文化的影响，而与中国北方地区其他考古学文化的差异较大。

---

① 陕西省考古研究院：《李家崖》，文物出版社，2013年。

② 胡松梅、吕智荣：《李家崖遗址出土动物骨骼鉴定报告》，《李家崖》，文物出版社，2013年，352-353页。

③ 北京大学考古学系商周考古实习组、陕西省考古所商周研究室：《陕西绥德薛家渠遗址的试掘》，《文物》1988年第6期，30-31页。

④ 吕智荣：《李家崖文化的社会经济形态及发展》，《考古学研究》，三秦出版社，1993年，356-357页。

此外，经过科学发掘的吉县上东村的一座残墓，对学界认识北方系青铜器遗存的墓葬形制、葬式、随葬品的摆放位置等有了更直接的证据。墓葬为长方形竖穴土坑墓，墓葬的南半部分已经被破坏。墓内葬1位男性，头北向，仰身直肢，在死者头部左侧摆放1件管銎斧、头部右侧置有1件铃首剑、腰部左侧随葬1对勺形马镳，无其他随葬品。墓中也没有出土动物骨骼，当然不排除在其被破坏的地方有可能摆放殉牲动物。但是通过对比本地区的殉牲特点的分析，这种可能性较小。

第五节　寨头河墓地的殉牲

寨头河墓地位于洛河支流葫芦河下游北岸的台塬坡地上，地势开阔平缓，略呈舌形，西南伸向河床。2011年陕西省考古研究院、延安市文物考古研究所及黄陵县旅游文物局联合组队对黄陵县阿党镇寨头河战国墓地进行了全面勘探和发掘，对勘探发现的90座墓葬2座葬马坑和1座方坑进行了全部揭露。出土了上千件具有鲜明文化特征的实物资料。随葬品有陶、铜、铁、骨、玉、贝、石器和料珠等。陶器大致分为甘青和中原两个系统①。孙周勇等人认为寨头河墓地的族属为魏国辖域内戎人的一支，其年代为战国早中期②。报告中对殉牲出土的动物种类、个体数量、年龄、性别、骨骼部位、摆放位置及状态等方面均做了较深入的分析，并在此基础上探讨了该墓地的埋葬习俗和经济类型③。现择要进行讨论。

在90座墓葬中，有殉牲的墓葬有41座，占46%。另有2座葬马坑和1座葬有牛骨的方坑。说明殉牲这种特殊的葬俗在该墓地是一种比较流行的现象。通过初步的比较分析，笔者认为有殉牲的墓葬中随葬品的数量要略多于没有殉牲的墓葬。可能殉牲动物本身就体现了有无殉牲墓葬之间的贫富差距和社会等级差异。

从殉牲的数量上看，该墓地共发现殉牲动物数量108个个体。羊的数量最多有47个，其中山羊23个；其次为牛39个，马11个；猪和狗的数量分别有5个和4个；环颈雉和其他鸟类均为1个。除了4个完整的马匹外，殉牲动物的部位主要有头骨和肢骨。这些殉牲动物的头骨多被摆放在墓主人头侧位置，动物头向与墓主人方向大体一致。指节骨多置于殉牲动物的头骨两侧。当有几种以上动物组合时，一般大型动物置于中

① 陕西省考古研究院、延安市文物研究所、黄陵县旅游文物局：《寨头河——陕西黄陵战国戎人墓地考古发掘报告》，上海古籍出版社，2018年；陕西省考古研究院：《2011年陕西省考古研究院考古发掘新收获》，《考古与文物》2012年第2期，3-13页；陕西省考古研究院孙周勇、邵晶、孙战伟、徐蓤、刘小玲：《陕西黄陵县寨头河战国戎人墓地》，《中国文物报》2012年1月6日第5版；陕西省考古研究院、延安市文物研究所、黄陵县旅游文物局：《陕西黄陵寨头河战国戎人墓地发掘简报》，《考古与文物》2012年第6期，3-10。

② 孙周勇、孙战伟、邵晶：《黄陵寨头河战国墓地相关问题探讨》，《考古与文物》2012年第6期，79-86页。

③ 陕西省考古研究院、延安市文物研究所、黄陵县旅游文物局：《寨头河——陕西黄陵战国戎人墓地考古发掘报告》，上海古籍出版社，2018年，274-297页。

央，其他中小型动物位列两侧。

从殉牲的种类和组合关系看，殉牲动物的种类有环颈雉、狗、猪、牛、马、羊等六种。殉牲组合大体有10组：牛（10座，占24.4%）；牛＋羊（6座，占14.6%）；羊（4座，占9.8%）；猪＋牛＋山羊（2座，占4.9%）；狗＋牛＋山羊（1座）；马＋山羊（1座）；马＋狗＋羊（1座）；环颈雉＋猪（1座）；马（1座）；山羊（1座）。很明显，牛和羊的组合占优势，并且表现出一种大动物（马和牛）和一种或两种中小型动物（山羊、狗和猪）共存。值得注意的是，仅M71中发现有环颈雉和猪共存的情况，而这两种动物均不常出现在典型的游牧人群的墓葬中。该墓地中牛、马、羊单独埋葬的现象较多，其中单独殉牛的墓葬有10座，占殉牲动物墓葬的24.4%。

从殉牲种类出现的频率看，殉牛墓有19座，方坑1座，占45%；殉羊墓16座，占36%；殉马墓3座，葬马坑2座，占11%；葬猪墓3座，占7%；殉狗墓2座、殉环颈雉1座，分别占5%和2%。

从殉牲动物的年龄和性别看，羊的年龄主要为幼年和青年个体，未见老年个体。牛的年龄以幼年、成年为主，仅见1例老年个体。马的年龄以壮年为主，幼年和成年各2例。该墓地中可鉴定性别的马有6个，其中雄性4个，雌性2个，且4个雄性均埋葬在2座葬马坑中。这应该是专门选择雄性马匹进行祭祀的行为。可鉴定性别的羊有4个，且均为雌性。以上情况是否与墓主人的身份等级有关暂时还没有共时性的认识。

2座葬马坑均为东西向长方形竖穴坑，每座坑中各埋葬2匹完整的马。4个马均为南北向横卧并列摆放。葬马坑内除了摆放马的空间外，还有2米左右的空间，没有发现葬车的痕迹。这应是事先经过精细的设计和安排的。在墓地的中间专门修建葬马坑的这一做法，与内蒙古中南部东周时期的西园墓地较相似。但是二者的区别是西园墓地的葬马坑只埋葬马的头骨，而寨头河墓地的葬马坑与甘肃庆阳发现的葬马坑较相似，均摆放完整的马匹。这说明寨头河墓地的人群与内蒙古中南部的西园类型人群之间有较相似的信仰和祭祀观念以及行为，但是二者之间的文化差异也是显著的，应为两个不同的文化群体。葬马坑的出现，可能与游牧社会中贵族阶层的特殊需要而应运而生的。

第六节　小　　结

从历史地理和生态学的角度来讲，当今的晋中、晋北和陕北地区是适合养羊业发展的，在古代也出现过以养羊为业的人群。这一地区夏商周时期的墓葬中并不是十分流行使用动物作为殉牲，仅到了东周时期的寨头河戎人墓地才出现了使用较多的动物进行随葬的殉牲习俗。

总体上说，这种使用动物作为殉牲的祭祀行为并没有被晋中、晋北、陕北这一广袤地区的人群广泛的接受和传播。白燕文化中只在杏花墓地的极少数墓葬和旌介高等级的2座墓葬中发现有使用完整的狗作为殉牲，且多摆放在墓底的腰坑中和墓穴的填土中。浮山桥北墓地使用狗作为殉牲的数量十分惊人，在中国北方地区，乃至中原地区都是少见的，并且带有墓道的大型墓中还流行殉马、殉车、殉人等习俗。这与该墓地中小型墓葬的差异是巨大的，可见社会结构的分化是高度对立的。而在腰坑中和填土中使用狗作为殉牲，以及殉人、殉马、殉车等现象表现出来的高度社会等级化都应当受到了商文化的强烈影响。因此也有学者将桥北墓地与灵石旌介墓地统称为旌介类型，并认为是殷墟文化的一个地方类型。而笔者认为桥北墓地，如仅从殉牲的角度以及结合殉人、殉车等特点来看，似乎不宜笼统的归入白燕文化旌介类型当中，暂且称之为桥北类型为妥。在游邀墓地中仍然不是很流行殉牲这一祭祀习俗，仅在极少数的墓葬中出土了一些未做鉴定的兽骨和小鸟骨骼。这与整个中国北方地区其他文化的差异性显著，可能与当时当地的气候环境和生业模式有关。李家崖文化和保德类型人群均有一定比例的畜牧业，只是他们不在墓葬中使用动物作为殉牲进行祭祀。寨头河墓地中出土了较多的牛、羊和马头骨，这在整个这一区域中显得很特别。当与这一地区的早期传统无关，而是东周时期戎人直接迁徙的结果。值得注意的是，陕北地区两周之际的米脂县张坪墓地中没有发现任何殉牲现象①。这表明张坪墓地虽然受到北方文化的一定影响，但其仍属周文化系统。总之，这一地区的殉牲特点主要与其长期和中原地区有着密切联系有关，而与当地的经济生产方式没有绝对的联系或者关系不大。殉牲反映的是文化属性的问题，它是一种特殊的葬俗，也是一种宗教观念的体现。没有发现大量的殉牲只能说明，这个地区的人群没有形成殉牲的观念，但并不代表这一地区就没有畜牧业。

① 北京大学考古系商周实习组、陕西省考古所商周研究室：《陕西米脂张坪墓地试掘简报》，《考古与文物》1989年第4期，14-20页。

第五章　燕山南北地区夏至战国时期的殉牲

燕山南北地区历来是学者研究的重要区域，尤其是燕山以北地区。这一区域介于东北文化区、与中原文化区的缓冲地带，在政治、经济、文化交流中发挥了重大的作用。同时，也是军事斗争的前沿阵地。东北族群要想入主中原地区，中原政权要想控制大北方，双方都要争夺这一交通要道和战略枢纽。当燕山以北地区的文化强盛时，人群就会南下；当中原商周文化强盛时就会北上。所以这一地区的文化特征经常表现为双重性，例如墓葬中既有北方系的青铜工具、武器等，又有中原式的青铜礼器。夏至战国时期是华夏文明形成的初期，也是北方畜牧文明的萌芽阶段。本章从殉牲的角度对该地区这一特殊的葬俗进行梳理和分析，以期能够为认识和了解这一区域内的整体文化面貌提供一个参考的视角。

第一节　燕山以南地区夏至战国时期的殉牲

燕山以南地区指燕山以南、太行山以东的广大区域，行政区划上包括北京、天津及河北省北部的张家口、唐山和承德南部等地区。这一区域西北高东南低，西北部山地与河谷盆地相间分布，桑干河和洋河是比较重要的河流；中部和东南部以海河、滦河冲击形成的平原为主；北部主要是燕山山地，属于滦河中上游地区。总体来看，这个区域水系发达，自然环境比较优越。

对这一地区夏至战国时期的考古学文化及其分布格局的认识，经历了一个较长的过程。乌恩岳斯图和蒋刚两位先生对这段学术史均做了详细地总结和讨论[①]，此不赘言。根据近些年的研究成果，燕山以南地区夏至战国时期主要的文化遗存有大坨头文化、壶流河类型、李大人庄类型、围坊三期文化、张家园上层文化和东周时期诸多墓葬遗存等。下文大体按照时间的早晚顺序分别对各考古学文化和类型发现的殉牲情况进行梳理和讨论。

---

① 乌恩岳斯图：《北方草原考古学文化研究——青铜时代至早期铁器时代》，科学出版社，2007年，47-50页；蒋刚：《燕山南麓夏至早商时期考古学文化编年、谱系与文化格局》，《公元前2千纪的晋陕高原与燕山南北》，科学出版社，2008年，111-147页。

一、大坨头文化

大坨头文化因河北大厂回族自治县大坨头遗址的发掘而命名[①]，主要分布在海河、潮白河、滦河下游及其支流的京津唐地区。其年代大致相当于二里头二期至早商二期[②]。据目前发现的材料看，包含大坨头文化遗存的遗址除了大坨头遗址外，还有河北怀来官庄[③]，涞水渐村[④]、富位[⑤]，唐山大城山[⑥]、古冶[⑦]、小官庄[⑧]，滦南东庄店[⑨]、东八户[⑩]、后迁义[⑪]，卢龙东阚各庄[⑫]，三河东达屯[⑬]，涿州松林店[⑭]；北京房山镇江营与塔照[⑮]、刘李店[⑯]、西营[⑰]，香河庆功台[⑱]，平谷刘家河陶器墓[⑲]，昌平雪山[⑳]、

---

① 天津市文化局考古发掘队：《河北大厂回族自治县大坨头遗址试掘简报》，《考古》1966年第1期，8-13页。

② 蒋刚：《燕山南麓夏至早商时期考古学文化编年、谱系与文化格局》，《公元前2千纪的晋陕高原与燕山南北》，科学出版社，2008年，111-147页。

③ 河北省考古研究所：《河北怀来官庄遗址发掘报告》，《河北省考古文集》（二），北京燕山出版社，2001年，25-28页。

④ 河北省文物研究所：《河北涞水渐村遗址发掘报告》，《文物春秋》1992年第S1期，220-229页。

⑤ 拒马河考古队：《河北涞水古遗址试掘报告》，《考古学报》1988年第4期，440-449页。

⑥ 河北省文物管理委员会：《河北唐山大城山遗址发掘报告》，《考古学报》1959年第3期，17-34页。

⑦ 河北省文物研究所：《唐山市古冶商代遗址》，《考古》1984年第9期，769-797页。

⑧ 安志敏：《唐山石棺墓及其相关的遗物》，《考古学报》1954年第1期，77-82页。

⑨ 河北省文物研究所：《河北滦南东庄店遗址调查》，《考古》1983年第9期，775-778页。

⑩ 唐山市文物管理处、滦南县文物管理所：《唐山滦南县东八户遗址发掘简报》，《文物春秋》1996年第2期，5-8页。

⑪ 张文瑞、翟良富：《后迁义遗址考古发掘报告及冀东地区考古学文化研究》，文物出版社，2016年。

⑫ 河北省文物研究所：《河北卢龙县东阚各庄遗址》，《考古》1985年第11期，980-984页。

⑬ 陈卓然：《三河市新集东达屯出土陶器》，《文物春秋》2000年第2期，51页。

⑭ 保定市文管所：《涿州市松林店遗址调查简报》，《文物春秋》1996年第2期，9-25页。

⑮ 北京市文物研究所：《镇江营与塔照：拒马河流域先秦考古文化的类型与谱系》（上、下），中国大百科全书出版社，1999年。

⑯ 北京市文物管理处琉璃河考古工作队、中国社会科学院考古研究所琉璃河考古工作队、房山县文教局、琉璃河考古工作队：《北京琉璃河夏家店下层文化墓葬》，《考古》1976年第1期，59-60页。

⑰ 北京市文物研究所：《北京考古四十年》，燕山出版社，1990年，34页。

⑱ 廊坊文物管理所、香河县文物保管所：《河北香河县庆功台村夏家店下层文化墓葬》，《文物春秋》1996年第6期，26-30页。

⑲ 北京市文物研究所：《北京考古四十年》，燕山出版社，1990年，31-32页。

⑳ 邹衡：《关于夏商西周时期北方地区诸邻境文化的初步探讨》，《夏商周考古学论文集》（第二版），科学出版社，2001年，233-270页。

张营[①]；天津蓟县张家园[②]、围坊[③]，宝坻牛道口[④]等遗址和墓葬。通过详细地查阅上述已发表的材料，发现该文化的墓葬材料非常少，且仅塔照遗址的墓葬中发现有少量的殉牲情况，现介绍如下。

塔照遗址位于北京市房山县城西南的南尚乐乡塔照村，西临北拒马河。该遗址延续的时间非常长，发现多个时间段的遗存[⑤]。其中报告中所说的商周第一期属于大坨头文化的范畴，共发现11座墓葬。墓葬均为东西向竖穴土坑墓。除2座儿童墓较小外，其余9座墓葬规模相近，长2.3～3、宽约1米。墓葬皆备木质单棺，但木棺腐朽严重，细部形制难辨。

11座墓葬中有3座墓葬发现殉牲，殉牲率为27.3%。殉牲动物的数量均较少，有羊、牛和猪。每座墓中殉牲的摆放均不相同。如FTM6，在第一重二层台的西北角放置1个羊头，东北角摆放1个牛头，东南角放置羊的下颌骨及碎骨，东壁二层台上有猪下颌骨残块。这些殉牲动物均倒置，且吻部均朝东，与墓主人头向一致。发掘者认为殉牲原先可能置于椁盖之上，后因木椁腐朽而塌入椁内。笔者认为这种可能性不大，因为如果木椁腐朽殉牲头骨塌入椁内时，会发生不规则的翻转或移动。可是墓中的殉牲动物摆放如此整齐而有规律，应该是专门摆放的结果（图5.1-1）。而FTM11的1个羊头出自墓主人头部上方的小祭祀坑内。FTM15发现的羊下颌骨碎块摆放在墓圹内西北角和东北角。

3座殉牲墓葬中均随葬有3～4件陶器，而其他非殉牲墓葬中随葬品的数量为0～3件。殉牲墓葬FTM6不仅随葬的殉牲动物最多，而且墓葬规格是所有墓葬中最大的，有一棺一椁；同时，随葬品的数量也是最多的。可见殉牲这种祭祀行为只有身份地位高的成员才使用，并且从整齐摆放的方式上也可以看出对死者的敬畏。

3座殉牲墓葬中有1位成年女性，另2座性别不明。故不能够准确的对应性别与殉牲之间的关系。

在遗址的居址及地层中发现了较多的动物骨骼，最小个体数为118个，可以分为家畜和野生两类。但是这些动物骨骼多数发现在商周第三期和商周第四期，而其他六个

---

① 北京市文物研究所：《昌平张营——燕山南麓地区早期青铜文化遗址发掘报告》，文物出版社，2007年，173-176页。

② 天津市文物管理处：《天津蓟县张家园遗址发掘简报》，《文物资料丛刊》（1），文物出版社，1997年，149-162页；天津市历史博物馆考古队：《天津蓟县张家园遗址第二次发掘简报》，《考古》1984年第8期，698-705页；天津市历史博物馆考古队：《天津蓟县张家园遗址第三次发掘简报》，《考古》1993年第4期，311-323页。

③ 天津文物管理处考古队：《天津蓟县围坊遗址发掘报告》，《考古》1983年第10期，877-893页。

④ 天津历史博物馆考古队、宝坻县文化馆：《天津宝坻县牛道口遗址调查发掘简报》，《考古》1991年第7期，577-586页。

⑤ 北京市文物研究所：《镇江营与塔照：拒马河流域先秦考古文化的类型与谱系（上、下）》，中国大百科全书出版社，1999年，135-174页。

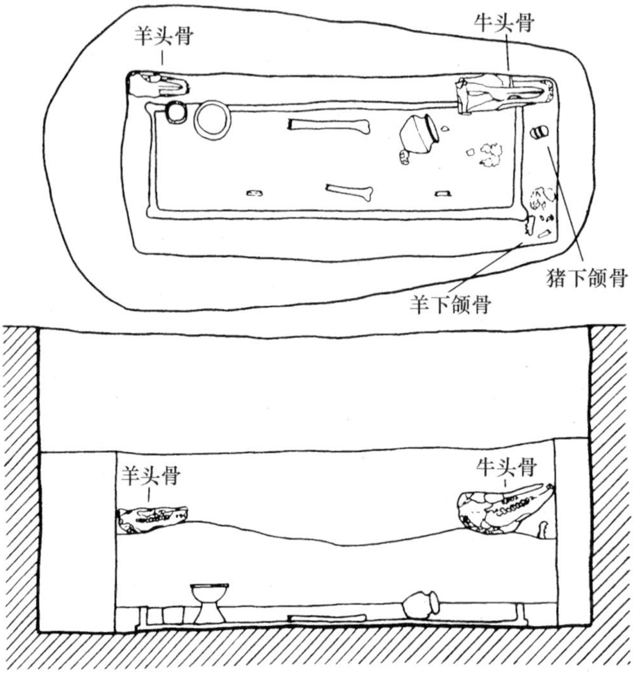

图5.1-1　塔照遗址商周一期FTM6平、剖面示意图

时期出土的骨骼的总和仅占5.2%，其中属于大坨头文化的商周二期仅发现3块牛骨。可见当时的家畜饲养业并不是很发达。这也更加凸显了使用殉牲的墓主人其身份地位的尊贵性。笔者认为FTM6的墓主人很有可能是掌管当时人群占卜、祭祀等事务的特殊人员。当然这还有待更多的证据去验明。

总之，大坨头文化不流行动物殉牲习俗，仅在塔照遗址的3座墓葬中略有发现。从这3座墓葬的情况分析，殉牲只在一个特殊的人群中流行。而很有可能这个特殊人群就是掌管祭祀等事务的女性群体。在大坨头文化的其他遗址中，动物遗存的发现数量并不是很多，说明其家畜饲养业整体上并不是很发达。

二、夏至西周晚期的其他考古学遗存

在燕山以南地区夏至西周晚期的诸考古学文化和类型中，除大坨头文化有殉牲外，仅壶流河类型中发现有祭肉现象。而李大人庄类型、围坊三期文化和张家园上层文化中均没有发现有殉牲的现象。这应该与这一时期该地区的生业模式有一定的关系。从这些考古遗存中发现的动物骨骼情况看，畜牧业的发展并没有达到同时期其他地区的发展水平。这里需要特别论述的是后迁义遗址和昌平白浮墓地。

1. 后迁义墓地

该遗址位于滦县后迁义村滦河东岸的山前台地上。遗址共发掘了272平方米，发现三类遗存。第一类遗存为龙山时期，与本书无关；第二类遗存为夏至早商时期，属于大坨头文化，并未发现殉牲；第三类遗存为晚商至西周初，发现了较多的殉牲遗存。有学者认为此段遗存的文化性质有不同的争议，有学者认为属于张家园上层文化[①]，也有学者认为属于围坊三期文化[②]。本书无意于讨论其文化归属，但仅从殉牲有无的角度来讲，后迁义遗址有其自身的特点。现对第三类遗存的殉牲情况进行梳理和讨论。据张文瑞先生的介绍，此类遗存共发现7座墓葬，可以分为早中晚三段。其中有6座墓葬提到有殉牲，占85.7%。殉牲动物牛有14个，羊有8个。殉牲的部位均为头骨，仅有1座墓中随葬羊肩胛骨。牛和羊多一起伴出，仅少数墓单独随葬牛头和羊肩胛骨。殉牲的摆放位置暂时不详。随葬品最多的99M6，其殉牲的数量也最多，牛头达7个。可见此墓的等级在墓地中是最高的。其他墓葬也均或多或少的随葬陶器和青铜装饰品，所以殉牲墓葬主人的地位应该在当时社会中处于较高的位置。

张文瑞对该遗址的分期基本是可信的，表现在殉牲的变化是殉牲墓葬增多，墓中的随葬品也相应的增多；殉牲的牛和羊不存在单独随葬的做法；殉牲的数量上，牛的数量比较稳定，而羊的数量略有增加。

总之，后迁义墓地的殉牲率之高，殉牲数量之多，在本书讨论的燕山以南地区晚商至西周初期的考古遗存中是比较少见的。这在整个北方长城地带殉牲形成和发展过程中突显出重要意义。

2. 昌平白浮墓地

该墓地位于北京昌平区白浮村，1975年共发掘了3座墓葬。墓葬均为长方形竖穴土坑木椁墓[③]。墓地的年代在西周中期前后，其中在M2和M3中发现有动物骨骼。M2的腰坑中发现1个狗骨架，而在腰坑中埋葬狗骨架的习俗是商文化的一个特点。M3随葬的陶鬲中发现有小块的动物骨头，种属不明。这种在陶器中摆放动物骨骼的祭肉习俗在西北地区的寺洼文化和西周墓葬中较常见。对于该墓地的年代和人群的身份有很多的讨论[④]。该墓地的木棺椁以及随葬品中的陶鬲等反映了中原文化的特点，而随葬品中的工具和武器上又明显有北方风格。究竟该墓地的主人是土著人群接受了中原燕文化的影响，还是燕国贵族受到了北方文化的影响？对于这一问题，学界还没有达成共识，但是从墓葬的腰坑中有殉狗，且随葬品陶鬲中发现祭肉的现象来判断，并结合墓地所处的位置来看，更有可能是燕国在向北方地区扩张势力的一个据点。我们认为墓主人应为燕国的贵族，由于在北方地区频繁地与土著人群接触，所以在墓葬中发现北方风格的遗物也就不足为奇。

---

① 张文瑞、翟良富：《后迁义遗址考古发掘报告及冀东地区考古学文化研究》，文物出版社，2016年。

② 蒋刚：《商末周初：围坊三期文化与张家园上层文化》，《公元前2千纪的晋陕高原与燕山南北》，科学出版社，2008年，173-197页。

③ 北京市文物管理处：《北京地区的又一重要考古收获——昌平白浮西周木椁墓的新启示》，《考古》1976年第4期，246-258页。

④ 林沄：《早期北方式青铜器的几个年代问题》，《林沄学术文集》，中国大百科全书出版社，1998年，289-295页；朱凤瀚：《古代中国青铜器》，南开大学出版社，1995年。

三、东周时期的墓葬遗存

东周时期的墓葬遗存多分布在河北北部的山地地区，这一地区也被称为冀北山地。东周时期的墓葬遗存在这一地区有着大量的分布，经过调查和发掘的墓葬遗存西至张家口地区，东达滦平、隆化地区。由于这一地区的内部在地形地貌上存在着较明显的差异，并结合杨建华先生的研究成果①，将这一地区分为东、西两个区进行介绍和讨论。现分别对这两个区内有殉牲的墓地和墓葬进行梳理和分析。

（一）东区

东区的主要遗存有滦平县苘子沟②、梨树沟门③、窑上④、虎什哈炮台山⑤，隆化县三道营骆驼梁⑥等墓地，其中见诸报道的仅梨树沟门和炮台山墓地，且两个墓地均有殉牲发现。

1. 梨树沟门墓地

该墓地位于滦平西部虎什哈镇营坊村西北约1千米。1989年农民在动土时有七八十座墓葬遭到破坏，该年度发掘了东周时期完整的墓葬8座⑦。其中7座有殉牲，占到87.5%。殉牲动物主要有狗、牛和马，且多为头骨，仅有少数墓中还随葬有牛蹄骨。殉牲的摆放也有一定规律，均摆放在填土中，一般马在前、牛居中、狗在后，有的狗头摆放在墓圹内周围，且吻部朝向均与墓主人保持一致，牛蹄骨也并排摆放。殉牲墓葬中的动物数量多少不一，最多的出自M6的填土中，共发现6个马头、1个牛头和7个狗头。

1993年墓地又清理了30多座墓葬，均为长方形竖穴土坑墓，多数有棺木痕迹⑧。墓地中近半数墓葬有殉牲，种类为牛、狗、马等。其中殉牛的数量最多，其次为狗。殉牲部位多为头骨和四肢。殉牲墓葬中最少的有1只牛腿或1个牛蹄；而最多的墓

① 杨建华：《春秋战国时期中国北方文化带的形成》，文物出版社，2004年。

② 郑绍宗：《中国北方青铜短剑的分期及形制研究》，《文物》1984年第2期，37-49页。

③ 承德地区文物保护管理所、滦平县文物保护管理所：《河北省滦平县梨树沟门墓群清理发掘简报》，《文物春秋》1994年第2期，15-30页；滦平县博物馆：《河北省滦平县梨树沟门山戎墓地清理简报》，《考古与文物》1995年第5期，8-15页。

④ 郑绍宗：《中国北方青铜短剑的分期及形制研究》，《文物》1984年第2期，37-49页。

⑤ 河北省文物研究所、承德地区文化局、滦平县文物管理所：《滦平县虎什哈炮台山山戎墓地的发掘》，《文物资料丛刊》（7），1983年，67-74页。

⑥ 郑绍宗：《中国北方青铜短剑的分期及形制研究》，《文物》1984年第2期，37-49页。

⑦ 承德地区文物保护管理所、滦平县文物保护管理所：《河北省滦平县梨树沟门墓群清理发掘简报》，《文物春秋》1994年第2期，15-30页。

⑧ 滦平县博物馆：《河北省滦平县梨树沟门山戎墓地清理简报》，《考古与文物》1995年第5期，8-15页。

（M21）中有1个牛头、4个牛蹄骨和5个狗头。据简报中报道，殉牲种类和数量多的墓葬中，其他随葬品也会相应地多一些，并且殉牲墓葬要比非殉牲墓葬略深一些。可见殉牲墓葬的主人生前的身份地位较高，较富有。一般殉牲动物多摆放在人骨胸部之上的木棺葬具顶部，并且多数殉牲的吻部朝向与墓主人一致。简报中介绍的两座墓葬（M1、M15）中均有殉牲。M1发现的2个大小牛头骨、1只牛腿骨和8个牛蹄骨被放在北侧距地表80厘米的填土中，牛的吻部与墓主人头向一致。M15发现的1个牛头骨、1只牛腿和2个牛蹄骨被摆放在距地表50厘米的填土中。

总之，梨树沟门墓地比较流行殉牲，主要以狗、牛和马为主，不见有殉羊现象。同时，该墓地人群等级越高，其所使用的殉牲动物的数量和组合就越多。

2. 炮台山墓地

该墓地位于滦平县虎什哈南面，共发掘了35座墓葬（不包括之前发现的2座）。墓葬皆为竖穴土坑墓，其中东西向25座墓，南北向10座墓。多数有木棺葬具，单人仰身直肢葬。绝大多数墓葬出土1～2件陶器①。

殉牲墓葬有5座，仅占墓地的14.2%②。殉牲动物以狗、牛和马为主，未见羊。现以M28为例进行讨论，该墓位于墓地东南角。长方形竖穴土坑墓，有二层台，方向120°。墓圹长2.25、宽1.25、深1.9米。在填土中发现有2层殉牲动物。第一层发现的4个狗头骨按顺序摆放在墓口以下0.3米处的墓室填土中央，间距约0.7米，狗头均向东。在墓口以下1.2米处发现的第二层殉牲动物，有1个牛头骨和四肢以及5个狗头骨。牛头骨在墓室东部棺盖之上的正中位置，狗头骨在牛头骨的两侧，殉牲头骨皆向东，与墓主人保持一致。此墓共计随葬9个狗头骨和1个牛头骨，是墓地中殉牲最多的墓葬。

其他墓葬的情况仅可知，M3殉4个狗；M13和M23各殉3个狗；M20殉4个狗和1个马。殉狗的数量较多是该墓地的特点之一。殉牲的动物一般多分为一层或两层埋入填土之中。简报中未对墓主人及随葬品等其他信息做详细地说明，暂时还不能进一步讨论使用殉牲的人群特点。

综上，东部区发现的东周时期考古遗存相对西区来讲是比较少的，且材料发表的情况均不理想。从梨树沟门和炮台山墓地的殉牲可以看出，这一地区殉牲的动物主要有狗、牛和马等，其中狗的数量最多。随葬的这些动物多以头骨为主，还有少量随葬牛腿骨和蹄骨的现象。大多数的殉牲都摆放在墓葬的填土中，且有的分层摆放。殉牲的种类、数量以及组合等当与墓主人的身份地位有一定的关系。值的注意的是，这一地区没有发现殉牲羊的现象，这与西部区的殉牲有较大的区别。羊一般被认为是游牧经济生活中最重要的一种牲畜，为牧民提供肉、毛皮和乳等资源。根据现有的考古发现，说明两地之间在经济类型上可能有着一定的差异，至少在埋葬习俗上这种差异是显著的。

---

① 河北省文物研究所、承德地区文化局、滦平县文物管理所：《滦平县虎什哈炮台山山戎墓地的发掘》，《文物资料丛刊》（7），1983年，67-74页。

② 简报中只提及有5座殉牲墓，故我们统计的殉牲率是可能性的最低值。

（二）西区

西区的主要遗存有怀来县北辛堡[①]、甘子堡[②]，宣化县小白阳[③]、庞家堡白庙[④]、泥河子村[⑤]、涿鹿倒拉嘴[⑥]，延庆军都山玉皇庙[⑦]、葫芦沟与西梁垙[⑧]、龙庆峡[⑨]等墓地。这一地区的考古发现较多、分布较密集，且在这些考古发现中均发现有殉牲现象。

1. 玉皇庙墓地

该墓地与葫芦沟和西梁垙墓地均位于延庆盆地北部边缘，坐落在军都山南麓向阳坡地上。具体地讲，该墓地位于延庆县城西北约13千米，在葫芦沟和西梁垙墓地以西约12千米，东北约16.5千米为北辛堡墓地。墓地依山势走向，北高南低[⑩]。墓地共发掘400座墓葬，其中254座有殉牲，占该墓地的63.5%[⑪]。在如此大的墓地中殉牲率将近达到2/3，这在夏至战国时期的中国北方地区是绝无仅有的。关于该墓地的殉牲问题，靳枫毅先生从殉牲的位置、种类、组合、数量、摆放方式和吻部朝向，殉牲墓葬的分布、分期、规格等级和墓主人性别等方面做了翔实而缜密的研究[⑫]。现在靳文的研究成果基

① 河北省文化局文物工作队：《河北怀来北辛堡战国墓》，《考古》1966年第5期，231-242页。

② 贺勇、刘建中：《河北怀来甘子堡发现的春秋墓群》，《文物春秋》1993年第2期，23-40页。

③ 张家口市文物事业管理所、宣化县文化馆：《河北宣化县小白阳墓地发掘报告》，《文物》1987年第5期，41-51页。

④ 张家口市文物事业管理所：《张家口市白庙遗址清理简报》，《文物》1985年第10期，23-30页。另1979年，中国社会科学院考古研究所发掘的材料尚未发表。

⑤ 张学武、陶宗冶：《河北张家口市泥河子村出土一批青铜器》，《文物》1983年第7期，94-95页。

⑥ 陈信：《河北涿鹿县发现春秋晚期墓葬》，《文物春秋》1999年第6期，31-32页。

⑦ 北京市文物研究所山戎文化考古队：《北京延庆军都山东周山戎部落墓地发掘纪略》，《文物》1989年第8期，17-35页；北京市文物研究所：《军都山墓地——玉皇庙》（一、二、三、四），文物出版社，2007年。

⑧ 北京市文物研究所：《军都山墓地——葫芦沟与西梁垙》（一、二），文物出版社，2009年。

⑨ 北京市文物研究所：《龙庆峡别墅工程发现的春秋时期墓葬》，《北京文物与考古》（第4辑），北京市文物研究所，1994年，32-45页。

⑩ 北京市文物研究所山戎文化考古队：《北京延庆军都山东周山戎部落墓地发掘纪略》，《文物》1989年第8期，17-35页。

⑪ 北京市文物研究所：《军都山墓地——玉皇庙》（一、二、三、四），文物出版社，2007年。事实上，据我们统计还有23座墓葬中发现有动物骨骼，只是不确定是哪一种或哪几种动物。所以说该墓地的殉牲率肯定比63.5%要高。这个数据对整个我们的研究不会产生特别大的影响，故沿用靳枫毅先生的这一数据。

⑫ 靳枫毅：《军都山玉皇庙墓地殉牲制度研究》，《北京文物与考古》（第6辑），民族出版社，2004年，116-166页。

础上，按照本书的研究体例择要梳理如下。

（1）殉牲种类、数量和部位

墓地共出土了2209个动物个体，其中殉狗1448个、殉羊419个、殉牛221个、殉马120个、殉猪仅1个，分别占殉牲总数的65.6%、18.95%、10%、5.4%、0.05%（图5.1-2）。可见狗的数量是最多，其次是羊、牛和马，最后是猪骨。马主要随葬头骨（50个）、下颌骨（1个）和腿骨（69只）；牛主要随葬头骨（94个）、下颌骨（9个）、肱骨（117个）和胫骨（1个）；羊主要随葬头骨（212个）、下颌骨（4个）、肱骨（202个）和肩胛骨（1个）；狗主要随葬头骨（764个）、下颌骨（22个）和肱骨（662个）；猪仅有1个头骨。

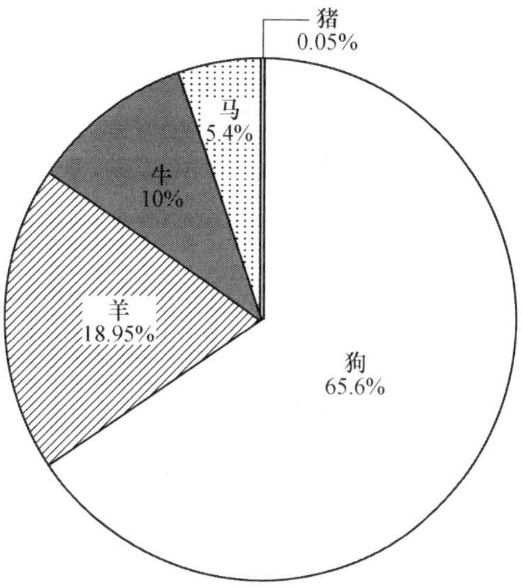

图5.1-2　玉皇庙墓地殉牲动物比例

（2）殉牲位置和方向

墓圹内的殉牲按照摆放位置可以分为6种情况：

第一，墓圹东端，共232座，占殉牲墓葬的91.3%，这种情况是墓地中最多的。其中摆放在填土中的有225座，摆放在二层台上的有7座。此类墓中人骨的头向绝大多数均朝东，殉牲的吻部朝向与墓主人的头向大体一致（图5.1-3，1）。

第二，墓圹西端，共10座，均摆放在填土中，占殉牲墓葬的4%。此类墓中人骨的头均朝西，而殉牲的80%，其吻部朝向与人骨大致相同（图5.1-3，2）。

第三，墓圹东、西两端，仅2座，均摆放在填土中，占殉牲墓葬的0.8%（图5.1-3，3）。

第四，墓圹南端，共7座，均摆放在填土中，占殉牲墓葬的2.8%（图5.1-3，4）。

第五，墓圹北端，仅1座，摆放在填土中，占殉牲墓葬的0.4%。

第六，墓圹其他位置，仅2座，均出自填土中，占殉牲墓葬的0.8%。

可见，将殉牲摆放在墓圹东端的数量是最多的，且殉牲绝大多数被摆放在填土中，仅有个别几例摆放在二层台上。殉牲动物的吻部朝向绝大多数均与墓主人的头向保持一致。

（3）殉牲组合和形式

靳文将殉牲组合分为5类13种形式，这种划分类的标准是每一类都有一个核心动物，而核心动物在第一类中出现后，便不再出现在第二类中，以此类推。殉牲动物的顺序依次为马、牛、羊、狗、猪。显然5种殉牲动物被人为的赋予了有高低之分的社会功能。现仅将13种组合形式绘制成图5.1-4。很明显，在殉牲频率上，狗出现的频率是最高的，达到9种形式；其次是牛和羊各有6种形式；马有5种形式，居于第三位；最后是猪，仅有1例组合。

靳文认为，玉皇庙墓地的殉牲形式繁杂而多样性，但大多数是有规律可循的，而

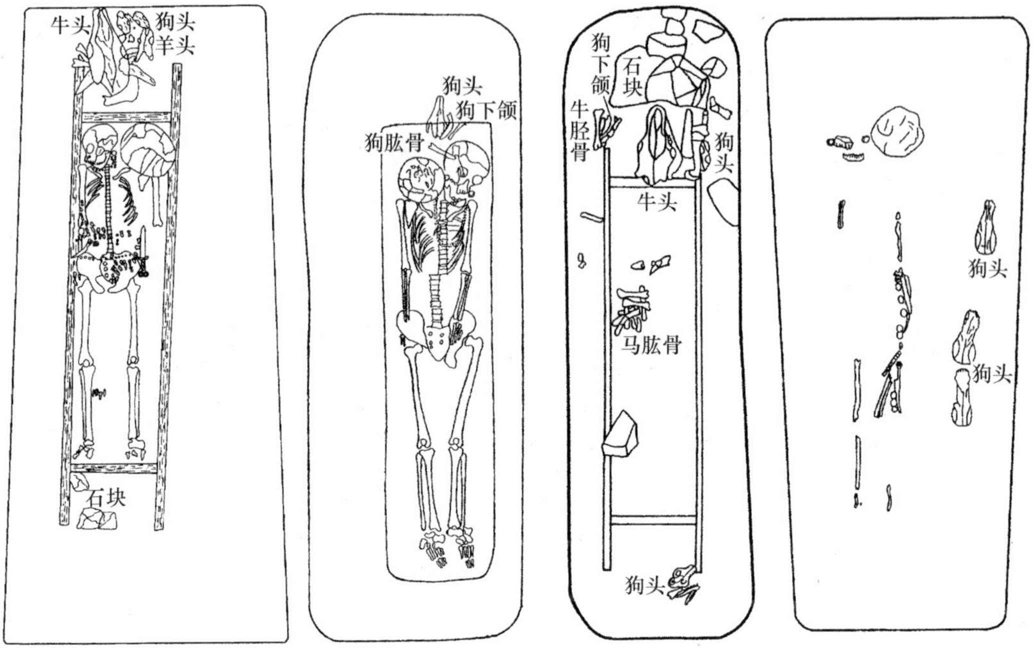

图5.1-3　玉皇庙墓地殉牲的摆放位置
1. YYM20　2. YYM395　3. YYM57　4. YYM312

非随意堆放，其中有着特定的宗教、文化和社会意义。从单个殉牲动物来看，殉马多为完整头骨，少见肢解后摆放；马肱骨绝大多数是连蹄殉葬；马头骨2个以上时，一定被南北并列摆放在墓圹东端二层台和填土中；马和其他动物组合被分层摆放在填土中时，绝大多数的马被放置在下层填土中，很少在上层；马的吻部与墓主人的头向大体保持一致，均朝东，仅1例除外。殉牛的头骨完整者占1/3，其余头骨均被肢解为上下颌骨；牛腿骨仅见单节肱骨，无连蹄随葬的现象；牛和其他动物组合被一同随葬时，多被置于组合的南、北侧，而置于组合东、西和中间者非常少；在与其他动物被分层摆放时，绝大多数位于填土的上层，下层者极少；牛的吻部绝大多数与墓主人头向一致，均朝东，极少数不一致者。殉羊的头骨绝大多数被肢解后随葬，完整者极少；羊腿骨中只有肱骨一节，无连接蹄骨；在与其他动物组合中的同一平面和分层摆放中其特点有一定差异；羊的吻部朝向与墓主人保持一致者占到将近八成，多数为朝东，还有少量略有不一致的情况。殉狗的头骨绝大多数也被肢解后随葬，保存完整的很少；狗腿骨也只有肱骨一节，无连接蹄骨。殉狗的位置一般在殉牲组合的外侧，不见有居于中间的现象；狗吻部朝向与墓主人朝向有很大关系，在墓主人朝东者中，殉牲吻部朝东者占绝大多数，这种情况是最常见的形式，当然还有朝西等其他形式。殉猪仅1座，且与殉狗伴出。

（4）殉牲墓葬的等级和墓主

墓地的墓葬等级分为四等八级，而254座殉牲墓葬则包括了所有的等级。据靳文统计，墓地规格级别越高的墓葬，有殉牲的比例就越高；相反，等级越低的墓葬，有殉牲的比例就越低，而无殉牲的比例就越高（表5.1-1；图5.1-4）。在殉牲的组合和数量上，墓葬的等级高低之间有着明显的差异。墓葬规格等级越高，其有马和牛的殉牲组合出现频率越高，且数量较多；相反，墓葬规格等级越低，其有羊、狗和猪的殉葬组合出现频率越高，且数量较少。例如墓地中等级最高的YYM18（甲A），其墓中出土了大量的殉牲。殉牲动物有马、牛、羊、狗四种，其中马头骨和马肢骨各16个，牛头骨3个、牛肱骨16个，羊头骨7个、羊肱骨5个，狗头骨4个、狗肱骨6个。殉牲被分为三层摆放在填土中：下层，在墓穴东端的填土中摆放有6个马头和12个腿骨，腿骨在下，头骨在上，非常有规律。中层，摆放10个马头、6个马腿和10个牛肱骨。马头和牛肱骨交错摆放，马头和马蹄均朝东。上层，摆放有牛头3个、牛肱骨6个，羊头7个、羊肱骨5个，狗头4个、狗肱骨。此层殉牲摆放无规律，但是吻部均朝东。其实所谓的分层也不是绝对的，因为每层之间并没有严格的区分，而是在距墓口0.28～1.08米的空间内均被殉牲填充（图5.1-5）。发掘者还注意到，此墓随葬的动物个体要比其他墓葬中的粗壮，这应该是精选的结果。同时还指出“其殉牲之大，数量之多，种类组合之全，在玉皇庙、葫芦沟和西梁垙三处墓地中，是独一无二的①”。若仅以动物的头骨为准，此墓就已经发现了60个动物个体。这样的殉牲规模在整个中国北方地区仅马家塬大型墓可与之相比，而后者的材料还未全部公布，暂时还不能做详细地对比。但是可以肯定的是，两者之间的差异是巨大的。马家塬大型墓中的殉马多是和车一同共出的，代表了西戎贵族接受了中原礼制，但又保留了一些自身的特色。而玉皇庙墓地并未发现有车的痕迹，这一地区与中原文化的联系又很紧密。

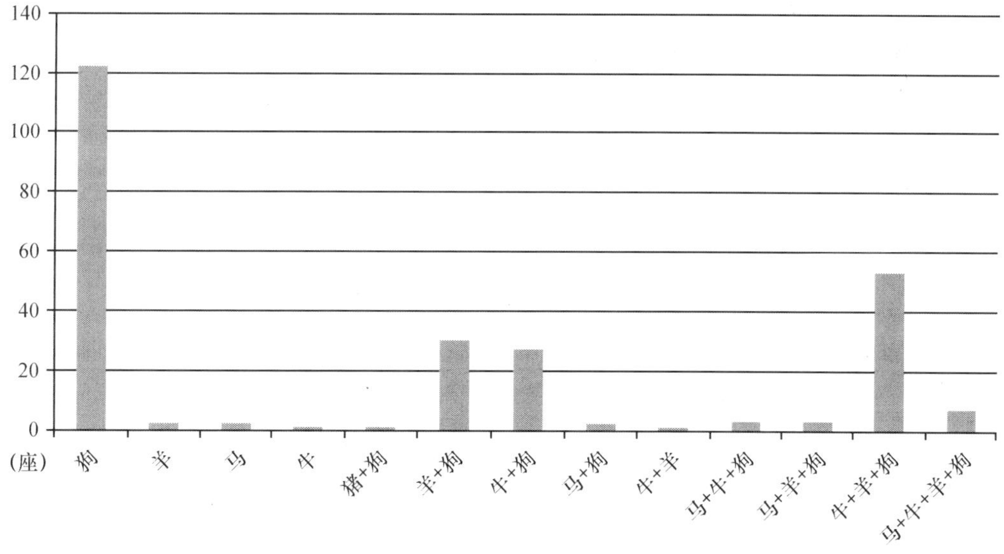

图5.1-4　玉皇庙墓地殉牲动物组合

① 北京市文物研究所：《军都山墓地——玉皇庙》（一），文物出版社，2007年。

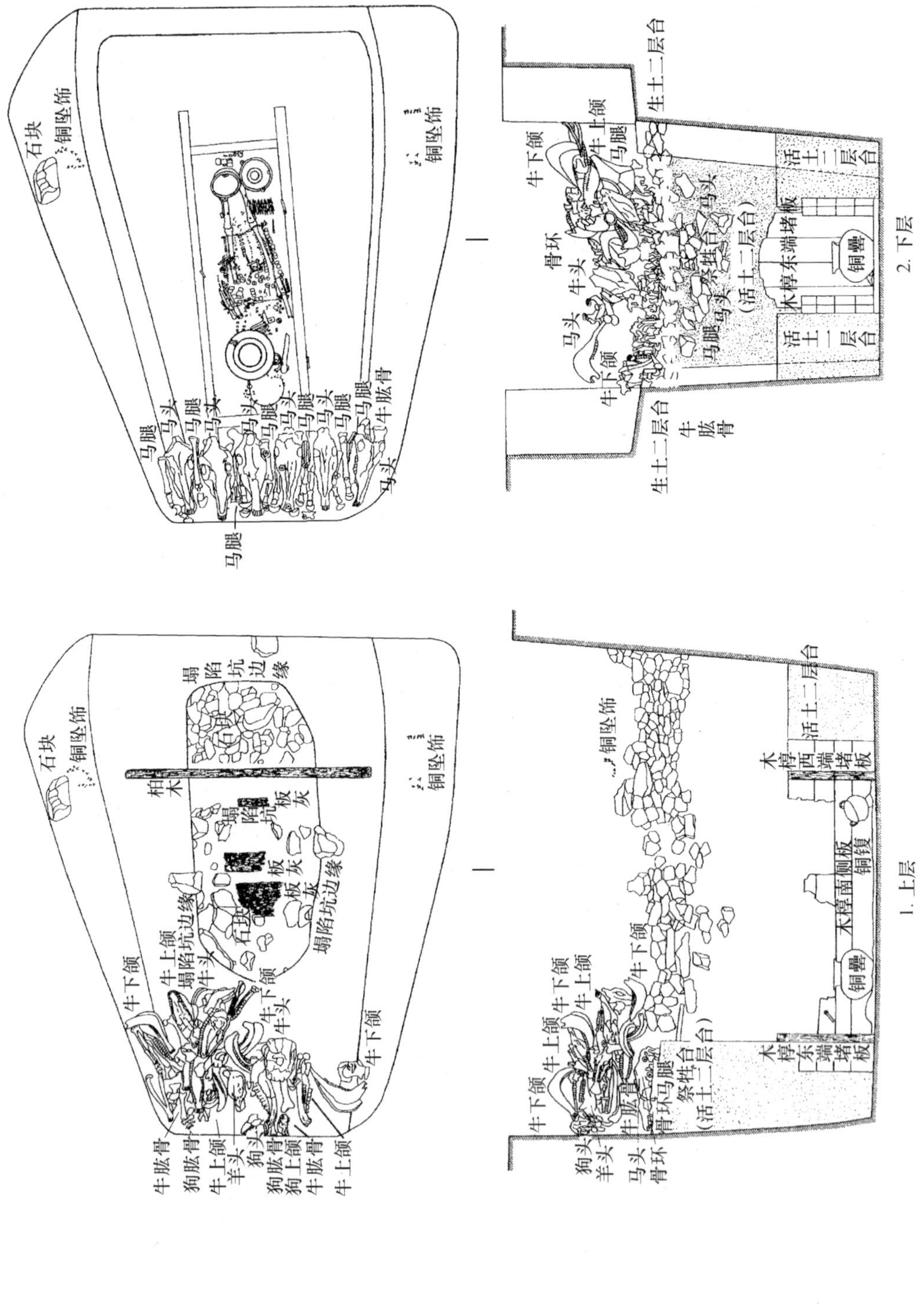

图5.1-5　王皇庙墓地M18平、剖面示意图

表5.1-1　玉皇庙墓地墓葬等级与殉牲墓葬的对应关系　（单位：座）

等级	殉牲墓葬	非殉牲墓葬	墓葬总数	殉牲比例
甲A	3	0	3	100%
甲B	5	0	5	100%
乙A	28	0	28	100%
乙B	73	10	83	88%
丙A	67	14	81	82.70%
丙B	27	14	41	65.80%
丙C	34	32	66	51.50%
丁	17	75	92	18.50%

殉牲与墓主人的性别和年龄有着密切的关系，不同性别和年龄的墓主人之间差异较大。男性的殉牲率要高于女性，而女性又高于儿童和婴儿。并且男性随葬马、牛、羊和狗的数量分别是女性的28.3倍、3.2倍、2.3倍和1.43倍；未成年墓中不见有马和牛等大牲畜。唯一的殉猪也仅见于男性墓。从表5.1-2可以看出，墓地中成年男、女的殉牲均超过了一半以上，也就是说只有少数成年人因为某种原因而不殉牲；而未成年人殉牲也占有一定的比例，说明该殉牲儿童墓的家族有着较高的社会地位（表5.1-2；图5.1-6、图5.1-7）。当然这种差异不仅仅体现在性别和年龄上，也体现了该墓地以男性为主的社会等级结构。

表5.1-2　玉皇庙墓地的墓主人与殉牲关系　（单位：座）

墓主	殉牲墓葬	非殉牲墓葬	墓葬总数	殉牲比例
男性	127	50	177	71.8%
女性	101	55	156	64.7%
儿童	14	23	37	37.8%
婴儿	8	12	20	40%

（5）殉牲墓葬的分布和分期

墓地大致分为三个墓区：北区、南区和西区。其中殉牲墓葬在北区有110座，南区有125座，西区有19座。这种分布特点暂时还没有看出一定的规律。

报告对墓地相对年代的判断大体不差，发掘者指出，“墓地早中期阶段，曾有过数量相对集中、所占比例相对较高的一批规格级别最高和较高的大、中型殉牲墓葬在北区埋葬，规格级别较低和最低级的小型墓，在此期间和此墓区内分布的数量和所占比例，较晚期阶段相对较少和较低；在晚期阶段，南区和西区不见有一等级大墓，中型墓也骤减，所占比例显著降低，但规格较低的小型殉牲墓葬大量增多，所占比例比之前的北区显著提高。”①

① 北京市文物研究所：《军都山墓地——玉皇庙》（一），文物出版社，2007年。

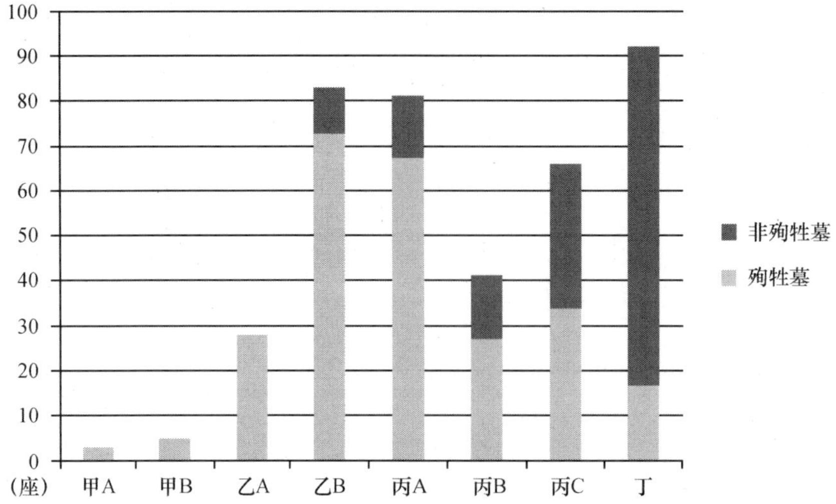

图5.1-6　玉皇庙墓地殉牲墓葬与非殉牲墓葬的等级比较

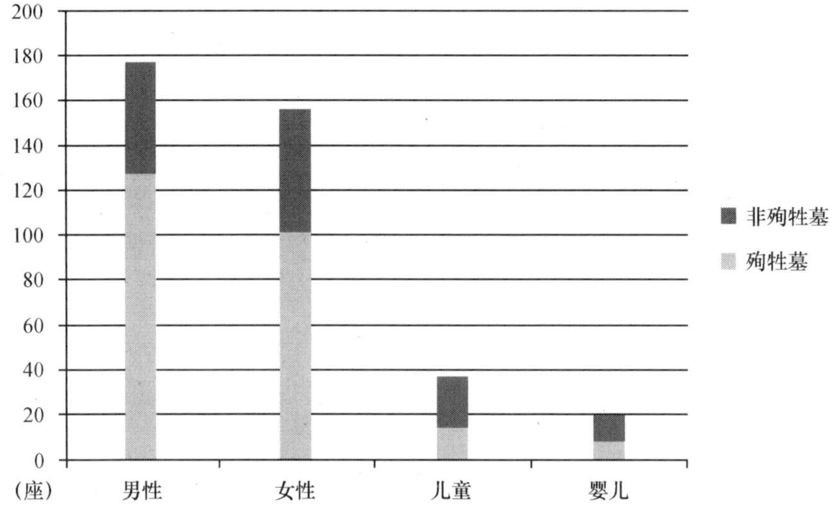

图5.1-7　玉皇庙墓地墓主人与殉牲对应关系

总之，玉皇庙墓地是迄今为止，中国北方地区夏至战国时期发现的墓地规模最大、殉牲墓葬和殉牲数量最多，且殉牲特点最复杂、最有特色的一处墓地。靳枫毅先生对该墓地殉牲的讨论可谓翔实、准确。具体来说，该墓地殉牲墓葬有254座，殉牲率达63.5%。殉牲墓葬共出土2209个个体，其中由多到少依次为狗1448个、羊419个、牛221个、马120个、猪1个。这种畜群结构反映了该墓地人群具有较强的移动性，其畜牧业已经达到了一个相当高的水平。对该墓地殉牲的详细研究，必将对了解和深入解读整个当时社会的制度、经济生产方式以及宗教信仰等大有裨益。

2. 葫芦沟墓地

该墓地位于延庆盆地北部边缘，在延庆县城东北约12千米，旧县乡古城村村委会所在地东北约550米，古城北门口外葫芦沟①。墓地共发掘东周时期墓葬153座，其中殉牲墓葬有53座，殉牲率为34.6%。

（1）殉牲种类和组合

殉牲动物有牛、羊、狗和猪，不见有马，共计76个个体。其中狗60个，牛的数量不过10个，羊的数量不过2个，猪的数量不过4个。狗的数量是最多的，其次为牛，猪和羊的数量最少。殉牲的组合主要有7种：羊（1）；牛（4）；狗（38）；牛+猪（1）；牛+狗（3）；牛+狗+猪（1）；牛+羊+狗（1）。可见，狗的绝对数量最多，而牛参与的殉牲组合最多（图5.1-8）。这些殉牲动物绝大多数以头骨和肢骨随葬来代表完整个体，也有一小部分人群使用完整的羊和狗骨架。

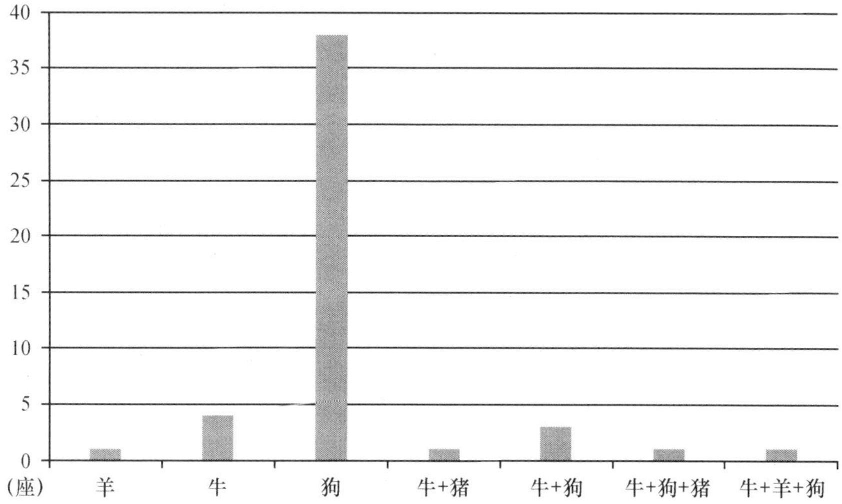

图5.1-8　葫芦沟墓地殉牲动物组合

（2）殉牲位置

第一，在墓穴内者，有38座，占殉牲墓葬的71.7%。其中22座墓葬的殉牲摆放在墓穴内东端或东北端人骨头部上方的填土中；有1座墓葬的殉牲摆放在墓圹西北端人骨头部上方的填土中；有5座墓葬的殉牲摆放在墓穴西端或西北端人骨脚端上方的填土中；另有10座墓葬的殉牲没有规律地散放在填土中（图5.1-9）。

第二，在墓穴外者，有12座，占殉牲墓葬的22.6%。其中有7座墓葬均单独使用1堆殉牲，而还有5座墓葬，分两组共享2堆殉牲（图5.1-10）。

第三，墓穴内、外均有者，有3座，占殉牲墓葬的5.7%（图5.1-11）。

简而言之，殉牲摆放在墓穴内填土中的数量是最多的，而在墓穴外摆放以及几座墓葬共同享有这些殉牲的情况，是中国北方地区夏至战国时期周边其他墓地中是不见的。

---

① 北京市文物研究所：《军都山墓地——葫芦沟与西梁垙》（一、二），文物出版社，2009年。

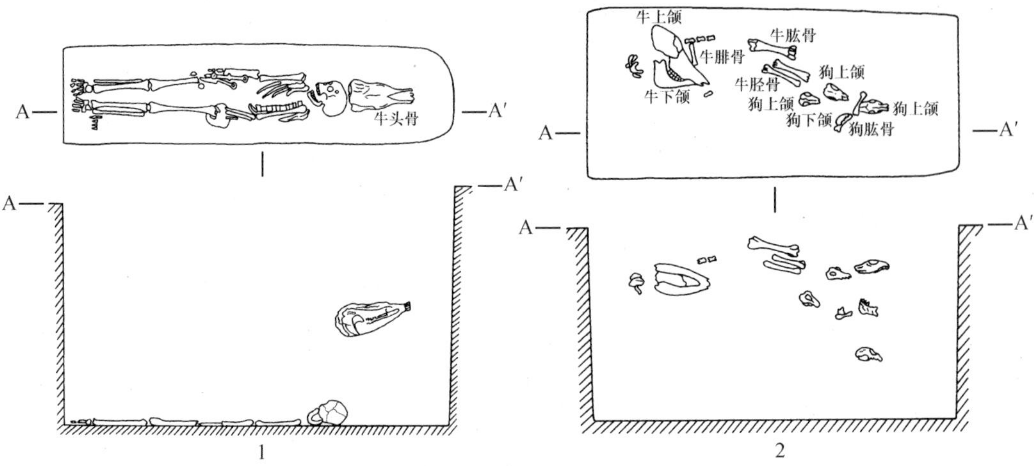

图5.1-9　葫芦沟墓地墓穴内填土中出土的殉牲

1. M35　2. M100

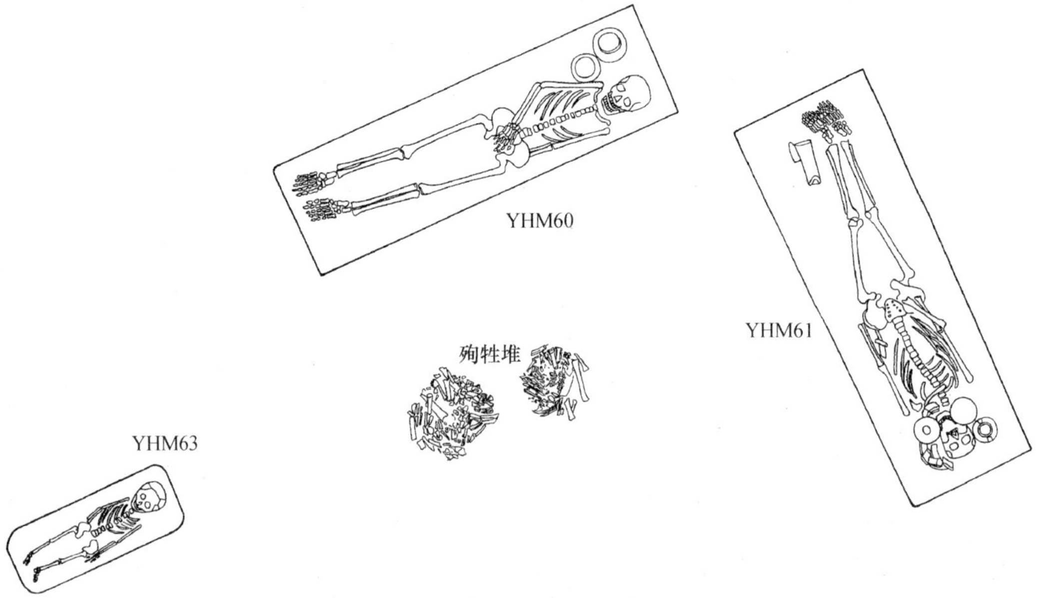

图5.1-10　葫芦沟墓地YHM60、YHM61和YHM63共享的殉牲

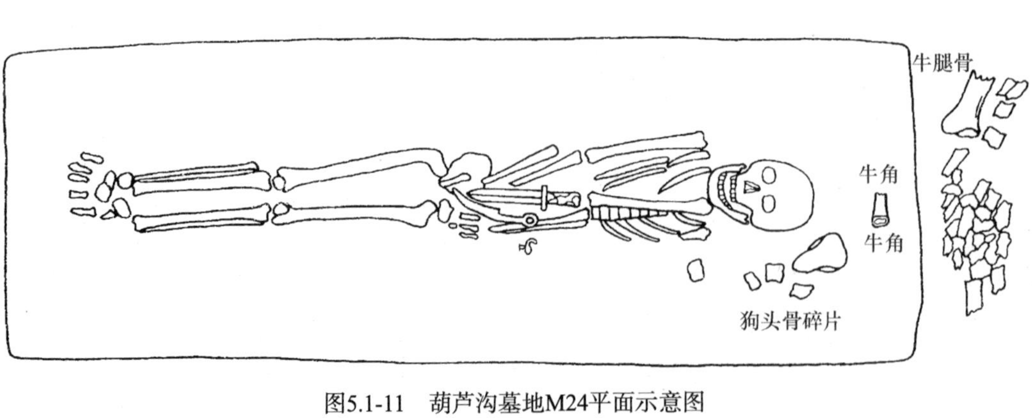

图5.1-11　葫芦沟墓地M24平面示意图

（3）殉牲墓葬的分布和分期

53座殉牲墓葬分布在北区的有16座，南区有37座。发掘者将153座墓葬划分为两期三段，我们将其划分的三段以早中晚三期来对应。在早期的34座墓葬中，殉牲墓葬有6座，占17.6%；在中期的23座墓葬中，殉牲墓葬有10座，占43.5%；在晚期的96座墓葬中，殉牲墓葬有37座，占38.5%（图5.1-12）。从早期到晚期，总体而言，殉牲墓葬殉牲增加，虽殉牲率略低于中期，但是绝对数量上要多很多。

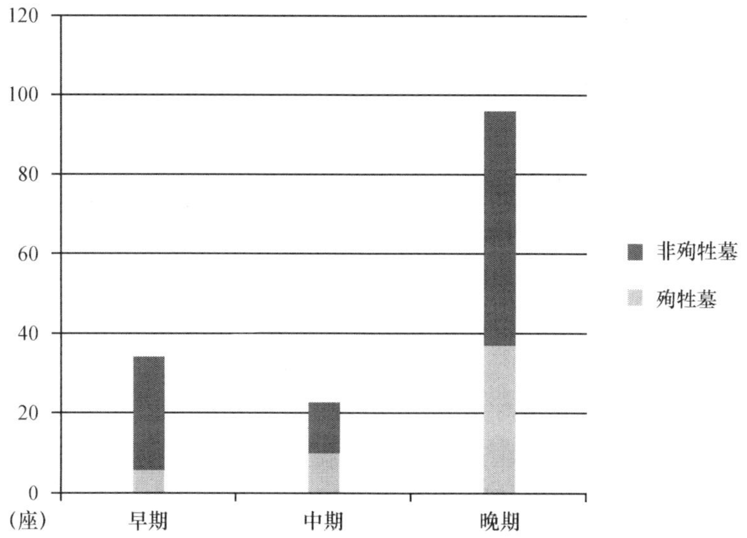

图5.1-12　葫芦沟墓地殉牲墓葬的分期

（4）殉牲墓葬的等级

按照报告的等级划分，殉牲墓葬中有乙B级2座，占这一等级墓葬的100%；丙A级有5座，占这一等级墓葬的83.3%；丙B级有7座，占这一等级墓葬的53.8%；丙C级有18座，占这一等级墓葬的41.9%；丁级有21座，占这一等级墓葬的23.6%（表5.1-3）。可见，墓葬等级与殉牲之间的关系密切。该墓地墓葬的等级越高，殉牲率就越高；反之，墓葬等级越低，殉牲率就越低。墓葬高低等级的绝对数量差异较大，反映了当时的社会分化较突出。

表5.1-3　葫芦沟墓地的殉牲墓葬等级　（单位：个）

等级	殉牲墓葬	非殉牲墓葬	墓葬总数	殉牲率	墓葬主人的性别
乙B	2	0	2	100%	男2
丙A	5	1	6	83.3%	男4、女2
丙B	7	6	13	53.8%	男8、女3、未1、？1
丙C	18	26	44	41.9%	男22、女16、未2、？1
丁	21	68	89	23.6%	男43、女29、未14、？2

注：“男”和“女”是指成年男性和女性；“未”表示的是未成年人；“？”代表不知性别者。

（5）墓主的性别和年龄

殉牲墓葬中男性墓有31座，女性墓有17座，未成年墓5座，分别占58.5%、32.1%和9.4%。成年男性殉牲墓葬占有绝大多数，且最高等级的墓葬也为成年男性（表5.1-3）。可见当时男性在社会中的地位要高于女性。这不仅体现在殉牲上，在其他等级的墓葬中也多为男性所占据。女性无论在总数上，还是在殉牲墓葬上均低于男性，而高于未成年人墓。

总之，葫芦沟墓地的规模虽不如玉皇庙墓地，但是在中国北方地区夏至战国时期也属于较大型的墓地。在殉牲上，该墓地也不如玉皇庙墓地复杂而又多样化。殉牲动物有牛、羊、狗和猪，却没有发现殉马的现象，仍然以狗为主，但是牛在殉牲组合中出现的频率相对较高。殉牲多被摆放在墓圹内的填土中，但是在墓圹外殉牲以及若干座墓葬共享一对殉牲的习俗还是首次发现。墓葬等级越高，殉牲率越高，反之亦然。说明殉牲在表示身份地位时所起的作用是巨大的，殉牲的多少和种类也成为衡量墓主人身份高低的重要标准。在年代上，晚期虽然殉牲率没有中期高，但是绝对数量骤增。这个社会的统治阶级多为男性成员，殉牲率非常高。

3. 西梁垙墓地

该墓地位于延庆县东北12千米，旧县乡古城村村委会所在地西北约640米。

1965年首次发现西梁垙墓地，1985～1987年先后历经多次调查、钻探和发掘，共清理墓葬47座，其中玉皇庙文化的墓葬41座。这些墓均为竖穴土坑墓，按照墓葬方向可以分为东西向墓（19座）和南北向墓（22座）①。

整个墓地中共有14座墓葬发现有殉牲，占玉皇庙文化的34.1%，其中东西向墓8座，南北向墓6座。殉牲动物有马、牛、羊和狗，其中狗的数量相对较多，其他动物均较少，尤其是马和牛等大牲畜。殉牲在东西向墓中多摆放在墓穴的填土中，而南北向墓则多放置在墓底北部人骨头骨或肩部左右。

从单个殉牲动物来看，马仅有下颌骨1个和肱骨4只；牛头骨有2个，上颌骨1个，牛牙4枚，肱骨1只，肢骨2只；羊头骨仅1个；狗头骨19个、肩胛骨2块，肱骨5只，髋骨1块，腿骨9只，以及趾骨2例。从殉牲组合看，有5种组合方式：牛牙（1座）；狗（9座）；牛+狗（1座）；马+牛（1座）；马+牛+羊+狗骨（1座）（图5.1-13）。可见，狗不仅数量多，而且在殉牲组合形式中出现的频率也很高。

在14座殉牲墓葬中，男性11座，女性仅有3座。男性在殉牲的数量上和所占比例上都要高于女性墓。

报告中根据地层关系和器物演变规律，将墓地分为两期三段。这一分期笔者大体认同，但是在绝对年代上略有分歧。我们将两期三段合并为早、晚两期。早期墓有8座，殉牲墓葬有4座，占到50%。晚期有33座墓葬，殉牲墓葬有10座，占到30.3%。也就是说早期到晚期殉牲率降低，但是数量有所增加。早期的殉牲动物多为牛、马、羊

① 北京市文物研究所：《军都山墓地——葫芦沟与西梁垙》（一、二），文物出版社，2009年。

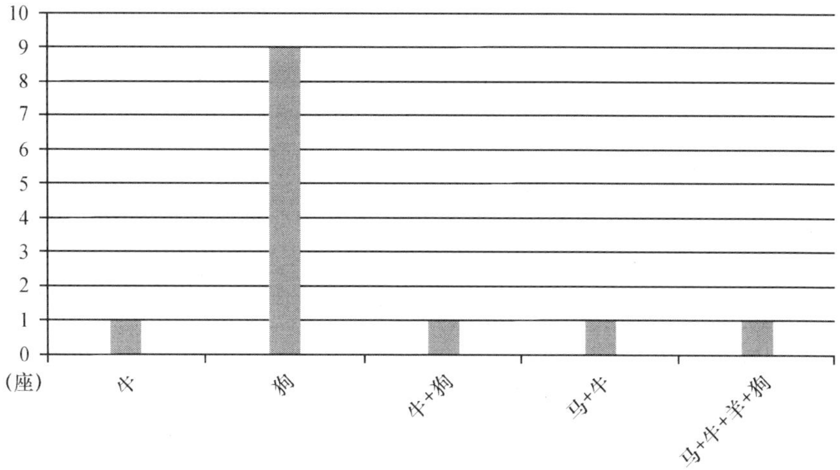

图5.1-13　西梁垙墓地殉牲动物组合

和狗，以头骨和蹄骨为主，且均为东西向墓。晚期不再随葬马匹，也未见有羊。狗多随葬肢骨部分，还出现了肩胛骨（图5.1-14）。

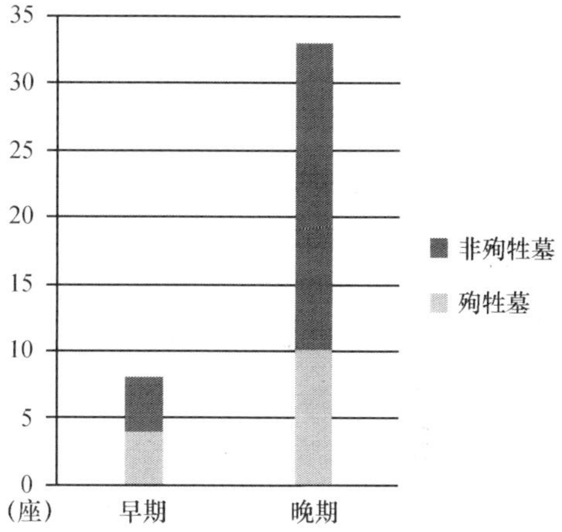

图5.1-14　西梁垙墓地殉牲墓葬分期

总之，西梁垙墓地的殉牲达到三成以上，主要流行随葬狗，还有一些大牲畜牛和羊以及牛等。殉牲墓葬的等级均属于中小型墓，在墓葬等级较高的墓葬中殉牲率较高。从墓葬形制上看，殉牲的牛和马多出现在东西向墓的填土中，而南北向墓中最常见的是随葬狗。在性别上，男性殉牲墓葬要远多于女性，且高等级墓葬的墓主人绝大多数为男性。墓地的殉牲较简单，形式较少。

4. 小白阳墓地

该墓地位于张家口市东约40千米。这里北依燕山山脉，南临龙洋河河川盆地。村西有龙洋河由北向南汇入洋河，墓地即位于河西1千米处的一座小山坡上。1985年共发掘48座墓葬，均为长方形竖穴土坑墓①。

48座墓葬中有9座发现殉牲，占18.8%。殉牲动物中牛最多（9个）；每座殉牲墓葬均有1个，且随葬的肢骨较多（7座），头骨较少（2座）。马头骨有2个，均与牛肢骨伴出，不单独随葬。在殉牲的摆放位置上，殉牲的头骨均放置在人骨头部附近、腿骨摆放在人骨小腿一侧，仅有个别的放在胸部。在殉牲的数量上，殉牛墓中或随葬肢骨或随葬头骨，两者绝不共出，且数量均为1个。而殉马的2座墓葬（M31、M32）形制均

① 张家口市文物事业管理所、宣化县文化馆：《河北宣化县小白阳墓地发掘报告》，《文物》1987年第5期，41-51页。

较大，其墓长均达2米以上，而整个墓地中墓长达2米以上的仅有11座墓葬；且随葬品的数量几乎是墓地中最多的。推测殉马墓的主人在当时社会的身份和地位均较高，占有的物质财富也较多。由于墓地的人骨材料还没有公布，暂时还不能对其身份做出进一步的判断。

总之，小白阳墓地的年代在春秋晚期，与甘子堡、军都山（早期）、龙庆峡（早期）等墓地的年代相仿，整个北方文化带形成过程中最早的阶段。在早于该墓地之前的冀北地区仅在后迁义遗址的墓葬中发现有随葬牛头和羊头（另有1个肩胛骨）的现象。两者的共性是均以随葬牛为主，但是区别在于小白阳墓地出现了2个马头，而无羊头。虽然马头的数量较少，但是它的意义在于马头作为主要的殉牲对象开始广泛地被使用祭祀。

5. 甘子堡墓地

该墓地位于怀来县城东28千米的甘子堡村①。墓地共发现21座墓葬，全部被村民盗掘一空。另发现2座小型祭祀坑，平面近似圆形，有二层台，在坑内底部西南侧摆放有2块羊下颌骨。在墓地上到处可以看见被挖出来的人、马、牛、羊和狗的骨骼，具体数量不详。可见殉牲习俗在这一墓地中较普遍，且随葬数量也较大。简报中还指出，这些殉牲动物多数在墓坑的填土中分层摆放，且大型墓中随葬牛和马，而小型墓随葬羊和狗，也有少量的祭祀坑中摆放羊和狗的头骨。这种按照随葬大小牲畜来表明身份等级高低的祭祀行为，在中国北方地区是比较少见的。由于墓地遭到严重的破坏，很多信息都已经遗失。这对进一步讨论殉牲的数量、组合以及与墓主人的性别、年龄之间的对应关系带来了不可解决的困难。

6. 龙庆峡墓地

该墓地位于延庆县城东10余千米处。墓地共发现45座墓葬，其中12座属于春秋时期，皆为长方形竖穴土坑墓。除M27为南北向外，其余11座均为东西向。葬式以单人葬为主，仅一例合葬墓，有木棺葬具。按照规模和随葬品的质地，可以分为大中小三个类型②。

大型墓共3座（M29、M30、M32），虽被盗仍可见较多的殉牲现象。例如M30，墓室东端开口至墓底70厘米之间的填土中摆放有2层殉牲。上层殉牲被扰乱，残留的动物有7个马头骨和7个马下颌骨，6个牛下颌骨和1个牛角，4个羊头骨和10个羊下颌骨，2个狗头骨和完1个完整的狗下颌骨以及5个单侧狗下颌体，2个单侧猪下颌体；并且在殉牲动物周围还出土有肢骨部分。这一层的殉牲摆放中，牛、马的头骨和下颌骨分别放置，吻部一律向东，即人头骨的朝向（图5.1-15，上）。下层殉牲距上层4～6厘米，南北并置4个完整的马头骨，头骨置于下颌骨上，每一个头骨两侧均摆放2个肢骨（包

① 贺勇、刘建中：《河北怀来甘子堡发现的春秋墓群》，《文物春秋》1993年第2期，23-40页。

② 北京市文物研究所：《龙庆峡别墅工程发现的春秋时期墓葬》，《北京文物与考古》（第4辑），北京市文物研究所，1994年，32-45页。

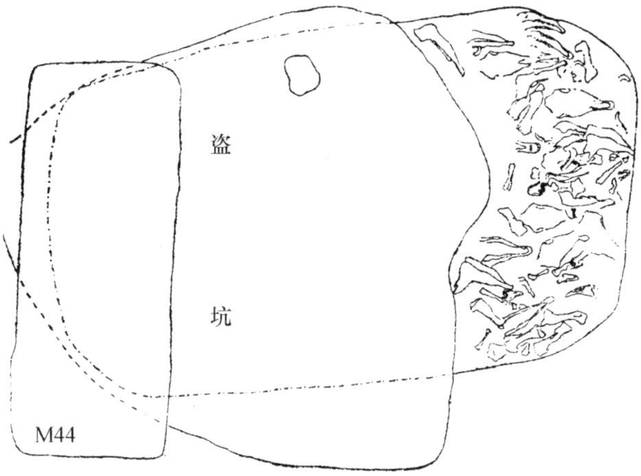

上层殉牲摆放图

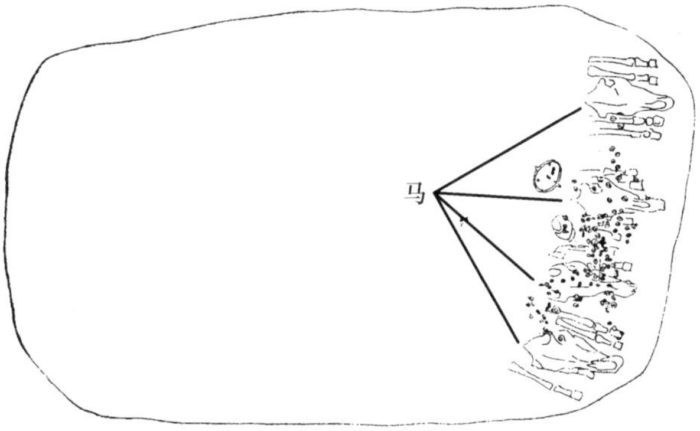

下层殉牲摆放图

图5.1-15　龙庆峡墓地M30上下层殉牲的摆放位置

括胫、踝和趾骨）。吻部和蹄部均向东。并且在四个头骨上及头骨间出土了近200枚贝币，错落有致，其下土层中多有腐朽有机质留下的黑色痕迹。这一层的殉牲仅有马头骨和肢骨，且摆放非常有规律（图5.1-15，下）。此墓出土了大量的随葬品，但人骨信息不详。总之，大型墓中的殉牲无论在动物的种类上，还是数量上以及摆放方式的规律性都是较高身份地位的具体表现。

中型墓共2座（M35、M36），其中M6墓穴中部木棺上的填土中见有被扰乱的殉牲。现有1个牛下颌骨，1个马单侧下颌骨，1只牛角及2个牛或马的头骨残部。此墓主人为25岁左右的成年男性。

小型墓共7座（M5、M16、M20、M22、M23、M27、M31①），均无殉牲发现。

总之，龙庆峡墓地中殉牲的使用已经很成熟，并且仅在大型墓和中型墓中流行，小型墓中不见。说明此时墓地所代表的社会在埋葬习俗上，尤其在使用殉牲上有一套严格的规定。大型墓中殉牲的种类和数量均较多，且有分层摆放的现象。殉牲动物有马、牛、狗、猪和羊，均为家畜，其中象征畜牧业的马、牛和羊占有绝对的多数，而

① 简报中称有12座春秋时期的墓葬，其中小型墓有7座，但是在文章中却列举了8个墓号。从整篇文章中的各种介绍来看，可能其中的M45不属于春秋时期。

通常被认为象征农业的猪也有一定发现。该墓地的生业模式应为半定居性游牧业。

7. 白庙墓地

该墓地位于河北省张家口市的宣化区白庙乡白庙村。1978年由中国社会科学院考古研究所发掘清理了100多座墓葬①。由于这批材料还未正式发表②，现仅对1983年清理的25座墓葬进行梳理和讨论③。

此25座墓葬的年代均在春秋晚期至战国初期，其中5座墓葬中发现有随葬羊和狗头骨的殉牲现象，殉牲率为20%。羊头骨出现在3座墓葬（M9、M10、M11）中，共计4个个体。狗头骨出土于2座墓葬（M6、M15）中，共有2个个体。殉牲的羊和狗头骨均单独随葬，一般头骨和随葬陶器摆放在同一部位。从墓葬形制和随葬品来看，殉牲墓葬的主人可能为中等偏上的阶层。值得注意的是，简报将多数墓葬分为前后2个阶段（文中所谓的第三和第四类遗存），而所发现的殉牲墓葬均处在第二个阶段（简报的第四类遗存），年代大体在战国初期。笔者认为这一分期结果是可信的，那么也就是说殉牲这种习俗在墓地形成的初期并没有发现，而到了稍晚阶段的战国初期才开始广泛流行。当然这一认识还需要等到第一批材料正式发表后的检验。

总之，从现有的资料看，白庙墓地的殉牲动物以羊和狗为主，还有一定数量的马和牛④。其他具体的信息暂时还不详。但是殉牲习俗很有可能在战国初期才开始被应用在中等阶层贵族成员的墓葬中。也有学者认为该墓地之所以殉牲较少的原因是其营造的时间比较晚⑤。笔者认为墓地殉牲的多寡应该与墓主人的身份地位和社会等级的关系更紧密。

8. 北辛堡墓地

该墓地在怀来县城东25千米，这里背靠燕山，南临官厅水库。1964年发掘了2座墓，其中1座（M1）破坏殆尽，后经过调查又发现14座墓葬。其中M1的椁盖上发现大量的兽骨、漆箱、兵器、车架、车马器和马骨架等。殉牲位于墓圹的东部，由东端中

---

① 转引自林沄：《从张家口白庙墓地出土的尖首刀谈起》，《林沄学术文集（二）》，科学出版社，2008年，20-30页。从此文中可知，1978年发掘的一百多座墓葬中普遍有殉牲，且数量较多。殉马的数量不是很多，且集中在随葬青铜礼器的较大型墓葬中。他还根据该墓地殉马少于草原地区的特点，并结合白庙遗址有厚达半米以上的居住文化层，认为这不是短时间能够形成的，此与游牧文化无关，只是有重视畜牧业的传统。

② 根据杨建华先生的介绍，白庙墓地的墓号共有110个（包括被扰乱的墓葬），其中有21座殉牲墓（参见《春秋战国时期中国北方文化带的形成》一书的130页）。

③ 张家口市文物事业管理所：《张家口市白庙遗址清理简报》，《文物》1985年第10期，23-30页。

④ 易振华：《河北宣化白庙墓地青铜时代居民的人种学研究》，《北方文物》1998年第4期，8-17页。

⑤ 小田木、治太郎（著），袁香（译）：《北方青铜器文化墓葬动物殉牲及其地域性特征》，《鄂尔多斯青铜器国际学术研讨会论文集》，科学出版社，2009年，568-582页。

间向西倾斜。殉牲的马、牛、羊等各有10余头，都只有头骨和四肢骨。车马器和马骨架均在车架之下，主要部分在椁之上。现存9匹马（发掘者估计原来有10～12匹马），分四排摆放。在人骨边还发现了1个狗头骨和1块羊下颌骨（图5.1-16）。M2的殉牲主要分为3层：填土中有3个牛、3匹马、狗和猪各1个。此墓还有殉人的现象。在木棺上有规律的摆放着殉牲动物的头骨和四肢骨，其中马骨分为2排，第一排有5匹马的头骨和肢骨；第二排有3匹马（图5.1-17）。可见北辛堡墓地人群在使用殉牲动物上很普遍。从随葬车和车马器上看，北辛堡墓地与周边的其他墓葬遗存略有不同，似乎受到中原文化影响较深，接受了中原文化以随葬车来显示身份的丧葬理念，包括随葬猪的现象。当然这种情况一般在上层贵族墓中显现得较明显。

综上，西部区的考古发现较多，且见诸报道的墓地材料中均或多或少发现有殉牲。殉牲动物中狗的数量最多，其他依次为羊、牛和马等，还有极少量的猪。猪主要

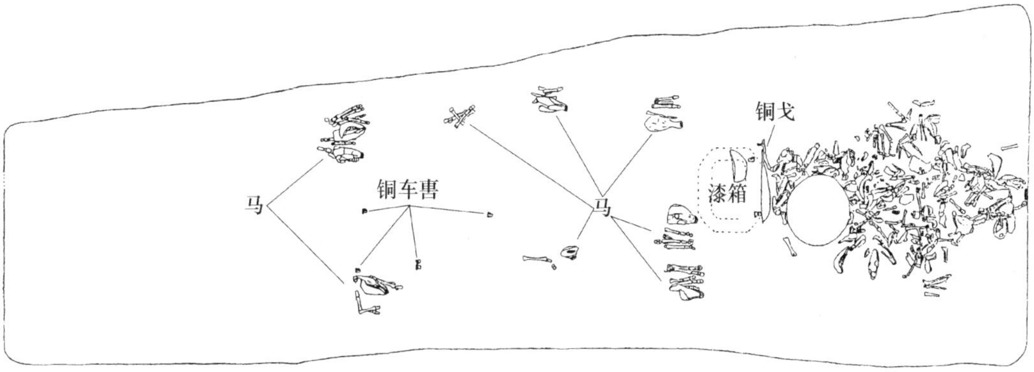

图5.1-16　北辛堡墓地M1殉牲的摆放位置

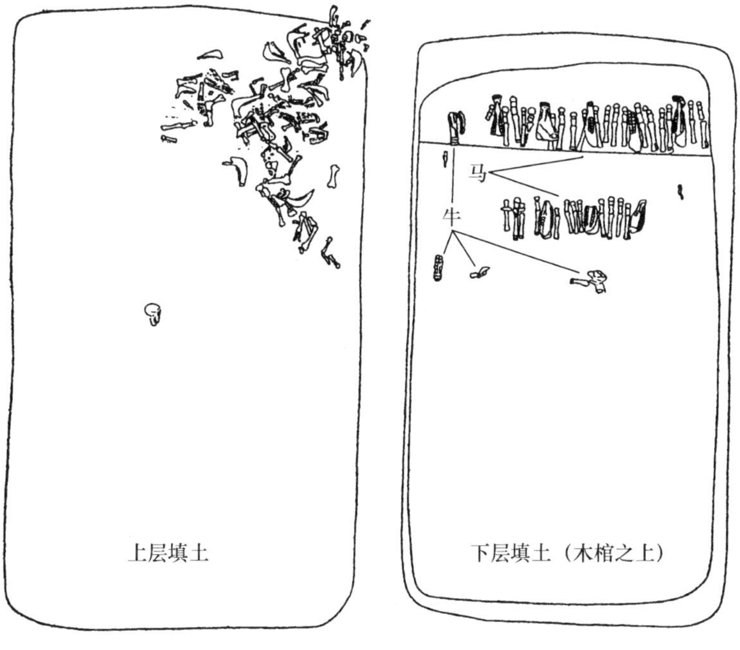

图5.1-17　北辛堡墓地M2殉牲的摆放位置

发现于军都山附近的几座大型墓地中，不见于偏西的张家口等地。殉牲主要以动物的头骨（包括下颌骨）为主，还有一些随葬肢骨的习俗。殉牲在这一地区的使用有着一套特定的惯例，尤其是在军都山附近的一些墓地中表现的尤为突出。殉牲在代表墓主人身份、地位、财富，甚至是权力方面都有着特定的含义。以玉皇庙、葫芦沟和西梁垙墓地为例，它们的殉牲率、殉牲种类和数量以及摆放位置上都有一定的差别，而这种差别与墓地的规模、墓葬的形制大小、墓主等级高低和随葬品的多寡都有一定的联系。玉皇庙墓地的规模不仅在燕山南北地区是最大的，而且在整个中国北方地区也是最大的。墓地的等级化现象很明显，可以分为若干个阶层，其中高等级的大墓数量相对较多。这些大型墓内一般随葬有中原属性的青铜礼器和其他金属制品，当然殉牲的数量和种类也非常多，且大墓中多随葬马。葫芦沟墓地不仅规模上要远小于玉皇庙墓地，且出土的青铜器的数量也是三个墓地中最少的。同时，殉牲中不见有殉马，这当与墓地中缺少高等级的大墓和财富占有的较少有关。另发现有几个墓葬共用一个殉牲堆的现象，是其他地区所不见的。这说明这几座墓葬之间应该有着某种联系，有可能是亲缘关系，也有可能是平等的朋友关系。西梁垙墓地的殉牲与葫芦沟墓地较相似，但是不见殉猪的现象，且墓地中东西向墓葬和南北向墓葬内的殉牲摆放有一定的差别，前者摆放在圹内填土中，后者多置于墓底北部。总之，“殉牲墓葬的比例与该墓地的贫富和级别有关。级别高的墓葬殉牲的数量越多，殉牲数量的多少与墓葬形制的大小和随葬品数量的多少都是墓主人身份和地位的象征。另一方面殉牲多少与文化传统有关”①。

显然，冀北山地的东、西部在殉牲上的差别是较明显的，最突出的就是东部区暂时没有发现随葬羊的习俗。这背后的根本原因究竟是经济类型的差异，还是丧葬习俗上的不同？从东、西部的地形地貌上看，东部区主要以平原为主，西部区以山地为主，而羊的适应能力非常强，在这两种地理环境中均能得到很好地饲养和发展。笔者更倾向于是丧葬习俗上的差异，而经济类型上的差异不大，至少不是主要的因素。这很有可能与目前考古发现的局限性有关。当然也不可否认的是，冀北东部区的养羊业确实不发达。

四、小　　结

综上所述，燕山以南地区夏至西周时期并不流行殉牲习俗，仅在后迁义和昌平白浮等墓葬中略有发现。其中后迁义的7座墓葬中出土的殉牲有牛和羊，与中国北方其他地区同时期的文化相似度较高，但是在本地区是极少的现象，推测有可能是人群迁徙的结果。而昌平白浮墓地腰坑中埋葬完整狗骨架是商文化晚期的特征之一。在进入东周时期后，冀北地区的殉牲习俗骤然流行。从张家口地区到京津唐地区再到滦平地区，均发现了大量使用殉牲的墓葬群。东、西部在殉牲上有着较大的差别，最为明显

① 杨建华：《春秋战国时期中国北方文化带的形成》，文物出版社，2004年，100页。

的区别是东部区不见有殉羊的习俗，而西部区殉羊的数量仅次于殉狗。笔者认为这种差异性的产生主要与两地人群在丧葬习俗上的不同有关，而与两地的经济类型关系不大。两地共有的殉牲动物主要还有牛、马和狗等，其中狗的数量是最多的。两地之间的差异还表现在极少量的猪骨，仅发现于西部区军都山附近的几处大型墓地中，很有可能是外来输入的产品（表5.1-4）。这当与人群所从事的经济活动和人口的迁徙有关。

表5.1-4　燕山以南地区殉牲情况汇总表　（单位：个）

墓地	牛	羊	马	猪	狗	殉牲部位	摆放位置	殉牲率
后迁义	14	8				均为头骨		85.7%
昌平白浮					1	全牲		66.7%
梨树沟门	5+		7+		18+	均为头骨和肢骨	木棺葬具顶部的填土中	50%＋
炮台山	1		1		23	绝大多数为头骨、还有少量牛蹄骨	一层或两层埋入填土之中	14.2%
小白阳	9		2			牛头骨、牛腿骨，马头骨	人骨头部附近、腿骨摆放在人骨小腿一侧，仅有个别的放在胸部	18.8%
甘子堡	√	2+	√		√		填土中	
龙庆峡	7+	14+	19+	2+	8+	下颌骨、头骨、肢骨	填土中	33.3%
白庙	√	4	√		2	头骨		20%
北辛堡	√	√	√	√	√	头骨、肢骨	墓圹东部、木棺上填土中	14.2%
玉皇庙	221	419	120	1	1448	马：头骨、下颌骨、腿骨；牛：头骨、下颌骨、肱骨、胫骨；羊：头骨、下颌骨、肱骨、肩胛骨；狗：头骨、下颌骨、肱骨；猪：头骨	墓圹四周填土中	63.5%
葫芦沟	10	2		4	60	头骨、肢骨、整羊骨架、整狗骨架	墓圹内、外填土中	34.6%
西梁垙	4	1	5		24	牛：头骨、上颌骨、牙、肱骨、肢骨；羊：头骨 狗：头骨、肩胛骨、肱骨、腿骨、髋骨、指骨 马：下颌骨、肱骨、腿骨	东西向墓圹内填土中，南北向墓中置于墓底北部	34.1%

第二节 燕山以北地区夏至战国时期的殉牲

本书所指的燕山以北地区，也可称之为辽西地区。是指医巫闾山以西，北至西拉木伦河两侧，包括西拉木伦河、老哈河、大凌河、小凌河及它们的支流地区①。这一地区的考古学文化的框架已经基本建立，文化谱系的研究也有了丰硕的成果。本节大体按照年代早晚的顺序分别对夏家店下层文化、凌河文化、夏家店上层文化、周家地墓地、水泉文化和井沟子类型的殉牲情况进行梳理和讨论。

一、夏家店下层文化

夏家店下层文化以内蒙古赤峰市夏家店遗址下层遗存②而得名，其年代相当于中原地区的夏至早商时期（公元前20～前14世纪）。其分布于以赤峰市和朝阳县为中心的区域，北起西拉木伦河，南抵燕山山脉，西起七老图山，东至医巫闾山的广阔范围内③。其中老哈河中上游、教来河上游、大小凌河及其支流是该文化遗存分布最密集的区域④。迄今已发现的夏家店下层文化遗址有数百处，经过正式发掘的有20多处。其中典型的遗址在辽宁省境内的有北票丰下⑤、康家屯⑥、建平水泉⑦、喀喇沁河东⑧、阜新

① 张忠培：《辽宁古文化的分区、编年及其他》，《辽海文物学刊》1991年第1期。

② 中国科学院考古研究所内蒙古发掘队：《内蒙古赤峰药王庙、夏家店遗址试掘简报》，《考古》1961年第2期，77-81页；中国科学院考古研究所内蒙古工作队：《赤峰药王庙、夏家店遗址试掘报告》，《考古学报》1974年第1期，111-144页。

③ 乌恩岳斯图：《北方草原考古学文化研究——青铜时代至早期铁器时代》，科学出版社，2007年，1-39页。

④ 井中伟、王立新：《夏商周考古学》，科学出版社，2013年，534页。

⑤ 辽宁省文物干部培训班：《辽宁北票县丰下遗址1972年春发掘简报》，《考古》1976年第3期，197-210+186+219-220页。

⑥ 辽宁省文物考古研究所：《辽宁北票市康家屯城址发掘简报》，《考古》2001年第8期，31-44页。

⑦ 辽宁省博物馆、朝阳市博物馆：《建平水泉遗址发掘报告》，《辽海文物学刊》1986年第2期。

⑧ 辽宁省博物馆文物工作队、朝阳地区博物馆文物组：《辽宁建平县喀喇沁河东遗址试掘简报》，《考古》1983年第11期，973-981页。

平顶山[①]、义县向阳岭[②]、凌源城子山[③]、萧杖子[④]、仙灵寺[⑤]和朝阳三角城子[⑥]等遗址；内蒙古境内的有宁城小榆树林子[⑦]、南山根[⑧]，赤峰夏家店和药王庙、蜘蛛山[⑨]、小河沿[⑩]、大山前[⑪]、东山咀[⑫]、范仗子[⑬]、三座店[⑭]和大甸子[⑮]等遗址和墓地。近些年来，中外联合考古队在半支箭河流域进行了大范围的调查活动，也发现了多处属于夏家店下层文化的遗址[⑯]。

夏家店下层文化遗址众多，主要以居住遗址为主，墓葬材料较少，其中仅在大甸子墓地中发现有殉牲现象。本节将仔细梳理大甸子墓地的殉牲材料，并对其殉牲特点进行讨论。

---

① 辽宁省文物考古研究所、吉林大学考古学系：《辽宁阜新平顶山石城址发掘报告》，《考古》1992年第5期，399-417页。

② 辽宁省文物考古研究所：《辽宁义县向阳岭青铜时代遗址发掘报告》，《考古学集刊》（13），中国大百科全书出版社，2000年，41-82页。

③ 李恭笃：《辽宁凌源县三官甸子城子山遗址试掘报告》，《考古》1986年第6期，497-510+578页。

④ 凌源县博物馆、朝阳市文物普查队：《凌源萧杖子村夏家店下层文化的祭祀遗址》，《中国考古学年鉴（1992）》，文物出版社，1994年，178页。

⑤ 高美璇：《兴城县仙灵寺夏家店下层文化遗址》，《中国考古学年鉴（1985）》，文物出版社，1985年，124页；《兴城县仙灵寺商周时期古遗址发掘收获》，《锦州文物通讯》1985年总第2期。

⑥ 孙国平：《朝阳胜利山三角城子遗址群调查记》，《辽宁文物》1982年第12期。

⑦ 内蒙古自治区文物工作队：《内蒙古宁城县小榆树林子遗址试掘简报》，《考古》1965年第12期，619-621页。

⑧ 中国科学院考古研究所内蒙古工作队：《宁城南山根遗址发掘报告》，《考古学报》1975年第1期，117-140页。

⑨ 中国科学院考古研究所内蒙古工作队：《赤峰蜘蛛山遗址的发掘》，《考古学报》1979年第2期，215-243页。

⑩ 辽宁省博物馆、昭乌达盟文物工作站、敖汉旗文化馆：《辽宁敖汉旗小河沿三种原始文化的发现》，《文物》1977年第12期，1-12页。

⑪ 赤峰考古队：《内蒙古喀喇沁旗大山前遗址1996年发掘简报》，《考古》1998年第9期，43-49页；赤峰考古队：《内蒙古喀喇沁旗大山前遗址1998年发掘简报》，《考古》2004年第3期，31-39页。

⑫ 辽宁省博物馆、昭乌达盟文物工作站、赤峰县文化馆：《内蒙古赤峰县四分地东山咀遗址试掘简报》，《考古》1983年第5期，420-429页。

⑬ 内蒙古文物工作队：《敖汉旗范仗子古墓群发掘简报》，《内蒙古文物考古》，1984年，22-25页。

⑭ 内蒙古文物考古研究所：《赤峰市松山区三座店遗址2005年度发掘简报》，《内蒙古文物考古》2006年第1期，1-8页。

⑮ 中国社会科学院考古研究所：《大甸子——夏家店下层文化遗址与墓地发掘报告》，科学出版社，1996年。

⑯ 赤峰考古队：《半支箭河中游先秦时期遗址》，科学出版社，2002年。

（一）大甸子墓地

大甸子遗址位于内蒙古赤峰市敖汉旗东南部，距离辽宁北票市约55千米。大甸子墓地靠近遗址的东北侧，位于地表最高处的北端。墓地的西、西南与遗址夯土墙外的壕沟相邻，东北方地下有一道砂石岗①。

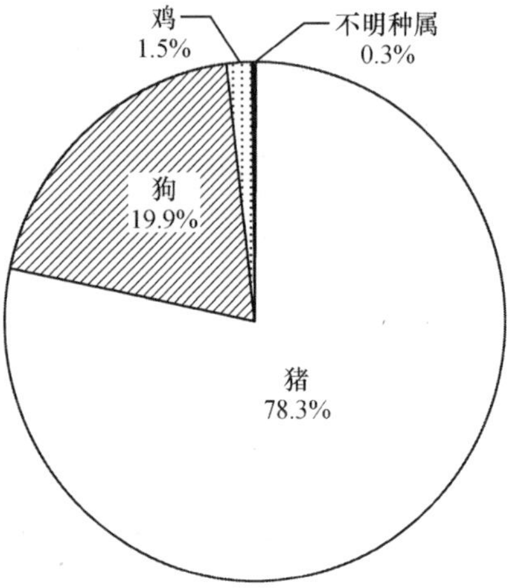

图5.2-1　大甸子墓地殉牲动物比例

该墓地共发现804座墓葬，其中有237座墓葬有殉牲，占墓葬总数的29.5%。殉牲墓葬中共发现殉牲392个个体，种类多为猪、狗和鸡三种。其中猪骨307个、狗骨78个、鸡骨6个，分别占78.3%、19.9%和1.5%（图5.2-1），此外还有不明种属的骨骼1个。殉牲动物的部位多为割掉四个蹄子的猪和狗，还有单独随葬猪趾骨的现象，另有一部分墓葬随葬狗头或鸡骨。值得注意的是，在夏至战国时期的中国北方地区的墓葬遗存中随葬鸡骨仅此一例。鸡是家禽中最重要的组成部分。鸡与猪、狗以组合的形式在墓葬中被发现不仅体现丧葬习俗的特点，也在一定程度上反映了该墓地人群定居性生活的方式。

殉牲在摆放位置上有三种情况。第一，放于填土中，共有91座，占殉牲墓葬的38.4%。这种情况多随葬整只猪，个别随葬狗头或整只狗骨。第二，放置于壁龛中，共有81座，占殉牲墓葬的34.2%。壁龛内共发现145个猪的趾骨，3个为割掉四个蹄子的猪骨架，个别墓葬的壁龛中还放置有鸡骨。第三，壁龛和填土中皆有放置，共有65座，占殉牲墓葬的27.4%。

从殉牲的组合看，使用割掉四个蹄子的整只猪的情况最多，共81座墓；使用猪和狗各一整只的墓葬30座；只使用一整只狗的墓葬23座，使用两整只猪的墓葬11座，使用两整只狗的墓葬7座，使用三整只猪的墓葬5座。

发掘者依据墓葬的形制和大小将该墓地的墓葬分为三个等级：其中一等墓143座，有殉牲者99座，占69.2%；二等墓434座，有殉牲者130座，占30%；三等墓175座，有殉牲者仅8座，占4.6%（图5.2-2）。墓葬等级越高，殉牲率就越高；反之亦然，墓葬等级越低，殉牲率就越低。可见，殉牲这种丧葬习俗在高等级人群中广泛流行，中间等级人群中也有一定数量的成员使用，而低等级人群中则很少使用殉牲。殉牲在表示墓主人身份地位的象征意义还是很明显的。

殉牲墓葬的墓主人可鉴定性别的205位，其中男性有126例，占殉牲墓葬总数的

① 中国科学院考古研究所内蒙古工作队：《内蒙古赤峰药王庙、夏家店遗址试掘简报》，《考古》1961年第2期，77-81页；中国科学院考古研究所内蒙古工作队：《赤峰药王庙、夏家店遗址试掘报告》，《考古学报》1974年第1期，111-144页。

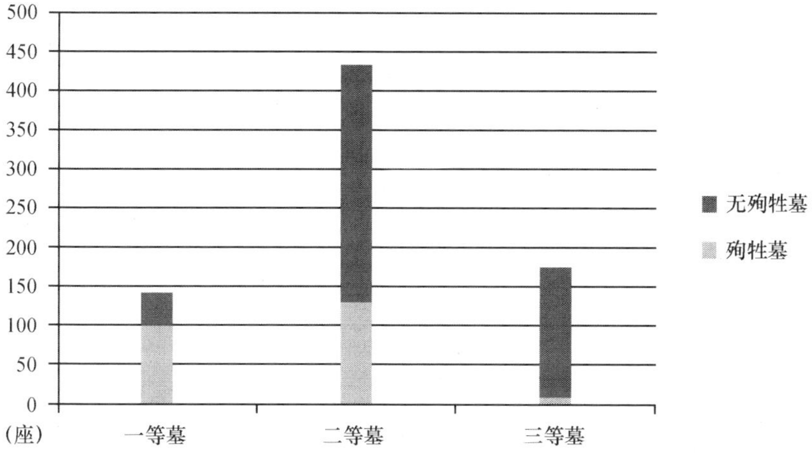

图5.2-2 大甸子墓地各等级墓葬中有、无殉牲墓葬的数量和比例

53.2%，占可鉴定男性墓的42.4%；女性有79例，占殉牲墓葬总数的33.3%，占可鉴定女性墓的27.6%；其余为性别不明者。可见，无论在殉牲墓葬的绝对数量上，还是在所属性别中的比例，男性成员在使用殉牲上要比女性更加活跃。

从随葬品的数量看，绝大多数的殉牲墓葬中都或多或少的随葬有其他器物，有的多达十几件，包括陶制的鬲、罐、鼎、鬶、爵，玉制的斧、钺，以及松石制成的珠子等装饰。还有一些少量的墓葬除了殉牲之外别无他物。说明殉牲在表示墓主人占有财富情况时，并没有表示身份地位那么明显。此外，该墓地中玉制斧、钺仅随葬于男性墓中，而陶制或石制的纺轮，仅见于女性墓中，而殉牲与以上两类随葬品是共出的，可见殉牲行为与劳动中性别分工的关系不是绝对的。

（二）讨论

大甸子墓地是唯一一处发现殉牲的夏家店下层文化遗址。除此之外，该遗址与其他夏家店下层文化遗址还有很多方面的不同。大甸子遗址的房址在分布上远没有其他遗址密集，也不见夏家店下层文化最有特色的石墙，可见其定居的程度与其他遗址相比是较弱的。而且，大甸子遗址中仅发现5件石铲，墓地中更是不见石铲。因此大甸子遗址和墓地所表现出来的经济形态与其他夏家店下层文化遗址发达的农业经济有着较大的差别。大甸子遗址的居住址和地层中发现的殉牲骨骼非常少，报告中也未见详细介绍。而殉牲种类主要是猪、狗、鸡三种动物，其中畜养猪和鸡的过程中需要用到粮食作为饲料，人们获得粮食的途径可能是与周边夏家店下层文化遗址的居民进行交换，或者通过较强势的社会管理体系进行分配。值得一提的是，在水泉遗址中发现了较多的家畜猪、狗、牛和羊等，还有一些鹿和啮齿类其他野生动物①。水泉遗址人群虽然还从事家畜饲养业和狩猎活动，但是未见有在墓中随葬殉牲的现象。大山前遗址

① 张镇洪：《建平县水泉夏家店下层文化遗址兽骨研究》，《考古与文物》1989年第1期，57-63页。

出土了2145块可鉴定动物骨骼，种类有猪、牛、羊和狗，分别占48%、24.3%、15.3%和10.9%[①]，但未见殉牲。总之，推测当时的农业和畜牧业很可能在不同的村落或地域上已经出现了比较明确的分工，也可能存在强有力的管理阶层协调各村落之间的资源配置。

大甸子墓地将割掉四个蹄子的猪和狗摆放在填土中，将猪趾置于壁龛内的殉牲方式，在夏家店下层文化中属于特殊的文化现象，与周边同文化的遗址和墓葬相比，也算是特例。殉牲墓葬所占的比例将近三成，殉牲在表现社会地位和物质财富上，已经开始显现其特殊的祭祀行为，但是还没有形成一个稳定的系统。因此这种殉牲行为无论从目的看，还是从意义上讲，都属于完整程度较低的行为。大甸子墓地的殉牲是否代表特殊的族群或特别的职业，还有待进一步研究。由于大甸子墓地出土的动物骨骼缺少科学、系统的鉴定，我们目前还无法得知殉牲的年龄和屠宰方式等信息。

总之，夏家店下层文化的殉牲习俗仅在大甸子墓地中有发现。大甸子墓地不仅在有无殉牲上不同于其他遗址和墓地，而且在聚落布局、房址结构、出土农业生产工具的种类和数量以及其他遗物等方面均表现出独特的一面。基于其各方面所表现出来的特点，称之为大甸子类型大体不差，所以严格的讲，殉牲仅在夏家店下层文化大甸子类型中流行。

二、魏营子文化

魏营子文化是以辽宁朝阳魏营子遗址[②]命名的。其分布范围集中在努鲁尔虎山和医巫闾山之间的大、小凌河流域的狭长地带，向西、北界可达老哈河和西拉木伦河流域。其年代上限可至商代晚期，下限应在西周早期（公元前13～前10世纪）[③]。该文化的典型遗址有朝阳魏营子[④]，阜新平顶山[⑤]，建平水泉遗址[⑥]，锦州山河营子[⑦]，宣化小

① 转引自林沄：《中国北方长城地带游牧文化的形成过程》，《林沄学术文集》（二），科学出版社，2008年，39-76页。

② 辽宁省博物馆文物工作队：《辽宁朝阳魏营子西周墓和古遗址》，《考古》1977年第5期，306-309页。

③ 乌恩岳斯图：《北方草原考古学文化研究——青铜时代至早期铁器时代》，科学出版社，2007年，94-116页。

④ 辽宁省博物馆文物工作队：《辽宁朝阳魏营子西周墓和古遗址》，《考古》1977年第5期，306-309页。

⑤ 辽宁省文物考古研究所、吉林大学考古系：《辽宁阜新平顶山石城址发掘报告》，《考古》1992年第5期，399-417页。

⑥ 辽宁省博物馆、朝阳市博物馆：《建平水泉遗址发掘简报》，《辽海文物学刊》1986年第2期。

⑦ 刘谦：《锦州山河营子遗址发掘报告》，《考古》1986年第10期，873-881页。

白阳遗址[①]，绥中冯家村遗址[②]，青龙抄道沟遗址[③]，义县向阳岭[④]、花尔楼[⑤]，兴城仙灵寺[⑥]、杨河[⑦]，喀左后坟[⑧]、南沟门[⑨]、马厂沟[⑩]、小城子[⑪]、北洞[⑫]、山湾子[⑬]、小波汰沟、道虎沟[⑭]、和尚沟墓地[⑮]等。另外，通辽市小库伦也发现了该文化的遗物。

迄今发现的魏营子文化遗址并不丰富，不见与夏家店下层文化类似的大型居址和墓地，仅20座墓葬更显得材料严重不足。这些墓葬中未见殉牲现象，说明在商晚期至西周早期，殉牲这种祭祀行为在燕山以北地区并不流行。

三、夏家店上层文化

夏家店上层文化是以内蒙古赤峰夏家店遗址上层遗存[⑯]而得名。其主要分布范围在七老图山以东，努鲁尔虎山以西，南抵滦河中游，北达西拉木伦河北岸附近，中心区

① 张家口市文物事业管理所、宣化县文化馆：《河北宣化县小白阳墓地发掘报告》，《文物》1987年第5期，41-51页。

② 王云刚、王国荣、李飞龙：《绥中冯家发现商代窖藏铜器》，《辽海文物学刊》1996年第1期，51-55页。

③ 河北省文化局文物工作队：《河北青龙县抄道沟发现一批青铜器》，《考古》1962年第12期，644-645页。

④ 辽宁省文物考古研究所：《辽宁省义县向阳岭青铜时代遗址发掘报告》，《考古学集刊》（13），中国大百科全书出版社，1999年，41-82页。

⑤ 孙思贤、邵福玉：《辽宁义县发现商周铜器窖藏》，《文物》1982年第2期，87-88页。

⑥ 高美璇：《兴城县仙灵寺商周时期古遗址发掘收获》，《锦州文物通讯》1985年第2期。

⑦ 锦州市博物馆：《辽宁兴城县杨河发现青铜器》，《考古》1978年第6期，387页。

⑧ 喀左县文化馆：《记辽宁喀左县后坟村发现的一组陶器》，《考古》1982年第1期，108-109页。

⑨ 郭大顺：《试论魏营子类型》，《考古学文化论集》（1），文物出版社，1987年，79-98页。

⑩ 热河省博物馆筹备处：《热河凌源县海岛营子村发现的古代青铜器》，《文物参考资料》1955年第8期，16-27页。

⑪ 满洲古迹古物名胜天然纪念物保存协会：《顾乡屯》（第二辑），1942年。

⑫ 辽宁省博物馆、朝阳地区博物馆：《辽宁喀左县北洞村发现殷代青铜器》，《考古》1973年第4期，225-226页。

⑬ 喀左县文化馆、朝阳地区博物馆、辽宁省博物馆：《辽宁省喀左县山湾子出土殷周青铜器》，《文物》1977年第12期，23-27页。

⑭ 喀左县文化馆：《记辽宁喀左县后坟村发现的一组陶器》，《考古》1982年第1期，108-109页。

⑮ 辽宁省文物考古研究所、喀左县博物馆：《喀左和尚沟墓地》，《辽海文物学刊》1989年第2期。

⑯ 中国科学院考古研究所内蒙古工作队：《内蒙古赤峰药王庙、夏家店遗址试掘简报》，《考古》1961年第2期，77-81页；中国科学院考古研究所内蒙古工作队：《赤峰药王庙、夏家店遗址试掘报告》，《考古学报》1974年第1期，111-144页。

应在西拉木伦河和老哈河流域。该文化的年代大体相当于西周早期至春秋中期①。该文化的典型遗址和墓地有龙头山②、大泡子③、大阪南山④、大井⑤、夏家店、药王庙、蜘蛛山⑥、宁城南山根⑦、小黑石沟⑧、汐子北山嘴、瓦房中、天巨泉、梁家营子、孙家沟⑨、山湾子、热水汤、东井、千斤营子⑩和大哈巴齐拉⑪等。笔者详细地查阅了发表的各类报道，暂时还没有发现1例有殉牲的墓葬。

夏家店上层文化作为中国北方地区最为发达的一支青铜时代晚期考古学文化，正处于北方青铜器的两次发展高峰之间，它吸收了来自长城沿线和燕山南北青铜器传统的影响。同时，它对后来北方地区青铜文化的影响深远，呈现出由近及远逐渐递减的趋势。它在中国北方地区青铜器发展中的传承作用是巨大的⑫。这一文化的武器、马具和动物纹装饰（所谓的斯基泰三要素）已经初具规模，尤其马具中的马镳和马衔已经很成熟，且较多见。推测这一时期的人群已经掌握了御马技术，并且有一定数量规模的马群存在，只是没有以殉牲的形式随葬在墓中。该人群在墓葬中不殉牲的原因，很有可能是使用珍贵的马具来代替殉马的象征意义。而此时的欧亚草原上能够在发展水平上与夏家店上层文化相比较的仅有图瓦地区的阿尔然Ⅰ号墓冢。阿尔然Ⅰ号墓冢不仅出土了大量的工具、武器，马具和立体圆雕为主的动物纹装饰艺术，同时还殉葬了

---

① 井中伟、王立新：《夏商周考古学》，科学出版社，2013年，537-539页。

② 齐晓光：《内蒙古克什克腾旗龙头山遗址发掘的主要收获》，《内蒙古东部区考古学文化研究文集》，海洋出版社，1991年，58-72页；内蒙古自治区文物考古研究所、克什克腾旗博物馆：《内蒙古克什克腾旗龙头山遗址第一、二次发掘简报》，《考古》1991年第8期，704-712页。

③ 贾鸿恩：《翁牛特旗大泡子青铜短剑墓》，《文物》1984年第2期，50-54页。

④ 董文义：《巴林右旗发现青铜短剑墓》，《内蒙古文物考古》1981年创刊号。

⑤ 辽宁省博物馆文物工作队：《辽宁西林县大井古铜矿1976年试掘简报》，《文物资料丛刊》（7），文物出版社，1983年，138-146页。

⑥ 中国社会科学院考古研究所内蒙古工作队：《赤峰蜘蛛山遗址的发掘》，《考古学报》1979年第2期，215-243页。

⑦ 李逸友：《内蒙古昭乌达盟出土的铜器调查》，《考古》1959年第6期，276-277页；辽宁省昭乌达盟文物工作站、中国科学院考古研究所东北工作队：《宁城县南山根的石椁墓》，《考古学报》1973年第2期，27-39页；中国科学院考古研究所内蒙古工作队：《宁城南山根遗址发掘报告》，《考古学报》1975年第1期，117-140页；中国社会科学院考古研究所东北工作队：《内蒙古宁城县南山根102号石椁墓》，《考古》1981年第4期，304-308页。

⑧ 内蒙古自治区文物考古研究所、宁城县辽中京博物馆：《小黑石沟——夏家店上层文化遗址发掘报告》，科学出版社，2009年。

⑨ 宁城县文化馆等：《宁城县新发现的夏家店上层文化墓葬及其相关遗物的研究》，《文物资料丛刊》（9），文物出版社，1985年，23-58页。

⑩ 邵国田：《内蒙古敖汉旗发现的青铜器及有关遗物》，《北方文物》1993年第1期，18-25页。

⑪ 邱国彬：《内蒙古敖汉旗大哈巴齐拉墓地调查》，《北方文物》1996年第3期，8-10页。

⑫ 杨建华：《夏家店上层文化在中国北方青铜器发展中的传承作用》，《边疆考古研究》（第7辑），科学出版社，2008年，136-150页。

数量较多的完整马匹[①]。故一般被认为墓主人就是早期游牧人群。而夏家店上层文化1例殉牲都没有发现的根本原因，笔者认为是受到本地区农业传统的束缚，并且受到中原文化和政权强势北扩的影响。

四、周家地墓地

该墓地位于内蒙古自治区敖汉旗古鲁板蒿乡周家地村西。1981年共发掘了54座墓葬。墓葬均为西北—东南向的竖穴土坑墓，大多数墓中有木制葬具。墓葬规格为长1.25～3.1、宽0.6～1.5、深0.52～2.05米。葬式大多为仰身直肢，还有极少量侧身直肢，二次葬和合葬墓也有发现[②]。

王鹏的硕士论文对周家地墓地进行了进一步的披露，并提出了一些新的见解。他认为墓地墓室的体积均较小，且挖掘土方量较小，各墓葬之间的差异不大，因此制造并布置葬具消耗的人力和物力要多于墓室的营造。以葬具的复杂程度作为墓主身份等级的标识更为合理。他还指出，在性别上，在墓室规模和葬具复杂程度上均与墓主性别无明显联系。在年龄上，墓室体积与墓主身材大小有关，墓葬的等级与墓主年龄有关，即幼年墓主身份等级比较低[③]。现对其殉牲做简要分析和讨论。

墓地共有殉牲墓葬26座，占到总数的48.1%。可见殉牲习俗还是比较普遍的。殉牲动物有33个个体，有牛、狗和马，其中狗的数量最多，有25个[④]，占到总数的75.8%；牛和马各有4个，均占总数的12.2%。这在燕山以北地区是第一次出现使用牛和马随葬的现象。狗主要埋葬的部位有头骨、上颌骨、下颌骨和牙齿；牛主要埋葬的部位有头骨和角；马主要埋葬的部位有头骨（包括上、下颌骨）和蹄骨。以上三种动物的移动性均较强，也反映了墓地所代表人群畜牧业的发达程度。殉牲的组合有四种：狗（20座），牛（1座），马（3座），狗+牛（2座）等。可见殉牲多以单个动物的形式出现，两种以上动物出现的形式比较少，尤其马从不与另两种动物共出。

从单个殉牲动物的出现频率看，殉狗墓有22座，占殉牲墓葬的84.6%；殉牛墓有3座，占殉牲墓葬的11.5%；殉马墓有4座，占殉牲墓葬的15.4%。可见无论在个体数量上，还是殉牲出现频率上，狗占主要的地位，其次为牛和马。

根据墓主人性别和年龄的数据，并结合葬具的划分等级，可知狗多在B级别的墓葬中出现，有少量的A和D级别，并且墓主人有男性参与的有13座，有女性者8座，10岁以下的儿童墓仅2座。牛均在A级别的墓葬中出现，并且墓主人多为老年女性和中年

---

① М. П. Грязнов. Аржан--Царский курган раннескифского времни. Ленинград, 1980.

② 中国社会科学院考古研究所内蒙古工作队：《内蒙古敖汉旗周家地墓地发掘简报》，《考古》1984年第5期，417-426页。

③ 王鹏：《周家地墓地研究——兼论夏家店上层文化的衰亡与流向》，中国社会科学院硕士学位论文，2008年。

④ 这里需要说明的是，这里统计的个数主要以头骨为主，但是当一座墓葬中仅出现下颌骨或下颌骨、牙齿等时，也算作一个个体。

女性，共有2座，成年男性仅随葬1座。马头骨（包括上、下颌骨）多在男性墓葬中随葬，而仅发现的1颗马牙出于女性墓。

从墓主人性别上来看，成年男性主要随葬狗和大牲畜牛、马，其中牛和马头骨仅在男性墓中随葬。成年女性主要随葬狗和极个别的马牙。可见殉牲上表现出的性别差异还是很大的，这种差异的原因我们还不是很清楚，有可能与劳动分工有关，又或者和社会地位有关。在殉牲墓葬中，绝大多数为成年男性和女性，10岁以下的儿童殉牲墓葬仅有3座（包括1座成人与儿童合葬墓），且均随葬狗上或下颌骨，不见大牲畜牛和马。可见在年龄上的差异也是明显的，究其原因可能与这一人群还没有产生厚葬儿童墓的习俗，或者说还没有产生真正的“武二代”阶层，社会等级化进程还处在雏形阶段有关。王鹏也认为墓地所反映出的两性关系较平等，主要表现在葬具、葬式、殉牲等方面的等级高低；而随葬品的差异主要表现在男性随葬弓箭等武器，女性随葬纺轮等工具。这些差别仅表现了社会分工的不同，并不能说明有性别歧视和不平等。相反在年龄上的差别比较大，儿童墓的社会地位较低，但物质财富的占有较多；老年人墓的社会地位较高，但占有的物质财富较少①。

总之，墓地中比较流行殉牲习俗，且有狗、牛和马，狗的数量较多，牛和马均较少。殉牲在性别差异上较大，男性主要随葬狗、牛和马的头骨；女性主要随葬狗的上、下颌骨；儿童殉牲墓葬仅有2座，且均随葬狗的上、下颌骨等。殉牲所反映的经济形态应该是游牧经济的初期阶段。从殉牲的角度出发，周家地墓地与夏家店上层文化的其他墓葬遗存有着较大的差距，故不宜将周家地墓地笼统的归入夏家店上层文化。

五、凌河文化

凌河文化是以大、小凌河流域西周晚期至战国中期的以青铜曲刃短剑为重要特征的考古遗存而命名的，也有学者称之为“十二台营子文化”②。从现有的材料看，凌河文化遗存以墓葬为主，居址较少。比较典型的遗存有朝阳十二台营子③和袁台子④、锦西乌金塘⑤、邰集屯小荒地⑥、喀左和尚沟B、C、D地点⑦等。该文化尚无发现殉牲的现象。

---

① 王鹏：《周家地墓地研究——兼论夏家店上层文化的衰亡与流向》，中国社会科学院硕士学位论文，2008年。

② 乌恩岳斯图：《北方草原考古学文化研究——青铜时代至早期铁器时代》，科学出版社，2007年，224-251页。

③ 朱贵：《辽宁朝阳十二台营子青铜短剑墓》，《考古学报》1960年第1期，63-71页。

④ 辽宁省考古研究所等：《朝阳袁台子》，文物出版社，2010年。

⑤ 锦州市博物馆：《辽宁锦西县乌金塘东周墓调查记》，《考古》1960年第5期，7-9页。

⑥ 吉林大学考古学系、辽宁省文物考古研究所：《辽宁锦西县邰集屯小荒地秦汉古城址试掘简报》，《考古学集刊》（11），中国大百科全书出版社，1997年，130-153年。

⑦ 辽宁省文物考古研究所等：《喀左和尚沟墓地》，《辽海文物学刊》1989年第2期。

六、水泉文化

水泉文化是以1995年发掘的内蒙古敖汉旗水泉墓地[①]而命名的。主要分布在努鲁尔虎山以西的老哈河流域，年代相当于春秋晚期至战国中期。该文化目前只发现几处墓地，缺乏遗址材料，遗存分布稀疏。此类遗存还有敖汉旗山湾子[②]、宁城三座店[③]等地。现仅对水泉墓地的殉牲情况做进行梳理和讨论。

根据郭治中先生的介绍“水泉墓地位于敖汉旗南部四家子镇水泉村西约500米的高地。共发掘了110座竖穴土坑墓葬。其中有殉牲的墓葬数量将近占到总墓葬的1/3。大墓的填土中殉葬猪、牛、狗的头骨、蹄骨和下颌骨，只有1例使用了马的下颌骨。各墓殉牲的种类和数量不等，以猪骨为主”[④]。由于墓地的材料还没有正式发表，故对其殉牲的认识也仅限于此。

七、井沟子类型

井沟子类型是以内蒙古林西县井沟子墓地而命名的，年代大致在春秋晚期至战国前期[⑤]。

井沟子遗址位于林西县双井店乡敖包吐村下辖井沟子自然村北约400米[⑥]。西区墓葬位于遗址中部地势较平坦处。该墓地1996年清理了1座墓葬，2002～2003年在墓地西区发掘了58座墓葬，年代约当春秋晚期至战国前期[⑦]。除因破坏严重的8座墓葬未发现殉牲外，其余50座墓葬中均或多或少的发现有殉牲。如忽略被破坏的墓葬，殉牲率达到100%。陈全家先生对这批墓葬出土的动物遗存进行了鉴定和研究[⑧]。在此基础上我们可以做进一步的探讨。

---

① 郭治中：《水泉墓地及相关问题之探索》，《中国考古学跨世纪的回顾与前瞻》，科学出版社，2000年，297-309页。

② 邵国田：《内蒙古敖汉旗发现的青铜器及有关遗物》，《北方文物》1993年第1期，18-25页。

③ 宁城县文化馆等：《宁城县新发现的夏家店上层文化墓葬及其相关遗物的研究》，《文物资料丛刊》（9），文物出版社，1985年，23-58页。

④ 郭治中：《水泉墓地及相关问题之探索》，《中国考古学跨世纪的回顾与前瞻》，科学出版社，2000年，297-309页。

⑤ 井中伟、王立新：《夏商周考古》，科学出版社，2013年，542-543页。

⑥ 吉林大学边疆考古研究中心、内蒙古文物考古研究所：《2002年内蒙古林西县井沟子遗址西区墓葬发掘纪要》，《考古与文物》2004年第1期，6-19页。

⑦ 内蒙古文物考古研究所等：《林西井沟子——晚期青铜时代墓地的发掘与综合研究》，科学出版社，2010年。

⑧ 陈全家：《内蒙古林西县井沟子遗址西区墓葬出土的动物遗存研究》，《内蒙古文物考古》2007年第2期，107-118页。

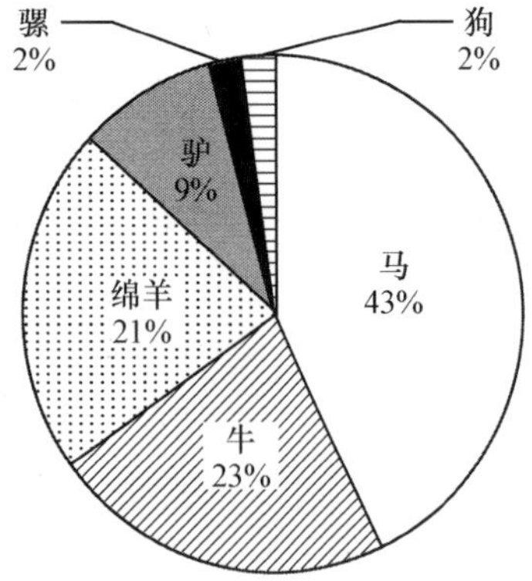

图5.2-3　井沟子西区墓地殉牲动物比例

殉牲地动物主要有绵羊、马、牛、驴、骡和狗等家畜共计98个个体，另还发现了野生动物狐狸额骨1件、鹿角尖1件、獐的牙齿1颗和背角无齿蚌1件。在中国北方地区夏至战国时期的墓葬遗存中随葬狐狸和鹿的情况在内蒙古中南部和西北地区有过。但是随葬獐这种动物的例子仅此一例。在98个家畜动物中，马42个、牛22个、绵羊21个、驴9个、骡和狗各2个，分别占总数的43%、23%、21%、9%、2%和2%。可见，马的数量是最多的，其次为牛、绵羊和驴，最后为骡和狗（图5.2-3）。

从保存较好的墓葬中，可以看出殉牲摆放的位置。如M4，马头骨和骡头骨位于墓口40厘米处的墓葬西北角填土中；马下颌骨位于北部填土中；牛股骨位于中部填土中；牛指骨位于墓底北部；骡下颌骨位于墓底中部（图5.2-4）。M7，随葬马股骨、髌骨、指骨、趾骨，属于1个个体；羊股骨、指骨、趾骨，属于1个个体。其中羊股骨及部分指骨、趾骨位于陶罐内；马股骨及部分指骨、趾骨和羊的指骨、趾骨位于墓葬西北角；部分马指骨、趾骨散落在陶罐底部（图5.2-5）。M12，仅随葬牛一种动物，且仅1个个体，其中牛指骨、趾骨、肱骨位于墓底北

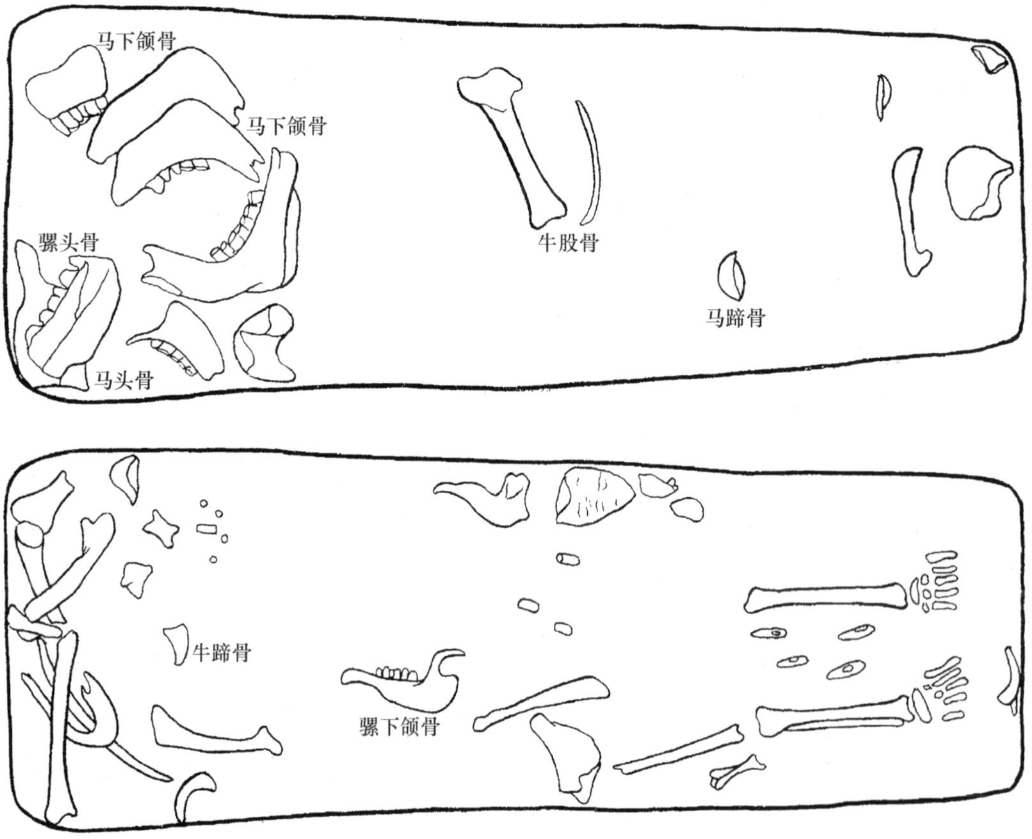

图5.2-4　井沟子西区墓地M4平面示意图

端近北壁处，牛胫骨、尺骨、桡骨等位于墓底南端近南壁处（图5.2-6）。M26，随葬有马、骡和驴各1个个体，其中马胫骨、股骨并列置于墓底北端近北壁处，其余骨骼散落在墓底北半部（图5.2-7）。总之，这些殉牲动物的骨骼摆放较零散，但是还是可以找到一些规律。例如像大型牲畜牛和马的肢骨在摆放的时候多横置于人骨的头端，包括股骨、肱骨、胫骨等。

从殉牲动物的性别来看，这里仅有少量的绵羊数据，所以暂时还看不出有什么规律性和代表特定意义的含义（表5.2-1）。从殉牲动物的年龄上看，马的未成年个体有16个，成年个体有11个，而未鉴定的有15个。绵羊中可鉴定的均在2岁以下，有13个；其余均未做鉴定。牛有8个个体为3岁以下，成年个体有5个，未鉴定的有9个。由于这些殉牲动物的性别和年龄数据过少，不便于我们对其畜牧方式、饲养目的以及畜产品的开发等问题进行进一步的讨论和研究。

总之，井沟子西区墓地的殉牲非常有特点，这种以动物的肢骨为主要殉牲部位的情况在本书研究的范围内是少见的。这与其他地区主要随葬动物头骨的习俗有着显著

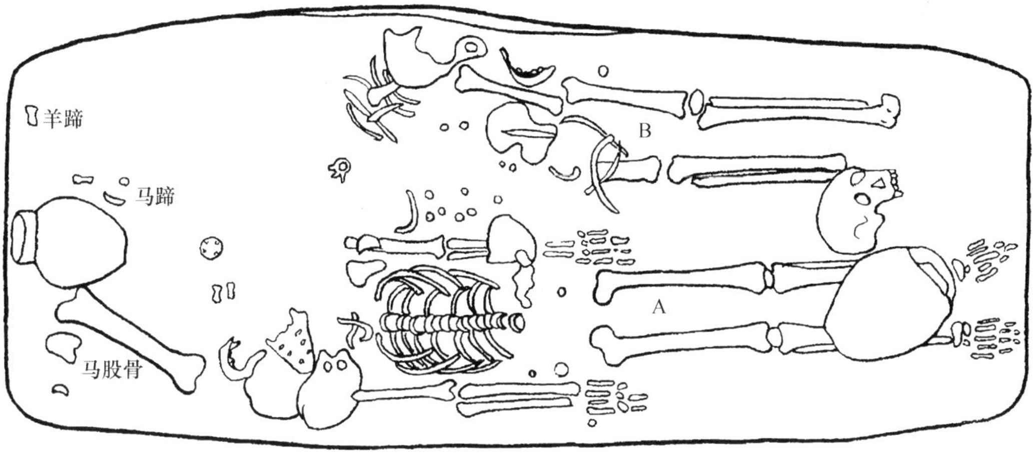

图5.2-5　井沟子西区墓地M7平面示意图

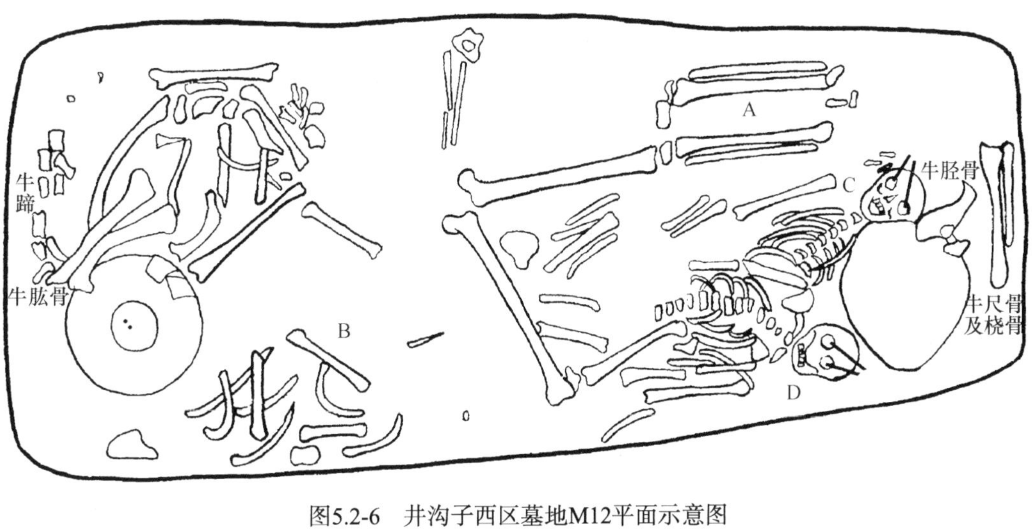

图5.2-6　井沟子西区墓地M12平面示意图

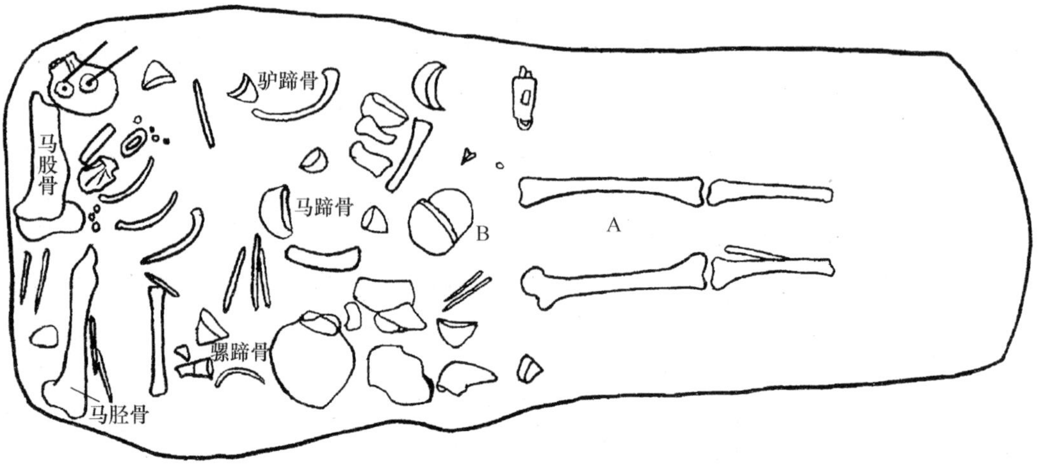

图5.2-7 井沟子西区墓地M26平面示意图

的区别。并且在殉牲的动物中出现了骡、驴等动物，体现了井沟子人群在改良牲畜等方面的经验。尤其是骡的出现，应该是当时人群有意进行配种的体现。鹿、獐、狐狸等动物的发现说明了井沟子人群从事狩猎业是很频繁的，且将这些狩猎所获的动物埋葬在墓葬中的习俗也是少见的。

表5.2-1 井沟子西区墓地殉牲动物的性别情况 （单位：个）

动物	雌性	雄性	未鉴定	无	合计
马			42		42
牛			22		22
绵羊	5	1	15		21
驴			9		9
骡				2	2
狗			2		2
狐狸			1		1
獐			1		1
鹿			1		1
合计	5	1	93	2	101

一般认为铁匠沟墓地清理的3座竖穴土坑墓与井沟子墓地的文化面貌相近，可能属于同一个文化。但是铁匠沟墓地的3座墓葬中未发现殉牲现象，故有可能为一个文化的两个类型。

郭治中先生认为，西拉木伦河流域的南北之间有差异是历来的传统。水泉文化分布在西拉木伦河以南，而井沟子类型在西拉木伦河以北。说明在夏家店上层文化之后，在这一流域出现了周家地遗存、水泉文化和井沟子类型并存的现象①。

① 郭治中：《水泉墓地及相关问题之探索》，《中国考古学跨世纪的回顾与前瞻》，科学出版社，2000年，297-309页。

八、小　结

综上所述，燕山以北地区在夏至早商时期的夏家店下层文化中仅在大甸子墓地中发现了大量随葬猪骨和狗骨的现象，而在其他遗址中均没有发现殉牲。与其他周边地区的殉牲特点最大的区别在于大甸子墓地的殉牲主要以随葬割掉四蹄的猪和狗为主，还有单独随葬猪趾骨的现象，另有一部分墓葬随葬狗头或鸡骨。这些殉牲特点均反映了当时大甸子墓地人群的经济生产方式以定居农业为主的特点。

在商晚期至西周早期的魏营子文化和西周早期至春秋中期的夏家店上层文化中几乎不见殉牲遗存。而在进入春秋晚期至战国中期后，周家地墓地和水泉墓地以及井沟子墓地中发现有殉牲现象。其中周家地墓地中比较流行殉牲习俗，有狗、牛和马，狗的数量较多，牛和马均较少，且殉牲在性别差异上较大。水泉墓地的资料不详，仅知殉牲率达三成左右。大墓的填土中殉葬猪、牛、狗的头骨、蹄骨或下颌骨，只有1例马的下颌骨，以猪骨为主。井沟子西区墓地以肢骨为主的殉牲特点在本书研究的范围内是少见的，并且殉牲的骡和驴等动物体现了井沟子人群在改良牲畜等方面的经验。尤其是骡的出现，应该是当时人群有意进行配种的体现。将野生动物的鹿、獐和狐狸等埋葬在墓葬中的习俗也是少见的。

第六章　东北地区夏至战国时期的殉牲

本书所指的东北地区大体为黑龙江省、吉林省和辽宁省。该地区西接内蒙古，北隔黑龙江、乌苏里江与俄罗斯相邻，东与朝鲜半岛隔江相望，南临渤海和黄海。自然地貌以东北平原为主，西侧逐步由丘陵过渡成山地，被大兴安岭、小兴安岭和长白山所包裹。东北地区属于温带季风气候，夏季炎热多雨，冬季寒冷干燥，土壤肥沃，境内湖泊河流众多，适宜发展农耕和渔猎经济。

赵宾福先生通过对东北地区夏至战国时期考古学文化的研究，基本构建起了嫩江流域、辽西山地、辽西平原、辽东南部、辽东北部、第二松花江流域和图们江流域考古学文化的时空框架①。在这一框架下，本章对东北地区各区域殉牲习俗展开讨论。需要说明的是，在第五章对燕山以北地区殉牲问题讨论时已涉及辽西山地地区，另图们江流域几乎没有发现殉牲现象，故本章将不再讨论上述两个地区。现大体按照从北到南的顺序进行讨论。

第一节　嫩江流域的殉牲

嫩江属黑龙江水系，发源于大、小兴安岭之间的伊勒呼里山南麓。该地区夏至战国时期的考古学文化主要有小拉哈文化、古城文化、白金宝文化和汉书文化②，其中仅在白金宝文化和汉书文化中发现有殉牲现象。

一、白金宝文化的殉牲

白金宝文化是嫩江流域发现的年代较早，材料积累较多的一种考古学遗存③。以白金宝遗址第三期遗存为代表，大体分为早、中、晚三期，年代约相当于西周至春秋时期。该文化的殉牲现象仅见于二克浅墓地，其他墓葬中均未发现。

二克浅墓地位于讷河市二克浅镇西北方的岗地南坡。于20世纪60年代初期发现，

---

① 赵宾福：《中国东北地区夏至战国时期的考古学文化研究》，科学出版社，2009年。本书中涉及东北地区考古学文化的分区、分期以及年代等一系列观点，大部分引自该书，此后不再一一做注。

② 刘晓东、胡秀杰、王乐文、李有骞：《黑龙江通史·先秦卷》，社会科学文献出版社，2019年。

③ 赵宾福：《白金宝文化的分期与年代》，《边疆考古研究》（第7辑），科学出版社，2008年，119-135页。

1985年首次进行发掘，共清理墓葬26座，其中部分墓葬随葬狗头和马的下颚[①]。如M24为长方形竖穴土坑墓，无葬具，为单人成年男性一次葬。墓主骨骼大部分保存完好，在其脚下发现1个狗头（图6.1-1，1）。

2001年黑龙江省文物考古研究所对二克浅墓葬进行了抢救性发掘，此次清理墓葬68座，即M1～M68。其中M26中没有发现人骨，却有较多大型食草类动物的趾骨及1个完整的狗头骨，发掘者认为其可能是一座迁葬墓，人骨已迁出另葬，而殉牲则留在了原先的墓葬当中[②]（图6.1-1，2）。

总之，白金宝文化的殉牲习俗不太流行，仅在二克浅墓地的少数墓葬中有发现。殉牲以殉狗头为主，另有一些食草类动物的趾骨。

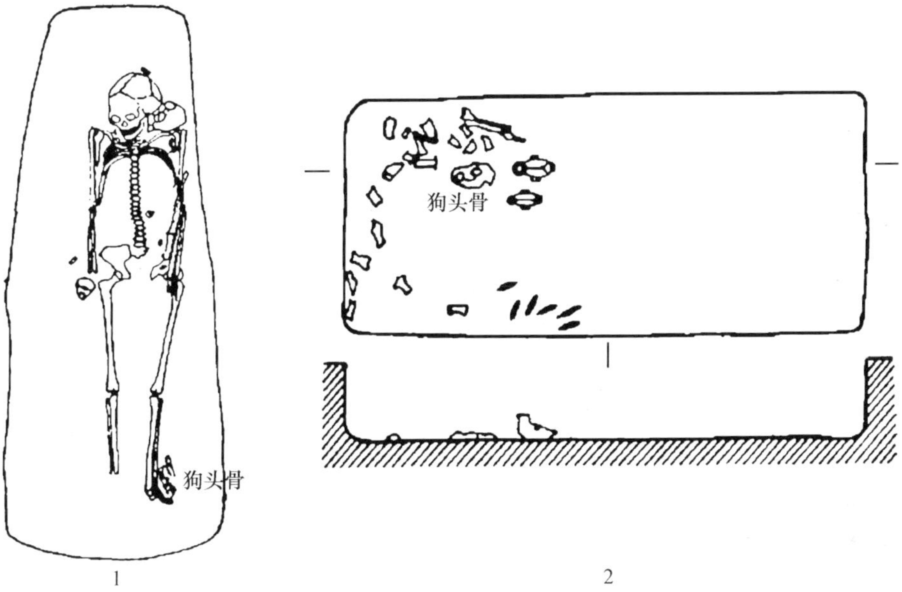

图6.1-1　二克浅墓地殉牲墓葬平、剖面示意图

1. 1985M24　2. 2001M26

二、汉书文化的殉牲

汉书文化得名于1974年发掘的吉林大安汉书遗址，具体指以大安遗址第二期为代表的一类遗存，学界也有称其为“汉书二期文化”。该文化大致可分为早、中、晚三期，分别相当于战国早期、战国晚期和西汉时期[③]。该文化有殉牲的墓葬有砖厂墓地、战斗墓地、大古堆墓地、大道三家子墓地、大安渔场墓地和东胜墓地。

① 安路、贾伟明：《黑龙江讷河二克浅墓地及其问题探讨》，《北方文物》1986年第2期，4-10页。

② 黑龙江省文物考古研究所：《黑龙江讷河市二克浅青铜时代至早期铁器时代墓葬》，《考古》2003年第2期，107-119页。

③ 赵宾福：《中国东北地区夏至战国时期的考古学文化研究》，科学出版社，2009年。

1. 砖厂墓地

该墓地位于黑龙江省西南部。1984年黑龙江省文物考古研究所前往砖厂墓地进行了抢救性发掘，共清理墓葬97座。现对典型殉牲墓葬做简要介绍。

M149，长方形土坑竖穴墓，墓内葬1位22～24岁的男性。墓葬发现牛的4个趾骨，其中2个趾骨分置在人骨架腰椎两旁，另外2个则放在墓室南部东壁下方（图6.1-2，1）。

M125，长方形土坑竖穴墓，墓内葬1位6个月的婴儿，在墓圹西北壁开口处外侧发现1个狗头和部分肢骨，狗头朝向墓穴（图6.1-2，2）。

M167，长方形土坑竖穴墓，墓内葬1位3岁左右的孩童，兔和鼢鼠的下颌骨及飞禽肢骨堆放在墓室西北角。

M128，长方形土坑竖穴墓，墓内由东至西排列3具女性骨骼。殉牲为2个狗头，一个放在墓室西北部，另一个在距墓底1米深且靠近东壁的填土中。

M108，长方形土坑竖穴墓，一次葬，为男女合葬墓，其中在人骨架右臂外侧有狗的2个前肢骨（图6.1-2，3）。

M105，长方形土坑竖穴墓，墓内葬1位2岁婴儿，在其足骨端近墓室西南角殉葬1个完整的狗头（图6.1-2，4）。

M153，土坑竖穴墓，墓内葬7人，均为二次葬。在墓室西北部的斜坡上放1个狗下颌骨。

M158，长方形土坑竖穴墓，墓内葬8人，皆为二次葬。2个狗和1个牛的下颌骨位于墓底北部。

M140，长方形土坑竖穴墓，墓内葬10人，皆为二次葬。殉牲主要有马下颌骨、牛头和狗下颌骨，其中除狗的下颌骨放置在二层台上外，其余皆置于葬具内。

M133，长方形土坑竖穴墓，墓内葬13人，皆为二次葬。殉牲有鹿角和马下颌骨（图6.1-2，5）。

M107，凸字形墓，墓内葬17人，皆为二次葬。殉牲为马头骨2个、牛头骨2个、羊下颌骨1个、猪下颌骨1个、狗犬齿1枚。殉牲多发现于墓道的东西两侧，马头方向朝南。

M111，长方形土坑竖穴墓，墓内葬45人，皆为二次葬。殉牲有马头1个，马下颌骨2个。

M106，凸字形土坑竖穴墓，墓内葬9人，皆为二次葬。殉牲有1个牛角，1枚马的臼齿。

M138，长方形土坑竖穴墓，墓内葬2人，皆为二次葬。殉牲有马下颌骨，放在墓底人骨的北面。

M141，长方形土坑竖穴墓，墓内葬14人，皆为二次葬。殉牲有马头骨、马下颌骨、牛下颌骨、狗头骨、猪头骨、羊颌骨和鱼骨等，分属10个个体，均置于西南角二层台上。

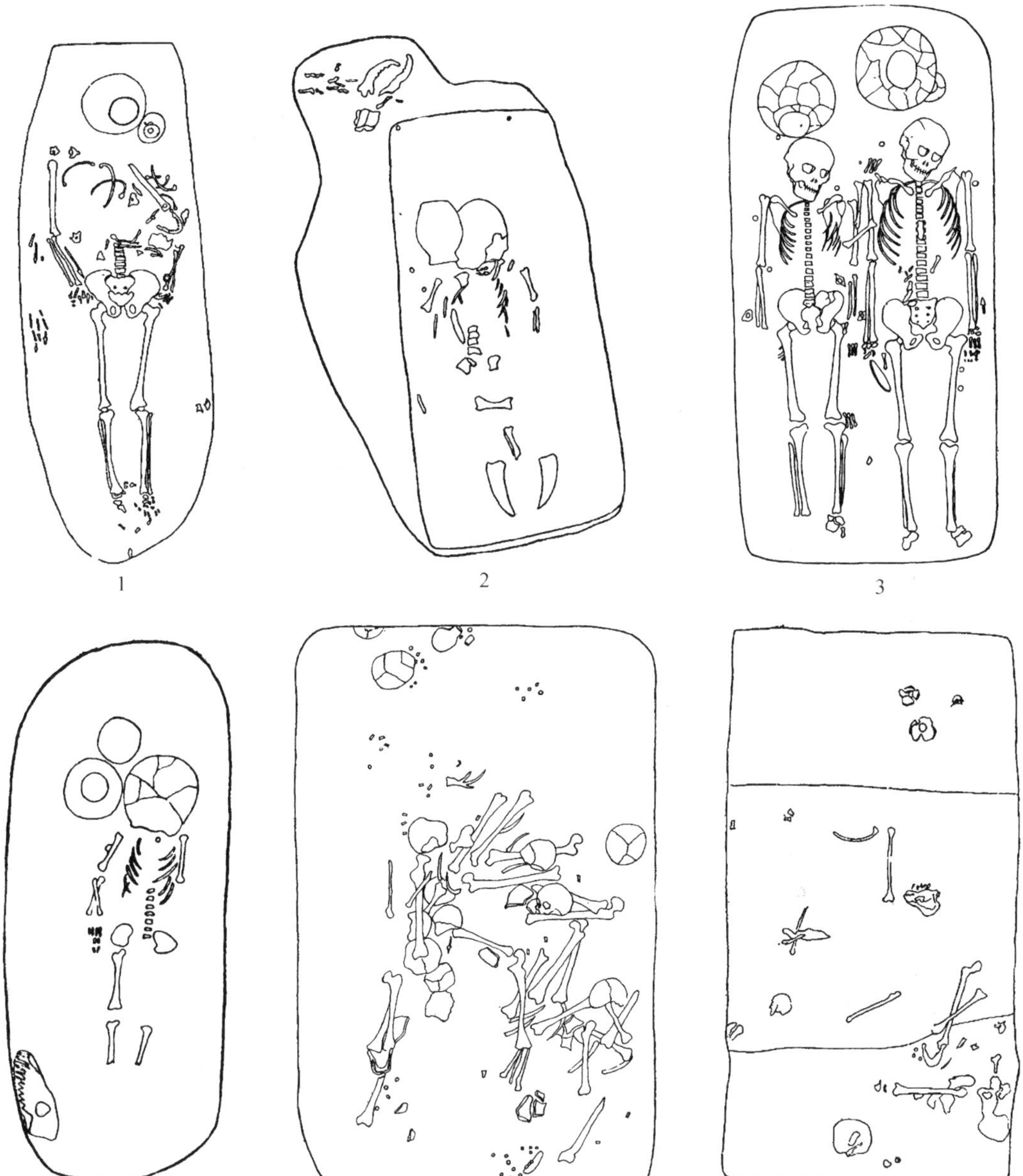

图6.1-2　砖厂墓地殉牲墓葬平面示意图
1. M149　2. M125　3. M108　4. M105　5. M133　6. M183

M183，长方形土坑竖穴墓，墓内葬2人，皆为二次葬。殉牲为1个马蹄骨，置于北端二层台上（6.1-2，6）。

总之，砖厂墓地的殉牲习俗相当普遍。在该墓地的97座墓葬中，有殉牲的墓葬达40座，占总数的41.2%。殉牲中家养动物要远多于野生动物，其中家养动物的种类有狗、马、牛、猪和羊，殉牲部位有头骨、牙齿、角和蹄骨等。殉牲中野生动物的种类有鹿、兔、鼢鼠、飞禽和鱼等。从数量上看，狗和马的数量最多，其次是猪和牛。从殉牲的频率和组合看，26座墓殉狗，25座墓殉马，殉猪和羊的分别是5座及2座。狗和马并殉的8座（M104、M121、M129、M136、M137、M139、M169、M183），狗、马和牛并殉的7座（M107、M110、M113、M115、M140、M141、M143），马和牛并殉的3座（M106、M112、M150）①。

殉牲的摆放位置没有规律。既有放在墓室底部和二层台上的，也有置于墓道和填土之中的。放在填土和二次葬墓中的，多半同人骨掺杂。在出土位置可辨的25座墓中，将殉牲放于墓底的占多数，然而分布极不一致，摆放在墓室南部、北部、中部、西南角、西北角的都有。在一次葬中殉牲摆放位置的情况多种多样，如M128的一个狗头放在人头骨的顶端；M125的两个牛角摆在人骨足端；M150的一个马蹄和2个牛蹄陈列于身体左侧；M149中的两个牛蹄分置腰部两侧，另有一个摆在右腿外侧。在填土中发现的殉牲数量仅次于墓室。M104殉牲摆放位置较为清楚，在靠近东壁的上层填土内，自北向南按照一定的间距布列着4个狗头、5个狗下颌骨、1个鼢鼠头和9枚马的臼齿（表6.1-1）。

在填土中发现的殉牲数量仅次于墓室。将殉牲置放在墓道内的有3座，殉牲陈放在二层台的有2座。墓地的发掘者认为，殉牲与墓主年龄性别似乎无关，但与葬式联系密切②。墓地中有16座二次葬存在殉牲，且都为合葬墓。一次葬则有8座。在殉牲种类方面，妇女儿童和男子略有差异，一次葬的儿童墓和2座女性合葬墓以殉狗为主，2座男性墓主要殉马和牛，还有1座男女合葬墓殉狗。

表6.1-1　砖厂墓地出土殉牲

种类	数量	出土位置
马头骨	12个	出自11座墓。多数见于墓内填土。M107有2个出在墓道中，M141有1个摆放在二层台上
马下颌骨	6个	出自6座墓葬。其中2个为幼年个体，M115有1个相对完整
狗头骨	17个	出自11座墓。M104在近东壁的填土中，自北向南放置4个狗头，其间距大致相等。M125墓圹北壁上方外侧放置1个狗头。M132西壁墓底出土1个狗头
狗下颌骨	12个	出自10座墓。除M135和M121各为1对外，其余均为半个，M104和M187各有1个且相对完整
牛头骨	7个	出自6座墓。其中1个为幼年个体
牛下颌骨	2个	出自2座墓。M108出土1个较完整
猪头骨	6个	出自3座墓。M121出土3个，M112出土2个，M141出土1个
猪下颌骨	2个	出自2座墓。M107和M123各出土1个
鹿上颌骨	1个	仅见于M146
羊下颌骨	2个	出自2座墓。M107和M141各出土1个
兔下颌骨	1个	仅见于M167
鼢鼠头骨	2个	M104和M167各出土1个，有可能为混入
鲶鱼骨	4块	出自3座墓。M115、M141和M179

① 黑龙江省文物考古研究所：《平洋墓葬》，文物出版社，1990年，54页。

② 黑龙江省文物考古研究所：《平洋墓葬》，文物出版社，1990年，55页。

续表

种类	数量	出土位置
鸟骨	2块	仅见于M167
牛角	1对	仅见于M125。呈“八”字形
马骨	?	M112、M143和M150出土有马蹄骨，M144出土有马肢骨，另见一些马臼齿
牛蹄骨	?	M143、M150和M149各墓均有少量出土
鹿角	?	见于M106

2. 战斗墓地

该墓地位于黑龙江省西南部，共清理21座墓葬。墓葬都是土坑竖穴墓，在凸字形土坑竖穴墓的墓道以及双室土坑竖穴墓的前室之中均出有殉牲。该墓地有6座墓葬中发现有殉牲现象。

M207，凸字形土坑竖穴墓，墓内并排葬2人。墓道北面的填土中摆放1个狗头，头向朝南（图6.1-3，1）。

M206，是一座空墓，殉有1个狗下颌骨。

M210，是一座空墓，殉有1个狗上颌骨。

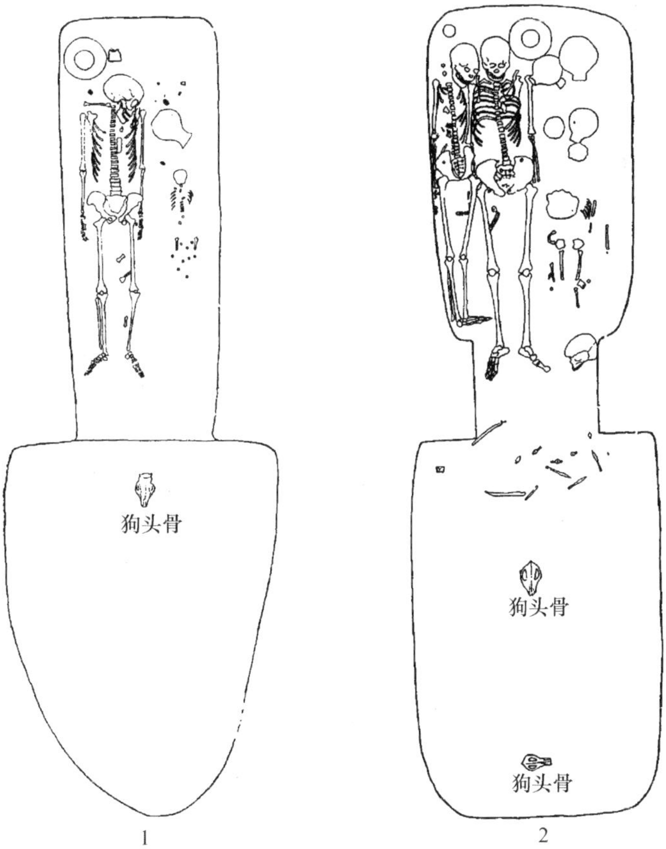

图6.1-3　战斗墓地殉牲墓葬平面示意图

1. M207　2 .M211

M211，双室土坑竖穴墓，墓内葬5人。2个狗头摆放在前室南部和中部，前者头向东，后者头向南，二者在南北一条直线上。成年狗头葬于前墓室中部稍北处，幼年狗头则在前墓室内的南端（图6.1-3，2）。

M213，是一座空墓，在墓内北壁处殉有1个狗头。

M219，墓内出有1个狗头骨，葬于后墓室南口外，即前墓室北端处。

在战斗墓地的21座墓葬中，有6座墓有殉牲，占总数的28.6%。殉牲动物的种类只有狗一种。殉牲动物的部位仅有头骨。殉牲的摆放位置虽也见于墓室底部及填土之中，但多数却端放于墓道上方的填土内，殉牲的头向或南或东。

3. 大古堆墓地

该墓地位于讷河市六合镇黎明村大古堆屯以东500米的岗地上。2008年黑龙江省文物考古研究所对其进行了抢救性发掘，清理墓葬24座①。现以几座典型殉牲墓葬做介绍。

M3，墓内葬6人，为二次合葬墓。殉牲主要在上层填土中，有1个马下颌骨、1个马蹄、2个鹿角及牛臼齿若干。

M7，墓内葬5人，为二次合葬墓。殉牲位于上层填土内，有3个完整的马下颌骨及牛臼齿若干。

M11，墓内葬2人，为二次合葬墓。在填土内发现2个牛臼齿。

M15，墓底有人骨3具，均为女性。其填土内出土猪臼齿若干。

M20，墓内葬4人，为二次合葬墓。在上层填土内发现马臼齿若干。

在大古堆墓地的24座墓葬中，有5座发现有殉牲，占总数的20.8%。殉牲动物的种类有马、牛、鹿和猪等。殉牲动物的部位有头骨（下颌骨）、牙齿、角及蹄骨等，且多发现于墓葬填土之中。

4. 三家子墓地

该墓地所在的大民屯乡大道三家子屯位于嫩江左岸，东北距齐齐哈尔市区约12千米。墓葬坐落在屯东北一座沙丘的北坡上②。1981年黑龙江省博物馆等单位对其进行了抢救性发掘，本次共发掘了4座墓葬，其中有2座墓葬发现有殉牲现象，占总数的50%。

M1，墓内人骨散乱，应为二次葬。在填土中出有马的臼齿。

M3，墓内葬4人，皆为仰身直肢一次葬。在墓室东南角距墓底0.63米的土圹上发现1个破碎的狗头骨。

该墓地的殉牲特点较简单，仅上述两座墓葬中出土马臼齿和狗头骨，与战斗墓地和砖厂墓地以及大古堆墓地的殉牲特点相似。

---

① 黑龙江省文物考古研究所：《黑龙江讷河大古堆墓地发掘简报》，《文物》2009年第6期，4-25页。

② 黑龙江省博物馆、齐齐哈尔市文管站：《齐齐哈尔市大道三家子墓葬清理》，《考古》1988年第12期。

5. 大安渔场墓地

该墓地位于洮儿河与嫩江汇合处的月亮泡南岸，距大安县城约37千米。1974年对该墓地进行了清理，共发掘14座墓葬和5个筒状灰坑（有的坑为祭祀坑）。

H202与H203和14座墓葬开口于同一层位，在两处灰坑中都只出有马的头骨，发掘者认为它们很可能是与墓葬相关的祭祀坑①。

此次发掘清理的14座墓葬中，在部分墓葬中发现殉牲。如M212，墓主为成年女性，在头骨北侧发现羊的肩胛骨1块。M201，无人骨，发现随葬有羊的肩胛骨及兽骨。

6. 东胜墓葬

该墓葬位于黑龙江省泰来县平洋镇东北6千米，东胜村所在地东北1.5千米处的废弃砖厂岗丘上。在对两处暴露墓葬进行抢救性发掘后，在一座男女合葬墓的女性足下发现了2个狗头骨②。

综上所述，汉书文化的殉牲动物种类多达17种，包括狗、马、牛、猪、羊、兔、貉、狍子、鹿、獾、鼢鼠、鱼、猫科、狐狸、狼、鼬和飞禽等。在砖厂和战斗墓地出土的100多个狗、马、牛、猪和羊的遗骨，经鉴定除部分野猪以外，其余都是人工饲养的家畜。这些殉牲大致可以分为家畜和野生动物两大类。总体来看，殉牲以家畜为主，野生动物虽种类丰富，但居于次要地位。在这些殉葬的家畜中，狗的殉牲频率最高，约占全部殉牲墓葬总数的近半；其次是马，约占33%；再次是牛和猪，各约占16%，其中由于存在野猪，家猪的殉葬比例应该低于这个数；最少的是羊，约占6%。在殉葬的野生动物中，最多的是兔，约占20%；其次是獾，占近10%；再次是貉、狍和鹿，分别占5%左右；其余野生动物都是零星见于殉葬。无论是马、狗、牛或猪，大多只放置头骨或者下颌骨及蹄骨，以代替全牲。这样做既表达了宗教意识也可使经济上不致蒙受较大的损失，殉牲所用以外的躯体多肉部分仍可食用，这在经济不甚充裕的条件下是一举两得的事③。

由上可知，汉书文化时期人们的经济生活在以往渔猎的基础上，还发展起来了家畜饲养业，甚至有了畜牧业。结合嫩江流域的自然环境，推测当时的畜牧业主要养马，牛、猪和羊则相对较少。同时这时期的狩猎活动也更加频繁，主要狩猎食草的野兔和獾，兼及貉、狍子和鹿等。

三、小　　结

嫩江流域的殉牲始于白金宝文化，盛于汉书文化。白金宝文化的殉牲仅发现很

① 吉林省博物馆文物队、吉林大学历史系考古专业：《吉林大安渔场古代墓地》，《考古》1975年第6期，356-362页。

② 鞠桂玲：《平洋东胜墓葬群遗址》，《黑河学刊》2009年第3期，43页。

③ 黑龙江省文物考古研究所：《平洋墓葬》，文物出版社，1990年，237页。

少的几例，且以殉狗为特点。汉书文化的殉牲习俗较流行，殉牲动物的种类有家养动物和野生动物，其中家养动物以狗为主，其次是马，牛和猪也占有一定的比例，羊的数量较少。殉牲部位以头骨和蹄骨为主，这与狭义中国北方地区的殉牲特点较相似。汉书文化的殉牲习俗之所以流行，笔者认为与该文化所处的自然地理环境有一定的关系，更重要的是与该文化人群的生业模式和民族属性有关。

第二节　第二松花江流域的殉牲

第二松花江发源于长白山天池，流经吉林省的中部，其重要支流有头道江、二道江、辉发河和拉法河等。目前该流域发现的属于夏至战国时期的考古学文化只有分布在中上游地区的西团山文化。

西团山文化主要以吉林、长春地区为重心，主要活动在威虎岭以西，伊通河以东，拉林河以南，东辽河以北的广大地区[①]。该文化大体年代为西周至战国时期。该文化发现殉牲的墓地有西团山石棺墓、骚达沟石棺墓、土城子遗址、星星哨水库石棺墓、口前小团山遗址、万宝山石棺墓和杨屯大海猛墓葬共7处。

1. 西团山墓地

该墓地位于吉林市西南2.5千米处，东滨松花江，西连丘陵，海拔236.2米，高出附近平地约40米。这个小丘南北长约300、东西宽约400米，墓葬分布在西南侧较缓的坡上。

东北考古发掘团在西团山进行勘察时，对西团山石棺墓进行了发掘[②]。在1号探沟的石棺盖石上发现有猪下颌骨。2号探沟的北部和中部的石棺盖石上也有猪下颌骨的发现。4号探沟发现石棺的盖石上也有猪下颌骨。10号探沟发现了3座石棺的盖石上也有猪下颌骨。11号探沟的西部石棺盖石上也有猪下颌骨。

猪骨的位置有的放在棺外，有的放在棺内，有的棺内外都有发现。石棺内外发现的猪骨，有的经过科学的鉴定：XⅧ号棺为猪下颌骨；Ⅳ号棺为1个幼年猪下颌骨，1个近于成年猪下颌骨；Ⅵ号棺为3个幼年猪右下颌骨，1个幼年猪左下颌骨；Ⅸ、Ⅻ号棺为猪下颌骨；Ⅹ号棺为2个幼年猪右下颌骨；XⅣ号棺为1个幼年猪左下颌骨，2个下颌骨；XⅦ号棺为幼年猪下颌骨残片；Ⅰ、Ⅵ号棺中发现了野猪犬牙。

2. 骚达沟墓地

该墓地位于吉林市的西南，距市区约10千米。沟之北侧为东西连绵10余千米的平顶山，山势虽高，但顶部平坦。西北坡面较缓，为石棺墓的集中地带。其中对1949年

① 金旭东：《西团山文化辨析》，《青果集——吉林大学考古专业成立二十周年考古论文集》，知识出版社，1993年。

② 东北考古发掘团：《吉林西团山石棺墓发掘报告》，《考古学报》1964年第1期，29-49页。

和1953年清理的23座石棺墓进行了整理并发表了报告[①]。

49JSM3，该石棺墓中位置较高的一座，墓主为55岁以上的男性，陶罐内发现半个猪下颌骨。

49JSM6，该石棺墓位于大砬子的北端东坡，墓主可能为18岁左右的女性。墓主人的两腿间发现半截猪下颌骨，有牙齿4枚。

49JSM8，该墓位于大砬子东坡上部南端，墓主骨骼保存不好，多被扰乱。墓主人的右腿侧发现有1个猪下牙床骨。

3. 土城子墓地

该墓地位于松花江右岸的冲积平原上。1954年清理石棺墓26座，90%以上的石棺盖上散布着猪牙。在第13号石棺底部中央，还发现有1个保存较差的猪头骨[②]。

4. 永吉星星哨水库墓地

该墓地位于永吉县大岗子公社与岔路河公社中间。石棺墓群及遗址区在水库中段东侧张家沟附近的山坡上[③]。该墓地石棺墓中的壶和罐内多放置猪下颚骨或猪牙。如AM1，墓内人骨已朽，在胫骨之间随葬陶罐和壶各1个，罐内有猪下颌骨，其上有猪牙22枚。BM2，墓内人骨仅存牙齿数枚，出土有陶壶和罐各1个，罐内有猪牙2枚。1978年对星星哨水库进行了第三次发掘。在此次发掘的49座石棺墓中，有7座墓葬发现有猪骨。猪头骨和下颌骨多置于陶罐、钵和碗内[④]。其中AM23、CM23、DM14、DM17、DM18和DM216等墓葬中出有猪牙数颗，DM19中出有猪下颌骨。

5. 小团山遗址

该遗址位于永吉县口前公社蓝旗大队第七生产队西北方，是平面呈椭圆形的小山[⑤]。1982年，小团山遗址清理了5座土圹石棺墓，其中M2出土的陶罐中发现有家猪臼齿数枚。

6. 万宝山墓葬

该墓葬位于双阳县山河公社南10千米处，标高为240米的万宝南山东坡上。墓为长

---

① 段一平、李莲、徐光辉：《吉林市骚达沟石棺墓整理报告》，《考古》1985年第10期，885-900页。

② 吉林省博物馆：《吉林江北土城子古文化遗址及石棺墓》，《考古学报》1957年第1期，43-52页。

③ 吉林市文物管理委员会、永吉县星星哨水库管理处：《永吉星星哨水库石棺墓及遗址调查》，《考古》1978年第3期，145-150页。

④ 吉林市博物馆等：《吉林永吉星星哨石棺墓第三次发掘》，《考古学集刊》（3），中国社会科学出版社，1983年，109-125页。

⑤ 吉林市博物馆：《吉林口前蓝旗小团山、红旗东梁岗石棺墓清理简报》，《文物》1983年第9期，51-57页。

方形土圹石棺墓，在东南角的陶壶中发现4颗猪牙①。

7. 杨屯大海猛墓葬

该墓葬位于距松花江左岸约4千米的永吉县杨屯东南0.5千米的漫岗上。1979年的发掘共发现了三期遗存，其中第一期文化遗存为西团山文化②。此次发掘4座土圹墓，其中M13发现有殉牲。墓室内填满黄土，填土近中部摆放1个完整猪头骨；墓室外东侧0.3米处，摆放一字排开的3个完整猪头骨。

总之，第二松花江流域的西团山文化中殉牲习俗并不流行，且各墓地均只随葬猪一种家养动物。殉猪的部位主要为头骨、牙齿和肢骨。摆放位置主要在棺椁内外、二层台以及陶罐、壶和钵等器内。西团山文化只殉猪的特点与嫩江流域和中国北方其他地区的差异较大。这表明了第二松花江流域的自然环境更适合以养猪为主的定居农业生活。西团山文化人群的生业模式应为以农业为主，辅之以其他渔猎和狩猎活动。

第三节　辽东北部地区的殉牲

辽东北部地区是指营口和丹东连线以北、第二松花江三个主源头以南、鸭绿江以西、辽河下游主河道及其支流秀水河以东的广大地区。该地区发现的属于夏至战国时期的考古学文化主要有马城子文化和双房文化③。因双房文化的主体部分在辽东南部地区，故本节仅对马城子文化的殉牲进行讨论。

马城子文化主要位于秀水河和辽河主河道以东的辽东北地区，马城子文化的墓葬有张家堡A洞墓葬、北甸A洞墓葬、马城子A、B、C三洞墓葬和山城子B、C两洞墓葬。马城子文化可分为早、晚两段，早期属于夏至早商时期，晚期属于商代晚期范畴。马城子文化出土有殉牲的墓葬相对较多。

1. 新宾老城墓地

该墓地位于永陵镇至二道村一宽阔沟谷的东山脚下缓坡。1992年发现清理了4座石棺墓④，其中有2座发现有殉牲。M2位于这4座墓的东南端。随葬品置于墓室西部，在出土的陶钵中发现2枚猪牙骨。M4位于这4座墓的北端。墓室内的西部出土陶器2个，壶1个，钵1个，石纺轮1个。其中在陶钵中发现3枚猪牙骨。

2. 马城子A洞墓地

该墓地位于本溪满族自治县南甸乡马城子村东，太子河右岸的断崖上。共发现29

---

① 许彦文：《吉林双阳万宝山石棺墓》，《黑龙江文物丛刊》1984年第3期，48-50页。

② 吉林市博物馆、永吉县图书馆：《吉林永吉杨屯大海猛遗址》，《考古学集刊》（5），中国社会科学出版社，1987年，120-151页。

③ 梁志龙：《辽宁本溪多年发现的石棺墓及其遗物》，《北方文物》2003年第1期，6-14页。

④ 建群等：《新宾老城石棺墓发掘报告》，《辽海文物学刊》1993年第2期。

座墓葬，其中一半的墓葬中发现有殉牲，主要有猪下颌骨、肩胛骨、鸡股骨、胫骨和野猪牙等（表6.3-1）。

M25，仰身直肢葬，顺洞穴东壁而葬，未经火葬，人骨保存较好，为1位50～55岁的女性。墓室内发现有狗下颌骨。

M10，仰身直肢葬，顺洞穴东壁而葬，未经火葬，人骨保存尚好，为1位成年男性。在5号斜颈陶壶旁发现葬有猪肩胛骨。

M26，火葬墓，墓主为1位50岁左右男性。在直领陶罐和鋬耳陶罐之间葬有猪下颌骨，在人头骨右侧摆放鸡股骨和胫骨5块。动物骨骼无火烧痕迹，应是在人骨火烧之后才放置进去的。

M11，火葬墓。在直颈陶壶和10号陶碗之间，葬有猪肩胛骨。

M15，火葬墓。在墓葬中部附近发现有野猪牙。

表6.3-1　马城子A洞墓地动物骨骼出土情况　（单位：个）

种类	猪下颌骨	猪肩胛骨	猪獠牙	野猪獠牙	狗下颌骨左侧	鸡胫骨	鸡股骨
数量	12	2	1	1	1	6	1

3. 马城子B洞墓地

该墓地共发掘墓葬14座，近一半的墓葬有殉牲，主要有猪下颌骨、肩胛骨、羊下颌骨、狗下颌骨和鸡胫骨等（表6.3-2）。

M2，仰身直肢葬，顺洞穴东壁而葬。人骨鉴定为35～40岁左右的女性，在其头骨两侧分别葬有羊下颌骨和鸡胫骨。

M13，仰身直肢葬，墓主为一成年女性，在头骨右侧葬有猪下颌骨。

M6，火葬墓，墓主为40岁左右的女性，在右胫骨旁有1枚猪獠牙。

M4，火葬墓，在随葬品中发现猪下颌骨1个。

表6.3-2　马城子B洞墓地动物骨骼出土情况　（单位：个）

种类	猪下颌骨	猪肩胛骨	猪獠牙	羊下颌骨	狗下颌骨	鸡胫骨	野猪牙
数量	3	1	1	1	1	1	2

4. 马城子C洞墓地

该墓地位于马城子村东1千米的老砬背山顶断崖处，共发掘清理23座墓葬。有近1/3的墓葬中发现有殉牲。该墓地殉牲动物有猪、羊、鸡、鸽子、野猪和鹿等，其中猪的数量是最多的（图6.3-1）。

M10，单人仰身直肢葬，顺洞穴东壁而葬。墓主为25～35岁的女性，在头骨左上方发现有成对的猪下颌骨、鸡股骨和猪臼齿等15个。

M5，火葬墓，墓主为成年女性，待火烧后再放置其他随葬品。在3个陶罐中发现有动物骨骼：其一，横耳陶罐（MCM5：1）中有羊蹄骨和鱼骨；其二，横耳陶罐（MCM5：2）内有2个猪幼年个体下颌骨残段及鸡股骨；其三，陶壶（MCM5：11）内发现有猪上臼齿。

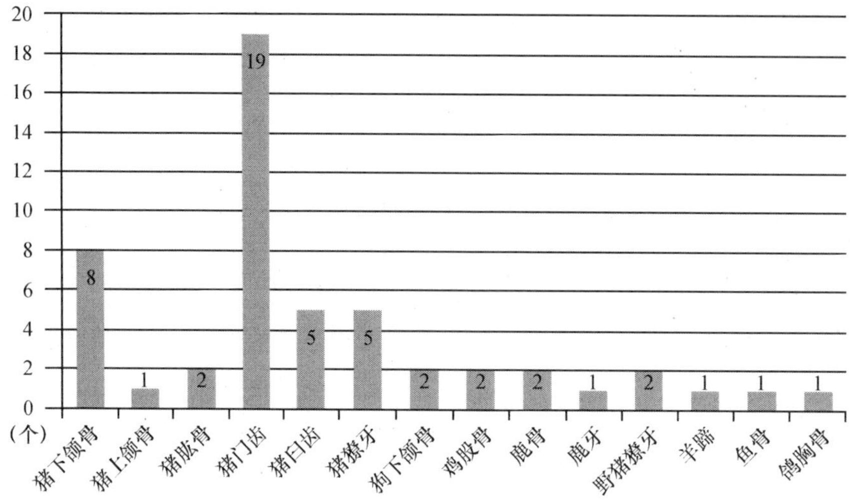

图6.3-1　马城子C洞墓地动物出土情况

M7，火葬墓，墓主为30～35岁男性。在横耳陶罐（MCM7：1）内发现猪上、下门齿各1枚，在脚端一侧有野猪獠牙。

M11，火葬墓，墓主人性别、年龄难以确定。在随葬品略多的一端，有一略高出墓底的小石台，其上摆放有猪上颌骨和獠牙。

M13，火葬墓，墓主为1位老年人。在墓葬边缘靠近中部发现有猪门齿及猪獠牙等。

M14，火葬墓，墓主为1位壮年男性。殉牲随葬于头骨两侧，主要有猪下颌骨齿骨联合处、狗下颌骨、鹿下颌骨、鸽胸骨各1个，猪门齿4枚，野猪獠牙片1枚。

M8，1位成年人与6岁左右儿童的合葬墓，儿童葬于成年人右侧。在成年人脚下方有猪、鹿牙齿随葬。

5. 张家堡A洞墓地

该墓地位于本溪满族自治县人民政府所在地小市镇张家堡村东、县水泥厂后山断崖上。共清理发掘52座墓葬，其中10座墓葬中有殉牲。殉牲动物的种类比较单一，仅有猪和其他野生动物。殉牲部位主要有猪的头骨（包括上、下颌骨）和牙齿以及其他动物的下颌骨。如M5中发现猪的上、下颌骨为同一个个体，应该是一个完整的猪头骨。有些墓还发现猪下颌骨，经鉴定为幼年个体。其他墓葬中还有猪门牙、上臼齿和野猪獠牙。如在M33和M36中分别发现鹿下颌骨和狍子下颌骨（表6.3-3）。

表6.3-3　张家堡A洞墓葬动物骨骼出土情况　　　（单位：个）

种类	猪下颌骨	猪上颌骨	鹿下颌骨	狍下颌骨
数量	9	1	1	1

6. 山城子B洞墓地

该墓地坐落于太子河支流河畔的山城子乡山城子村东庙后山上，墓葬主要集中在东洞中部偏里的位置和两个洞穴的交界处。共发掘墓葬11座，其中6座保存较好。有殉牲的墓葬仅2座。

M4，长方形小型石圹墓，火葬墓。在1件陶钵旁摆放有猪下颌骨，其保存完好，应该是在人骨火葬后埋入的。

M6，用较小的石块垒砌长方形石圹，火葬墓，在墓主腿骨一端葬有鹿下颌骨。

7. 山城子C洞墓地

该墓地位于庙后山两侧南坡的半山腰，东距B洞95米。共清理墓葬12座，近一半墓葬发现有殉牲。有些墓葬将猪、鹿和鸡等动物摆放在人头骨及下颌骨旁（图6.3-2）。

M1，火葬墓，在墓葬东北角摆放2个猪下颌骨。

M5，火葬墓，在人的肢骨旁放置有鸡胫骨和狗下颌骨。

M6，火葬墓，在人下颌骨旁发现鹿上颌骨和猪下颌骨。

M9，火葬墓，墓主为1位成年男性。在墓葬一端葬有猪下颌骨和肱骨，鹿下颌骨及腿骨。

M10，火葬墓，墓主为1位成年男性，在其头骨两侧摆放有猪下颌骨和鹿下颌骨。

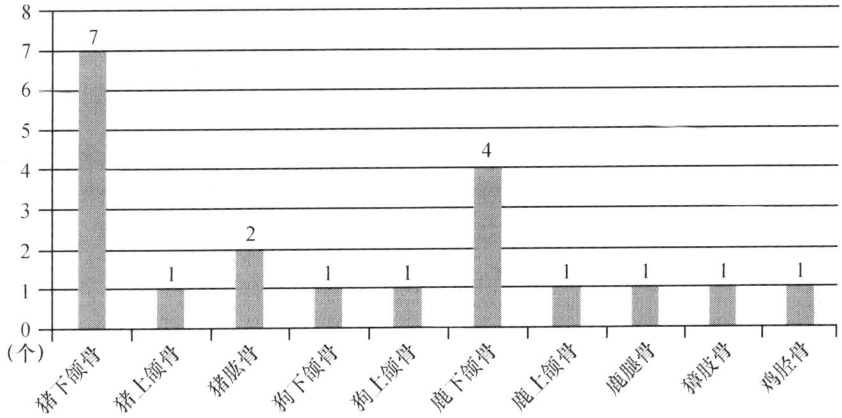

图6.3-2　山城子C洞墓地殉牲动物出土情况

8. 北甸A洞墓地

该墓地共有4座墓葬，即BAM1～BAM4。在4座墓葬中，有3座墓葬有殉牲。殉牲动物主要有猪、羊、狗和鹿。殉牲动物的部位主要为上、下颌骨，肢骨（包括胫骨和肱骨）。从摆放位置看，猪下颌骨主要摆放在人头骨的左侧，羊下颌骨置放在人趾骨旁边，狗下颌骨发现在墓葬的西部，鹿肢骨摆放在人骨架的一侧。

总之，辽东北地区仅在马城子文化中发现有殉牲习俗，且其殉牲特点明显有地域特色。殉牲动物的种类主要有猪、狗和鸡，另有一些野生动物，如鹿、野猪和獐等。殉牲部位多为动物的上、下颌骨和肢骨以及牙齿等。

第四节　辽西平原地区的殉牲

辽西平原地区的地理范围是指医巫闾山以东、秀水河及辽河主河道以西、科尔沁沙地东缘以南、渤海以北。该地区夏至战国时期的考古学文化主要有平安堡二期遗存和高台山文化，其中仅在平安堡遗址的墓葬中发现有殉牲现象。

平安堡二期遗存是1988年在辽宁彰武平安堡遗址时识别出来的考古学遗存，其年代有可能已经进入了夏纪年，处于夏代的初期。平安堡遗址位于彰武县兴隆山乡赵家村平安堡屯以西约0.5千米的一块砂土岗地上。1979年遗址首次发现，1983年进行了试掘，1988年进行了大规模的发掘工作[①]。其中第二期文化遗存即平安堡二期遗存，仅见于Ⅰ区，发掘墓葬1座，即M1005，长方形土坑竖穴墓，无葬具，墓主为35～40岁的成年女性。在人头骨左上方摆放1个牛角（图6.4-1）。墓葬中埋葬牛角在东北地区是少见的现象，应代表了平安堡二期遗存的特点。

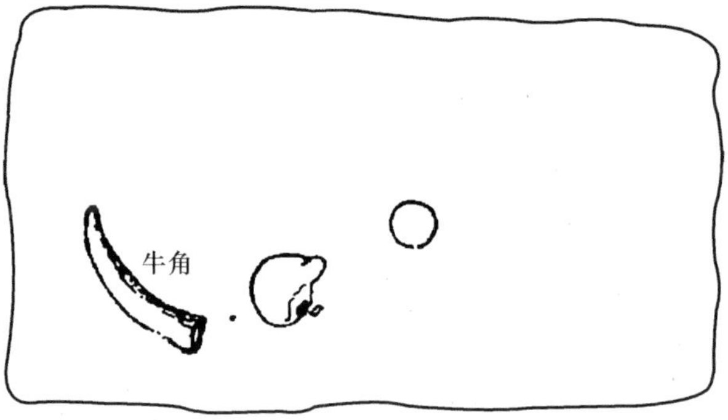

图6.4-1　平安堡遗址M1005出土牛角

第五节　辽东南部地区

辽东南地区夏至战国时期的文化遗存主要包含了四种不同的考古学文化，即双砣子一期文化、双砣子二期文化、双砣子三期文化和双房文化，其中仅在双房文化的三处墓地中发现有殉牲。

双房文化是以1980年在辽宁省大连市新金县（今普兰店区）双房遗址发现的大石盖墓为代表的考古学文化遗存，在新金双房和碧流河、凤城东山、抚顺大甲邦、辽阳二道河子等地均有发现[②]。双房文化的年代大体相当于西周至战国时期[③]。

1. 接官厅石棺墓地

接官厅位于辽阳北10千米，太子河北岸，长大铁路东侧。墓地在村东灌渠坝南取土场[④]。1965年发掘清理了14座石棺墓，仅在2座墓葬中发现有殉牲。其中1座殉有猪头

① 辽宁省文物考古研究所、吉林大学考古系：《辽宁彰武平安堡遗址》，《考古学报》1992年第4期，437-476页。

② 王巍：《双房遗存研究》，《庆祝张忠培先生七十岁论文集》，科学出版社，2004年，402-411页。

③ 赵宾福：《中国东北地区夏至战国时期的考古学文化研究》，科学出版社，2009年。

④ 邹宝库：《辽阳市接官厅石棺墓群》，《考古》1983年第1期，72-74页。

骨，另1座殉有猪下颌骨。

2. 郑家洼子墓地

该墓地位于沈阳西南，东距沈阳站约5千米，南距浑河3千米，地势低洼，多沼泽，故名“洼子”[①]。在已发掘的14座墓葬中，现仅在M6512中发现动物遗存。该墓为棺椁墓，墓主为1位老年男性，在东侧圹边发现有牛骨，当为祭肉。

3. 通江峪石棺墓

该墓葬位于小市镇通江峪村太子河北岸台地上。1960年清理发掘，为单人仰身葬。在墓中发现了1个幼年猪骨[②]。

总之，辽东南部区少见殉牲现象，仅在西周至战国时期的双房文化中少有发现。殉牲的动物只有猪和牛，且仅见有猪头骨、下颌骨和幼年猪骨架以及不明位置的牛骨。

第六节　小　　结

综上所述，东北地区夏至战国时期的考古学文化中殉牲习俗并不流行，仅嫩江流域的汉书文化中相对较多。第二松花江流域、辽东北地区、辽西平原地区和辽东南地区的殉牲极少，且多以猪的头骨和牙齿为主。这与北方长城地区、新疆和欧亚草原东部区的殉牲有很大的差异。这一地区的殉猪现象更多地体现了当地人群定居农业的经济模式。这一地区的狩猎和渔猎也是生产生活中必不可少的组成部分。这些活动取决于东北地区的自然地理环境。松嫩平原的殉牲主要发现于白金宝文化和汉书文化，在此之前并未发现有殉牲的传统，故我们认为白金宝文化及其后的汉书文化的殉牲习俗可能是受到了燕山以北地区的影响。汉书文化的殉牲在动物的种类上，与北方长城地带、新疆地区和欧亚草原东部区有一定的相似性，在埋葬的方式上也多有相同。不同之处在于，在以平洋墓葬为代表的人群中殉狗的习俗更甚。总之，汉书文化的殉牲特点既受到燕山以北地区文化的影响，同时又有自身的文化特点。

① 沈阳故宫博物馆、沈阳市文物管理办公室：《沈阳郑家洼子的两座青铜时代墓葬》，《考古学报》1975年第1期，141-156+212-219页。

② 梁志龙：《辽宁本溪多年发现的石棺墓及其遗物》，《北方文物》2003年第1期，6-14+113-114页。

第七章　新疆地区青铜时代至早期铁器时代的殉牲

新疆位于我国西北部，四周群山环绕。新疆北部为阿尔泰山，西部为塔尔巴哈台山脉、帕米尔高原，南部为昆仑山和阿尔金山，天山横贯于新疆东西部，加之天山南北的塔里木盆地和准噶尔盆地构成了“三山夹两盆”这一特殊地形。新疆为温带大陆性气候，全年干燥少雨，气温的日较差和年较差大。该地区位于我国地势第一阶梯上，来自东部太平洋的暖湿气流难以到达。新疆的水汽来源主要靠西风气流，因此天山北坡和阿尔泰山西南迎风坡降水丰沛①。新疆地处欧亚大陆腹地，其东部与河西走廊相连，由此可以进入中原地区；沿着横亘中部的天山山脉，向西通过伊犁河谷可以进入七河地区；西北部穿过额尔齐斯河和阿尔泰山间谷地，可以进入西伯利亚南部和哈萨克斯坦东部地区；西南部越过帕米尔高原即可到达塔吉克斯坦和阿富汗等地②。可以说，新疆地区是东方的西方，西方的东方。自石器时代开始这一地区就是欧亚大陆的重要通道，也是历史上古丝绸之路的重要通道，现在是第二座“亚欧大陆桥”的必经之地，战略位置十分重要。新疆地区青铜时代至早期铁器时代的文化遗存非常丰富。

邵会秋先生根据新疆地区地理特征和文化遗存的分布情况，结合已有的分区成果③，将新疆地区分为准噶尔北缘区、东部天山区、中部天山区、伊犁河谷区、准噶尔西缘区、塔里木北缘区、塔里木西南缘区、塔里木南缘区和塔里木东缘区等九个区④。本章对新疆地区殉牲问题的讨论就是在这一框架下进行的。

第一节　准噶尔北缘区

准噶尔北缘区主要包括阿勒泰地区，位于新疆的北部，北接俄罗斯阿尔泰共和国，东邻蒙古国西北部，西连哈萨克斯坦共和国。这里自古就是进入南西伯利亚地区的重要通道。在本书研究的范围内这一地区大体存在着五种文化类型遗存，即阿凡纳谢沃文化、切木尔切克文化、库希类型、东塔勒德类型和塑柯尔特类型。从已发表的资料看，阿凡纳谢沃文化和库希类型遗存中均未发现明确的殉牲现象。现对切木尔切克文化、东塔勒德类型和塑柯尔特类型的殉牲习俗进行探讨。

---

① 中国科学院新疆综合考察队等：《新疆水文地理》，科学出版社，1966年，3、4页。

② 邵会秋：《新疆史前时期文化格局的演进及其与周邻文化的关系》，科学出版社，2018年。需要说明的是，本章中凡涉及新疆地区考古学文化或遗存的性质、内涵以及时空分布范围等相关问题，均引自该文章，以下不再一一做注。

③ 韩建业：《新疆的青铜时代和早期铁器时代文化》，文物出版社，2007年。

④ 邵会秋：《新疆史前时期文化格局的演进及其与周邻文化的关系》，科学出版社，2018年，22-23页。

一、切木尔切克文化

该文化因切木尔切克墓群而得名，该墓群位于新疆阿勒泰市切木尔切克镇附近的草原上。其年代大致为公元前3千纪中叶到公元前2千纪中叶。1961～1963年，文物工作者对切木尔切克墓群做了大量调查和发掘工作，共发掘32座墓葬①。该墓地中在M5m2中发现有64个羊距骨②。随葬羊距骨的习俗与本书中的殉牲在象征意义上是不同的，羊距骨可能是作为玩具而随葬的。在哈巴河县托干拜2号墓地发掘了4座属于该文化的墓葬。其中M3，地表封堆不明显，仅见数块石块露出地表，土色泛白，明显有别于周围地表。墓室为竖穴石棺，由花岗岩石板围砌而成，盖板共有两块，边缘呈圆角长方形。盖板周围与侧板交叠处填充小石块。竖穴墓坑长2.7、宽2.3、深1.2米。石棺长1.85、宽1.5米。在墓室深约0.8米处出现人骨，见有四肢骨和四颗头骨，散乱分布在墓室各处，其他骨殖较少。在墓室中部出土石镞2枚，在墓室东南部出土石勺1件，在墓室东北角出土羊下颌骨、羊腿骨及羊肋骨，可能为一个整羊③。托干拜2号墓地应属于切木尔切克文化的早期阶段，故这种随葬一个整羊的殉牲习俗有可能是欧亚草原东部区和中国北方地区最早的发现。

二、东塔勒德类型

该类型遗存因东塔勒德墓地而得名。该墓地位于阿勒泰哈巴河县东北约20千米处，2011年新疆文物考古研究所在此墓地发掘了61座墓葬④。其年代大体为公元前9～前6世纪。从文化面貌上看，该墓地与图瓦地区阿尔然Ⅰ号王冢有一定的相似性。从目前该墓地发表的资料看，未发现墓葬中随葬动物的情况。除东塔勒德墓地外，布尔津县喀纳斯下湖口图瓦新村墓地M1也可以归入此类型遗存。图瓦新村墓地M1中发现1匹仅缺少马头的躯体骨架。又因其文化面貌较接近于阿尔然Ⅰ号王冢。笔者初步推测该墓葬的殉马习俗可能受到了阿尔然Ⅰ号王冢的影响。

三、塑柯尔特类型

该类型遗存最早见于切木尔切克第三组墓葬，是切木尔切克墓群年代较晚的一类

---

① 李征：《阿勒泰地区石人墓调查简报》，《文物》1962年第7、8期，103-108页；新疆社会科学院考古研究所：《新疆克尔木齐古墓群发掘简报》，《文物》1981年第1期，23-32页。

② 新疆社会科学院考古研究所：《新疆克尔木齐古墓群发掘简报》，《文物》1981年第1期，23-32页。

③ 新疆文物考古研究所：《新疆哈巴河托干拜2号墓地发掘简报》，《文物》2014年第12期，18-28页。

④ 新疆文物考古研究所：《新疆哈巴河县东塔勒德墓地发掘简报》，《文物》2013年第3期，4-14页。

遗存。近年来，在新疆北部的阿勒泰地区发现了大量此类遗存的墓地。包括布尔津县喀纳斯下湖口图瓦新村墓地、富蕴县塑柯尔特墓地和塔勒德萨依墓地等。现对该类型墓地的殉牲习俗进行探讨。

1. 图瓦新村墓地

该墓地位于布尔津县喀纳斯村和图瓦新村东西的两处坡地上。2013年新疆文物考古研究所在此发现了55座墓葬，共清理了9座，其中6座墓葬发现殉马现象①。现对殉牲墓葬做简要介绍。

M3，墓室北侧有1匹马向西俯卧，马嘴中含有1个铁马衔。马头骨正下方出土有1件陶罐，前腿下发现1柄铁刀。

M4，被盗扰，人骨仅存头骨及右侧肱骨和尺骨。墓葬北侧葬有侧卧的1匹完整的马，头向西，保存基本完整，马嘴中含有1个铁马衔。

M5，棺内人骨头向东面北，侧身屈肢，墓主推测应为1位成年女性。木棺北侧殉葬有1匹完整、俯卧状的马，前半身俯卧在1块长条形的石板上，马嘴中含有1个铁马衔。

M7，被盗掘严重，人骨已经不存，木棺北侧葬有1匹马，不见头骨。墓底中部见有1段羊骶骨，上插有1个铜刀，旁出土有陶罐、石饰等。

2. 塑柯尔特墓地

该墓地位于阿勒泰地区富蕴县库尔特乡萨尔布拉克牧点附近，东距富蕴县城直线距离约21千米。墓葬主要分布在二级台地东北角牧民房间一块三角形空地上②。该墓地发现的55座墓葬，其墓室形制可分为竖穴土坑、竖穴木棺、竖穴石棺和石棺四种类型。其中有殉牲的墓葬9座（M8、M10、M36、M1、M4、M6、M7、M9、M32），占总墓葬的17.4%。现以2座殉牲墓葬为例进行介绍。

M8，圆角长方形竖穴土坑，墓向80°。长3.74、宽2.4、深2.5米。墓室南侧葬1位成年人，性别不明。葬式为二次葬。骨骼保存较差，且十分凌乱。墓室北侧殉2匹马，呈东西向一排摆放，均呈右侧卧状。

M10，圆角长方形竖穴土坑，墓向110°。长2.08、宽1.38、深1.15米。墓底北侧葬1人，为成年人，性别不明。葬式为仰身直肢一次葬。东西向，头朝东，面向上。在墓底南侧填土中殉1匹马，呈俯卧状，四肢向内蜷曲。头骨移位置于脊椎骨南侧。后肢西端有少量羊骨。

3. 塔勒德萨依墓地

该墓地地处额尔齐斯河北岸一处河湾内的一级台地上。台地大致呈东西宽、南北

---

① 新疆文物考古研究所：《新疆布尔津喀纳斯下湖口图瓦新村墓地发掘简报》，《文物》2014年第7期，4-15页。

② 新疆文物考古研究所：《新疆阿勒泰地区考古与历史文集》，文物出版社，2015年，61页。

窄的狭长形，共有墓地三处，墓葬分布比较分散，现存墓葬13座[①]。其中仅M05属于塑柯尔特类型的墓葬，且其内发现殉牲现象。

M05，位于台地中部平地上。墓葬已经被盗，中间有一个直径约3、深2米的盗坑。封堆直径10.25、高0.8米。由卵石、山石混合堆积而成。墓室为圆角长方形竖穴，长3.15、宽1.85、深1.5米。墓室南部放置1具石棺。石棺长2.28、宽0.88、高0.6米。墓室内不见人骨。石棺内外凌乱放置马和羊骨，已经糟朽。初步统计有2匹马和2只羊。

总之，在其他塑柯尔特类型的墓地中均发现有殉葬马匹的习俗，这与俄罗斯阿尔泰地区巴泽雷克文化的殉牲习俗十分相似。韩建业先生建议将这一类型的文化遗存命名为巴泽雷克文化[②]。笔者以殉牲为视角，并结合其他葬俗和随葬品的特点，认为塑柯尔特类型应为巴泽雷克文化在新疆地区分布的地方类型。

四、小　　结

在该地区青铜时代早中期的阿凡纳谢沃文化的墓葬中未见有殉牲习俗。切木尔切克文化中发现有殉一整只羊和随葬大量羊距骨的现象。进入公元前1千纪后，该地区受境外草原游牧人群的影响，出现了在墓葬中殉完整马匹的习俗，特别是在塑柯尔特类型的墓葬中体现的尤为明显。中国新疆地区的塑柯尔特类型与传统巴泽雷克文化分布区的殉马习俗有一定的相似性，特别是与中小型墓葬的情况较类似，使用完整的马匹进行随葬。同时，也有自身的文化特点，即殉无头马匹和随葬羊头骨代表全牲。这与俄罗斯境内的巴泽雷克文化墓葬有一定的区别，相反与中国北方地区的殉牲习俗更接近。有学者通过动物纹装饰的比较分析，认为中国北方地区、新疆地区和欧亚草原之间在很早以前就已经开始了频繁地接触和交流，并大体勾勒出互动交往的不同方式和路线[③]。这些都反映出了中国新疆地区在沟通东西方文化交流上所起到的桥梁作用。

第二节　东部天山区

东部天山区主要是指新疆的哈密地区，这一地区北与蒙古国接壤，东部与甘肃河西走廊相连，自古就是连接中原与西域的交通要道，也是欧亚大陆丝绸之路的必经之路。这一地区的考古工作开展的较为充分，积累了较多的材料。在本书研究的范围内该地区的考古学文化类型遗存主要有天山北路文化、南湾类型、焉不拉克文化以及以石人子沟遗址为代表的遗存。

---

① 新疆文物考古研究所：《新疆阿勒泰地区考古与历史文集》，文物出版社，2015年，22-26页。

② 韩建业：《先秦时期阿尔泰及以西地区陶壶的来源——兼论公元前一千纪后半叶阿尔泰及以西地区和阴山—天山地区的文化交流》，《西域研究》2017年第2期，37-47页。

③ 邵会秋：《欧亚草原中部区早期游牧文化动物纹装饰研究》，《边疆考古研究》（第19辑），科学出版社，2016年。

一、天山北路文化

该文化是以天山北路墓地命名的一支青铜时代考古学文化①。天山北路墓地位于哈密市区火车站之南、西河坝上游小河沟西侧居民区及天山北路路段内。1988～1997年连续进行了多次发掘，共发掘墓葬700余座，墓葬分布密集，打破、叠压关系复杂。墓葬形制分为长方形土坑竖穴和土坑竖穴土坯墓两种。随葬品数量一般较少，个别墓葬随葬品数量和种类较多。出土器物主要有陶器、铜器、骨器、银器及珠和贝等。该墓地的年代大体为公元前2000～前1500年。该墓地的发掘报告没有正式出版，我们仅从其他研究性文章中可知，该墓地随葬有羊和牛骨，其中以羊骨居多②。

萨伊吐尔墓地是天山北路文化唯一经过科学发掘且已经发表资料的墓地。该墓地位于哈密市花园乡杜西村四组西端的戈壁台滩上。台地现存地貌为东高西低，部分地区已被取土等现代活动所破坏，墓地所在台地东部、南部为农田，其余两面均为戈壁滩。2013年新疆文物考古研究所对该墓地进行发掘，共计发掘14座墓葬。各墓葬文化面貌基本一致，均为南北向椭圆形，有的墓葬墓口有棚架，竖穴土坑，以单人侧身屈肢葬为主，有少量的二次葬③。该墓地的祭肉习俗十分流行，在14座墓葬中有11座发现有祭肉现象，占到78.6%。祭肉的种类和形式较单一，仅发现羊肢骨（包括腿骨），且多以后肢骨为主。羊肢骨的数量一般为1个，最多的为2个，多被放置在罐和钵等器内。从墓主人的性别来看，似乎男性墓葬中使用祭肉的频率更高。从墓主人的年龄来看，成年人使用祭肉的现象明显多于未成年人，且不见未成年人单独埋葬的情况（表7.2-1）。

表7.2-1　萨伊吐尔墓地的祭肉情况　（单位：个）

墓号	墓主概况			葬式	殉牲种类、数量	摆放位置
	人数	年龄	性别			
M1	1	成年	女	屈肢葬	羊腿1	西南部、双耳罐内
M2	1	青年	男	侧身右屈肢	羊后肢1	头骨东部、缸形器内
M3	1	中年	女	侧身右屈肢	羊后肢1	小腿弯处、双耳罐内
M4	1	青年	男	侧身右屈肢	羊后肢1	墓主东侧、缸形器内
M7	1	青少年	?	侧身右屈肢	羊后肢1和羊腿1	墓主左肘、钵内和罐内
M8	1	未知	?	侧身右屈肢	羊后肢1	墓室东北
M9	1	中老年	男	侧身右屈肢	羊后肢1	填土

① 常喜恩：《哈密布雅满苏矿、林场办事处古代墓葬》，《中国考古年鉴（1989）》，文物出版社，1990年，274-275页。

② 北京科技大学冶金与材料史研究所、新疆文物考古研究所、哈密地区文物管理所：《新疆哈密天山北路墓地出土铜器的初步研究》，《文物》2001年第6期，79-89页。

③ 新疆文物考古研究所：《2013年哈密花园乡萨伊吐尔墓地发掘简报》，《中国国家博物馆馆刊》2014年第9期，24-38页。

续表

墓号	墓主概况			葬式	殉牲种类、数量	摆放位置
	人数	年龄	性别			
M11	1	未知	?	侧身左屈肢	羊后肢2	墓主小腿、陶钵和罐内
M12	1	中年	男	侧身右屈肢	羊后肢1	墓主头骨西部
M14	3	青年2、幼儿1	?	未知	羊肢骨1	填土

总之，由于天山北路墓地的发掘报告未正式出版，我们对该文化殉牲习俗的整体面貌还不甚了解。但是可以肯定的是，天山北路墓地的殉牲有羊、牛骨，其中以羊骨居多。萨伊吐尔墓地的祭肉现象较普遍，多在陶容器中放置1～2个羊肢骨，也有的摆放在填土中。

二、南湾类型

该类型是以巴里坤南湾墓地为代表的一类遗存，该类遗存中心分布区位于巴里坤山北麓伊吾军马场到兰州湾子的广大地区，向西分布到博格达山北麓，木垒和奇台县。该类型遗存的年代范围大体在公元前1500～前800年[①]。

南湾墓地位于巴里坤盆地东部，巴里坤哈萨克自治县奎苏镇东北7.5千米，上南湾村西1千米的农田之中，西距奎苏镇8千米。1981～1982年，新疆维吾尔自治区博物馆文物队先后两次共发掘墓葬153座。目前该墓地的发掘报告还未正式出版，仅发表了两座墓葬的简报[②]。简报中指出，“本墓葬群普遍陪葬羊骨，有的还出有马骨、牛骨，这应是游牧经济的反映[③]”。这些动物的具体数量、部位和摆放位置等信息不详，但可以确定该类型的祭肉习俗应较盛行。

三、焉不拉克文化

该文化是以哈密市三堡乡焉不拉克墓地命名的考古学文化[④]，在东天山南部分布十分广泛。除焉不拉克墓地外，经过发掘且有殉牲的墓地有艾斯克霞尔墓地、艾斯克霞尔南墓地、五堡墓地、寒气沟墓地和上庙尔沟村Ⅰ号墓地。

---

① 邵会秋：《新疆史前时期文化格局的演进及其与周邻文化的关系》，科学出版社，2018年，52页。

② 新疆考古研究所：《新疆巴里坤县南湾M95号墓》，《考古与文物》1987年第5期；新疆维吾尔自治区博物馆：《巴里坤南湾墓地66号墓清理简报》，《新疆文物》1985年第1期，4-6页。

③ 新疆考古研究所：《新疆巴里坤县南湾M95号墓》，《考古与文物》1987年第5期。

④ 新疆维吾尔自治区文化厅文物处、新疆大学历史系文博干部专修班：《新疆哈密焉不拉克文化墓地》，《考古学报》1989年第3期，325-362页。

1. 焉不拉克墓地

该墓地位于哈密市柳树泉农场焉不拉克村旁的沟间台地上，与焉不拉克古城相距约百米。1958年黄文弼先生在该地东北岗发掘了2座墓葬，在西北岗发掘了12座墓葬①。1986年新疆大学历史系文博干部专修班在西北岗发掘墓葬76座②，其中有10座墓葬（M1、M4、M6、M7、M18、M43、M65、M71、M75、M76）中发现有随葬羊距骨的现象。羊距骨的数量大部分为1个，极少为2个，多摆放在墓室底部，与墓主人的性别和年龄没有必然的联系。另M30内木盘中摆放有牛椎骨，应是作为祭肉使用。

2. 艾斯克霞尔墓地

该墓地位于哈密市五堡乡西南约30千米的南湖戈壁荒漠深处，1999年新疆文物考古研究所和哈密地区文物管理所在该墓地发掘清理墓葬32座，其中27座墓葬被盗严重③。在这些墓葬中仅有2座发现有随葬羊骨的祭肉现象。M1，墓主人为成年男性，其腰部发现有1块羊骨。M2，墓主人为一位成年男性和老年女性，在女性人骨的右侧发现有1块羊骨。

3. 艾斯克霞尔南墓地

该墓地因位于1999年发掘的艾斯克霞尔墓地以南的南湖戈壁而得名。墓地地处哈密五堡乡西南32千米、艾斯克霞尔墓地东南14千米处的南湖戈壁深处，共发掘了151座墓葬。该墓地墓葬可分为墓垣墓和无墓垣墓两类。部分墓垣墓的墓垣周圈有附属坑，其可分为随葬坑和殉狗坑。随葬坑一般位于墓垣的东侧或南侧，最多的有3个，墓口用树枝或附近雅丹地貌中开采的白色硬沙块封口，随葬坑向下或向墓室方向开凿，内部放置木盘、木杯、陶罐、羊头、羊后肢和食物等。殉狗坑也有用草泥和土坯垒砌的地面建筑，坑内葬1个狗，狗的颈部系有绳索，应为家狗。殉狗坑埋葬相对较浅，在水位线之上，保存较好，形成了独特的犬类干尸④。由于该墓地的报告未正式出版，其他有关殉牲的细节信息仍不清楚。

4. 五堡墓地

该墓地位于五堡乡居民点西北1千多米处的戈壁荒漠，地势较居民点稍高，海拔

---

① 黄文弼：《新疆考古发掘报告（1957～1958）》，文物出版社，1983年，1-9页。

② 新疆维吾尔自治区文化厅文物处、新疆大学历史系文博干部专修班：《新疆哈密焉不拉克文化墓地》，《考古学报》1989年第3期，325-362页。

③ 新疆文物考古研究所、哈密地区文物管理所：《新疆哈密市艾斯克霞尔墓地的发掘》，《考古》2002年第6期，30-41页。

④ 王永强、党志豪：《新疆哈密五堡艾斯克霞尔南墓地考古新发现》，《西域研究》2011年第2期，134-137页。

525米[1]。该墓地经过多次发掘，共计发掘114座墓葬，其中仅1991年发掘的2座墓葬（M151和M152）发表了简报，其他墓葬的情况不详。M151和M152均为椭圆形竖穴墓，且都为多人合葬墓。M151在墓室底部成年女性人骨旁发现有羊骨，M152的填土第3层中发现有羊骨。

5. 寒气沟墓地

该墓地位于寒气沟沟口北侧山坡上，地势东高西低，坡度较大。墓地曾发现25座墓葬，其中2座已被盗掘。1994年新疆文物考古研究所在哈密地区文管所的协助下，抢救性发掘了4座墓葬[2]。其中在M2的填土中发现有凌乱的人骨和羊骨。M3为多人合葬墓，墓内随葬陶器3件，并发现马头和羊骨。

6. 上庙尔沟Ⅰ号墓地

该墓地位于哈密盆地的东北，黄田上庙尔沟村，隶属黄田农场。1978年新疆博物馆考古队曾发掘了几座墓葬。1996年新疆文物考古研究所在该墓地发掘了15座墓葬[3]。其中，M14发现有2根羊腿骨和1个马头。M6的乱骨中分布有1块羊骶骨。M8埋葬4个个体，其中A、B两个体均为右侧屈肢，B个体位于A前，A个体左膝部和左手分别叠压在B个体盆骨和肋骨上，而右臂压在B个体下。A个体颈部、胸前及背后随葬羊头计3个。在B个体颈部及A、B个体头部间发现羊头骨各1个，在D个体乱骨中出土4根羊后腿骨。

总之，焉不拉克文化墓葬中出土的动物遗存相对较少，仅在上述的6处墓地中少有发现。每个墓地的情况都所有不同，例如焉不拉克墓地多随葬羊距骨，且有使用羊作祭肉的现象；艾斯克霞尔墓地和五堡墓地仅有使用羊作祭肉的现象；艾斯克霞尔南墓地墓垣外侧有随葬坑和殉狗坑，随葬坑中有羊头，殉狗坑中一般葬1个狗；寒气沟墓地发现有马头和羊骨；上庙尔沟村Ⅰ号墓地殉牲有马头和羊的头骨、后肢骨以及骶骨。由此可见，该文化中祭肉习俗较流行，同时也有使用马头和羊头作为殉牲的现象。

四、以石人子沟遗址为代表的遗存

在东天山北麓的巴里坤和伊吾地区，分布着一些与哈密盆地焉不拉克文化相关的独特的一种遗存。这类遗存包括拜其尔墓地、托背梁墓地、峡沟墓地、石人子沟（东黑沟）墓地、西沟遗址1号墓、黑沟梁墓地和红山口遗址。现对石人子沟墓地（东黑沟墓地）、托背梁墓地和西沟遗址1号墓的殉牲做简要讨论。

---

① 新疆文物考古研究所：《新疆哈密五堡墓地151、152号墓葬》，《新疆文物》1992年第3期，1-10页。

② 新疆文物考古研究所、哈密地区文管所：《新疆哈密市寒气沟墓地发掘简报》，《考古》1997年第9期，33-38页。

③ 新疆文物考古研究所、哈密地区文物管理所：《1996年哈密黄田上庙尔沟村Ⅰ号墓地发掘简报》，《新疆文物》2004年第2期，1-28页。

1. 石人子沟（东黑沟）墓地

该墓地共发掘12座墓葬，均为中心凹陷的圆形石封堆。墓圹为长方形或椭圆形竖穴，位于封堆下的中部，墓室一般位于墓底偏南处。其中10座墓的方向为东南—西北向，2座墓的方向为东北—西南向。根据规模和出土遗物可分为小型墓与中型墓，其中小型墓8座，均使用石葬具；中型墓4座，均使用木葬具，且多有人牲和殉牲。例如M012，属中型墓，在其封堆西侧发现3个殉牲坑，分别殉有1匹骆驼和2匹马①。墓内堆积可以分为4层，其中第1层北侧发现人骨和动物骨骼；第2层发现较完整的马匹及残缺人骨。该墓地的殉牲现象较独特，特别是殉骆驼的情况在中国北方地区乃至欧亚草原东部区都是少见的。

2. 托背梁墓地

该墓地位于新疆伊吾县吐葫芦乡托背梁村东部，莫钦乌拉山和喀尔里克山之间伊吾山间盆地的伊吾河西岸的冲积台地上，地势开阔平坦，地表植被较少，遍布细碎砾石。2009年新疆文物考古研究所等单位对托背梁墓地进行了抢救性发掘，共发掘墓葬16座、石围居址1座和祭祀遗迹3座②。现以几座典型殉牲墓葬为例做简要讨论。

M1，封堆为圆形土石混筑，东西径4.7、南北径5.1、高0.6米，中部有一直径约2、深0.1米的圆形下陷。墓坑为圆角长方形的竖穴土坑，长2.4、宽1.5、深2.5米。填土中有较多卵石块。墓室四壁未用石块垒砌。在墓室内东南部发现有长条状木头朽痕，推测原应有木葬具。墓底北部发现有少量凌乱骨骼，包括马骨以及人头骨碎片。

M5，封堆为圆形土石混筑，直径9、高1.1米，中央有一直径约3.6、深0.4米的圆形下陷。封堆四周为大石块呈弧形围砌。封堆东北部及西北部土石间，发现单耳杯及单耳壶各1件。墓坑为不规则圆角长方形竖穴土坑，长3、宽2.2、深2.5米。葬具为棚木封顶的圆角长方形竖穴石椁。距墓口约1米处，填土西部发现成组分布的马骨，包括马肋骨和脊椎等。木椁东北部与石椁壁间为两块立置片石隔离出的石砌小龛，小龛底部铺有平整片石，其上放置陶罐、骨饰等随葬品。陶罐周边发现少量羊齿及羊脊椎骨。

M10，封堆于基建时破坏，地表遗迹不可辨。墓坑为圆角长方形竖穴土坑，长3.05、宽2.05、深1.7米。葬具为圆角长方形石椁，长2.55、宽1.65、高0.65米。石椁顶部由较多卵石叠砌而成，椁壁上部为大小均匀的较小扁平卵石叠砌，下部为较大扁平卵石围砌。墓口北侧发现椭圆形殉马坑1座，坑口东西长1.8、南北宽1.3、深0.36米。坑底平置西南至东北向殉1匹完整马，马腿蜷曲（图7.2-1）。

---

① 新疆文物考古研究所、西北大学文化遗产与考古学研究中心：《新疆巴里坤县东黑沟遗址2006～2007年发掘简报》，《考古》2009年第1期，3-27页。

② 西北大学文化遗产保护与考古学研究中心、新疆文物考古研究所：《2009年新疆伊吾县托背梁墓地发掘简报》，《考古与文物》2014年第4期，24-36页。

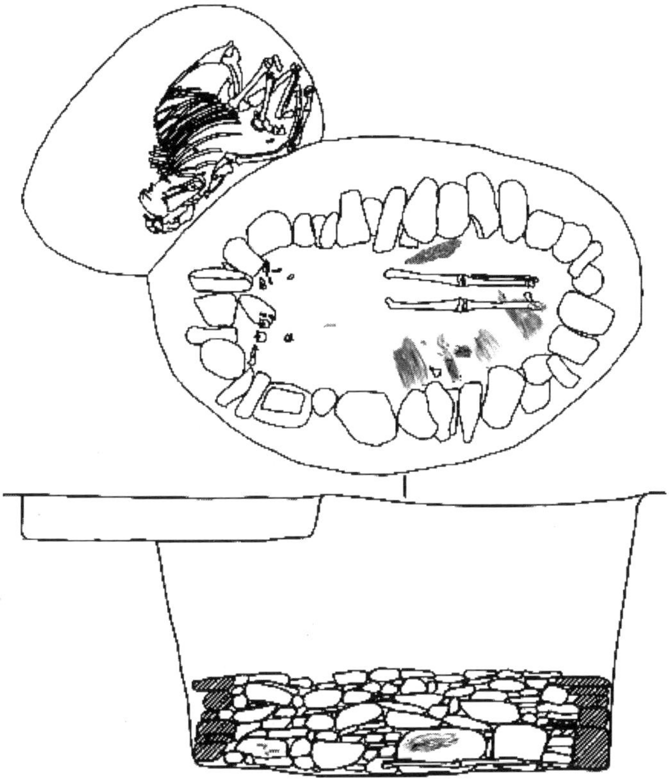

图7.2-1 托背梁墓地M10殉马坑和墓室平、剖面示意图

3. 西沟遗址1号墓

该遗址属石人子沟遗址群，位于巴里坤山北麓山坡上。1号墓位于西沟遗址中部，由主墓（M1）及其西北的殉马坑（K1）组成。北距石人子乡石人子村三组5千米，东北距巴里坤县城18千米①。

M1，包括地上封堆和地下墓圹两部分。封堆修筑于南高北低、东北向（坡度为8°）的山坡上。平面呈圆形，直径15米，剖面呈凸镜状，中部隆起。封堆东北部厚1米，西南面厚0.6米。共有上、下两层堆积。墓坑底部南侧是长方形椁室，南北宽2.35米，底部平整，放置一重石椁及其内的一重木椁；北侧为生土二层台，南北宽1.6、高0.68米，上部殉葬1匹马，骨骼保存完整。马左侧身躺卧，头朝西，后腿向后伸展，前腿弯曲。马骨经鉴定为雄性，死亡年龄为12岁，第13～18胸椎和第1～6腰椎棘突背侧严重变形，第14胸椎骨骺上有水平裂缝。另外，殉马腰椎下出土一件三角形穿孔金饰片，应为马身装饰品。这种在墓葬北侧摆放完整马匹的殉牲做法与巴泽雷克文化较相似，区别在于前者在二层台上摆放，后者放置在专门预留的殉马区（图7.2-2）。

K1，殉马坑位于M1封堆西北2.3米处，地表有石筑封堆，封堆平面呈圆形，直径

① 西北大学文化遗产学院、哈密地区文物局、巴里坤县文物局：《新疆哈密巴里坤西沟遗址1号墓发掘简报》，《文物》2016年第5期，15-31页。

7.9米，边缘薄，中部略隆起，剖面呈凸镜状。殉马坑位于封堆正下方，口大底小，坑口平面近圆形，直径2.6米，坑壁向下逐渐内收，坑底也呈圆形，直径1.8米，底面平整，深1.85米，坑内堆积共两层。在殉马坑下层堆积内发现马骨被盘曲、东西向放置在坑底，呈右侧身屈卧状。胸腔上叠压一块大型河卵石（图7.2-3）。头骨、下颌骨、寰椎、枢椎及后肢大部分长骨缺失，其余骨骼基本保存完好，均处在自然生理位置。马骨

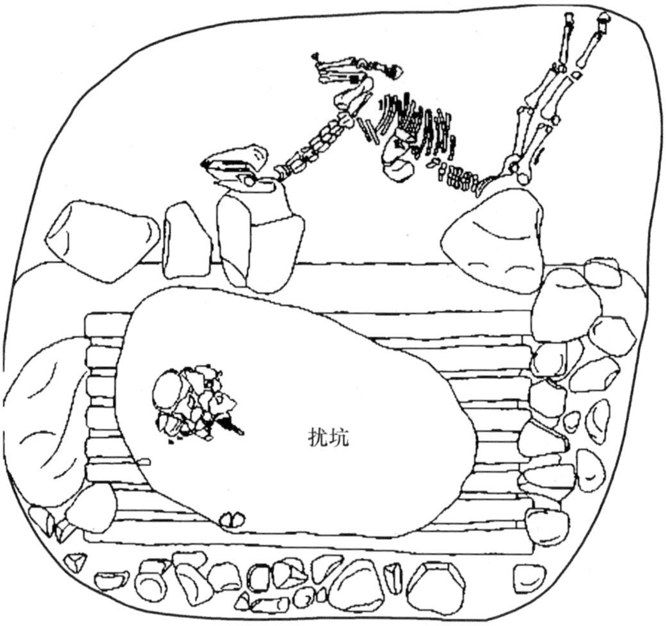

图7.2-2　西沟遗址M1平面示意图

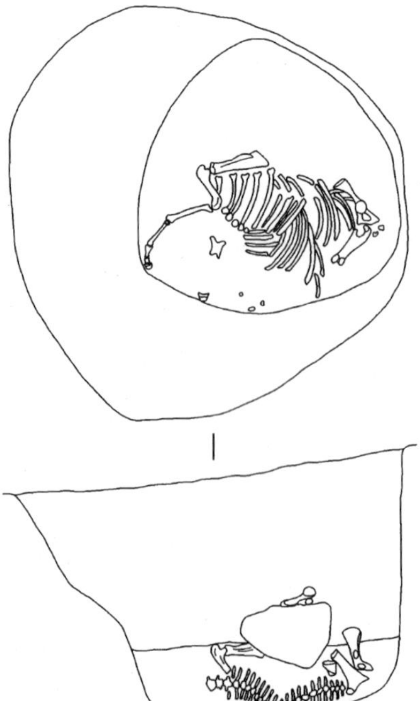

图7.2-3　西沟遗址K1殉马坑平、剖面示意图

经鉴定为雄性，死亡年龄不小于5岁，其第14～18胸椎和第1～6腰椎棘突背侧严重变形。

总之，以石人子沟遗址为代表的遗存中仅有3处墓地发现有殉牲，且均以马为主，有少量的骆驼。上述3处墓地中均有殉葬坑，其内埋葬1匹马或1匹骆驼。其中殉马占绝大多数，且多选择雄性马匹。墓葬中的殉牲主要摆放在二层台或墓室底部。这类遗存的殉牲特点表现出了较大的相似性，也从侧面印证了这类遗存被单独归为一类的合理性。

五、小　　结

在公元前2千纪的前半期，东部天山区天山北路文化出现了随葬羊和牛骨的现象，且以羊肢骨作为祭肉的习俗十分流行。公元前1500～前800年的南湾类型普遍出现羊骨、牛骨和马骨，但具体情况不详。公元前1300～前1000年的焉不拉克文化墓葬中出土的动物遗存相对较少，每个墓地的情况都有所不同。例如焉不拉克墓地多发现羊距骨，且有使用羊骨作祭肉的现象。艾斯克霞尔墓地和五堡墓地仅有使用羊作祭肉的现象。艾斯克霞尔南墓地墓垣外侧有随葬坑和殉狗坑，随葬坑中有羊头，殉狗坑中一般葬1个狗。寒气沟墓地发现有马头和羊骨。上庙尔沟村Ⅰ号墓地殉牲有马头和羊的头骨、后肢骨以及骶骨。公元前800～前200年的以石人子沟遗址为代表的遗存中仅有3处墓地发现有殉牲，且均以马为主，有少量的骆驼。墓地中均有殉葬坑，其内埋葬1匹马或1匹骆驼。其中殉马的占绝大多数，且多选择雄性马匹。墓葬中的殉牲主要摆放在二层台或墓室底部。

第三节　中部天山区

中部天山区主要包括石河子、昌吉回族自治州、乌鲁木齐和吐鲁番等地区，东部为吐鲁番盆地，西部延伸到塔城的乌苏地区。该地区青铜时代至早期铁器时代的文化遗存丰富，大体有切木尔切克文化、萨恩萨伊类型早期遗存、乱杂岗子-半截沟文化、石河子水泥厂类型、萨恩萨伊类型晚期遗存和苏贝希文化。其中切木尔切克文化、乱杂岗子-半截沟文化和石河子水泥厂类型的遗存较少，且未发现有殉牲现象。现对其他三类文化遗存的殉牲进行探讨。

一、萨恩萨伊类型早期遗存

萨恩萨伊墓地位于乌鲁木齐南郊板房沟乡东白羊村萨恩萨伊沟口南侧二级台地及山坡上。2006～2008年新疆文物考古研究所在此墓地共发掘182座墓葬，年代从青铜时代一直延续到汉唐，发掘者将发掘的墓葬划分7组，并提出萨恩萨伊类型的概念，认为其年代范围在公元前1800～前1500年①。邵会秋先生将该墓地第1组遗存作为萨恩萨伊

① 新疆文物考古研究所：《新疆萨恩萨伊墓地》，文物出版社，2013年。

类型早期遗存，第3组作为萨恩萨伊晚期遗存，并认为二者可能不存在直接联系①。

萨恩萨伊墓地第1组墓葬共29座（M35～M43、M45～M47、M49、M52～M60、M62、M64、M67、M126～M128、M130），集中分布在墓地的西北部。墓葬地表不起封堆，但有较为明显的石围，基本均被人扰动过，无法辨别葬式。其中M35、M39和M47存在有祭肉现象。

M35，地表无封堆，地表标识为一圆形石圈，直径7米。墓穴位于石圈内，竖穴土坑，平面为西北—东南向的长方形，规格为1.8米×1.3米×1.4米。仅在墓葬填土中发现1节人肢骨和1段残马骨。

M39，地表无封堆，地表标识为一圆形石圈，直径8米。墓穴位于封堆中部，竖穴土坑，平面为西北—东南向的圆角长方形，规格为2.2米×2.3米×1.7米。在墓葬中为发现人骨，填土中发现有零星的羊骨。

M47，地表无封堆，地表标识为一圆形石圈，直径8米。墓穴位于封堆下偏东部，竖穴土坑，平面为东西向的圆角长方形，规格为2.9米×2.6米×1.9米。在墓葬填土中出土有零星的羊骨。

总之，该类型遗存的29座墓葬中仅3座发现有祭肉现象，占墓葬总数的10.3%。说明埋葬动物的习俗在该类型墓葬中并不流行。

二、萨恩萨伊类型晚期遗存

该遗存是以萨恩萨伊墓地第3组墓葬为代表的遗存，也是萨恩萨伊墓地数量最多的一组墓葬，共56座。墓葬地表均有石封堆标志，分为石堆和石圈石堆两种形制，封堆下只有一个墓穴。大多数的墓葬被扰动，整个墓葬流行羊头和马头的殉牲。现对几座典型殉牲墓葬进行简要讨论。

M3，地表封堆略隆起，为圆形石堆墓葬。封堆直径约8米，高0.5米。墓穴位于封堆中部下，竖穴土坑，平面为东西向圆角长方形，规格为2.32米×1.06米×1.3米。在墓穴内发现一个人体骸骨，被严重扰动。根据尸骨残存位置，墓主应为仰身直肢葬，为1位成年女性。在墓室南部东侧放置有4个羊头，北部东侧放置马骨数块，在填土中也有马头骨出土。

M6，地表封堆为圆形石堆，石堆直径6.1、高0.3米。墓穴位于封堆中部下，竖穴土坑，平面为东西向圆角长方形，规格为2.2米×0.92米×0.8米。在墓穴地表发现1个人骨架，仰身直肢，头西脚东，面朝北，经鉴定为1位成年女性。在墓主头部右侧放置彩陶罐1个，右侧放置马蹄骨2节、羊头1个。墓主足部放置马头1个，马头两侧放置马的蹄骨，马嘴中发现有铜马衔。

M14，地表封堆为圆形石堆，遭到破坏。墓穴位于石堆中部下，为椭圆形竖穴土

① 邵会秋：《新疆史前时期文化格局的演进及其与周邻文化的关系》，科学出版社，2018年，82页。

坑石室，规格为2.5米×1.5米×1.4米。墓穴内骨架散乱，不全，判断属于3个成年个体，为2男1女。填土中出土有4个马头和11个羊头骨（图7.3-1）。

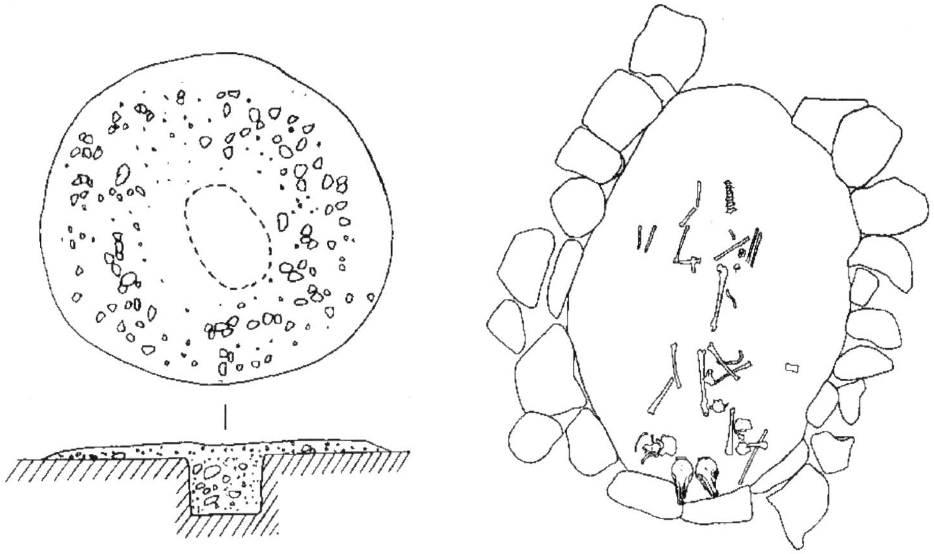

图7.3-1　萨恩萨伊墓地M14封堆平、剖面示意图和墓室平面示意图

M22，地表封堆为圆形石圈石堆。封堆平面呈圆形，直径13米，高0.7米。墓穴位于石堆中部下，平面为南北向的圆角长方形，规格为3.26米×2.2米×1.5米。墓坑内葬有8具人骨，均仰身直肢。头西脚东，均为年轻个体，性别不详。在墓地西端发现4个马头和1个羊头，从北向南的第二个马头嘴里留有骨质马镳和铜制马衔。

总之，在萨恩萨伊类型晚期遗存中的57座墓葬中，共32座墓葬发现有殉牲现象，占总数的56.1%，殉牲习俗非常普遍。整个萨恩萨伊类型晚期遗存中流行羊头和马头以及羊蹄骨和马蹄骨的组合形式。在未扰动的墓葬中，殉牲动物多位于墓主躯干靠下部的左右两侧。这与狭义的中国北方地区同时期的殉牲特点几乎一致。同时，在马头口中发现马衔的现象在北方长城地带和欧亚草原东部区都较常见，特别是在俄罗斯阿尔泰和图瓦地区的墓葬中流行殉葬装饰有马具的完整马匹。该类型文化遗存的年代范围为公元前10～前7世纪，这正处于游牧经济和游牧文化的剧烈转变期。据此，笔者认为萨恩萨伊类型晚期遗存的殉牲特点与中国北方地区和欧亚草原东部区均有相似之处，同时又形成了自身的特色。仅此一点也可窥见新疆地区在沟通中国中原地区、北方地区和欧亚草原地区之间所起到的重要作用。

三、苏贝希文化

该文化最早发现于20世纪30年代，后由陈戈先生命名[①]。目前，经过调查和发掘的

① 陈戈：《新疆史前时期又一考古学文化——苏贝希文化试析》，《苏秉琦与当代中国考古学》，科学出版社，2001年，153-171页。

苏贝希文化遗址和墓葬有50余处[①]，主要集中分布在博格达山南北两侧山前地带或山谷间。苏贝希文化的殉牲较复杂，现按照各个墓地分述如下。

1. 洋海墓地

该墓地位于吐鲁番市火焰山中段吐峪沟南戈壁，主要分布在相对独立并毗邻的三块略高出周围地面的台地上。2003年吐鲁番市文物局和新疆文物考古研究所在鄯善洋海一带发掘了3处古代墓地，分别为洋海一号、洋海二号和洋海三号墓地[②]。研究表明，洋海一号和二号墓地主体文化相对较早，洋海三号墓地年代相对较晚[③]。发掘者根据墓葬结构和形制，将洋海墓地的墓葬分为A型、B型、C型和D型。发掘者认为A型的年代在公元前12～前11世纪；B型的年代在公元前10～前8世纪；C型的年代延续时间较长，但晚于B型而早于D型，大体为公元前8～前3世纪；D型的年代为两汉或稍早[④]。因D型的年代超出了本书所研究的范围，而洋海三号墓地多为D型墓葬，因此笔者仅对洋海一号和二号墓地前三类墓葬的殉牲进行讨论。

（1）洋海一号墓地

该墓地位于洋海三处墓地的最西部，为不规则形长条状，东北—西南走向，发掘墓葬编号为ⅠM1～ⅠM218。现对几座典型殉牲墓葬进行讨论。

ⅠM41，位于墓地中部偏南，为长方形竖穴土坑墓，直壁，墓室规格为1.82米×0.99米×1.1米。墓室内有两具凌乱的人骨，A头骨破碎为成年女性，位于墓室东南角；B头骨上残留头发，为青年男性，年龄20～25岁，位于墓室西南部。乱骨中掺杂有绵羊头骨和马的下颌骨。绵羊为雌性，年龄3～4岁。马为雄性，年龄6～8岁。

ⅠM130，长方形竖穴土坑墓，两长边有二层台。墓口为规则的圆角长方形，长2.05、宽1.38米。二层台宽0.15～0.2、深0.38米，台面保存完好，外低内高，台面上残留芦苇杆和圆木。墓底长2.04、宽1.01米，墓深1.68米。墓底有一张保存完好的四足木尸床，规格为1.32米×0.73米×0.3米。床上有一个未成年人骨架，年龄6～7岁，尸骨凌乱。床下西端摆放1个牛头和5个山羊头骨（图7.3-2）。经鉴定牛为3～5岁的雌性，山羊中有2个个体为雌性，分别为4～5岁和6～8岁的个体，其他不详。

ⅠM142，长方形竖穴土坑墓，四周有二层台。墓口距地表深0.1米，墓口呈规则长方形，长2.2、宽1.5米。四边二层台宽0.3、深0.2米，台面上残留芦苇杆。墓底长1.6、宽0.9米，墓深1.8米。墓底有木制尸床，长1.52、宽0.72、高0.31米。床沿下西南角处发

① 新疆维吾尔自治区文物普查办公室、吐鲁番地区文物考察队：《吐鲁番地区文物普查资料汇编》，《新疆文物》1988年3期，1-83页。

② 吐鲁番市文物局、新疆文物考古研究所、吐鲁番学研究院、吐鲁番博物馆：《新疆洋海墓地》，文物出版社，2019年。

③ 韩建业：《新疆青铜时代—早期铁骑时代文化的分析和谱系》，《新疆文物》2005年第3期；郭物：《新疆史前晚期社会的考古学研究》，上海古籍出版社，2012年。

④ 吐鲁番市文物局、新疆文物考古研究所、吐鲁番学研究院、吐鲁番博物馆：《新疆洋海墓地》，文物出版社，2019年，594页。

现狗骨架和羊头。

ⅠM217，长方形竖穴土坑二层台墓。墓口长1.4、宽1.02米，墓深1.48米。南北两长边有二层台，距墓口深0.3、台宽0.18米。在墓底有一长方形尸床，长0.8、宽0.45米。床上有一具男性骨架，仰身屈肢、头向东，面西北，年龄12～14岁。在墓葬的西部发现有羊头骨和1个羊的四肢骨。

整个洋海一号墓地共有62座墓葬有殉牲现象，占墓葬总数的28.4%，殉牲习俗相对普遍，除个别墓葬外，殉牲部位均以绵羊和山羊的头骨为主。从殉牲动物的频率看，整个墓葬存在殉马墓2座，殉狗墓1座，殉牛墓2座，殉羊墓（绝大多数为绵羊）61座。殉羊的频率是最大的，其他动物的殉牲频率相差不大。

图7.3-2　洋海一号墓地ⅠM130平面示意图

（2）洋海二号墓地

该墓地位于一号墓地之东，呈东北—西南走向。发掘墓葬编号为ⅡM1～ⅡM233。现对几座典型殉牲墓葬进行讨论。

ⅡM38，长方形竖穴土坑墓，墓口距地表深0.17米，墓口长1.66、宽1.04米。墓底长1.56、宽0.93米，深0.96米。人骨被集中堆放于西南角，墓主为35～45岁的成年女性，葬式不明。西北角出土有1个羊头骨。

ⅡM121，圆角长方形竖穴土坑墓，墓口距地表深0.19米，墓长1.36、宽0.66米，墓深0.91米。墓底有四足木尸床，仅存床架，长1.24、宽0.53、高0.22米。床面上人骨凌乱，两个人头骨位于墓底填土中，其中A为青年男性，年龄20～25岁；B为青年男性，年龄14～18岁。在尸床西部发现有马头骨。

ⅡM124，长方形竖穴土坑墓地，墓口距地表0.13米，墓长1.16、宽0.67米，墓深0.67米。墓底铺苇草席，席上有两具人骨，A为35～45岁的中年女性；B为6～7岁的未成年人。在墓葬西北部出土2个羊头骨。

ⅡM178，长方形竖穴土坑墓，墓葬开口于地表。墓长1.58、宽0.84米，深1.17米。墓底有四足木尸床，出土时已毁坏。床上人骨被翻动过，颅骨位于中东部，腿骨位于头下，为成年女性。在墓葬的西北角出土有羊头和羊腿骨。

整个洋海二号墓地中，共发掘墓葬223座，其中84座墓葬中出现有殉牲现象，占总数的37.7%。其中除7座殉马墓外，其余均为殉羊墓。

在上文中介绍洋海一号和二号墓地的殉牲时，我们列举的8座墓葬均为C型。事实上，A型和B型的殉牲情况发现的很少。贝内克（Norbert Benecke）对墓葬中出土的动物骨骼做了较为详细地鉴定，下文讨论的问题均在其科学鉴定的基础上①。笔者统计了洋海一号墓地中出土有确切年龄羊的数量共68个，分属8个年龄区间。羊主要集中于3～4岁的区间，其次为0～1岁区间，1～2、2～3、4～5、5～6、6～8和大于10岁的年龄区间的数量较少（表7.3-1）。

表7.3-1　洋海一号墓地殉羊年龄统计　（年龄：岁；数量：个）

年龄 / 种属	0～1	1～2	2～3	3～4	4～5	5～6	6～8	大于10
羊	13	7	1	27	7	4	2	1

根据殉牲羊的年龄数据，生成图7.3-3，较为明显的出现了2个峰值。第一个阶段在0～1岁，这是该墓地人群为控制畜群数量而有意为之的行为。这样既可以避免过度放牧，同时也可以获取一定数量的羔羊肉和软羊毛。第二个峰值在3～4岁，此时的羊已成年，此时进行屠宰可能是为了获取最佳的皮毛，同时也可以控制畜群的数量。

在洋海墓地A型和B型的墓葬中，殉牲比例较低，且殉牲部位为羊的头骨。笔者认为在洋海墓地中A型和B型墓葬所代表的文化人群中并不流行殉牲。洋海墓地中C型墓葬占的比例最多，超过整个墓地的三分之二，且殉牲现象近90%发生在C型墓葬中。据此，笔者认为C型墓葬背后所代表的人群为游牧人群，其畜牧业较发达，管理和经营畜群的能力已较为成熟。

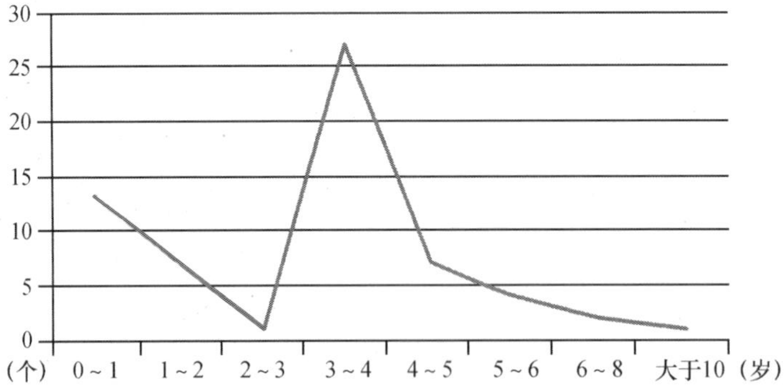

图7.3-3　洋海一号墓地殉羊的年龄曲线

2. 苏贝希一号墓地

该墓地位于吐鲁番鄯善县吐峪沟北口，墓群由三处墓地组成。1980年新疆维吾尔

① 吐鲁番市文物局、新疆文物考古研究所、吐鲁番学研究院、吐鲁番博物馆：《新疆洋海墓地》，文物出版社，2019年，962页。

自治区博物馆和吐鲁番地区文管所在苏贝希一号墓地发掘了8座墓葬①。1992年新疆文物考古研究所又在该墓地发掘5座墓葬，并清理被盗墓葬39座②。苏贝希一号墓地墓葬地表多积石，可辨形制的墓葬有22座竖穴土坑墓，13座竖穴侧室墓。在M10～M13中发现有羊骨，发掘者认为墓葬中出土的羊骨为祭肉所用。墓葬中出土的羊骨和羊皮毛制品，说明当地居民在牲畜饲养和皮毛加工方面已形成一定的规模。

3. 苏贝希三号墓地

该墓地位于山前戈壁台地上。1992年新疆文物考古研究所和吐鲁番地区博物馆在该墓地清理墓葬30余座③，其中29座竖穴土坑墓和1座竖穴偏室墓。墓葬地表无特殊标志，墓向多西北或西，既有单人葬，又有合葬墓。其中M27墓底的陶器内发现有祭肉现象，器内有羊肉和羊头等。

4. 鄯善二塘沟墓地

该墓地位于鄯善县连木沁镇汗都坎村二塘沟东的二阶台地上。2011年新疆文物考古研究所在该墓地发掘了20座墓葬，其中12座竖穴土坑墓属于苏贝希文化。发掘者根据墓葬中出土的器物，认为该墓地受到了来自北方草原文化的影响，推测这批墓葬的年代为公元前7～前5世纪④。现对几座典型祭肉墓葬做简要讨论。

M4，其西北部为M1，方向90°。墓葬在地表存有散乱的卵石堆积。墓室开口于卵石下，平面大致呈椭圆形，直壁，平底，长径1.8、短径宽1.46、深1.1米。墓坑内填大量的山石、卵石以及黄色的砂砾。仅在墓底西部发现1根马腿骨，墓底东部发现铜马衔1件。

M7，其北部为M6，西部为M5，方向280°。墓葬在地表存有石圈，平面呈圆形。墓坑内填大量黄土和碎石。墓内葬有两人，头骨均已被扰，头骨以下保存完整。北侧人骨右臂略压于南侧人骨左臂之上。北侧墓主肩胛骨北侧发现单耳彩陶罐1件，陶豆1件，铁刀1把及羊尾椎骨1截。

M10，其北部为M9，南部为M6。方向280°。墓坑内填有大量黄土和碎石。墓底葬一人，保存完整，头西脚东，仰身直肢。在墓主头骨北侧随葬有2件陶罐，墓主右髋骨处发现羊骨，左臂与肋骨间发现羊锁骨。

总之，该墓地属于苏贝希文化的墓葬中多发现有祭肉的现象，且多为羊骶骨、羊肢骨和羊锁骨，未发现其他动物的骨骼。

---

① 吐鲁番地区文管所：《新疆鄯善苏巴什古墓葬》，《考古》1984年第1期。

② 新疆文物考古研究所：《鄯善苏贝希墓群一号墓地发掘简报》，《新疆文物》1993年第4期，1-13页。

③ 新疆文物考古研究所、吐鲁番地区博物馆：《鄯善苏贝希墓群三号墓地》，《新疆文物》1994年第2期，1-20页。

④ 新疆文物考古研究所：《鄯善县二塘沟墓地考古发掘简报》，《新疆文物》2012年第1期，92-99页。

5. 鱼儿沟墓地

该墓地位于鱼儿沟火车站西南、阿拉沟面粉厂南约300米处。该墓地发现的6座墓葬均被不同程度盗掘，共清理了3座墓葬。该墓地的年代在春秋战国时期[①]。其中M1和M3中存在殉牲现象。

M1，已经被盗，封堆中部有一个直径约2米盗坑直达墓底。可见墓室内残留的棚木、盖草、石室等。在墓室东北角露出头骨2个、陶罐残片3片和大量衣物残片。在墓室外盗土中可见部分人骨和遗物，主要有角弓、木器残片、残彩陶罐、桃核、杏核、毛织品等。墓室内人骨被扰。动物骨骼有羊头骨2个，腿骨若干。

M3，仅剩下半个墓室挂在路边断崖上。墓葬地面标志已经损毁。从残存迹象分析，应为方形石围石堆。墓室营建于洪积戈壁砾石层上，为圆角长方形，南半部分毁于公路，墓室深2.5米，墓底长3、宽2米，墓向130°。墓室内有石室，用扁平卵石、山石贴墓壁平砌而成。石室长2.5、残宽1.5、高1.2米。墓葬为多人葬，初步统计有5个个体，其中2位成年男性、2位成年女性，1位未成年人。在墓底尚余部分随葬品，出土遗物25件。在足端放置1个马头、2个马蹄，马头下放置2个羊头。

6. 柴窝堡墓地

该墓地位于柴窝堡湖东岸，西距湖面1.5千米的湖滩和戈壁连接地带。1991年新疆文物考古研究所等在该墓地发掘了20座墓葬，1993年又发掘墓葬3座[②]。发掘的20座墓葬中绝大多数为是椭圆形竖穴土坑墓，少量为竖穴土坑二层台墓和竖穴偏室墓。几乎均为单人葬。墓葬中存在着大量二次葬，不少二次葬者部分骨骼还按规律摆放。现对几座殉牲墓葬进行探讨。

M6，封堆略呈圆丘形，中部略凹，东西18.8、南北14.9、高0.84米。墓室呈椭圆形，竖穴有生土二层台，方向290°，墓口长3.4、宽2.08米，墓底长2.6、宽1.18、深2.3米。生土二层台宽0.1～0.3米，高出墓底0.62米。二层台上横置18根圆木，直径约0.1米，长度与两侧墓壁相齐。墓室东南端的圆木上有马的部分脊椎骨。

M7，封堆略呈圆丘形，南北13.8、东西13.6、高0.4米，中部稍凹。墓室，略呈椭圆形，竖穴，方向310°，墓口长3.58、宽2.55米，墓底长2.94、宽2.08、深2.5米。墓穴下部西南侧略向外扩伸。马肩胛骨叠压在人骨的右股骨上，还有珠子、金饰，同移位的人骨混杂在一起。

M9，封堆呈圆丘形，东西15、南北14.6、高0.8米，中部稍凹，封堆中部靠近墓口处堆积许多卵石，一般为0.1～0.2米，最大的长达0.4米。人骨位于墓口表面的东南部，在同一平面上，人骨北1.7米处有1个羊头骨。

---

① 新疆文物考古研究所：《托克逊县鱼儿沟遗址、墓地考古发掘报告》，《新疆文物》2011年第2期，92-94页。

② 新疆文物考古研究所：《1993年乌鲁木齐柴窝堡墓葬发掘报告》，《新疆文物》1998年第3期，19-22页。

这类墓葬中殉牲的家畜主要有马和羊，数量不多。M2、M3、M5、M9、M11和M15中的殉牲动物骨骼多零散分布在封堆或填土中。例如M9人骨右侧放置羊头骨，M11墓穴上部填土中放置4个羊头骨，都有明显的规律。M15填土里集中摆放有1匹马的大部分骨骼。这些殉牲动物有规律的集中摆放，说明这些家畜是有意放置的。而M6盖木上出土马的部分脊椎和肋骨，以及M7墓底部的马肩胛骨，则显示了该墓地也存在祭肉的习俗。

7. 吉木萨尔大龙口墓地

该墓地位于吉木萨尔县城以南约8千米处的大龙口村内。1993年新疆文物考古研究所在该墓地清理9座墓葬①。墓葬地表都有圆形石封堆，墓室多为椭圆形的竖穴土坑，以单人仰身直肢葬为主，个别为二次葬，随葬品较少。在发表的材料中，M1和M8存在祭肉现象。

M1，墓口为椭圆形，底部为锅底形。墓口长3.18、宽2.7米，墓底长1.44、宽1.2米。墓口距地表深0.2米，距墓底深1.2米。墓室内填黄土夹卵石。在填土中仅见一截人肋骨，随葬有1件羊距骨和数片夹砂红陶片。

M8，竖穴木椁墓，封堆外观似土墩，顶部明显塌陷，封堆内含很多大小卵石，高1.5、直径25米。墓长6.6、宽4.46米，其上规整地铺一层大卵石；墓底长6、宽4.1米，距墓口高1.8米。土坑竖穴中心为木椁墓室，木椁为长方形，东西长2.55、南北宽2、深1.12米。在椁室底部西端有一个椭圆形腰坑，内填小卵石和黄土，木椁内仅见1块羊骨。

8. 阜康白杨河墓地

该墓地位于昌吉州阜康市上户沟哈萨克族乡白杨河村西，墓地地处天山北麓，墓葬分布在白杨河西侧地势平缓的二级台地上，地表均有明显的土石封堆，大致呈南北带状分布，共计墓葬80余座②。墓地中有三组墓葬，其中第一组墓葬以M2为代表，包括M11、M45和M46，为苏贝希文化的第二期遗存，第二组和第三组墓葬为唐代或不早于唐代遗存。第一组墓葬中仅M2发现祭肉现象。

M2，墓向275°。地表有平面略呈圆形的直径7.2、高约0.3米的土石封堆。封堆上有平面呈圆形的直径1.2、深0.3米的盗洞。墓穴口外西侧1.9米处有平面略呈圆形的随葬坑，坑内放置1件双耳彩陶罐。墓穴平面呈东西向圆角长方形。墓主位于墓底南侧，单人仰身直肢，成年男性，头西脚东，面向北。封堆表面出土夹砂红陶口沿残片1件，墓主头骨处随葬陶罐2件、陶杯1件，墓主左臂旁随葬有单耳带流罐1件，罐内出土有1段羊骶骨。

① 新疆文物考古研究所、昌吉州文管所、吉木萨尔县文管所：《吉木萨尔县大龙口古墓葬》，《新疆文物》1994年第4期，1-11页。

② 新疆文物考古研究所：《阜康市白杨河墓地考古发掘简报》，《新疆文物》2012年第1期，4-24页。

9. 木垒县干沟墓地

该墓地位于木垒县照壁山乡河坝沿村东百余米处，北距县城约11千米①。墓地中M31、M34和M53存在祭肉现象。

M31，地表有封堆，由山石、卵石和土混合堆积而成。平面略呈圆形，直径7.5、高0.3米。墓室长1.7、宽1.04、深1.06米。墓向282°。墓底葬1人，为成年人，性别不明。葬式为二次葬。墓底人骨左臂处发现1个羊距骨。

M34，地表有封堆，由石块和土混合堆积而成。平面略呈圆形，直径0.55米。墓室形制为圆角长方形，长1.56、宽1.12、深0.36米。墓向276°。墓壁粗糙。填土为较纯净黄土，土质较硬，内含大量石块。墓底葬1位成年人，性别不明。葬式为二次葬。填土中出土1个羊距骨。

M53，地表有封堆，由卵石和土混合堆积而成。西、南两端石头较密集。平面略呈圆形，直径高0.4米。墓室形制为圆角长方形，长8.7、2.3、宽1.24、深1.6米。墓向270°。填土发现羊骨和马骨等。

总之，苏贝希文化中殉牲和祭肉习俗都较流行，特别是祭肉之风盛行。殉牲动物主要有羊头和蹄骨，以及极少量马头。祭肉的种类绝大多数为羊的肢骨、肩胛骨和骶骨，还有极少量马的肩胛骨。部分墓葬中发现少量羊距骨。可见，苏贝希文化的殉牲和祭肉动物均为家畜，且在其畜群结构中羊的数量最多。

四、小　　结

本节对萨恩萨伊墓地早期类型遗存、萨恩萨伊晚期类型遗存和苏贝希文化的殉牲做了简要的介绍和分析。大体可以看出，作为年代最早的萨恩萨伊墓地早期类型遗存仅3座墓葬发现有祭肉现象，说明公元前2千纪上半叶的中部天山区殉牲习俗并不普遍。这应该与畜牧经济的发展有着密切关系。萨恩萨伊墓地晚期类型遗存与苏贝希文化的一、二期遗存年代上相对接近，两者在殉牲习俗上有相同之处。两者的殉牲习俗较为普遍，流行以羊头做为殉牲对象的主体。不同之处在于，整个萨恩萨伊类型晚期遗存中流行羊头和马头的殉牲，还有少量羊蹄骨和马蹄骨。在苏贝希文化一、二期遗存中少见用马头作为殉牲的对象，苏贝希文化一期和二期更多的是以羊头或羊的躯干部位作为殉牲的对象。这与两个文化遗存背后所代表的人群习俗有关，两者可能都为畜牧经济，但在畜群结构上有所区别。特别值得注意的是，这一地区从早到晚均十分流行祭肉习俗。

① 新疆文物考古研究所：《木垒县干沟墓地考古发掘报告》，《新疆文物》2012年第1期，56-75页。

第四节　伊犁河谷区

伊犁河谷区主要包括伊犁地区和博尔塔拉蒙古自治州，处于天山西部地区，区域内河流众多，有博尔塔拉河、伊犁河等。从目前考古发现看，伊犁河谷区的文化遗存可分为安德罗诺沃文化遗存和索墩布拉克文化遗存。现分别对两种文化遗存的殉牲习俗进行探讨。

一、安德罗诺沃文化遗存

新疆是安德罗诺沃文化的重要分布区，目前安德罗诺沃文化集中分布在新疆喀什的塔什库尔干、伊犁地区、博尔塔拉蒙古自治州以及塔城地区。安德罗诺沃文化遗址和墓地最为集中分布的就在伊犁河谷区。现对各墓地的殉牲现象进行讨论。

1. 汤巴勒萨伊墓地

该墓地位于尼勒克县喀拉托别乡喀尔沃村东牧区的草场，2010年新疆文物考古研究所发掘7座安德罗诺沃文化的墓葬[①]。墓葬地表为圆形纯黄土封堆，墓葬形制为竖穴土坑墓，从出土陶器和喇叭形口铜耳环看，应属安德罗诺沃文化第三期遗存。现对几座典型殉牲墓葬做简要讨论。

M16，土堆墓，封堆平面呈圆形，竖穴土坑墓，平面呈东西向长方形。墓底葬单人，火葬拾骨葬，将人火焚烧后拾取碎小烧骨置于墓底东部。在墓底北部随葬2件陶器，旁边放置羊肋骨。

M17，土堆墓，封堆平面呈圆形，竖穴土坑墓，平面呈东西向长方形。墓底葬双人，一次葬，南北并列，均为侧身屈肢，头西脚东，面朝北。墓主为1位老年女性和1位老年男性，下半身撒有红色赭石粉，在墓主头端随葬3件陶器，陶器旁均放置3根羊的肋骨。

M24，土堆墓，封堆低矮，稍隆起。竖穴土坑墓，墓室平面呈东西向圆角长方形。墓底葬单人，侧身屈肢，头西脚东，面朝北。墓主为1位成年男性，在墓主头端随葬3件陶器，陶器旁边放置3根羊肋骨。

该墓地墓葬随葬的动物骨骼多以羊肋骨为主，应为祭肉现象。

2. 阔克苏西2号墓群

该墓群位于特克斯县城南约20千米，地处阔克苏西河西侧台地上，安德罗诺沃文

① 新疆文物考古研究所：《尼勒克县汤巴勒萨伊墓地考古发掘报告》，《新疆文物》2012年第2期，4-21页。

化分布在墓群的中部，共7座墓葬①。墓葬形制可分竖穴石室墓和竖穴木椁墓类，其中2座竖穴石室墓发现动物骨骼。

M51，竖穴石室墓。封堆为土堆，平面呈圆形，顶部略平。封堆中部出土一人骨，仰身直肢，头西脚东，无随葬品，保存较差，埋葬性质不明。在墓室东南角葬中年男性，侧身屈肢，头向西，面朝北。封土中出土1个马头骨。这种埋葬马头骨的做法是典型殉牲习俗的表现。

M53，竖穴石室墓，黄土封堆，内含少量石块，平面呈圆形。墓室位于封堆下近中部，平面呈近方形，在墓室西壁连有一短墓道。墓圹四壁用卵石堆砌成石墙，构成石室。石室内葬一人，一次葬，侧身屈肢，头向西，面朝北，为中老年女性个体。随葬陶罐4件，人骨南侧1件、胸腹部3件，另有马肋骨散乱分布于人骨北侧。这种埋葬马肋骨的做法应是祭肉习俗的表现。

3. 尼勒克乌吐兰墓地

该墓地位于尼勒克县胡吉尔乡，地处喀什河南岸，胡吉尔台萨伊沟口北侧的河谷台地上。2013年新疆文物考古研究所对该墓地进行发掘，其中青铜时代墓葬7座，属安德罗诺沃文化第三阶段。该墓地的2座墓葬中发现动物骨骼。

M2，竖穴木椁墓，地表有平面略呈圆形的黄土封堆，封堆内仅有少量的卵石。墓圹由墓道和竖穴墓室两部分构成。墓道内填大量卵石且呈斜坡状通向墓室，墓室位于墓道东侧，平面呈东西向长方形，竖穴、直壁、平底。墓室已被盗扰，盗洞位于墓室东南角，洞内填土板结。室内为略呈方形的木椁，木椁与竖穴之间以卵石填充，形成石室。椁内西南角散落一片烧骨，发掘者据此推测应为火化后的墓主拾骨，拾骨周围夹杂红色矿物颜料，且出土陶器残片及马肋骨。M3在填土中出土羊骨、禽骨、禽卵及其他动物骨骼。该墓葬的形制特殊，16座小墓环绕中心墓室。这些墓葬中埋葬动物遗存的行为应属于祭肉习俗。

4. 阿敦乔鲁墓地

该墓地位于博尔塔拉蒙古自治州温泉县，2011～2014年中国社会科学院考古研究所对该墓地进行了大规模的发掘②。在已正式发表的资料中，仅1座墓葬（SM4-2）发现埋葬羊骨作为祭肉的现象。从出土的^{14}C数据和喇叭形包金耳环形制看，阿敦乔鲁遗址和墓地应为安德罗诺沃文化第二阶段早期。

总之，从目前发表的资料来看，伊犁河谷区的安德罗诺沃文化仅4处墓地存在祭肉现象，且多为羊肋骨和马肋骨。在阔克苏西2号墓地发现1例殉葬马头骨的现象。除阿敦乔鲁墓地处于安德罗诺沃文化第二阶段外，其余3处墓地年代均在安德罗诺沃文化第

① 新疆文物考古研究所：《特勒克县阔克苏西2号墓群发掘简报》，《新疆文物》2012年第2期，51-68页。

② 中国社会科学院考古研究所、博尔塔拉蒙古自治州博物馆、温泉县文物局：《新疆温泉县阿敦乔鲁遗址与墓地》，《考古》2013年第7期，25-32页。

三阶段。笔者认为该地区安德罗沃第二阶段和第三阶段中并不流行殉牲，而祭肉现象却发现较多，在第三阶段出现了殉牲现象的萌芽。

二、索墩布拉克文化

该文化是指在伊犁河谷分布着大量有封堆和石围标志的墓葬所代表的遗存①。从现有资料看，索墩布拉克文化遗存主要分布在伊犁河谷地区，另外，在乌苏、石河子等地也有少量的分布。该文化遗存的墓葬形制差异较小，随葬品数量少，很多墓葬不见随葬品。韩建业先生将该文化分为早、中、晚三期，早期遗存以穷科克一号M9墓地为代表；中期遗存以索墩布拉克墓地M32为代表；晚期遗存以哈拉图拜墓地M2为代表②。邵会秋先生在此基础上将该文化具体各期的年代做了推定，即第一期为公元前1000～前800年，第二期为公元前800～前400年，第三期为公元前400～公元元年③。该文化第三期遗存晚期的年代已进入两汉时期，这超出了本书所探讨的年代下限，因此本书仅对前两期的殉牲情况进行探讨。

1. 穷科克一号墓地

该墓地位于尼勒克县城以西20千米的喀什河南岸山前一级台地，2001年在该地区发掘墓葬55座，多数墓葬有土石结构的封堆，分竖穴土坑墓和竖穴偏室墓。人骨均为仰身直肢葬，头西脚东。该墓地有25座墓葬中随葬有动物骨骼。

M1，位于墓地东部。封堆平面略为椭圆形，原地表上的石环圈围散乱。中间石堆平面略为圆形，墓坑平面为长条状，偏室开在墓坑的北壁，偏室内葬一人，一次葬，头东脚西，仰身直肢，墓主为女性，年龄为20～25岁，随葬品在墓主头骨的左侧，另有1件木盆和羊骶骨。

M15，双室墓，位于墓地的东部，封堆平面略为圆形，原地表上的石环圈围的不规则，只有南部局部的一段，呈弧形。双墓室为A、B墓室，A墓室在北，B墓室在南。A墓室地表上有石圈，平面略为椭圆形，墓坑平面为长方形，墓的侧室开在墓坑的北壁，与偏室相对的一侧有生土二层台，偏室内葬一人，仰身直肢，头西脚东。墓主为女性，年龄为40岁以上。墓室内发现有羊的骶骨。

该墓地内墓葬出土动物骨骼多以羊的骶骨和距骨为主，属于祭肉现象。该文化墓地是索墩布拉克文化最早的遗存，年代范围在公元前1000～前800年之间。

---

① 羊毅勇：《新疆古代文化的多样性和复杂性及其相关问题的探讨》，《新疆文物》1999年第3、4期，116-126页。

② 韩建业：《新疆青铜时代—早期铁器时代文化的分期和谱系》，《新疆文物》2005年第3期，57-99页。

③ 邵会秋：《新疆史前时期文化格局的演进及其与周邻文化的关系》，科学出版社，2018年，134-151页。

2. 奇仁托海墓地

该墓地位于喀什河北岸，属尼勒克县科蒙乡团结牧场奇仁托海牧业村，分布在喀什河北岸二级台地各山坡上，2003年新疆文物考古研究所对该墓地进行发掘①。从发表的数据上看，该墓地有22座墓葬发现有动物骨骼，多为羊和牛的椎骨、骶骨，应属祭肉现象。部分墓葬出现有殉马的殉牲现象。现对有殉牲的墓葬进行探讨。

M54，位于墓地中部，地表封堆平面大致为圆形，石堆呈半圆形，墓室位于中部石堆下，墓坑平面为南北向长方形，墓坑东部带生土二层台，在二层台上摆放1个马头骨和四肢骨。

M116，位于墓地中部，封堆平面为圆形，封堆外围铺规整石环圈，中部堆圆形石堆，墓室位于中部石堆下。墓坑平面为东西向长方形，在墓坑西壁中间开偏室，偏室内葬一人，一次葬，葬式为仰身直肢，头北脚南，为一成年男性个体。墓室底部葬1匹完整的马，马头朝北，呈卧状。

该墓地的殉马墓共3座，以殉葬整匹马、马的头骨和四肢为主。发掘者认为该墓地的年代范围在公元前5世纪前后。

总之，索墩布拉克文化的墓葬材料较多，以穷科克一号墓地为代表的早期阶段，祭肉习俗较盛行，且多为羊的骶骨、距骨和肋骨。以奇仁托海墓地为代表的稍晚阶段，祭肉之风仍很流行，同时出现了完整马匹或马头、四肢的殉牲现象。殉牲的出现可能反映了该文化人群游牧经济的发展以及与周边地区文化之间的交流。从祭肉和殉牲动物的种类和数量看，索墩布拉克文化人群的畜群中有羊、马和牛等，且畜牧业在当时的社会经济和生活中占据主导地位。

三、小　　结

伊犁河谷区的安德罗诺沃文化中存在祭肉和殉牲习俗，其中处于安德罗诺沃文化第二期的阿敦乔鲁墓地仅见祭肉习俗，而处于安德罗诺沃文化第三期的汤巴勒萨伊墓地、阔克苏西2号墓地和尼勒克乌吐兰墓地中既有祭肉现象，也出现了埋葬马头的殉牲习俗。这种变化大体与周边其他文化的殉牲特点具有相似性和同步性。安德罗诺沃文化的祭肉习俗影响了后来的索墩布拉克文化。在该文化各个阶段祭肉习俗均较盛行，且多为羊的骶骨、肋骨和距骨。同时，该文化的晚期出现了完整马匹或马头、四肢的殉牲现象。殉牲的出现可能反映了该文化人群游牧经济的发展以及与周边地区文化之间的交流。笔者认为该文化早期的祭肉习俗应是继承了当地更早阶段安德罗诺沃文化的传统，而殉马的习俗应受来自北部阿勒泰地区或其他地区游牧民族的影响。

① 新疆文物考古研究所：《伊犁州尼勒克县奇仁托海墓地发掘简报》，《新疆文物》2004年第3期，60-87页。

第五节　准噶尔西缘区

准噶尔西缘区主要是指新疆西北部的塔城地区，这一地区位于新疆的西北部，西北与哈萨克斯坦接壤，东北与阿勒泰地区相接，西南与博尔塔拉和伊犁地区相连，横跨整个准噶尔盆地西北地带及准噶尔西北山地。这一地区主要有以阿勒腾也木勒水库墓地M74为代表的遗存、安德罗诺沃文化、以白杨河墓地为代表的遗存和胡须墓遗存。据目前我们掌握的资料，仅在阿勒腾也木勒水库墓地和白杨河墓地发现有动物遗存。

一、阿勒腾也木勒水库墓地

该墓地沿阿勒腾也木勒河大致呈南北向散状排列分布，共发掘了100座墓葬。M1～M59位于阿勒腾也木勒河西岸，M60～M100分布在阿勒腾也木勒河东岸。墓葬地表封堆由块状砾石堆积而成，基本呈圆形，多不高。其中有石堆99座，石围石堆1座。从发掘的墓室来分，有地表置人埋葬墓、竖穴土坑墓、竖穴偏室墓、竖穴石棺墓、竖穴石室墓及无墓室墓六类。各类墓葬交错在一起，分布没有明显的规律。葬式多为一次葬，少量为二次葬。葬式以仰身直肢为主，另见有仰身屈肢、侧身屈肢、侧身直肢等。墓向一般是头西脚东，仅有一座头向东。墓室内随葬品较少，多放置在头骨附近及身体两侧[①]。现以M98为例对其殉牲情况进行讨论。

M98，地表封堆为石堆，平面呈圆形。直径12、高0.6米。人骨位于封堆下偏北侧的原生地表上，共有4个个体。人骨保存较差，其中三人为仰身直肢，靠东侧1人为侧身屈肢。头向西。在人骨头侧随葬有2套石磨盘和1件灰陶罐。在人骨西侧随葬有1匹马，马骨周围用卵石围砌成石围。马骨骼保存较差。在马头骨旁发现有马衔1件。在马骨中还各发现有骨马镳和骨扣。该墓葬是地表置人埋葬墓葬类型中较为特殊的一座。

除M98外，在M13和M81内发现有使用羊椎骨和骶骨的祭肉现象。另在M23的墓口处发现1只羊，在填土中还发现有马骨。虽然该墓地有殉牲动物的墓葬数量较少，但从表7.5-1中仍能观察出，地表置人埋葬墓（M98）仅殉葬1个完整马匹，竖穴石棺墓（M13和M81）只有羊椎骨和骶骨作为祭肉，竖穴偏室墓（M23）殉葬1个羊和马骨。这种对应关系是否具有必然性还需要更多的材料来验证，但至少说明不同人群在对待殉牲的态度和方式上有所差别。

根据报告的判断，M23和M13属于早期铁器时代，M81有可能属于汉晋时期，M98的年代不明。如果发掘者的年代判断无误，那就意味着该墓地在青铜时代没有殉牲随葬的习俗，且祭肉的习俗在这一墓地一直延续到了汉晋时期。

① 新疆文物考古研究所：《裕民县阿勒腾也木勒水库墓地考古发掘报告》，《新疆文物》2012年第3、4期，41-75页。

表7.5-1　阿勒腾也木勒水库墓地的殉牲情况

墓号	墓葬形制	墓主情况			葬式	殉牲动物种类、数量	殉牲摆放位置
		人数	年龄	性别			
M13	竖穴石棺墓	无	无	无	无	数块羊椎骨、骶骨	在石棺内北壁偏东处的罐旁
M23	竖穴偏室墓	1	青年	女	无	1羊、马骨	羊位于墓口、马骨位于深2米处填土
M81	竖穴石棺墓	1	中年	男	仰身屈肢葬	1块羊骶骨	人骨右肱骨旁
M98	地表置人埋葬墓	4	无	无	3人仰身直肢葬 1人侧身曲肢葬	1匹马	人骨西侧

二、白杨河墓地

该墓地位于白杨河上游山谷地带，墓葬零星散布在沿河两岸的台地上。2010年新疆文物考古研究所在塔城地区文物局协助下，对塔城白杨河墓地进行了抢救性发掘，共清理墓葬51座。墓葬地表都有卵石封堆，部分石堆外还围有单层或双层石圈。墓室形制有竖穴土坑墓、竖穴偏室墓、竖穴石棺墓、竖穴木棺墓以及无墓室封堆等五种，以竖穴土坑墓为主。多数墓葬都被盗扰，发现的随葬品较少。该墓地的年代大体在战国到汉代①。在51座墓葬中，仅发现有3座墓葬中有使用羊骶骨、羊腿骨和羊肉作为祭肉的情况（表7.5-2）。

表7.5-2　白杨河墓地的殉牲情况

墓号	墓葬形制	墓主情况			葬式	殉牲动物种类、数量	殉牲摆放位置
		人数	年龄	性别			
M47	竖穴木棺墓	1	中年	女性	侧身屈肢葬	1块羊骶骨、1块羊腿	木棺西北角、羊后腿位于东北角
M48	竖穴石棺墓	1	未成年	无	侧身屈肢葬	2块羊肉	上层偏东的木盘上
M81	竖穴石棺墓	1	无	无	无	1块羊肉	木棺北部居中的木盘上

三、小　　结

准噶尔西缘区墓葬中随葬动物遗存的情况较少，仅在阿勒腾也木勒水库墓地和白杨河墓地中发现有动物遗存。前者的年代为青铜时代至早期铁器时代，个别墓葬晚到汉代，后者的年代大体为战国到汉代。这一地区不流行殉牲习俗，仅发现极少量完整马匹和羊椎骨、骶骨以及羊肉。这种祭肉的习俗不仅在该地区延续到汉晋时期，同样在新疆其他地区也有广泛的分布。

① 新疆文物考古研究所：《新疆塔城地区白杨河墓地发掘简报》，《考古》2012年第9期，17-29页。

第六节　塔里木北缘区

塔里木北缘区位于天山以南，塔里木盆地以北的新疆腹中地带，主要包括焉耆盆地、轮台、库车和阿克苏等地区。这一时期的考古学文化或遗存主要有新塔拉类型、哈拉墩早期遗存、察吾乎文化和包孜东类型。根据笔者目前收集到的相关墓葬材料来看，新塔拉类型遗存和哈拉墩早期遗存均未发现殉牲，察吾乎文化和包孜东类型的殉牲相对较多。

一、察吾乎文化

该文化是这一区域发现遗存最多，文化内涵最为丰富的考古学文化。根据文化特征不同，又将其分为察吾乎类型、群巴克类型和克孜尔类型。现按上述三个类型分别对其殉牲情况进行分析。

（一）察吾乎类型

该类型遗存分布在博斯腾湖北岸的焉耆盆地，遗存类型主要为墓葬，也有少量的居住址。墓葬形制主要为石围石室墓。发现有殉牲的墓葬有察吾乎古墓地、莫呼查汗墓地、库尔勒上户乡墓地、哈布其罕Ⅰ号墓地、拜勒其尔墓地和哈布其罕沟萨拉墓地。

1. 察吾乎古墓地

该墓地分布于新疆中部天山南麓和静县察吾乎沟口，共发掘五处墓地总计448座墓葬[①]。其中421座属于察吾乎文化，占总数的95%。殉牲是察吾乎文化较为常见的丧葬习俗之一，在一号、二号、四号和五号墓地中均有发现。

一号墓地共发掘墓葬132座，均为石围竖穴石室墓。墓向均为西北方向。据统计，在一号墓地的132座墓葬中，共12座墓葬设有马头坑，占总数的9%，且多位于墓中西北处。多为一墓一坑，有3座墓为2坑。马头坑中多数埋葬1个马头，少数发现2～4个马头。另有10座墓葬于墓室中发现殉牲，占总数7.5%，多发现于墓室西北端。其中8座葬有祭肉（一排羊肋骨），1座葬有羊头和马头，1座葬有羊距骨。

M254，石围石室墓，墓内葬3个个体。头西北脚东南，仰身屈肢，墓室西北端随葬一排羊肋骨。墓葬石围的西北，呈南北一线并排2个马头坑。均为竖穴土坑，平面呈不规则形。北侧马头坑殉1个马头和马蹄骨，头向不明。南侧马头坑内殉1个马头，面向东。

M255，石围石室墓。墓室平面呈不规则形。葬有2个个体。1位老年男性位于盖板东侧，为二次葬者。墓室内1位18岁左右男性为一次葬者。墓葬西北方向石围外侧，设

① 新疆文物考古研究所：《新疆察吾乎——大型氏族墓地发掘报告》，东方出版社，1999年。

1个椭圆形马头坑，为竖穴土坑。坑内仅见马头碎骨。

M263，墓室呈不规则形。单人葬，墓主为1位成年男性，头朝西，面朝北，仰身右屈肢。墓室西北部发现有成排羊肋骨的祭肉现象。

二号墓地共发掘墓葬24座。墓葬类型有石围石室墓、石堆石室墓和石堆无墓室墓。仅2座墓葬设有马头坑，1座殉有牛头，1座殉有马头。2座墓葬于墓室中也发现有羊骨的现象。

M216，石围石室墓。墓坑平面呈不规则形。墓门开于墓室南壁。墓葬北部距主墓室1.77米处有1马头坑，竖穴土坑，地表为隆起的石堆。平面呈不规则状。内葬1马头，头向西（图7.6-1）。

四号墓地共发掘墓葬248座。墓葬类型主要为石围竖穴石室墓。埋葬人数除单人葬外，也存在相当数量的双人合葬或多人合葬。多人合葬人数最多为21人。流行侧身屈肢，仰身屈肢，也有少数为俯身屈肢葬。据统计共有52座墓有马头坑。多为1坑，有2座墓为2坑。马头坑一般为竖穴土坑，地表常见积石堆，位于石围西北外侧。内殉马头、四蹄，个别还有尾骨。大部分1坑殉1马头，个别殉有2～4个马头，偶见马肢骨。另有部分墓葬于墓室中发现祭肉，多数为羊肋骨，位于墓室西北端。

M45，石围石室墓。墓坑平面呈椭圆形。北部马头坑地表为积石堆，竖穴土坑，平面呈不规则状，内殉1个马头和马蹄骨。

M194，石围石室墓。墓坑平面呈椭圆形。西北处设两个马头坑，均为竖穴土坑，平面呈椭圆形，共殉有3个马头（图7.6-2）。

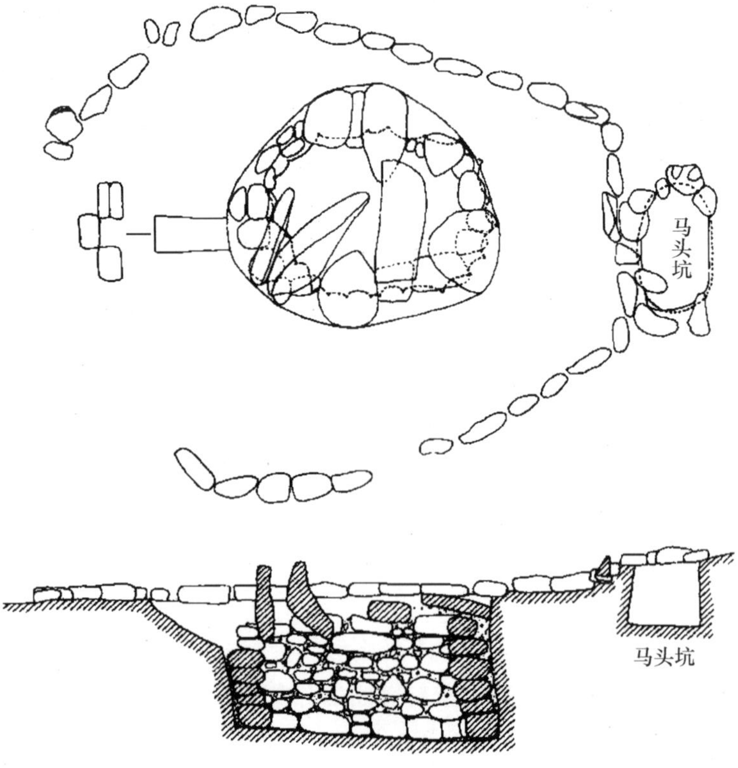

图7.6-1　察吾乎二号墓地M216平、剖面示意图

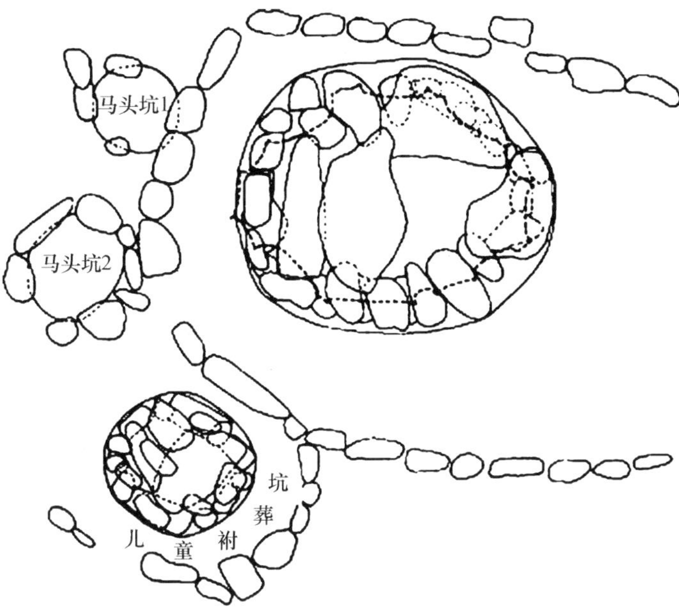

图7.6-2　察吾乎四号墓地M194平面示意图

M41，成年女性双人合葬墓。墓室平面呈椭圆形。墓主头朝北，相向侧身屈肢。墓室西北端（头顶）出上1排羊肋骨，其上发现有小铜刀。墓室北端有1马头坑，内殉1马头。

M33，多人合葬墓。墓室底平面呈不规则状。共葬9个个体，分为一次葬和二次葬。上层3个个体，中层4个个体，下层2个个体。东北方向有1马头坑，内殉3个马头，并有蹄骨。

五号墓地共发掘24座墓葬。墓葬形制较为单一。均为石围石室墓。流行单人葬，双人合葬次之，仅1座为5人合葬。共3座墓葬（M3、M4、M14）墓室内发现有使用1块羊肩胛骨或1排羊肋骨作为祭肉的情况。

2. 莫呼查汗墓地

该墓地位于巴音郭楞蒙古自治州和静县县城西北直线距离5.8千米的莫呼查汗乌孙沟内，共计发掘248座墓葬①。整个墓地分为南北两个墓区，南区为Ⅰ号墓地，北区为Ⅱ号墓地。发掘者将其大致分为青铜时代和汉代两个时期。汉代遗存不在本书的讨论范围内。青铜时代墓葬主要分布在Ⅰ号墓地和Ⅱ号墓地的南部，计有236座。流行竖穴土坑石室墓，主要为单人葬，还有少数的双人合葬。葬式多为侧身屈肢。

殉牲动物有羊和马，以羊为主，埋葬部位有羊脊椎骨、羊肋骨与羊骶骨等。殉牲为马的数量较少，个别墓葬殉有马头骨和下颌骨。殉牲多放置于墓主肱骨或手肘部、头部等部位。仅1例于马头坑内殉有马头。

① 新疆维吾尔自治区文物考古研究所：《新疆莫呼查汗墓地》，科学出版社，2016年。

3. 库尔勒上户乡墓地

该墓地位于库尔勒市城西约15千米处①。共发掘3座墓葬，均为竖穴土坑墓，仅M3发现有祭肉。M3，带墓道甲字形土坑竖穴墓。南北方向。墓室为矩形，墓道位于南壁正中。墓室中发现人骨与马、牛、羊骨等杂陈，还有少量禽骨。部分随葬的陶釜或陶罐中还装有牛距骨或羊脊骨。

4. 哈布其罕Ⅰ号墓地

该墓地位于和静县巴伦台镇西南16千米的哈布其罕沟，距沟东口6千米处的沟南台地②。共发掘墓葬42座，均为石围石室墓。发现有单人葬，双人合葬以及多人合葬墓。流行仰身直肢和侧身屈肢葬，头朝西。还发现相当数量的二次葬现象。共7座墓葬在墓室中发现祭肉，多数位于墓主头侧。祭肉种类以羊为主，马次之。祭肉部位多见肋骨，少见颈骨、蹄骨和牙等。

M13，石围石室墓。石围西侧为一祭祀坑。石室有二层砌石，内葬4人，2个二次葬。葬式为仰身直肢或俯身直肢，头朝西。南半部置一木框，内空无一物。在墓底最西端殉有一堆羊椎骨残片。

M9，石围石室墓。盖板为6块长条形石板。木门和墓道位于东部。墓室口砌石呈犬牙状，墓室底呈卵圆形。共葬有5个个体，3位成年男性、1位老年女性和1位青年女性。一位男性为仰身直肢葬，其余均为二次葬。墓室中还发现较多祭肉，有马颈骨、肋骨、牙齿、蹄骨和羊肋骨等。

5. 拜勒其尔墓地

该墓地位于和静县西南50余千米处的拜勒其尔村西约3千米处。共发掘墓葬12座③。墓葬类型主要有石围竖穴土坑墓，石围石堆墓和石围竖穴土坯墓。葬式以仰身屈肢为主，还有少量的俯身屈肢、侧身屈肢和仰身直肢。流行多人合葬，最多者可达50人。大部分头朝西和西北，少见头朝东、东北和东南。墓室中普遍发现祭肉，有羊骨和马骨，有的墓葬殉有5个以上羊头。如M205，土坑竖穴墓。共埋葬19个个体，以一次葬为主。人骨共分为五层。墓室内殉有羊头骨、肢骨等。

---

① 巴音郭楞蒙古自治州文物保护管理所：《新疆库尔勒市上户乡古墓葬》，《文物》1999年第2期，3-5页。

② 新疆文物考古研究所、静县民族博物馆：《和静哈布其罕Ⅰ号墓地发掘简报》，《新疆文物》1999年第1期，8-24页。

③ 新疆文物考古研究所：《和静拜勒其尔石围墓地发掘简报》，《新疆文物》1999年第3、4期，30-60页。

6. 哈布其罕沟萨拉墓群

该墓群位于和静县西北，天山山脉中段腹地，包括6处墓地，共发掘墓葬33座[①]。大西沟1号墓地6座、大西沟4号墓地1座、那仁哈布其罕沟墓地5座、乔恩恰克勒德克墓地15座、熊库勒乌兰墓地2座、大布斯台阿门墓地4座。墓葬类型主要为石围石室墓和石堆墓。其中大西沟1号墓地、大西沟4号墓地、那仁哈布其罕沟墓地和乔恩恰克勒德克墓地的部分墓葬发现有殉牲现象。

（1）大西沟1号墓地

该墓地位于和静县西北28.3千米，巴伦台镇西南153千米处。共发掘墓葬6座。均为石围石室墓。流行多人合葬，葬式多样。有4座墓葬发现殉牲。殉牲种类为马、牛和羊。

M4，石围石室墓。马镫形石围顶端朝西。石围西侧有马头坑，内殉马头和马腿。墓室位于石围内中部，墓道和墓门设于东南角。墓室底部人骨散乱。根据股骨统计，共葬有9位成年人。墓室中发现马头和羊骨。

M6，石围石室墓。石围呈马镫形，顶端朝西。石室呈椭圆形，内葬有3人。2人侧身屈肢葬，头西脚东，面部相对。1人骨骼混乱，应为最先葬入者。在其骨骼中发现有马牙、马肋骨和羊肋骨。

（2）大西沟4号墓地

该墓地位于和静县巴仑台镇西南15.6千米处，发掘石堆墓1座。

M1，大型石堆墓。地表为近圆形石堆。直径5米，高0.4米。墓室位于封堆下。墓口呈椭圆形。墓口西部有直径0.8米的红烧土遗迹。墓室内填土含大量石子。墓主为一位20岁左右女性。葬式为仰身直肢，头西脚东，面朝上。其右臂内侧发现羊尾椎骨。

（3）那仁哈布其罕沟墓地

该墓地位于和静县巴仑台镇西南13.6千米处。共发掘石围石室墓4座，石堆墓1座。石围墓M3和M4，以及石堆墓M5墓室内均发现有祭肉，种类为羊和马，祭肉部位为肋骨或肢骨。

M3，石围呈马镫形，顶端朝西北。石室内葬有3个体。头朝西北。头骨北侧放置铜刀和羊排骨块。

M5，石堆墓，墓向朝北。墓室平面呈椭圆形。墓室填土含大量石子。墓主为一儿童，仰身直肢，头朝北。右股骨西侧发现1块羊后肢骨。

（4）乔恩恰克勒德克墓地

该墓地位于和静县西北部巴伦台镇西26.2千米处。共发掘墓葬15座，均为石围墓。流行多人合葬，葬式多样。共5座墓葬在墓室中发现有祭肉，种类为马和羊。祭肉

---

① 新疆文物考古研究所：《和静县哈布其罕沟萨拉墓群第一次考古发掘简报》，《新疆文物》2015年第2期；新疆文物考古研究所：《新疆和静哈布其罕萨拉墓群2013年发掘简报》，《文物》2014年第12期，29-49页。

部位多为肋骨。1座墓葬设有马头坑，殉1马头。

M9，石围墓，墓室平面呈椭圆形。石室内葬有2人。一为仰身直肢葬，一为侧身葬，头皆朝南，面朝上。东侧放置羊肋骨。

M14，石围石室墓。石围平面呈马镫形，顶端朝南。石围南处设有马头坑，地表为近圆形石堆，内殉马头和牛下肢骨。墓室位于石围中部。平面呈椭圆形，剖面呈袋状。墓室内人骨散乱，根据头骨和股骨统计墓室内共计葬有13人。根据未被扰乱的人骨看，头多朝南，葬式以仰身直肢葬为主，直肢与屈肢葬并存。墓室中还发现有羊骨和马骨（图7.6-3）。

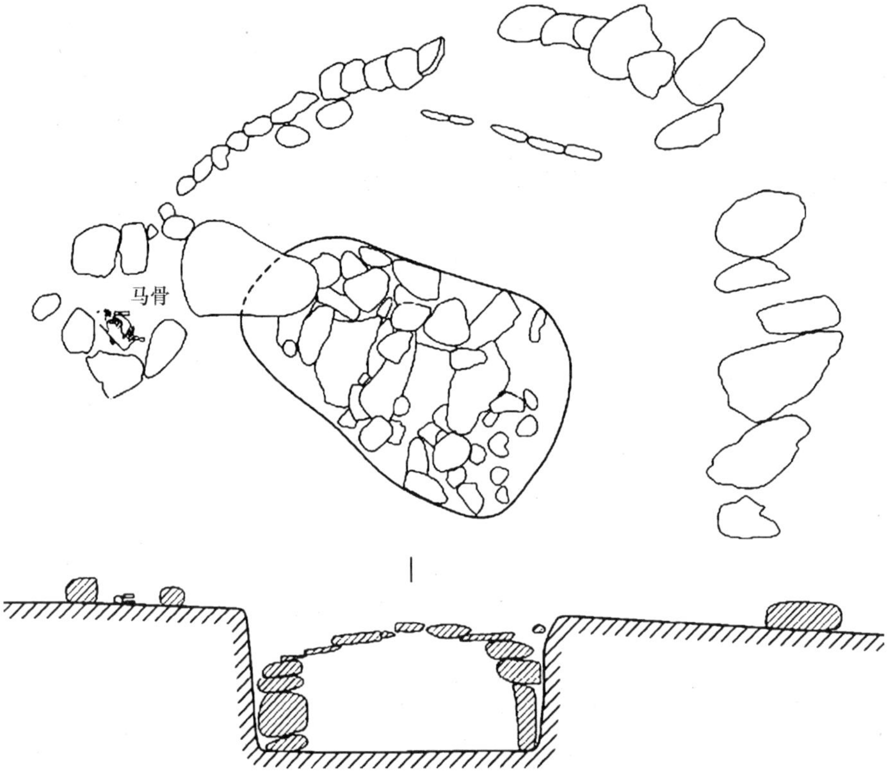

图7.6-3　乔恩恰克勒德克墓地M14平、剖面示意图

（二）群巴克类型

该类型遗存主要分布在轮台地区，目前发现的材料仍以群巴克墓地为主。流行封土竖穴土坑墓。群巴克墓地中存在少量殉牲现象。

群巴克墓葬位于轮台县西北约18千米的群巴克乡。共发现了3处墓地[①]。主要对其

① 中国社会科学院考古研究所新疆队、新疆巴音郭楞蒙古自治州文管所：《新疆轮台群巴克古墓葬第一次发掘简报》，《考古》1987年第11期，987-996页；中国社会科学院考古研究所新疆工作队、新疆巴音郭楞蒙古自治州文管所：《新疆轮台县群巴克墓葬第二、三次发掘简报》，《考古》1991年第8期，684-703页。

中的Ⅰ号和Ⅱ号墓地进行了发掘。共发掘Ⅰ号墓地43座墓葬，Ⅱ号墓地13座墓葬。其中仅有3座墓葬发现殉牲现象，均为封土竖穴土坑墓，封土下为一个或多个墓室。部分墓室设有短墓道，主墓周围又设几处小墓。小墓通常埋葬儿童或婴儿，少见成人。也有发现小墓中殉马头、骆驼头或完整的马或狗的现象。流行单人葬或多人合葬，葬式为仰身屈肢或侧身屈肢，头朝西北或东北。在墓室中也发现在陶罐或木盘中放置祭肉的习俗。现对几座典型殉牲墓葬做简要介绍。

ⅠM13，封土单室墓。墓主为1位35～40岁女性。头朝北，仰身屈肢。头顶有一双耳陶罐，内置1个羊距骨。

ⅡM7，封土多室墓。主墓位于墓葬中心，于东、西、北面又发现6座小墓。小墓中1座为空墓，其余分别埋入人骨、马头、陶器、少量马和羊骨等。主墓室为圆角长方形。墓室口上有东西向盖木，已被烧毁。墓室中共葬17人。小墓均没有火烧迹象。B墓底南部一木盘内盛2根羊肢骨和2块肩胛骨。E墓内仅殉1根马胫骨。F墓内埋1个马头，颅面向上，吻部向南。两侧各有一前后肢骨及马蹄，其西侧和后部又有几节脊椎骨和尾骨。

ⅡM10，封土墓。地面下无墓穴，以木柱立围成墓室和墓道。在墓室周围共有33座小墓，分别埋以婴儿、儿童、成人和马头、整马、整狗及羊骨等。

ⅡM10B′，小墓位于主墓室之北约7米处，椭圆形坑。内葬1个马头，颅面向上，吻部向南，两侧各放1个前腿和后腿及蹄骨，后侧放1个骶骨并连尾骨（图7.6-4，1）。

ⅡM10O，小墓位于主墓室东南约6米处，内葬1匹整马，侧卧，头北，四肢向左屈曲（图7.6-4，2）。

ⅡM10I，小墓位于主墓室南，圆形坑。内葬1个狗，侧卧，身体蜷曲，前后肢交叠，头朝东。

图7.6-4　群巴克古墓葬ⅡM10B′和ⅡM10O马头与马骨

1.ⅡM10B′　2.ⅡM10O

（三）克孜尔类型

该类型主要分布在拜城和库车地区。流行封土竖穴土坑墓。从现有的资料来看，在该文化类型的克孜尔吐尔墓地和拜城多岗墓地中均有发现殉牲现象。

1. 克孜尔吐尔墓地

该墓地位于拜城县东约47.5千米的克孜尔乡。共发掘27座墓葬①，均为石堆墓。石堆下为椭圆形或圆角长方形的竖穴土坑。墓葬可分为单人葬、男女双人合葬和多人合葬三种。在2座墓葬发现有随葬动物遗存，M20为放置在陶钵中的祭肉，M17则发现位于脚部的羊距骨。

M20，多人合葬墓。墓室呈椭圆形。系分两层的一次性集体合葬，每层葬一对成年男女。上层两人葬式为侧身屈肢，头向西，面相对。羊腿骨置于两者头部单耳彩陶钵内。下层两人葬式和祭肉均与上层相似。

M17，集体合葬墓，埋葬有5人，以一次葬为主。在墓室北部（脚部）发现羊距骨。

2. 拜城多岗墓地

该墓地位于拜城县亚吐尔乡都干买里村二组东北部约3千米处，共发掘墓葬100余座②。墓葬年代大致为公元前10～前4世纪。墓葬多为封堆竖穴土坑墓，墓室平面呈椭圆形，部分墓葬于东部设有二层台。据统计，共有10座墓葬发现有殉牲。祭肉多置于墓室内的陶钵或陶罐中，也有部分直接放置在墓室中。祭肉种类主要有羊和牛，部位多为羊肢骨和肩胛骨。

总之，察吾乎文化的三个类型在殉牲和祭肉上有一些区别。察吾乎类型的殉牲和祭肉习俗最发达，在墓葬的一旁还专门设立了马头坑，坑内殉马1～4个马头。这类马头坑在新疆地区以往文化遗存中没有发现。群巴克类型有殉牲、祭肉和随葬羊距骨的现象，且有随葬完整马匹和狗的情况。克孜尔类型仅发现有祭肉和随葬羊距骨的现象。

二、包孜东类型

该类型主要发现于库车到阿克苏一带。流行石堆墓和石围石堆墓。该类型殉牲遗存发现于库兰萨日克墓地和温宿包孜东墓地。

1. 库兰萨日克墓地

该墓地位于阿合奇县库兰萨日克乡西南约5千米的托什干河北岸。共发掘位于北区

---

① 新疆文物考古研究所：《新疆拜城县克孜尔吐尔墓地第一次发掘》，《考古》2002年第6期，14-29页。

② 中国社会科学院考古研究所、新疆维吾尔自治区阿克苏地区文物局、拜城县文物局：《拜城多岗墓地》，文物出版社，2014年。

的10座墓葬，均为圆形石围石堆墓，墓穴为圆角长方形竖穴土圹。M2和M3的墓室内二层台上均摆放1具羊骨架[①]。

2. 温宿包孜东墓地

该墓地位于温宿县包博孜墩柯尔克孜乡包孜东村西北。1985年和2008年先后共发掘6座墓葬[②]。仅1座墓葬随葬有动物骨骼，为发现于墓室中部的祭肉（羊距骨、牛骨），伴出有小铁刀。

总之，包孜东类型的考古发掘材料较少，仅在上述的2座墓葬中发现有羊骨架和羊距骨以及牛骨。殉牲和祭肉习俗在该类型遗存中都不流行。值得一提的是，在祭肉的旁边放置小刀是这一时期新疆地区的特点之一，小刀的用途应该与切割祭肉有关。

三、小　　结

在青铜时代至早期铁器时代，塔里木北缘地区主要存在四类文化遗存。大致在公元前1500～前1000年期间，分布在焉耆盆地的新塔拉类型遗存以及分布在库车地区的哈拉墩早期遗存墓葬均未发现有殉牲现象。进入公元前1千纪以后，西起焉耆盆地，东至库车一带广泛分布察吾乎文化遗存。晚期在库车和阿克苏一带分布着包孜东类型遗存。本节梳理的殉牲材料，主要发现于察吾乎文化和包孜东类型遗存。殉牲种类主要为羊和马，说明在公元前1千纪，该地区人群所从事的畜牧业以马和羊为主。

察吾乎文化中不同类型遗存的殉牲习俗存在区别。以焉耆盆地为中心的察吾乎类型流行于墓室外设马头坑，也有部分墓葬于墓室内放置祭肉。轮台地区的群巴克类型则流行将祭肉放置于墓室内随葬陶器或木器中，同时也出现大型集体合葬墓将殉牲置于主墓周围的小墓（祭祀坑）中的情况。拜城-库车地区的克孜尔类型仅流行在随葬陶器内放置祭肉的殉牲习俗。从殉牲习俗来看，察吾乎文化的三种不同类型遗存之间存在一定的相似性。

包孜东类型遗存的殉牲习俗则与察吾乎文化遗存存在较大的区别。出现在墓室中设二层台放置整羊殉牲的现象，从殉牲习俗上，包孜东类型遗存和察吾乎文化差异明显。包孜东类型遗存相对年代晚于察吾乎文化，也可能受到其他地区文化的影响形成截然不同的殉牲习俗。

---

①　新疆文物考古研究所：《阿合奇县库兰萨日克墓地发掘简报》，《新疆文物》1995年第2期，20-28页。

②　新疆维吾尔自治区博物馆：《温宿县包孜东墓葬群的调查与发掘》，《新疆文物》1986年第2期，1-9页；新疆维吾尔自治区博物馆考古部等：《2008年温宿县博孜墩古墓发掘简报》，《新疆文物》2008年第3、4期，44-78页。

第七节　塔里木西南缘区

塔里木西南缘区位于新疆西南部，地势由西南向东北倾斜，西南部为喀喇昆仑山，中部为叶尔羌河冲积平原，东部为塔克拉玛干沙漠。西部与塔吉克斯坦和阿富汗交界，是古代东西方交流的重要通道。这一时期的文化遗存有安德罗诺沃文化、阿克塔拉类型和香宝宝类型。阿克塔拉墓地中未发现任何与殉牲有关的遗存①，香宝宝墓地仅在M37中发现有祭肉现象②。安德罗诺沃文化发现有较多的殉牲，下坂地墓地为该文化的典型墓地，且是唯一经过科学发掘并发表报告的墓地。现对该墓地的殉牲情况分析如下。

下坂地墓地位于新疆喀什地区塔什库尔干塔吉克自治县班迪乡辛迪村和下班迪村境内。2003年新疆文物考古研究所对塔什库尔干河北岸AⅠ、AⅡ、AⅢ、AⅣ和AⅤ号墓地进行了考古发掘，共发掘了150座墓葬。其中AⅡ的92座墓葬属于安德罗诺沃文化。在92座墓葬中共有16座墓葬发现动物遗存，占17.4%。殉牲动物中羊的数量最多，其中可鉴定种属的均为山羊。墓葬中仅发现了1匹马，另有一些种属不明的动物。殉牲部位绝大多数为山羊头、羊椎骨、羊肋骨和羊跟骨。山羊头骨一般摆放在墓底墓主人上半身旁和随葬的陶罐旁，而山羊脊椎骨和骶骨等多放在陶罐内。这也是典型的殉牲与祭肉之间在摆放位置上的不同。从殉牲墓葬形制看，有14座竖穴土坑墓和2座竖穴石棺墓，前者远多于后者。墓地中唯一的1匹马出现在男性墓葬中。有殉牲和祭肉的所有墓葬几乎都是成年人墓葬，未发现未成年人单独埋葬且随葬动物的现象（表7.7-1）。这些也反映出不同人群对殉牲和祭肉的使用有一定的差异。值得一提的是，我们在其他地区也发现了较多安德罗诺沃文化的墓葬，且其殉牲和祭肉习俗不是很流行。这表明下坂地墓地为代表的人群在喀什地区逐渐改变了以往的生活方式和丧葬习俗。

表7.7-1　下坂地墓地（安德罗诺沃文化）的殉牲情况

墓号	墓葬形制	墓主情况			葬式	殉牲动物种类、数量	殉牲摆放位置
		人数	年龄	性别			
AⅡM047	竖穴土坑墓	1	成年	女	侧身屈肢葬	山羊头1	置于头顶陶罐上
AⅡM048	竖穴土坑墓	1	成年	男	侧身屈肢葬	山羊头1	置于腿外陶罐旁
AⅡM061	竖穴土坑墓	1	成年	男	侧身屈肢葬	山羊头1	置于死者右臂上
AⅡM104	竖穴土坑墓	1	成年	男	半俯身屈肢葬	羊脊椎骨	置于头前方木盘上

① 新疆维吾尔自治区博物馆考古队：《新疆疏附县阿克塔拉等新石器时代遗址的调查》，《考古》1977年第2期，107-110页；新疆社会科学院考古研究所：《新疆考古三十年》，新疆人民出版社，1983年，38、39页；

② 新疆社会科学院考古研究所：《帕米尔高原古墓》，《考古学报》1981年第2期，199-216页。

续表

墓号	墓葬形制	墓主情况			葬式	殉牲动物种类、数量	殉牲摆放位置
		人数	年龄	性别			
AⅡM031	竖穴土坑墓	2	成年	男1 女1	半俯身屈肢葬	羊肋骨、山羊头1	羊肋骨置于男性头顶陶罐内，陶罐旁放置山羊头
AⅡM036	竖穴土坑墓	2	成年 婴儿	女1 婴儿1	俯身屈肢葬	羊骨少许	置于封堆南侧的附葬坑底部
AⅡM079	竖穴土坑墓	?	?	?	?	小动物骨	填土中
AⅡM052A	竖穴土坑墓	2	成年	男1、 女1	侧身屈肢葬	羊肋骨	置于男性头前的木盘上
AⅡM072	竖穴土坑墓	?	?	?	?	兽、禽类骨骼	A墓室填土内与B墓室墓底
AⅡM011	竖穴土坑墓	?	?	?	?	小动物骨头	墓底
AⅡM068	竖穴土坑墓	?	?	?	?	一堆动物骨骼，至少有马2、羊1	墓底
AⅡM013	竖穴偏室土坑墓	1	成年	男	仰身直肢截肢葬	1匹马、羊后腿骨	马放置于竖穴中、羊后腿骨放置于马后腿旁
AⅡM033	竖穴石棺墓	?	?	?	?	少许羊骨	放置于墓口东南三块小石片上
AⅡM034	竖穴石棺墓	?	?	?	?	黄毛山羊1	墓室口部
AⅡM062	竖穴土坑墓	?	?	?	?	羊肋骨、跟骨	随葬品附近
AⅡM047	竖穴土坑墓	1	成年	女	侧身屈肢葬	山羊头1	置于头顶陶罐上

第八节　塔里木南缘区

塔里木南缘区主要包括和田地区和巴音郭楞蒙古自治州的且末地区，处于塔里木盆地的南部。这一地区的遗存可分为尼雅北部类型、流水文化和扎滚鲁克文化。因尼雅北部类型遗存的资料来源以调查为主，没有正式发掘过的墓地，因此本节仅对流水文化和扎滚鲁克文化的殉牲问题进行探讨。

一、流水文化

该文化是以流水墓地为代表的一类遗存。流水墓地位于于田县阿羌乡流水村附近，克里雅河与流水河交汇的阿克布拉克台地上。2003～2005年中国社会科学院考古研究所新疆队在该墓地共发掘墓葬52座，年代大体为公元前1千纪初①。此类墓葬可以

① 中国社会科学院考古研究所新疆队：《于田县流水墓地考古发掘简介》，《新疆文物》2006年第2期，38-44页；《新疆于田县流水青铜时代墓地》，《考古》2006年第7期，31-38页。

分为石堆墓和石围墓两种类型。从已发表的数据上看，仅2座墓葬中发现有殉牲。殉牲主要以马的头骨为主，且数量较少，有的马头还配备有铜马衔和马镳。另有极少量的羊骨，可能作为祭肉使用。

M10，石围墓。石围在地表之下，石围南部边缘已裸露在断崖上，石围大致呈圆形，由卵石组成，墓室为竖穴土坑，位于石围中部偏东，大致呈圆角长方形，东西向，墓口填土中有卵石、砾石和山羊骨。墓室东部出土1具骨架，侧身屈肢，头向东，面向南。墓底有条木腐朽的灰褐色痕迹，可能是葬具。在墓室西部北侧出土有马头骨，其下颚处发现铜马镳和马衔。

M55，石围墓，墓向正东西。南部有一石堆与之相连。石围东北部卵石稀疏，石围外有零星散石。墓室近似椭圆形，正东西向，墓室填土中发现1个马头。

总之，以流水墓地为代表的流水文化中殉牲和祭肉习俗并不流行，仅极特殊的社会成员才使用殉牲和祭肉。

二、扎滚鲁克文化

该文化主要分布于新疆南部的车尔臣河和克里雅河流域。目前该文化遗存已经发表的资料包括扎滚鲁克一号墓地、扎滚鲁克二号墓地①、加瓦艾日克墓地②、古大奇墓地③、圆沙古城及周边墓地④。现对该文化各墓地的殉牲进行探讨（扎滚鲁克一号墓地、圆沙古城及周边墓地未发现殉牲，故下文未提及）。

1. 扎滚鲁克一号墓地

该墓地位于且末县托格拉克勒克乡扎滚鲁克村西2千米绿洲边缘的戈壁地带，处于车尔臣河西约10千米的堆积阶地上，曾进行过多次发掘⑤。该墓地发现有随葬动物的有M2、M11、M12和M102。据笔者统计，这些墓葬中均随葬羊排骨，仅M12发现有马的肩胛骨。这些都应属祭肉习俗，主要是供墓主死后享用。

2. 加瓦艾日克墓地

该墓地位于且末县托格拉克勒乡加瓦艾日克村。1995年中国社会科学院考古研究

① 新疆维吾尔自治区博物馆、巴州文管所、且末文管所：《且末扎滚鲁克二号墓地发掘简报》，《新疆文物》2002年第1、2期，1-21页。

② 新疆社会科学院考古研究所新疆队、新疆巴音郭楞蒙古自治州文管所：《新疆且末县加瓦艾日克墓地的发掘》，《考古》1997年第9期，67-77页。

③ 新疆文物考古研究所：《且末县古大奇墓地考古发掘报告》，《新疆文物》2013年第3、4期。

④ 新疆文物考古研究所等：《新疆克里雅河流域考古调查概述》，《考古》1998年第3期，3-5页。

⑤ 新疆维吾尔自治区博物馆、巴音郭楞蒙古自治州文物管理所、且末县文物管理所：《新疆且末扎滚鲁克一号墓地发掘报告》，《考古学报》2003年第1期，89-136页。

所在该墓地清理墓葬12座，发表了4座墓葬的信息。除M6的年代在东汉时期外，M1、M3和M5与扎滚鲁克一号墓地大体同时。其中M1和M3出土有动物骨骼。M1的第3层填土中发现椭圆形木盘中放置1个羊腿，这是典型的祭肉习俗。M3在第1层乱骨中发现有1个马头骨，另在填土及中层和下层的骨架中还发现有少量散乱的羊肢骨和肋骨。该墓中殉牲和祭肉习俗共时共存。

3. 古大奇墓地

该墓地位于且末县阿羌乡村东北10千米处，昆仑山北麓古大奇萨伊东岸。2013年新疆文物考古研究所在该墓地清理墓葬。墓葬地表情况不明，均为竖穴土坑墓，4处墓葬中存在有随葬动物现象。

M2，竖穴石室，石室底部距离现地表3.6米。石室底部沿竖穴墓壁竖立大块板状石块作为侧板，侧板上又横向压放长条状石块，并逐渐内收在顶部用大石板封盖。石室呈东北西南向，长2.8、宽1.6、深1.3米。石室内人骨散乱，残存有头骨、股骨、盆骨和胫骨等，头骨被扰至墓室中部近南壁处。在人骨下铺有芨芨草状植物。在墓室东侧散乱分布有5个羊头，其中3个为山羊、2个为绵羊。

M4，竖穴石室墓，石室底部距离现地表3.7米。石室呈东北西南向，西侧已被洪水冲毁，残长1.6、宽1.1、高1.1米。墓主葬式仰身直肢，头骨被扰至北侧羊头上，肩胛骨位于墓室东南角，下肢的胫、腓骨等已被洪水冲走，在未被扰动过骨骼下发现有朽蚀的木板痕迹。在墓室北壁依次放置有7个羊头，其中3个山羊、4个绵羊。

M5，竖穴石室墓，石室底部距离现地表4米。石室呈东北西南向，西侧已被洪水冲毁，残长1.8、宽13、高1.1米。墓主葬式仰身直肢，头骨不存，根据其他骨骼推测头向为头东脚西。墓主为中年女性。在墓主右臂外侧靠墓室北壁处出土有羊腿骨、肋骨和脊椎骨等。在右股骨外侧近北壁处发现有1个羊头。

除M5为羊头及羊的腿骨、肋骨等外，其余墓葬都以羊头作为殉牲的部位。该墓地的文化面貌与扎滚鲁克文化其他墓地有所区别，这点在殉牲习俗上体现的较为明显。其他墓地少见殉牲现象，均以祭肉为主，说明在该文化人群中不流行殉牲习俗，但在古大奇墓地中都以羊头作为殉牲的主要对象。

三、小　　结

塔里木南缘区流水文化的殉牲主要以马的头骨为主，数量较少，目前仅2座墓葬中存在有殉牲现象，说明在流水文化人群中不流行殉牲习俗。在扎滚鲁克文化多以祭肉习俗为主，殉牲习俗仅在古大奇墓地中略有发现。但古大奇墓地中一次性埋葬5～7个羊头的情况，在该地区乃至整个新疆地区均为少见。考虑到古大奇墓地与周邻地区的关系密切，故笔者认为该墓地的殉牲习俗可能受到了其他地区的影响。

第九节　塔里木东缘区

塔里木东缘区，主要指现在的罗布泊地区，包括孔雀河下游和塔里木河下游地区。在本书研究的范围内该地区的考古学文化仅有小河文化。小河文化是以小河墓地命名的早期青铜时代重要的一支考古学文化。该文化主要分布在孔雀河和塔里木河下游的罗布泊地区和克里雅河下游地区。经过系统发掘的仅有小河墓地和古墓沟墓地，而仅在小河墓地发现有殉牲。

小河墓地位于罗布泊地区孔雀河下游河谷以南约60千米的荒漠之中。该墓地位于孔雀河支流——小河东4千米处的一个椭圆形沙山上，呈东北—西南向。高出地表7.75、东西长74、南北宽35米。实测总面积达2500平方米。墓地在四周平坦、低矮的沙丘簇拥下显得特别高大，格外引人注目。可谓方圆4～5千米范围内的明显标志物。2002～2005年新疆文物考古研究所等单位对该墓地进行了全面系统的发掘，共清理了167座墓葬[①]。该墓地仅发表了2002年的4座墓葬和2003年的5座墓葬的材料。其中仅在位于南区的2座墓葬（M13和M24）中发现有殉牛头的情况，均摆放在成年墓主人的胸口位置。这应该是代表了墓主人特殊的身份地位，也是一种特殊的标识性习俗。除此之外，在其余墓葬中发现有随葬动物耳尖和用牛皮包裹木棺的现象。由于小河墓地的材料还没有全部发表，故对该墓地的殉牲习俗还不是很清楚。可以肯定的是，小河墓地的殉牲特点与周边地区差异较大，代表了该人群独特的文化面貌和丧葬习俗。

总之，以小河墓地为代表的小河文化的殉牲习俗似乎不是很流行，仅少数墓葬中殉牛头。另有1座墓葬中发现有1张羊皮，而没有发现游牧经济中占有重要地位的马。笔者认为在该文化中只有身份等级较高的社会成员才有可能殉葬牛头、随葬动物耳尖以及使用牛皮包裹木棺。同时，也表明该文化的经济类型可能为有一定畜牧业成分的绿洲农业经济，而非专业化的游牧经济。

第十节　小　　结

本章的前九节内容，分别对准噶尔北缘区、东部天山区、中部天山区、伊犁河谷区、准噶尔西缘区、塔里木北缘区、塔里木西南缘区、塔里木南缘区和塔里木东缘区等九个区域殉牲和祭肉的情况进行了讨论。各区在墓葬和祭祀坑中是否使用动物遗存，以及如何使用动物遗存方面存在着较大的差异。这既是受到各地自然地理环境差

① 新疆文物考古研究所：《2002年小河墓地考古调查与发掘报告》，《新疆文物》2003年第2期，8-34页；新疆文物考古研究所：《2002年小河墓地考古调查与发掘报告》，《边疆考古研究》（第3辑），科学出版社，2004年，338-398页；新疆文物考古研究所小河考古队：《罗布泊小河墓地考古发掘的重要收获》，《吐鲁番学研究》2005年第1期；新疆文物考古研究所：《新疆罗布泊小河墓地2003年发掘简报》，《文物》2007年第10期，4-42页。

异的影响，更是人群文化传统差异的表现。笔者认为殉牲和祭肉在新疆地区的流行，其背后也是各人群畜牧和游牧经济发展以及各文化间密切互动的结果。从历时性的角度来看，新疆地区的殉牲和祭肉大体经历了三个大的阶段：第一阶段，公元前3千纪中叶到公元前2千纪中叶；第二阶段，公元前2千纪中叶至公元前1千纪初；第三阶段，公元前1千纪初至西汉初期。

1. 第一阶段：公元前3千纪中叶到公元前2千纪中叶

公元前3千纪下半段的文化遗存主要有阿凡纳谢沃文化、切尔木切克文化和以阿勒腾也木勒水库墓地M74为代表的遗存。除切尔木切克文化外，另两个文化遗存中均未发现殉牲和祭肉的现象。切尔木切克文化的命名地切木尔切克墓地仅1座墓葬中发现了羊距骨。在该文化早期阶段的托干拜2号墓地中发现有可能是一只整羊。托干拜2号墓地有三组人骨的^{14}C数据，树轮校正后年代范围在公元前2500～前2150年。这种墓葬中埋葬一只整羊的做法是目前在新疆范围内最早的殉牲。进入公元前2千纪上半段，随着青铜文化在新疆地区的不断发展，各地出现了不同的考古学文化。祭肉习俗开始出现，并得到了广泛传播。从境外草原进入准噶尔西缘区和伊犁河谷区的安德罗诺沃文化，东天山区的天山北路文化，以及中部天山区的萨恩萨伊类型早期遗存中出现有祭肉习俗。伊犁河谷区的安德罗诺沃文化早期出现了较多的以羊肋骨和马肋骨作为祭肉的现象。相反，在准噶尔西缘区的安德罗诺沃文化中却没有发现任何殉牲和祭肉的现象。这可能与两地人群的来源有一定的关系。东部天山区天山北路文化出现了埋葬羊和牛骨的现象，且以羊肢骨作为祭肉的习俗十分流行。萨恩萨伊墓地早期类型遗存仅3座墓葬发现有祭肉现象，没有发现其他殉牲。塔里木东缘区小河文化的墓葬中发现有殉牛头，以及随葬动物耳尖和使用牛皮包裹木棺的现象。其中殉牛头的情况在新疆地区是比较早的发现。总之，这一时期在新疆的北部地区发现了祭肉的现象，东部区出现了殉牛头的情况。这应该与各地畜牧经济的发展程度以及外来因素的传入有着密切关系。

2. 第二阶段：公元前2千纪中叶至公元前1千纪初

进入公元前2千纪下半段，新疆各地文化遗存的数量迅速增加，文化面貌更加复杂。在伊犁河谷区安德罗诺沃文化晚期的墓葬（阔克苏西2号墓地）中发现1例殉马头的殉牲现象，这有可能是这一地区使用马头作为殉牲的开端。安德罗诺沃文化人群向南进入到塔里木西南缘区，形成了以下坂地墓地为代表的文化类型。下坂地墓地的殉牲率为17.4%，殉牲动物中山羊占了绝大多数，仅在1座男性墓中埋葬1匹马，另有一些种属不明的动物。笔者认为这群人可能与上一阶段伊犁河谷区的安德罗诺沃文化人群是同一群人，两者在墓葬中均使用动物遗存，且都有殉牲和祭肉的习俗。准噶尔北缘区的库西类型、中部天山区的水泥厂类型和乱杂岗子-半截沟文化、塔里木北缘区的哈拉墩早期遗存和新塔拉类型、塔里木西南缘区阿克塔拉类型、塔里木南缘区的尼雅北部类型、东部天山区的焉不拉克文化早期墓葬中均未发现殉牲和祭肉现象。东部天山区的南湾类型中确定有祭肉，但具体情况不详。值得注意的是，发现有殉牲的塔里木西南缘区和东部天山区分别位于新疆地区的最西部和最东部。笔者认为这不是偶然的巧合，很有可能与这两个地区的自然地理环境和畜牧业发展的进步有一定的关系。

3. 第三阶段：公元前1千纪初至西汉初期

公元前1千纪后，欧亚草原地区纷纷进入早期铁器时代，新疆地区的诸多考古学文化更显复杂性和多样性。这一时期的殉牲和祭肉习俗广泛流行于新疆大部分地区。东天山区的哈密盆内有发达的焉不拉克文化，该文化既有以羊肢骨和骶骨作祭肉，又有以马头和羊头作殉牲。同时还发现了殉狗坑，其内葬1个狗。殉狗的现象在新疆地区是第一次发现。东天山区巴里坤地区的石人子沟类型遗存中有以完整的马和骆驼作殉牲的习俗，且多出自专门的殉葬坑。这类遗存的殉牲特点表现出了较大的相似性，也印证了这类遗存被单独归为一类的合理性。中部天山区的萨恩萨伊类型晚期遗存的殉牲习俗非常普遍，多为羊和马的头骨与蹄骨的组合。这与北方长城地带东周时期的殉牲特点几乎一致。同时，在马口中发现马衔和马镳的情况在新疆地区较少见，但在北方长城地带和欧亚草原东部区的图瓦和阿尔泰地区较常见。笔者认为萨恩萨伊类型晚期遗存的殉牲习俗同时受到了北方长城地带和欧亚草原东部区的影响。萨恩萨伊类型晚期遗存之后兴起的是苏贝希文化，该文化的殉牲和祭肉习俗均很流行，特别是祭肉之风盛行。殉牲主要有羊头和蹄骨，以及极少量的马头。作为祭肉的动物绝大多数为羊的肢骨、肩胛骨和骶骨，以及极少量的马肩胛骨。另外一些墓葬中出土了少量的羊距骨。准噶尔北缘区的东塔勒德类型和塑柯尔特类型都有殉葬完整马匹的现象，据此笔者认为两者应为巴泽雷克文化的地方类型。准噶尔西缘区以白杨河墓地为代表的遗存中仅有祭肉习俗。伊犁河谷区的索墩布拉克文化的各个阶段祭肉习俗均较盛行。同时该文化的晚期出现了殉以完整马匹或马头、四肢的殉牲现象。殉牲的出现可能反映了该文化人群游牧经济的发展以及与周边地区文化之间的交流。笔者认为该文化早期的祭肉习俗应是继承了当地更早阶段安德罗诺沃文化的传统，而殉马的习俗应受来自北部阿勒泰地区或其他地区游牧民族的影响。塔里木北缘区的察吾乎文化的三个类型在殉牲和祭肉上有一些区别。察吾乎类型的殉牲和祭肉习俗最发达，在墓葬的一旁还专门设立了马头坑，坑内殉1～4个马头。这类马头坑是新疆地区以往文化遗存中不见的。群巴克类型有殉牲、祭肉和随葬羊距骨的现象，且有随葬完整马匹和狗的情况。克孜尔类型仅发现有祭肉和随葬羊距骨的现象。塔里木北缘区的包孜东类型仅有祭肉现象。塔里木西南缘区的香宝宝类型中仅发现1例祭肉情况。塔里木南缘区的流水文化中仅有2例殉牲和1例祭肉的现象。塔里木西南缘区的扎滚鲁克文化中祭肉习俗很盛行，但在古大奇墓地中一次性随葬5～7个羊头的情况，在该地区乃至整个新疆地区都较为少见。

第八章　境外欧亚草原东部区的殉牲

欧亚草原是世界上最宽广的草原地带，自欧洲多瑙河下游起，呈连续带状往东延伸，经东欧平原、西西伯利亚平原、哈萨克丘陵、萨彦-阿尔泰山系、蒙古高原，直达中国东北松辽平原，东西延绵一万多千米，南北则从俄罗斯的西伯利亚南部森林延伸至今天哈萨克斯坦、乌兹别克斯坦等国沙漠边缘。这一地区地理环境多种多样，在北部，草原自然地延伸到森林地区，形成了森林草原过渡地带；在南部，草原向沙漠过渡，形成了荒漠草原地带；中间是典型草原半干旱草原①。欧亚草原地带基本属于温带大陆性气候，干燥少雨，土壤较为贫瘠，不适宜耕种，但丰富的草场资源为畜牧业的发展提供了便利的条件②。因此几千年来，畜牧经济一直是这一地区居民的主要经济方式。本书重点讨论的中国北方地区是中原农业人群与境外欧亚草原人群接触的前沿地带和缓冲地带，在整个欧亚大陆内部的社会发展和文化进步上有着重要的地位。同时，与中国北方地区联系最密切的是欧亚草原东部区，即欧亚草原地区中的亚洲草原的东部。本书中的这一地区具体包括俄罗斯图瓦地区、阿尔泰地区和米努辛斯克盆地，蒙古国以及哈萨克斯坦的部分地区。现按照青铜时代至早期铁器时代具体的考古学文化的相对早晚为序进行讨论。

第一节　阿凡纳谢沃文化的殉牲

阿凡纳谢沃文化最早发现于叶尼塞河中游的米努辛斯克盆地阿凡纳谢沃山下巴杰尼村附近的一处墓地。1929年，С. А. 捷普劳霍夫（С. А. Теплоухов）以阿凡纳谢沃山命名了这类遗存③。该文化主要以墓葬为主，有少量的聚落址。主要分布在阿尔泰地区和米努辛斯克盆地，在蒙古国中西部和中国新疆地区也有少量分布。根据俄罗斯学者最新的研究成果，将其年代大体定为公元前3100～前2500年④。

---

① V. Dergachev. Neolithic and Bronze Age culture communities of steppe zone of the RSSR. Antiquity, 1989, 6 (3): 793-802.

② 李刚：《中国北方青铜器的欧亚草原文化因素》，文物出版社，2011年，15页。

③ С. В. Киселев. Древняя история Южной Сибири. Изд-во Академии Наук СССР МОСКВА, 1951.

④ Н. Ф. Степанова, А. В Поляков. Могильник афанасьевской культуры Карасук III: ре-зультаты новых исследований. Древности Восточной Европы, Центральной Азии и Южной Сибири в контексте связей и взаимодействий в евразийском культурном пространстве (новые данные и концепции). Материалы междуна-родной конференции 18-22 ноября 2019 г., Санкт-Петербург. — СПб.: ИИМК РАН; Невская Типография, 2019. — Т. II. — С. 74-77.

据目前掌握的资料来看，阿凡纳谢沃文化的遗址主要集中分布于戈尔诺-阿尔泰地区和米努辛斯克盆地。在戈尔诺-阿尔泰地区共发现了117处遗址。米努辛斯克盆地发现了47处，其中有33处为墓地，现已发掘200余座墓葬①。

在已发表的考古资料中，我们并未找到有明确发现殉牲的相关记载。但根据A．B．帕列科夫（А. В. Поляков）的研究，阿凡纳谢沃文化的墓葬中出土有牛、绵羊和马等，其中绵羊占75%、牛占17%、马占8%。这说明该文化人群的早期畜牧经济有了一定程度的发展，畜群的结构以羊居多，牛次之，马最少。根据吉谢列夫的介绍，在阿凡纳谢沃山附近的墓葬中还出土了少量的狐狸、野猪、狍子和鹿等野生动物。在有些墓葬中还发现有梭鱼等鱼类骨骼②。有学者根据出土动物骨骼比例推测，在居民的饮食结构中，陆生动物的肉类占55%～65%，鱼类占35%～45%③。这说明狩猎业和渔猎业在阿凡纳谢沃文化居民生活生产中占据重要地位。

值得一提的是，1971、1975年，蒙古-苏联考察队和蒙古社会科学院考古研究所，在蒙古国中部图音河上游的希塔日朝鲁墓地发掘了几座阿凡纳谢沃文化墓葬。墓葬地表呈圆形封石堆，封石堆中心位置有椭圆形墓坑。屈肢葬，头向东，未发现随葬品。个别墓葬的封石堆或封石堆下发现有猪齿骨。希塔日朝鲁墓地是目前发现的该文化墓葬分布的东界④。

通过A. B. 帕列科夫的研究，我们大体了解了阿凡纳谢沃文化个别墓葬中殉牲动物的概况，但具体是哪一个墓地以及殉牲动物的准确数量和具体部位等其他相关信息均未提及。我们根据其他聚落址中发现的动物遗存信息，大体推测各类动物的数量不会很多。以马林杜坎遗址为例⑤，在阿凡纳谢沃文化的地层中，家养动物的数量分别为羊28、牛6、马4。考虑到该文化的考古发掘大部分都是20世纪末之前进行的，且聚落址中发现了一定数量的家养动物和野生动物，并结合A. B. 帕列科夫的研究，阿凡纳谢沃文化应该存在少量的殉牲现象。遗憾的是，在我们整理的众多墓葬材料中确实未发现有殉牲的文字和图表记录。

第二节　奥库涅夫文化的殉牲

奥库涅夫文化（Окуневская культура）以20世纪20年代C．A．捷普劳霍夫在乌依巴特河畔附近的奥库涅夫村发现的墓地而得名。该文化最初被视为安德罗诺沃文化遗

① Э. Б. Вадецкая, А. В. Поляков, Н. Ф. Степанова. Свод Памятников Афанасьевской культулы. Барнаул, 2014.

② 吉谢列夫：《南西伯利亚古代史》（上册），新疆社会科学民族研究所，1981年。

③ Э. Б. Вадецкая, А. В. Поляков, Н. Ф. Степанова. Свод Памятников Афанасьевской культулы. Барнаул, 2014.

④ В. В. Волков.Курганы афанасьевского типа в Монголии. Sudia archeologica. Улаанбаатар, 1980.

⑤ Н. Ф. Степанова, А. В. Поляков. Афнасьевский Сборник. Барнаул, 2010.

存[①]，直到20世纪60年代才将其独立命名为一支考古学文化[②]。其年代大体为公元前26世纪至公元前18世纪[③]，主要分布于叶尼塞河中游的米努辛斯克盆地，图瓦地区和蒙古国西北部也有少量分布。奥库涅夫文化遗存以墓葬为主，聚落遗址罕见。在诸多典型墓地中，有殉牲的墓地相对较少，主要有巴兹-米特罗格（База Минторга）[④]、赛特5号（Сыда V）[⑤]、塔斯哈扎（Тасхазаа）[⑥]和维尔赫-阿斯克孜1号（Верхний Аскиз I）[⑦]等墓地。

一、巴兹-米特罗格墓地

该墓地位于俄罗斯米努辛斯克市东南约4千米处，叶尼塞河一级台地上。墓地共发现有5座墓葬和11座祭祀坑（图8.2-1）。

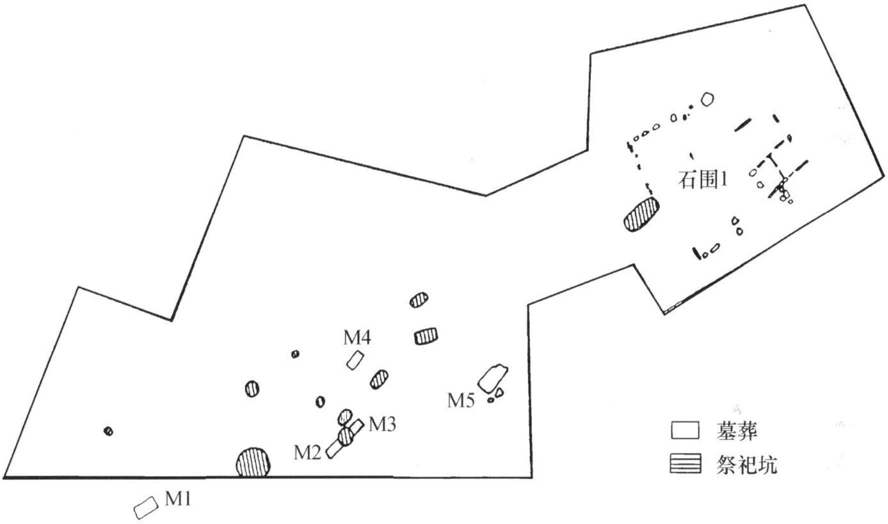

图8.2-1　巴兹-米特罗格墓地平面示意图

① С. А. Теплоухов. Опыт классификации древних металлических культур Минусинского края. МЭ, Т. IV, вып. 2, Л., 1929.

② Д. Г. Савинов, М. Л. Подольский. Окуневский сборник. Санкт-Петербург, 1997.

③ А. В. Поляков. Радиоуглеродные даты окуневской культуры. Записки института истории материальной культуры., 2017, C52-74.

④ А. Нагер, Г. Парцингер. Новые памятники окуневской культуры в центральной части Минусинской котловины. Окуневский Сборник культура и ее окружение 2. Санкт-Петербург, 2006, C104-120.

⑤ М. Р. Грязнов, М. Н. Комарова. Сыда V – могильник окуневской культуры. Окуневский сборник культура и ее окружение 2. Санкт-Петербург, 2006, C53-59.

⑥ А. Н. Липский, Э. Б. Вадецкая. Могилькик Тасхазаа. Окуневский Сборник-культура и ее окружение 2. Санкт-Петербург, 2006, C9-52.

⑦ И. П. Хаврин. Могильник Верхний Аскиз I. Окуневский Сборник. Санкт-Петербург, 1997, C65-80.

该墓地的5座墓葬中均未发现任何动物遗存，但在11座祭祀坑中均发现有动物遗存。1号祭祀坑内底部散落马的头骨和羊的四肢骨（图8.2-2）。2号祭祀坑内也散落动物骨骼，但其种属无法辨明。3号祭祀坑底部放置有羊的下颌骨、椎骨和肢骨。4号祭祀坑内的动物种类无法辨明。5号祭祀坑底部放置有6个牛的头骨和一些肢骨（图7.8-2）。6号祭祀坑内的动物种类无法辨明。7号祭祀坑内放置4个牛的头骨和一些肢骨。8号祭祀坑内的动物种类无法辨明。9号祭祀坑内放置有2个相对完整的羊头骨和5个羊的下颌骨。10号祭祀坑内放置有羊的下颌骨和四肢骨。11号祭祀坑内放置有野生动物的牙齿。

从墓地发现的殉牲动物种类上看，以羊为主，其次为牛和马。从殉牲动物的部位看，除3号祭祀坑发现有羊的椎骨，其他的祭祀坑均为动物头骨和肢骨。祭祀坑内出现的均是畜牧经济常见的动物，说明这个墓地背后所代表的人群从事畜牧业的生产活动。从动物的种类上，可以看出其畜群结构，以羊居多，其次为牛和少量的马。在11号祭祀坑内放置的野生动物的牙齿也表明，这一人群存在着一定的狩猎经济。

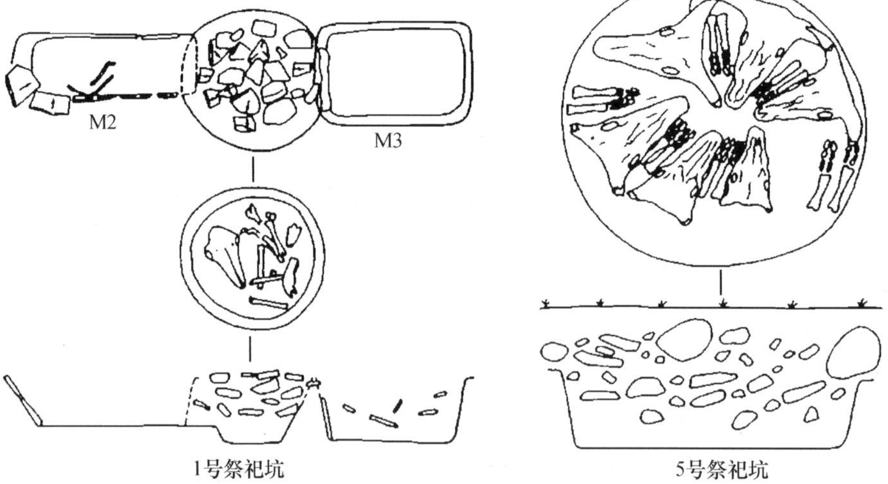

图8.2-2　巴兹-米特罗格墓地1、5号祭祀坑

二、其他墓地的殉牲

除巴兹-米特罗格墓地外，其他墓地也存在少量的殉牲现象。例如在塞达5号墓地的M9和维尔赫-阿斯克孜1号墓地的M10内葬有马的头骨和四肢骨；乌依巴特5号墓地M2墓主为1位未成年人，在其头部附近摆放有242颗黑貂的牙齿。初步推测其为生前玩具的可能性较大。塔斯哈扎墓地M5内有随葬完整的鹿角（图8.2-3）。

三、小　　结

就目前我们掌握的资料来看，奥库涅夫文化的殉牲现象并不普遍，仅在巴兹-米特罗格墓地的祭祀坑内发现有相对集中的殉牲。这可能与这一时期该文化人群畜牧经济的发展程度有一定的关系。值得注意的是，在奥库涅夫文化墓葬的石制盖板中刻画有大量的动物纹图案，主要有野猪、牛、马、鹿以及拟人化的动物。这些动物纹图案的风格和手法有写实、抽象、拟人化等，极具自身特色，且在同时期周围地区罕见。在一定程度上，这也反映了人群企盼牲畜兴旺的愿望（图8.2-4）。

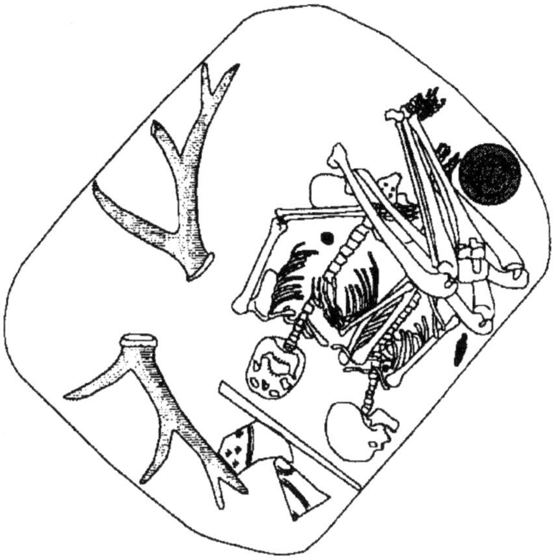

图8.2-3　塔斯哈扎墓地M5平面示意图

从奥库涅夫文化的殉牲和岩画上的动物纹图案上看，奥库涅夫文化人群以畜牧经济为主，动物种类以羊、牛和马为主。在墓葬中发现的鹿角和黑貂的牙齿以及骨质的鱼鳔表明除畜牧经济外，渔猎经济也占有一定的比例。该文化的定居遗址数量较少，且均为调查资料，并未进行科学的考古发掘工作。因此不排除存在种植业经济的可能性。经鉴定，奥库涅夫文化墓葬中出土的男性多数为欧罗巴人种，而女性则大多数为蒙古人种①。这说明奥库涅夫文化人群与上一个阶段的阿凡纳谢沃文化人群并无明显的直接继承关系。米努辛斯

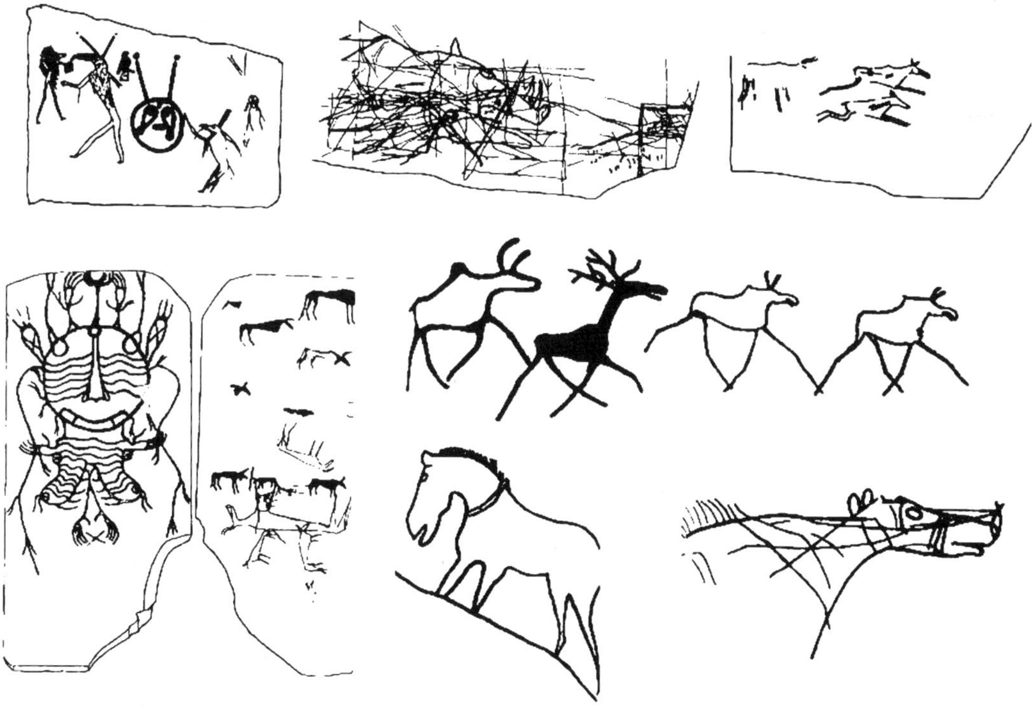

图8.2-4　奥库涅夫文化岩画举例

① Д. Г. Савинов, М. Л. Подольский. Окуневский Сборник-культура и ее окружение 2. Санкт-Петербург, 2006.

克盆地的奥库涅夫文化人群可能是外地迁入的①。

总之，奥库涅夫文化的殉牲并不是很流行，但是在祭祀坑内埋葬马、牛和羊的组合形式以及以动物头骨和肢骨殉牲的情况，是欧亚草原东部区青铜时代最早的开端。这有可能是此类殉牲形式和仪式的源头。

第三节　安德罗诺沃文化的殉牲

安德罗诺沃文化（Андроновская Культура）最早由C. A. 捷普劳霍夫于1914年在米努辛斯克盆地阿琴斯克州的安德罗诺沃村附近发现，并于1929年将此类遗存命名为安德罗诺沃文化②。随后的几十年间，考古工作者在欧亚草原广泛的区域内发现了大量类似的遗存，远远超过了米努辛斯克盆地的范围。在如此广大的区域内分布的遗存也存在着一定的差异，已经难以用一个单一的考古学文化进行涵盖，于是有学者提出了更大的概念对此类遗存进行描述，如Unity、Entity③和Community④，即一个大的文化共同体、文化区或文化联盟。目前可以确定的是安德罗诺沃文化联盟的范围以哈萨克斯坦草原为中心，西起俄罗斯南乌拉尔地区，东达叶尼塞河流域和中国新疆地区（图8.3-1）。本书主要探讨米努辛斯克盆地和阿尔泰地区的安德罗诺沃文化的殉牲问题。米努辛斯克盆地和阿尔泰地区的安德罗诺沃文化为费德罗沃类型，其年代主体约为公元前

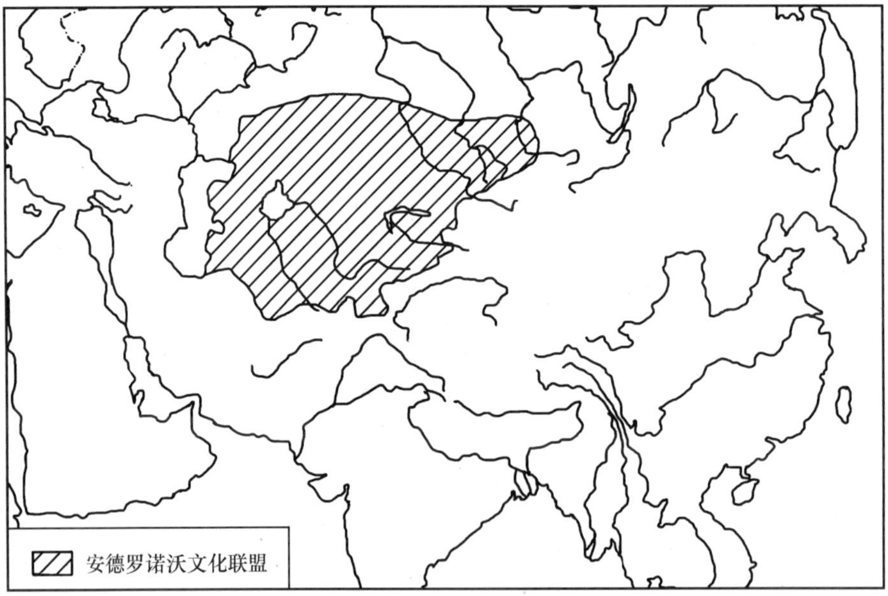

图8.3-1　安德罗诺沃文化联盟范围示意图

① 邵会秋：《新疆史前时期文化格局的演进及其与周邻文化的关系》，科学出版社，2018年，258页。

② Г. А. Максименков. Андроновская Культура на Енисее. Ленинград Наука отделение, 1978.

③ E. E. Kuzmina. The Origin of the Indo – Iranians. Boston, 2007.

④ E. N. Chernykh. Ancient metallurgy in the USSR. Cambridge University Press, 1992, C210-215.

1800～前1400年[①]。

一、米努辛斯克盆地的殉牲

据笔者目前掌握的资料，叶尼塞河流域安德罗诺沃文化墓地有23处，共有近400座墓葬，其中发现有明确殉牲记载的墓地11处，也就是说近一半的墓地都发现有殉牲现象。现对有殉牲的墓地做简要介绍。

1. 安德罗诺沃村（Андроново）墓地[②]

该墓地位于俄罗斯阿斯琴克州，共发掘3座墓葬，每座墓葬中都出土1具人骨，头向西南，侧身屈肢。墓室内发现了一些绵羊的骨骼。

2. 诺沃谢洛沃（Новоселово）墓地[③]

该墓地位于俄罗斯阿斯琴克州，共发掘3座墓葬，在一座墓葬墓主的脚踝处，发现了一块蹬羚踝骨。

3. 奥拉克村（Орак）墓地[④]

该墓地位于俄罗斯哈卡斯地区，在一座墓葬的儿童骨架旁边发现了无法辨识的野生动物骨骼。

4. 乌斯季-叶阿巴村（Усть-Ерба）墓地[⑤]

该墓地位于俄罗斯哈卡斯地区，叶尔巴河右岸的二阶台地上，共发掘3座墓葬。其中3号库尔干的石围内发现2具狗骨架和零星的绵羊骨骼。

5. 波德库尼村（Подкунин）墓地

该墓地位于俄罗斯哈卡斯地区，2号库尔干的3号墓穴的石围内发现了零星的牛骨。

6. 大比丘基诺（Большое пичугино）墓地[⑥]

该墓地位于俄罗斯克麦罗沃州，乌柳河左岸。1号库尔干的墓穴南部出土了绵羊头

① 邵会秋：《新疆史前时期文化格局的演进及其与周邻文化的关系》，科学出版社，2018年，268页。

② 吉谢列夫：《南西伯利亚古代史》（上册），新疆社会科学院民族研究所，1981年，35页。

③ Г. А. Максименков. Андроновская Культура на Енисее. Ленинград Наука отделение, 1978, С40.

④ М. Н. Комарова. Памятники андроновской культуры близ улуса Орак. АС, 1961, вып.3, С32-73.

⑤ С. В. Киселев. Андроновские памятники близ с.Усть-Ерба в Хакасии. СЭ, 1935, С206-210.

⑥ Г. А. Максименков. Андроновская Культура на Енисее. Ленинград Наука отделение, 1978, С7.

骨。7号库尔干的2号墓穴的西北部出土3块绵羊肋骨和1个绵羊头骨。

7. 萨列诺兹拉那亚1（Соленоозераная 1）墓地①

该墓地位于别列河右岸。在M20的西部有40个羊距骨。

8. 苏霍伊湖（Сухое Озрео）墓地

该墓地位于苏霍伊湖的北岸，在俄罗斯新西伯利亚州和卡拉斯诺亚尔斯克边疆区的交界处。1962～1968年共计发掘库尔干的数量超过700座，包括三个时期的遗存：安德罗诺沃文化、卡拉苏克文化和塔加尔文化。仅在苏霍伊-奥泽拉1号（Сухое Озрео1）发掘区发现有安德罗诺沃文化殉牲现象的墓葬②。该发掘区共有39座安德罗诺沃文化的库尔干，有动物遗存的墓葬仅有6座，占15.4%。这表明该墓地中殉牲现象不是很流行。殉牲动物的种类仅有绵羊、马、狍子、獾和鸭子，数量均较少。殉牲动物的种类和部位有绵羊肋骨、肩胛骨、盆骨、肢骨，马枕骨，狍子和獾的碎骨以及鸭子的肢骨。具体发现情况如下：

在1号库尔干M1的西部有1未成年人和动物骨骼的碎片。动物骨骼为3根绵羊的右肋骨和2根绵羊的左肋骨，狍子的骨骼碎片和1根鸭子的肢骨。在20号库尔干M1的西部出土有人骨和动物骨骼的碎片，动物骨骼为4块獾骨和2块绵羊骨。在26号库尔干M1的西部放置用于肉食的绵羊骨骼，为肩胛骨、盆骨、胫骨、2根左前腿和肋骨。在440号库尔干M1的西部发现有绵羊盆骨。在441号库尔干M4的西北角出土有用于肉食的绵羊骨骼，包括2个盆骨碎片、1根前肢和1根羊肋骨。在462号库尔干的M1中发现有马的枕骨，出土位置不明。

9. 兰宁峡谷（Ланин Лог）墓地

该墓地位于赛特河的左岸。1号库尔干M1中发现有绵羊和马的骨骼，出土位置及其部位不明。M3中出土有马和牛的骨骼，出土位置及其部位不明。

10. 莫霍夫II（МоховII）墓地

该墓地位于莫霍夫村附近，1967年发掘了一座独立的安德罗诺沃文化墓葬，墓葬中发现有绵羊的肋骨，出土位置不明。

11. 乌鲁斯-波特库尼斯基（Улус Подкунинский）墓地

该墓地位于阿巴坎和切尔诺戈斯克之间的公路附近，1930～1931年共发掘6座库尔干。3号库尔干M3中出土有人骨和牛骨，牛骨出土部位及其位置不明。6号库尔干的石

---

① Г. А. Максименков. Андроновская Культура на Енисее. Ленинград Наука отделение, 1978, C15.

② Г. А. Максименков. Андроновская Культура на Енисее. Ленинград Наука отделение, 1978, C17-34.

围内发现有牛骨。

从上述米努辛斯克盆地内安德罗诺沃文化墓地出土的动物种类看，以羊、牛和马为主，还有其他种类的野生动物。绵羊占绝大多数，其次为牛和马。位置大多位于墓葬的西部，少量在其他方位。从各个墓地是否埋葬有动物遗存来看，米努辛斯克盆地安德罗诺沃文化有殉牲（包括祭肉）的墓地占到接近一半，但在一个墓地中有殉牲的墓葬却占比很小，殉牲的种类和数量也很少，且殉牲动物骨骼多以肉多的部位为主，这应属于祭肉的范畴。总之，米努辛斯克盆地安德罗诺沃文化的殉牲和祭肉习俗并不普遍。

二、阿尔泰地区的殉牲

受限于资料收集的缘故，阿尔泰地区安德罗诺沃文化的考古材料相对较少。据现有的材料看，该地区安德罗诺沃文化墓葬中有殉牲的情况相对较少。目前仅发现有2处墓地存在殉牲现象，当然不能完全排除其他墓地仍有殉牲的可能。现对有殉牲的墓地进行简要的讨论。

1. 切卡诺夫峡谷10号（Чекановский Лог-10）

该墓地位于俄罗斯联邦阿尔泰共和国特列季雅科夫区吉列瓦水库的右侧，共发现60座安德罗诺沃文化的墓葬。仅在1座墓葬中发现有殉牲现象。在M24的东北角，深度为75～93厘米的填土处，发现了2个牛的头骨和一些四肢骨（图8.3-2）[①]。

2. 科尔波利哈Ⅰ号（КорболихаI）

该墓地位于俄罗斯戈尔诺阿尔泰地区，科尔波利哈河两侧，共发掘5座安德罗诺沃文化的库尔干[②]。仅在3号库尔干中发现了大量的动物殉牲。

发掘者将3号库尔干的层位分成8层，在第4层发现了较多的动物遗存，分别摆放在8个小区域（图8.3-3）。Ⅰ区殉牲为牛，共46块骨骼属于5个个体；Ⅱ区殉牲为牛和马，牛为1个个体，23块马的骨骼属于1个个体；Ⅲ区殉牲为牛，共27块骨骼属于1个个体；Ⅳ区殉牲为马，共33块骨骼属于1个个体；Ⅴ区殉牲为马和牛，5块马的骨骼属于1个个体，15块牛的骨骼属于1个个体；Ⅵ区殉牲为牛、马和羊，37块牛的骨骼属于3个个体，19块马的骨骼属于1个个体，3块羊的骨骼属于1个个体；Ⅶ区殉牲为牛、马和羊，20块牛的骨骼属于1个个体，2块马的骨骼属于1个个体，6块羊的骨骼属于1个个体；Ⅷ区殉牲为牛和马，20块牛的骨骼属于1个个体，6块马的骨骼属于2个个体，不确定种属骨骼

① М. А. Демни, С. М. Ситников. К вопросу о времени и лричинах «ограбления» андроновских захоронений (по материалам грунтового могильника Чекановский Лог Х. Западная и Южная Сибирь в древности. Барнаул, 2005, С68-72.

② В. А. Могильников. Курганы Корболиха-I – памятник андроновской культуры в предгорьях Алтая. – Горно-Алтайск, 1999, С29-41.

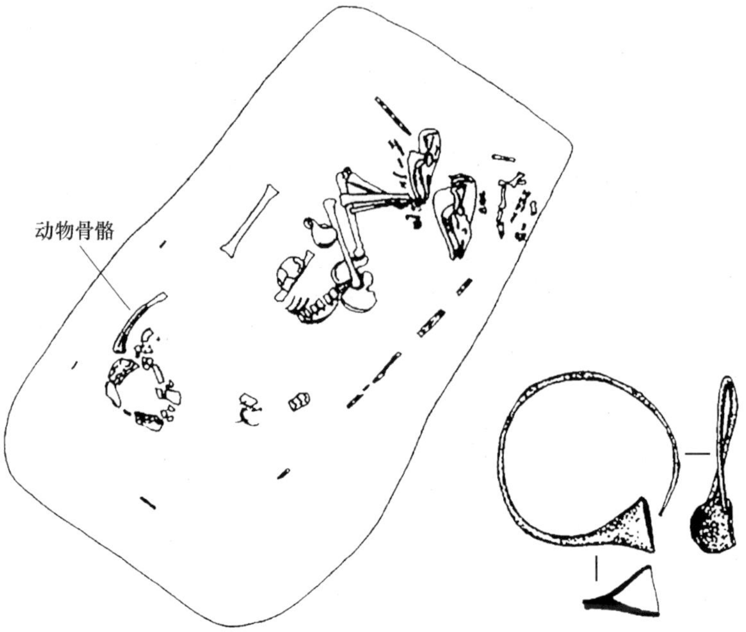

图8.3-2　切卡诺夫峡谷10号墓地M24平面示意图

18块。共计13个牛，7个马和2个羊，另有不确定种属骨骼若干（图8.3-3）。

阿尔泰地区安德罗诺沃文化墓葬中的动物一般摆放在随葬陶器的附近或器内，通常为动物的肋骨和胸骨，应为供墓主死后食肉所盛放的祭肉习俗①。从动物种类来看，以牛为主，其次为马和羊。科尔波利哈Ⅰ墓地3号库尔干的规模宏大，第4层的集中殉牲现象在阿尔泰地区和安德罗诺沃文化其他地区的墓葬中几乎不见。据此笔者认为该墓主生前的社会身份和经济地位均较高，应为该文化人群的贵族阶层。

三、小　　结

综上所述，米努辛斯克盆地的安德罗诺沃文化殉牲（包括祭肉）习俗相较于阿尔泰地区更为流行。从动物的种类上看，两个地区均有马、牛和羊。其中阿尔泰地区是以牛为主，米努辛斯克盆地是以羊为主。两者同为以畜牧经济为主的经济模式，这应该不是畜群结构的不同所导致的，而是由于两地人群在殉牲动物的选择上有所倾向造成的。米努辛斯克盆地发现的殉牲多在墓葬的西部，而阿尔泰地区的殉牲受限于材料，并无明确的殉牲位置。总体而言，安德罗诺沃文化的殉牲不是很盛行，殉牲墓葬所占的比例极小，绝大部分的墓地和墓葬中未见殉牲。这应与当时安德罗诺沃文化居民的丧葬文化习俗有密切的关系，而非畜牧经济发展落后的表现。因为在安德罗诺沃文化有相当数量的定居遗址，且居住址中发现了较多数量的家养动物和野生动物。以

① 牧金山：《青铜时代到早期铁器时代阿尔泰山考古交互作用圈》，南京大学硕士学位论文，2019年。

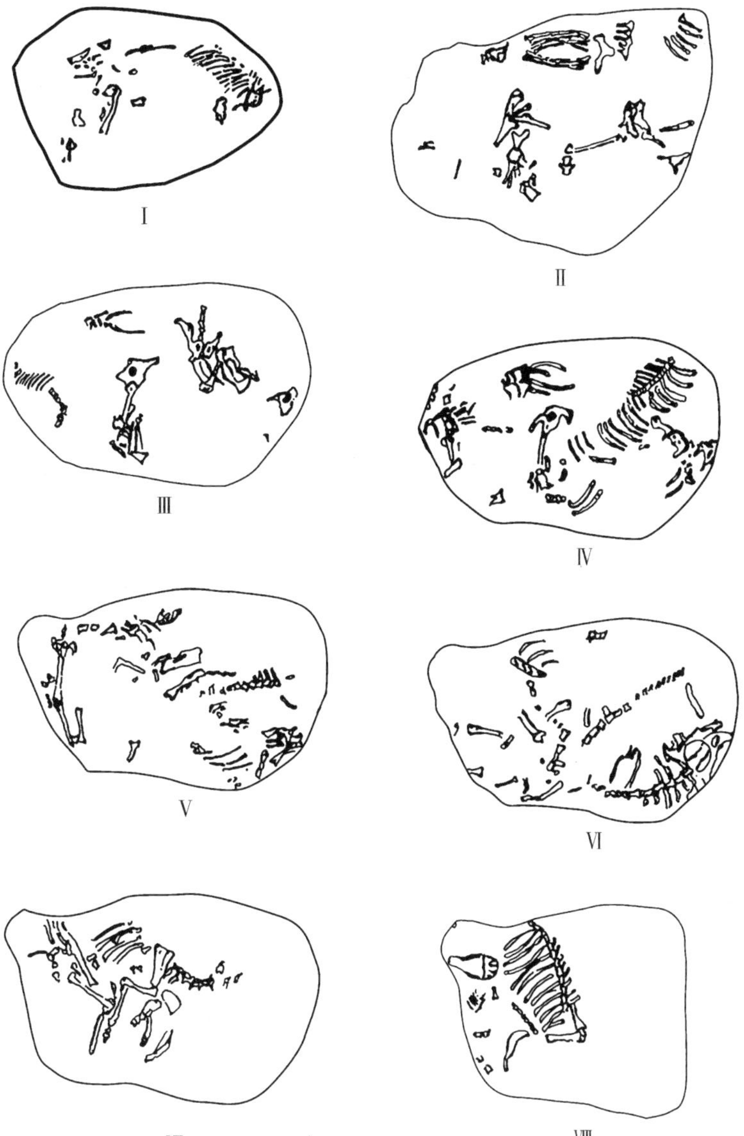

图8.3-3　科尔波利哈Ⅰ号墓地3号库尔干第4层殉牲的摆放位置

什利亚波瓦（Шляпово）为例，出土的动物骨骼主要有家养动物和野生动物，其中家养动物占98.25%，主要以牛为主，其次为羊，再次为马，另有猪1具。野生动物仅占1.75%，主要有熊、狍子、鹿和啮齿类动物（表8.3-1）。结合墓葬中的殉牲动物种类来看，安德罗诺沃文化人群应是以定居形式兼顾发展畜牧业。

表8.3-1　什利亚波瓦定居遗址的动物统计

种类		数量（个）	占比
家养动物	牛	205	73.6%
	羊	54	19.3%
	马	14	5.0%
	猪	1	0.35%
野生动物	熊	1	0.35%
	狍子	1	0.35%
	鹿	1	0.35%
	啮齿动物	1	0.35%
	鸟类	1	0.35%

第四节　卡拉苏克文化的殉牲

卡拉苏克文化（Карасукская культура）由20世纪20年代C. A. 捷普劳霍夫发现[①]，并因哈卡斯地区卡拉苏克河流域资料最为丰富而依据河流命名了该文化。该文化年代大致为公元前14～前8世纪[②]，广泛分布于米努辛斯克盆地及其周邻地区，向南分布范围可达萨彦-阿尔泰地区。

根据A. B. 帕列科夫的研究，卡拉苏克文化墓地中殉牲现象比较普遍，在诸多墓地中多有发现。据其统计，在墓葬中随葬的动物种类有羊（绵羊、山羊）、牛、马和狍。在有殉牲动物的墓葬中，存在单一动物殉牲的墓葬占殉牲动物墓葬总比例约80.5%，其中绵羊占60.2%、山羊占1.3%、牛占16.6%、马占2.1%、狍子占0.3%[③]。基尔基聂尔墓地（Кюргеннер）[④]为卡拉苏克文化最具典型的墓地，且发现了较丰富的殉牲材料。现对其殉牲情况做如下探讨。

基尔基聂尔墓地位于叶尼塞河左岸800～1200米的台地上，靠近哈卡斯地区的萨维斯卡亚村附近，距离阿巴坎市45千米。整个墓地共分两个发掘区，合计126座卡拉苏克文化的库尔干，其中108座库尔干中存在动物殉牲现象，占总数的85.7%。

---

① C. B. Киселев. иревняя история юожной сибтри. МОСКВА: Наук СССР. 1951; Э. Б. Вадецкая. Археолог ичекские памятники в степлях среднего Енисея. Ленинград: Наук, 1986.

② P. J. Reimer, E. Bard, A. Bayliss,et al. IntCal13 and Marine13 Radiocarbon Age Calibration Curves 0–50,000 Years cal BP. Radiocarbon, 2013, 55 (4): 1869-1887.

③ М. П. Грязнов, М. Н. Комарова, И. П. Лазаретов, А. В. Поляков, М. Н. Пшеницына. Могильник Кюргенер Эпохи поздней бронзы среднего Енисея. Санкт-Петербург, 2010, табилца13.

④ М. П. Грязнов, М. Н. Комарова, И. П. Лазаретов, А. В. Поляков, М. Н. Пшеницына. Могильние Кюргеннер Эпохи Поздней Бронзы Среднего Енисия. Санкт-Петербург, 2010.

一、个案分析

1号库尔干（发掘区Ⅰ），石围墓，整体平面呈长方形，规格为7米×6.5米，墓棺规格为1.7米×0.9米，由6块石板构成。墓主为1位未成年人，位于在墓葬的西北部。在墓葬中随葬1匹2岁左右的马和1只狍子。从殉牲动物的部位来看，马的骨骼有躯干和四肢，包括4根肋骨、胸骨、胫骨、腓骨和距骨；狍子的骨骼有肩胛骨、胫骨和腓骨。

83号库尔干（发掘区Ⅰ），整体平面呈圆形，直径12米，高出地表0.3米，在中部有一直径8米×6.5米的长方形石围。墓棺在石围的中部，规格为1.7米×0.75米×1米，由4块石板组成。墓主为可能为1位25～40岁的成年男性。在墓葬中发现有绵羊（肩胛骨、2根肋骨、肱骨）和牛（3块椎骨和3根肋骨）。从殉牲的年龄及部位上来看。两种动物的年龄均未成年，绵羊的部位为四肢，牛的部位为躯干。

21号库尔干（发掘区Ⅱ），石围墓，整体平面呈圆形，直径9米，高出地表0.25米。整个库尔干内有3座墓穴。M1，墓圹呈长方形，墓棺规格为1.55米×0.7米×0.5米。墓主为一位成年人，放置在墓葬的西北部。在放置的人骨中掺杂有成年绵羊的骨骼（肩胛骨、7根肋骨、桡骨、尺骨、胫骨和腓骨）。殉牲的部位主要为绵羊的四肢。M2，墓圹呈长方形，规格为4米×3.5米，墓棺规格为1.4米×0.75米×0.45米，由5块石板组成，墓主为1位9岁儿童，肢体残缺严重，无头骨、桡骨及2根尺骨。在墓葬中发现有绵羊的骨骼（肩胛骨、股骨、胫骨、腓骨和跟骨）。殉牲的部位主要为绵羊的四肢。M3，墓圹呈长方形，规格为3米×2米，墓棺的规格为1.2米×0.65米×0.4米，由6块石板构成。墓主为1位4岁的儿童，肢体残缺严重。墓葬中发现有绵羊的骨骼（肩胛骨、肋骨、胸骨、胫骨、腓骨、距骨和跟骨）和狗（头骨）。殉牲的部位为绵羊的躯干、四肢和狗的头部。

21号库尔干（发掘区Ⅱ）中的3个墓穴均有动物殉牲，且以绵羊为主，仅M3有1个狗头。绵羊的部位主要为躯干和四肢，而狗则为头骨。

25号库尔干（发掘区Ⅱ），石围墓，整体呈圆形，直径18米，高出地表0.2米。整个库尔干中共6座墓穴，均存在殉牲现象。M1，墓圹近似长方形，规格为6米×4.5米，墓棺的规格为1.45米×0.55米×0.5米，由5块石板构成。墓主为1位12岁未成年人，人骨残缺严重。在人骨中掺杂有绵羊的骨骼。M2，墓圹近似长方形，墓棺为位于墓圹东北部，保存状况不佳。墓主为1位25～40岁的成年女性。在墓葬中发现有羊的肩胛骨。M3，墓圹已残，无法辨识。墓棺规格2.3米×0.85米×0.65米。墓主为1位40～60岁的成年男性。墓葬中发现有1个幼年绵羊，包括3根肋骨、胫骨和腓骨。M4，墓圹呈正方形，规格3米×3米，墓棺的规格1.8米×0.7米×0.55米，由6块石板构成。墓主为1位未成年人，年龄为14～15岁。墓葬发现有绵羊骨骼，包括股骨、胫骨和腓骨。M5，墓圹呈正方形，规格2.5米×2.5米，墓棺的规格为1.2米×0.5米×0.5米，由6块石板构成。墓主为1位5岁儿童。墓葬中发现有绵羊的肋骨。M6，墓圹近似长方形，规格为3.5米×3米，墓棺的规格为1.5米×0.75米×0.5米，墓主为1位12岁未成年人。墓葬中发现有未成年绵羊的骨骼，包括股骨、胫骨和腓骨。

25号库尔干（发掘区Ⅱ）中6个墓穴的殉牲动物均为绵羊，殉牲部位主要为绵羊的躯干和四肢。该库尔干是整个基尔基聂尔墓地面积最大、墓穴最多的库尔干，推测其为家族墓葬的可能性比较大，且该家族的社会身份和财富地位均较高。

二、整体殉牲分析

整个基尔基聂尔墓地，共发掘了126座卡拉苏克文化的库尔干，时间纵贯整个卡拉苏克文化。墓地中存在殉牲现象的库尔干共计108座，占总数的85.7%，其中Ⅰ区84座，Ⅱ区24座。从殉牲动物的种类和数量上看，羊是最多的，以绵羊为主，有少量的山羊；其次为牛；最后是马。另外还发现随葬狍子1例，随葬狗2例（表8.4-1）。从现有的数据来看，绵羊的数量要远高于山羊，牛的数量也远多于马，这说明基尔基聂尔墓地背后所代表的人群管理牧群放牧的移动性相对不强。

从殉牲动物的频率看，在126座库尔干中仅8座有殉马现象，仅占6.3%。1号库尔干（发掘区Ⅰ）中的殉马相对较为完整，其他库尔干中的殉马主要以马的趾骨为主，并和牛、羊组合随葬。殉牛的库尔干有31座，占24.6%。此类库尔干多使用牛和绵羊组合随葬，而单独殉牛的情况比较少。殉羊的库尔干有95座，占75.4%。此类库尔干也多以羊和马以及牛组合的殉牲形式。

表8.4-1　基尔基聂尔Ⅰ区和Ⅱ区墓地殉牲动物的构成比例　（数量：个）

动物组合	动物个体	合计		基尔基聂尔Ⅰ		基尔基聂尔Ⅱ		总计	
		数量	%	数量	%	数量	%	数量	%
绵羊	1	98	71.5	52	50.5	24	70.6	76	55.5
山羊				6	5.8			6	4.4
牛				11	10.6	4	11.8	15	10.9
马				1	1			1	0.7
绵羊	2	32	23.4	8	7.8			8	5.9
绵羊和山羊				13	12.6	4	11.8	17	12.4
绵羊和马				3	2.9	1	2.9	4	2.9
牛和马				2	1.9			2	1.5
马和狍子				1	1			1	0.7
绵羊	3	7	5.1	1	1			1	0.7
绵羊和牛				1	1	1	2.9	2	1.5
绵羊、牛和马				1	1			1	0.7
绵羊、山羊和马				3	2.9			3	2.2
合计		137	100	103	100	34	100	137	100

报告中对该墓地的动物骨骼做了较为详细地鉴定①，下文讨论的问题均在其科学鉴定的基础上。从动物的年龄上看，有确切年龄的动物共有39具，其中绵羊22，山羊3，牛11，马1，狗2（表8.4-2）。绵羊集中于0.5～1岁和1.5～2岁这两个区间，其次为1～1.5岁，2～2.5岁和2.5岁以上的较少。由于山羊数量较少，仅在1.5～2岁和2.5岁以上有所发现。牛的年龄集中2～2.5岁及以上，2岁以下较少。马仅有1具，仅在2～2.5岁。狗2具，仅在0.5～1岁。

表8.4-2 基尔基聂尔墓地殉牲动物年龄统计 （年龄：岁；数量：个）

年龄 / 种属	0.5～1	1～1.5	1.5～2	2～2.5	2.5以上
绵羊	8	4	6	2	2
山羊		2			1
牛	2	2	1	3	3
马				1	
狗	2				

根据殉牲羊的年龄数据，生成图8.4-1，较为明显的出现了2个峰值。第一个阶段在0.5～1岁，表明这是该墓地的人群有意为之，其目的就是控制畜群数量，通过极端的手段来断奶。这样既可以避免过度放牧，同时也可以获取一定数量的羔羊肉和软羊毛。第二个峰值在1.5～2岁，此时的羊已成年，此时进行屠宰可能是为了获取最佳的皮毛，同时也可以控制畜群的数量。

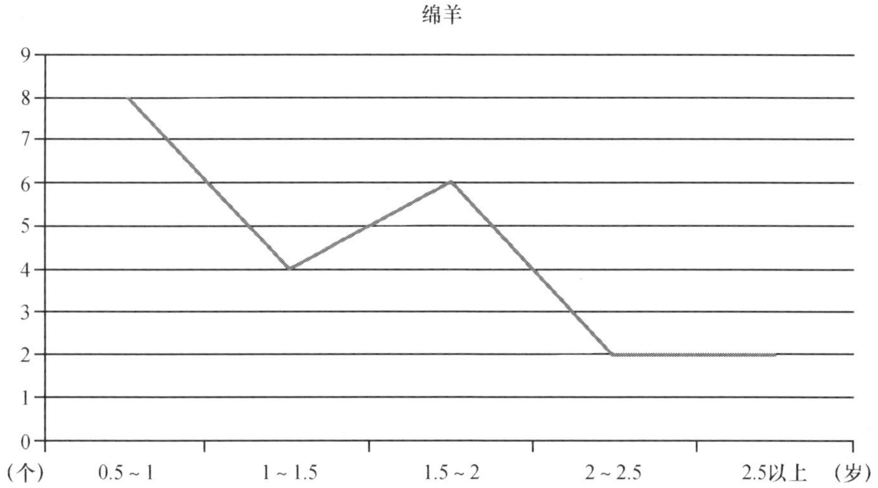

图8.4-1 基尔基聂尔墓地殉羊的年龄曲线

① М. П. Грязнов, М. Н. Комарова, И. П. Лазаретов, А. В. Поляков, М. Н. Пшеницына. Могильние Кюргеннер Эпохи Поздней Бронзы Среднего Енисия. Санкт-Петербург, 2010, С97-101.

三、卡拉苏克文化聚落址的动物遗存

在卡拉苏克文化的聚落址和墓葬中发现了大量的动物遗存。聚落址相对于墓地来说数量较少，且文化层较薄。该文化的部分居民可能存在着一定的定居生活，但大部分居民过着季节性移动的生活。聚落址以卡姆尼峡谷（Каменный Лог）[①]和多尔加沙克（Торгажак）[②]遗址为例。卡姆尼-洛克Ⅰ遗址中家畜的骨骼占约90%，并有数量大体相等的羊、马和牛以及1个狗。野生动物有4个狍子，1个野猪和1个大角鹿（表8.4-3）。在多尔加沙克遗址发现的大部分骨骼都是家畜骨骼，其中一半以上都是羊骨，包括绵羊和山羊，分别占48%和11%；牛、马和狗，分别占22%、16%和3%。野生动物中狍子的数量最多，另外还有大角鹿、野猪、野驴、野绵羊、野山羊、驼鹿、熊、狐狸、兔子、狼和貂等（表8.4-3）。初步统计，殉牲的家畜大部分骨骼都属于年轻个体。从整体情况上看，卡拉苏克文化聚落遗址和墓葬中出土动物骨骼数量基本一致，这反映了卡拉苏克人群存在着较为发达的畜牧业。

表8.4-3　卡姆尼峡谷和多尔加沙克定居遗址的动物骨骼比例　（单位：个）

遗址 / 种类	卡姆尼-洛克Ⅰ		多尔加沙克	
	数量	个体	数量	个体
家畜	**604**	**43**	**1866**	**165**
马	102	14	338	26
牛	205	14	647	37
绵羊	260	12	784	79
山羊	12	2	91	18
狗	25	1	6	5
野生动物	**34**	**6**	**291**	**69**
狍子	24	4	158	33
大角鹿	9	1	12	6
野猪	1	1	16	2
野驴			52	10
野绵羊			21	5
驼鹿			11	3
熊			5	3
狐狸			4	2
兔子			3	2
野山羊			7	1
狼			1	1
貂			1	1
合计	638	49	2157	234

① Н. С. Белова.Полевой дневник раскопок землянки № 1 поселения Каменный лог I. РА ИИМК РАН. Ф. 35. Оп. 1. Д. С 247, 961.

② Д. Г. Савинов. Древние поселения Хакасии Торгажак. СПб, 1996.

四、小　结

综上所述，基尔基聂尔墓地背后所代表的人群已经存在着较大规模的畜牧经济，并在管理和经营畜群的能力上已较为成熟。受限于资料问题，并未在其他卡拉苏克文化的墓地中发现较为明确的殉牲现象，但是基尔基聂尔墓地的遗存纵贯整个卡拉苏克文化，可以在很大程度上反映出卡拉苏克文化人群的殉牲习俗和埋葬特点。

通过和卡拉苏克文化聚落遗址的动物结构对比也可以看出，墓葬和聚落遗址中的畜群结构基本保持一致，均为绵羊居多，其次是牛和马，并有少量的狗。不同之处在于聚落址中出现了较多的野生动物骨骼，而在墓葬中罕见野生动物。这与卡拉苏克文化人群的埋葬理念有关，即更多地使用家养动物随葬。

结合畜群结构来看，马的数量相对较少，这决定了卡拉苏克文化人群不可能进行较大范围的转场。从而也说明卡拉苏克文化人群应以定居性畜牧经济为主，兼营狩猎和渔猎经济。通过前几节的疏理可以发现，从青铜时代早期的阿凡纳谢沃文化、奥库涅夫文化，中期的安德罗诺沃文化到晚期的卡拉苏克文化，殉牲数量是逐步递增的，这与畜牧经济的发展有着较大的关系。畜群的扩大和畜牧技术的改善，使得人们有富裕的家畜进行随葬，这也为日后该地区游牧经济的产生打下了坚实的基础。

第五节　塔加尔文化的殉牲

塔加尔文化是继卡拉苏克文化之后在俄罗斯米努辛斯克盆地发展起来的一支早期铁器时代文化，主要分布在叶尼塞河中游地区、克拉斯诺亚斯克边疆区南部、哈卡斯共和国和科迈罗沃州东部。1722年以Д. Г. 麦赛尔希米迪和Ф. И. 施特拉伦贝格为首的学术考察团在叶尼塞河河畔发现了第一座塔加尔文化墓葬。1929年С. В. 吉谢列夫将这一文化正式命名为塔加尔文化①。

根据М. П. 格里亚兹诺夫在20世纪70年代对塔加尔文化年代分期的研究成果，特佩西墓地发掘报告将塔加尔文化墓葬遗存划分四个阶段②：公元前7～前6世纪为巴伊诺沃阶段，公元前6～前5世纪为波德戈尔诺阶段，公元前4～前3世纪为萨拉加什阶段，公元前2～前1世纪为捷西阶段。2006年，博科文科在新发表的年代数据的支持下重新划分四期：巴伊诺沃阶段（公元前10～前8世纪）、波德戈尔诺沃阶段（公元前8～前6世纪）、萨拉加什阶段（公元前5～前3世纪）和捷西阶段（公元前2～公元1世纪）③。

① С. В. Киселёв. Тагарская культура. Труды Секции археологии (ТСА). Москва: РАНИОН, 1929, С257-267.

② М. П. Грязнов. Тагарская культура. История Сибири. Л.: Наука, 1968, С187-196; M. P. Gryaznov. The ancient civilization of Southern Siberia. Translated from the Russian by James Hogarth. New York: Cowles Book Co., 1969, C213-279.

③ N. Bokovenko. The emergence of the Tagar culture. Antiquity, 2006, 80 (310): 860-879.

四期说是目前学术界普遍接受的塔加尔文化分期结果。本书以四期说为框架，对各阶段塔加尔文化墓葬遗存的殉牲情况进行梳理，尝试总结其特征及演变规律。其中，波德戈尔诺沃阶段和萨拉加什阶段作为塔加尔文化的繁荣阶段，文化特征较为典型，且墓葬遗存较其他两个阶段更加丰富。

塔加尔文化墓葬主要分布于整个米努辛斯克盆地，但囿于材料收集有限，仅对米努辛斯克盆地中部及南部的哈卡斯-克拉斯诺亚尔斯克草原地区的塔加尔文化阶段墓葬材料进行简要的梳理介绍。应当注意的是，米努辛斯克盆地北部的马林斯克-阿钦斯克森林草原地区的塔加尔文化墓葬也有发现殉牲习俗。根据A. И. 马尔特诺夫对森林草原地区415座墓葬的梳理分析，约1/3的墓主享有殉牲，且殉牲部位一般为牛或羊的身躯的四分之一（包括肩胛骨、肢骨和3个肋骨）。殉牲动物通常放在墓主的脚下[①]。现按照四期说进行讨论。

一、巴伊诺沃阶段

巴伊诺沃期阶段墓葬遗存相对较少，该阶段处于卡拉苏克文化与塔加尔文化的过渡阶段，同时又与卢加维亚类型存在一些联系。这一阶段墓葬规模较小，其形制和卡拉苏克文化石峡期的墓葬有较明显的相似性。石板圈为矩形或方形，于拐角立石，地表无封土或封土较矮。墓坑较浅，墓室由石板搭成，一般随葬1～2件陶器。男性墓葬中通常随葬有牛和羊的骨骼，近身放置短剑、战斧、箭镞和匕首。女性墓葬中通常随葬有匕首、装有镜子和梳子的梳妆袋、复杂的头饰，衣服上装饰大量珠子和吊坠。现以哈卡斯北部森林草原地区的切尔加斯基Ⅰ号（ЧергатинскийI）墓地4号库尔干[②]以及哈卡斯南部草原地区的谢丽霍兹米亚2号库尔干（Сельхозхимия кургана 2）[③]为例，对墓葬的殉牲情况作简要分析。

1. 切尔加斯基Ⅰ号墓地4号库尔干

该墓地位于切尔加斯基河汇入佩奇什切河的西南方向约1千米处，东距科皮约沃镇22～23千米[④]。墓地包括沿着河流左岸分布的40座库尔干，1992年发掘了4号和5号库尔干。

4号库尔干为巴伊诺沃阶段遗存（公元前9～前8世纪），为典型的四石库尔干，近方形石围栏边长为7～7.8米。在围栏西北角的石块中发现动物骨骼：马（2枚牙齿）、

---

① А. И. Мартынов. Лесостепная тагарская культура. Новосибирск: Наука, 1979.

② С. В. Александров, Н. А. Боковенко, Ю. А. Смирнов. Археологические памятники долины Чёрного Июса на севере Хакасии.СПб.: Элексие, 2014, С64-108.

③ А. А. Ковалев, С. В. Хаври. Раскопки кургана раннескифского времени на северной окраине села Аскиз. Южная Сибирь в древности. СПб., 1995, С91-96.

④ С. В. Александров, Н. А. Боковенко, Ю. А. Смирнов. Археологические памятники долины Чёрного Июса на севере Хакасии. СПб.: Элексие, 2014, С64-108.

狗（右肱骨和右腿骨）、牛（下颌骨、2枚上牙、胸椎、右肱骨、左肱骨、4根肋骨、右胫骨和第一指骨）以及大型有蹄类动物的管状骨（图8.5-1）。

围栏中部为一处木椁室，矩形墓坑规格为3.2米×1.85米×0.9米。墓主为1位头朝西南的30～35岁女性和1位半岁婴儿。在墓室东北角发现的动物骨骼为牛（右肩胛骨、3根肋骨、右股骨和胫骨、2根右跟骨、右掌骨和跗骨）、马（颅骨、下颌骨、2枚下牙和4枚上牙）以及大型有蹄类动物胫骨。在墓室中部发现羊的胫骨。

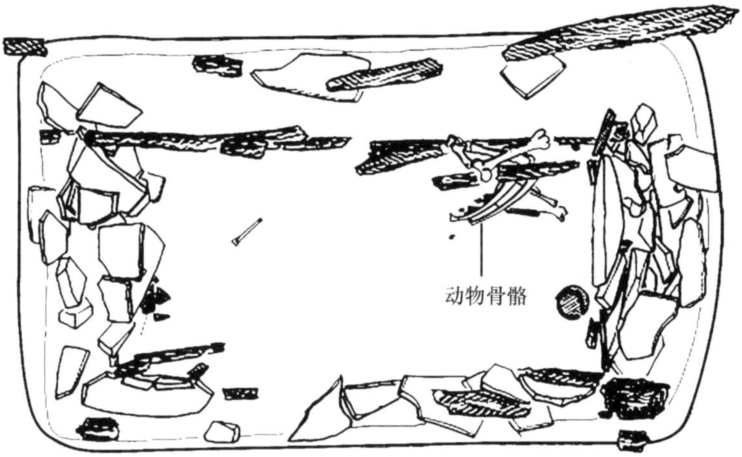

图8.5-1　切尔加斯基Ⅰ号4号库尔干墓穴平面示意图

2. 谢丽霍兹米亚2号库尔干

谢丽霍兹米亚2号库尔干位于阿巴坎村以北3千米处的阿巴坎河第一个漫滩平台的边缘。1989年苏联科学院列宁格勒科学研究考古协会的阿斯基兹考察队对哈卡斯共和国阿斯基兹村北部的早期斯基泰时代的墓葬进行抢救性发掘。

2号库尔干土冢高约0.7米，直径14米。土冢下为方形石围栏，由厚0.1、长0.4～1.2、高0.3米的砂岩石板构成。围栏的中心墓葬是一个东北—西南方向的方形墓坑，边长约2.5、深1.1米。葬具为2～3层落叶松原木搭建而成的木椁室，原木直径达0.2～0.25米。墓坑上方覆有2～4层大型砂岩板，厚约0.3米。平面呈矩形，从西南到东北长5.2米，从西北到东南宽3.8米。石板下发现牛的跟骨和距骨。

墓葬中埋葬有5人，一位50～60岁的女性，一位45～55岁的男性，一位20～25岁的男性，一位12～13岁的未成年和一个婴儿。骨骼散落在墓室的底部，大部分的（包括头骨）骨骼堆积在墓室南部角落。殉牲的马、牛和羊骨散乱分布在墓室中部。20～25岁男性的腓骨和脚的骨头在韧带没有完全腐烂时被移动过，他的腿骨左侧有1完整的羊和1枚铜泡。左侧肱骨旁放置1件青铜战斧，脚部放置1把青铜刀。左前臂和坟墓的墙壁之间发现一个背纽铜镜。

二、波德戈尔诺沃阶段

波德戈尔诺沃阶段石围栏规模不大，但较前一阶段，出现了新的变化，即出现石板相互衔接的情况。此阶段多为木质葬具，石板圈中心一般有1～2座墓，部分墓葬为2～3人葬。这一阶段的典型墓地有哈卡斯北部森林草原地区的切尔加斯基Ⅰ号墓地5号库尔干①，克拉斯诺亚尔斯克叶尼塞河中游草原地区的波罗兹达（Борозда）墓地②、特佩西（Тепсей）墓地③，以及哈卡斯南部草原地区的叶西诺（Есино）墓地④。对这一阶段墓葬殉牲情况进行简要分析。

1. 切尔加斯基Ⅰ号墓地5号库尔干

5号库尔干为典型的六石库尔干，属于波德戈尔诺沃阶段遗存（公元前8～前7世纪）。库尔干主要结构为土冢和石围栏，矩形围栏规格为8米×7.5米，土冢高0.4米。在围栏的东角外，发现马的盆骨。封土中发现2～3块动物碎骨以及马的第二趾骨。

仅1处墓葬位于围栏中部，墓坑规格为3.35米×2米×0.7米。葬具为由直径不超过0.15米的原木搭建而成的木椁室。墓主为1位40～50岁的男性。墓室的西南角有成堆放置的动物骨骼，有牛（右肩胛骨、7根肋骨、右肱骨、右胫骨、胫骨骨骺、右跟骨、距骨、跗骨和前跖骨）和羊（右肩胛骨、3根肋骨和右胫骨）以及狗（右肱骨和右桡骨）。

2. 波罗兹达墓地

该墓地为波德戈尔诺沃阶段遗存，位于克拉斯诺亚尔斯克区中心诺沃塞洛沃地区西南4千米处，即科列夫斯基海湾的北部，现被称为波罗兹达湾。该墓地由4座库尔干组成，其中3座库尔干紧密排列于新肖洛沃-波罗兹达湾乡道上，第4座库尔干位于该墓群向北300米。该墓地殉牲现象较普遍，动物种类有牛和羊，骨骼部位为肩胛骨、胫骨和肋骨。

1号库尔干，地表四处角石组成明显的石围栏，不见土冢。围栏中部为一处石板墓，墓主仰身直肢，头朝西。墓主下肢骨左侧发现牛肩胛骨、胫骨和肋骨。

2号库尔干，围栏长8、宽5米。围栏中包含3个墓室（M1、M2和M3）。其中仅M1发现有殉牲。M1为石板墓，东西向。共埋葬4人，有1位儿童和3位成年人，分三次

① С. В. Александров, Н. А. Боковенко, Ю. А. Смирнов. Археологические памятники долины Чёрного Июса на севере Хакасии. СПб.: Элексие, 2014, С64-108.

② Г. Н. Курочкин.Тагарские курганы в зоне Новосёловской оросительной системы. Памятники археологии в зонах мелиорации Южной Сибири. Л.: Наука, 1988, С5-22.

③ М. П. Грязнов. Комплекс археологических памятников у горы Тепсей на Енисее. Новосибирск: Наука, 1979.

④ Д. Г. Савинов. Памятники тагарской культуры Могильной степи. СПб.: Элексие, 2012.

葬入。第一次葬入为儿童，第二次葬入为一位成年女性，仰身直肢，头朝东，叠压儿童骨骼。在女性脚部右侧摆放羊的肩胛骨和胫骨。第三层葬入为两位成年人，仰身直肢，头朝西。殉牲动物的其他相关信息不详。

3号库尔干，围栏长10.5、宽4～5米。包含四个墓室。仅M2发现有殉牲。M2为石板墓，东西向，多人合葬。东北角骨骼为仰身直肢，头朝西。墓主下肢骨一侧发现羊肋骨和胫骨。

4号库尔干，方形围栏边长4米，中部为一处石板墓。西南—东北向，埋葬2人。仰身直肢，头朝东，脸朝北。墓室底部发现墓主下肢骨，另有牛骨和陶器。

3. 特佩西墓地

该墓地位于俄罗斯克拉斯诺亚尔斯克地区利斯特维加沃村西南，叶尼塞河与图巴河交汇处的特佩西山麓西北侧缓坡，叶尼塞河左岸河流阶地上的一处带状三角形区域。墓地发现的波德戈尔诺沃阶段遗存以库尔干为主，共14座库尔干。

库尔干的形状为方形或矩形石围栏，围栏中通常包含2～3处墓葬，最多者达12处墓葬。主墓葬均为成人墓，儿童石板墓葬于围栏内主墓四周。流行木椁墓，石板墓次之。以单人葬为主，少数为双人合葬。葬式通常为仰身直肢，头朝西南，也有少数头朝东北。由于墓葬多被盗掘扰乱，多数墓葬中人骨和动物骨骼混乱，难以判断殉牲动物的摆放位置。这一阶段墓葬的殉牲种类主要为牛和羊，殉马则较少，仅1例随葬貂或黄鼬的下颌骨（也有可能是混入的）。殉牲组合常见为牛和羊的组合，部分墓葬仅殉羊，或仅殉牛。另外，发现4座墓葬随葬有马，均为单人葬，墓主为40～60岁的男性。显然在特佩西墓地的波德戈尔诺沃阶段，以马作为殉牲可能与墓主的社会身份有关，且马的饲养行为更多指向社会分工中的男性。

4. 叶西诺墓地

该墓地位于哈卡斯共和国阿斯基兹地区博尔塔科夫村西南3千米，阿巴坎-克孜勒公路往南300米处。于1986～1989年先后在叶西诺Ⅰ、Ⅱ、Ⅸ、ⅩⅢ、ⅩⅤ～ⅩⅧ区发掘库尔干52座（包含墓葬150处），主要为塔加尔文化波德戈尔诺沃阶段遗存。

叶西诺墓地库尔干形状主要为方形或矩形的石围栏，土冢不明显。围栏中的墓葬主要为石板墓或土坑墓，木椁墓较少见。以单人葬为主，少数为2～3人合葬墓。葬式一般为仰身直肢，头朝西或西南，部分头朝东北。在随葬品方面，通常在头部左侧放置1件陶罐，腰部位置放置青铜刀、短剑、铜镜、铜锥和骨镞等。脚部右侧则成堆放置动物骨骼，殉牲种类以羊为主，其次为牛，少数为马。多数墓葬中仅殉葬羊。少数殉葬羊和牛，或羊和马。殉牲部位通常为肩胛骨，肋骨和下肢骨。与特佩西墓地相似，耶西诺Ⅰ墓地中殉马发现于8号库尔干M1和14号库尔干M1，均为单人葬，且墓主皆为男性。

三、萨拉加什阶段

萨拉加什阶段地表的石围栏规模进一步扩大，面积可达200～300平方米。墓穴一般搭建木椁室。这一阶段最典型的墓葬特征是集体墓葬的发展，合葬人数多达200人，多人合葬墓的人骨排列非常紧密。儿童则通常埋葬在接近地表的石板墓中，或者同女性一起埋葬在集体墓地中。随葬品的器形逐渐变小，陶器、工具和武器在形式上发生了一些细小的变化，但总体来说，和早期阶段大致相同。除了多人合葬墓，也存在一些单人葬以及2～3人合葬墓，随葬品中包括较为精美的金器，推测墓主的身份或许较为特殊，这一阶段已经出现了明显的社会等级分化。

这一阶段墓葬遗存较为丰富。主要介绍哈卡斯北部森林草原地区的阿什贝雷（Ашпыл）墓地①、果拉克（Колок）墓地②、别齐西I号（Печище I）墓地③、萨尔拉（Сарала）墓地④和切列什诺（Черемшино）墓地⑤，克拉斯诺亚尔斯克叶尼塞河中游草原地区的比达然（Биджа）墓地⑥、兹纳门卡（Знамеика）墓地⑦和乌鲁克-基兹尔 I 号（Улуг-Кюзюр I）墓地⑧。

1. 阿什贝雷墓地

该墓地发掘于1979～1983年。墓地位于沙里波夫斯基区卡达特河右岸阿什皮尔湖以西600～700米，距谢里波沃镇西北2.5千米，为米努辛斯克盆地最西北乌尤河河谷的森林草原地区，克拉斯诺亚尔斯克地区和克麦罗沃地区的边界处。

该墓地共发掘了30座塔加尔时期的库尔干，其中包括71处成人合葬墓和41处儿童

---

① Э. Б. Вадецкая, А. В. Субботин, С. В. КрасниенкоАшпыл — некрополь древнего населения севера Минусинской котловины. СПб.: ИИМК РАН, 2018.

② Л. М. Хаславская. Раскопки тагарского кургана на могильнике Колок. Скифо-сибирское культурно-историческое единство. Материалы I Всесоюзной археологической конференции. Кемерово, 1980, С187-193.

③ С. В. Александров, Н. А. Боковенко, Ю. А. Смирнов. Археологические памятники долины Чёрного Июса на севере Хакасии.СПб.: Элексие, 2014, С64-108.

④ С. В. Александров, Н. А. Боковенко, Ю. А. Смирнов. Археологические памятники долины Чёрного Июса на севере Хакасии. СПб.: Элексие, 2014, С64-108.

⑤ С. В. Александров, Н. А. Боковенко, Ю. А. Смирнов. Археологические памятники долины Чёрного Июса на севере Хакасии. СПб.: Элексие, 2014, С64-108.

⑥ А. Н. Липский. Погребения тагарских воинов на р. Биджа. СА, 1966 (2): С312-317.

⑦ M. L. Podol'skij. Early tagar barrows near the village of Znamenka in Khakasia. Ancient Civilizations from S cythia to Siberia, 1996 (V. III. 1): 61-96.

⑧ М. Н. Пшеницына.Тагарский могильник Улуг-Кюзюр I на Среднем Енисее. Древние культуры Евразии. Материалы международной научной конференции, посвящённой 100-летию со дня рождения А. Н. Бернштама. СПб: Инфо-ол, 2010, С224-236.

墓葬。库尔干由封土和石板围栏构成。封土为椭圆形，残高约1米。石板围栏位于封土外围处，其中围栏壁由普通的石板组成，矩形石围结构由更大的角石组成。在主围栏的基础上，还扩建1～3个附属围栏，通常年代比主围栏更晚。围栏中的成人合葬墓均为木椁墓，墓室由通常为1～3层（少数为4～6层）的原木搭建而成，顶部用原木覆盖，或用石板铺盖。埋葬人数为4～35人不等。41个儿童墓葬中的大多数（27处）为石板围成的石板墓。14处儿童墓为土坑墓。С. Б. 古力托夫（С. Б. Гультов）将墓葬划分为两个阶段，早期为公元前6～前5世纪，晚期为公元前4～前3世纪①。尽管墓葬被盗严重，但在其中仍发现了约300件陶器和600多件青铜器以及骨器。随葬品包括装饰品（泡饰、珠饰和串饰）、青铜器（刀和镞）、骨器和一些少量诸如战斧、矛、锥、针和空首斧等工具武器。骨器以有铤镞为主。另出土有部分动物纹主题装饰的青铜牌饰以及弓形器。

在46座成人合葬墓中，发现有动物遗存，主要为马、牛和羊，少见狗、狍子和海狸。殉牲部位为肩胛骨、肋骨、胫骨、肱骨、距骨和颅骨等，常见组合为肩胛骨、肋骨和胫骨。殉牲位置多见墓室的东南角或西南角，以及墓室东壁处（图8.5-2）。其中，K1M1、K31M1、K40M1、K13、K25M1、K25M3、K27M2、K27M3、K27M4、K28M1仅殉牛；K30M2、K4M2、K4M2、M44仅殉羊；另外常见殉牲组合有牛和羊，以及马、牛和羊。较为特殊的是，K21殉有牛、羊、狗和海狸。K31M1的墓室上方填土发现4个狗的骨架。K29殉牛的颅骨和羊距骨。

2. 果拉克墓地

该墓地位于距离萨亚诺戈尔斯克镇5千米处的公路右侧，共调查了8座库尔干，其中7座为塔加尔时期的萨拉加什阶段遗存。6号库尔干属于大型多人合葬墓，其墓葬结构和埋葬现象具有代表性意义。6号库尔干土冢高1.4米，直径为16米。库尔干中心为矩形墓穴，墓室由木椁搭建而成，顶部覆有桦树皮。

墓室中至少埋葬了74人，可鉴定性别和年龄的个体为33人，其中成年男性10人、成年女性8人、青少年3人、儿童12人。葬者主要为仰身屈肢，头部通常朝向北方或西北方向，少数朝向其他方向。陶罐通常位于死者头部。死者头部或附近发现头饰，在胸部附近发现串珠。其中6个墓葬随葬相同的器物组合：1面铜镜、1件铜刀和1件铜锥（或1件弯曲的针）。随葬青铜刀的数量较多。殉有牛和马，同人骨散乱在墓室中。在墓室最南端西部骨架的头骨附近，发现了青铜刀和幼年羔羊前半身的骨架。

3. 别齐西Ⅰ号墓地

该墓地位于别齐西河左岸600米处，距科皮约沃镇18～19千米处的科皮约沃–萨尔拉公路两侧。1997年发掘3座库尔干，属于塔加尔文化的萨拉加什阶段遗存。该墓地的殉牲主要发现在库尔干的封土和墓室中。在殉牲动物种类差异上，库尔干封土中主要

① С. Б. Гультов. Некоторые вопросы внутренней хронологии могильника Ашпыл. Древние культуры евразийских степей. Л., 1983.

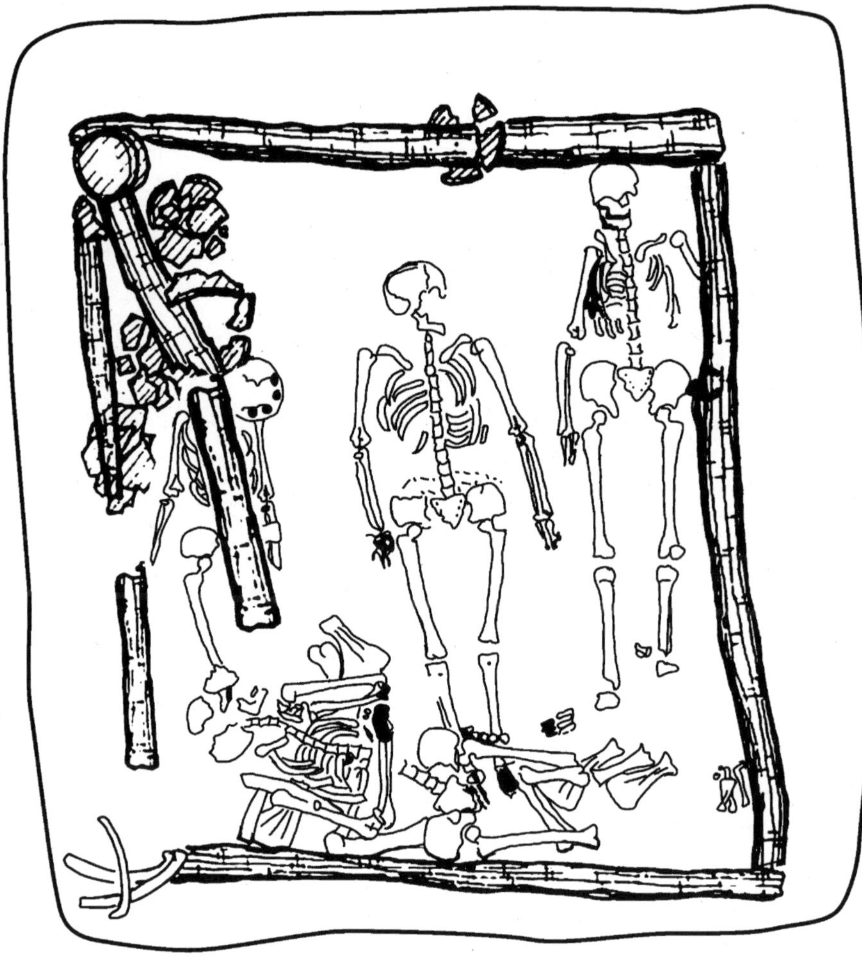

图8.5-2　阿什贝雷墓地殉牲墓葬平面示意图

殉马、牛和羊，与墓室中的殉牲有所不同。1号库尔干主要为马、牛、羊和狗。2号库尔干主要为牛和马。3号库尔干仅殉羊。与其他塔加尔文化墓葬相似，该墓地在墓室中殉牲部位常见为肩胛骨、肋骨和肢骨。而在库尔干封土中发现的动物骨骼则种类较为丰富，包括颅骨、下颌骨、牙齿和椎骨等。

1号库尔干，为典型的八石库尔干，土冢残高0.3～0.7米。在清理封土的过程中，发现较多动物骨骼，分别为羊（肩胛骨、肋骨和尾椎骨）、牛（颅骨、下颌骨、颈椎、肩胛骨、肋骨和胫骨）和狗（左下颌、左下犬齿、肩胛骨、左桡骨、左股骨、肋骨和跖骨），狗的骨骼可能来自被盗掘的M1。M1，为长方形木椁墓，墓坑规格为3.9米×3米×1.4米。顶部封以一层直径为0.12米的原木结构。共埋葬12人，包括7名成年人和3名儿童，被埋葬者头朝西。墓室中散乱分布着牛、羊、马和狗的骨骼。从部分保存原位置的人骨和动物骨骼的组合情况来看，殉牲放置在被埋葬者的左侧。M2，为长方形木椁墓。墓坑规格为3.95米×3.1米×1.3米。木椁顶部封以一层原木结构。墓室中葬有37人，包括21名成年人（8名30岁以上男性和6名30岁以上女性，其余为无法鉴定）和12名儿童。牛、马和羊的骨骼和人骨散乱分布在墓室中。

2号库尔干由三个或四个相互连接的围栏组成，围栏中共包含6座墓葬（M1～M6），其中M1、M2、M4和M5均发现殉牲。在库尔干的封土中，发现动物骨骼主要为马（枕骨、下颌骨、上牙、肋骨和前臂骨）、牛（头骨、右肘、下牙、右股骨和胫骨）和羊（下颌骨和右股骨）。M1，墓坑呈圆角长方形，东北-西南向，顶部铺盖石板。墓主为1位25～30岁男性，仰身直肢，头朝西南。在墓室零散发现一些动物骨骼，为牛（前臂骨）和羊（肩胛骨、左股骨、胫骨、股骨、右胫骨、左胫骨和右后睑骨）。在墓主身体左侧，发现属于幼年羔羊的肩胛骨、股骨、胫骨和4根肋骨。M2，为圆角长方形木椁墓，东北—西南向，顶部铺盖小石板。墓主为1位25～30岁女性。在墓室中发现殉牛，包括右肩胛骨、左股骨、胸骨和肋骨。M4，为圆角长方形土坑墓，东北—西南向，顶部铺盖碎石板。墓主为1位60岁以上女性（骨骼被二次移动）和1位40～50岁的男性，仰身直肢，头朝东。在男性墓主腿部左侧殉有牛（右肩胛骨、股骨、大胫骨和3根肋骨）和羊（左右肩胛骨、左右股骨、胫骨和肋骨）。M5，为儿童墓，墓坑呈椭圆形，顶部封盖石板，东北—西南向。墓主为1位1岁半左右的婴儿。在婴儿头骨右侧发现羊的右肩胛骨、下股骨、右胫骨和9根肋骨。

3号库尔干，由三个围栏组成，中部围栏为库尔干的主体，为八石库尔干，可能为最早建成。在主围栏基础上又向东南和西北扩建新的附加围栏。封土残高超过30厘米。围栏中分布5处墓葬（M1～M5，除M2外，其余均殉有羊骨）。在库尔干的封土中发现的动物骨骼主要为羊（下颌骨、颅骨、下牙、2根肋骨、颈椎、椎骨、2块腰椎骨、右肩胛骨、肱骨、右桡骨、跖骨和胫骨）、牛（3根肋骨、腰椎、肘部、左右桡骨、右股骨、胫骨、腕部、跖骨、第一指骨和管状骨）、马（上牙、前肢骨）以及大型有蹄类动物管状骨骼。M1、M3、M4和M5均为木椁墓，顶部封盖石板。M1、M3、M4均为单人葬。M1墓主为1位55～60岁女性，发现羊的左肩胛骨；M3墓主为1位30岁男性，墓室靠近东南墙处发现羊的右肩胛骨、3根肋骨、左股骨和左胫骨；M4墓主为1名50～55岁的男性，在墓室东北角发现羊的右肩胛骨和右股骨。M5为三人合葬墓，墓主为1位40～50岁女性、1个6个月的婴儿和1位成人。墓室底部发现羊的右肩胛骨、肋骨和下颌骨。

4. 萨尔拉墓地

该墓地位于距离萨尔拉村以北1千米的科皮约沃-萨尔拉高速公路47～49千米处。农耕和建仓活动，以及公路的修建对该墓地造成一定的破坏。沿公路共发现12座库尔干，于1996年发掘了其中2座。1号和2号库尔干均属于塔加尔文化萨拉加什阶段遗存。1号库尔干殉牲种类主要为马、牛、羊和狍子。2号库尔干主要为马、牛、羊、狍子和狐狸。

1号库尔干，为典型的八石库尔干，围栏为11米×13米的矩形结构。土冢直径为16～18、残高0.6米。围栏中由北至南分布四处墓葬（M1、M2、M3和M4），除M4为儿童石板墓外，其余均为木椁墓，埋葬人数为1～3人。在封土堆积发现有动物骨骼：狍子（上颌骨、下牙、角、左肩胛骨、左肱骨、桡骨、距骨和胫骨）、羊（下颌骨、右肱骨、桡骨、肩胛骨、腰椎和肋骨）、牛（下颌骨、上牙、椎骨、肋骨、左距骨、肱骨、胫骨、肩胛骨和盆骨）以及马（3个牙齿）。在围栏的西北角外也发现殉牲动物堆积在一起，有狍子（颅骨、掌骨、趾骨和肱骨）、幼牛（右肱骨、掌骨）以及马（右上颌和上牙），部分骨骼有被烧过的痕迹。M1和M2在墓室东壁或东北角有殉牲动物，种类为马、牛和羊。M3于墓室东北角殉有马、羊和狍子。M4仅殉羊的腰椎骨。

2号库尔干，为典型的十石库尔干，土冢直径为13～25、残高0.8米。石围栏经过二次扩建后规格为20米×13米。围栏中共分布四处墓葬（M1～M4），均为矩形木椁墓。除M3为单人葬外，其余均为3～5人的多人合葬墓。在库尔干封土中发现动物骨骼，有大型有蹄类动物（下颌骨和肢骨），绵羊（下颌骨、2颗下齿、腰椎骨、右肩胛骨、桡骨、尺骨、指骨、第二指骨、左距骨和胫骨），牛（下颌骨、2根肋骨、桡骨、尺骨、骨盆、趾骨和右跟骨），马（2颗上牙、右距骨、左股骨和第三跖骨）以及狍子（后左趾骨）。M1主要殉有牛和羊，羊骨集中放置在墓室的东北和东南角。M2殉有牛、羊和马。M3除牛、马和羊外，还殉有狍子和狐狸。M4仅殉羊。

5. 切列什诺墓地

该墓地位于哈卡斯共和国奥尔忠尼启则夫斯基地区的科皮约沃-萨尔拉公路26千米处，以别齐西河为自然屏障呈南北向2.5千米分布约30座塔加尔文化时期库尔干。其中1号～8号库尔干为萨拉加什时期遗存。主要发掘了位于公路上的1号库尔干。

1号库尔干，土冢高约2.5米，直径40米。土冢下发现规格为27米×27米的方形石围栏。在围栏的东墙，有一个3米×3米的由石块围成的方形区域，即“围栏入口”。在围栏入口中部，距地表0.4米深处发现石头和堆积的动物骨骼，主要为马（上牙和左掌骨）、狗（右肱骨和右腿骨）、牛（头骨、下颌骨、胸椎、骨盆、后趾骨、左尺骨和右肩胛骨）以及羊（牙齿、右肩胛骨）。沿南北向在围栏中心发现三处墓葬：M1（中部）、M2（南部）和M3（北部）。在围栏东墙附近发现M4（儿童墓）。库尔干的主墓室M1为萨拉加什时期墓葬。墓葬入口由石板围砌的斜坡结构，位于M1西侧，后被M4打破。在斜坡上发现马的椎骨，下颌骨和上颌骨。M1，墓坑呈矩形，规格为4米×4米，深1.9米。椁室由原木搭建而成。墓坑顶部封盖一层原木结构和一层碎石板。墓主为1位老年男性和1位年轻女性。墓室中发现的动物骨骼有狍子（角，右胫骨），马（第二趾骨，右肩胛骨，股骨和胫骨）以及牛（左股骨和胫骨，右肩胛骨，右股骨，胫骨和6根肋骨）。

6. 比达然墓地

该墓地为阿巴坎-克拉斯诺亚尔斯克公路建设时遭到破坏而进行的抢救性发掘。由5座低矮的土冢组成，均为木椁墓，沿西北方向排成2排。其中1个被盗掘破坏保存情况较差，1个被部分破坏，其余3个保存完好。除K1M1为三人合葬墓外，其余均为男女合葬墓，仰身直肢，头朝西。

K1M1中墓主为1位男性，1位女性和1位青少年。女性位于男性左侧，头朝西。青少年位于二者中间，头朝东。男性头戴铜泡装饰，右手握着战斧，左臂放置箭镞，双脚佩戴脚环。青少年右手持战斧和箭镞，双脚佩戴脚环。女性墓主头戴铜泡装饰，佩戴耳环。墓室西南角，墓主头部右侧随葬2件陶器，墓室东南角发现动物骨骼（肩胛骨、胫骨和股骨），具体种类不详（图8.5-3）。该墓主被认为是武士家族贵族墓。

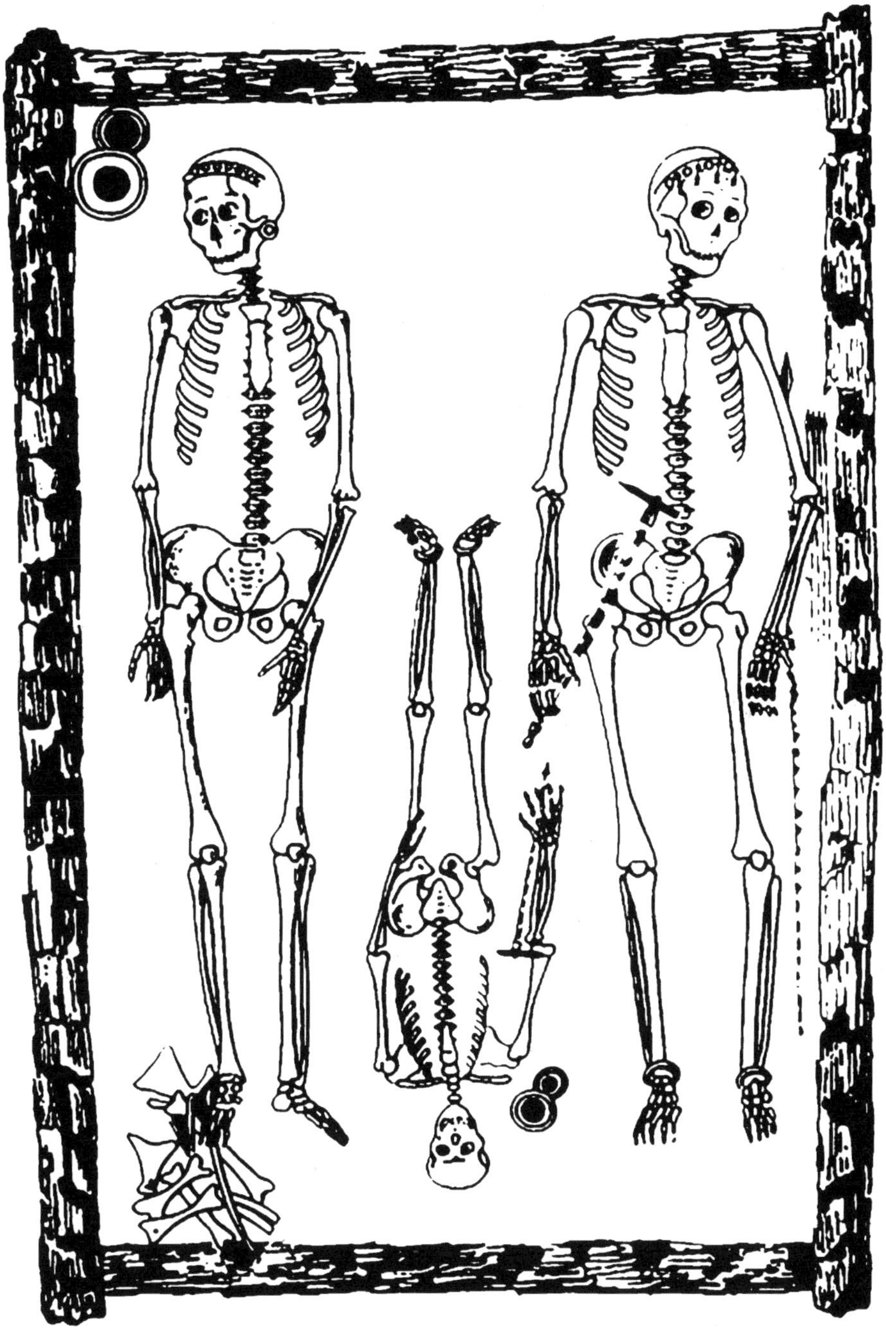

图8.5-3　比然达墓地K1M1平面示意图

7. 兹纳门卡墓地

该墓地位于哈卡斯共和国博格勒地区的兹那门卡村，鄂毕河右岸距克拉斯诺亚尔斯克湖8千米处，共发掘24座库尔干。根据^{14}C年代校准，墓地大致为萨拉加什阶段遗存。超过60%为单人墓葬，其余为多人合葬。墓主均为仰身直肢，头朝西或朝西南，只有一个墓主朝东（8号库尔干M2）。一般随葬2件陶器，大型陶器放在头部，小型陶器通常放在脚侧。即使是多人合葬，每个人也会享有特定的随葬品。殉牲种类有羊、牛或马。常见的部位有胫骨、肩胛骨、3～4根肋骨和胸骨。殉牲通常摆放于墓主脚端，但胸骨总是单独放在墓主手臂或肩膀附近。3号库尔干墓葬开口处随葬马，包括一个头骨、腿的下部和关节。13、16、23、24号库尔干中均发现了殉狗的情况，有的为完整的骨架，有的则是被肢解过的骨架。殉牲动物都发现于墓葬填土中，有时也在被毁坏的墓室内。

8. 乌鲁克–基兹尔Ⅰ号墓地

该墓地位于叶尼塞河左岸，哈卡斯共和国苏维埃茨卡娅村以西2千米处，距阿巴坎市45千米靠近乌鲁克–基兹尔低地的边缘，发掘了塔加尔文化的萨拉加什阶段的14座库尔干。所有的库尔干由矩形石围栏和长方形的土冢构成，土冢平均高度在0.5～1米。葬具多为木椁，仅2处为石板墓。埋葬人数1～5人不等，葬式多为仰身直肢，头朝向东北或西南。1～5号库尔干均发现有殉牲现象。1号库尔干殉牲种类主要为马和羊。2～5号库尔干殉牲种类主要为牛和羊，殉牲部位为肩胛骨，肋骨和胫骨。从2号库尔干和5号库尔干中的单人葬殉牲位置来看，主要放置在墓主人的腿部两侧。

四、捷 西 阶 段

捷西阶段的塔加尔文化墓葬主要存在两种墓葬形制。一是与之前阶段一致，地表有巨大的土冢和石围栏的库尔干结构，一般为大型多人合葬墓，流行火葬习俗，如哈卡斯南部草原地区的梅德韦卡（Медведка）Ⅱ号墓地[①]；二是单个墓穴集中排列形成的墓地，主要见于克拉斯诺亚尔斯克叶尼塞河中游草原地区的特佩西墓地[②]。

1. 梅德韦卡Ⅱ号墓地

该墓地位于哈卡斯共和国维斯基区那娃库尔斯克村西北1.5千米处的梅德韦卡山麓。墓地由3座库尔干组成，属于塔加尔文化的捷西阶段。

1号库尔干，土冢直径30、高1.3米。包含3座墓葬。在墓坑以北9～10米处的石块

---

① Н. А. Боковенко, С. В. Красниенко. Могильник Медведка II. Памятники археологии в зонах мелиорации Южной Сибири. Л.: Наука, 1988, С23-45.

② М. П. Грязнов. Комплекс археологических памятников у горы Тепсей на Енисее. Новосибирск: Наука, 1979.

堆积中发现绵羊的牙齿和跖骨。M1，为矩形木椁墓（4.25米×6.3米），底部有两个木椁室，北部（2.8米×3.8米）和南部（3米×3.8米）。墓葬共埋葬25人，仰身直肢，头部朝西。该墓中发现大量木炭、陶炉渣、陶片、刀和锥。另外还有铜镜、鹿形的青铜牌饰、一小块金片、玻璃珠、石纺轮、穿孔距骨和木制棍形器等。墓主人骨和殉牲动物绵羊和牛的骨骼散落在墓室中。M3，为库尔干的入口，位于M1东边3.5米。为椭圆形坑（0.6米×0.4米），呈南北向，深0.1米。几块狗的骨骼散乱在墓穴中。

2号库尔干，土冢直径24、高1米。围栏规格为12米×16米，由六块垂直的石板组成，其尺寸为0.6米×0.7米，高为0.4~0.8米。土冢内部有两个主要的墓葬，北部的M1和南部的M2。M1，墓坑平面为矩形，规格为3.5米×4米，墓室为木椁室。在墓室中，发现了经煅烧和轻微燃烧的骨骼（至少15人），动物骨骼，炉渣，石头，陶片以及背纽铜镜，铜矛，穿孔青铜刀，铜泡，2颗白色玉串珠。幸存的头骨的位置表明，死者被放置在墓室的西部，仰身直肢，头朝西。在木屋的西墙附近发现了1个狗的头骨。M2，位于M1的南部。为木椁墓，矩形，规格为3.5米×3.5米、深1.8米。为多人合葬墓，埋葬14人，仰身直肢或仰身屈肢，头朝西南。在墓室西北角发现有羊骨。

3号库尔干，土冢直径18米，残高1.4米。四块角石组成简易的围栏。包括2个墓葬，M1（主墓）和M2（墓葬入口）。M1为木椁墓，规格约为5米×5米，深1.6~1.8米。至少葬有25人。大部分被埋葬者为仰身直肢，头朝西，部分朝北或东。人骨和动物骨骼，包括1个绵羊头骨和3个山羊头骨散乱在墓室中，部分动物骨骼集中放置在墓室东南角。

2. 特佩西墓地

该墓地的捷西阶段遗存主要为特佩西ⅩⅥ的大型库尔干多人合葬木椁墓，以及特佩西Ⅰ、特佩西Ⅲ、特佩西Ⅶ和特佩西ⅩⅦ各区由多组单个墓穴组成的墓地。特佩西ⅩⅥ的大型捷西阶段库尔干土冢直径约24、高约1.5米。方形围栏长1.8、宽1.9、高1.2米。木椁顶部铺盖一层石板。木椁被烧毁，整体面积约23平方米。由直径为0.35~0.5米的双层原木搭建而成，墓葬中至少埋葬30人。一般用泥塑头部表现墓主的面貌特征。由于墓葬被盗，仅发现5件圈足器和1件陶罐，墓葬报告未完全发表。

特佩西墓地中由多个墓穴组成的捷西阶段墓地位于整个发掘区的南部，特佩西Ⅰ发掘7座墓葬。特佩西Ⅲ发掘了4座墓葬。特佩西Ⅶ就发掘了102座墓葬。特佩西ⅩⅦ发掘5座墓葬。这些墓葬均为土坑墓，使用木椁或石板作为葬具。大部分为单人葬，特佩西Ⅱ的4处墓葬均为多人葬。墓葬方向常见西南—东北向，少数为正南北向或正东西向。墓主一般为仰身直肢，头部朝向较为多元。在特佩西Ⅰ、特佩西Ⅲ和特佩西Ⅶ的部分墓葬中发现有殉羊的现象，殉牲位置被扰乱。特佩西Ⅲ的M16则殉有牛和马，M25殉有牛、马和狍子。较常见的殉牲部位为羊头骨、下颌骨、距骨和肢骨等。

五、小　结

与周边其他文化相比，塔加尔文化的考古材料相对较丰富，且殉牲在各阶段的墓葬中均有发现，特别是在波德戈尔诺沃阶段和萨拉加什阶段最为流行。从各个阶段的殉牲情况来看，塔加尔文化显然已经形成较为完善的殉牲体系。塔加尔文化的殉牲体系主要体现在两方面，即殉牲的位置和殉牲部位的相对统一。殉牲通常摆放在墓主的脚下，主要选取肩胛骨、肋骨、胫骨或股骨等。

从殉牲的动物种类来看，塔加尔文化殉牲以羊和牛为主，马和狗次之，少见狍子和狐狸等。以狗和狍子作为殉牲的情况最早在巴伊诺沃阶段出现，在哈卡斯北部的森林草原地区延续。哈卡斯南部-克拉斯诺亚尔斯克草原地区早期仍以牛和羊为主，直到萨拉加什阶段和捷西阶段才有殉狗或狍子。显然这与塔加尔文化人群从事畜牧活动或狩猎活动的生产经济相关。以马作为殉牲普遍存在塔加尔文化的四个阶段，但并未成为主要的殉牲种类。尤其需要注意的是，在波德戈尔诺沃阶段哈卡斯-克拉斯诺亚尔斯克草原地区的多个墓地中，发现殉马仅用于男性单人墓葬中，可见殉马对于墓主人的社会地位以及性别分工有一定的指向性。纵观塔加尔文化墓葬中的殉牲动物种类，不难发现在同一个墓地中，往往不同墓葬的殉牲种类不完全相同。这种差异性在一定程度上或许也可以视为墓主生前从事畜牧活动的饲养对象不同所导致的。

第六节　阿尔然Ⅰ号和阿尔然Ⅱ号王冢的殉牲

阿尔然Ⅰ号（Аржан I）和阿尔然Ⅱ号（Аржан II）王冢位于俄罗斯图瓦共和国北部西萨彦岭支脉附近的图兰诺-乌尤克盆地。该地区分布着数量众多的古代墓葬，当地人称其为“国王谷”。阿尔然Ⅰ号王冢于1971～1974年由М．Р．格里亚兹诺夫（М. Р. Грязнов）主持发掘①，其年代主体在公元前9～前8世纪；阿尔然Ⅱ号王冢于2000年由К．В．丘古诺夫（К. В. Чугунов）主持发掘②，其年代主体在公元前8～前6世纪③。两座王冢均有大量的殉马，现分别对其殉马的情况进行分析。

一、阿尔然Ⅰ号王冢

该王冢位于图瓦共和国克孜勒西北部的阿尔然村，坟冢平面呈圆形，直径达120米，高4米，由每块重20～50千克的巨石构成。坟冢以下是由原木搭建的帐篷状木构

① М. П. Грязнов. АРЖАН-царский курган раннескифского времени. Лениград: наука, 1980.

② А. И. Бантиков, Р. С. Минасян, К. Ф. Никитина, К. В. Чугунов. Аржан источник в долине царей. Санк-Петербург, 2004.

③ 杨建华、包曙光：《俄罗斯图瓦和阿尔泰地区的早期游牧文化》，《西域研究》2014年第2期，75-92页。

架，直径80米，分割成70个呈放射状排列的小墓室（图8.6-1）。木架构中央为中心墓室，规格为8米×8米，内部放置9具单人棺椁和1具4.4米×3.7米的大型木椁。大型木椁内并列放置两个东西向的墓棺，葬有1位老年男性和1位成年女性，均侧身屈肢，头向西北。大型木椁外的东侧殉葬6匹装备马具的马。据统计，在阿尔然Ⅰ号王冢中，共殉葬完整马匹161具，另有大量不完整的马骨，属于近300个个体。

在4个单室木椁墓（M2、M5、M13和M31）和5个双室木椁墓（M3、M10、M17、M20和M37）中埋葬了大量的马匹。在双室木椁墓中只有一间墓室有殉马。此外，在一些椁室之间的墓道中也发现有殉马。如M2和M3之间的位置、M34和M35、M62和M68、M25到M26（M26a、M25 6 和M26 6 ）之间的长墓道、M27和M28之间的位置。两座墓穴

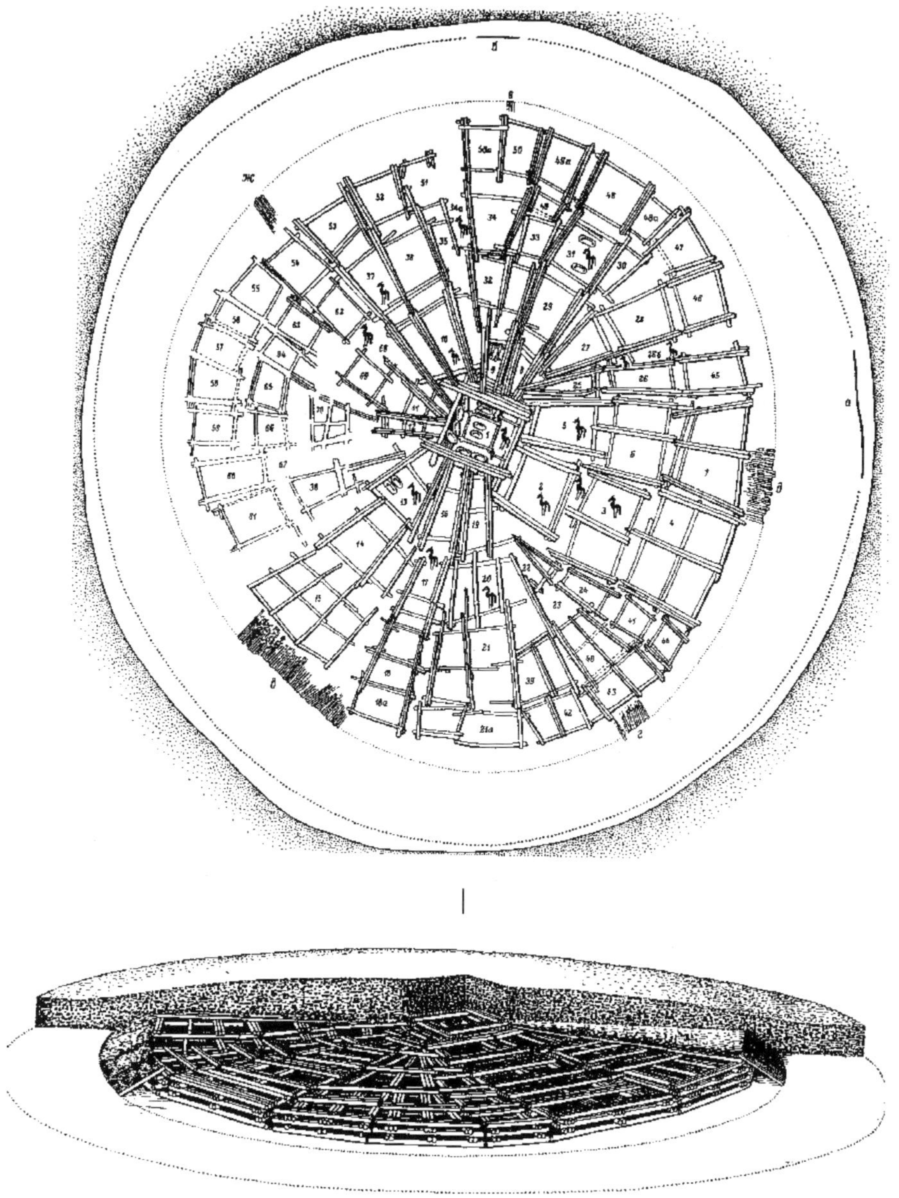

图8.6-1　阿尔然Ⅰ号王冢平、剖面示意图

出现人与马共葬的特殊情况（M13和M31）。现对一些典型的墓穴进行举例说明。

中央墓室M1，马匹沿着1号棺的东壁摆放，6匹马的骨骼都杂乱无序。大部分遗物都被盗，仅发现了三套青铜马衔。

M2，靠近中央墓室的东半部。外部框架9.5米 × 8米、深2.4米，内部面积45平方米（6.5米 × 7米），若干根原木组成构架。墓室的深度只有0.9米左右。在墓室中发现了30匹马的骨骼。它们最初的位置受到了严重的扰动。这些马骨大体可以划分为八堆。根据头骨、肩部和盆骨的相对位置，殉马被分成三排，头朝西北方向，指向中心王墓。每匹马约占1.5平方米（2.3米 × 0.65米）。

M2和M3，在M2和M3之间的墓道的北侧发现3具马骨，头向西，排成一排，头朝向王墓的方向。马的头骨在M2的第一根原木上，其余的骨骼部分在墓底部分。在2个马头骨附近发现了相同形制的马衔，均和三孔马镳相连。第3具马骨上只有1件三孔马镳。

M5，与中心墓室的东墙和M2的北墙相连。外部尺寸为10米 × 6.5米，预测高度2.4米，构架由三根原木组成。墓室中间在地面以上0.9米处是由7根木头组成的棚顶（宽3米）。墓室的内部面积为43平方米（8.5米 × 5米），中间有15具马骨，头朝西，排成两排。这些马匹保留了4套青铜马衔（3套外环为马镫形，1套外环是圆形环）、6个三孔青铜马镳、7个角质马镳和3件带扣。

M31，面积为30平方米，没有被盗扰。在墓穴的中部，10匹马排成一行，头朝西南，朝向王冢方向。每匹马都发现有马衔，但没有发现马镳。从缰绳上的痕迹来看，马镳应是木制的，因此没有保存下来。在第一匹马的缰绳上装饰着18颗钻孔的野猪獠牙。

据推测，建造如此大规模的坟冢在当时需要1500人连续工作7～8天才能完成。此坟冢的墓主应为部落首领级别的贵族。虽然被盗掘，但仍出土了较为丰富的遗物，特别是大量的殉马为研究欧亚草原游牧的起源以及游牧经济模式提供了宝贵的资料。

二、阿尔然Ⅱ号王冢

该王冢位于图瓦共和国克孜勒西北部。2000年俄罗斯和德国的考古学家对其进行发掘。该墓直径75、高2米，规模小于阿尔然Ⅰ号王冢。坟冢下部中心的1号坑中空无一物，而在它的东北部有一个底部为5米 × 5米 × 3米的方形坑，编号为2号坑。里面是用桦树圆木搭建而成的椁室。椁室内葬一男一女，男性在北，女性居南，均侧身屈肢，左臂向下，头向西北。据人骨鉴定，男性墓主年龄为40～45岁，女性墓主年龄为30～35岁。1号坑西北部紧挨着的3号坑内发现少量衣物残片。南部4号坑为殉马坑，内葬十几匹配备马具的马。此外坟冢下边缘位置还发现了一些陪葬墓，为长方形石椁墓，各葬1位男性，侧身屈肢。

与阿尔然Ⅰ号王冢内杂乱的殉马方式不同，阿尔然Ⅱ号王冢的东南部建造了用于殉马的墓室，其内殉葬了14匹马，每匹马上的马具都是标准统一的（图8.6-2）。在其他墓室并未发现殉马，但发掘者在清理王冢围栏的东部时发现了1套制作精良的马具。

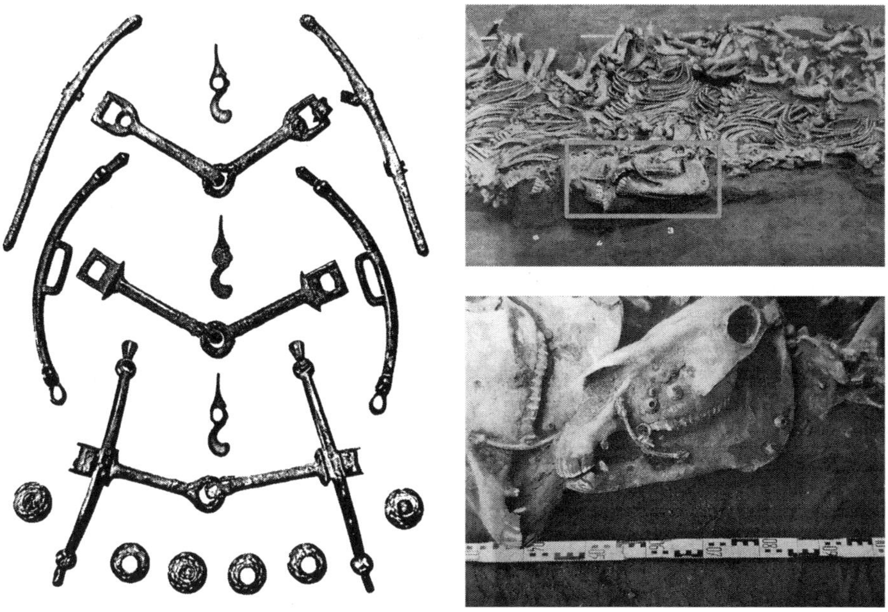

图8.6-2　阿尔然Ⅱ号王冢内的殉马及马具

三、小　　结

阿尔然Ⅰ和Ⅱ号王冢中的殉牲以殉马为主，且大多数马匹上都装备有精美的马具。毫无疑问，这个特殊的葬俗反映了欧亚草原东部区古代游牧民族对于马的特殊情感。值得注意的是，在斯基泰时代，几乎整个欧亚草原上的游牧部落的埋葬习俗中都有殉马的现象。由此可见，马在游牧经济中所起到的重要作用，也对游牧人群有着独特的意义。马既是游牧世界生产生活的工具，也是游牧人群忠诚的伙伴。

两座王冢的殉马方式还是有所不同，阿尔然I号的殉马数量非常多，规模宏大，但是摆放的方式较为无序。从未被扰动的马骨上看，几乎所有的马头都朝向中心墓室，像是在听命于中心墓室中的部落首领。部落首领死后依旧可以在地下世界继续享受生前所拥有的待遇。阿尔然Ⅱ号王冢的殉马数量远不及阿尔然I号王冢，但是在阿尔然Ⅱ号王冢中已经出现了单独的为殉马所修建的祭祀区。这些殉马未被后人扰动，保存完好，在其上发现了标准统一的马具。阿尔然Ⅱ号王冢的年代，比阿尔然Ⅰ号王冢的建造年代晚，说明到此时，人们已经有意识地建造专门的殉马区。

从现有材料分析来看，阿尔然Ⅰ号王冢也是整个欧亚草原发现最早有殉葬完整马匹习俗的墓葬。可以明确的是，殉马在该文化人群丧葬仪式中的重要性是一般随葬品所不能比拟的。欧亚草原东部区的古代游牧族群的丧葬习俗有其独特的形式，并具有较广泛的相似性和较持久的延续性。

第七节　麦耶米尔文化和比肯文化的殉牲

麦耶米尔文化（Майэмирская культура）[①]主要分布于阿尔泰山的山前地带，其年代主体为公元前7～前6世纪[②]。比肯文化（Бийкенская культура）因最早发现于俄罗斯比肯地区而得名，其年代主体为公元前7～前6世纪。两个文化均是随着巴泽雷克文化的出现而消亡，两者流行的年代和分布区域大体相似。

一、麦耶米尔文化的殉牲

麦耶米尔文化的遗存以墓葬资料为主。墓地大部分位于山间河流边的草原地带。墓葬由土石或完全用石头堆砌而成，墓穴较浅，有石椁或木椁。墓葬中的人骨一般侧身屈肢，头朝向西南。在吉廖瓦10号（Гилёво10）[③]、巴伊特杰姆（Бойтыгем）[④]和马申卡Ⅰ号（Машенка I）[⑤]等墓地中发现有殉牲现象。

1. 吉廖瓦10号墓地

该墓地位于俄罗斯阿尔泰地区的阿利河上游，共分5组墓葬，其中第5组的28座墓葬属于麦耶米尔文化。

M9，土坑竖穴墓。在墓葬的北端，坑底上方0.5～0.6米处，发现有没有下颌的马头骨，吻部朝向东北。在马头骨以南0.6米的位置，有马椎骨、肋骨、腿骨和盆骨。在墓葬中央距底部0.3～0.4米处，在人骨中掺杂有公绵羊的骨骼。整个墓葬被盗掘过，人骨错位严重，随葬品缺失。

M15，墓圹平面近似圆形，在墓圹的南部发现有2匹马，头朝东，双腿弯曲至腹部。沿着墓圹的东部，马头骨的下方是一个头朝北的公绵羊，大部分骨骼已经缺失，前腿和胸部的骨骼被堆放在盗洞的东部。

M16，土坑竖穴墓，在墓葬南部的二层台上随葬1匹马，整个二层台都被马的骨骼占据。马匹的摆放自西向东大体上呈弧形放置，马背朝南侧，腿向北弯曲。前肢弯曲

① A. Nikolai. Bokoven, Scythian Culture in the Altai Mountains, Nomads of the Eurasian Steppes in the Earle Iron Age, Berkeley, Ca: Zinat Press, 1995.

② П. И. Шульга. Могильник Раннескифского Времени Гилёво-10 В Предгорьях Алтая. Новосибирск, 2016, C8.

③ П. И. Шульга. Могильник Раннескифского Времени Гилёво-10 В Предгорьях Алтая. Новосибирск, 2016.

④ М. Т. Абдулганеев. Майэмирские курганы Бойтыгема. Археология Горного Алтая. Барнаул: Изд-во Алт. гос. ун-та, 1994, C37-43.

⑤ П. И. Шульга. Раннескифсая упряжь VII-нач. VI вв. до н. э. по материалам погребения на р. Чарыш. Снаряжение верхового коня на Алтае в раннем железном века и средневековье. Барнаул, 1998, C25-49.

至胸部。在马头骨的下方发现有山羊的骨骼，靠近马右腿的位置，沿着墓坑的东壁放置，头朝北，头骨上保存有角。

M31，土坑竖穴墓，在墓葬南部的二层台上随葬1匹马，与M16的殉马摆放方式相类似。在靠近墓坑的东壁，放置1个未成年绵羊，头朝西北，头骨保存不佳，背向右侧卧。绵羊被马叠压。M16和M31的殉牲摆放顺序均应为先放置1个绵羊，然后其上放置1匹马。

M32，土坑竖穴墓，石椁保存完好，未经盗掘扰动。在墓葬南部的二层台和墓棺上部，放置有1匹马和1个公绵羊。马的骨骼保存完好，整体摆放呈南北向，侧卧于二层台和棺板上，马头朝向偏北。在殉马的身上发现有马衔、马镳等成套的马具。在马头骨的下部叠压一个公绵羊，骨骼保存完好，绵羊整体侧卧于棺板上，与殉马的摆放和头部朝向相一致（图8.7-1）。

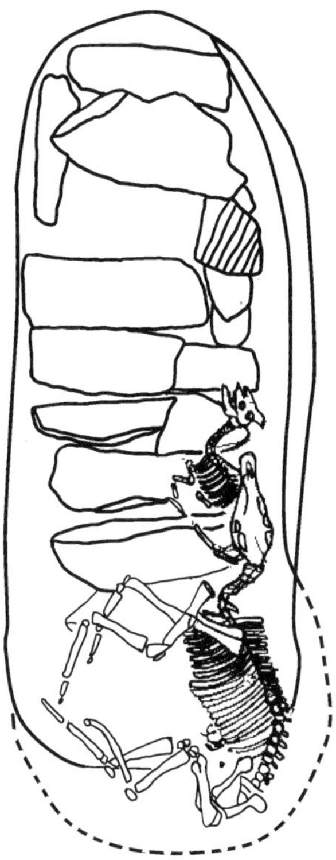

图8.7-1　吉廖瓦10号墓地M32平面示意图

在吉廖瓦10号墓地第5组的28座墓葬中，7座墓葬有殉牲，殉牲率为25%。殉牲动物的组合为羊和马6座，牛和马1座。因有些墓葬被扰动严重，导致有些殉牲动物的信息不详。

2. 巴伊特杰姆墓地

该墓地位于俄罗斯阿尔泰地区，整个墓葬分为3组，共计25座麦耶米尔文化的库尔干。该墓地还发现有阿凡纳谢沃和巴泽雷克等文化的墓葬。

2号库尔干，整体呈长方形，规格为4米×6米。在库尔干的封堆下，中部有一墓室，规格为1.3米×1.8米，墓主为1位30～35岁的成年男性。在墓室的东侧，有1殉马坑。殉马坑内的马骨架保存较为完好，马头侧卧坑内，四肢蜷曲在腹部，整体摆放朝南北向。

19号库尔干，整体呈圆形，直径为5.5米。在库尔干的封堆下，中部有一墓穴，墓圹规格为1.45米×2.7米。墓穴内石棺规格为0.7米×1.05米，整个墓室由7块石板围成，墓主为25岁的成年女性。在石棺的东侧，侧卧1匹马，马头已经不见，保留有马的躯干和四肢。殉马的身上留有带扣、马衔和马镳等马具。

3. 马申卡Ⅰ号墓地

该墓地位于俄罗斯阿尔泰地区，恰雷什河附近。其中在M1中发现有殉牲现象。

M1，偏洞室墓，洞室墓在阿尔泰地区还是十分少见的。墓主为1位20～25岁的成年女性，被放置洞室中，洞室口用石板封住。在墓葬的东部，殉有1匹完整的马，马头朝北，四肢蜷曲在腹部。在殉马身上发现有马具装饰（图8.7-2）。

通过上述墓地的殉牲分析，可以看出在麦耶米尔文化的墓葬中殉牲现象相对较为

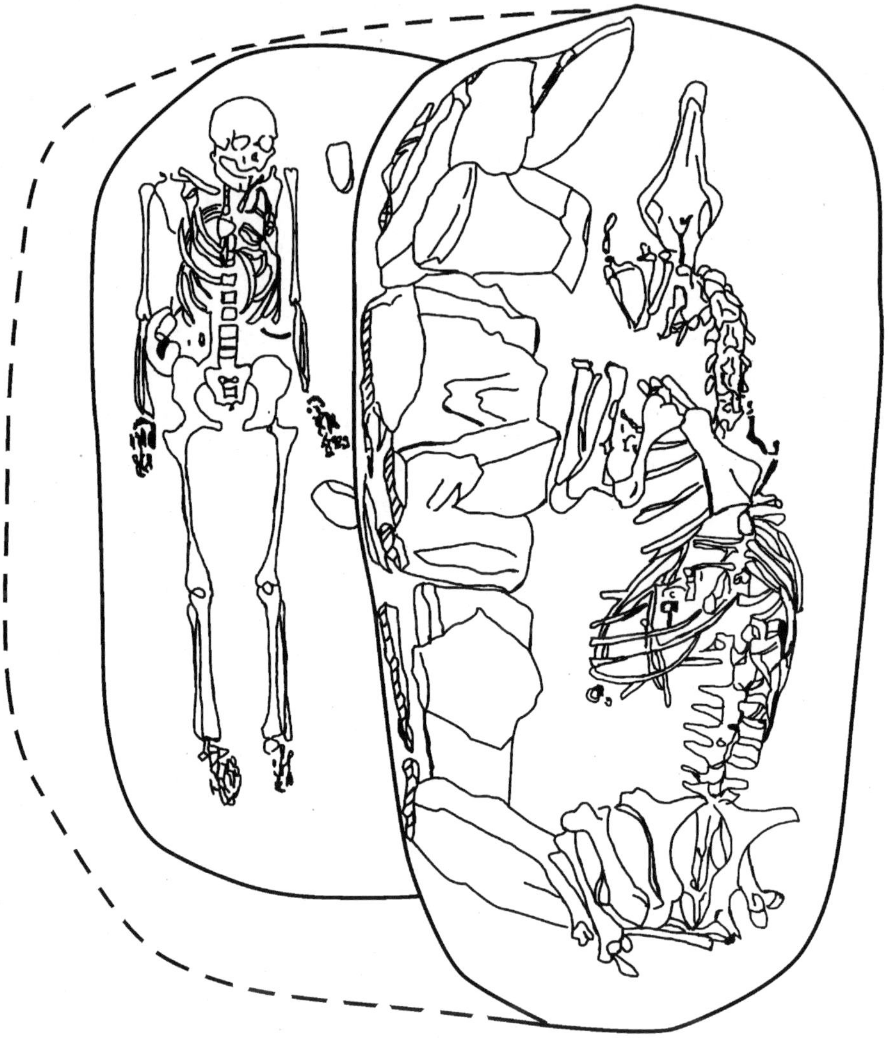

图8.7-2　马申卡Ⅰ号墓地M1平面示意图

普遍。殉牲动物以马为主，且多以完整马匹的形式随葬。除吉列瓦10号墓地存在羊和马，马和牛的组合外，其他墓地均以单个完整马匹随葬。殉马的摆放位置均在墓葬东或东南部，大部分马头朝向偏北方向。

二、比肯文化的殉牲

比肯文化的墓葬发现并发掘的数量较少，远低于麦耶米尔文化和其他考古学文化。以阿依雷-塔什1号（Айры-Таш-1）[①]墓地为例。该墓地位于俄罗斯乌尔苏拉河河口谷地，整个墓地共有6座比肯文化的库尔干，其中1号库尔干中发现有殉牲现象。

① Ю. Т. Мамадаков, А. Л. Кунгуров, А. А. Тишкин. Раскоранный Курган Бийкенской культуры на памятники Айры-Таш-1 в утсьевой зоне Урсула (Алтай). Теория и практика археологических исследований, 2016, С7-18.

1号库尔干，整体呈近圆形，直径约为5米，高出地表0.3米。在库尔干的封堆下，为一土坑竖穴墓，墓主性别年龄不详，侧身屈肢。在墓穴南侧的二层台上摆放1匹完整的马。整个马匹蜷曲并侧卧在二层台上，整体呈东西向摆放，骨骼保存完整。殉马吻部与墓主侧身方向一致。从现有的材料看，比肯文化的殉牲极少见，且与麦耶米尔文化殉葬一匹完整马匹相似。限于资料原因，也不完全排除其他比肯文化的墓葬中也存在殉牲习俗。

三、小　结

综上所述，麦耶米尔文化和比肯文化的殉牲墓葬中均殉葬完整的马匹，殉牲组合也均以马为中心。不同之处在于，麦耶米尔文化的殉牲种类、数量和组合更多样，而比肯文化中仅发现有殉葬完整马匹的情况。这两支文化的相对年代晚于临近图瓦地区的阿尔然Ⅰ号王冢，与阿尔然Ⅱ号王冢大体同时。我们认为麦耶米尔文化和比肯文化的殉马习俗应是受到阿尔然Ⅰ号王冢的影响，这两支文化殉马的数量相对较少，可能与墓主人的身份地位以及游牧经济初始期的发展程度有关，也从侧面反映出公元前7～前6世纪游牧经济中马在畜群中的重要性。随着游牧经济的发展，在该地区下一个阶段的巴泽雷克文化的墓葬中出现了大量的殉马现象，无论是殉马的数量、规模、殉马的装饰程度以及整体的殉马率都超过了以往任何一个时期。

目前学术界对麦耶米尔文化和比肯文化的界定问题仍存在很多争议，两者从物质文化的面貌上很难进行区分。关于两种文化的界定，甚至在一些墓地的归属上部分学者各执一词。有学者认为麦耶米尔文化墓葬中出土的马具和武器较为丰富，而比肯文化的墓葬中少见武器，马具的数量也相对较少[①]。通过上述两支文化殉牲习俗的分析，也很难对这一问题提出可靠的解释。

第八节　巴泽雷克文化的殉牲

巴泽雷克文化（Пазырыкская Культура）是以巴泽雷克墓地命名的一支早期铁器时代的考古学文化，也是欧亚草原早期游牧文化的代表之一。该文化主要以墓葬遗存为主，大体分布在阿尔泰山地区及邻近区域，包括俄罗斯的阿尔泰共和国，哈萨克斯坦的东北部，蒙古国的西北部和中国新疆的北部。在巴泽雷克文化的丧葬仪式中，殉马习俗占有十分重要的地位，在一定程度上反映了该文化人群的埋葬特点、身份等级、民族特征以及宗教风格等复杂社会、经济和文化特征。结合近些年考古新材料，本节拟从以下几个方面对巴泽雷克文化的殉马问题进行专门的讨论。

① А. А. Тишки, Бийкенская археологическая культура. Terra Scythica. Новосибирск: Изд-во Ин-та археологии и этнографии СО РАН, 2011, С272-290.

一、大型墓葬的殉马

巴泽雷克文化的大型墓葬主要以巴沙达尔、图尔根、巴泽雷克、阿克-阿拉哈和别列里等墓地为代表，且这些高等级的大型墓葬多分布在俄罗斯和哈萨克斯坦境内。

1. 巴沙达尔墓地和图尔根墓地

巴沙达尔墓地①位于俄罗斯阿尔泰共和国卡拉克尔河的左岸。20世纪50年代苏联考古学家鲁登科主持发掘工作。该墓地共发现57处墓葬，主要发掘了M1和M2两座墓葬，且其棺椁的北部均发现有殉马现象。一般认为，该墓地的整体年代相较于巴泽雷克墓地略早，大约为公元前6～前5世纪。M1葬有10匹马，大多数马头朝东，少量朝西，在墓葬西北角有1匹马头朝南。这些马匹的年龄大部分为3～8岁，骨骼保存状态较差（图8.8-1，1）。M2墓主人为一位60～65岁的男性和一位40岁的女性，葬有14匹马，保存状态较差。墓坑的上层填土有9匹马，马头均朝东（图8.8-1，2）；下层有5匹马，马头均朝向东（图8.8-1，3）。这些马匹都有装饰，其中墓室东北墙壁处的2号马的装饰保存完好，且极其奢华。有学者通过对其马具装饰的研究，认为它不是一匹普通的马，可能其主人为社会地位较高的人②。

图尔根墓地③位于俄罗斯阿尔泰共和国图尔克塔河的左岸。20世纪50年代苏联考古学家鲁登科主持发掘工作。该墓地共发现有197座墓葬，主要对M1和M2两座大型墓葬进行了发掘。这两座墓葬的棺椁北部均葬有8匹马。M1墓主人是一位40～48岁的男性，此墓虽被盗扰严重，也仍能看出随葬的8匹马均有较丰富的装饰品，且多数马头朝东。一般认为，该墓葬的整体年代和巴泽雷克墓地的年代大致相近。

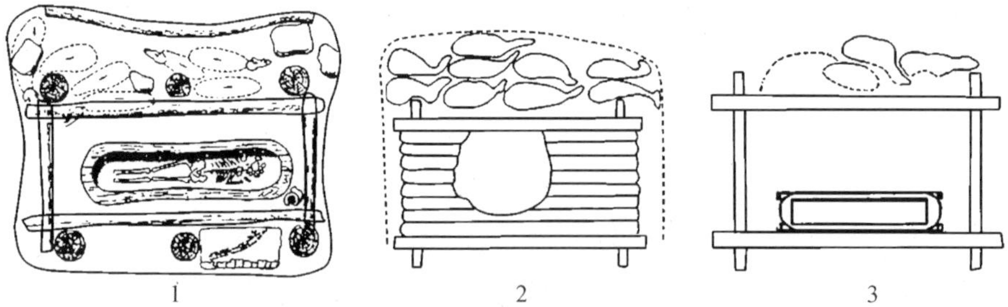

图8.8-1　巴沙达尔墓地殉牲墓葬平面示意图

1. M1　2、3. M2

① С. И. Руденко. Культура насления центрального алтая в скифское время. Москва; Л.: АН СССР, 1960. (S. I. Rudenko. Culture of the Population of the Central Altai in Scythian Time. Moscow; Leningrad: an SSSR, 1960.)

② 马丽娜·奥斯尔·嘎莉雅耶娃（著），常璐（译）：《神兽的化身：巴泽雷克文化马饰研究》，《北方民族考古》（第6辑），科学出版社，2018年，175-182页。

③ С. И. Руденко. Культура насления центрального алтая в скифское время. Москва; Л.: АН СССР, 1960. (S. I. Rudenko. Culture of the Population of the Central Altai in Scythian Time. Moscow; Leningrad: an SSSR, 1960.)

2. 巴泽雷克墓地

该墓地位于南西伯利亚阿尔泰山的东南部，即俄罗斯山地阿尔泰地区捷列兹科依湖80千米外的巴泽雷克盆地。该墓地共发现包括5座大型墓葬及其陪葬的中小型墓葬20余座。墓葬分布有一定的规律，大型墓葬大体呈东北—西南方向连成一弧线，且周围分布有一些中小型墓葬①。

M1，位于墓地的正中央。墓冢直径为47、高2.2米，东侧有一排立石。内棺长4.87、宽3.35、高1.4米；外椁长6.15、宽4.45、高2米，内棺、外椁之间用碎石填充。M1北半部为殉马区，共葬有10匹马，每一匹马都有精美的马具，且均有动物纹主题装饰。其中8匹马分为两组横向并排摆放，每组4匹，马头均朝东；在殉马区剩余的空间里，另外2匹马纵向并排摆放，马头朝南（图8.8-2，1）。

M2，位于墓地的中部。墓冢表面覆盖大量的石块，呈圆形，直径达36、高3.75米，墓冢东侧有一排立石。墓坑长7.8、宽7.1、深4米。内棺长4.92、宽3.65、高1.53米，外椁长5.7、宽4.15、高2.1米。内棺、外椁之间无任何填充物。墓主人为1位成年男性和2位成年女性，均处理成干尸，且男性身上有大面积纹身。M2北半部为殉马区，与其他4座大型墓葬的殉马区位置略有不同，即M2的殉马区并不在墓室底部，而是高于墓室顶端。共葬有7匹马，其中6匹在东部，分为两组横向并列摆放，马头朝东；另1匹在西部，马头朝南纵向摆放（图8.8-2，2）。

M3，位于墓地的北部。墓冢为圆形，直径为36、高2.6米。墓冢东侧有一排立石。墓坑长7.8、宽6.5、深5.2米。内棺、外椁之间用碎石填充。内棺长3.45、宽2.08、高1.08米，外椁长4.42、宽3.45、高1.68米。M3北半部为殉马区，共葬有14匹马，摆放位置与M1近似。其中8匹殉马，分为两组横向并排摆放，每组4匹，马头朝东；这两组殉马的西侧各有一组，每组2匹纵向并排摆放，马头朝南；在上述12匹马的北侧，在殉马区剩余的空间里，还横向摆放有2匹殉马，马头朝西（图8.8-2，3）。

M4，位于墓地的北部。墓冢为圆形，直径24、高1.5米，在墓冢的东侧有一排立石。墓坑长为5.6、宽为5.3、深为4.1米。外椁长3.75、宽2.14、高1.2米。内棺、外椁之间，三面用碎石填满，一面无填充物。M4北半部为殉马区，空间相对较小，共葬有14匹马。殉马的摆放位置和方式与M1、M2和M3有所不同。在墓坑的下层摆放6匹马，且马头朝东北；其南侧摆放有3匹马，马头朝东南；另外5匹殉马，叠压在这9匹马的上面，其中3匹殉马头朝西南，2匹殉马头朝西北（图8.8-2，4）。

M5，位于巴泽雷克墓地的东南部。墓冢为圆形，直径24、高3.75米，在外围2.5～3米处有一圈立石柱。内棺长5.3、宽2.3、高1.4米，外椁长6.4、宽3.4、高1.9米。内棺、外椁之间空间内无任何填充物。墓主人为一男性。M5北半部为殉马区，空间相对狭小，共葬有9匹马。东部有3匹殉马，相互叠压，最下面的1匹，纵向摆放，腹部着

① S. I. Rudenko. Frozen Tombs of Siberia: The Pazyryk Burials of Iron Age Horsemen. Berkeley and Los Angeles: University of California Press, 1970.

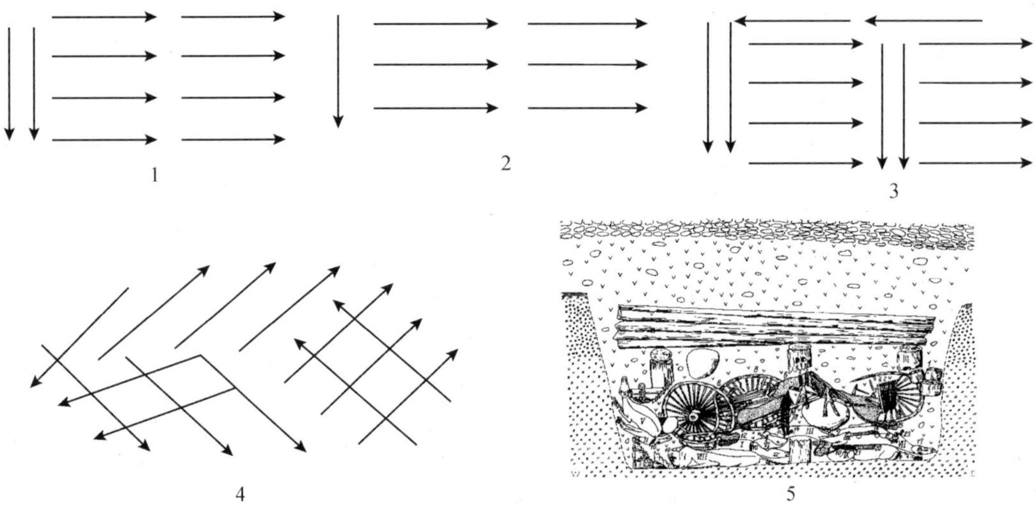

图8.8-2　巴泽雷克墓地殉马摆放示意图

1. 巴泽雷克M1　2. 巴泽雷克M2　3. 巴泽雷克M3　4. 巴泽雷克M4　5. 巴泽雷克M5

（引自S. I. Rudenko. Frozen Tombs of Siberia: The Pazyryk Burials of Iron Age Horsemen. Berkeley and Los Angeles: University of California Press, 1970.）

地，马头朝西；上面的1匹马与它摆放位置和方向一致，但马头伸向外面；在殉马区另外一排，也有1匹马纵向摆放，马头朝东；在殉马区的中间，摆放着第4匹马；在第三排，摆放着第5匹和第6匹马，1匹腹部着地，马头朝西；另外1匹与它平行摆放在墓坑北侧偏右的位置，马头朝东；在第2匹马头部与第4匹马之间的空间内，第7匹马横向摆放，背部着地，腹部朝上；另外2匹马在墓坑的西北角，其中1匹背部着地，腹部朝上，四只马蹄向上，马头朝西，另一匹，压在这匹上面，背朝东（图8.8-2，5）。

除了上述5座大型墓葬外，该墓地的其他中小型墓葬也进行了发掘。M6墓冢直径14～15、高0.7米。墓坑呈正方形，边长3.4米，内有用原木搭建的墓室，长3.2、宽2.2、高0.5米，墓主人为一位成年女性和一位小女孩。在墓室北侧葬有3匹马，1匹头朝东；另外2匹压在它上面，1匹头朝东，1匹头朝东北。M7墓室呈正方形，边长2米，没有发现殉马现象。M8墓冢直径14、高0.65米，墓主人是女性。由于被盗墓者破坏严重，殉马的数量和位置不详。

从巴泽雷克墓地的殉马情况来看，我们认为该墓地殉马习俗的特点较明显。一般情况下，在墓坑的北部为殉马区，即木椁壁和坑壁之间的空间。从墓坑底部起开始摆放， 有的马匹比木椁盖还略高，有的直接将马头搭在椁盖上。墓葬中殉牲整匹完整的马，且马身都装饰有各种金属和木质精美动物纹主题的马具，如马笼套、马面饰、马胸带、马鞍及鞍褥、马镳、马衔、马缰绳和马鞭等，甚至M5中还随葬了1辆全木构的四轮马车。发掘者认为这些殉葬的马匹多数是被类似鹤嘴斧的武器击中面门而死，随后进行的下葬仪式。从殉马的摆放空间位置来看，并不是严格按照殉马的数量而提前规划摆放的。当剩余的空间不充足时，殉马不仅水平摆放，也会叠压摆放。在其他小型墓葬中也有这种情况。巴泽雷克墓地的殉马中，有几匹不是矮小的蒙古马，而是来自中亚的高大马种，其后代便是现代优良的土库曼马。从马匹未消化完的饲料来看，这几匹马并非在野地放养，而是在马厩中以精选之谷物来饲养的①。根据^{14}C的最新测年数据表明，巴泽雷克墓地的年代应在M2的公元前301～前282年与M5的公元前252～前235年之间②。

3. 阿克–阿拉哈墓地和别列里墓地

阿克–阿拉哈墓地位于俄罗斯阿尔泰共和国乌科克高原阿克–阿拉哈河流域③。墓葬多为单人葬，葬具有木椁和木棺。该墓地殉马的摆放位置均在木椁的北侧，但数量不一，少则1～2匹，多则10匹，而随葬4匹马的墓葬较多。以阿克–阿拉哈Ⅲ-M1为例，墓主人为1位25岁左右的女性，其左臂上纹有怪诞风格的动物纹，在木椁盖上陪葬有1位成年男性。该墓共葬有9匹马，在木椁盖上层发现有3匹，其中2匹马头朝东，1匹朝北；木棺北半部发现有6匹马，马头均朝东。从其干尸的特殊处理、人牲、纹身符号和随葬品以及殉马等特征的情况分析，一般认为她在族群中的地位可能较高，且拥有一定的权力。阿克–阿拉哈Ⅵ-M1和Ⅴ-M1分别葬有4匹马和6匹马（图8.8-3，1）。殉马数量最多的是阿克–阿拉哈Ⅰ-M1，摆放相对较为凌乱（图8.8-3，2）。阿克–阿拉哈墓地的殉马现象也较普遍，且均在木椁的北侧，马头大多数朝东，随殉马具也较丰富。

别列里墓地（图8.8-4）④位于哈萨克斯坦东部布克塔尔玛山谷附近的别列里村。其中一座墓直径23米，高6米，其墓主人为一位年轻的男性和一位年长的女性，共葬有13匹马。墓坑下层有7匹马，上层有6匹马，这些马均有丰富的装饰品。一般认为，其年

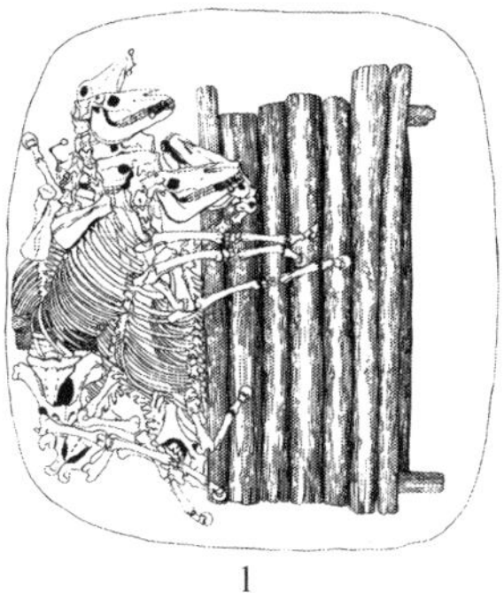

1

2

图8.8-3　阿克–阿拉哈墓地殉马的摆放位置

1. Ⅴ-M1　2. Ⅰ-M1

① 陈建文：《论中国与古代南西伯利亚间的文化互动》，《张广达先生八十华诞祝寿论文集》，新文丰出版公司，2010年，921-964页。

② J. P. Mallory, et al. The date of Pazyryk. Ancient Interactions: East and West in Eurasia. Cambridge: McDonald Institute for Archaeological Research, 2002, 199-211.

③ Н. В. Полосьмак. стерегущие золото грифы Новосибирск, 1994; Н. В. Полосьмак. Всадники Укока. Новосибирск, 2001.

④ I. Clisson, C. Keyser, H. P. Francfort, et al. Genetic analysis of human remains from a double inhumation in a frozen kurgan in Kazakhstan (Berel site, Early 3rd Century BC). International Journal of Legal Medicine, 2002, 116 (5): 304-308.

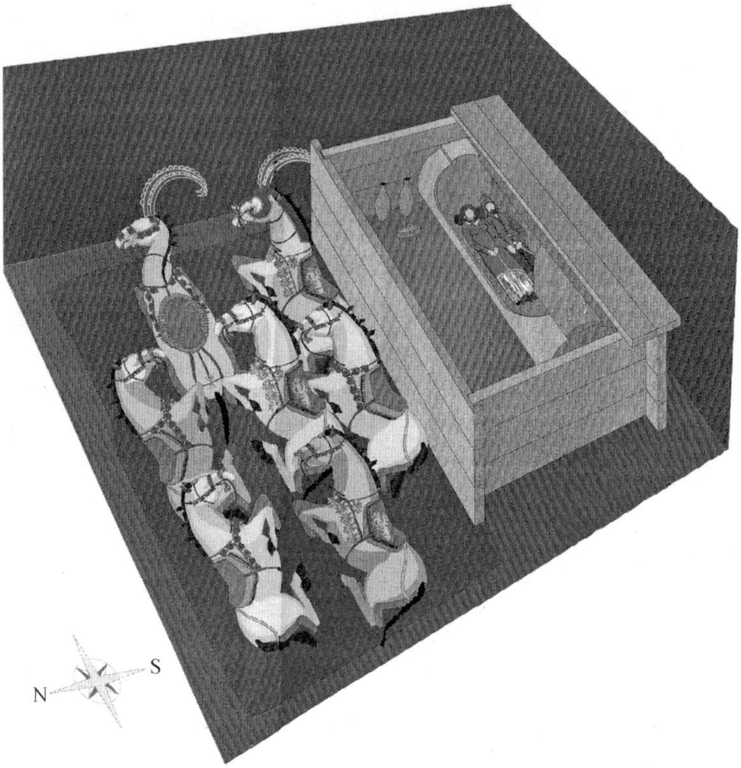

图8.8-4　别列里墓地11号墓葬的复原图

代大约为公元前3世纪初。有学者利用线粒体DNA的序列多态性来确定别列里墓地殉马的遗传多样性，且在13匹殉马中发现了8个单倍型样品。这项研究分析表明，这些古老的马的序列存在于现代马匹所定义的整个谱系中，且与其密切相关①。

除上述墓葬外，在什伯②、卡坦达③等墓地中也有较多大型墓葬，且也发现了较多殉马现象。由此可见，巴泽雷克文化的大型墓葬中均有殉马现象，且数量较多，并有大量制作精良的各类马具。

二、中小型墓葬的殉马

巴泽雷克文化中小型墓葬分布范围较广泛，在俄罗斯、蒙古和中国境内的阿尔泰地区均有较多发现。以尤斯特德墓地为代表的中小型墓葬的殉马与大型墓葬有一定的相似性，但差异性也非常明显。

① C. Keyser-Tracqui, P. Blandin-Frappin, H.-P. Francfort, F.-X. Ricaut, S. Lepetz, E. Crubézy, Z. Samashev,B. Ludes. Mitochondrial DNA analysis of horses recovered from a frozen tomb (Berel site, Kazakhstan, 3rd Century BC). Animal Genetics, 2005, 36 (3): 203-209.

② Л. Л. Баркова. Курган Шибе и вопросы его датировки. АСГЭ, 1978, Вып, 19, С37-44.

③ Сорокин, С. С. Большой Берельский курган: Полное издание материалов раскопок 1965 и 1959 гг. Культура и искусство народов Востока. Л.: Гос. Эрмитаж, 1969, С208-236. (Тр. ГЭ; Вып. 7).

1. 俄罗斯阿尔泰地区

尤斯特德墓地①位于俄罗斯阿尔泰共和国尤斯特德盆地，尤斯特德河的右岸。该墓地共发掘了44座墓葬，墓葬呈一条直线排列，殉马数量相对较少，最多也仅葬有3匹。尤斯特德Ⅻ-M25为单人葬，侧身屈肢。木椁的东、西、南侧使用石块填充与墓坑壁之间的空间，其北侧为殉马区，仅葬有1匹马，马头朝东，马身有一定的装饰品（图8.8-5，1）。尤斯特德Ⅰ-M10为双人葬，均侧身屈肢。木椁的北侧为殉马区，葬有2匹马，马头均朝东，马身有少量的装饰品。该墓殉马的数量也是整个墓地中最多的（图8.8-5，2）。尤斯特德Ⅻ-M23为多人葬，多为侧身屈肢。木椁北侧为殉马区，葬有3匹马，其中2匹为完整的马，另1匹仅葬有马头。前者马头朝东，后者马头朝南（图8.8-5，3）。尤斯特德Ⅻ-M2，规模较小，人骨保存较差，仅在木椁外的东北角发现1具带有部分椎骨的马头，马头朝南（图8.8-5，4）。这在整个巴泽雷克文化中都是十分少见的，有可能是骨骼保存较差的原因，也有可能受到了中国北方地区的影响。在成人和未成年人的合葬墓中，在木椁北侧葬有1匹马，马头朝东（图8.8-5，5）。还有些墓葬的马头朝向北侧，在整个墓地中显得很特别（图8.8-5，6）。统计数据显示，该墓地中有殉马的墓葬数量占总数的近一半，与墓葬随葬品的多寡没有必然的联系，且马的装饰性马具较少，制作也较粗糙。

德诺里墓地②位于俄罗斯阿尔泰共和国。从笔者目前收集到的资料来看，该墓地的殉马现象不是很流行。通常情况下，木椁北侧为殉马区，葬有1～2匹马，马头朝北（图8.8-6，1）。

巴布卡任墓地③位于俄罗斯阿尔泰共和国巴布卡任河附近。该墓地共发掘了28座墓葬。其中有殉马现象的共9座墓葬，占总墓葬的三分之一。殉马区均位于木椁的北侧，殉马数量1～2匹不等，大部分马头朝东（图8.8-6，2）。值得注意的是，有个别墓葬（Ⅰ-M18）中虽没有殉马，却随葬有马形木雕。有些学者认为这些马形木雕应是马匹的替代品④。

马耳他墓地⑤位于俄罗斯阿尔泰共和国卜尊河右岸。该墓地共发掘了23座墓葬。其中有殉马的共5座墓葬，占总墓葬的不到五分之一。殉马区均位于木椁的北侧，殉马数量1～2匹不等，其中有4座墓葬仅随葬1匹，另1座墓葬随葬2匹。大部分马头朝东，个别朝南（图8.8-6，3）。Ⅳ-M13中随葬的2匹马大体南北摆放，马头朝向南北，且在马头顶部发现有创伤痕迹，疑似被管銎斧打击致死。

---

① В. Д. Кубарев. Курганы Юстыда. Новосибирск наука Сибирское отделение, 1991.

② М. П. Грязнов. Алтай и приалтайская степъ,Степная полоса Азиатской части СССР в скифо-сарматское время. Москва, 1992.

③ В. Д. кубарев.Курганы Сайлюгема. Новосибирск, Наука Сибирское отделение, 1992.

④ 张盟：《公元前1千纪的内陆亚洲山麓通道》，吉林大学学位论文，2013年。

⑤ В. Д. кубарев. Курганы Сайлюгема. Новосибирск, Наука Сибирское отделение, 1992.

图8.8-5　尤斯特德墓地殉牲墓葬殉马的摆放位置

1. Ⅻ-M25　2. Ⅰ-M10　3. Ⅻ-M23　4. Ⅻ-M2　5. Ⅻ-M4　6. Ⅻ-M19

图8.8-6　其他中小型墓葬殉马的摆放位置

1. 德诺里墓地Ⅰ-M6　2. 巴布卡任墓地Ⅰ-M13　3. 马耳他墓地Ⅳ-M12　4. 巴兰戈尔墓地Ⅱ-5

巴兰戈尔墓地[①]位于阿尔泰共和国迈明斯基区戈尔诺阿尔泰斯克以南60千米处，在木奴和巴兰戈尔村庄之间。该墓地由三组墓冢组成，分别编号Ⅰ-1、Ⅱ-2和Ⅲ-4。该墓地整体位于伊奥戈山脊分支的塔卢斯山脚下，卡顿河的一个古老的阶地上，沿着楚雅公路与山脉相连。这些墓冢被排列成三条链状，一直向西延伸，穿过山谷。整个墓地发现有殉马现象的墓葬仅有两座，即Ⅱ-5（图8.8-6，4）和Ⅱ-8。殉马区均位于木椁的北部，均仅随葬1匹马，马头朝东南，其年代也处于巴泽雷克文化的晚期阶段。

除上述墓葬外，在俄罗斯境内还有阿拉-盖伊勒[②]、忒特科斯肯[③]、乌兰德雷克[④]等墓地也有大量中小型墓葬，殉马习俗与上述墓葬大体相似。

2. 蒙古国巴彦乌拉盖地区

21世纪初，在蒙古国巴彦乌拉盖省发现了大量属于巴泽雷克文化的墓葬遗存，且主要分布在该省的西部和南部，而在其北部、东部和东北部则基本不见[⑤]。截至2013年，在巴彦乌拉盖省共发现巴泽雷克文化墓地83处，总计共418座墓葬[⑥]。随着近几年的考古工作，这一数字在不断的累计增加。

这些巴泽雷克文化的墓葬除了查干阿斯嘎、哈尔根特等墓地外，均有殉马的现象，且各个墓地都有自身的特点。整体来讲，殉马区在墓室北侧，殉马多数为1匹，少量有2～3匹，最多有5匹。马头多数朝东，少有朝南和西。马身有极少的装饰品。以小吐尔干河墓地为例，M10墓主人为1位成年女性和1位儿童，只葬了1匹马；M11墓主人为2位成年男性，葬了2匹马；M8墓主人为2位成年人和1位儿童，共葬了3匹马；6号墓地M13为单人侧身屈肢，木椁北侧葬有1匹马，马头朝南（图8.8-7，1）。奥伦古林河墓地M10[⑦]墓主人为35～40岁的男性，身高1.74米。在木椁盖板的东北部埋葬着2匹2.3米×1.7米大小的带着整套马具的马匹，马的皮肤、肌肉和毛皮都完好地保存了下来。哈图1号墓地M1为独木棺墓，单人侧身屈肢，木椁北侧为殉马区，葬有1匹马，马头朝北（图8.8-7，2）。

---

① A. P. Borodovsky, S. S. Tur. Barangol: A Pazyryk Cemetery on the lower Katun, Gorny Altai. Archaeology, Ethnology and Anthropology of Eurasia, 2015, 43/3, C128-141.

② В. Д. Кубарев, П. И. Шульга. Пазырыкская культура: (Курганы Чуй и Урсула). Барнаул: АлтГУ, 2007, C281.

③ Ю. Ф. Кирюшин, Н. Ф. Степанова, А. А. Тишкин. Скифская эпоха Горного Алтая. Ч. II: Погребально-поминальные комплексы пазырыкской культуры. Барнаул: АлтГУ, 2003, C234.

④ В. Д. Кубарев. Курганы Уландрык. Новосибирск: Наука, 1987, C302.

⑤ Д. Цэвээндорж, ц. Төрбат. Монгол Алтайн археологийн дурсгалууд-iбаян-өлгий аймаг. Улаанбатар, 2009.

⑥ 〔蒙〕策·图尔巴特（著），特尔巴依尔（译）：《蒙古国阿尔泰巴泽雷克墓葬的研究》，《草原文物》2013年第2期。

⑦ 〔蒙〕D. 策温道尔吉、D. 巴雅尔、Ya. 策仁达格娃、Ts. 敖其尔呼雅格（著），〔蒙〕D. 莫洛尔（俄译），潘玲、何雨濛、萨仁毕力格（译），杨建华（校）：《蒙古考古》，上海古籍出版社，2019年。

图8.8-7　蒙古国巴彦乌拉盖省巴泽雷克文化墓地殉马的摆放位置

1. 小吐尔干河墓地M13　2. 哈图1号墓地M1

蒙古国发现的有殉马现象的墓葬均为木椁墓，少见其他葬具的墓葬，这种现象在整个巴泽雷克文化都是非常普遍的。从目前所掌握的资料来看，蒙古国境内巴泽雷克文化的墓葬绝大多数属于中小型墓葬，但不排除未来还有大型墓葬的考古发现。

3. 中国新疆地区

巴泽雷克文化在其繁荣期不断向外扩张，对欧亚草原很多文化都产生了一定的影响。尤其是在其南部的中国新疆地区，这种扩张和影响表现得非常明显①。从目前的考古发现看，与巴泽雷克文化关系紧密的遗存主要包括阿勒泰地区的塑柯尔特类型、巴里坤地区的石人子沟类型、塔城地区的白杨河墓地遗存、中部天山区的苏贝希文化以及南疆的包孜东类型和扎滚鲁克文化等遗存②。在这些文化类型中仅在塑柯尔特类型和石人子沟类型中发现有殉马习俗。

在属于塑柯尔特类型的墓葬中，昌吉西沟墓地③M2，在墓道东部葬有1匹马，马头朝西，尾向东，呈侧卧状（图8.8-8，1）。M10底部葬有1匹马，尾向西，并带有大量铜制马具配饰（图8.8-8，2）。上述两座墓葬中在墓主人的头部位置都殉有羊骨，这在传统的巴泽雷克文化墓葬中是十分少见的。这应该是巴泽雷克文化在向中国新疆地区扩张时与当地人群文化融合的结果。M16底部葬有2匹马，纵向叠压，上层殉马头朝东，尾朝西，下层殉马头尾方向与上层殉马相反，在上层殉马身上发现铜制马具（图

① П. И. Шульга, Д. П. Шульга. Проникновение Пазырыской культуры в Синьцзян. Вестн. НГУ. Серия: История, филология, 2017, Т, 16, № 4: Востоковедение, С24-29.

② 邵会秋：《巴泽雷克文化在新疆的扩张与影响》，《边疆考古研究》（第21辑），科学出版社，2017年，179-195页。

③ 新疆维吾尔自治区文物考古研究所：《新疆昌吉州阜康市西沟墓地、遗址发掘简报》，《考古与文物》2016年第5期。

8.8-8，3）。图瓦新村墓地[①]M3，墓室北侧葬有1匹马，马头朝西，呈俯卧状（图8.8-8，4）。M4墓室北侧葬有1匹马，马头朝西，呈侧卧状。M5木棺北侧葬有1匹马，呈俯卧状（图8.8-8，5）。图瓦新村墓葬中随葬的3匹马口中均有铁制马衔。

在属于石人子沟类型的墓葬中，哈密巴里坤西沟墓地[②]M1，椁室北侧的二层台上葬有1匹马，马头朝西，呈侧卧状（图8.8-8，6）。在该类型的其他墓葬中也有少量存在殉马现象。

中国新疆地区与传统巴泽雷克文化分布区的殉马习俗有一定的相似性，特别是与中小型墓葬的情况较类似，均使用完整的马匹进行随葬。同时，也表现出了自身的文化特点，即随葬羊头骨代表全牲。这与其他巴泽雷克文化墓葬有着很大的区别，相反与中国北方地区的殉牲习俗更接近。有学者通过动物纹装饰的比较分析，认为中国北方地区、新疆地区和欧亚草原之间在很早以前就已经开始了频繁地接触和交流，并大

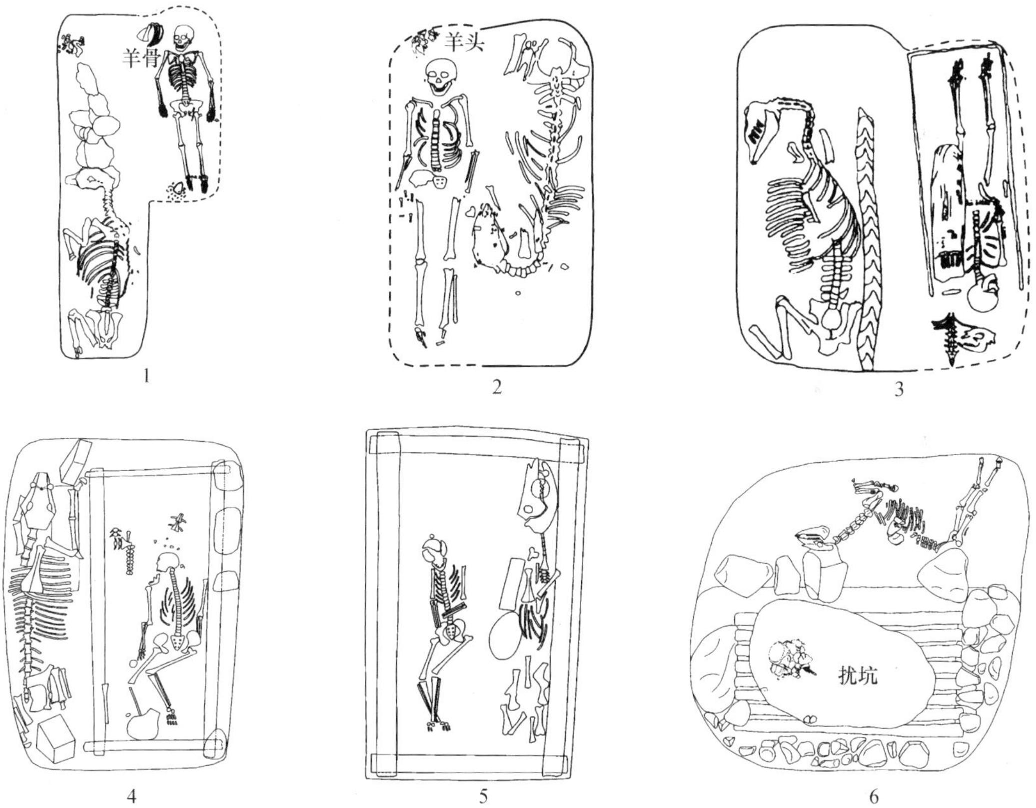

图8.8-8　中国新疆地区巴泽雷克文化墓地殉马的摆放位置

1. 昌吉西沟墓地M2　2. 昌吉西沟墓地M10　3. 昌吉西沟墓地M16　4. 图瓦新村墓地M3　5.图瓦新村墓地M4　6. 哈密巴里坤西沟墓地M1

① 新疆文物考古研究所：《新疆布尔津喀纳斯下湖口图瓦新村墓地发掘简报》，《文物》2014年第7期，4-16页。

② 马健、程晓伟、唐云鹏、王远之、陈新儒、王建新、田宜亮、蒋晓亮：《新疆哈密巴里坤西沟遗址1号墓发掘简报》，《文物》2016年第5期，15-31页。

体勾勒出互动交往的不同方式和路线①。这些都反映出了中国新疆地区在沟通东西方文化交流上所起到的桥梁作用。

三、小　结

综上所述，巴泽雷克文化的殉马习俗应该是继承自当地的殉牲传统。稍早时期的迈耶米尔文化就已经有殉马的习俗，在一些墓葬的南部专门建有殉马坑，而且其内殉马的摆放姿势与墓主人几乎一样。有的殉马坑内随葬2匹马，且有一定数量的马具装饰。有学者认为，巴泽雷克文化人群按照墓主人和随葬品的重要性，由南向北降序排列随葬品。南部为成年男性，这是地位最突出的部分，其次是女性和儿童墓，再次是与经济生活有关的随葬品，最后是木椁北侧的殉马②。笔者不赞同此种观点，我们认为殉马在该文化人群丧葬仪式中的重要性是一般随葬品所不能比拟的。欧亚大陆，尤其欧亚草原地区的古代游牧族群的丧葬习俗有其独特的形式，并具有较广泛的相似性和较持久的延续性。巴泽雷克文化的大型墓葬与中小型墓葬，无论在墓葬规模和形制、还是在随葬品的丰富程度，抑或是殉马问题上都存在很明显的差别。这一时期的新兴贵族开始掌握社会财富和政治权力③。他们已经不使用实用性的武器和工具来表现其身份，而更多的是通过随葬外来奢侈品、贵金属装饰品以及装饰动物纹主题风格的各类马具等来彰显其生前的财富、地位和权力④。殉马作为重要的表示社会地位的象征符号，与其他要素共同反映了巴泽雷克文化具备了复杂社会的等级结构。我们大体可以推测巴沙达尔、图尔根、阿克阿拉哈、巴泽雷克等墓地可能是高等级贵族或王室成员的墓地，尤斯特德墓地可能是普通贵族的墓地，而马耳他和巴布卡任等墓地可能是平民的墓地。

在中国新疆昌吉西沟墓地、图瓦新村墓地、巴里坤西沟墓地发现的殉马现象，应是巴泽雷克文化向南传播到新疆地区的结果。在新疆地区出现的殉马头和羊骨的现象可能受到中国北方地区文化向西传播的影响。在同一处墓葬中，既有巴泽雷克文化完整的殉马，又有中国北方地区的羊头殉牲，这都能说明中国新疆地区在沟通东西方文化交流中的重要中转作用。这种文化的交流与融合，早在青铜时代就已经开始了。这在动物纹风格的装饰品、马具、工具上也均有所体现。在中国北方地区不仅没有出现与巴泽雷克文化相似的殉马现象，反而还表现出许多不同于巴泽雷克文化的殉牲现象。虽然在殉牲上两地表现出了不同的特点，但是有学者通过诸多的证据表明，阿尔

① 邵会秋：《欧亚草原中部区早期游牧文化动物纹装饰研究》，《边疆考古研究》（第19辑），科学出版社，2016年，229-256页。

② 马丽娜·奥切尔·嘎力雅耶娃（著），朱彦臻（译）：《巴泽雷克墓葬的地理方位》，《北方民族考古》（第5辑），科学出版社，2018年，188-197页。

③ 包曙光：《巴泽雷克墓地及年代问题》，《纪念张忠培先生文集·学术卷》，故宫出版社，2018年，278-297页。

④ 杨建华、包曙光：《俄罗斯图瓦和阿尔泰地区的早期游牧文化》，《西域研究》2014年第2期，75-92页。

泰地区与中国中原地区也存在着双向交流，并认为是阿尔泰地区人群通过中国北方地区与中原文化发生联系的。中原人群与阿尔泰地区的交往体现的并不是文化因素的吸收，而是两地人群物品的交换，中原制造的丝织品和铜镜到达了阿尔泰地区，这或许说明二者是一种商贸的关系，而这种商贸交往早于丝绸之路①。

值得注意的是，在匈奴墓葬和鲜卑墓葬中随殉马头骨和蹄骨的现象较普遍，鲜有完整的马匹。在中国西藏自治区西部2～3世纪以前的早期墓葬中也发现有殉牲习俗，既有完整的马、羊、狗等骨骼的发现，也有用大量的羊头、马头、动物肢骨等殉葬的情况②。如在故如甲木墓地③M4的动物殉牲出现了分层现象，即在距墓坑口深0.5米处摆放完整的马和狗各1具，墓室底部摆放7具完整的羊和5个羊头。在历史时期的突厥墓葬中也发现了数量较多的葬完整马匹的现象④。我们推测可能与巴泽雷克文化之间有一定的关系。

第九节　石板墓文化、赫列克苏尔和乌尤克-昌德曼文化的殉牲

蒙古高原的青铜时代至早期铁器时代分布着众多的文化遗存，如石板墓文化、赫列克苏尔、鹿石和乌尤克-昌德曼文化等。现对石板墓文化、赫列克苏尔遗存和乌尤克-昌德曼文化的殉牲情况进行讨论。

一、石板墓文化的殉牲

石板墓文化是蒙古青铜时代至早期铁器时代重要的考古学文化之一，是指以石板墓为代表的一类遗存。石板墓是指以地表有方形石板围墙、围墙四角的石板突出、墓坑位于围墙中心为特点的石构墓葬。石板墓分布范围较广，分布于从蒙古东部至阿尔泰山，从贝加尔湖至戈壁的广大地区⑤。

---

① 杨建华、邵会秋、潘玲：《欧亚草原东部的金属之路——丝绸之路与匈奴联盟的孕育过程》，上海古籍出版社，2016年。

② 霍巍：《西藏西部的早期墓葬及其与周边文化的关系》，《北方民族考古》（第2辑），科学出版社，2015年，111-129页。

③ 仝涛、李林辉、黄珊：《西藏阿里地区噶尔县故如甲木墓地2012年发掘报告》，《考古学报》2014年第4期，563-587页。

④ 〔俄〕尼古拉·斯热金（著），权乾坤（译）：《蒙古中世纪早期突厥人的葬俗》，《北方民族考古》（第6辑），科学出版社，2019年，200-216页。

⑤ 〔蒙〕D. 策温道尔吉、D. 巴雅尔、Ya. 策仁达格娃、Ts. 敖其尔呼雅格（著），〔蒙〕D. 莫洛尔（俄译），潘玲、何雨濛、萨仁毕力格（译），杨建华（校）：《蒙古考古》，上海古籍出版社，2019年。

石板墓早在18世纪就被发现，20世纪20年代苏联学者开始对其进行了科学研究。1928～1929年，Г. П. 索斯诺夫斯基率领苏联科学院蒙古委员会、GAIMK、布里亚特-蒙古科学协会以及布里亚特-蒙古学术委员会联合在布里亚特地区开展了考古调查与发掘工作，共发掘了50多座石板墓①。其后，Г. П. 索斯诺夫斯基根据墓葬形制首次对石板墓进行了分类研究②。20世纪50年代蒙古学者开始关注本国境内的石板墓，并进行一系列的考古调查与发掘工作。如蒙古国学者X.普日来1950年在肯特省和中央省发掘了十几座石板墓③。在中国境内，1975年黑龙江省博物馆和哈尔滨师范学院师生在呼伦贝尔新巴尔虎右旗哈乌拉开展了调查和发掘工作，提出这类石构墓葬与贝加尔地区和蒙古东部分布的石板墓是同一类文化④。据目前掌握的资料来看，石板墓文化的遗址在蒙古国有200多处，贝加尔湖沿岸有10多处，布里亚特有90多处，赤塔州有50多处，内蒙古境内有100多处。

石板墓中常发现殉牲现象，绝大多数为家养动物，也有少量的野生动物。家养动物有牛、马、羊、狗等。据А. Д. 策比克塔洛夫在《蒙古与贝加尔地区的石板墓文化》书中介绍，542座墓葬中的187座发现有动物骨骼，其中殉马101座，殉羊67座，殉牛31座，殉狗2座，随葬野生动物9座。从殉牲动物的部位看，动物头骨出现率最高，其次为肩胛骨。在殉牲动物的头骨中，马头骨最多，其次为羊头骨，牛头骨较少⑤。

在20世纪20～80年代，因当时的条件限制，部分发掘资料未公布或公布信息不完整。特别是对殉牲动物的鉴定工作没有开展起来。又由于多数石板墓均被盗扰，故殉牲动物的骨骼摆放多较散乱。近些年来，考古工作越来越重视动物考古的发现与研究。我们掌握的材料和数据与А. Д. 策比克塔洛夫先生研究的结果大体相似。石板墓出土的殉牲动物主要有马、羊和牛，表明这三种家畜是当时石板墓人群主要的家养动物和重要的殉牲对象。从殉牲动物的摆放位置看，个别墓葬的围墙内部，一般在墓坑东侧有一个或多个整齐摆放的马、羊或牛头骨，方向与墓坑方向基本一致。这种殉牲类型的墓葬在蒙古、贝加尔地区及内蒙古均有发现。如俄罗斯赤塔州伍斯-错洛尼墓地的M1和M2，2座墓葬围墙内部与墓坑东侧摆放有动物头骨，头朝向东或东北。很显然，石板墓中殉牲动物的头骨以及摆放的位置、头的朝向和数量均是有计划进行的，这也体现了墓主人的身份和地位。

---

① Г. П. Сосновский. Итоги работы Бурят-Монгольского археологического отряда Академии наук СССР в 1928—1929 гг. Проблемы Бурят-Монгольской АССР. Т. 2. М.; Л., 1936.

② Г. П. Сосновский. Ранние кочевники Забайкалья. КСИИМК, 1940в, № 8.

③ Х. Пэрлээ. Овгийн байгуулалын задралын үеийн хэдэн булш. Эрдэм шинжилгээний өгүүллүүд-I. Улаанбаатар, 2001, 185-191.

④ 郝思德：《内蒙新巴尔虎右旗哈乌拉石板墓》，《北方文物》1988年第4期，2-8页。

⑤ 〔俄〕А. Д. 策比克塔洛夫（著），孙危（译）：《蒙古与贝加尔地区的石板墓文化》，商务印书馆，2019年。

二、赫列克苏尔遗存的殉牲

赫列克苏尔是青铜时代至早期铁器时代特有的遗存，广泛分布于蒙古国中西部，俄罗斯阿尔泰、图瓦和外贝加尔以及中国新疆等地区。该类遗存具体是指中心用石块堆砌成圆形石堆，外围用石块有序地铺成圆形或方形“石围”[①]，中心石堆和外围“石围”之间再平铺石块形成射线状连接的一类建筑。这类圆形或方形的积石建筑在考古学上被称为“赫列克苏尔”[②]。赫列克苏尔的发掘需要大量的人力，且多数为祭祀-纪念性建筑。与墓葬等遗存比较而言，赫列克苏尔的出土遗物相对较少，故对其调查的资料较丰富，而考古发掘的材料较少。虽然对赫列克苏尔的研究取得了一些进展，但仍有很多问题有待解决，例如赫列克苏尔的殉牲问题。

从现有的材料看，在赫列克苏尔的主体遗迹中没有发现殉牲现象。在有些大型的方形或圆形赫列克苏尔东侧发现了圆形石堆、石圈祭祀址。在这些附属祭祀址中明确发现了使用马作为殉牲的现象，且以马的头骨、胫骨和蹄骨为主。根据特尔巴依尔先生的统计[③]，现将附属祭祀性遗址中发现的殉牲情况介绍如下。

1. 比图根查干15号赫列克苏尔

该赫列克苏尔位于蒙古国布尔干省胡塔格-温都尔苏木。该赫列克苏尔东石围外侧共计发现有13座积石祭祀址，分别编号A～M。大体呈圆形。在13座积石祭祀址中，有11座发现殉葬马头骨、颈椎和蹄骨的现象。例如B中出土马骨的同时也发现3块黑灰色陶片。J中出土马骨的同时还发现保存较差的儿童头骨和几枚牙齿。

2. 叶木根特浩术1号赫列克苏尔

该赫列克苏尔位于蒙古国布尔干省胡塔格-温都尔苏木。该赫列克苏尔东石围外侧由北向南排列5座积石祭祀址，分别编号为1～5。大体呈圆形。在1～4号积石祭祀址出土了吻部朝东摆放的马头骨。

3. 巴音郭勒2号赫列克苏尔

该赫列克苏尔位于蒙古国中央省扎玛日苏木。该赫列克苏尔西南—南边围着16座积石祭祀址，分别编号为1～16。整体呈圆形，发掘了其中第1、4和12号祭祀址。除12号祭祀址出土了吻部朝东的马头骨外，其余2座未发现任何遗物。

① 有学者将外围的这一圈石块称为“围墙”“石垣”“石圈”。

② 〔蒙〕Ж. 冈图勒嘎（著），特尔巴依尔（译）：《蒙古中部地区赫列克苏尔遗存的研究成果》，《北方民族考古》（第7辑），科学出版社，2019年，215-237页。

③ 那嘎·特尔巴依尔：《赫列克苏尔类遗存的考古学观察》，中国人民大学学位论文，2014年。

4. 祖尼高勒3号赫列克苏尔

该赫列克苏尔位于蒙古国库布苏吉尔省，其东部最内侧一排第一类积石祭祀址的最北边。整体呈圆形，石堆中部距地表深0.5米的填土中出土马头骨、颈骨和蹄骨。该祭祀址出土的2个马蹄骨，分别摆放在马头骨附近。

5. 欧尼哈达赫列克苏尔

该赫列克苏尔位于蒙古国巴彦乌列盖省青格勒苏木。该赫列克苏尔方形石围东南侧发现16座积石祭祀址，发掘者选择了最内侧祭祀址进行了发掘。整体呈圆形，离表土深约0.45米的填土中出土马头骨，颈骨和蹄骨。马头骨吻部朝东，颈骨与马头骨平行，前蹄放在下颌骨靠前的位置，后蹄放置在靠后的位置。

6. 乌兰博木15号

该赫列克苏尔位于蒙古国阿尔泰省尔西日苏木。该赫列克苏尔发现6座积石祭祀址，编号为A～F。在A号积石祭祀址的0.4米处出土吻部朝西北的马头骨。B号积石祭祀址0.4米处摆放大型牲畜的头骨，由于骨头腐朽严重，无法判断种属，我们推测为马头骨。C号积石祭祀址0.3米处发现马头骨和颈骨，颈骨连在马头上，头骨下方垫了石板，未发现马蹄骨。

7. 乌兰乌什格1号赫列克苏尔

1999年、2003～2006年，日本草原考古研究所在蒙古国西北部库布苏古尔省调查和发掘了一些赫列克苏尔。其中在乌兰乌什格1号赫列克苏尔外围积石祭祀址发现了吻部朝东的马头骨和胫骨的组合，同样的组合在鹿石周围的小石圈和石堆里也有出土。

8. 哈日布哈河右岸的赫列克苏尔

2001年，蒙古-比利时联合考古队在布尔干省达西青格勒苏木哈日布哈河右岸发掘了1座赫列克苏尔。该赫列克苏尔中心石堆直径达9米，外围有25米×27米的方形石围，石围东侧有两排8处积石祭祀址。在东侧祭祀址中的1座石堆下发现有马头骨①。

9. 巴彦察汗谷地10号赫列克苏尔

该赫列克苏尔位于北泰米尔高勒（河）流域巴彦察汗谷地。在10号赫列克苏尔周围发现有2000多座祭祀址，其中石圈祭祀址950座，积石祭祀址1110座。2009～2013年，考古工作者发掘了10号赫列克苏尔外侧的24座祭祀址，其中4座为石圈祭祀址，其余20座为积石祭祀址。积石祭祀址中的18座（发掘者将其编号为354、389、397、415、416、528、533、576、666、732、799、800、801、803、804、810、811和

① Д. Цэвээндорэж, Д. Баяр, Я. Цэрэндагва, Ц. Очирхуяг. Монголийн археологи, Улаанбаатар, 2002, T. C152-153.

1023）距离地表0.15～0.36米处摆放有马的头骨、颈椎骨和蹄骨的组合[1]。

总之，赫列克苏尔这类遗存的主体建筑中没有发现动物遗存，而在外围的积石祭祀址中发现殉牲动物的频率非常高，而石圈祭祀址中很少见到殉牲。在积石祭祀址中发现的动物仅有马，且均为马的头骨、椎骨和蹄骨。我们认为，椎骨应为当时人群在肢解马头时顺带割下来的，并非有意单独选择。这种头和蹄骨的组合与东周时期中国北方长城地带的殉牲特点几乎一致。

值得一提的是，鹿石是青铜时代至早期铁器时代特殊的一类遗存，广泛分布于亚洲和欧洲的草原上。在鹿石的周边也分布着较多的祭祀址。在这些祭祀址中也发现有使用马进行祭祀的殉牲现象。例如，博日胡吉尔高勒鹿石遗址-1的2号祭祀址，石堆下约0.35米处出土吻部朝东的马头骨。查干乌拉苏木克秀特高勒鹿石遗址的2号祭祀址，离地表深约0.39米处发现吻部朝东的马头骨，头骨严重腐朽，头骨背面发现两块颈骨，东南边发现1块马蹄骨。在其3号祭祀址石堆下离表土深约0.51米处发现马头骨、颈骨和马蹄骨，6块颈骨与马头骨平行放在左侧，2块蹄骨放在下颌骨靠前位置的下方，另两块放在下颌骨后端的下方。祖尼高勒鹿石遗址的1号祭祀址，离地表深约0.5米处出土马头骨、颈骨和蹄骨的组合。马头骨的吻部朝东，颈骨平行放在马头骨东侧，下颌骨前后摆放有马蹄骨。在其4号鹿石祭祀址，离地表深约0.65米处发现马头骨、颈骨和马蹄骨，马头骨的吻部朝东，颈骨平行放在马头骨东侧，下颌骨前端两侧各出一个马蹄骨。在其7号祭祀址的积石中心下，深约0.5米处发现马头骨、颈骨和马蹄骨，马头吻部朝东，颈骨平行放在马头骨东侧，下颌骨前后摆放马蹄骨。

我们认为赫列克苏尔和鹿石类遗存在殉牲方面表现出惊人的一致性，均使用马头骨、椎骨和蹄骨组合的形式举行祭祀活动。从殉牲来看，并结合两者的年代以及分布规律的特点，有可能这两类遗存的建造者和使用者是同一群人，至少在蒙古高原有可能是这种情况。

三、乌尤克-昌德曼文化的殉牲

乌尤克-昌德曼文化是青铜时代晚期到早期铁器时代广泛分布于俄罗斯图瓦和阿尔泰地区以及蒙古国西北部地区的一支考古学文化，其年代大体为公元前7～前3世纪。根据外观形状和埋葬方式的差别，可以将这些墓葬分为四类：有大的长方形封石堆的墓葬，带封石堆的墓葬，有小型石棺的墓葬，有木椁的土坑墓。1958年著名的考古学家Л. Р. 卡兹拉索夫首次提出在图瓦地区发现的乌尤克文化属于一支独特的斯基泰文化，并认为该文化存在两个连续的发展阶段。1972～1974年，苏蒙历史文化考察队在蒙古国乌兰固木市郊外昌德曼山下发掘了一处早期铁器时代古墓群，并提出昌德曼文化这一概念。随着考古发现的增多和学术认识的提高，很多学者注意到在图瓦地区的

① 〔蒙〕Ж. 冈图勒嘎（著），特尔巴依尔（译）：《蒙古中部地区赫列克苏尔遗存的研究成果》，《北方民族考古》（第7辑），科学出版社，2019年，215-237页。

乌尤克盆地附近发现的诸多类似遗存①。俄罗斯学者多将境内的这类遗存称之为“乌尤克文化”，蒙古国学者多将境内的同类遗存称之为“昌德曼文化”。近些年来，越来越多的学者认同所谓的乌尤克文化和昌德曼文化实际上是两支同源文化的观点。笔者认为“两支同源文化”的表述过于模糊，虽然两者在个别文化面貌上有所差异，但这是区域性不同导致的微差异。我们更倾向于两者是一支考古学文化，即乌尤克-昌德曼文化。

在乌尤克-昌德曼文化的墓葬中，随葬品种类较为丰富，包括陶器、金属制成的挂钩、海贝壳、青铜的镞、短剑、战斧、刀、镜、马具等。此外在墓葬中还有马、牛、绵羊、山羊、黄羊和狗的骨骼②。

囿于资料的缘故，我们无法深入探讨乌尤克-昌德曼文化的殉牲特点，但可以肯定的是该文化的殉牲习俗相对较流行。例如，乌兰古木墓地发现有动物殉牲现象。在M2中，木椁室的南壁附近发现有完整的羊骨架③。在萨乌斯肯墓地的M1、M2、M4、M5、M7和M9中都发现有动物殉牲现象，较为明确的是在M2靠近墓底中部发现有马下颌骨④。其他墓葬中的殉牲动物种属不明。在赫姆Ⅱ墓号墓地的M6中也发现有动物头骨⑤。

总之，乌尤克-昌德曼文化分布的地理位置非常重要，也因此在沟通周边地区文化交流方面起到了很好的桥梁作用。根据目前掌握的材料，我们对该文化的殉牲特点未能做出细致的分析和判断，仅通过个别的墓葬材料有所了解。但可以确定的是，该文化中殉牲习俗的流行范围相对较广，且殉牲以马的头骨、椎骨和蹄骨为组合形式举行祭祀活动。

第十节　小　　结

欧亚草原东部区青铜时代至早期铁器时代存在多支重要的考古学文化。本书在以往学界取得的共识性成果基础上，大体按照各地区年代早晚顺序依次对各考古学文化

---

① 〔俄〕普·巴·科诺瓦洛夫（著），陈弘法（译）：《蒙古高原考古研究》，内蒙古人民出版社，2016年。

② 〔蒙〕D. 策温道尔吉、D. 巴雅尔、Ya. 策仁达格娃、Ts. 敖其尔呼雅格（著），〔蒙〕D. 莫洛尔（俄译），潘玲、何雨濛、萨仁毕力格（译），杨建华（校）：《蒙古考古》，上海古籍出版社，2019年。

③ 〔俄〕普·巴·科诺瓦洛夫，陈弘法（译）：《蒙古高原考古研究》，内蒙古人民出版社，2016年，63页。

④ Вл. А. Семенов, М. Е. Килуновская. Могильник скифского времени Саускен 3 в долние р. Ээрбек. Археология древних обществ Евразии: хронология, культурогенез, религиозные воззрения, 2014, С393-423.

⑤ Вл. А. Семенов. Планиграфия могильников суглуг-хем I и суглуг-хем II в туве, статья в сборнике трудов конференции, 2018.

或遗存的殉牲习俗进行了探讨。

通过上述分析，笔者认为欧亚草原东部区青铜时代至早期铁器时代的殉牲特点大体经历了三个阶段，即公元前3千纪、公元前2千纪和公元前1千纪。在这三千年的历史进程中，这一地区的殉牲从无到有、从少到多，从不流行到普遍盛行。殉牲特点的变化不仅反映了当时人群的丧葬习俗，也体现出这一地区的生业模式由农业-畜牧混合经济发展到游牧经济的转变过程。现分别简要归纳上述三个阶段的殉牲特点。

1. 公元前3千纪

这一时期涉及的考古学文化主要有阿凡纳谢沃文化和奥库涅夫文化。这两支考古学文化的殉牲习俗不甚流行甚至没有，且殉牲并无统一规制，也无规律可循。在笔者整理的众多阿凡纳谢沃文化的墓葬材料中，确实未发现有殉牲方面的文字和图表记录。因材料搜集的局限性，也不排除阿凡纳谢沃文化存在少量殉牲现象的可能性。奥库涅夫文化的殉牲习俗不是很流行，但是在祭祀坑内埋葬马、牛和羊的组合形式以及以动物头骨和肢骨殉牲的情况，在欧亚草原东部区青铜时代都是最早的开端。这有可能是这类殉牲形式和仪式的源头。从殉牲的特点上看，上述考古学文化的殉牲动物当中除家养动物外，还发现有一定数量的野生动物，表明这一时期人群的生业模式应是以定居为主，兼营畜牧业和狩猎业。

2. 公元前2千纪

这一时期该地区的考古学文化主要有安德罗诺沃文化和卡拉苏克文化。这两支文化的殉牲特点相较于上一阶段发生了很大的变化。无论是在殉牲动物的种类和数量上，还是在殉牲习俗的流行程度上，都有了明显的进步。安德罗诺沃文化大部分的墓地和墓葬中未见殉牲，且殉牲墓葬所占的比例较小。但是该文化殉牲动物的种类较多，不仅有家养的动物羊、牛、马和狗，还有野生动物狍子、野驴和獾等。这在一定程度上反映了安德罗诺沃文化居民的丧葬习俗以及生业模式的多样性。因为在安德罗诺沃文化有相当数量的定居遗址，且居住址中发现了较多数量的家养动物和野生动物，故殉牲习俗的不发达并不代表畜牧经济发展落后。卡拉苏克文化的殉牲在这一时期较流行。以基尔基聂尔墓地为代表的人群开始大量使用殉牲举行祭祀活动。殉牲动物以绵羊为主，其次为牛，还有少量的马和狗，另有极少量的野生动物。卡拉苏克文化此时已经存在着较大规模的畜牧经济，并积累了较为成熟的管理和经营畜群经验。结合墓葬中殉牲动物和聚落址中的动物遗存表现的畜群结构来看，马的数量相对较少，这决定了卡拉苏克文化人群不可能进行较大范围的转场。从而也说明卡拉苏克文化人群应过着以定居性畜牧经济为主，兼营狩猎和渔猎经济的生活。

考虑到上述两支文化的殉牲特点，再结合聚落址中出土的动物遗存，同时从两支文化表现的物质文化面貌来看，笔者认为这一时期的人群，家养动物的数量较上一时期有了明显的增多。特别是羊、马和牛的饲养成为畜牧经济的稳定组合。相反，定居性的特点愈加表现衰落。这是农业-畜牧混合经济向游牧经济转变的过渡阶段。

3. 公元前1千纪

这一时期该地区涉及的考古学文化和遗存较多。综合观察俄罗斯图瓦、阿尔泰和米努辛斯克盆地以及蒙古高原诸多考古学文化表现出一致性的殉牲特点，即马成为殉牲动物的主体，甚至在有些文化中是唯一的殉牲对象。绝大多数墓葬均以马的头骨、椎骨和蹄骨为组合形式随葬。在图瓦和阿尔泰地区的早期铁器时代的墓葬中，以多匹完整的马作为殉牲。这也从侧面表现了在公元前1千纪时期，欧亚草原东部区社会结构发生的剧烈变化，游牧社会的人群出现了阶级分化。以阿尔然I号王冢为例，以完整马匹的形式随葬，且数量多达百余匹。巴泽雷克文化的贵族墓葬中，随葬的马从几匹到十数匹数量不等，而中小型墓葬中仅随葬一到两匹完整马，甚至不随葬马匹。塔加尔文化的殉牲特点有其自身的独特性。从殉牲的动物种类来看，塔加尔文化殉牲以羊和牛为主，马和狗次之，少见狍子和狐狸等。塔加尔文化的四个阶段均发现有殉马的现象，但马的数量一直不多，可能与该文化的养马业不发达有关。考虑到塔加尔文化北靠森林区，南面草原带这一独特的地理位置，塔加尔文化人群的生业模式应主要以畜牧业和狩猎业为主。

在蒙古高原广泛流行的石板墓文化、赫列克苏尔和鹿石遗存，从青铜时代延续至早期铁器时代。由于学界对上述几类遗存的年代判定和分期研究还无法达成共识性的认识，同时限于材料获取的问题，笔者无法对其殉牲习俗和特点做深入的剖析。但可以肯定的是，上述几类遗存均有不同程度的殉牲情况。从目前的情况看，赫列克苏尔和鹿石遗存周边附属祭祀址中发现大量的马头骨、椎骨和蹄骨的现象。

第九章　结　　语

本书在第二章至第七章中分别对西北地区，内蒙古中南部地区，晋中、晋北和陕北地区，燕山南北地区，东北地区和新疆地区夏至战国时期的殉牲进行了详细地梳理和分析。同时为了更好地比较中国北方地区与欧亚草原东部区在殉牲特点上的异同，本书在第八章中对后者进行了大致的梳理和分析。现对中国北方地区夏至战国时期殉牲的时空变化及其背后的历史意义做出概括和总结，并对与殉牲有关的一些问题做简要的讨论。

一、殉牲的时空变化

通过我们的研究，按照殉牲的总体特点将中国北方地区夏至战国时期的社会发展情况大体分为三个大的发展阶段。第一阶段为夏至早商时期，第二阶段为商晚期至西周晚期，第三阶段为东周时期。现对此三个阶段的总体殉牲特点及其形成原因和其他相关问题做一扼要的总结和阐释。需要说明的是，考古学文化不可能整齐划一的开始或结束，尤其西北地区各考古学文化延续时间又长，故难免会出现一支考古学文化跨越两个发展阶段的现象。这种情况下，本研究主要从宏观的角度入手，把握整体的殉牲特点，并结合其他相关研究成果，将其归入笔者所划分的不同阶段。

（一）夏至早商时期

1. 西北地区

该地区的考古学文化有齐家文化和四坝文化。齐家文化是西北地区最早进入青铜时代的一支考古学文化。除乐都柳湾等墓地外，该文化的其他典型墓地均或多或少的使用殉牲。随着时代的发展，该文化从早期到晚期的殉牲特点发生了较大的转变。以皇娘娘台墓地为代表的早期墓葬主要随葬大量的猪下颚骨，这也是齐家文化殉牲的特色之一。同时，墓葬中也殉葬有少量的牛、羊、狗和其他动物骨骼等。中期的秦魏家和大何庄墓地中虽仍以随葬猪下颌骨为主，但是随葬羊的数量开始增多。晚期以互助总寨墓地为代表，不见有殉猪下颌骨，而均使用羊角代表全牲。磨沟墓地是齐家文化的末期，虽材料尚未发表，但可以确认不见殉猪下颚骨的现象，随葬牛、羊和狗的现象大增。

四坝文化的殉牲特点主要表现在东、西两区之间的差异。东区以东灰山墓地为代表，主要以随葬猪下颚骨和鹿骨为主，畜牧业所占的比重较低；西区以火烧沟墓地为代表，主要随葬羊头、牛、马、狗和猪等，畜牧业已经有了较大的发展。

2. 内蒙古中南部地区

该地区的考古学文化有朱开沟甲类遗存和朱开沟文化。朱开沟甲类遗存的殉牲特点是以猪下颌骨为主，另有少量的羊下颌和狗。一般认为殉牲大量的猪下颌骨是定居农业文化的特点。通过比较齐家文化的殉牲特点和其他相关证据，笔者认为这种殉牲习俗当是受到齐家文化影响的结果。

朱开沟文化的人群中并不流行殉牲习俗，仅1座墓中随葬羊下颌骨和狗骨架。因其与朱开沟甲类遗存的人群有过一段共存的时期，故推测可能是借鉴了朱开沟甲类遗存的殉牲习俗。

3. 晋中、晋北和陕北地区

该地区的考古学文化（遗存）有朱开沟甲类遗存和白燕文化。这一地区发现的朱开沟甲类遗存未发现有殉牲现象，白燕文化属于这一时期的墓葬遗存中不见有殉牲现象。在晋北的游邀墓地中也不流行殉牲，仅在极少数的墓葬中出土了一些未做鉴定的动物骨骼和小鸟的骨骼。这一地区在夏至早商时期的殉牲情况与其他文化的殉牲差异性是显著的，可能与当时当地的气候环境、生业模式和文化传统有关。

4. 燕山南北地区

该地区的考古学文化有燕山以南的大坨头文化和燕山以北的夏家店下层文化。大坨头文化中不流行殉牲习俗，仅在塔照遗址的3座墓葬中略有发现。从这3座墓葬的情况分析，殉牲只在一个特殊的人群中流行。而很有可能这个特殊人群就是掌管祭祀等事务的女性群体。在大坨头文化的其他遗址中，动物遗存的发现数量并不是很多，说明其家畜饲养业整体上并不是很发达。

夏家店下层文化的殉牲习俗仅在大甸子墓地中有发现。大甸子墓地不仅在有无殉牲上不同于其他遗址和墓地，而且在聚落布局、房址结构、出土农业生产工具的种类和数量以及其他遗物等方面均表现出独特的一面。基于其各方面所表现出来的特点，称之为大甸子类型大体不差，所以严格的讲，殉牲仅在夏家店下层文化大甸子类型中流行。大甸子墓地的殉牲种类最多的是猪，其次是狗，最后是鸡。殉牲动物的部位多见割掉四蹄的猪和狗，还有单独随葬猪趾骨的现象，另有一部分墓葬随葬狗头或鸡骨。墓葬等级越高，殉牲率就越高；反之亦然，墓葬等级越低，殉牲率就越低。可见，殉牲这种丧葬习俗在高等级人群中广泛流行，中间等级人群中也有一定数量的成员使用，而低等级人群中则很少使用殉牲。殉牲在表示墓主人身份地位方面的意义还是很明显的。

5. 新疆地区

在公元前3千纪下半段新疆地区仅在切木尔切克文化中发现有1例墓葬中随葬一只完整羊的现象，另有1例随葬羊距骨的情况。该地区夏至早商时期大体相当于本书按照殉牲特点划分的第一阶段，即公元前2千纪初到公元前2千纪中叶。公元前2千纪上半段，新疆地区的祭肉习俗开始出现，并在各地广泛传播。准噶尔西缘区和伊犁河谷区的安德罗诺沃文化，东天山区的天山北路文化，以及中部天山区的萨恩萨伊类型早期遗存中出现了殉牲和祭肉习俗。伊犁河谷区的安德罗诺沃文化早期出现了较多的以羊肋骨和马肋骨作为祭肉的现象。值得注意的是，新疆的安德罗诺沃文化的殉牲和祭肉习俗多发生在安德罗诺沃共同体的第三阶段，这种习俗应受来自第二阶段分布于哈萨克斯坦中东部和叶尼塞河上游的费德罗沃类型影响。东部天山区天山北路文化出现了随葬羊和牛骨的现象，且以羊肢骨作为祭肉的习俗也十分流行。萨恩萨伊墓地早期类型遗存仅3座墓葬发现有祭肉现象，没有发现其他殉牲情况。塔里木东缘区的小河文化墓葬中发现有殉葬牛头，以及随葬动物耳尖和使用牛皮包裹木棺的现象。殉牛头的情况在新疆地区这是比较早的例子。这一时期在新疆的北部地区发现了一些祭肉的现象，东部地区出现了殉牛现象。这应该与各地的畜牧经济的发展程度以及外来因素的传入有着密切关系。

总之，夏至早商时期除东北地区没有发现殉牲现象外，其他各区域均有不同程度的殉牲和祭肉，且中国北方地区内部之间在殉牲上有着较大的差异。这种差异我们在前文中有过详细地论述，此处不赘言。这一时期整个中国北方地区在殉牲上表现出的共性，也非常具有时代性。第一，在殉牲的种类上，虽然在晚期羊的数量开始增多，但是猪一直占据着主要的地位。反映了在定居农业为主的经济形态中，畜牧业有一个逐渐发展的过程。新疆地区开始出现以羊骨为祭肉的习俗，并一直延续到历史时期。第二，在殉牲的部位上，除大甸子墓地发现去掉蹄子的骨架外，其他墓地的材料绝大多数均以使用动物下颌骨为主，尤其随葬猪下颌骨应该是这个阶段最具代表性的特征之一。新疆地区多以羊肢骨作为祭肉，少量牛头作为殉牲。第三，在殉牲的数量上，整体来讲，燕山以北地区仅在大甸子墓地的发现较多，而西北地区和内蒙古中南部地区发现的也较多。但从单个墓葬随葬殉牲的数量看，西北地区的单个墓葬中随葬殉牲的数量较大，其他地区均较少。我们认为这不仅反映的是文化传统和自然环境的差别，也反映出这一时期阶级对立和贫富分化已经形成一个趋势。

（二）商晚期至西周晚期

1. 西北地区

这一地区的诺木洪文化、辛店文化、寺洼文化和卡约文化等均暂且可以归入此阶段。诺木洪文化的遗址发现的较少，经过发掘的更少。从发现的圈栏等遗迹看，该文化的畜牧业应该较发达，但是该人群并没有在墓葬中随葬动物的习俗。

辛店文化的殉牲不是很流行，仅在小旱地墓地中发现了少量的殉牲墓葬。殉牲墓葬多以兽骨为主，另有少量的猪骨和狗骨。可见该文化的经济类型以农业为主，畜牧业和狩猎业有一定程度的发展。

寺洼文化不仅有殉牲的习俗，而且还有祭肉的现象，也开始出现少量的葬马坑。

它的殉牲从早期到晚期逐渐增多，种类有牛、羊、马、猪、狗和兽等。随葬的动物部位主要有头骨和肢骨，头骨多摆放在二层台上或木棺顶上，肢骨多摆放在棺顶和墓底人骨附近。该文化晚期较流行的祭肉习俗说明畜牧业的发展，改变了人群的饮食结构。肉食被作为珍贵的食物献给死者，足见其重视程度。

卡约文化的殉牲材料是最丰富的。殉牲的动物有牛、羊、马、狗和鹿等，仅在上孙家寨墓地发现有极少量的猪。殉牲动物多数随葬头骨、肢骨和角等，也有随葬完整的牛、羊和狗。该文化中殉牲在性别上的差异很严格，男性多随葬马、羊和狗等，而女性主要随葬牛、羊和狗。在地域上偏东的黄河流域殉牲较少，而湟水流域的殉牲较多。整体而言，该文化的畜牧性非常浓烈，而且殉牲的方式特点很多都被其他文化的人群所效仿和搬用。笔者认为该文化在中国北方地区生业模式的转变和历史演进过程中处于过渡阶段，是一个承上启下的重要阶段。

2. 内蒙古中南部地区

这一地区的考古学文化（遗存）有西岔文化和西麻青墓地。西岔文化的家畜饲养业非常发达，遗址中出土的各类动物骨骼的数量非常多，尤其是猪骨。殉牲仅在很少数人中使用，并没有形成一个群体共同认可的丧葬理念。

西麻青墓地与西岔文化又有着明显的不同，殉牲方面主要使用的是羊肢骨，并且数量也较大。随葬羊肢骨的殉牲习俗是西麻青墓地的一大特色。随葬肢骨的习俗在西北地区的卡约文化中就较常见，但后者以牛和马的肢骨为主。

3. 晋中、晋北和陕北地区

这一地区的考古学文化（遗存）有杏花墓地、旌介墓地、浮山桥北墓地、李家崖文化和保德类型。杏花墓地是白燕文化的晚期阶段，仅在极少数墓葬中发现有殉整只狗的现象。旌介高等级的2座墓葬中也发现有整只狗，且多摆放在墓底的腰坑中和墓穴的填土中。浮山桥北墓地殉狗的数量非常多，并且带有墓道的大型墓中还流行殉马、殉车、殉人等习俗。这与该墓地中小型墓葬的差异是巨大的，可见社会结构的分化是高度对立的。而在腰坑中和填土中使用整只狗作为殉牲，以及殉人、殉马、殉车等表现出来的高度社会等级化都应当受到了商文化的强烈影响。李家崖文化和保德类型的人群均有不同程度的家畜饲养业，只是从来不在墓葬中使用动物作为殉牲来进行祭祀。总之，这一地区始终没有流行殉牲习俗。

4. 燕山南北地区

这一地区的考古学文化（遗存）有燕山以南的围坊三期文化、张家园上层文化和燕山以北的魏营子文化、夏家店上层文化。这四个考古学文化中均不流行殉牲习俗。但是在燕山以南的后迁义遗址墓地的殉牲率很高，且殉牲数量相对也较多。殉牲种类有牛和羊，均为头骨。另昌平白浮墓地受到了中原文化的影响，在腰坑中出现了殉狗的习俗。

5. 东北地区

这一地区在嫩江流域的白金宝文化中发现少量以殉狗为特点的殉牲习俗。第二松花江流域以西团山文化的年代大体为西周至战国时期。该文化从早期到晚期仅发现很少量的殉牲，且各墓地均只随葬猪这一种家养动物。殉猪的部位主要为头骨、牙齿和肢骨。摆放位置主要在棺椁内外、二层台以及陶罐、壶和钵等容器内。辽东北地区马城子文化中发现有殉牲，且其殉牲特点明显有地域特色。殉牲动物的种类主要有猪、狗和鸡，另有一些野生动物鹿、野猪和獐等。殉牲部位多为动物的上、下颌骨和肢骨以及牙齿等。东北地区的殉牲与北方长城地带有很大的差异，这与所处的自然地理环境和人群的生业模式以及文化传统有关。

6. 新疆地区

该地区商晚期至西周晚期大体相当于本书按照殉牲特点划分的第二阶段，即公元前2千纪中叶至公元前1千纪初。进入公元前2千纪下半段，新疆各地文化面貌更加复杂多样。在伊犁河谷区安德罗诺沃文化晚期的墓葬（阔克苏西2号墓地）中发现1例殉葬马头骨的殉牲现象。塔里木西南缘区安德罗诺沃文化的下坂地墓地的殉牲率为17.4%，殉牲动物中山羊占了绝大多数，仅在1座男性墓中殉葬了1匹马，另有一些种属不明的动物。笔者推测这群人可能与上一阶段伊犁河谷区的安德罗诺沃文化人群有密切的联系，至少两者在墓葬中均使用动物遗存，且都有殉牲和祭肉的习俗。东部天山区的南湾类型中只确定有祭肉，但具体情况不详。上述有殉牲和祭肉的现象仅在少数文化和人群中流行，而这一时期新疆大部分地区的墓葬中都没有发现殉牲和祭肉现象。

总之，这一时期的主要特征是，第一，在殉牲种类上，不再仅仅随葬猪骨，而且牛和羊已经超过了猪，成为了主要的殉牲对象。同时，这一时期殉马的现象也开始增多。第二，在殉牲部位上，头骨的随葬依然占有一定的比例，但是随葬动物肢骨的祭肉习俗进一步得到了传播。头骨和肢骨的组合构成了这一阶段最有代表性的特点之一。整体来讲，这一阶段的考古学资料发现较少，研究也较薄弱，对于殉牲的讨论也仅此而已。

（三）东周时期

1. 西北地区

这一地区的考古学文化（遗存）主要有沙井文化和甘宁地区诸多的墓葬群。沙井文化的早期阶段以西岗和柴湾岗墓地为代表，年代上可能要早于东周时期，且两墓地并不是很流行殉牲，仅发现了少量的殉牲墓葬。该文化的晚期是指蛤蟆墩墓地，殉牲在该墓地中十分盛行，殉牲率和殉牲数量均较高。殉牲动物有羊、牛、马和驴，其中羊的数量最多，牛、马和驴的数量均非常少。殉牲的部位主要是动物的头骨和蹄骨，这与东周时期典型的游牧文化的殉牲特点较相似。该文化的男性和女性在使用何种动物殉牲时，有着较为严格的传统。例如，女性没有殉葬马的现象，更多的是单独殉羊。

甘宁地区发现的东周时期墓葬非常多，本书大体按照由北到南的顺序依次对各小区域内墓葬的殉牲情况做了详细地梳理和讨论。认为北部的人群社会分化程度较低，墓葬分布稀疏，竖穴土坑墓多，移动性较强，与中原文化的交往较少；南部以马家塬墓地为代表的人群社会分化程度较高，墓葬多呈墓地分布，偏洞室墓较多，移动性较差，与中原文化交流频繁，甚至接受了中原的部分礼制。这些墓葬遗存代表的人群中，以马家塬和王洼墓地为代表的人群级别最高；以于家庄和马庄为代表的人群为次一级贵族；其他零星发现的墓葬均为中下层成员。

2. 内蒙古中南部地区

这一地区东周时期的遗存非常丰富，材料发表的较充分，也引起了许多学者的兴趣。本书将内蒙古中南部分为鄂尔多斯及邻近地区、包头及呼和浩特地区、凉城及周边地区东周时期的殉牲情况做了详细地分析。鄂尔多斯及邻近地区位于内蒙古中南部的最西侧，这里发现的墓地数量较少，且墓地规模较小。各遗存之间分布较稀疏，但殉牲率较高，几乎达到100%。甚至未成年儿童墓葬中都随葬有大量的动物头骨。这表明春战之际这一地区的社会结构发生了较大的变化。包头及呼和浩特地区殉牲率要低于鄂尔多斯及邻近地区，即移动性、游牧性不如后者强；并且在战国中晚期出现了较多的农业居民的遗存。凉城及周边地区位于内蒙古中南部的最东侧，这里分布着密集的墓地遗存，且多数墓地的人群以获取羊肉为目的而饲养羊群。殉牲率普遍较高，殉牲动物以羊为主，还有牛、马和狗等；并且晚期开始出现大量南北向墓葬和中原文化因素的遗物。

3. 晋中、晋北和陕北地区

这一地区仅在寨头河墓地中发现有殉牲，出土了较多的牛、羊和马头骨。这在该地区的殉牲史上显得很特别，这当与本地区的早期传统无关，而是东周时期戎人直接迁徙的结果。

4. 燕山南北地区

这一地区东周时期的墓葬遗存非常多。殉牲习俗也普遍较流行。燕山以南地区，从张家口地区到京津唐地区再到滦平地区，均发现了大量使用殉牲的墓葬群。并且东、西部之间在殉牲上有着较大的差别，最为明显的区别是东部区不见有殉羊的习俗，而西部区殉羊仅次于殉狗。我们认为这种差异性的产生主要与两地人群在丧葬习俗上的不同有关，而与两地的经济类型关系不大。两地共有的殉牲动物主要还有牛、马和狗等，其中狗的数量是最多的。两地之间的差异还表现在极少量的猪骨，仅发现于西部区军都山附近的几处大型墓地中，很有可能是外来输入的产品。这当与人群所从事的经济活动和人口的迁徙有关。

燕山以北地区的殉牲情况较复杂。周家地墓地中比较流行殉牲习俗，且有狗、牛和马，狗的数量较多，牛和马均较少。殉牲在墓主性别方面差异较大，男性主要随葬狗、牛和马的头骨；女性主要随葬狗上、下颌骨；儿童殉牲墓葬仅有2座，且均随葬狗的上、下颌骨等。殉牲所反映的经济形态应该是游牧经济的初期阶段。凌河文化中并没有发现殉牲的情况。

水泉文化的命名地水泉墓地的殉牲墓葬将近占到总墓葬的三成。大墓的填土中发现猪、牛、狗的头骨、蹄骨或下颌骨，只有1例使用了马的下颌骨。各墓殉牲的种类和数量不等，以猪骨为主。

井沟子类型的井沟子西区墓地的殉牲非常有特点，这种以动物的肢骨为主要随葬内容的祭祀行为在本书研究的范围内是少见的。这与其他地区主要随葬动物头骨的习俗有着显著的区别。并且在殉牲的动物中出现了骡、驴等动物，体现了井沟子人群在改良牲畜方面的经验。尤其是骡的出现，应该是当时人群有意进行配种的体现。鹿、獐、狐狸等动物的发现说明了井沟子人群的狩猎行为，且将这些狩猎所获动物埋葬在墓葬中的习俗也是少见的。

5. 东北地区

这一地区嫩江流域的汉书文化的殉牲习俗较流行，殉牲动物的种类有家养动物和野生动物，其中家养动物以狗为主，其次是马，牛和猪也占有一定的比例，羊的数量较少。殉牲部位以头骨和蹄骨为主，这与北方长城地带的殉牲特点较相似。汉书文化的殉牲习俗之所以流行，笔者认为与该文化所处的自然地理环境有一定的关系，更重要的是与该文化人群的生业模式和民族属性有关。辽东南区的双房文化中有极少的殉牲现象。殉牲的动物只有猪和牛，且仅见有猪头骨、下颌骨和幼年猪骨架以及不明位置的牛骨。其他地区未发现任何与殉牲和祭肉相关的遗存。

6. 新疆地区

该地区东周时期大体相当于本书按照殉牲特点划分的第三阶段，即公元前1千纪初至西汉初期。公元前1千纪后，欧亚草原地区纷纷进入早期铁器时代，新疆地区的诸多考古学文化更显复杂性和多样性。这一时期的殉牲和祭肉习俗广泛分布于新疆大部分地区。东天山区的哈密盆地内有发达的焉不拉克文化，该文化既有以羊肢骨和骶骨作祭肉，又有以马头和羊头作殉牲。同时，还发现了殉狗坑，其内葬1个狗。这种殉狗的现象在新疆地区是第一次发现。东天山区巴里坤地区的石人子沟类型遗存中有以完整的马和骆驼作殉牲的习俗，且多出自专门的殉葬坑。这类遗存的殉牲特点表现出了较大的相似性。中部天山区的萨恩萨伊类型晚期遗存的殉牲习俗非常普遍，多为羊和马的头骨与蹄骨的组合。同时，在马口中放置马衔和马镳的情况在新疆地区较少见，但在同时期欧亚草原东部区的图瓦和阿尔泰地区较常见。萨恩萨伊类型晚期遗存之后兴起的是苏贝希文化，该文化的殉牲和祭肉习俗均很流行，特别是祭肉之风盛行。殉牲动物主要有羊头和蹄骨，以及极少量的马头。作为祭肉的动物绝大多数为羊的肢骨、肩胛骨、骶骨和极少量马肩胛骨。另外一些墓葬中出土了少量的羊距骨。准噶尔西缘区以白杨河墓地为代表的遗存中仅有祭肉习俗。伊犁河谷区的索墩布拉克文化的各个阶段祭肉习俗均较盛行。同时，该文化的晚期出现了以完整马匹或马头、四肢殉牲的现象。塔里木北缘区的察吾乎文化的殉牲和祭肉习俗较流行，有的在墓葬的一旁还专门设立了马头坑，坑内殉马1～4个马头。塔里木北缘区的包孜东类型仅有祭肉现象。塔里木西南缘区的香宝宝类型中仅发现1例祭肉现象。塔里木南缘区的流水文化中仅有2例殉牲和1例祭肉的现象。塔里木西南缘区的扎滚鲁克文化中祭肉习俗很盛行，但在古大奇墓地中一次性随葬5～7个羊头的情况，在该地区乃至整个新疆地区均为少见。

总之，中国北方地区东周时期的殉牲更具有时代的特点。第一，殉牲的种类，羊、牛、马和狗成为殉牲的主要对象，很少见有殉猪。这一广阔地域内的各小区之间的殉牲差别也是存在的。例如，燕山南北地区以殉狗为主（张家口地区殉狗的比例较低），其中冀北西部地区主要以殉羊为主，而冀北东部地区未见殉羊的现象。内蒙古中南部的凉城地区由于距离燕山南北地区较近，也发现了一定数量的殉狗现象，而内蒙古中南部的其他地区未见有殉狗。凉城地区还发现有殉猪、马鹿和狐狸的现象，这一现象在整个北方地区都是少见的。内蒙古中南部的其他地区与甘宁青地区之间在殉牲种类上是相同的。这与当地的生产方式和宗教信仰有着密切的联系。东北地区靠近草原地区的嫩江流域流行殉狗。从殉牲的动物种类、数量和比例等特点看，并结合前人的诸多研究成果，这一时期的中国北方地区大体已经进入早期游牧经济的初始阶段。第二，殉牲的部位，头骨和蹄骨的组合更加稳定地出现在北方民族的墓葬中。这一部分人群很有可能就是广布在这一区域内的早期游牧民族。在战国晚期，北方地区的各个小区都不同程度的受到中原王朝及其文化的侵袭。大量戍边军队和垦荒移民的迁徙，各地都不同程度的受到中原文化的影响，有的最终被纳入中原文化的范围。随着长城的建立，长城内外的居民走上了完全不同的两条发展道路和两种经济生产方式。第三，殉牲的数量，这一时期的中国北方地区无论是个体墓葬中的殉牲数量，还是墓地的总数量，抑或是整个区域内的总数量都达到了一个前所未有的高度。这直接反映了以饲养利用食草类动物的生产模式，即早期游牧经济的发展。但是东西部之间的差异也是明显的。例如，在殉牲率、个体墓葬的殉牲最大值、殉牲均数等方面，西部地区的各项数据都要高于东部地区。

综上，我们对三个时期的殉牲特点进行了总结，每个阶段都有各自的典型特征。据此我们可以明了殉牲这一葬俗整体发展的轨迹。在殉牲种类上，三个阶段的殉牲主体动物的变化大体可以概括为：猪→牛、羊→羊、牛、马和狗。在殉牲部位上，三个阶段分别对应：下颌骨→头骨和肢骨→头骨和蹄骨。在殉牲数量上，可以简单的归纳为是一个由少到多的过程。由于中国北方地区的考古遗存主要以墓葬为主，在早期还有少量的遗址，晚期几乎不见遗址，所以殉牲对探寻当时的经济形态和生存生活方式等都有重大意义。考虑到以上三个方面表现出的变化特点，从总体上来讲，我们认为夏至早商时期中国北方地区的经济类型是以定居农业为主，辅之以家畜饲养业和狩猎业。商晚期至西周晚期的经济类型仍为定居农业为主，畜牧业所占的成分比例大大提高，已经积累了较丰富的畜牧经验。北方地区在东周时期至少在春秋中期之后，就已经走上早期游牧化的道路。前两期之间的关系较紧密，而后两期之间的差异是完全不同的两种生产方式。那么这种变化究竟是随着外来人群的侵入而输入的，还是本地区独立发展演变的结果。学界似乎更倾向于前者，但是也不能完全排除后者的可能性。这还需要更多的证据去解释和论证。我们从殉牲获得的一些认识，也同样可以通过各地区各阶段的物质文化特征进行论证。

二、中国北方地区与欧亚草原东部区的殉牲比较

本书按照殉牲特点将中国北方地区划分为三个阶段，即第一阶段，夏至早商时期；第二阶段，晚商至西周；第三阶段，东周时期。同时，将欧亚草原东部区的殉牲特点也大体划分为三个阶段，即第一阶段，公元前3千纪，第二阶段，公元前2千纪；第三阶段，公元前1千纪。这也就是说，欧亚草原东部区的殉牲习俗要比中国北方地区出现的要早，且前者的第二阶段大体相当于后者的前两个阶段，而两者的第三阶段大体同时。

据笔者目前搜集的资料看，公元前3千纪欧亚草原东部区的阿凡纳谢沃文化的畜牧业有了一定的发展，但该人群不使用随葬动物作为殉牲和祭肉。欧亚草原东部区最早的殉牲发现于奥库涅夫文化，该文化的殉牲习俗虽不是很普遍，但是在祭祀坑内埋葬马、牛和羊以及以头骨和肢骨作为殉牲。这在欧亚草原东部区和中国北方地区都是最早的开端，有可能是这类殉牲形式和仪式的源头。奥库涅夫文化的殉牲动物除家养动物外，还发现有一定数量的野生动物，表明这一时期人群的生业模式应是以定居为主，兼营畜牧业和狩猎业。值得一提的是，公元前3千纪下半段新疆地区仅在切木尔切克文化中发现有1例墓葬中随葬一只完整羊的现象，另有1例随葬羊距骨的情况。这应该是中国境内最早以完整羊作为殉牲的开端。

公元前2千纪上半段的欧亚草原东部区主要有安德罗诺沃文化。这一时期的安德罗诺沃文化迅速向外扩张，向南已到达新疆的塔里木西南缘区。该文化在不同地区的殉牲和祭肉习俗流行程度有很大的不同。米努辛斯克盆地的该文化大部分墓地和墓葬中未见殉牲，且殉牲墓葬所占的比例较小。但该文化殉牲动物的种类较多，不仅有家养的动物羊、牛、马和狗，还有野生动物狍子、野驴和獾等。

新疆地区的安德罗诺沃文化遗存主要分布于准噶尔西缘区、塔里木西南缘区和伊犁河谷区。目前仅在塔里木西南缘区和伊犁河谷区的安德罗诺沃文化存在动物殉牲和祭肉现象。塔里木西南缘区安德罗诺沃文化人群殉牲习俗和祭肉习俗并重，殉牲以山羊头为主，祭肉以羊椎骨和肋骨为主。伊犁河谷区的安德罗诺沃文化人群以羊肋骨和马肋骨作祭肉为主，仅1例殉马头骨的殉牲尚处于萌芽阶段。中国北方地区的夏至战国时期的诸文化遗存大体与安德罗诺沃文化同时。这一时期中国北方地区的殉牲主要以随葬猪下颌骨为主，晚期羊的数量开始增多。这一时期中国北方地区的生业模式仍然以定居农业为主，畜牧业有了初步的发展。

公元前2千纪后半段的卡拉苏克文化的殉牲相较于上一阶段发生了很大的变化。

无论是在殉牲动物的种类和数量上，还是在殉牲习俗的流行程度上，都有了明显的进步。以基尔基聂尔墓地为代表的人群开始大量使用殉牲举行祭祀活动。殉牲动物以绵羊为主，其次为牛，还有少量的马和狗，另有极少量的野生动物。

考虑到卡拉苏克文化的殉牲特点，再结合聚落址中出土的动物遗存和物质文化面貌来看，笔者认为这一时期的人群，家养动物的数量较上一时期有了明显的增多。特别是羊、马和牛的饲养成为畜牧经济的稳定组合。相反，定居性的特点愈加表现衰落。这是农业-畜牧混合经济向游牧经济转变的过渡阶段。中国北方地区的晚商至西周时期的诸文化遗存大体与卡拉苏克文化同时。这一时期的中国北方地区发展相对缓慢，研究也较薄弱，殉牲动物中牛和羊的数量已经超过猪，殉马也开始增多，且动物头骨和肢骨的组合愈发稳定。同时，祭肉习俗也进一步流行。

公元前1千纪，俄罗斯图瓦、阿尔泰和米努辛斯克盆地以及蒙古高原诸多考古学文化表现出一致性的殉牲特点，即马成为殉牲动物的主体，甚至在有些文化中是唯一的殉牲对象。绝大多数墓葬均以马的头骨、椎骨和蹄骨为组合形式。有些地区以多匹完整的马作为殉牲，如阿尔然I号王冢殉牲百余匹完整的马。殉牲马匹的多少，也称为早期游牧文化中身份地位的象征。巴泽雷克文化的贵族墓葬中，随葬的马从几匹到十数匹数量不等，而中小型墓葬中仅随葬一到两匹完整马，甚至不随葬马匹。塔加尔文化的殉牲特点有其自身的独特性。从殉牲的动物种类来看，塔加尔文化殉牲以羊和牛为主，马和狗次之，少见狍子和狐狸等。塔加尔文化的四个阶段均发现有殉马的现象，但马的数量一直不多，可能与该文化的养马业不发达有关。在蒙古高原广泛流行的石板墓文化、赫列克苏尔和鹿石遗存均有不同程度的殉牲情况。可以肯定的是，赫列克苏尔和鹿石遗存周边附属祭祀址中发现大量的马头骨、椎骨和蹄骨的现象。这一时期的中国北方地区的殉牲与欧亚草原东部区既有相似性，又有独特性。相似性主要表现在殉牲动物的种类、组合、方式和殉牲部位等方面。独特性主要体现在中国北方地区殉牲的分布范围非常广阔，从燕山以北至天山地区，特别是在长城地带沿线盛行殉牲之风。同时，中国北方地区规模较大的墓地较多，不仅殉牲率非常高，而且墓葬中殉牲动物的数量也远多于同时期的欧亚草原东部区。相反，祭肉习俗在中国北方地区并不流行，仅在新疆地区有一定的流传度。新疆地区作为欧亚草原东部区和中国北方地区的中转站，在殉牲特点上也同时受到两个方向的影响。

三、对殉牲相关问题的讨论

（一）殉牲的起源和流向

野生动物驯化为家养动物是一个漫长的过程，通过数代间发生的遗传变化和每一代由于环境变化而导致的发育事件共同发挥作用。一个动物种群变得适应人类和被控制的环境。在被驯化个体的形成过程中，器官、生物体、环境因素的相互综合作用引发动物形体的变化。家畜的饲养为人类提供了蛋乳、毛皮、肉食等副产品，丰富了人类的饮食多样性、提高了食物的营养水平和食物供给的稳定性。国外学者还提出，家畜的饲养与当时的农业革命一样重要，不仅促进了私有制的发展，而且对社会的等级化、复杂化进程有着助推作用。中国新石器时代的先民就开始饲养家畜，这些家畜出现的时间和种类依次为距今9000年左右出现的狗，距今8000年左右出现的猪，距今4000年左右出现的牛和羊。在中国境内狗、猪、牛和羊均在北方地区最早发现，而家马和家鸡在中国新石器时代还没有出现。在本书研究的夏至战国时期中国北方地区这几种动物均在墓葬中有所发现，所以对殉牲的深入讨论不仅对了解当时的经济类型和丧葬习俗有帮助，也对研究牛、羊、马和鸡等动物的起源问题有一定益处。

一般认为饲养猪是定居农业人群的标志之一，猪和农业是并存发展的。在新石器时代的诸多墓葬中都发现随葬有猪牙、猪下颌骨甚至是整头猪的现象。在距今8000年以前的磁山文化中就开始有意识的埋葬猪骨。这一特殊的习俗分布范围广，几乎覆盖全国，且延续时间非常长。王仁湘先生通过分析这些材料，认为不应该将随葬的猪骨仅看作财富占有的标准，还应该用原始宗教的角度来认识。值得注意的是，这种随葬猪骨的殉牲习俗在中原地区龙山时代中后期就开始衰落并消失，而在夏至战国时期的中国北方地区却发现了较多殉猪的现象。我们认为这应当是继承自新石器时代农业人群的习俗，并且具有一定的原始宗教含义。在距今9000年左右的河南贾湖遗址发现了中国最早家养的狗，11个狗分别出自居住址和墓葬中。这也是迄今为止中国最早埋葬狗的资料，也可以说是最早的殉牲习俗。

总之，在本书研究的年代上限之前，在新石器时代就已经出现了最早的殉猪和殉狗的习俗。在墓葬中随葬羊、牛、马以及其他动物骨骼的殉牲行为均始于夏代。也就是说，在本书研究的时间范围内，最早殉牲的羊、牛和马，也有可能是其在中国境内最早开始饲养的开端。事实上，在欧亚草原东部区阿凡纳谢沃文化的畜牧业已经有了较大的发展，但是殉牲应开始于奥库涅夫文化。奥库涅夫文化祭祀坑内埋葬马、牛和羊以及以头骨和肢骨作为殉牲。新疆地区的切木尔切克文化中发现有1例墓葬中随葬一只完整羊作为殉牲的现象。奥库涅夫文化和切木尔切克文化有可能是欧亚草原东部区和中国北方地区这类殉牲形式和仪式的源头。

在战国晚期，中原和北方政权的对抗愈加激烈，战争成为当时的主旋律。长城的建立使中国北方地区的古代历史被彻底分割为二元对立的阶段，即长城以内和以外的人群走向了两个完全不同的发展道路，前者为定居的农业，后者为游动的牧业。在秦汉时期长城南、北的人群，由于经济形态和传统文化的不同，其在使用殉牲上也表现出明显的差异。前者融入中原文化体系，借鉴了中原王朝的部分礼制，主要殉葬完整的车和马等；后者为匈奴文化体系，殉牲仍很发达，主要随葬羊、牛和马的头骨和蹄骨等。这与东周时期中国北方地区的殉牲特点较相似，但是也有其自身的特点。例如马的使用更加普遍，且也有使用马全牲的现象；在高等级的墓葬中也随处可见中原文化的遗物。秦汉以后的殉牲已经超出了本书所研究的时间范围。

（二）殉牲的象征和功能

殉牲是古代人类祭祀仪式活动和宗教信仰中的一个重要组成部分。事实上，为死人的殉牲与生人对肉食资源的利用是矛盾的。生人宁可舍弃美味的肉食资源，也要为死者举行祭祀悼念活动。饲养一个动物所耗费的资源、劳力和物力是巨大的。可见古人对死者的尊敬以及事死如事生的丧葬观念。其实这种矛盾的背后是生与死的矛盾，祭祀与生活的矛盾，日常资源与非自然资源的矛盾。这些矛盾的解决均依赖于以殉牲为主的一些丧葬习俗的协调和妥协功用。

埋葬动物的不同其代表的意义、其象征性也不尽相同。尤其使用那些作为畜力的某些大型动物马和牛等进行埋葬的时候应该特别需要注意，它的意义是其他小型动物所不能比拟的。那么为什么古人要选择使用动物殉牲进行祭祀？为什么殉牲动物的种类和随葬部位会随时代发展而发生变化？殉牲对我们了解过去有什么作用？现就以上的几个问题综合起来进行简要的发挥，甚至是推测。

古人之所以选择动物进行殉牲，最根本的原因就是人类需要动物。当动物成为人类生活中最基本的生产资料时，大体以四种形式存在。第一，动物作为人类食物的一部分，也就是说动物的存在意义就是被人类食用，为人类提供必要的蛋白质和脂肪等。第二，动物的存在还可以为人类提供肉食以外的副产品，例如乳及乳制品、皮毛及衍生品、制作骨器的原材料等。第三，有些动物还可以为人类提供强劲的牵引力，例如牛在负重迁徙搬迁过程中发挥的作用；还有的动物（马）可以充当人类的交通工具，直接缩小了不同人群之间的距离，使交流更加便利。第四，动物作为可以沟通的对象存在，可与人类之间构建“合作”的关系，成为人类的助手，也可以是作为宠物成为人类情感的寄托。人与动物建立上述的关系，其前提条件是动物已经被捕捉或被驯化。除此之外，在史前社会普遍相信万物有灵观念，由此产生泛神论思想和宗教崇拜，但是如何与神沟通又是一个问题。此时人们利用一些有灵性的动物来帮助人与神沟通，或选择一些动物作为殉牲和祭肉来举行祭祀活动。

殉牲动物的种类和随葬部位会随时代发展而发生变化，具体的变化趋势在上文中已经做了详细地交代。首先，这种变化产生的最主要的原因是受到当时当地经济形态和生业模式的限制。其次，这种变化与当地传统习俗的关系，以及与外来人群的迁入也有着较大的联系。再次，这种变化不是随意的改变，总能反映出一个时代的总体特点，也就是说要受到时代的限制。最后，这种变化与当时人群的思维理念、精神信仰和原始宗教有一定的联系。总的来说，各种原因交织在一起最终形成了中国北方地区夏至战国时期的殉牲变化格局。

在考虑殉牲对逝者的象征意义时，更应该注意其对活人的影响。殉牲作为一种祭祀行为，在仪式中的功能是显著的，很多活人都会参与到仪式中。它对个人的影响远不如对集体的影响，可以彰显逝者家庭或家族的势力和威望，并以此来继续巩固其在社会中的影响力。在凝聚集体的团结性和组织性方面也发挥了重要的作用，对社会秩序的长久稳定提供了必要的支持。这些功能在游牧社会中表现的更加淋漓尽致，早期铁器时代的早期游牧民更重视葬礼，大量的殉牲是葬礼的反映，只随葬牲畜的头和蹄骨，其余部分应是葬礼时享用了。葬礼的意义在于团结族群。儿童墓葬也会有很多的殉牲，说明此时已经进入到了一个新的历史阶段。牲畜是游牧民生产和生活赖以生存的基础，也是游牧民生活的中心。在游牧文化的各类遗物中，装饰有动物风格的艺术品占有相当大的比例。殉牲并不是在所有的社会成员中都流行，一般情况下都是流行于某一个阶层中，这一阶层多数为社会的中上层精英或占有丰富物质财富的成员，有时甚至还有性别的限定。

考古学研究在很大程度上就是研究被埋葬者的生活面貌。本书通过殉牲这一特定的视角，试图了解当时人们的生活情景、埋葬习俗、经济形态、社会结构等问题。在这些问题中最困难的工作就是重构当时殉牲葬俗的仪式。认知考古学认为，考古学家可以通过保留下来的物质遗存推导研究过去人类的思考方式以及这些思想影响人们行动的方式。

本书对中国北方地区以及欧亚草原东部区殉牲的研究，不仅对上述的诸多问题有了一个更加清晰的认识，而且还可以为物质文化面貌的研究提供重要的参考，对文化的归属、文化类型的划分以及外来因素的分析均提供了一个新的视角。例如，西北地区夏至早商时期的殉牲继承自新石器时代的殉牲；晋中、晋北和陕北的殉牲特点显示其与中原地区关系较紧密；昌平白浮墓地的殉牲显示其与中原商周文化的高度相似性，其墓主人有可能为燕国贵族；周家地墓地的殉牲特点与夏家店上层文化的差异，说明前者的文化属性不应该简单的归入到夏家店上层文化中，两者之间的差别是显著的。类似的例子还有很多，暂不多举。

本书的不足主要有以下三个方面。第一，在21世纪前的考古发掘中忽略了动物遗存这一重要的信息，甚至将其作为自然遗物遗弃。在发掘中没有及时准确地记录出土动物遗存的详细信息，也没有进行专门的动物骨骼鉴定工作。这种材料发布的不完整性使我们难以深入地探讨更多社会层面的问题。近些年来，考古工作中越来越重视对动物遗存的搜集、整理和研究。尤其是一些高校设立了专门的动物考古学课程，培养了较多的专业人才。因此本书对各地区殉牲问题的研究深度与资料发表的时代早晚和详尽程度有直接关系。第二，本书研究的时空跨度非常大，再加之本人的能力所限，故在搜集、整理和分析材料的过程中，难免有挂一漏万之处。因本研究主要围绕殉牲进行，所以在讨论各文化人群的经济形态时，仅使用了殉牲及遗址中出土的动物骨骼，没有过多的展开来考虑其他的遗物和遗迹。第三，囿于语言的障碍和表达差异，本书在搜集、整理和运用欧亚草原东部区考古材料时没能做到尽收材料。在对境外诸考古学文化的殉牲进行分析时，没有做到像中国北方地区殉牲研究时的维度。笔者认为对殉牲进行横纵向的比较是非常有意义的，但限于篇幅本书未能一一展开详谈。这些遗憾只待在以后的工作中完成。

后　记

本书是在笔者博士论文《中国北方地区夏至战国时期的殉牲研究》的基础上修改而成。无论在时空范围上，还是在观点认识上都有很大的扩充。博士论文中的空间范围是指狭义的中国北方地区，与林沄先生所说的中国北方长城地带大体符合，即介于中原农业文明与欧亚草原文明之间的缓冲地带。而本书中的空间范围是指广义的中国北方地区，在原有的基础上又增加了中国东北地区和中国新疆地区，同时补充了境外欧亚草原东部区的考古材料。博士论文的时间范围主要是夏至战国时期，而本书中在涉及中国新疆地区和欧亚草原东部区的考古学文化时，无论是在文字表述中，还是在具体的年代范围上都有所变化，即青铜时代至早期铁器时代。还需说明的是，限于篇幅，本书中将博士论文后面的全部附表和文中部分图片进行了删除。如读者对相关数据感兴趣，可以参看博士论文。

在本书的写作和修改过程中，得到了很多人的帮助和支持。没有他们的支持，我不可能完成这本书的写作。首先我要感谢导师杨建华先生为我选定了殉牲作为学生时代乃至工作后很长一段时间的研究方向。在攻读硕士期间，因我是蒙古族，杨师便建议我将动物殉牲作为硕士和博士论文的研究对象，以这样独特的视角来审视中国北方考古。在撰写博士论文期间，我几乎翻阅了与博士论文有关的中国北方地区所有的考古简报和报告，并查看了与动物考古相关的中外文献。在杨老师的鼓励下，2017年，我以“中国北方与欧亚草原东部青铜时代至早期铁器时代的殉牲研究”为题申请并获批教育部人文社会科学研究青年基金项目。同年我参与了国家社科基金重大项目（古动物DNA视角下的丝路文化交流研究——距今5000～2000年前丝路沿线文化交流研究）的研究工作。在这种情况下，我将中国东北地区、中国新疆地区以及遥远的欧亚草原东部区纳入研究的空间范围继续对殉牲进行深入探讨。自2009年开始追随杨老师学习中国北方青铜时代考古，至今十余载，无论在学生时代，还是在工作后老师时常叮嘱我做学问之道。还要特别感谢导师为本书作序，我深知拙作还有进一步提高的空间，无论是在研究的理念方法上，还是研究的材料上还要不断创新求索。唯此才能报答浩荡师恩。

感谢邵会秋老师对本人的帮助和本书的关注。邵老师是中国北方考古的少壮派代表，本书对新疆地区殉牲的讨论就是在邵老师建立的时空框架下进行的。

感谢张旭、邢琪、于陆洋、宋贵华、权乾坤、七十四、程鹏飞和特尔巴依尔等同窗好友对本书提出的宝贵修改意见。特别要感谢我的硕士生王禹夫、余肖肖、张欣悦、倩倩、孙天琪和赵婷婷等同学。在本书的写作过程当中由于涉及大量的俄文资料，且本人对俄文不甚了解，在收集和整理这些外文资料的过程当中上述几位同学给予了大力支持，并对全书进行了反复的核对工作。同时，李腾达、杜振远、叶诚志、施汉达、田攀、张宇宁和朱子东等同学在搜集资料的过程中也出力较多，一并感谢。

最后，由于本书作为国内在中国北方地区和欧亚草原东部区殉牲研究方面的第一次系统尝试，所涉时空跨度较大，且涉及大量外文考古资料，故本书讨论的问题未能深入开展。我愿在未来的学术道路上不断完善和修正本书的研究方法和不足。

2020年9月6日

于九间遗址